D1687033

DIE ASIATISCHE
KÜCHE

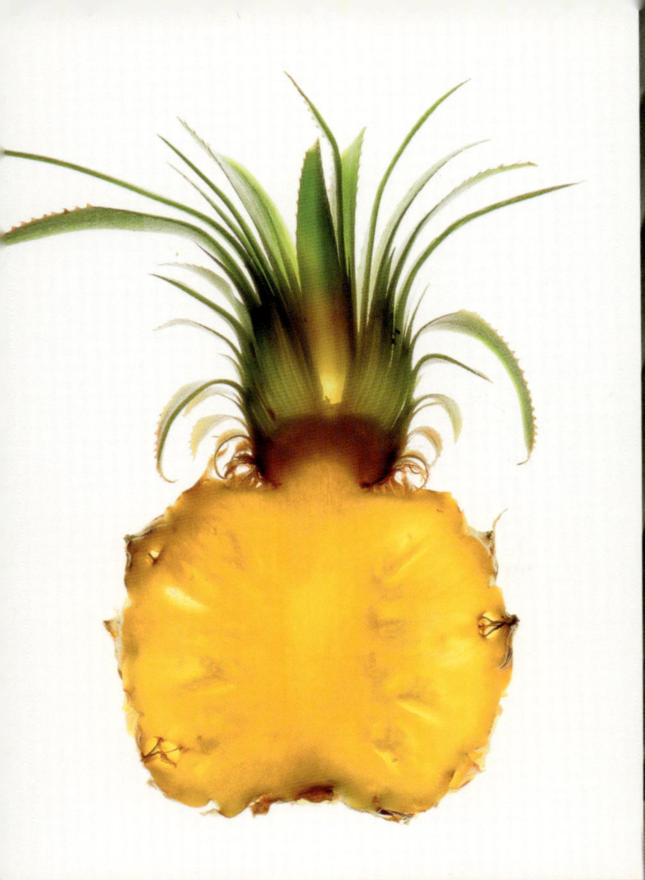
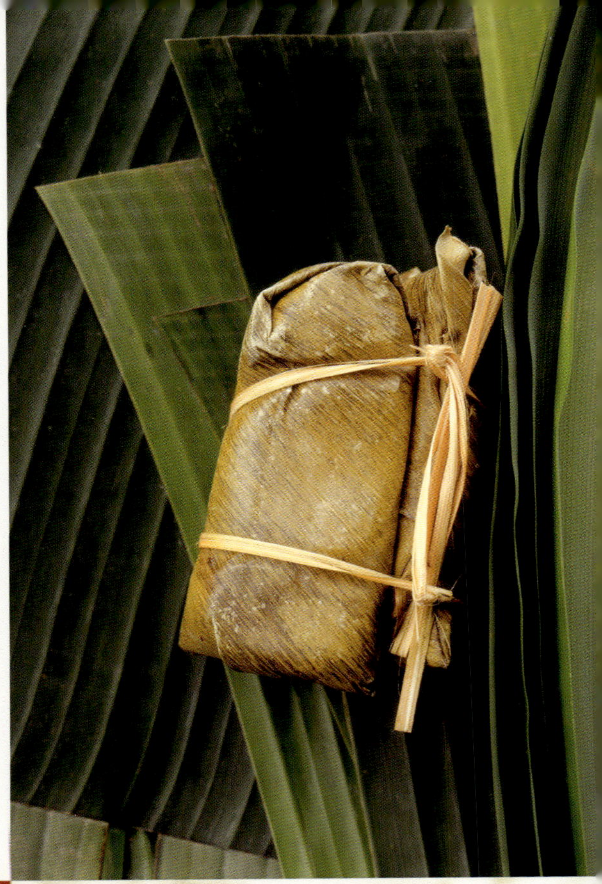
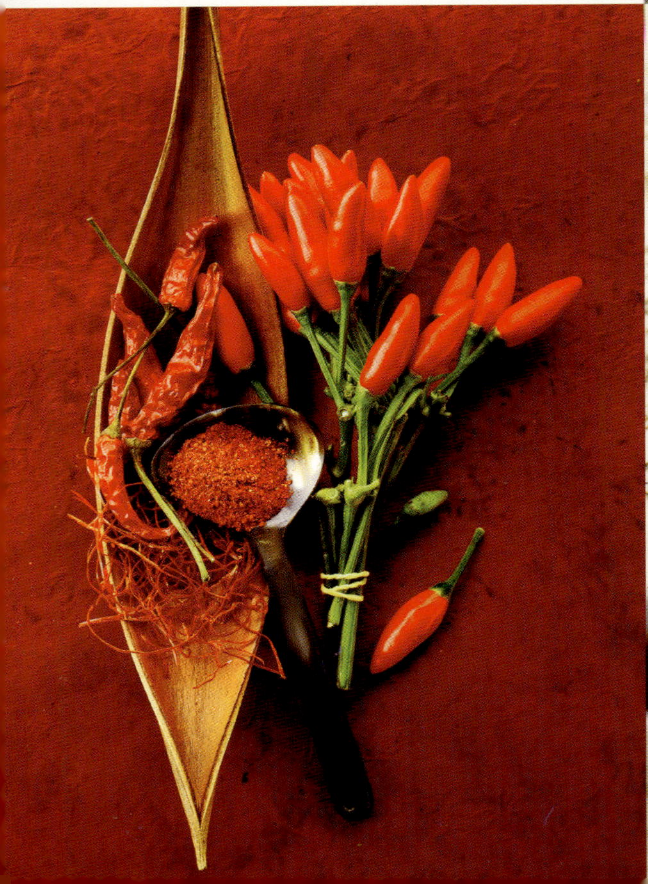
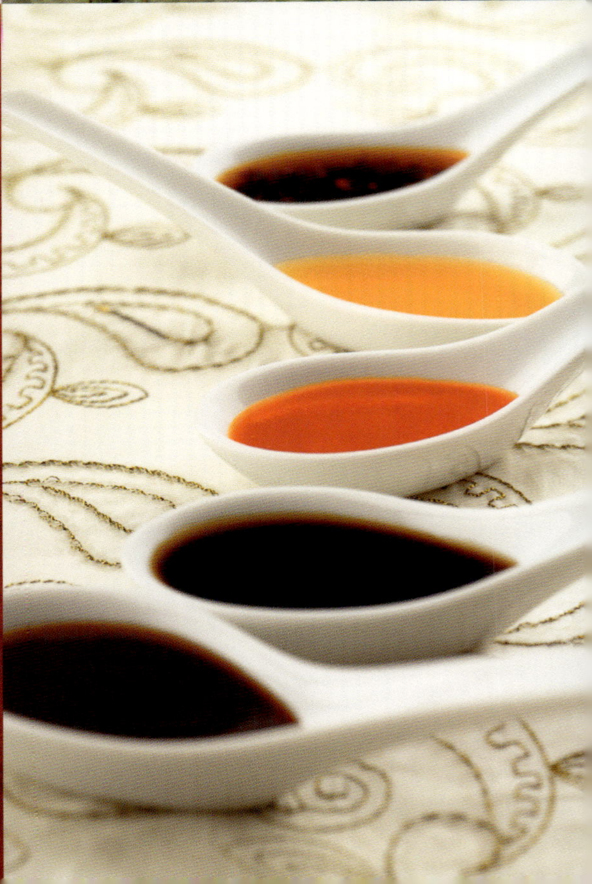

Sohyi Kim · Christoph Wagner

DIE ASIATISCHE
KÜCHE

Die 350 besten Rezepte
zwischen Orient und Fernost

Fotografiert von
Luzia Ellert

Pichler Verlag

ISBN: 978-3-85431-431-8

© 2007 by Pichler Verlag in der
Verlagsgruppe Styria GmbH & Co KG
Wien–Graz–Klagenfurt
Alle Rechte vorbehalten
www.pichlerverlag.at

FOTOS: Luzia Ellert
FOODSTYLING: Sohyi Kim und Gabriele Halper

REDAKTION UND FACHLEKTORAT: Renate Wagner-Wittula
LEKTORAT: Dietmar Unterkofler
PROJEKTBETREUUNG: Maria Tutschek-Landauer

UMSCHLAG- UND BUCHGESTALTUNG: Bruno Wegscheider

REPRODUKTION: Pixelstorm, Wien
DRUCK UND BINDUNG: Druckerei Theiss GmbH,
St. Stefan im Lavanttal

Inhalt

VOM BOSPORUS BIS YOKOHAMA
Eine Reise durch Asiens Küchen — 6

YIN, YANG UND DIE MAGISCHE FÜNF
Zur Philosophie der asiatischen Küche — 24

VON ALGEN BIS ZITRONENGRAS
Das ABC der asiatischen Warenkunde — 30

DIE STÄBCHEN, DER WOK UND DER GOLDENE SCHNITT
Grundlagen der asiatischen Geräte- und Servierkunde — 68

TEE, TIGER ODER MAO-TAI?
Ein kleines asiatisches Getränkelexikon — 78

DIE 350 BESTEN ASIA-REZEPTE

CONGEE ODER FRISCHER FISCH?
Asiatische Frühstücksrezepte — 88

DIE KULTUR DES KLEINEN HAPPENS
Dim Sum, Sushi, Pelmeni und andere
köstliche Herzensfreuden — 96

VON MILD BIS SCHARF, VON KNACKIG BIS CREMIG
Asiatische Salate — 144

VON MULLIGATAWNY BIS SUKIYAKI
Die hohe Schule der asiatischen Suppe — 160

AUF DEN SPUREN VON BUDDHA, GANDHI & CO.
Die asiatische Kunst, mit Gemüse zu kochen — 194

FÜR EINE HANDVOLL REIS
Getreideprodukte in Asiens Küchen — 210

UDON, RAMEN, MIE ODER WIE?
Aus der Welt der asiatischen Nudelgerichte — 230

KARPFEN ODER KUGELFISCH?
Die asiatische Fischküche — 240

GEPANZERTE GENÜSSE
Von asiatischen Krusten- und Schaltieren — 258

VOM BETTLERHUHN BIS ZUR PEKING-ENTE
Asiatische Geflügelgerichte — 276

ACHT SCHÄTZE UND 1000 KÖSTLICHKEITEN
Die asiatische Fleisch- und Wildküche — 312

SÜSSE FRÜCHTE UND KÖSTLICHE GLUTEN
Die asiatische Dessertküche — 358

REGISTER — 392

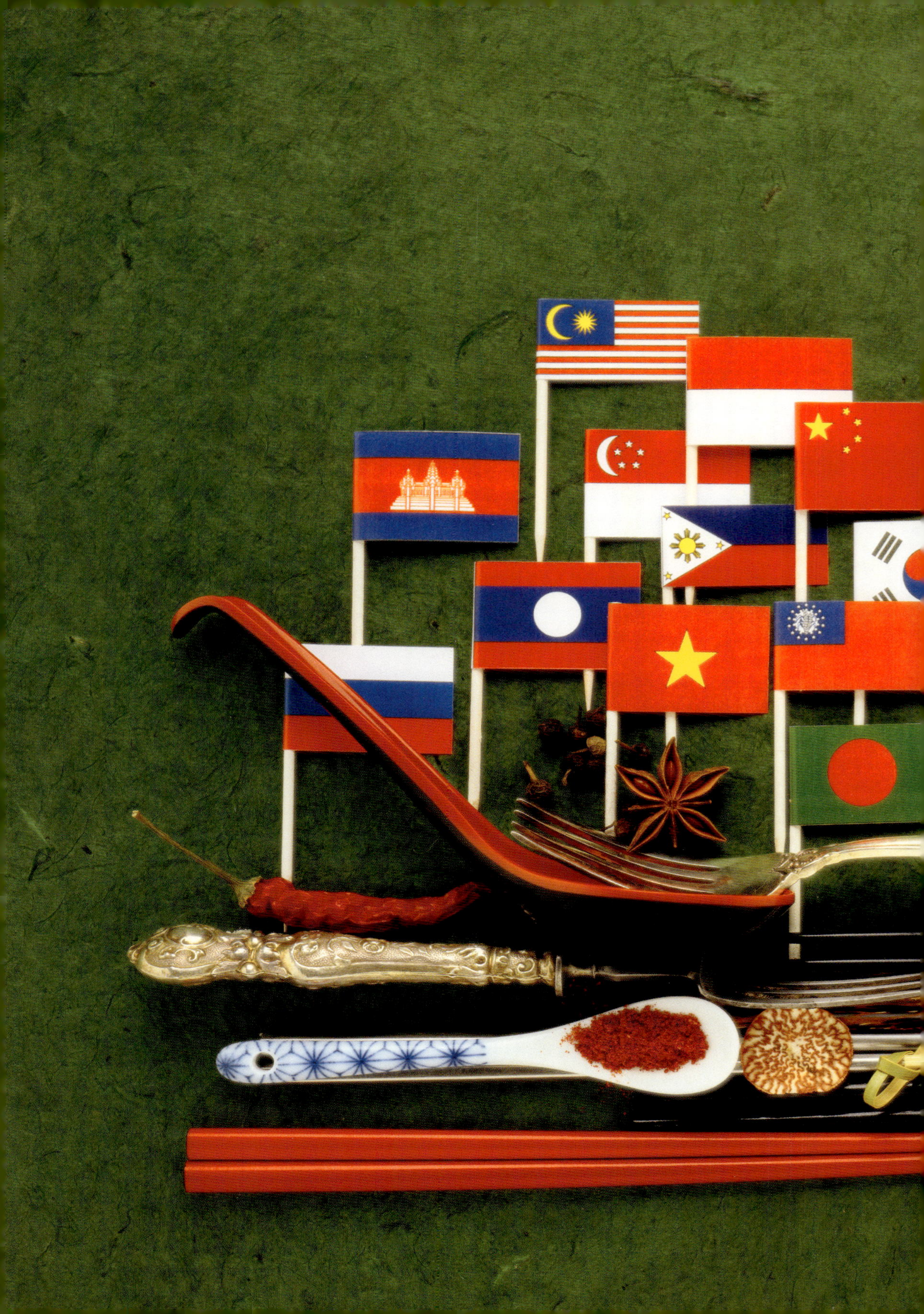

Vom Bosporus bis Yokohama

EINE REISE DURCH ASIENS KÜCHEN

AUFBRUCH
Dem Sonnenaufgang entgegen

Eine Reise durch Asiens Küchen

Wenn es heute auf der Welt zwei bedeutende Kochtrends gibt, so sind es die beiden folgenden:

Da existiert zunächst einmal ein in so gut wie allen Ländern der Erde nachvollziehbarer Trend zurück zu den bodenständigen, auch autochthon genannten Genüssen. Diesen Trend hat sich vor allem die internationale Slow-Food-Bewegung auf ihre Fahnen geschrieben. Ihr ist die kleinste geographische Einheit gerade klein genug. Da geht es nicht um Länder-, Landes- oder Regionalküchen, sondern oft nur um Flusstäler, Bergrücken, Bauerndörfer und deren Umgebungen, in denen bestimmte Kräuter und Zutaten gedeihen, bestimmte Tiere gehalten oder bestimmte Fische aus dem Wasser gezogen werden.

Der zweite – gegenläufige – Trend ist jener zum globalisierten Ernährungsverhalten hin. Weltkonzerne sorgen dafür, dass die Nahrung zwischen Nordkap und Goldenem Horn immer ähnlicher, austauschbarer und gesichtsloser wird. Gerichte wie etwa Pizza, Pasta, Döner oder Hamburger, aber auch Sushi, Chop Suey, Satay-Spießchen oder Chicken Wings werden zu regelrechten Ikonen der Welternährung, deren ursprüngliche Herkunft und Authentizität nicht mehr wichtig sind.

Die asiatische Küche, wenn es eine solche überhaupt gibt, ist an beiden Trends wesentlich beteiligt. Zum einen ist sie ein schier unglaubliches Konglomerat von Regionalküchen, das auf einer Fläche von 43 Millionen Quadratkilometern über beide Hemisphären des Globus reicht und ein Drittel von dessen Landmasse ausmacht und lexikalisch, statistisch, vor allem aber deskriptiv noch kaum oder nur zu einem Bruchteil erfasst ist.

Zum anderen ist „die asiatische Küche" nicht mehr und nicht weniger als der kleinste gemeinsame Nenner für das Essverhalten von 4 Milliarden Menschen und damit etwa 60 Prozent der Erdbevölkerung. So gesehen bildet sie für die Entstehung einer neuen, globalisierten Weltküche eine geradezu ideale Grundlage, weil sie viele Geschmäcker (darunter leider auch das umstrittene Monosodium Glutamat) thematisiert, auf die sich weltweite Mainstreams geschmacklich leicht einigen können.

Vor diesem Hintergrund wird ein Kochbuch über „die asiatische Küche" nicht nur zu einem Abenteuer für die Autoren, sondern zu einem „Work in progress", dessen naturgemäß bescheidener Anspruch nur der kursorische Querschnitt, aber niemals der allzu hochfliegende Ehrgeiz der Schilderung des Ganzen sein kann.

Rein geographisch betrachtet, führt die Zielrichtung dieses Kochbuchs immer dem Sonnenaufgang entgegen, und nichts anderes bedeutet „Asia".

Das Wort „Asien" stammt aus dem Assyrischen und bedeutet „Sonnenaufgang". Es entspricht also dem lateinischen Wort *oriens* oder dem deutschen *Morgenland* und bezeichnet eine Gebiet, das im Westen noch in Europa durch den Ural, das Kaspische Meer, die Südküste des Schwarzen Meeres, den Bosporus, das Marmarameer und die Dardanellen gebildet wird. Von Afrika ist Asien durch das Rote Meer, den Golf von Suez und den Suezkanal getrennt.

Vom Westen aus betrachtet, enthält die asiatische Küche daher auch zahlreiche mediterrane Elemente, von den Bitterkräutern über Tomaten, bis hin zu den Eierfrüchte- und Getreidegerichten. Je weiter man sich jedoch nach Osten bewegt, desto aromatischer und gewürzlastiger wird der Speiseplan. Da ist etwa die hocharomatische Küche des indischen Subkontinents, die von den nördlichen Speisen aus dem Tandoori-Ofen bis zu den Curry-Scharfmachern aus der südlichen Vindaloo-Küche eine eigene kulinarische Welt bildet. Als lukullisches Schlaraffenland schlechthin gelten die Küchen Indochinas, allen voran die thailändische, wo chinesische Techniken wie das Kochen mit dem Wok mit indischen Gewürzen und einer unverwechselbaren Meeresküche verbunden werden. Auch in maritimer Hinsicht sind die asiatischen Küchen nämlich den europäischen gegenüber eindeutig im Vorteil. Gegen den Fischreichtum der pazifischen Gewässer nimmt sich das (zudem schon ziemlich ausgefischte) Mittelmeer nämlich wie ein eher dürftig sortierter Fischkalter aus.

TÜRKEI

Wo der Imam vor Entzücken in Ohnmacht fiel

Eine Reise durch Asiens Küchen

Worüber war der Gottesmann, der einem der berühmtesten türkischen Gerichte seinen Namen lieh, eigentlich so entzückt? Über Bauchtänzerinnen etwa? Oder gar über die gegrillten, in der Türkei auch „Glocken der Heimat" genannten Hammelhoden oder die Schafsköpfe, die in Istanbul bereits in den frühen Morgenstunden in den *Iskembe Salonu* als bestes Mittel gegen den Morgenkater angeboten werden?
Sollten den Imam etwa jene „Frauenschenkel" genannten Köfte entzückt haben, unter denen man kleine feiste Fleischbällchen in Eierkruste versteht? Oder galt sein Entzücken gar einem der zahlreichen, mit eher ein- als zweideutigen Namen belegten, honigtriefenden Desserts seiner Heimat, die dann etwa „Frauennabel"oder „Lippen der Schönen" heißen?
In der Tat mochte, zumindest wenn es nach der türkischen Speisekarte geht, nichts von alledem des Imams Entzücken so sehr zu erwecken wie jene überbackenen und mit Paprika, Tomaten und Zwiebeln gefüllten Auberginenhälften, die dem Gericht **IMAM BAYILDI**, das heute noch auf allen türkischen Mezeler-Buffets vertreten ist, den Namen gaben.
Wie in Griechenland beginnt auch ein klassisches türkisches Mahl mit **MEZELER** – üppigen Vorspeisen. Sie bestimmen die türkische Küche nicht nur in ihrem (kleinen) europäischen, sondern auch in ihrem viel größeren asiatischen Teil. Der Bogen der angebotenen Köstlichkeiten reicht von pochiertem Lammhirn über Meeresfrüchte und gefüllte Miesmuscheln oder Weinblätter bis hin zu luftgetrockneten Makrelen sowie üppigen Bohnen- und Artischockensalaten.
Die Hauptspeisen, so könnte man fast meinen, sind in der Türkei angesichts des Vorangegangenen eher sekundär. Meist handelt es sich um gegrilltes Fleisch, den ewig sich in den Auslagen drehenden Döner Kebab oder Fisch vom Holzkohlengrill. Zumal am Bosporus und am Marmarameer in zahlreichen einfacheren und nobleren Restaurants Fischspezialitäten wie **LÜFER** (Blaubarsch) und **LEVREK** (Seebarsch) angeboten werden, die – wenn man den Angaben der Einheimischen mehr glaubt als einem persönlichen Lokalaugenschein – aufgrund der speziellen Süß-und-Salzwassermischung dieser euroasiatischen Meerenge nirgendwo auf der Welt so gut munden wie hier.

ARABIEN (SAUDI-ARABIEN UND EMIRATE)

Tausendundeine Nacht

Man kennt ja das klassische Tausendundeine-Nacht-Klischee: Es duftet nach Sandelholz, Myrte, Moschus und Zimtwasser, der Märchenprinz und seine Scheherezade räkeln sich auf wertvollen Teppichen und bestickten Seidenpölstern. Und eine bis unter die Augen verschleierte weibliche Dienerschaft huscht ins Schlafgemach im Wüstenzelt, um Köstlichkeiten wie geräuchertes Auberginenpüree, würzigen Bulgursalat, Fleisch- und Fischspieße und ganze Körbe von frischen Datteln, Feigen und anderen Oasenfrüchten aufzutischen.

Eine Reise durch Asiens Küchen

Das alles mag ein wenig nach Hollywood oder billigen Schundromanen klingen, hat aber doch einen wahren Kern: nämlich die Tatsache, dass die arabische Lebensweise und damit auch die arabische Küche zutiefst vom Nomadentum, sprich: vom Leben im Zelt, geprägt ist. Den gemauerten Backofen ersetzte also seit jeher die offene Feuerstelle, das tägliche Brot der Getreide- oder Kichererbsenbrei, oft auch duftender Reis. Sogar die Nudeln – zumindest die getrocknete Pasta aus Hartweizengrieß – dürften in Wahrheit weder von Marco Polo noch von Kublai Khan, sondern von den arabischen Völkern wegen ihrer optimalen Eignung zur Wüsten-Vorratshaltung „erfunden" worden sein. Auf dem Speisezettel konnte im übrigen nur das Fleisch solcher Tiere stehen, die keine Stallungen benötigten, sondern – wie etwa Schafe oder Kamele – problemlos hinter der Karawane einhertrotteten.

Dafür waren die Karawanen, was neue, aufregende Ingredienzien, allen voran Gewürze, Öle und duftende Essenzen betraf, aufgrund ihres mobilen Charakters stets am neuesten Stand, und der arabische Menschenschlag zögert auch nicht, diese „Küchengeheimnisse" höchst gastfreundlich zu lüften. Karawanenküche ist also keineswegs eine karge Zelt- und Wüstenküche, sondern eine, in der für jeden in friedlicher Absicht kommenden Fremden jederzeit ein frisch gebrauter Kaffee oder eine Schale Shay (mit frischer Minze aromatisierter Tee) bereitsteht, und eine, die sich im Lauf der Zeit zu einer echten Feinschmecker- und Oasenküche entwickelt hat.

Die arabische Küche hat sich, vielleicht gerade aus diesem Grund, trotz ihres gewaltigen Einzugsgebiets, das im asiatischen Teil Libanon, Palästina, Syrien, Jordanien, Saudi-Arabien, Jemen und die Vereinigten Emirate einschließt und bis nach Persien und Afghanistan reicht, niemals, wie etwa in Europa, in völlig unterschiedliche Nationalküchen aufgegliedert. Trotz mancherlei regionaler und vor allem meteorologisch-geologisch bedingter Schattierungen kann man in Damaskus ganz ähnliche Gerichte essen wie in Teheran. Das kulinarische Netz, das die nomadischen Vorfahren über mehr als zwei Jahrtausende geknüpft hatten, ist bis heute sehr engmaschig geblieben. Viele Gerichte wie etwa Sesampaste, Knoblauch- oder Kichererbsenpüree, Salat von Burghul-Weizen oder gefüllte Weinblätter ziehen sich, vom Maghreb bis zur Levante, geradezu leitmotivisch durch den gesamten arabischen Raum.

Wer die arabische Küche verstehen will, muss allerdings immer auch bedenken, dass sie, seit Mohammed im Jahre 630 den Hadsch nach Mekka institutionalisierte, auch eine islamische Küche – nämlich eine Küche mit ehernen Regeln und unverrückbaren Ritualen – ist, deren Gesetze nicht nur im Koran, sondern auch in alten Kochbüchern aus dem zehnten Jahrhundert festgeschrieben sind. Auch wenn Mohammed den Genuss von Schweinefleisch und Alkohol ausdrücklich untersagt, ist frommen Muslims in kulinarischer Hinsicht dennoch wesentlich mehr erlaubt als verboten.

SYRIEN

Pittah in Damaskus

Die zweite große Küche im arabischen Raum ist ohne jeden Zweifel jene Syriens. Bereits ein kurzer Bummel durch das Chaghour-Viertel im Süden der Altstadt von Damaskus macht darauf auch entsprechenden Appetit. Es bedarf schon einigermaßen geschulter Nasenschleimhäute, um all die Düfte, die da von Safran über Kreuzkümmel bis hin zu Sesamöl, Zitronengras und zerquetschtem Burghul-Weizen reichen, auseinanderhalten zu können. Und wenn der Appetit zu groß wird, dann hilft nur die Einkehr in einem der vielen Altstadtrestaurants der syrischen Hauptstadt. Dort findet man sie dann allesamt wieder, die Düfte und Aromen, denen man während des Bummels durch den Gewürze- und Getreidebazar nachgespürt hat. Und schon fühlt man sich wie ein moderner Kreuzritter, den es ins Morgenland und damit in eine verzauberte Welt orientalischer Spezereien verschlagen hat. Das erste, was ihm auffällt, wird – heute wie zur Zeit der Tempelritter – wohl die Opulenz der **MEZZÉ** oder **MAZÉ** sein, die in Syrien auch *muqabilat* genannt werden und am besten als Vorspeisenbuffet zu beschreiben sind.

Das Wort Vorspeisen erweist sich allerdings schnell als trügerisch. Denn tatsächlich handelt es sich um viele winzige Gänge aus der kalten und warmen Küche, die sich gemeinsam zu einem vielgängigen Menü zusammenfügen. Die einzelnen Gänge einer Mezzé-Folge werden üblicherweise nebeneinander oder hintereinander in kleinen Porzellanschüsselchen aufgetragen. Manche beinhalten nur ein paar mit Knoblauch und Öl gewürzte Oliven, kleine Würzbissen oder geröstete Mandeln, andere jedoch gefüllte Teigtaschen, kleine Fisch- oder Fleischgerichte und jede Menge Salate sowie pikante Aufstriche und würzige Pasten. In anderen Schüsselchen wird jedoch auch bis heute gerne Aphrodisisches wie Hammelhoden, Lammzungen, Froschschenkel und Hammelfüße mit Joghurtsauce und Knoblauch aufgetischt.

Etwas prosaischer sind da schon jene **PITTAH-BROTE,** wie sie in den oft noch recht archaisch anmutenden Bäckereien der *Suks* (Bazare) von äußerst wendigen jungen Bäckern mit fast akrobatischen Schwüngen hergestellt, durch die Luft geschwungen und dann im „Höllenschlund" des gemauerten Lehmofens ausgebacken werden. Sie spielen in der orientalischen Snack- und Vorspeisenkultur eine beträchtliche Rolle, handelt es sich dabei doch um jene für spätere Füllungen bereits aufgeschlitzten Taschenbrote, die einst von den römischen Besatzungssoldaten in der Provinz Syria entdeckt und von hier nach Rom gebracht wurden.

Dort überlebten sie in Form jenes knusprigen Fladenbrotes, das mit Öl, Kräutern, Zwiebeln und Oliven oder auch mit Honig und Mandeln gewürzt und heute noch als saurer oder süßer kleiner Happen namens *focaccia* gereicht wird. Im Neapel der Renaissance-Zeit ist daraus wiederum – in Anlehnung an den alten Namen Pittah – die wesentlich bekanntere Pizza entstanden. Womit man, etwas vereinfacht, durchaus behaupten könnte, dass die Pizza ein Geschenk Arabiens an Europa ist.

Eine Reise durch Asiens Küchen

IRAN

Das blieb vom Schah-Kaviar

Seit dem Sturz von Schah Reza Pahlavi im Jahr 1979 und der Etablierung des fundamentalistischen Mullah-Regimes unter Ajatollah Khomeini verharrt der iranische Tourismus in der Warteschleife, und so dringt über die persische Küche nur das in die Welt, was Emigranten in persischen Restaurants zwischen Europa und den USA an kulinarischen Erinnerungen mitgebracht haben.

Dabei hält gerade die altpersische Küche für Feinspitze mindestens ebensoviele Köstlichkeiten bereit wie der Maghreb und der mediterrane Nahe Osten. Auf der trans-asiatischen Schärfeskala rangiert die persische Küche eher am milderen Ende. Im Übrigen kocht man in Persien gerne kontemplativ, das heißt, man nimmt sich Zeit für stundenlang dahinsimmernde Schmortöpfe auf der Basis von Lamm, Huhn und viel Gemüse. Lieblingszutaten der persischen Küche sind Auberginen, Berberitzen, Granatäpfel, Joghurt, Naneminze, saures Gemüse, Dill und Safran, die dann meist mit dampfgegartem, an der Unterseite knusprigem Reis *(Tschelo)* serviert werden. Einem ausgeprägten Hang zum Vegetarismus

Eine Reise
durch Asiens
Küchen

steht auf der anderen Seite auch eine, vor allem maskuline Liebe zu über Holzkohlenfeuer gegrillten Spießen und Fleischstücken gegenüber. Dezent und rosenwasserduftig ist indessen Persiens berühmte Dessertküche.

Neben den traditionellen Spezialitäten, wie sie in allen Bazaren und Suks zwischen Istanbul, Dubai und Teheran gereicht werden, blieb den Iranern jedoch eine Spezialität erhalten, die sie zwar mit einigen GUS-Staaten, aber mit keinem einzigen anderen arabischen Land teilen müssen: Der **IRANISCHE KAVIAR** aus der Kaspischen See hat – durchaus mit einigem Recht – den Ruf, der beste der Welt zu sein. Und der Ausdruck „Schah-Kaviar" für die besonders rare Spielart des Kaviars vom Albino-Stör ist, zwanzig Jahren Mullah-Regime zum Trotz, bis heute noch nicht ausgestorben – und notiert auf den Gourmetbörsen der Welt zu schwindelerregenden Höchstpreisen.

NORDASIEN (GUS-STAATEN, RUSSLAND)

Pelmeni, Stör und viele Pilze

Allen Unterschieden zum Trotz gibt es in der Vielvölkerküche des russischen „Riesenreiches" dennoch auch verbindende, geradezu leitmotivisch eingesetzte kulinarische Elemente. Das auffallendste unter ihnen ist zweifellos die Sitte, jedes Menü mit einer **SAKKÚSKA** einzuleiten, einer opulent dekorierten Vorspeisenplatte, die von sauren Pickles, eingelegten Pilzen und Salaten, über Fisch oder Fleisch in Aspik, bis hin zu Lachs, Störpastete, Kaviar auf Blinis oder – in der volksnäheren Fassung – Auberginenkaviar (auch „Kaviar der Armen" genannt) alles enthalten kann und, je nach Geldbeutel, mit Luxusware oder aus der Konservendose beschickt wird.

Weitere Leitmotive, die sich quer durch die im besten Wortsinn euro-asiatischen russischen Küchen ziehen, sind **PIROGGEN** (Pasteten oder Teigtäschchen mit Fleisch, Kohl, Pilzen, Eiern u.ä. gefüllt und meist im Ofen überbacken), **SCHTSCHI** (Fleisch- oder Fischbrühe mit Kartoffeln und Kraut), **BORSCHTSCH** (Rote-Rüben-Suppe mit Fleisch und Sahne), **UCHA** (Fischsuppe), Pilzgerichte (Russlands Wälder sind das größte Pilzreservoir der Welt) und die Allzweckbeilage **KÁSCHA** (Buchweizengrütze), die zu Fisch und Fleisch passt, aber notfalls auch, gemeinsam mit einem Gläschen Wodka (Getreideschnaps) oder **KWAS** (bierähnliches Getränk aus fermentiertem Brotteig), als fleischloses Hauptgericht genossen werden kann. Vor allem ist die *Káscha* auch Teil des russischen Frühstücks *(Sawtrak)*, zu dem auch Eiergerichte oder Milchspeisen sowie Brot, Marmelade, Wurst und Käse – und natürlich Tee aus dem Samowar gehören.

Während die georgische Küche mit ihren französisch inspirierten Saucen und ihrer ausgeprägten Liebe zu Walnüssen und Rosinen als eher elaboriert gelten darf, ist die sibirische Küche einfach, aber schmackhaft. Auf jeden Fall sollte man das Nationalgericht **PELMENI,** die sibirische Antwort auf Italiens Tortellini, probieren.

Kostenswert sind auch die vielen Fleischgerichte des Urals, die meist in kleinen Keramiktöpfen zubereitet werden und sich durch eine besondere Vorliebe für Wildbret und Innereien auszeichnen.

So verschieden die Küchen der verschiedenen Regionen auf dem Gebiet der ehemaligen UdSSR sein mögen, eines ist ihnen bis heute gemeinsam: die Zubereitung auf dem *Petsch*, jenem schon von Gogol und Tschechow besungenen russischen Ofen, der den Mittelpunkt der Küche bildet und zum Kochen, Backen, Kleidertrocknen gleichermaßen dient wie als Wärmespender für all jene, die auf der Ofenbank ein Schläfchen machen dürfen.

INDIEN, PAKISTAN,
BANGLADESCH, NEPAL,
SRI LANKA UND
MALEDIVEN

Wo der Curry wächst und der Tandoor glüht

Eine Reise durch Asiens Küchen

Ein Land, das fast 900 Millionen Einwohnern auf rund 2 Millionen Quadratkilometern Platz gibt, kann, selbst wenn es danach trachten würde, nicht auf eine „Nationalküche" stolz sein, sondern muss fast zwangsläufig auf vielerlei Regionalküchen verweisen. Dies umso mehr, wenn es wie Indien zwischen dem „Dach der Welt" des Himalayagebirges und dem Indischen Ozean eingebettet ist – weshalb es als Herzstück des mittelasiatischen Subkontinents in Kultur und Kulinarik weit über seine eigenen Grenzen hin ausstrahlt.

Wer indische Kochtraditionen nicht kennt, wird sich auch schwer damit tun, die pakistanische oder ceylonesische Küche zu verstehen. Auch die Küchen des Extrembergsteiger- und Dschungellandes Nepal sowie jene von Bangladesch (Ostpakistan) oder den Malediven mit ihren 19 Atollen und 2.000 Inseln stehen bei aller Unterschiedlichkeit in Klima und Lage ganz eindeutig in jener auch für einen so schillernden Kontinent wie Asien einzigartigen Tradition: nämlich jener, Gerichte nicht wie üblich auf Fleisch, Fisch und Geflügel, ja nicht einmal in erster Linie auf Reis, Getreide und Gemüse, sondern hauptsächlich auf Gewürzen und Aromaten aufzubauen.

Während sich die Aromaten – allen voran Rosenwasser und Rosenessenz – vorzugsweise in den Nachspeisen entfalten, bilden die Gewürze gewissermaßen das starke Rückgrat der hocharomatischen Küche Mittelasiens, die allerdings durch ein starkes kulinarisches Nord-Süd-Gefälle geschmacklich deutlich akzentuiert ist.

Was den Umgang mit diesen Gewürzen betrifft, so verwendet man dieselben im Norden beispielsweise lieber in gemahlenem Zustand, während man sie im Süden mit geradezu feuriger Leidenschaft gemeinsam mit gekochten Zwiebeln und anderen Zutaten zu aromatischen Pasten zerstampft. In Nordwestindien und Pakistan (dem früheren Westpakistan) schätzt man eher aromatisch-duftige Gerichte, weswegen europäische Gaumen sich mit Gerichten aus der nördlichen Hemisphäre des Subkontinents auch meist leichter anfreunden können als mit jenen des Südens.

Der Süden Indiens steht nämlich – in Bangladesch, dem einstigen Ostpakistan, das früher zur ostindischen Provinz Bengalen gehörte, ebenso wie in der südindischen Provinz Madras und der tropischen Inselküche Sri Lankas – im Zeichen besonders scharfer Gerichte, an die man sich als Europäer erst allmählich gewöhnen muss, selbst wenn sie durch großzügige Verwendung von Kokosmilch oder „kühlender" Früchte einigermaßen „entschärft" werden. Außerdem kocht man im Süden lieber (vor allem bei Fischgerichten und Meerestieren) mit dem außerordentlich aromatischen Senföl, während das klassische Fett des Nordens Ghee (geklärte Butter) ist.

Reis wiederum ist vor allem im Süden, aber – Ausnahmen bestätigen die Regel – auch im nördlichen Kaschmir (wo er die besten Qualitäten erzielt) die sättigende Grundzutat der meisten Gerichte, während man sich in den übrigen Teilen Mittelasiens auf Weizen und anderes Getreide stützt. Das beschert Indien, im Gegensatz zur ost- und südostasiatischen Küche, eine großartige Brotkultur, deren berühmteste Vertreter wohl das **CHAPATI** genannte Fladenbrot, das oft mit Kichererbsen gefüllte **PARATHA** oder das tropfenförmige **NAAN** sind.

Gebacken wird das indische Brot entweder auf heißen Platten oder – wesentlich

Eine Reise
durch Asiens
Küchen

klassischer – auf den aus dem arabischen Raum nach Indien gelangten Tandoors, jenen hohen, bienenstockförmigen Lehmöfen, in deren Innerem mithilfe von Holzkohlen eine hocharomatische Gluthitze erzeugt wird, der die indischen Brote nicht nur ihre typischen, kohlrabenschwarzen Fleckmuster, sondern auch den unverwechselbaren Rauchgeschmack verdanken.

Ein Tandoor darf – so will es zumindest die Überlieferung – niemals ausgehen. Über Nacht werden daher auf der simmernden Glut die Linsen und Kichererbsen gegart, bis der Herd am nächsten Tag wieder auf volle Kraft erhitzt wird, um die ebenfalls über Nacht in Joghurt und Gewürzen marinierten Hühner- und Lammkeulen oder etwa auch einen pazifischen Plattfisch (z.B. den köstlichen Pomfret) aufzunehmen. Als besondere Delikatesse aus dem Tandoori-Ofen gelten jene „Paneer" genannten Frischkäse-Ziegel, die scharf angebraten und mit aromatischen Gemüsen sowie mit Joghurt, einer Lieblingszutat jeglicher indischer Küche, serviert werden.

Neben der ursprünglich aus Vorderasien übernommenen Tandoori-Tradition, die vom Westen her auf die indische Mogulküche einwirkte, gibt es auch viele andere, darunter etwa portugiesische Einflüsse, die etwa aufgrund der langen portugiesischen Kolonialherrschaft die an der Westküste liegende Provinz Goa geprägt haben, wo Spanferkel und Gänse fast wie auf der Iberischen Halbinsel munden. Tiefe Spuren hat – nicht nur in der Teekultur – beim (ausgezeichneten indischen) Gin und beim Currypulver, auch die britische Langzeitherrschaft hinterlassen. In jenen Landesteilen, wo viele Christen leben, erfreut sich auch das Schweinefleisch (beispielsweise jenes, das auf Vindaloo-Art mit hochgradiger Schärfe zubereitet wird) großer Beliebtheit.

Der Einfluss arabischer Küchen ist vor allem im islamischen Pakistan spürbar, während die meisten Küchen des asiatischen Subkontinents von einer besonders vegetarischen Ausprägung der hinduistischen und buddhistischen Lehre geprägt sind. Allerdings sind keineswegs alle Inder Vegetarier. Die diesbezügliche Strenggläubigkeit variiert von Region zu Region, von Kaste zu Kaste, von Sikh zu Parse und von Tamile zu Brahmane. Einzig der Genuss von Rindfleisch ist allen Hindus verboten, während sich bei den streng-islamischen Pakistani die Ächtung von Schweinefleisch und Alkohol mittlerweile wohl endgültig durchgesetzt hat. Weniger streng und martialisch in der Durchsetzung ihrer Gebote, aber ebenfalls vom sunnitischen Islam geprägt sind die Bewohner der Malediven, die entweder von Singhalesen oder von Arabern abstammen.

THAILAND UND MYANMAR (BIRMA)

Ein Siam-Curry isst man nicht mit Stäbchen

Der Süden Ostasiens ist der Kontinent der großen Gefühle. Er umschließt zahlreiche Länder und unzählige Inseln, allesamt voll von unerfüllten Sehnsüchten, mandeläugigen Schönen, edlen Freiheitshelden, unbesiegbaren Geheimagenten, furchtlosen Dschungelkämpfern, eiskalten Fremdenlegionären, korrupten Schurken, opfermütigen Rotkreuz-Schwestern, Missionaren mit Gewissenskonflikten und allen anderen Arten potentieller Filmhelden und -bösewichter.

Im Zentrum des ostasiatischen Subkontinents liegt Siam, hierzulande besser als Thailand bekannt, eine exotische Welt voller Düfte, Farben und Geheimnisse, die von Genießern aus aller Welt geschätzt wird. Sie speisen etwa auf der sonnendurchfluteten Flussterrasse des „Oriental" in Bangkog, des vielleicht berühmtesten Hotels der Welt; sie

Eine Reise durch Asiens Küchen

schlürfen Austern am Strand von Pattaya oder lassen sich auf der Trauminsel Ko Samui mit Langusten und Tropenfrüchten verwöhnen.

Während die benachbarte birmesische Küche mit ihren auf der Mischung aus Zwiebeln, Knoblauch, Ingwer, Kurkuma, Chilis (und einer getrockneten Shrimpspaste, die hier *Ngapi* oder *Blachan* heißt und äußerst sparsam verwendet werden sollte) basierenden Curries noch deutliche Spuren der indischen Küche aufweist, ist die thailändische mindestens von ebenso vielen chinesischen Einflüssen geprägt.

Die thailändische Küche ist, etwas verallgemeinert gesprochen, die goldene Mitte aus indischen Curries und chinesischen Wok-Gerichten. Dass Thailands Köche diese beiden sowohl kochtechnisch als auch geschmacklich schwer zu vereinbarenden Gegensätze zu einem eigenständigen, unverwechselbaren Kochstil zusammengeschweißt haben, hat der thailändischen Küche gerade in den letzten Jahren den Ruf eingetragen, ganz eindeutig zu den großen dieser Welt zu zählen, wovon sich mittlerweile auch viele europäische und amerikanische Spitzenköche wesentlich haben inspirieren lassen. Da das einst so abgelegene Thailand mittlerweile mittels Charterflug von Europa aus bequem im Nonstop-Flug erreicht werden kann, gibt es zudem immer mehr neugierige Urlauber und reisende Feinschmecker, die diese Einschätzung aufrichtig teilen. Der siamesische „Elefantenkopf", wie Thailand nach der eigenartigen Landesform mit dem langen „Rüssel" im Süden auch genannt wird, bietet 56 Millionen Menschen Raum und, in den südlichen Regionen der Halbinsel dank üppig-tropischer Vegetation, auch ausreichend Nahrung.

Da die Staatsreligion in Thailand der Buddhismus ist, hat die siamesische Küche eine unleugbare vegetarische Note, was allerdings – ähnlich wie in China – keineswegs bedeutet, dass man sich hier nicht auch glänzend auf die Zubereitung von Fischen und Meerestieren, Rind- und Schweinefleisch sowie Geflügel, vor allem der köstlichen, von den Chinesen übernommenen gebratenen Ente verstünde, die hier gerne mit dem pikantwürzigen Tamarindenmark verfeinert wird.

Was das Würzen betrifft, so hat die thailändische Küche von China die Sojasauce und von Indien die Großzügigkeit im Umgang mit *Phrik* (Chili) übernommen, den es hier in verschiedenen Farbschattierungen von leuchtend orange bis tiefrot gibt. Auch Korianderblätter, Gelbwurz, Minze, Basilikum und Kardamom, vor allem aber das Zitronengras von

Eine Reise durch Asiens Küchen

den Blättern des Kaffirbaums, das die Grundlage der berühmten siamesischen *Tom Yam Gung* (Garnelensuppe mit Zitronengras) bildet, sind aus thailändischen Gerichten nicht wegzudenken. Ganz spezielle Aromaten verwendet man für die äußerst elaborierten Erzeugnisse der siamesischen Patisserie, die vor allem mit Blütenextrakten, mit Jasminblüten eingekochten Sirupen und sogar mit Räucherstäbchen oder aromatisierten Kerzen arbeitet. Zu den besonderen Kuriositäten der thailändischen Küche gehört auch die so genannte **ESSBARE ERDE**, eine teigige, aus Silizium, Aluminium und Wasser bestehende Masse, die durch Metalloxide bunt eingefärbt wird.

Wie in China unterscheidet man auch in Thailand stark zwischen der Alltagsküche, wie sie in den Haushalten, auf den Straßen und vor allem auf den verschwenderisch bestückten Märkten praktiziert wird, und der von strengen Ritualen geprägten Luxusküche des siamesischen Königshauses, deren erklärtes Ziel es ist, möglichst viele verschiedene Geschmackskomponenten in einem einzigen Menü abzudecken. Die wichtigste Frage, die sich stellt, lautet daher nicht, welche Zutat mit welcher anderen optimal harmoniert, sondern wie man es schafft, den gesamten Geschmacks-Kosmos der thailändischen Küche auf einer einzigen Tafel unterzubringen.

Ein vollendetes siamesisches Menü muss daher sowohl scharfe als auch sauer-pikante, stark gesalzene und süße Gerichte beinhalten. Auch Kombinationen wie gesalzene oder mit Sardellen servierte Durian- oder Langsat-Früchte, Mangos, Orangen und Papayas, aber auch Speisen, die sowohl scharf als auch sauer schmecken, sind nicht nur erlaubt, sondern sogar erwünscht. Je höher das Prestige, das ein Gastgeber oder eine Gastgeberin zu verlieren hat, desto mehr Gerichte müssen serviert werden. Weniger Bedeutung wird der Auswahl der Getränke beigemessen. Wie überall in Asien wird auch in Thailand Tee serviert. Angesichts der tropischen Temperaturen erfreut sich jedoch auch *Nam Polaris* (ozonbehandeltes Mineralwasser) größter Beliebtheit. Biere wie *Singha*, *Kloster* oder *Amarit* sind in Thailand sehr teuer und gelten daher als Luxus. Wie in China werden auch in Siam häufig hochprozentige Getränke wie Whisky oder Cognac bereits zum Essen und nicht erst als Digestif serviert. Das Weintrinken hingegen ist in Thailand nicht besonders populär, obwohl gerade westliche Gourmets immer häufiger erkennen, dass die aromatische Vielfalt der thailändischen Küche hervorragend mit vollmundigen New-World-Weinen, etwa aus Australien, Neuseeland oder Südamerika, harmoniert.

Was die Abfolge der Gerichte betrifft, so hält man sich in Thailand an die auch in Europa bis ins 18. Jahrhundert übliche Sitte, alle Gerichte gemeinsam aufzutragen und dafür zu sorgen, dass möglichst kein Zentimeter der Tischfläche unter der Last der Teller, Töpfe und Schalen durchschimmert. Aus diesem Grund ist ein festliches Essen in Siam auch stets gemeinschaftliches Erleben. Tische, an denen weniger als sechs Personen Platz nehmen, wird man in Thailand kaum finden, auch wenn sich angesichts westlicher Touristenströme immer mehr Restaurants darauf einrichten, auch Zweier- und Vierertische zu bedienen. Die authentischsten sind das allerdings nicht.

Touristen, die zu einem thailändischen Curry Stäbchen verlangen, müssen übrigens damit rechnen, für Aufsehen und möglicherweise sogar für Lächerlichkeit zu sorgen. Stäbchen werden in Thailand nämlich nahezu ausschließlich zu Nudelgerichten gereicht, während das klassische thailändische Mahl, das noch in vielen Gegenden wie in Indien mit den Händen gegessen wird, heute meistens mit Gabel und Löffel bewältigt wird. Das Messer indessen ist als Esswerkzeug absolut tabu. Wie in der gesamten buddhistischen Hemisphäre gilt es als zu brutal für ein friedliches Mahl. Es ist daher in die Küche verbannt und hat bei Tisch absolut nichts verloren.

VIETNAM, LAOS, KAMBODSCHA

Das Reich der Ofenköpfe

Die zweite große Küche Indochinas ist die vietnamesische, die sich nach den Schrecken des Vietnamkriegs allerdings erst mühsam wieder neu konstituieren musste. Trotz der schweren Zeiten, die Vietnam und Kambodscha während des Indochina-Kriegs durchgemacht haben, gilt nach wie vor das alte annamitische Sprichwort, dass eine Vietnamesin sich vor allem durch vier Tugenden auszeichnen solle: *Kanh*, die Treue, *Ngón*, die Gabe, sich gewählt auszudrücken, *Dung*, natürliche Schönheit ohne Schminke und *Cóng*, die Fähigkeit, perfekt einen Haushalt zu führen.

Wie auch in Thailand sind die Grundpfeiler der Küche des 70-Millionen-Landes Fisch, Meeresfrüchte, Geflügel, Früchte, Gemüse, Gewürze und vor allem Reis, der auf den unübersehbaren vietnamesischen Reisfeldern, zumindest in Friedenszeiten, geradezu im Überfluss gedeiht. In Anspielung auf die beiden großen Flussdeltas mit der Bergkette dazwischen vergleichen die Vietnamesen ihr Land daher auch gerne mit zwei Reiskörben, die an einer gemeinsamen Stange getragen werden.

Stilistisch gibt es zwischen den Küchen Nord- und Südvietnams zahlreiche Unterschiede. Das unwirtlichere Klima des Nordens zwingt zur sparsamen Verwendung von Kräutern und Gemüse, was man durch den stärkeren Einsatz von schwarzem Pfeffer kompensiert, den man vor allem gerne mit jenen Rindfleischgerichten kombiniert, die noch ein Erbe der mongolischen Invasoren aus dem 13. Jahrhundert sind.

Im Süden Vietnams findet man indessen kaum noch schwarzen Pfeffer, dafür aber jede Menge scharfer Chilischoten, deren beißenden Geschmack man wiederum mit süßen Früchten abmildert. Aus dem benachbarten Kambodscha hat man in manchen Landesteilen auch die Vorliebe für scharfe Curries übernommen. Neben chinesischen, kambodschanischen, laotischen und mongolischen Inspirationen wirken in Vietnam bis heute die Einflüsse der Langzeit-Kolonialmacht Frankreich auf den Tafeln nach. Von den Franzosen hat der vietnamesische *Kon dan bep* (Koch, wörtlich übersetzt: Ofenkopf) beispielsweise gelernt, was in Asien sonst kaum anzutreffen ist: nämlich eine kräftige Rinderbrühe als Suppenbasis zu verwenden, die dann im als besonders nudelselig bekannten Vietnam mit Einlagen aus Weizen, Reis oder Mung-Bohnen verfeinert und als **PHO-BO** (Nudelconsommé) geschlürft wird. Gegessen wird, im Gegensatz zu Frankreich, allerdings mit Stäbchen, und zwar aus winzigen Schälchen, die im Laufe eines Menüs, das 30 bis 50 solcher Miniatur-Gänge beinhalten kann, nach und nach aufgetragen werden.

Zu den besonderen vietnamesischen Spezialitäten zählen neben *Mam tom,* einer aus zerstoßenen Flußkrebsen gefertigten Pastete von käseartiger Konsistenz, auch Omeletten aus Enteneiern, Pfannkuchen mit einer Fülle aus Bohnenkeimlingen, hartgekochten Eiern, Fleisch und Pilzen, Aufläufe aus Krebsen, Pilzen, Speck und Eiern sowie in Zuckerwasser gekochtes Schweinefleisch oder in Papayablättern mürbe gegartes Ragout vom Sumpfhirsch. Auch Wasserhühner, Quallen und selbst Eichhörnchen sind vor den Nachstellungen vietnamesischer Köche nicht sicher.

Da in der vietnamesischen Küche besonders fettarm gekocht wird, gilt sie als eine der gesündesten der Welt, und die dazu servierte Fischsauce *Nuoc cham* hat außer ihrem gewöhnungsbedürftigen Aroma einen durchaus diätetischen Effekt.

Eine Reise
durch Asiens
Küchen

Eine Reise
durch Asiens
Küchen

MALAYSIA, SINGAPUR,
INDONESIEN UND PHILIPPINEN

Unter dem Tropenmond

Wer jemals Joseph Conrad, Somerset Maugham, Graham Greene, Eric Ambler und wie sie alle heißen, gelesen hat, dem wird selbst ein Aufenthalt an der Long Bar des „Raffles" in Singapur wie ein Déjà-vu erscheinen. Irgendwie glaubt man, alles was einem dieser entlegene Teil der Welt zu bieten hat, in Gedanken und Träumen schon einmal durchlebt zu haben – und dann taucht man plötzlich tatsächlich in diese exotische Welt voller Düfte, Farben und Geheimnisse ein. Man streift durch Little India in Singapur und geht am besten immer dem Chili nach. Man schlägt sich in Bali vergeblich mit der Suche nach einer **INDONESISCHEN REISTAFEL** herum und erfährt irgendwann von einem mitfühlenden Kellner, dass man derlei lieber in Amsterdam als „Rijstaafel" bestellen sollte.

Aber auch ohne diese eher niederländische Spezialität bleibt die indonesische Küche die dritte große Küche Südostasiers und strahlt auch mit entsprechender Kraft auf jene des Inselstaats Singapur und das nördlich davon gelegene Malaysia aus.

Dass die Küche des moslemischen Malaysia, wie gerne behauptet wird, nichts anderes sei als eine indonesische Küche ohne Schweinefleisch, ist zwar eine gewisse Vereinfachung, geht aber dennoch nicht weit an der Wahrheit vorbei.

Die Küche des durch sein Food-Festival weltberühmten „Gourmetparadieses" Singapur zeichnet sich indessen dadurch aus, dass es hier fast nichts gibt, was es nicht gibt. Wer will, kann hier sowohl skandinavisch als auch schweizerisch, mexikanisch oder japanisch speisen. Durch den hohen chinesischen Bevölkerungsanteil sind jedoch vor allem die einzelnen Provinzküchen Chinas stark vertreten, in „Little India" isst man so gut indisch, wie es selbst in Indien nur selten gelingt, und selbstverständlich gibt es auch jede Menge ausgezeichneter malaysischer und indonesischer Restaurants.

Die 17.508 über den ganzen Archipel verstreuten Inseln können leicht darüber hinwegtäuschen, dass Indonesien das fünftgrößte Land Asiens ist, ein Achtel der Erdoberfläche umspannt und die Heimat von über 225 Millionen Menschen ist, die 300 unterschiedlichen ethnischen Gruppierungen angehören. Ein Abstecher in dieses geheimnisvolle Reich inmitten des Ozeans, das gerne mit einer Halskette aus Aquamarinen, Saphiren und Smaragden verglichen wird, ist für den Gaumenabenteurer also sowohl Faszination als auch Herausforderung.

Wie kaum eine andere Weltgegend wurde Indonesien durch die unterschiedlichsten Kolonialherren beeinflusst. Vier Religionen – Animismus, Buddhismus, Hinduismus und Islam – prägten das uralte Kulturland, das im Laufe der Zeit von Chinesen, Indern, Portugiesen, Holländern und Briten erobert wurde. Nicht zu vergessen der Einfluss arabischer Kaufleute, die neben dem Koran auch zahlreiche nahöstliche Rezepte, vor allem jene für Fleisch- und Geflügelspieße im Gepäck hatten.

Da die meistbesuchten Inseln Indonesiens Java, Sumatra und Bali sind, wird Indonesien gewöhnlich mit Reis assoziiert, wobei man leicht vergisst, dass Reis etwa auf den Molukken und in Neuguinea durch Sagopalmmehl, Süßkartoffeln und Cassava (Manioc) ersetzt wird.

Dennoch: Der Reis ist und bleibt das Leitmotiv der indonesischen Küche, um das sich ein ganzes Himmelreich von verführerischen Zutaten wie Curries von Fisch, Fleisch und Geflügel, feurige Sambals (scharfe Saucengerichte, oft mit Garnelen, Eiern, Tintenfisch oder Kokosmilch), hocharomatische Hühnergerichte, Satay-Spieße mit einer würzigen Sauce aus Chilis, Sojasauce, Sesamöl, Zitronensaft, Palmzucker und Kokosmilch, süß-sauer marinierte gegrillte Rippenspeere, Gado-Gado-Gemüse mit Erdnuss-Sauce, Garnelen-Crackers, gebratene Bananen und Reismehl-Waffeln gruppiert. Auch die indonesische Würzsauce **KECAP MANIS** hat später, wenngleich nach zahlreichen Metamorphosen, als Ketchup Weltkarriere gemacht.

Dass auch die am äußersten Rand Südostasiens gelegenen Philippinen von der kulinarischen Entwicklung im benachbarten Indonesien nicht unbeeinträchtigt blieben, versteht sich fast von selbst. Andererseits war das philippinische Inselreich mit seinen 7.017 Inseln und etwa ein Sechstel der indonesischen Flächenausmaße selbstbewusst genug, um eigenständige Küchentraditionen zu entwickeln. So kochen die Philippinos gerne mit Essig, Tamarindenmark und viel Salz, was ihren Gerichten stets eine besonders pikante, aber nicht zwangsläufig scharfe Note verleiht. Von den Spaniern wiederum haben die philippinischen Hausfrauen eine ausgeprägte Liebe für deftige Eintöpfe übernommen. *Adobo* beispielsweise, das nach der gleichnamigen Marinade benannte Nationalgericht der Philippinen, geht auf eine spanische Würzsauce zurück, die das Inselreich am Ende der Welt zu einem unverwechselbaren Gericht aus Hühner- oder Schweinefleisch mit viel Essig, Knoblauch, Pfefferkörnern und Lorbeerblatt weiterentwickelt hat.

Das klassische philippinische Frühstück – Reis und Fisch – hat im Laufe der Zeit eine, wohl ebenfalls durch die Spanier beeinflusste, Wandlung erfahren. Von ihnen lernten die Philippinos nämlich das Wurstmachen. Und so gibt's auf den Philippinen, ziemlich untypisch für Asien, schon zu früher Morgenstund' **LONGANIZAS,** herzhaft mit Pfeffer und Knoblauch gewürzte Schweinsbratwürste, die man nach dem Braten warmstellt, während man im Bratenfett den gekochten Reis dazu anröstet.

Eine Reise durch Asiens Küchen

CHINA

Acht Schätze und noch viel mehr

Die chinesischen Provinzen bilden mit einer Ausdehnung von 4.500 nord-südlichen und 4.200 west-östlichen Kilometern die sicherlich größte „Kochlandschaft" der Welt und können einem dank 1,3 Milliarden Essern tatsächlich als „gefräßiges Monster" erscheinen.

„Gefräßig" sind die Chinesen, zumindest dem Vernehmen nach, tatsächlich, wird ihnen doch nachgesagt, dass sie alles essen, was vier Beine hat, außer den Esstisch und alles was fliegt, außer ein Flugzeug. Der Satz bezieht sich auf die Vorliebe mancher Landesküchen für exotische Gerichte wie Schlangenfleisch, Bärentatzen, Bisamratten, Affenhirn und Uhufleisch, doch das sind letztlich eher Raritäten in einer an Facetten unendlich reichen Küche. Irgendjemand hat einmal behauptet, 80.000 chinesische Rezepte gezählt zu haben, doch es sind aufgrund der unglaublichen Wandlungsfähigkeit der chinesischen Köche sicher viel mehr, wahrscheinlich fast so viele, wie es Chinesen gibt.

Leider hatte die chinesische Küche im vergangenen Jahrhundert nicht gerade ihre kreativste Phase, da die letzten Kaiser mit ihrem Untergang und Mao Tse-tungs Kinder der Kulturrevolution mit ernsthafteren Problemen als dem Standard der chinesischen Küche zu kämpfen hatten. Tatsächlich muss man jedoch im Plural „der chinesischen Küchen" sagen. Denn eine chinesische Küche gibt es sowenig wie eine italienische, nur dass China mehr als 30 Mal so groß ist wie Italien und mehr als 20 Mal so viele Einwohner hat.

In Wahrheit sind Chinas Provinzen allesamt stattliche Länder mit unverwechselbarer Kultur und Eigenart. Die Größe des Landes unterstreichen auch die klimatischen Unter-

Eine Reise
durch Asiens
Küchen

schiede, die vom alpinen Hochgebirgsklima über das winterkalte, transbaikalische Klima bis hin zum Wüsten-, zum Savannen- und zum tropischen Regenwaldklima reichen. Und wenn man bedenkt, dass China neben seinem Festland allein 2.900 Inseln besitzt und außer der angestammten chinesischen Han-Bevölkerung noch 55 nationalen Minderheiten eine Heimat gibt, so lässt sich die Vielschichtigkeit in Kultur und Lebensstil des „Reiches der Mitte" einigermaßen vorstellen.

Als die köstlichste aller Provinzküchen gilt jene von Guangdong, die nach der Haupt- und alten Kaiserstadt Guangzhou (Kanton) auch kantonesische Küche genannt wird und für ihre Meeresfrüchte ebenso berühmt ist wie für die Dim-Sum-Küche, der kleinen meist mit Fleisch, Fisch und Meeresfrüchten gefüllten Klößchen und Häppchen, die in Bambuskörbchen gedämpft oder in Erdnussöl frittiert werden, bevor man ganze Stöße davon auf Trolleys durch weitläufige Dim-Sum-Restaurants von Tisch zu Tisch rollt.

Die Hafenstadt Shanghai gilt gerade in jüngerer Zeit wieder als Feinschmeckermetropole und bietet neben der leichten New-China-Cuisine der großen Hotelrestaurants auch so traditionelle Spezialitäten wie das ursprünglich in Lehm, heute aber in Teig gebackene Bettlerhuhn, die Acht-Schätze-Ente oder „betrunkene" Hühner und Garnelen an, die vor dem Garen stundenlang in Reiswein mariniert wurden. Auch das Trocknen von Speisen soll hier erfunden worden sein.

Beijing (Peking), die heutige Hauptstadt Chinas, hat in kulinarischer Hinsicht keinen ganz so guten Ruf, liegt sie doch nahe der mongolischen Wüste in einer berüchtigten Kältezone. Viele Gerichte – auch die berühmte **PEKING-ENTE,** von der vornehme Chinesen nur die besonders cross gebratene Haut in einem mit Hoisin-Sauce bestrichenen Pfannkuchen essen – sind ein Erbe der Mongolen. Eine besondere Spezialität dieser Provinz ist auch der Tianjin-Kohl, der zu Suppe oder auch zu gegrilltem Hammelfleisch gereicht wird. Die Märkte von Hangzhou, dem „Schlaraffenland am Westsee", hat schon Marco Polo gepriesen, ebenso wie die vielen Inseln, in deren romantischen Teehäusern man, umringt von Singvögeln und Papageien in bunten Käfigen, Dragon-Well-Tee trinkt und dazu **TUNG PO** isst, das zarteste Schweinefleisch der Welt, das so lange geschmort wird, bis es die Konsistenz von Sojakäse hat.

Eine der berühmtesten chinesischen Landesküchen ist jene von Sichuan, die wegen der

Verwendung des die Lippen betäubenden Bergpfeffers auch als eine der schärfsten der Welt gilt und die sich auch durch reichliche Verwendung von Ingwer und Koriandergrün als recht würzig erweist. Besonders beliebt ist die Ente auf Sichuan-Art, die über Teeblättern geräuchert wird.

Auch Yunnan hat seine Spezialität, nämlich einen der besten **SCHINKEN** der Welt, der – etwa unter der Marke Xuanwei – als eine Art chinesischer Parmaschinken verkauft wird. In Yunnan liegt auch die etwa 200 km von Kunming entfernte Schwalbenhöhle, in welcher Schwalben aus ganz Südostasien jene Nester bauen, welche die Grundlage der besonders kostspieligen **SCHWALBENNESTER-SUPPE** bilden. Sie wird vor allem in der Provinz Chiuchow, der deftigsten aller chinesischen Regionalküchen, in vielerlei Rezepturen, darunter auch einer süßen, verarbeitet. Eine weitere Spezialität der Chiuchow-Küche sind Gänse, deren Fleisch in Gänseblut gekocht wird.

Wer nach Gemeinsamkeiten dieser so verschiedenen Provinzküchen sucht, muss ein wenig Zahlenmagie betreiben. So spielt etwa die Zahl fünf eine nicht unerhebliche Rolle in allen chinesischen Küchen, wo es fünf verschiedene Schneidetechniken, fünf Getreidearten, fünf Fleischsorten, fünf Energien oder das in allen Provinzen beheimatete Fünf-Gewürze-Pulver gibt. Sogar was die stilbildenden Landesküchen betrifft, hat sich aus den unüberschaubar vielen Bewerbern mittlerweile ein Führungs-Quintett herausgebildet: Peking, Kanton, Shanghai, Sichuan und die (von Rotchina unabhängige und daher besonders nationalbewusste) Küche der Taiwan-Chinesen auf der Insel Formosa.

Eine Reise durch Asiens Küchen

KOREA (NORD UND SÜD)

Auf dem Tisch raucht der Kamin

Vieles, was für die japanische Küche gilt, kann auch von der koreanischen gesagt werden, und in der Tat sind viele Sushi-Gastronomen in Europa und Amerika in Wahrheit Koreaner. Etwas unscharf ausgedrückt, ist die koreanische Küche eine Mischung aus chinesischer und japanischer Küche; sie ist allerdings weniger fett als die chinesische und längst nicht so fischverliebt wie jene Nippons. Mit der sättigenden Begleitung von Reis, Reisnudeln und Sojakuchen werden in Korea viele Fleisch- und Grillgerichte angeboten. Viele dieser Gerichte werden in einem Spezialgeschirr, dem *Sin sul lo* (Feuertopf), zubereitet und zu festlichen Anlässen mit silbernen, ansonsten mit Stäbchen aus Messing, rostfreiem Stahl oder Porzellan (nicht aber, wie in China und Japan üblich, aus Holz) gegessen. Der *Sin sul lo* ist ein Topf mit einem Kamin in der Mitte, um den herum die Speisen in einer Vertiefung angerichtet werden. Der Kamin kann entweder klassisch mit Holzkohlen befüllt oder, in moderneren Varianten, auch mit Strom betrieben werden und ist nicht nur zum Garen, sondern auch zum Warmhalten geeignet.

Die meisten koreanischen Gerichte, allen voran das klassische **BULGOGI** (Feuriges Rindfleisch), aber auch gegrillte Rinderrippen, Rindfleischspieße mit Pilzen oder Rindfleisch-Stew sind scharf und werden mit viel Chili, aber auch mit Ingwer, Sesam und Knoblauch zubereitet. Zu fast allen Gerichten wird **KIMCHI** (pikantes, eingelegtes Gemüse) gereicht, das in den meisten koreanischen Haushalten nur ein- bis zweimal jährlich in riesigen Portionen zubereitet wird und sich monatelang hält. Hauptbestandteile des *Kimchi* sind Gurken, Chinakohl und Rüben, die in einer Marinade aus Fischsauce, Austernsauce, Salz, Zwiebeln, Knoblauch, Ingwer und Chili mindestens zwölf Stunden, oft aber auch tagelang fermentiert werden.

21

Eine Reise durch Asiens Küchen

JAPAN

Die Küche der aufgehenden Sonne

In der japanischen Gourmetwelt haben Sojasaucen-Verkostungen einen ähnlichen Stellenwert wie Weinverkostungen in Good Old Europe. Was auch nicht besonders erstaunlich ist, da Sojasauce gerade im „Land der aufgehenden Sonne" nicht irgendeine Zutat ist, sondern gewissermaßen das flüssige Fundament der Küchenphilosophie jenes wirtschaftlich und kulinarisch so einflussreichen Landes bildet, das zwar nicht größer als Kalifornien ist, allerdings aus vier Haupt- und 4.000 kleineren Inseln besteht.

Da in der japanischen Küche, mehr als etwa in der chinesischen, das Gebot des Eigengeschmacks vor jede andere Küchenmaxime gestellt wird, essen die Japaner viele Zutaten – auch und gerade Fische sowie Meeresfrüchte – gerne in rohem Zustand. Das setzt nicht nur absolute Frische voraus, sondern vor allem auch eine Möglichkeit, die Mahlzeit dezent, gesund und doch auch schmackhaft zu würzen. Was die Frische betrifft, setzen Japaner übrigens ganz andere Standards als Europäer und wollen den Inhalt ihrer **SUSHI** (häufig in Algenblätter gerollte Reisbissen mit Fisch- und Gemüsebelag) und **SASHIMI** (roher Fisch), beides meist in mit Wasabi (Meerrettich-Senf) verrührter Sojasauce sowie etwas eingelegtem Ingwer und geraffeltem Rettich serviert, maximal 48 Stunden nach dem Fang auf dem Teller sehen.

Dass die Japaner zu den gesündesten Menschen der Welt zählen, wird gemeinhin ihrer Vorliebe für Fisch, allem voran dem Lachs und dem feinen, fast rindfleischartigen *Akimi* (Thunfisch) zugeschrieben. Ebenso berühmt wie berüchtigt ist auch der **FUGU** (Kugelfisch) dessen Leber und Galle allerdings so hochgiftig sind, dass ihr Genuss zum sofortigen Tod des Essers und in Japan auch zu einer beträchtlichen Unfallrate mit tödlicher Fischvergiftung führt. In Restaurants dürfen den Fugu, der roh genossen wird und ähnlich wie Seeteufel schmeckt, daher nur Köche mit jahrelanger Ausbildung und einem entsprechenden Diplom zubereiten, was ihn auch zu einer ausgesprochen kostspieligen Delikatesse macht.

Das meiste, was die immer noch fischreichen japanischen Gewässer bieten, ist indessen harmlos und der Fischmarkt von Tokyo gilt mit Recht als der bestsortierte auf der ganzen Welt. Selbstverständlich wird Fisch nicht nur roh gegessen, sondern auch auf verschiedene Weise gegart zubereitet. Eine der schmackhaftesten davon ist **TEMPURA,** ein Gericht aus Meerestieren, Fisch- und Gemüsestücken, die in einem fast durchsichtigen Teig frittiert werden. Auch auf der heißen Platte des Teppanyaki-Grills spielen Lachs- und Thunfischsteaks eine wohlschmeckende Rolle.

Trotz ihrer Verliebtheit in die Schätze des Ozeans ist Japan auch auf seine autochthone Fleischspezialität, das weltberühmte **KOBE-RIND** stolz. Kobe-Rinder werden mit Bier bzw. Bierhefe gemästet und in regelmäßigen Abständen massiert, damit jede Muskelanspannung vermieden wird und das Fleisch weich, marmoriert und zart bleibt.

Das nach der Stadt Kobe benannte Fleisch kann im Sukiyaki-Stil (in einer Sauce mit Glasnudeln, Tofu und Gemüse gekocht) ebenso zubereitet wie im Teppanyaki-Stil auf der heißen Edelstahlplatte gebraten werden. Kobe-Beef kann aber auch Teil der zahlreichen **NABEMONO** (Eintopf-) Spezialitäten wie **SHABU-SHABU** oder **SUKI-YAKI** sein, verschiedenen Fonduearten, bei denen die Esser rund um eine wallend kochende Pilz- und Gemüsebrühe sitzen und hauchdünne Rinderscheiben mit Hilfe von Stäbchen eintauchen. Schließlich wird japanisches Rindfleisch, ebenso wie Huhn oder Schweinefleisch, auch gerne am Yakitori-Grill über Holzkohle gebraten.

Zu den Hauptgerichten werden in Japan interessanterweise die Suppen gezählt, wobei die **MISO-SUPPE** (aus aufgelöster Sojapaste) bereits Teil des klassischen japanischen Frühstücks ist, während die **RAMEN** genannte Nudelsuppe ein Snack für jede Tages- und Nachtzeit ist.

Eines der grundlegenden Merkmale der japanischen Küche besteht darin, dass ihre Liebe zur Ästhetik mindestens ebenso groß ist wie jene zum Wohlgeschmack. Wer jemals an einem vielgängigen Kaiseki-Dinner – dem großen Abendmenü – teilnehmen durfte, der versteht nach einem wahren Feuerwerk von wohldrapierten und -geformten kleinen Kunstwerken, warum die japanische Küche – nach der Kunst der Blumensteckerei – den Spitznamen „Ikebana-Küche" erhalten hat.

Eine Reise
durch Asiens
Küchen

Yin, Yang und die magische Fünf

ZUR PHILOSOPHIE DER ASIATISCHEN KÜCHE

Kochen für Leib und Seele

So maßgeblich Indochina und Japan an der Entstehung einer „Weltküche" mit asiatischem Einschlag beteiligt sein mögen, so unangefochten steht am Beginn des Asia-Booms unserer Tage die chinesische Kochkunst. Die größte „Kochlandschaft" der Welt hat die USA und Europa allerdings keineswegs mit ihrer Vorliebe für Exotika wie Schlangenfleisch, Bärentatzen, Affenhirn und Uhufleisch erobert, sondern vielmehr mit der ihr zugrunde liegenden Kochphilosophie.

Die wirkliche Gemeinsamkeit so unterschiedlicher Küchenstile wie der eleganten Kanton-Küche, der scharfen Sichuan-Küche, der fettreichen und in Süßigkeiten verliebten Peking-Küche, der deftigen Shanghai-Küche oder der raffinierten Taiwan-Küche ist die Idee, dass man nicht nur für den Körper, sondern auch für die Seele isst. Nur ein Essverhalten, das beidem Rechnung trägt, führt zur Harmonie der beiden wesentlichen Seinsprinzipien – dem (weiblich-empfangenden) Yin, das auch für Dunkelheit und Kälte steht, und dem (männlich-schöpferischen) Yang, dem auch Licht und Hitze zugeordnet werden.

Beide Prinzipien sind nicht wertend zu verstehen, sondern bedingen einander, um die menschliche Existenz zu vollendeter Harmonie zu führen. Ausgewogene Ernährung wird in China daher als Voraussetzung für körperliche und geistige Gesundheit betrachtet.

Auf die konfuzianische Ernährungslehre umgelegt bedeutet das: Der tägliche Speiseplan lässt sich aus den „heißen" Elementen des Yang und den „kalten" Zutaten des Yin heraus entwickeln. Heiß und kalt bezieht sich dabei jedoch nicht auf die Temperatur, mit der die Gerichte serviert werden, sondern auf die innere Struktur der Speisen. Yang gilt – ohne moralische Wertung – als positiver, Yin als negativer Pol, und nur wenn beide miteinander im Einklang stehen, sind Harmonie und Gesundheit gewährleistet. Ansonsten droht nicht mehr und nicht weniger als das Chaos.

Wer dem vorbeugen will, der halte sich getrost an ein paar Faustregeln: Kurz gebratenes rotes Fleisch, Chili, Ingwer, Zwiebel, Sojasauce, größere Bratenstücke, Huhn oder Erdnüsse werden dem heißen männlichen Bereich zugeordnet, während dem weiblichen Yin eher Gerichte wie Salat, Fisch, Haarkrebse, Wasserkastanien, Sellerie, Bambus, Tee, die meisten Früchte sowie alle gedünsteten, gedämpften und pochierten Speisen untertan sind. Da sich allerdings nicht alle Speisen direkt einem der beiden Pole zuordnen lassen, stehen zwischen dem Yin und Yang der Nahrung die so genannten „fünf Energien": kalt, heiß, warm, kühl und neutral.

Asiatische Küchenphilosophie

Gewürze für die Seelenwanderung

Kochen, Lebensweisheit und Religion stehen nicht nur in der chinesischen, sondern auch in der indischen Küche in engem Zusammenhang. „Prashad" lautet daher auch der Titel eines der bekanntesten indischen Kochbücher und bedeutet soviel wie „Opfer". Das Opfer, so lautet die allgemeine Überzeugung, das man den Göttern darbringt, erhält man als Speise wieder. Und in diesem Zusammenhang muss wohl auch betont werden, dass die unglaublich raffinierte, finessen- und facettenreiche sowie kochtechnisch oft extrem elaborierte Küche des indischen Subkontinents allen ökonomischen Fortschritten der indischen Technik-Industrie zum Trotz noch immer nur einer reichen Minderheit sowie interessierten Touristen aus aller Welt zugänglich ist.

Wie alle Lebensmittel gelten in Indien auch die Gewürze – und diese sogar in besonderem Maße – als Geschenke der Götter. Bereits die 3.000 Jahre alten Sanskritschriften weisen auf eine hochstehende Gewürzkultur hin. Das „Ayurweda", eine in Sanskrit verfasste indische Heilkunde, ordnete sogar jedem Gewürz eine heilende Funktion zu: dem Chilipfeffer beispielsweise seine verdauungsfördernde Wirkung, oder dem *Kurkuma* (Gelbwurz) seine hautschonenden und juckreizmildernden Kräfte.

Im Zeitalter vertieften Ernährungsbewusstseins stehen heute vor allem auch wieder die

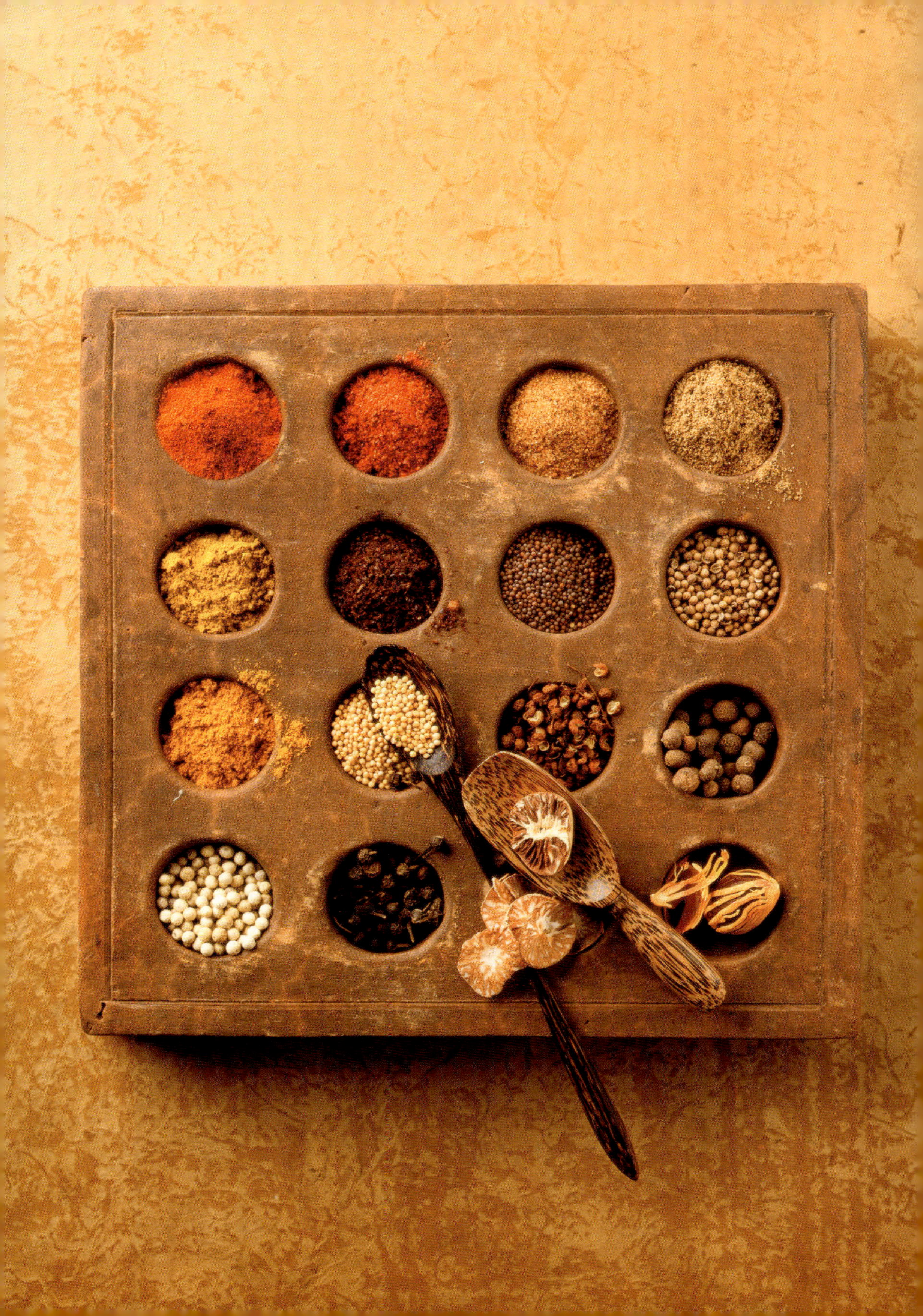

gesundheitsfördernden Würzwirkungen im Vordergrund. Durch wertvolle Inhaltsstoffe wie ätherische Öle, Gerbstoffe, Harze und organische Säuren, aber auch Vitamine und Mineralstoffe können Verdauungsbeschwerden gelindert, Herz und Kreislauf entlastet und die Speichel- und Magensaftausschüttung angeregt werden.

Gerade die asiatische Küche leistet in diesem Zusammenhang besonders würzige Dienste. Ist sie doch vor allem von der Suche nach vollendeten Harmonien geprägt, die einen gesunden Ausgleich zwischen Yin und Yang, Heiß und Kalt, Feucht und Trocken oder – wie in der 5-Elemente-Küche der Feng-Shui-Lehre – zwischen Holz, Feuer, Erde, Metall und Wasser fördern sollen.

Asiatische Küchenphilosophie

Restaurant oder Apotheke

Ist er Koch oder Arzt? / Ist dies eine Apotheke oder ein Restaurant? /
Fisch, Fleisch, Gemüse, Frühlingszwiebel und Porree: / Köstliche Gerichte verbannen Tabletten und Pillen. / Nahrhafte Speisen sind das Mittel gegen alle Leiden.

Wenn Chinesen komplizierte Sachverhalte vermitteln wollen, so schreiben sie meist keine langen theoretischen Abhandlungen, sondern tun dies in Form von kurzen Gedichten wie diesem.

Präziser als in diesem poetischen Vergleich zwischen Koch und Arzt lässt sich die Einbindung des Kulinarischen in die Befindlichkeit des Menschen kaum auf den Punkt bringen. Die Chinesen essen nämlich, bei aller Lust an feinen Zubereitungen, nicht in erster Linie, um zu genießen, sondern um bei guter Gesundheit und kräftiger Potenz ein hohes Alter zu erreichen. Jede Zutatenkombination hat einen tieferen Sinn und selbst scheinbare Grausamkeiten wie etwa der Verzehr von Affen, Katzen und Hunden haben ihren Ursprung nicht in Lieblosigkeit, sondern wurzeln in einem ausgeprägten Sinn für diätetische Harmonien und Disharmonien, von denen die essbare Welt eine wahre Fülle bereithält.

Essen und Trinken ist nicht nur in China, sondern in ganz Asien, immer auch Kommunikation und Ökonomie, Medizin und Religion, Alltag und Fest, Arbeit und Zeitvertreib zugleich.

Auch viele der besonders raren und teuren Delikatessen dienen daher nicht in erster Linie dem Gaumenkitzel. Schwalbennester oder Bärentatzen, aber auch Seegurken und andere exotische Raritäten kauft man in China nicht im Delikatessengeschäft, sondern in der Apotheke, da man sich von den meisten dieser „Köstlichkeiten" besondere Heilwirkungen erhofft. So manches dient der Steigerung der männlichen Potenz, anderes soll Frauen im Kindbett oder durch Krankheit Geschwächte wieder aufrichten und ihnen neuen Lebensmut geben. Kurzum: Der medizinische Charakter steht im Vordergrund. Und wenn es dann auch noch gut mundet, nimmt man das gerne in Kauf.

All das soll freilich nicht davon ablenken, dass die Chinesen in vielen kulinarischen Belangen ein besonders ausgeprägtes Produktverständnis haben, das mitunter auch erheblich von unseren westlichen Vorstellungen abweicht. So gilt ihnen beispielsweise der Süßwasserfisch mehr als das Meeresgetier, weil man in Karpfen und Amuren, die in klaren Bergseen gefischt werden, offensichtlich mehr hygienisches Vertrauen setzt als in den Fischfang vor den Küsten der doch eher verschmutzten Hafenstädte. Ähnliches gilt auch für die Schaltiere: Da mag der Hummer hundertmal als König der Meere besungen werden, für einen Süßwasserkrebs von ähnlicher Dimension (ja, das gibt es in den chinesischen Binnengewässern) ist der chinesische Schlemmer noch allemal bereit, mehr zu bezahlen. Und wenn er ihn nicht bekommt, so würde er alles dafür geben, doch wenigstens einmal im Leben in seinen Genuss zu kommen.

Asiatische
Küchen-
philosophie

Die Magie von Zahl und Form

Trotz aller Verschiedenheiten der chinesischen Provinzküchen lassen sich doch auch gemeinsame Klammern wie etwa gewisse grundsätzliche Küchen- und Schneidetechniken erkennen, wobei die offensichtlichste Gemeinsamkeit darin besteht, dass man von Nord- bis Südchina generell mit Stäbchen isst. Ein anderes Leitmotiv, das sich wie ein roter Faden durch die chinesische Kultur zieht, ist die magische Bedeutung der Zahl fünf, die auch in der Küche eine große Rolle spielt. So ist etwa die meistverwendete chinesische Gewürzmischung das so genannte „Fünf-Gewürze-Pulver". Außerdem unterscheiden die Chinesen auch fünf Getreidearten, fünf Fleischsorten, fünf Energien sowie – last not least – fünf stilbildende Landesküchen: die Beijing- oder Peking-Küche, die Guangdong-Küche, die Shanghai-Küche, die Sichuan-Küche und die Formosa- oder Taiwanküche.

Doch es ist nicht nur die Fünf, die die Chinesen magisch berührt. Man denke etwa nur an die „Acht Schätze", eines der berühmtesten chinesischen Gerichte. Die Japaner wiederum haben aus dem 5-Gewürze-Pulver ein 7-Gewürze-Pulver gemacht – und setzen damit ebenfalls auf eine magische Zahl. Dennoch gibt sich die japanische ähnlich wie die koreanische Küche eher diesseitig als abergläubisch. Auch hier spielt der Zusammenhang von Lebensweisheit und Wohlsein eine große Rolle. Yakuzen – so lautet das Zauberwort, das Geschmack mit Zuträglichkeit und daher auch Feinschmeckerei und Medizin in unmittelbaren Zusammenhang stellt. Dazu gesellt sich in Japan allerdings, mehr als in allen anderen asiatischen Ländern, ein besonderes Bedürfnis nach Vollendung nicht nur im Inhalt, sondern auch in der Form der Gerichte.

In Japan findet die erste und wichtigste „Qualitätskontrolle" eines Gerichts immer mit den Augen statt: Allein an der Farbe eines Thunfischs merkt der Kenner bereits, ob der Koch ein Meister seines Faches ist oder sich auch problemlos mit dem Zweitbesten zufrieden gibt. Ein Koch, der auf sich hält, wird in Japan stets bestrebt sein, mit dem besten Inhalt (Rohprodukte, Zutaten) zwar sparsam umzugehen, dafür aber die ideale Form zu finden. Dass dieses Streben bei allem Essvergnügen letztlich zu einer Ritualisierung des Mahles führt, wird dabei gerne in Kauf genommen. Gerade die Japaner lieben schließlich Rituale. Den Chinesen wiederum sagt man nach, sie hätten traditionell drei große Wünsche an ihre irdische Existenz: Glück, ein langes Leben und Reichtum. Zumindest zwei davon lassen sich durch gutes Essen zweifelsfrei entscheidend beeinflussen.

Eine kleine asiatische Menüphilosophie

Asiatische Köche machen es europäischen Genießern nicht immer leicht, neben ihrer Essweise (Hand oder Stäbchen) auch die Speisefolgen zu übernehmen. Wer gewohnt ist, vom Leichten zum Schweren hin zu essen und ein Menü mit Suppe und Salat zu beginnen, um es irgendwann mit einem feinen Dessert enden zu lassen, der wird den asiatischen Zugang zur Kulinarik nur schwerlich verstehen. So ist es in China zum Beispiel üblich, ein Menü mit knusprigen Spanferkelkrusten oder krachend-knackiger Entenhaut zu beginnen, während sich das dazugehörige Fleisch erst am Schluss des Menüs in einem eigenen Reis-Gang wiederfindet. Nicht minder überrascht wird auch sein, wer zu einem vielgängigen kantonesischen Kaisermenü eingeladen ist und in schöner Abfolge stets einen sauren und einen süßen Gang vorgesetzt bekommt. Den Abschluss bilden in China stets Suppe oder Reis, kaum jemals ein Dessert (und auch nicht Käse, den die Chinesen, wie alle Milchprodukte, mehrheitlich nicht vertragen).

Wer schon einmal selbst in China gespeist hat, der weiß, dass es absolut nichts Ungewöhnliches ist, dass auf einem Tisch gleichzeitig süß-saurer Karpfen, Taube, Rindfleisch, ein Reisgericht, ein Nudelgericht und eine knusprige Ente serviert werden und jeder sich von all den Tellern nach Lust, Laune und individuellem Gusto bedient. Während es in Europa als unvornehm gilt, vom Teller des Nachbarn zu naschen, trachtet in China meist jeder der Tischgenossen danach, möglichst von allen zu kosten. Die Variationsbreite des Angebots ist (zumal in den Großstädten) ja auch entsprechend vielfältig. Obwohl die Chinesen überreich mit Fischen und Meerestieren aus pazifischen Gewässern gesegnet sind, stehen diese Produkte hier allerdings längst nicht in so hohem Ansehen wie im benachbarten Japan. Im Zweifelsfall wird ein Chinese einen exzellenten Karpfen oder einen gut gewachsenen Süßwasserkrebs immer für edler halten als Steinbutt oder Hummer. Ein ganz besonderes Nahverhältnis haben die Chinesen auch zu „allem was fliegt" entwickelt, und zwar von Huhn und Ente bis hin zu Taube und Wachtel. Großer Beliebtheit erfreuen sich auch Rind- und Schweinefleisch. Auch Lamm- und Wildspezialitäten finden sich auf vielen Karten.

Asiatische Küchen-philosophie

Wer nun glaubt, die Asiaten liebten nun einmal das Tohuwabohu auf der Tafel und als einziges Gebot gälte, zwischen all den nebeneinander aufgestellten Gängen nur ja kein Stückchen Tischplatte oder Tischtuch durchschimmern zu lassen, der irrt.

Gerade die chinesische Speiseneinteilung kennt sehr wohl einen strengen Aufbau, doch unterscheidet sie nicht wie bei uns Vorspeisen, Hauptgerichte und Desserts, sondern *Fan* (Getreidegerichte), *Cai* (Fleisch-, Fisch- und Gemüsegerichte) sowie *Xiao chi* (kleine Schnellimbisse). Der Kombination von Vorspeisen, Zwischengerichten, Beilagen, Hauptspeisen und Desserts sind in der chinesischen Küche also kaum Grenzen gesetzt. Am Schluss eines Menüs sollte sich dann fast wie von selbst einstellen, was auch uns Europäern wichtig ist: Harmonie.

In einer Küche, die so sehr in die harmonische Kombination von süßen und sauren Aromen verliebt ist wie die chinesische, hat es allerdings das sehr Süße für sich genommen ebenso schwer wie das sehr Saure. Die chinesische Küche hat daher am Sektor der Desserts und Mehlspeisen nicht dieselbe Vielfalt aufzuweisen wie auf allen anderen Gebieten.

Dennoch gibt es in allen asiatischen Ländern süße Spezialitäten, die freilich wenig mit den europäischen „Mehlspeisküchen" zu tun haben, sondern vor allem Früchte, Gemüse und Getreide als Basis haben. Das beginnt bei den vorzüglichen persischen Kombinationen von süßem Reis und Rosenwasser, es setzt sich in der Liebe der Inder zu süßem Karotten- und anderem Wurzelkonfekt fort. Viele chinesische Süßspeisen wiederum entstammen dem Bereich der Dim-Sum-Küche, sind also eher als kleine, süße Zwischengerichte zu betrachten, die man zum Tee nimmt oder als kleinen Imbiss genießt. Eine große Tradition hat China auch im Umgang mit Gelatine und Puddingpulver entwickelt, auf deren Basis geschickte chinesische Köche ganze „süße Landschaften" mit Teichen, Schlössern und Gärten zu komponieren verstehen. Und schließlich erweist sich, vor allem in Südchina, der Reichtum an exotischen Früchten als ein nimmerversiegender Quell an „verboten guten" Dessert-Ideen.

In einer zunehmend globalisierten Welt verwischen sich, auch wenn man in Peking kaum jemanden mit Messer und Gabel, dafür aber in Wien, Berlin oder Mailand jede Menge junger Leute mit Stäbchen essen sieht, auch die Grenzen zwischen Ess-Sitten und Essritualen. Die asiatische Küche stellt einen geradezu unerschöpflichen Fundus an Gerichten bereit, die für Körper und Seele zuträglich sind. Und an der Reihenfolge, in der man dieselben zu sich nimmt, wird das Gleichgewicht zwischen Yin und Yang gewiss auch in „Good Old Europe" nicht scheitern.

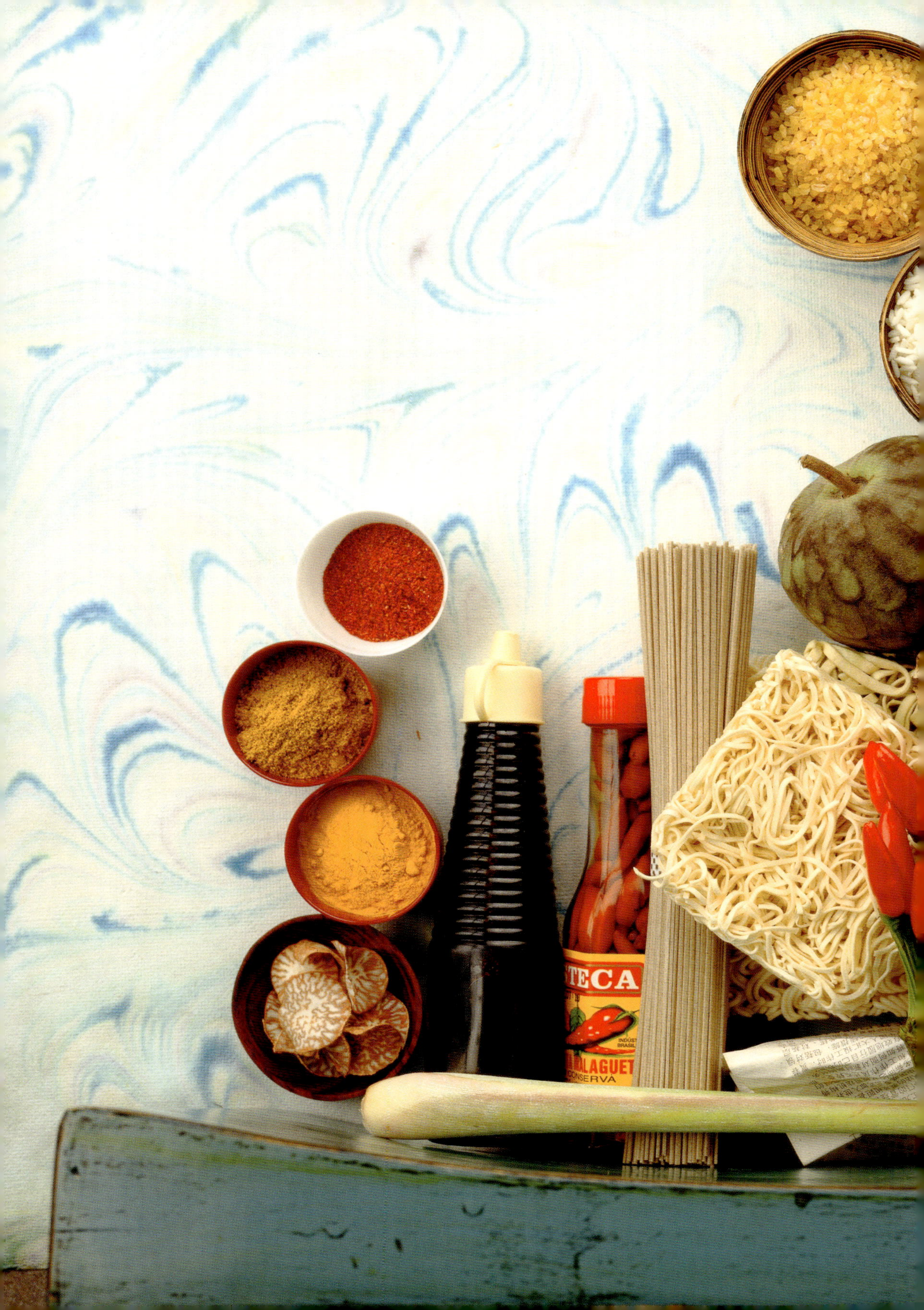

Von Algen bis Zitronengras

DAS ABC DER ASIATISCHEN WARENKUNDE

Asiatische Warenkunde

Algen

An Algen und Algenprodukten, die nach Verarbeitung in mehr oder minder anspruchsvollen Küchen trachten, herrscht am Weltmarkt wahrlich kein Mangel. Allein von den getrockneten Nori-Algen werden alljährlich rund 18 Milliarden Stück in der perforierten „Loseblattform" verkauft. Aber auch andere Sorten sind am Markt: Arame *(Eisenia bicyclis)* beispielsweise – in Europa auch als See-Eiche oder Braunalge bekannt, aber praktisch ungenützt – ist eine unentbehrliche Zutat jeder wirklich wohlschmeckenden Miso-Suppe. Und der in Japan Kombu genannte Kelp, der täglich 30 Zentimeter wächst und bis zu 120 Meter hoch wird, dient als dezente Würze anspruchsvoller japanischer Gerichte, die gerne mit getrockneten Bonito (Thunfisch)-Flocken kombiniert wird.

Algen

Wichtige Algensorten und -produkte sind:

AGAR-AGAR Der so genannte „japanische Fischleim" wird aus Braun-und Rotalgen gewonnen und ist als Bindemittel in zahlreichen Puddingpulvern, Backhilfen und Speiseeisen vertreten.

ARAME Die auch *Eisenia bicyclis* genannte „See-Eiche" eignet sich wegen ihrer geschmeidigen Konsistenz und angenehmen Würzigkeit vor allem als Zutat für Suppen.

DULSE Auch *Rhodymenia palmata* genannter Seetang von der Atlantik- und Pazifikküste. Wird unter Kennern wegen seines spinatartigen Geschmacks geschätzt.

HIJKI Der auch *Hizikia fusiforme* genannte Seetang ist in frischem Zustand braun, in getrocknetem schwarz. Die japanische Küche verwendet ihn vor allem in der Kombination mit Tofu und Zwiebeln, aber auch als Würze für frittierte Gerichte.

KOMBU (auch: **KELP** oder **LAMINARIA**). Zählt zu den Braunalgen und ist eine der gebräuchlichsten Gemüsesorten aus dem Meer. In der japanischen Küche wird sie aufgrund ihres hohen Glutamatgehalts gerne als Würzmittel für Fleisch und Fisch verwendet, aber auch als Grundlage für Tee und nicht zuletzt für Dashi, die berühmte Suppe mit getrockneten Thunfischflocken und Kelp.

NORI Die beliebteste Form des essbaren Meeresgemüses wird vorgeröstet in schwarzgrünen, pergamentartig anmutenden Bögen geliefert und ist – bissfest und „crispy", aber mit leicht süßlichem Geschmack – die klassische Sushi-Hülle schlechthin (s. dort). Klein geschnittenen Nori kann man auch als Würzmittel für Reis-, Nudel- und Salatgerichte verwenden. Unter allen Algen gilt Nori aus ernährungsphysiologischer Sicht als am wertvollsten. Es gleicht bei Frauen ein allfälliges Ungleichgewicht zwischen Yin und Yang aus und verbessert das Blutbild. Nur bei Schilddrüsenproblemen sollte man wegen des hohen Jod-Gehalts von Nori vorsichtig damit umgehen.

WAKAME Der auch *Undaria pinnatifida* genannte Seetang wird sowohl getrocknet als auch frisch verwendet und gilt wegen seines ausgeprägt milden Geschmacks als beliebte Zutat der Miso-Suppe. In Japan isst man auch gerne frittierte Wakame-Chips.

Gemüse und andere pflanzliche Nahrungsmittel

AUBERGINE Die klassische asiatische Eierfrucht wird in vielen Größen und Variationen angeboten, die von der winzigen Erbsenaubergine (*Makeur*) bis zur länglich-schlanken Aubergine reichen.

BAMBUSSPROSSEN (auch: Bambusschösslinge). Die kegelförmigen Sprossen verschiedener Bambus-Arten werden bis zu 25 cm lang und bilden, fein geschnitten und (mindestens 5 Minuten) gekocht, eine beliebte Gemüsezutat. In Europa fast ausschließlich als Dosenware erhältlich.

BANANENBLÄTTER Sie dienen in der asiatischen Küche sowohl als Tischtuch- als auch Tellerersatz und werden ob ihrer Größe oft mit zahlreichen Gängen belegt, die rund um eine Portion Reis gruppiert werden. Außerdem verwendet man Bananenblätter auch zum Einpacken von Fisch, Gemüse, Reis oder Fleisch für gedämpfte Gerichte.

BOHNEN Ähnlich wie der Reis sind auch die Bohnen (*Phaseoleae*) einer der wichtigsten Grundstoffe der asiatischen Küche. Bohnen erscheinen jedoch keineswegs nur als beliebte Zutaten zahlreicher Eintöpfe und Currys, sondern, wie etwa die MUNGBOHNE (als Ursprung der Glasnudel), die SOJABOHNE (in ihren zahlreichen Metamorphosen) und die ROTE BOHNE (als Ausgangsprodukt vieler fermentierter Aromaten und Würzsaucen) beweisen, in vielerlei Gestalt. Bohne ist freilich keineswegs gleich Bohne. Allein im Tal des chinesischen Schicksalsflusses Yangtse-Kiang ist man beispielsweise stolz darauf, gleich 17 verschiedene Sorten allein an roten Bohnen anbieten zu können. Neben den roten sind auch SCHWARZE BOHNEN (getrocknete Sojabohnen) eine ebenso beliebte wie aromatische Zutat, die nach dem Kochen und Fermentieren in stark gesalzenem Zustand in Gläser gefüllt wird. Um schwarze Bohnen weiter zu verarbeiten, muss man sie zunächst waschen und dann zerdrücken oder pürieren, um das angestrebte Aroma freizusetzen. Einmal geöffnete Gefäße unbedingt gut verschließen und kühlstellen! Für die

Erbsen und Bohnen

japanische Küche von besonderer Bedeutung sind die süßlich schmeckenden, ebenso festen wie kernigen AZUKI-BOHNEN, die man in guten Reformhäusern erhält.

CHINAKOHL (auch Selleriekohl) gilt nicht nur in China, sondern auch im benachbarten Japan als klassische Winterzutat für Eintopfgerichte. Wegen seines leicht senfartigen Geschmacks eignet er sich auch ideal für das eingelegte koreanische Kim-Chi-Gemüse.

EINGELEGTES GEMÜSE Nicht nur in Korea, wo das eingelegte Kim-Chi-Gemüse zu den Nationalspeisen zählt, werden Gemüse, Knollen und Wurzeln gerne durch Einlegen in Salz- oder Essiglake haltbar gemacht. Eingelegten Ingwer, Knoblauch, Rettich oder auch Raritäten wie die auch *Yamogobo* genannte japanische Bergkarotte findet man heute in jedem Asia-Shops.

ESSBARE BLÜTEN haben schon die alten Chinesen fasziniert, die mit Vorliebe Chrysanthemensalat auf den Speisezettel setzten. Essbar sind jedoch wesentlich mehr Blüten, die in der asiatischer Küche gerne als durchaus genießbarer Dekor verwendet werden.
Hier ein kleiner Überblick:
BLAUE BLÜTEN: Kornblume, Wegwarte, Lungenkraut, Rosmarin, Borretsch, Ysop und Ochsenzunge
VIOLETTE BLÜTEN: Veichen, Lavendel, Thymian, Salbei

Eingelegtes Gemüse (oben) und essbare Blüten

ROSAROTE BLÜTEN: Dost, Koriander, Brombeere, Knöterich, Wiesenklee
GELBE BLÜTEN: Königskerze, Wollblume, Hornklee, Portulak
ORANGE-GELBE BLÜTEN: Ringelblume, Kapuzinerkresse
GRÜN-GELBE BLÜTEN: Frauenmantel, Dille
ROTE BLÜTEN: Nelken, Rosen
TIEFROTE BLÜTEN: Klatschmohn, Goldmelisse, Kapuzinerkresse
WEISSE BLÜTEN: Kamille, Erdbeere, Himbeere, Gänseblümchen
VERSCHIEDENFARBIGE BLÜTEN: Rosen, Chrysanthemen, Herbstastern, Sommermargeriten, Dahlien

Asiatische Warenkunde

Verschiedenes Getreide

GERÖSTETE GETREIDE- UND GEWÜRZKÖRNER spielen in der asiatischen Küche eine große Rolle. Der Bogen der Möglichkeiten reicht von Reis, Sesam und Koriander über Hirse und Dinkel bis hin zu Gerste und Buchweizen. In Verbindung mit scharfen Gewürzen entwickeln geröstete Getreide auch Heilwirkungen, vor allem gegen Erkältungen.

GINGKO-NÜSSE Die Kerne der pflaumenähnlichen Frucht des asiatischen Gingkobaumes werden geröstet und auch als Würzzutat verwendet. Möglicher Ersatz: Haselnüsse.

GLUTEN Kleber-Eiweiß, das in Asien vor allem als Grundstoff für besonders stärkehaltige Mehle dient. Möglicher Ersatz: Maisstärke.

HAKUSAI s. Chinakohl

INARI Frittierte Tofuscheiben, die aufgeschnitten und mit Reis gefüllt werden oder auch als Suppeneinlage dienen können.

LOTUS Während die Lotusblume ein Symbol der Schönheit ist, sind jene Teile, die nicht blühen, in China ein Symbol des Wohlgeschmacks. Die auch Lotusnüsse genannten, erdnussgroßen Lotussamen stammen aus den Schoten des Riesenlotus und werden vor allem kandiert als Süßspeise, aber auch in Suppen verwendet. In (getrocknet angebotene) Lotusblätter schlägt man auch gerne ein beliebtes Dim-Sum-Gericht – gedämpften Reis mit Hühner- oder Schweinefleisch – ein, das durch diese mit Bast umwickelte Hülle ein geradezu überwältigendes Aroma erhält. Möglicher Ersatz: Weinblätter, Bananenblätter.

LOTUSWURZEL s. Wurzeln.

OKRA Aus Afrika stammendes, aber vor allem in der indischen und indochinesischen Currryküche beliebtes Gemüse.

PAK-CHOI (BOK-CHOY) Was auf europäischen Märkten als chinesischer Blätterkohl gehandelt wird, ist in Wahrheit nur eine von vielen Sorten der seit dem fünften Jahrhundert in Ostasien kultivierten *Brassica pekinensis*. In China selbst kennt und verwendet man auch noch andere Sorten wie etwa den grünen Pak-Choi oder den kleineren Shanghai-Pak-Choi.

Asiatische Warenkunde

SOJA ist nicht mehr und nicht weniger als die meistverspeiste Pflanze der Welt. Dass dem so ist, verdankt sie nicht zuletzt der daraus hergestellten Sauce. Die Sojapflanze selbst ist freilich noch älter als die entsprechende Sauce. Erstmals findet sie im chinesischen Schrifttum im Jahre 2838 v. Chr. Erwähnung. Es dauerte allerdings geraume Zeit, bis sie sich von Nordchina über den gesamten Fernen Osten ausbreitete. In Japan, das heute als Mutterland der Sojasauce gilt, war sie vor dem 6. Jahrhundert n. Chr. nicht bekannt und ihre hohe ernährungsphysiologische Bedeutung, die einen weltweiten Soja-Boom auslöste, wurde erst im 20. Jahrhundert nachgewiesen.

SOJASPROSSEN Was in Europa unter diesem gängigen Namen bekannt ist, sind sehr häufig nicht die Keime bzw. Sprossen der Sojapflanze. Die Sprossen entstammen vielmehr meist der Mungbohne, aus der auch die Glasnudeln hergestellt werden. Gesund und nahrhaft sind die Sprossen auf jeden Fall.

Sojasprossen

THAI-SPARGEL Besonders zarter, geschmacklich aber sehr ausdrucksstarker grüner Spargel von der Dicke eines Bleistifts.

TOFU Stark eiweißhaltiger Quark aus der geronnenen Milch von Sojabohnen. Wird in vielen Sorten, darunter als *Tofu pok* auch geräuchert angeboten. Tofu wird häufig als Seele der chinesischen Küche bezeichnet, die zwar aufgrund ihrer zahlreichen Enten-, Hühner-, Schweinefleisch- und Fischspezialitäten alles andere als vegetarisch, aber in ihrem Innersten doch von einem tiefen Respekt vor allen Lebewesen erfüllt ist. Angeboten wird Tofu meist entweder als weicher japanischer „Silken-Tofu" oder als fester Block-Tofu, beides in Folie verschweißt. Nach dem Öffnen sollte der Inhalt möglichst schnell verbraucht werden. (s. auch Inari).

WAKEGI Der Lauch von Schalotten wird nur kurz blanchiert und als Geschmacksgeber verwendet.

WASSERKASTANIEN Bissfestes, wässriges Gemüse aus den Stängelknollen des Wassergrases von nussigem Geschmack und kastanienartiger Form. Wird überwiegend in Dosen oder Gläsern mit Schraubverschluss angeboten. Lagert man sie nach dem Öffnen nämlich länger, muss das Wasser wöchentlich bis zweiwöchentlich gewechselt werden.

Delikatessen und exotische Zutaten

ABALONE Die auch Meer- und Seeohr, aber auch fälschlicherweise Irismuschel genannte Tiefseeschnecke *(Haliotis)* ist in Europa fast nur als Dosen- oder Tiefkühlware erhältlich. Die Abalone hat die Form einer Ohrmuschel und ist in allen warmen Meeren außer dem Westatlantik anzutreffen. Unter Kennern besonders begehrt ist auch die im Ärmelkanal vorkommende *Haliotis tuberculata,* eine von insgesamt 100 Arten der Haliotis. Abalonen können in der Küche nur schwer ersetzt werden. Ein denkbarer Ersatz wäre jedoch Tintenfisch.

BÄRENTATZEN gelten in China als Delikatesse und sind fast ausschließlich in getrocknetem oder tiefgekühltem Zustand erhältlich. Sie enthalten viel Gallerte und bedürfen mehrstündiger Garzeiten, um ihre geschmackliche Wirkung zu entfalten.

FROSCHSCHENKEL Die in ihrem Fleisch an Hühnerflügel erinnernden Keulen der Laubfrösche sind besonders in China eine beliebte Grundzutat. Die grausame Sitte, den Fröschen ihre Schenkel bei lebendigem Leib abzutrennen, ist jedoch mittlerweile verpönt und fast in Vergessenheit geraten. Mittlerweile werden Frösche nicht anders als Hühner geschlachtet.

FUGU Potenziell todbringende japanische Delikatesse (s. Fische).

HAIFISCHFLOSSEN werden ebenso wie die noch selteneren und kostbareren Haifischlippen in getrocknetem Zustand aufbewahrt und dann für die Weiterverwendung (vor allem in Suppen) eingeweicht. Helle Farbe ist ein positives Qualitätsmerkmal. Achtung: In den meisten Ländern ist der Genuss von Haifischflossen verboten. Dass man Haifischflossen-Suppe dennoch bei jedem Chinesen erhält, liegt daran, dass die Flossen üblicherweise durch Glasnudeln ersetzt werden, die ähnliche Konsistenz und Biss aufweisen.

HÜHNERFÜSSE Während man sie in Europa achtlos der Tiermehlverwertung preisgibt, gelten Hühnerfüße in China als Delikatesse und werden nach oft stundenlangem Schmoren, je nach Region mit mehr oder weniger pikanten Würzungen serviert.

SCHLANGEN Kobras und andere Schlangen werden in China zunächst kunstvoll enthäutet (wobei die Galle mit Süßwein vermischt als „Schlangenwein" ein beliebter Aperitif ist) und anschließend zu kräftigen Wintersuppen verarbeitet, geschmort oder gebraten. Schlangenfleisch ist kräftigem Hühnerfleisch nicht unähnlich und wird in China fast ausschließlich in speziellen Schlangenrestaurants angeboten.

SEEGURKE Auch Seewalze genanntes Meerestier von länglicher Form, das zu so genanntem *Trepang* sonnengetrocknet wird und 24 Stunden eingeweicht werden muss, um kochfertig zu sein.

TAUSENDJÄHRIGE EIER Sie sind sicherlich nicht tausend, auch nicht hundert und in Wahrheit nicht einmal ein Jahr alt – die legendenumwobenen Eier, von denen man nie so genau weiß, ob sie eigentlich eine Spezialität für Feinschmecker oder doch eher ein ebenso handfestes wie bewährtes Mittel gegen den Morgenkater sind. Fest steht lediglich, dass es sich dabei um Hühner- oder oft auch Enteneier handelt, die hundert Tage lang mit bestimmten Konservierungsstoffen wie alkalischem Schlamm, Asche, gemahlener Holzkohle oder Salpeter, aber auch mit Reishülsen und Teeblättern in Töpfen gelagert werden, bis der Dotter sahnig, das Eiweiß gallertig und der Geschmack so würzig ist, dass der eingelegte Ingwer, mit dem die Eier serviert werden, dagegen fast milde anmutet.

VOGELNESTER Das Nest der Salangan-Schwalbe besteht nur aus dem erstarrten Speichel des Tiers, der sich gut als Bindemittel eignet und daher vor allem in süßen und sauren Suppen aufgelöst wird. In der chinesischen Medizin gelten Schwalbennester als besonders gesund. Möglicher Ersatz: Bindung durch Reisstärke.

VOGELZUNGEN Während der Genuss von Nachtigallenzungen früher ausschließlich dem Kaiser von China persönlich vorbehalten war, ist er heute generell verboten. Vielfach werden aber, vor allem in Dim-Sum- und Garküchen, noch geschmorte Entenzungen angeboten.

Asiatische Warenkunde

Tausendjährige Eier

Fette

Die asiatische Küche ist vor allem von pflanzlichen Fetten geprägt. Die einzige Ausnahme davon macht der indische Subkontinent, der zum Kochen sehr häufig *Ghee* (geklärte Butter) verwendet.
Anbei die wichtigsten asiatischen Fette und Öle.
ERDNUSSÖL wird wegen seiner hohen Hitzebeständigkeit in den meisten fernöstlichen Küchen als Allzwecköl verwendet. Möglicher Ersatz: jedes andere gute Pflanzenöl.
GHEE Indisches Butterschmalz (geklärte Butter).
SESAMÖL Das hocharomatische Würzöl, auch *Goma Abura* genannt, das vor allem in der chinesischen Küche sehr beliebt ist, wird wegen seiner Intensität meist nur in sehr geringen Mengen verwendet.

Fische, Schaltiere und Meeresfrüchte

Von Makrele und Sardine bis Hummer, Flusskrebs und Jakobsmuschel fischt die asiatische Küche in durchaus ähnlichen Gewässern wie die europäische, wenngleich sie da und dort andere Schwerpunkte setzt. Der Pazifik birgt aber auch eine ganz eigene Meeresfauna, die in Europa jedoch nur schwer in wirklich frischem Zustand erhältlich ist. Hin und wieder verirrt sich noch der köstliche Pomfret (Brachsenmakrele), ein Blue Marlin oder ein Dolphinfisch (Goldmakrele, keine Delphinart!) auf europäische Märkte. Der sagenumwobenen Fugu (Kugelfisch), dessen Leber und Galle so giftig sind, dass er in Japan nur von Spezialisten mit mehrjähriger Ausbildung zubereitet werden darf – ward auf abendländischen Tafeln jedoch noch kaum jemals gesehen. Grundsätzlich darf aber bemerkt werden, dass sich mit Fischen aus europäischen Gewässern – vor allem mit solchen aus Wildfang – auch ganz ausgezeichnet asiatisch kochen lässt. Anbei zum Überblick ein kleines „pan-asiatisches" Fisch-ABC:

AJI Die Pferdemakrele ist ein extrem kalorienarmer pazifischer Fisch mit forellenähnlichem Fleisch.
BONITO s. Katsuo
BURI Der Gelbschwanzfisch verdankt seinen Namen einer etwa 1 cm breiten Linie, die über die gesamte Körpermitte bis hin zu den vollständig gelben Schwanzflossen verläuft. Kleinere Gelbfische werden zu Sashimi verarbeitet, größere (ca. 1 m) gebraten, gekocht oder gegrillt.
EBI Die Garnele gilt als Grundlage aller Tempura-Gerichte und wird von den Japanern vor allem in Form der Tigergarnele (engl. *tigerprawn*) gegessen, die man an ihrem lila-braunen Streifenmuster erkennt.

Garnelen und Meerkrabben

FUGU Der im Westen vor allem durch seine „Hauptrolle" in der Krimiserie „Columbo" bekannt gewordene Kugelfisch ist eine sehr teure Gourmetspezialität, für deren Zubereitung japanische Köche nach langer Ausbildung ein eigenes Zertifikat erwerben müssen. Die Fischleber enthält nämlich ein tödliches Gift und muss daher mit geradezu chirurgischer Sorgfalt entfernt werden, bevor das Fugufleisch, zumeist als Sashimi-Spezialität, serviert werden darf.

Asiatische Warenkunde

HAMAGURI Venusmuscheln versinnbildlichen Harmonie und werden in Japan daher gerne zu großen Familienfesten, vor allem Hochzeiten, entweder als Sashimi oder gegrillt mit Teriyaki-Sauce serviert.

HOTATEGAI Die Jakobsmuschel wird wegen ihres delikaten Fleisches auch in Japan geschätzt und meist roh als Sashimi-Gericht gegessen.

IKA Die Japaner verwenden von den zahlreichen Tintenfisch-Arten am liebsten den *Surume-Ika* mit seinem 20–30 cm langen Rumpf, der sowohl für Sashimi verwendet als auch anderweitig verarbeitet und u.a. auch eingelegt werden kann.

IWASHI Die japanische Sardine mundet am besten mit Sojasauce und Ingwer, oder aber – ganz frisch – auch roh.

KARPFEN Wie beliebt der Karpfen in China ist, merkt man nicht zuletzt daran, dass „Li" – die Bezeichnung für Karpfen – auch einer der beliebtesten chinesischen Männervornamen ist. Für viele Chinesen gelten Süßwasserfische ganz generell den Meeresfischen als überlegen, weil sie aus den saubereren Gewässern stammen.

Sardinen

KATSUO Der Blaufisch oder japanische Bonito ist ein stromlinienförmiger Fisch mit schwarzen Streifen, der sehr fettarm, aber dennoch äußerst wohlschmeckend ist. Wer im Besitz eines *Katsuobushi* („Blaufisch-Rasierers") ist, kann mit dessen Hilfe das gedämpfte und getrocknete Bonito auch zu würzigen Flocken schaben, die später als Suppenbasis dienen.

SABA Die Makrele ist ein fetter, aber auch in Japan sehr beliebter Fisch, der (vor allem in Form von Sashimi) schnell verzehrt werden sollte, da er sich nicht lange frisch hält.

SAKE bedeutet nicht nur Reiswein, sondern auch Lachs. Die Japaner ziehen (wie übrigens auch die Nordländer) jenen Lachs vor, der gerade flussaufwärts wandert, da sein Fettgehalt dann niedriger ist als im offenen Meer. Als Spezialität – vor allem für die Sushi-Zubereitung – gilt auch der *Ikura* oder *Sujiko* genannte Lachs(= Keta)kaviar.

SASHIMI In Japan roh genossenes Filet von Meeresfischen.

SURIMI Die „gewaschene Fischmasse" aus Fisch- und Krebsfleisch wird zu kleinen Stangen gepresst und spielt vor allem in der japanischen Sushi-Küche eine große Rolle.

TAI Die Seebrasse gilt in Japan als „Königin der Fische" und wird zwischen 30 und 120 cm lang. Die kleineren Fische sind jedoch vorzuziehen.

THUNFISCH Als bester Thunfisch gilt der hellfleischige, maximal 30 kg schwere Albacore, der auch als Weißer Thunfisch oder Langflossenthun bekannt ist und warme Meeresgewässer bevorzugt. Verbreiteter ist da schon der sich vorzugsweise in Pazifik, Ostatlantik und Mittelmeer tummelnde und bis zu 900 kg auf die Waage bringende Rote Thunfisch *(Thunnus thynnus)*, dessen vitaminreiches, rötliches Fleisch an ein gut abgelegenes Filetsteak erinnert. Unter Gourmets mindestens ebenso angesehen ist der kleine „Bonito", und last, but not least, zählt auch noch unser guter alter „Steckerlfisch", die Makrele, zur Thunfischfamilie. Der Thunfisch (jap. *Maguro*) wird von Aquaristen und Meeresbiologen vor allem wegen seines eleganten, spindelförmigen Körperbaus und seiner dunkelblauen Körperoberfläche geliebt, während er sein Ansehen bei den Fischgenießern vor allem seinem unumstrittenen Wohlgeschmack verdankt. Thunfisch lässt sich wie gutes Rindfleisch zubereiten und schmeckt ähnlich wie Kalbfleisch. Im Gegensatz zu Rind oder Kalb ist das beste Fleisch des Thunfischs jedoch jenes von Brust und Bauch, während der Thunfischrücken, im Gegensatz etwa zu einem zarten Kalbsrücken, eher an Trockenheit laboriert.

Unter den zahlreichen Thunfischarten liebt der japanische Genießer am meisten den nach einer schwarzblauen Linie auf dem Fischrücken benannten *Kuromaguro*, den so genannten „Schwarzen Thunfisch", der fast ausschließlich roh gegessen wird. Der delikateste (und fetteste) Teil dieses Thunfisches ist sein „Bauchfleisch" und wird auf japanisch *Toro* genannt. Das *Chu-Toro* (Zwischenstück) vermag europäische Gaumen meist mehr zu erfreuen, ebenso wie das *Maguro* genannte magere Stück, das seinen Namen auch mit der allgemeinen Bezeichnung für *Tuna* gemein hat.

TROCKENFISCHE Meist getrocknete Blaufische werden in Europa hauptsächlich als Katzennahrung angeboten, in Asien aber auch gerne als Würzmittel verwendet.

TUNA s. Thunfisch

Asiatische Warenkunde

Getrocknete Fische

Fleisch

Die Fauna des asiatischen Kontinents ist unerschöpflich, und entsprechend facettenreich ist auch der Reichtum an Wild- und Schlachtvieh. Besonders die Chinesen verstehen dieses Angebot, teils aus medizinischen, teils aus rituellen und – seltener – auch aus schieren Geschmacksgründen, entsprechend zu nützen.

Manche Tiere sind in einigen asiatischen Ländern (etwa die Kühe in Indien oder die Schweine in Arabien oder Malaysia) mit Tabus belegt, während sich gerade die Chinesen durch eine besonders tabufreie Küche auszeichnen, die auch mitunter vor dem Genuss von Katzen, Hunden, Uhus und Ratten nicht Halt macht.

Wie überall auf der Welt gibt es auch in Asien viele regionale Fleischspezialitäten, deren Aufzählung jedoch den Rahmen sprengen würde. Hier nur einige der wichtigsten davon:

PEKING-ENTE Im Gegensatz zur allgemeinen Meinung handelt es sich bei der Peking-Ente keineswegs nur um eine Zubereitungs- und Serviermethode nach einem bestimmten Rezept, sondern auch um eine ganz spezielle Flugentenzüchtung der Peking-Rasse. Eine echte Peking-Ente steht vom Zeitpunkt ihres Ausschlüpfens an unter ständiger züchterischer Kontrolle und wird nach allen Regeln der Kunst exakt 60 Tage aufgezogen, von denen sie an 40 jeweils 300 g Kichererbsen, Sorghumhirse und Weizenschrot zu sich nehmen muss. Nur so, sind die Chinesen überzeugt, erhält das Fleisch sein unverwechselbares Aroma und die Ente ihr Idealgewicht von 2,3 bis 2,7 kg, bei dem es ihr üblicherweise an den Kragen geht.

SHIMOFURI (jap.) Das Wort bedeutet soviel wie „Rauhreif" und bezeichnet ein besonders stark marmoriertes Rindfleisch wie beispielsweise das berühmte Kobe-Beef, das seinen besonderen Geschmack durch spezielle Massagen und Fütterung mit Biermaische erhält.

TUNG-PO-SCHWEIN Das kulinarische Wappentier der chinesischen Provinzhauptstadt Hangzhou ist das so genannte Tung-Po-Schwein, ein Gericht, welches nach einem Dichter der Song-Dynastie benannt ist und im Rufe steht, das zarteste Schweinefleisch der Welt zu liefern. Der Trick dabei: Das Fleisch wird so lange geschmort, bis es die Konsistenz von Soja-Quark hat. Dann füllt man es in Porzellantöpfchen und dämpft es dort so lange, bis es nahezu streichfähig ist.

YUNNAN-SCHINKEN Die Stadt Yunnan hingegen, in der sich auch eine der ältesten Kochschulen Chinas und damit der ganzen Welt befindet, ist gewissermaßen das San Daniele oder Parma des Fernen Ostens. Hier wird nämlich der luftgetrocknete Yunnan-Schinken hergestellt. Als eine der besten – übrigens auch im Westen erhältlichen – Marken gilt auch der **XUANWEI-SCHINKEN**, der schon seit Jahrhunderten über Singapur und Hongkong in alle Welt verschifft wird.

Asiatische Warenkunde

Früchte

Obwohl viele exotische Früchte ursprünglich (wie etwa auch der Chili) nicht asiatischer Abstammung sind, sind sie dennoch Teil jedes Früchtekorbs geworden, der zwischen Bangkok, Shanghai und Manila auf den Hotelgast wartet. Vor allem sind diese Früchte – als Zutaten oder als kunstvoll geschnitztes Dekor – auch zu unverzichtbaren Teilen der Asia-Küche geworden.

AFFENBROTFRUCHT Die auch *Baobab* genannte gurkenförmige Frucht besticht durch ihr kürbisähnliches Fleisch und ihren pikanten, süß-sauren Geschmack. Sie kann sowohl als Obst als auch als Gemüse Verwendung finden. Aus ihren Kernen wird auch ein wohlschmeckendes Öl gepresst.

AKI Quittenförmige Tropenfrucht mit gelbem Fleisch und pfirsichähnlichem Geschmack. Findet in der asiatischen Küche vor allem als Würz-Zutat indischer Curries Verwendung.

ANANAS Die Königin der Südfrüchte erhielt Christoph Columbus seinerzeit als Willkommensgeschenk der Ureinwohner von Guadeloupe. Mittlerweile ist sie weltweit in 46 Gattungen und 2.000 Arten vertreten, und ihr Fruchtfleisch schimmert fahl-hellgelb bis leuchtend-rotgelb. Je ausgeprägter die Schuppen der Schale, desto aromatischer ist die Frucht. Test: Die Ananas ist reif wenn sich eines der inneren Blütenblätter leicht herausziehen lässt. Vorsicht: Die Früchte sollten zwar kühl, aber möglichst nicht im Kühlschrank gelagert werden, weil sie sonst schwarze Flecken bekommen. Das Ananasferment *Bromelin* fördert die Eiweißverdauung.

ANNONE Auch *Cherimoya* genannte Flaschenbaumfrucht von den Antillen, die sich hervorragend für Fruchtsalate, Mehlspeisen, Puddings und Speiseeis eignet.

Achtung: Aufgeschnittene Früchte sofort mit Zitronensaft beträufeln!

AVOCADO Auch Alligatorbirne oder Butterfrucht genanntes Gemüseobst, das die spanischen Eroberer um 1600 bei den Azteken kennenlernten, die die Frucht *Ahuakatl* nannten. Trotz ihres Fettreichtums ist die Avocado ernährungsphysiologisch außerordentlich wertvoll und wird vor allem zur Bekämpfung von erhöhten Cholesterinwerten eingesetzt. Sie lässt sich als Püree hervorragend mit Meeresfrüchten kombinieren, ist aber auch für Suppen und Salate ausgezeichnet geeignet und kann in pürierter Form leicht eingefroren werden.

Ananas

Asiatische Warenkunde

BABACO Kernlose, leicht säuerliche Tropenfrucht, die mittlerweile auch in Italien angebaut wird. Sie ist mit der Papaya entfernt verwandt, schmeckt aber erfrischender.

BANANE Der Klassiker unter den Tropenfrüchten wird zwischen Indien und Neuguinea schon seit 10.000 Jahren angebaut und in den letzten Jahren immer häufiger auch in Spezialsorten angeboten, wie der besonders robusten Zucker- oder Babybanane, der saftig-aromatischen Apfelbanane und der am besten heiß zu essenden Rotbanane.

DATTEL Die hierzulande vor allem durch den heiligen Nikolaus populär gemachte Frucht der Dattelpalme war schon den alten Assyrern bekannt.

FEIGE Dass Buddha seine Erleuchtung unter einem Feigenbaum hatte, lässt es schon ahnen: Die Feige (auch: „Echte Feige" oder *Ficus carica*) ist eine der zentralen und vielseitigsten asiatischen Früchte und obendrein eine der ersten Pflanzen, die vom Menschen landwirtschaftlich und kulturell genutzt wurde. Als Heimat dieser bereits seit mehr als 11.000 Jahren kultivierten Pflanze gelten Vorderasien und Indien, die Feige wird aber mittlerweile auch in subtropischen und tropischen Ländern einerseits und im gesamten Mittelmeerraum andererseits angebaut. Feigen waren auch ein wichtiger Bestandteil der Ernährung in der Alten Welt. Auch beim biblischen „Baum der Erkenntnis" soll es sich um einen Feigenbaum gehandelt haben.

Datteln und Feigen

GUAVE Die Guave ähnelt der Zitrone, erinnert geschmacklich jedoch eher an Quitten und Birnen. Guaven können auch ungeschält gegessen werden und zählen zu den Vitamin-C-reichsten Früchten der Welt.

KAKI Die im Geschmack an Pfirsiche und Marillen erinnernde Frucht des zur Familie der Ebenholzgewächse zählenden Kakibaums stammt aus Ostasien und eignet sich am besten zum Rohessen.

KARAMBOLE Die vor allem in Malaysia angebaute Baumfrucht gehört botanisch betrachtet zur selben Familie wie der Sauerampfer und hat auch einen entsprechend hohen Säureanteil, der dem an sich eher neutral bis leicht süßlich schmeckenden Fruchtfleisch einen zusätzlichen Reiz verleiht. Wird wegen ihrer fünfeckigen Form auch gerne für Garnituren verwendet.

KIWI Die ursprünglich aus Asien stammende Frucht hat die Feinschmeckergaumen in aller Welt von Neuseeland aus erobert, wo sie nach dem Zweiten Weltkrieg auch in Plantagen angebaut wurde. Mittlerweile kommen viele Kiwis, auch Affenpfirsiche genannt, auch aus Italien oder Frankreich. Kiwis schmecken nach Stachelbeeren, enthalten doppelt soviel Vitamin C wie Orangen und sind auch reich an Vitamin E und Kalium.

KUMQUAT Die kleinsten Zitrusfrüchte der Welt stammen aus Südchina, sind meist nicht größer als Cocktailtomaten und nur etwa 15 Gramm schwer. Gourmets schätzen die pikante Säure in Verbindung mit den zart-delikaten Bitterstoffen. Kumquats eignen sich vor allem als Garnitur für verschiedenste Gerichte und Saucen, harmonieren perfekt mit Bitterschokolade, können aber (mit Schale) auch roh gegessen werden.

LIMETTE Die kälteempfindlichste unter den Zitrusfrüchten gedeiht nur in feuchten, tropischen Klimazonen und ist wegen ihres herb-säuerlichen Geschmacks und des unverwechselbaren Aromas des Barkeepers liebstes Mix-Obst.

LYCHEE Die schon vor 3.000 Jahren in Südchina kultivierte Frucht des immergrünen Seifenbaumes wird auch „chinesische Haselnuss" genannt, riecht wie Rosenwasser, sieht im Inneren aus wie Perlmutt und hat einen Biss wie Tintenfisch.

MANDARINE Die aus Indochina stammende und mit der Orange verwandte Rautenfrucht ist in vielen Sorten erhältlich, darunter auch einigen kernlosen Züchtungen. Zu den populärsten Verwandten der Mandarinen-Familien zählen Satsumas und Tangerinen.

MANGO Die Farbe der Mango variiert von grünlich-braun bis rot. Mangos werden grundsätzlich noch in eher unreifem Zustand geerntet, da das Fruchtfleisch rund um den Kern sonst Gefahr läuft, zu gelieren. Wer Mangos süßer möchte, sollte sie daher unbedingt bei Zimmertemperatur nachreifen lassen. Mangos haben den höchsten Carotin-Gehalt aller Obstarten und lassen sich sowohl zu Säften und Fruchtsalaten als auch zu Eis verarbeiten.

ORANGE Die Frucht des Orangenbaums, eines aus Ostasien stammenden Rautengewächses, ist heute weltweit in etwa 1.000 Sorten verbreitet. Darunter besonders populär: Blond-, Navel-, Blut- und Halbblutorangen.

PAPAYA Papayas können grün und unreif als Gemüse, in reifem, gelbgrünem bis gelbem Zustand jedoch auch als Obst gegessen werden. Feinschmecker stehen der Papaya, da dem Fruchtfleisch jegliche pikante Säure fehlt, eher skeptisch gegenüber. Vor allem Kinder lieben die Papaya jedoch als echte tropische „Süßigkeit". Eine Sonderform der Papaya ist die aus Südamerika stammende Berg-Papaya, die vor allem in scharf gewürzten Gerichten Verwendung findet, weil sie einem durch pikante Gewürze gereizten Gaumen geschmackliche Linderung verschafft.

PASSIONSFRUCHT In rund 20 Sorten, von Grenadilla bis Maracuja, ist diese Frucht eines immergrünen Lianenstrauchs heute weltweit verbreitet. Ihr wichtigstes Merkmal sind die essbaren Samen im süß-sauren Fruchtfleisch, das man am besten mit einem Löffel herausschält.

PHYSALIS Die auch Kapstachelbeere, Ananaskirsche oder Andenbeere genannte Frucht wird wegen ihres pergamentartigen Kelchs auch häufig mit der verwandten Lampionblume oder Judaskirsche verwechselt, lässt sich jedoch im Gegensatz zu dieser auch hervorragend in der Küche einsetzen.

POMELO Der erst in den 1970er Jahren in Israel gezüchtete Abkömmling der Grapefruit ist wegen seines süß-sauren Geschmacks und des g'schmackigen Fruchtfleischs ein beliebtes Frühstücksobst, das auch in der süßen Küche Verwendung findet.

ZITRONE Die wohl populärste aller Früchte des Südens ist eigentlich keine exotische, sondern eine subtropische Frucht, die ursprünglich aus Asien stammt und über Arabien auch in den Mittelmeerraum gelangte.

Gewürze und Gewürzkräuter

AKA TOGARASHI Sehr scharfer japanischer roter Pfeffer (s. auch Pfeffer).
ASAFOETIDA-PULVER Auch Asant, Stinkasant, Teufelsdreck oder Stinkharz genannt, ist ein mehrjähriges Staudengewächs, dessen Blätter, Stängel und Wurzeln einen milchartigen Saft enthalten, der an der Luft zu einem Gummiharz verhärtet. Asafoetida spielt vor allem in der indischen Ayurveda-Küche eine große Rolle, da der Asant mit seinem intensiven, an Knoblauch erinnernden Aroma beruhigend, schmerzstillend, krampflösend, blutgerinnungshemmend, blutdrucksenkend und aphrodisierend wirkt. Auch zur Behandlung von psychischen Erkrankungen wird Asafoetida häufig eingesetzt.

Asiatische Warenkunde

Frische Kräuter

BASILIKUM Keineswegs nur ein mediterranes, sondern auch ein asiatisches Gewürz, das hier in verschiedenen Varietäten vorkommt: So besticht etwa das Thai-Basilikum *(Bai Horapha,* Foto rechts) durch sein charakteristisches Anis-Aroma und ist an seinen gezackten Stängeln zu erkennen. Zitronenbasilikum *(Bai Manglack)* mundet säuerlich-pfeffrig, während das „Heilige Basilikum" sich wiederum durch ein rezent-hochtouriges Aroma auszeichnet.
BLÜTEN- ODER BERGPFEFFER s. Szechuan-Pfeffer.
BOCKSHORNKLEE Samenförmiges Würzmittel der indischen Küche, das wegen seines hohen Bitterstoffanteils nur vorsichtig verwendet werden sollte.
CHILI Neben dem schwarzen Pfeffer ist vor allem die Chilischote dafür verantwortlich, dass die asiatische Küche häufig nicht nur aromatisch, sondern auch „hot" ist. Seine Schärfe verdankt der Chili dem auch im Paprika enthaltenen Alkaloid *Capsaicin*. Bei diesem „heißen" Stoff, der beispielsweise das Risiko für Arteriosklerose, Krampfadern und Thrombosen verringert und durch Endorphin-Ausschüttung sogar veritable Glücksgefühle auslösen kann, ist, was die Dosierung betrifft, dennoch Vorsicht geboten. Wie scharf manche Chilisorten nämlich sein können, erkennt man daran, dass sich 1 Gramm Chili sogar noch in einer Verdünnung mit 10.000 Litern Wasser nachweisen lässt. Um solche Attacken einigermaßen abzuwehren, sollte man Chiligerichte daher stets mit Fett, Joghurt, Brot, gekochtem Reis, Zucker oder Bananen kombinieren.
Obwohl eine moderne asiatische Küche ohne Chili nahezu unvorstellbar ist, gilt mit Recht kein asiatisches Land als Mutter der Chilischote, sondern Mexiko, woher auch die wichtigsten Chilisorten (z.B. *Habanero, Jalapeno* etc.) stammen (s. auch *Phrik*).

Asiatische
Warenkunde

CURRYBLÄTTER Die vor allem in der indischen Küche unentbehrliche Blattwürze wird ähnlich wie Lorbeerblatt verwendet und vor dem Servieren entfernt.

GELBWURZ (KURKUMA) wird vor allem im Süden Thailands verwendet. Kurkuma sieht aus und färbt wie Currypulver, ist aber weniger geschmacksintensiv. Tatsächlich enthält fast jede handelsübliche Curry-Gewürzmischung Gelbwurz bzw. die geriebenen Wurzelspitzen jener in Indien, China und Vietnam in unterschiedlichen Variationen kultivierten Pflanze, die den Farbstoff *Curcumin* enthält.

GOMA Sesamkörner werden in Japan in schwarzer, brauner und weißer Farbe produziert und vorzugsweise für Saucen und Dressings verwendet.

INGWER Scharf-rezentes Gewürzpulver, das aus der Ingwerwurzel (s. dort) gewonnen wird.

KAFFIRBLATT (auch **KAFFERNBLATT**) Die ledrigen Blätter der Kaffir- oder Kaffernlimette *(Citrus hystrix DC.)* haben einen starken, sehr intensiven Zitronengeschmack, obwohl die Kaffernlimette selbst mit den bekannten Zitrusfrüchten botanisch nur entfernt verwandt ist. Kaffirblatt ist vor allem in Thailand ein sehr populäres, das traditionelle Zitronengras appetitlich verstärkende Gewürz, wird aber auch in der malaysischen und indonesischen Küche gerne verwendet. Das Aroma des Kaffirblatts lässt sich schwer ersetzen. Am besten lässt man es bei Nichtverfügbarkeit einfach weg oder gibt dem Gericht noch einen zusätzlichen Schuss Zitronensäure bei.

LAOSPULVER s. Galgantwurzel.

MITSUBA Der duftige japanische Klee hat in der europäischen Küche keine Entsprechung und kann am ehesten durch großblättrige Petersilie ersetzt werden.

KARDAMOM Als naher Verwandter des Ingwers tritt Kardamom, im Herkunftsland Indien auch „die Königin der Gewürze" genannt, häufig auch als dessen Nachbar in der Pfanne auf. Die kleinen ovalen Schoten verfügen über einen unverwechselbaren Eigengeschmack und ein starkes, lebkuchenartiges Aroma. Obwohl Kardamom in der süßen Küche längst unentbehrlich geworden ist, eignet er sich auch hervorragend zum Aromatisieren von Reis, verleiht aber etwa auch Faschiertem, Bratenstücken und Grillgut sowie – dezent dosiert – Fischgerichten zusätzliche Raffinesse. Wie die meisten Gewürze verliert Kardamom, wenn er erst einmal gemahlen ist, schnell an Aroma. Gewürzprofis schälen daher stets nur die gerade benötigte Samenmenge aus den Kapseln und zerstoßen diese im Mörser oder mahlen sie in einer alten Kaffeemühle.

KORIANDER Wie bei Kardamom ist auch beim Koriander das Samenkorn der wertvollste Teil, das in der Antike sogar als Aphrodisiakum galt. Getrockneter Koriandersamen verleiht Gemüse-, Fleisch- und Fischgerichten einen leicht süßlichen, an Orangen erinnernden Geschmack. Besonders gut eignet sich Kardamom daher auch für die Kombination mit dem vor allem in Thailand populären Zitronengras, dessen citralhaltiges Aroma zumal Suppen und Saucen einen erfrischenden, ja fast „durstlöschenden" Charakter zu verleihen mag.

KORIANDERGRÜN Als „chinesischer Petersil", der vielen Gerichten einen frischen, pfeffrigen Geschmack verleiht, werden die Korianderblätter in vielen Ländern geschätzt. Vorsicht aber vor zu intensiver Verwendung. Dann wird das auch als *Cilantro* bezeichnete Koriandergrün, dessen Aroma sich am besten beim Reiben frischer Blätter zwischen zwei Fingern entfaltet, leicht bitter.

KREUZKÜMMEL (CUMIN) Weder süß noch sauer, dafür aber angenehm bitter und hocharomatisch mundet der Samen des auch *Cumin* genannten Kreuzkümmels, den die altrömische Küche als weniger scharfen Ersatz für schwarzen Pfeffer verwendete und der auch bereits in karolingischen Klostergärten zu finden war. Am besten entwickelt sich das Aroma des Kreuzkümmels in Verbindung mit anderen Gewürzen, er eignet sich aber auch als Brot-, Cous-Cous- und Eintopfgewürz.

NEGI Die Frühlingszwiebel ist in Japan eine unentbehrliche Zutat für Sukiyaki- und Nabemono-Gerichte.

PALMZUCKER wird meist zum Süßen verwendet, kann aber durch Rohrzucker ersetzt werden.

PHRIK Die siamesische Bezeichnung für **CHILISCHOTEN,** die in Thailand, im Gegensatz zur indischen Küche, meistens nicht gemahlen, sondern klein geschnitten verwendet werden. Die wichtigsten siamesischen Chilisorten sind PHRIK LUENG (orange und sehr scharf), PHRIK KHI NU (mittelscharf), PHRIK YUAK (eher mild) und PHRIK THAI (gemahlener Pfeffer). Thailand-Urlauber sollten sich in diesem Zusammenhang übrigens drei Ausdrücke merken, mit denen sie schon bei der Bestellung kundtun, wie scharf sie ihre Gerichte zubereitet haben wollen: *phet* (scharf), *mai phet* (nicht scharf) und *phet nit noi* (ein wenig scharf).

PFEFFER Die starke Dominanz von Chili kann nicht darüber hinwegtäuschen, dass Asien eine Vielfalt autochthoner Pfeffergewächse sein Eigen nennt. Am stärksten verbreitet ist der Schwarze Pfeffer *(Piper nigrum)*, der seinen scharfen Geschmack dem Alkaloid Piperin verdankt und seinen Ursprung an der indischen Malabarküste hat. Grüner Pfeffer wird aus unreifen, früh geernteten Früchten gewonnen. Schwarzer Pfeffer wird knapp vor der Reife geerntet. Der sehr seltene Rote Pfeffer besteht aus vollkommen reifen, ungeschälten Pfefferfrüchten und wird ähnlich wie der grüne Pfeffer in Lake angeboten. Weisser Pfeffer ist der von der Schale befreite vollreifer Pfeffer. Rosa Pfeffer (auch brasilianischer Pfeffer genannt) ist mit dem schwarzen Pfeffer nicht verwandt und in Asien auch nicht verbreitet.

SAFRAN Die alten Römer streuten das Gewürz, dessen Bekanntschaft sie den Persern verdankten, gerne über ihre Hochzeitsbetten. Noch beliebter ist das aus einer im Herbst violett blühenden Krokus-Art *(Crocus sativus)* gewonnene Nobelgewürz (es gilt als das teuerste der Welt) mittlerweile in Asien. Zur Verwendung gelangen nur die getrockneten Blütennarben der Fruchtblätter, weshalb man für die Herstellung von 1 kg Safran 80.000 bis 150.000 Blüten aus einer Anbaufläche von etwa 1.000 Quadratmetern benötigt. Safran enthält stark färbende Carotinoide wie *Crocin* und kann sowohl hocharomatisch als auch, bei Überdosierung (mehr als 10 g), tödlich sein. Bei Lichteinwirkung verliert Safran schnell seine aromatischen Eigenschaften, er sollte deshalb stets dunkel aufbewahrt und im übrigen nicht allzu lange gekocht werden. (Staubfäden am besten einige Minuten in Wasser weichen und den Gerichten erst am Ende der Garzeit hinzufügen). Frisch gemörserter Safran verstärkt indessen seine kolorierende Wirkung.

SHISO Grünes Shiso *(Perilla frutescens var. Crispa)* ist ein chinesisches Gewürzkraut, das heute auch verstärkt in der europäischen Küche zu finden ist. Man reicht es auch zu Sushi und Sashimi oder würzt mit den grünen Blättern Suppen, Nudelgerichte, Reisgerichte oder Salate. Angeblich wirkt grünes Shiso gegen Parasiten in rohem Fisch. Neben dem grünen Shiso wird im Asia-Fachhandel auch noch ein pikant-würziges rotes Shiso angeboten.

STERNANIS Die getrocknete Samenschote aus China verdankt ihren Namen der Sternform. Sie ist ein Bestandteil des Fünf-Gewürze-Pulvers, kann aber auch mit Fleisch, Gemüse und Reis mitgekocht und vor dem Servieren entfernt werden.

SZECHUAN- ODER SICHUAN-PFEFFER Auch Blütenoder Bergpfeffer genannt, ist mit dem schwarzen Pfeffer botanisch nicht verwandt. Es handelt sich allerdings um ein ähnlich scharfes Gewürz aus dem rotbraunen Samen des Gelbholzbaums, der in der Provinz Sichuan gedeiht. Sansho ist ein JAPANISCHER BERGPFEFFER, der botanisch mit dem Szechuan-Pfeffer *(Fagara)* verwandt ist. Wie dieser besitzt er die Eigenschaft, Lippen und Zunge für kurze Zeit fast zu betäuben, wodurch der Gaumen jedoch letztlich umso aufnahmefähiger für weitere Delikatessen wird (möglicher Ersatz: Chilipulver, Cayennepfeffer, ungarischer Delikatess-Paprika).

VIETNAMESISCHE MINZE Das auch als kambodschanische Minze bezeichnete Kräutlein ist mit der europäischen Minze nicht verwandt, erinnert eher an Koriander und dient dazu, Salaten einen charakteristischen, scharfen Geschmack zu verleihen.

ZIMT verleiht, vor allem in Gemeinschaft mit Nelken, Kreuzkümmel und Kardamomkapseln vielen asiatischen Gerichten (speziell jenen aus Indochina) ihre hohe Aromaqualität.

ZITRONENBLÄTTER Das beliebte thailändische Gewürz ist vor allem in Thai-Märkten erhältlich und kann allenfalls durch einen Schuss Limettensaft ersetzt werden.

ZITRONENGRAS Grasartiges Gewürz mit frischem Zitrusaroma, das vor allem in der siamesischen Küche heimisch ist, aber auch in anderen fernöstlichen Garküchen Verwendung findet. Wird auch pulverisiert angeboten. Zitronengras ist nicht nur eine berühmte Suppenzutat, sondern wird auch für Reisgerichte und Salate verwendet. In der Küche wird Zitronengras vor dem Mitkochen meist klein geschnitten oder grob zerstampft.

Gewürzmischungen

Ob nun magisch oder nicht: Gewürze sind jedenfalls die Seele jeder guten asiatischen Küche. Im selben Maß, in dem sie deren starkes aromatisches Rückgrat bilden, ist ihr Gebrauch freilich auch stets mit Gefahr für die Geschmackspapillen verbunden. Eine Prise zuviel – selbst vom erlesensten und teuersten Gewürz – und schon kann es mit der Harmonie am Gaumen ein für allemal vorbei sein. Also gilt für die Gewürze dasselbe wie für den Genuss schlechthin: Das wahre Geheimnis liegt im sparsamen Umgang damit.

CURRY-PULVER Viele angebliche Kenner der indischen Küche weisen gerne darauf hin, dass unter Curry kein Gewürz, sondern eine Gewürzmischung zu verstehen sei. Allerdings ist das eine ebenso wenig wahr wie das andere falsch. Curry ist nämlich nichts anderes als ein Saucengericht, dessen seltsame Metamorphose zu einem weltweit bekannten Gewürzpuder auf einem schlichten Hörfehler der Briten beruht.

Als die britischen *Merchant Adventurers* auf ihrer „Suche nach Christen und Gewürzen" (Vasco da Gama) nach Indien kamen, hörten sie die Inder immer von „kadhis" reden. Darunter versteht man bis heute eine unserem Schmoren verwandte Kochtechnik, bei der Wasser und Gewürze so lange miteinander gegart werden, bis eine Sauce von sämiger Konsistenz entsteht, in der dann Gemüse, Fisch- oder Fleischstücke kredenzt werden. Da sich die Europäer mit der korrekten Aussprache des indischen „dhi" seit jeher schwer taten, machten sie aus dem „kadhi" kurzerhand ein „kari", aus dem schließlich – dem Englischen nunmehr auch orthographisch angeglichen – das Curry wurde.

Asiatische Warenkunde

Tatsächlich werden vor allem in der südindischen Küche Speisen danach benannt, auf welche Art und Weise die – meist mit Kokosmilch gebundene – Sauce gewürzt ist. Die weit verbreitete Mär, dass indische Curries fast zwangsläufig scharf wie die Hölle seien, stimmt nur in den – relativ seltenen – Fällen, in denen sie mit einer erheblichen Dosis roten Pfeffers zubereitet werden, wie das beispielsweise in der vielleicht extremsten Küche des Subkontinents, im ehemaligen Ceylon, üblich ist. In jener vielbesungenen „Perle im Ohr Indiens", die heute bereits besser unter ihrem singhalesischen Namen Sri Lanka bekannt ist, wird ein Currygericht für sechs bis acht Leute gut und gern mit 30 großen, roten Chilischoten gewürzt, wobei manche ceylonesische Köchinnen dann immer noch mit etwas Chilipulver „nachwürzen", weil ihnen das Gericht noch nicht scharf genug ist. Sri Lanka ist aber auch das Land der so genannten „schwarzen Curries", die ihre dunkle Farbe jener Kochtechnik verdanken, Koriander, Kreuzkümmel und Fenchelsamen so lange bei höchster Hitze anzurösten, bis sie dunkelbraun wie Kaffeepulver sind. Nicht minder beliebt sind allerdings auch die weißen, milden und suppigen Kokosmilch-Curries.

Wie „hot" ein Currygericht tatsächlich auf der Zunge brennt, hängt also letztlich einzig und allein davon ab, wieviel Chilischoten ihm beigegeben werden, bevor dann, je nach Zutaten, ein Hammel-, Hühner-, Fisch- oder vegetarisches Curry daraus wird. In jedem Fall gilt: Je frischer die für ein Curry verwendeten Gewürze gemahlen werden, desto mehr Aroma zeigen sie am Gaumen. Die Curry-Mischung aus dem Supermarkt taugt im Vergleich dazu allenfalls für Currywurst, und die wurde bekanntlich in Berlin und nicht in Indien erfunden. Während echte indische Köche die probate Mischung für jedes Currygericht individuell selbst herstellen, exportierten die englischen Gewürzhändler lieber ein praktisches und vom Curryreis bis zur Currywurst recht vielseitig einsetzbares Gewürzkonglomerat. Es besteht aus bis zu 60 Gewürzen wie Kreuzkümmel, Bockshornklee, Chili, Koriander, Muskat, Zimt, Piment oder Kardamom und kann, je nach Mischung, mild wie Indian Curry und brennend scharf wie Vindaloo- oder Madras-Curry sein. Seine Farbe verdankt der Curry dem auch Gelbwurz genannten und mit dem Ingwer verwandten Kurkuma, das wegen seiner Farbe auch häufig mit Safran verwechselt wird. Dessen edlen Geschmack vermag der Gelbwurz zwar nicht zu erreichen, sein pfeffrig-frisches, leicht moschusartiges Aroma ist allerdings ein unentbehrlicher Bestandteil jeder Currymischung.

GARAM MASALA Die Inder selbst verwenden kaum jemals Currypulver, sondern ziehen Garam Masala vor, eine wörtlich als „warme Mischung" zu übersetzende Gewürzkombination, die vor ihrer Verwendung häufig trocken angeröstet wird.

Asiatische Warenkunde

GLUTAMAT Der auf englisch MSG *(Monosodium glutamate)* abgekürzte Geschmacksverstärker wird in der fernöstlichen Küche ähnlich wie die gekörnte Brühe in der europäischen verwendet, durch die man das Glutamat bei Bedarf auch ersetzen kann. Obwohl die Chinesen das Glutamat auch als „Gourmetpowder" bezeichnen, ist Glutamat gerade unter Feinschmeckern wegen seiner verzerrenden Wirkung auf den Eigengeschmack eher verrufen. In diesem Kochbuch gelangt Glutamat daher auch nicht zur Verwendung (s. auch Pilze).

FÜNF-GEWÜRZE-PULVER Was den Indern ihr Curry, ist den Chinesen ihr Fünf-Gewürze-Pulver aus Sternanis, Kassia-Rinde (Zimt), Szechuan-Pfeffer, Fenchelsamen und Nelken – eine Kombination, die auf die Vorliebe der Chinesen für die magische Zahl Fünf zurückgeht.

SHICHIMI TOGARASHI Scharfes japanisches Sieben-Gewürze-Pulver, das besonders für Yakitori (Spieß)-Gerichte beliebt ist.

REZEPTE FÜR GEWÜRZMISCHUNGEN

Fünf-Gewürze-Pulver CHINA UND VIETNAM

ZUTATEN
1 EL Sternanis • 1 EL Szechuan-Pfeffer
1/2 EL Zimt (am besten chin. Kassia-Zimt) • 1/4 EL Fenchelsamen
1/2 EL Gewürznelken

ZUBEREITUNG
Die Gewürze entweder im Ganzen mischen oder fein mahlen bzw. in einem Mörser zerstoßen.

VERWENDUNG: Zum Verfeinern von Suppen sowie zum Würzen von Fisch- und Fleischgerichten.

Sieben-Gewürze-Mischung „Shichimi Togarashi" JAPAN

ZUTATEN
1 EL Szechuan-Pfeffer • 1 EL Chiliflocken • 1 EL getrocknete Orangenschale
1 EL Mohn • 1 EL schwarzer Sesam • 1 EL getrocknete Tamarinde
1 EL getrocknete Kombu-Alge

ZUBEREITUNG
Alle Zutaten in einem Mörser fein zerstoßen.

VERWENDUNG: Als Tischgewürz für alle, die gerne scharf essen.

2

4

6

Garam Masala INDIEN

Abb. 1, Seite 51

ZUTATEN
4 Zimtstangen • 4 TL grüne Kardamomkerne • 3 braune Kardamomkerne
4 TL Gewürznelken • 4 TL Muskatblüten • 4 TL schwarze Pfefferkörner
4 TL Fenchelsamen • 3 Lorbeerblätter • 1 TL frisch gemahlene Muskatnuss

ZUBEREITUNG
Die Zimtstangen in kleinere Stücke brechen. Eine Pfanne (ohne Öl) erhitzen und alle Zutaten – bis auf die Muskatnuss – einzeln trockenrösten, bis sie leicht braun werden. Dabei wiederholt durchrühren. In einer Schüssel vermengen, die frisch gemahlene Muskatnuss daruntermischen und n ein luftdichtes Gefäß geben. Kühl aufbewahren. Erst unmittelbar vor Gebrauch die gewünschte Menge in einem Mörser fein zerstoßen.

Baffad Masala INDIEN

Abb. 2, Seite 51

ZUTATEN
1/2 Becher getrockneter klein geschroteter Chili
2/3 Becher Koriandersamen • 3 Zimtstangen • 2 1/2 TL schwarzer Pfeffer
4 TL Gewürznelken • 2 TL Kümmel • 2 1/2 TL Kurkuma

ZUBEREITUNG
Die Zimtstangen in Stücke brechen. Eine Pfanne (ohne Öl) erhitzen und alle Zutaten bis auf die Kurkuma darin unter ständigem Rühren braunrösten. Vom Herd nehmen, Kurkuma untermengen und in ein luftdichtes Gefäß geben. Im Kühlschrank aufbewahren. Erst unmittelbar vor Gebrauch die gewünschte Menge in einem Mörser fein zerstoßen.

VERWENDUNG: Für Lammgerichte.

Rasam Masala INDIEN

Abb. 4, Seite 51

ZUTATEN
1 1/4 Becher Koriandersamen • 1/4 Becher getrockneter geschroteter Chili
2 TL Bockshornklee • 1 1/2 Becher Kümmel • 1 TL schwarze Senfkörner
3 Zimtstangen • 1 TL schwarzer Pfeffer • 1/4 Becher frische Curryblätter
1/4 TL Asafoetida-Pulver (Asant bzw. Teufelsdreck)

ZUBEREITUNG
Die Zimtstangen in kleinere Stücke brechen. In einer Pfanne (ohne Öl) bei niedriger Hitze Koriander, Chili, Bockshornklee, Senfkörner, Kümmel und Zimt unter ständigem Rühren leicht braun anrösten und anschließend in eine Schüssel geben. Die Curryblätter in der heißen Pfanne anrösten und das Asafoetida-Pulver zugeben. Pfeffer daruntermischen und alles miteinander vermengen. Auskühlen lassen. In ein luftdichtes Gefäß geben und bei Bedarf in einem Mörser zerstoßen.

VERWENDUNG: Als Würzmittel für Gemüsegerichte und Suppen auf Tomatenbasis.

Asiatische Warenkunde

Bharuchi Garam Masala INDIEN

Abb. 5, Seite 51

ZUTATEN
1/4 Becher frisch geriebene Muskatnuss • 3 Zimtstangen
1 1/2 TL grüne Kardamomkerne • 2 TL Gewürznelken
3 TL schwarzer Pfeffer • 1 1/2 TL Muskatnuss-Schale • 14 Stk. Sternanis

ZUBEREITUNG
Die Zimtstangen in kleinere Stücke brechen. Alle Zutaten miteinander vermengen und in einem luftdichten Gefäß aufbewahren. Bei Bedarf die gewünschte Menge in einem Mörser zerstoßen.

VERWENDUNG: Für Hühnergerichte.

Asiatische Warenkunde

Sambhar Masala INDIEN

Abb. 3, Seite 51

ZUTATEN
1 1/3 Becher Koriandersamen • 1 Becher getrockneter geschroteter Chili
2 TL Bockshornklee • 1 1/2 TL schwarze Senfkörnersamen • 1 TL Kümmel
3 Zimtstangen • 1/3 Becher Kokosflocken • 1/4 Becher frische Curryblätter
1 1/2 TL Asafoetida-Pulver (Asant bzw. Teufelsdreck)

ZUBEREITUNG
Die Zimtstangen in kleinere Stücke brechen. In einer Pfanne (ohne Öl) bei niedriger Hitze Koriander, Chili, Bockshornklee, Senfkörner, Kümmel und Zimt unter ständigem Rühren leicht braun anrösten und dann in eine Schüssel geben.
Nun die Kokosflocken anrösten, bis sie leicht braun werden, und anschließend unter die Gewürzmischung mengen. Abschließend die Curryblätter anrösten und das Asafoetida-Pulver zugeben. Alles miteinander vermengen und in einem luftdichten Gefäß im Kühlschrank aufbewahren. Bei Bedarf die benötigte Menge in einem Mörser zerkleinern.

Reiachado Masala INDIEN

Abb. 6, Seite 51

ZUTATEN
4 getrocknete Chilischoten • 4 TL schwarzer Pfeffer
1 TL Kümmel • 60 ml heller Essig • 4 TL zerdrückter Knoblauch
1 1/2 TL getrocknete Tamarinde • 1/2 TL Kurkuma

ZUBEREITUNG
Die Chilischoten zerkleinern. In einer Pfanne Chili, Pfeffer sowie Kümmel ohne Fett rösten und in einem Mörser fein zerstoßen. In einer Schale Kurkuma, Knoblauch und Tamarinde gut vermischen und 20 Minuten rasten lassen. Abschließend den Essig mit sämtlichen Zutaten vermengen.

VERWENDUNG: Für Shrimpsgerichte.

Asiatische Warenkunde

Arabische Gewürzmischung

ZUTATEN
2 grüne Kardamomkerne • **1 Zimtstange** • **2 Gewürznelken**
4 schwarze Pfefferkörner • **1/3 TL Koriandersamen** • **1/4 TL Kurkuma**
1/3 TL Kreuzkümmel • **2 Lorbeerblätter** • **1/4 TL Kümmel**

ZUBEREITUNG
Die Zimtstangen in kleinere Stücke brechen. Alle Gewürze gemeinsam in einer Kaffeemühle fein mahlen und in einem luftdichten Gefäß aufbewahren.

TIPP: Kühl gelagert lassen sich die Gewürze ohne Aromaverlust mindestens 6 Monate aufbewahren.

Würzsaucen, -öle und Aromastoffe

AUSTERNSAUCE Dickflüssige Allround-Würzsauce aus Austernextrakt. Obwohl aus getrockneten Austern zubereitet, harmoniert die pikant-aromatische Sauce auch hervorragend mit Fleisch, z. B. mit Schweinefleisch im Teigmantel aus der Dim-Sum-Küche.
BAGUNG Philippinische Garnelensauce (s. dort).
BOHNENPASTEN zählen zu den beliebtesten asiatischen Würzpasten. Sie werden meist nach ihrer Farbe unterschieden: Gelbe Paste schmeckt zart-salzig. Weiße, rote oder schwarze Bohnenpasten sind meist stärker gesalzen. Aus roten Bohnen werden unter hoher Zuckerbeimengung jedoch auch Füllungen für süße Dim-Sum-Gerichte hergestellt. Scharfe Bohnenpaste, wie sie vor allem in der Szechuan-Küche beliebt sind, entstehen aus Sojabohnen, Chilischoten, Salz und Zucker. Es gibt auch süße Bohnenpasten (s. dort).
CHILIÖL Zerkleinerte und getrocknete Chilischoten werden in heißem Erdnussöl geröstet und dann kalt serviert. Die beliebte Würzzutat ist demnach sehr scharf.
DASHI Die berühmte Würzsauce, die ihr Aroma sowohl getrocknetem Seetang als auch aromatischen Blaufisch (Bonito)-Flocken verdankt, wird auch als Instant-Produkt angeboten und ist eine der Grundlagen der japanischen Kochkunst.
FERMENTIERTE SCHWARZE BOHNENSAUCE Getrocknete, klein gehackte Bohnen werden mit Knoblauch sowie Chili gekocht und in Salzlake gelagert. Die recht intensive Würzsauce wird wohl dosiert eingesetzt.
FISCHSAUCE (YULU) Die aus dem Eiweiß verschiedener Fischsorten gewonnene Würzsauce von orange-roter Farbe wird ähnlich wie Sojasauce verwendet.
GARNELENSAUCE/GARNELENPASTE Die aus getrockneten, gesalzenen und in Fässern vergorenen Fischen und Meeresfrüchten hergestellte Würzpaste wird meist blockweise angeboten und ist aufgrund ihres wirklich stechenden Geruchs nicht jedermanns Sache, aber von Thailand über Vietnam bis China eine der populärsten Würz- und Dipsaucen.
GELBE BOHNENPASTE Mild-salzige Würzpaste (s. auch Bohnenpaste).
HOISIN-SAUCE Zähflüssige, süßliche Würzsauce aus Sojabohnen, Knoblauch und diversen Gewürzen. Häufige Begleiterin der Peking-Ente.

KAPI ist eine getrocknete Shrimpspaste, die ähnlich wie Nam Pla (s. dort) verwendet wird.

KECAP MANIS Süße, mit Zuckersirup versetzte Sojasauce aus der indonesischen Küche.

KOKOSMILCH UND -CREME Die beiden jeweils nach ihrer Konsistenz benannten Produkte aus dem Fruchtfleisch frischer Kokosnüsse sind ausgezeichnet zur Saucenbindung und für die asiatische Dessertküche geeignet. Aufgrund der kurzen Haltbarkeit beider werden meist Dosen oder Tetrapak-Produkte angeboten. Die nach dem Aufschlagen aus der Kokosnuss austretende Flüssigkeit ist mit der Kokosmilch nicht identisch, sondern wird als Kokoswasser oder Kokossaft beschrieben. Frische Kokosmilch gewinnt man, indem man frisch geraspeltes Kokosnussfleisch im Verhältnis 1:1 mit lauwarmem Wasser vermengt, kräftig verknetet und dann durch ein Sieb oder ein Tuch seiht.

MIRIN ist ein süßer, nur teilweise vergorener Reiswein der japanischen Küche. Er wird aus Reis, Reishefe, Zucker, Wasser und Gewürz hergestellt, hat im Gegensatz zu Sake einen geringeren Alkoholgehalt und dient, etwa für Miso-Suppe oder Sushi-Reis, ausschließlich zum Kochen, nicht als Getränk.

MISO Die japanische Miso-Paste, auf der auch die beliebte Miso-Suppe basiert, wird, je nach verwendeter Malzsorte, als Reis-Miso, Gersten-Miso und Sojabohnen-Miso angeboten. Als Faustregel für die Verwendung gilt: Je würziger und salziger der angestrebte Geschmack, desto dunkler sollte die Miso-Paste sein. Je milder und süßlicher der Geschmack, desto heller sollte sie sein. Dunkle Miso-Paste ist vor allem für Eintöpfe und Aufstriche, helle eher für Suppen geeignet. Bei der Verarbeitung ist Vorsicht geboten, da Miso keinen Sauerstoff verträgt und schnell oxidiert. Angebrochene Packungen daher immer gut verschließen und innerhalb von längstens vier Wochen aufbrauchen!

NAM PLA ist mit Sicherheit daran Schuld, wenn thailändische Gerichte für europäische Gaumen etwas seltsam munden. Der Name bedeutet, wörtlich übersetzt, soviel wie „Fischwasser" und steht für eine Sauce aus in Salzwasser fermentierten kleinen Fischen und Garnelen, die oft an Stelle von Salz eingesetzt wird. In gut sortierten Asia-Shops erhältlich.

NUOC MAM s. Nam Pla.

PFLAUMENSAUCE Süß-saure Würzsauce aus Pflaumen und Marillen, die mit Essig, Salz und Zucker eingekocht werden. Klassische Begleiterin der Peking-Ente und beliebte Dip-Sauce in der Dim-Sum-Küche.

PONZUSAUCE Japanische Sojasauce mit Zitronensaft.

SESAMPASTE In vielen Ländern des Nahen und Fernen Ostens bekannter Geschmacksträger; wird in China mit Sojasauce und Zitronensaft vermengt und als Dip-Sauce verwendet.

Asiatische Warenkunde

Asiatische Warenkunde

SAMBAL OELEK Die klassische scharfe Würzsauce der indonesischen Küche basiert auf mit Salz vermengten, fein gemörserten Chilischoten. Die Sauce ist im Kühlschrank mehrere Monate lang haltbar.

SHOYU Japanischer Name für Sojasauce, die vor allem in zwei Sorten – normalfarbig *(Koi-Kuchi-Shoyu)* und leicht gefärbt *(Usu-Kuchi-Shoyu)* – verwendet wird.

SOJAMILCH schmeckt ganz leicht salzig und ist ein gutes Mittel, Gerichten allfällige Bitterstoffe zu entziehen oder sie zumindest abzumildern. Sojamilch eignet sich auch gut für Babydrinks sowie als Zutat für die asiatische Dessertküche, z.B zum Abschmecken von Fruchtcocktails.

SOJASAUCE (JIANGYOU) Die pan-asiatische Allzwecksauce hat viele Gesichter, natürlich gebraute ebenso wie industriell hergestellte. Im Allgemeinen unterscheidet man bei der aus der Vergärung von Sojabrei hergestellten Standardsauce jedoch zwischen heller und durchsichtiger *(Shengchou Jiangyou)* und dunkler, intensiver Sojasauce *(Laochou Jiangyou)*. Die Sojasauce liebt in jedem Fall die sparsame Verwendung. Sie ist seit 2.500 Jahren bekannt und verdankt ihre Entstehung dem Umstand, dass die damals verbreitete buddhistische Lehre dem Fleischgenuss äußerst reserviert gegenüberstand. Man suchte also nach einem Ersatz für Fleischsaft, der auch als Würzmittel dienen konnte – und fand diesen, als man sich näher mit dem Gärungsprozess von Gemüsen beschäftigte. Die ersten Nicht-Orientalen, die mit Sojasauce in Berührung kamen, waren holländische und portugiesische Kaufleute, die Proben dieses für sie recht ungewöhnlichen Würzmittels nach Europa brachten. Auch Sonnenkönig Ludwig XIV. erhielt ein chinesisches Porzellanflakon voll des edlen Gebräus und fand dem Vernehmen nach einigen Gefallen daran.

Erst ab 1868, als die Meji-Kaiser die Öffnung Japans gegen Westen hin einleiteten, begannen die Exporte der japanischen Sojasauce auf breiterer Basis. Auf der 1873 veranstalteten Wiener Weltausstellung war Sojasauce „made in Japan" jedenfalls bereits vertreten – was den heute noch in Europa weit verbreiteten Irrglauben nicht verhindern konnte, dass es sich bei Sojasauce um den ausgepressten Saft der Sojabohnen handle. In Wahrheit ist die Herstellung von Sojasauce allerdings eher mit dem Bierbrauen vergleichbar und beruht auf der Gärung von Sojabohnen, Weizen, Wasser und Meersalz.

Die echten – also die vergorenen bzw. gebrauten – Sojasaucen werden durch reine Gärung von Sojabohnen, Weizen, Wasser und Meersalz hergestellt. Ein großer Teil der marktüblichen Ware besteht allerdings aus industriell gefertigten Sojasaucen, die nicht gebraut, sondern arbeits- und zeitsparend auf der Basis von Proteinen, Salzwasser, Maissirup und Zucker in Hydrolyse-Anlagen gefertigt werden.

Sohyi Kim verwendet in ihrem Restaurant „Kim kocht" am liebsten die klassische Kikkoman-Sojasauce mit dem klaren Meersalzgeschmack, und zwar sowohl zum Würzen von Suppen, Salaten und Saucen als auch zum Anbraten von Fleisch. Kim: „Sojasauce ist besser als Salz, weil sie geschmacklich dasselbe bewirkt, aber weniger Salzgehalt hat als das Salz selbst."

SÜSSE BOHNENPASTE (TIANMIANJIANG) Rötlich-braune Paste aus mit Wasser vergorenem Sojabohnenmehl von eher süßlichem Geschmack.

SÜSS-SAURE SAUCE kann man aus Wasser, Stärke, Zucker, Ananas, Tomaten, Paprikaschoten und Essig leicht selbst herstellen, sie ist aber auch (allerdings leider meist nur mit künstlichen Geschmacksverstärkern) im Handel erhältlich und eignet sich sowohl als Dip als auch zur aromatischen Verbesserung aller Süß-Sauer-Gerichte, insbesondere solcher mit Hühnerfleisch.

SU Der japanische Essig mit 3–5 Prozent Essigsäure wird meist aus Reishefe hergestellt und vor allem für Sushi-Reis, zum Würzen von Sunomono-Gerichten (mit Essig gesäuerte Gerichte) und zum Einlegen von Gemüse verwendet.

TAMARINDENMARK In kleinen Platten hergestelltes Würzmittel aus dem Inneren der Schoten des Tamarindenbaums, das in Fernostgeschäften auch als Fertigprodukt erhältlich ist und jedem Gericht einen leicht säuerlich-pikanten Geschmack verleiht.

Um Tamarindensaft zu erhalten, wird das Mark ca. 5 Minuten in heißem Wasser geweicht und dann durchgeseiht.
TAMARINDENSAUCE ist in vielen Thai-Gerichten für die säuerliche Geschmackskomponente verantwortlich. Möglicher Ersatz: Fruchtessig
TERIYAKI-SAUCE Die klassische Würzsauce aus Reiswein, Sherry, Essig, Sojasauce und Zucker wird vor allem für Grillgerichte verwendet.
WASABI-KREN Die grüne, beißend scharfe Zutat für Sushi und Sashimi wird entweder mit Sojasauce vermischt oder direkt auf die Happen aufgetragen. Sie ist sowohl als Paste als auch als Pulver erhältlich. In der asiatischen Heilkunde werden dem Wasabi-Kren entgiftende Wirkungen zugesprochen. Wasabi wird aus japanischem Meerrettich, auch Wassermeerrettich oder Bergstockrose genannt, gewonnen. Diese zur Familie der Kreuzblütler zählende Wurzel gedeiht ausschließlich in den sumpfigen Gebieten der Insel Sachalin.

Asiatische Warenkunde

REZEPTE FÜR MARINADEN UND SAUCEN

Frische Sardinensauce VIETNAM

ZUTATEN
125 ml Fischsauce • 4 gehackte Knoblauchzehen
1 Scheibe frische Ananas, klein gehackt • 3 EL Ananassaft • 1 EL Limettensaft
2 rote Chilischoten, fein geschnitten • 1 EL Zucker

ZUBEREITUNG
In einer Schüssel alle Zutaten miteinander gut vermischen.

VERWENDUNG: Als Beilage zu Gegrilltem oder Fondue, allerdings nur für den sofortigen Verbrauch geeignet.

Scharfe Fischsauce VIETNAM

ZUTATEN
Fruchtfleisch von 1 Limette • 2 EL Zucker • 3 gehackte Knoblauchzehen
3 frische Chilischoten • 2 EL Fischsauce • 3 EL Wasser

ZUBEREITUNG
In einem Mörser alle Zutaten zu einer Sauce vermengen.

Asiatische Warenkunde

Dashi nach japanischer Art

VARIANTE I
ZUTATEN
1 l Wasser • 1 Tasse Katsuo-Bushi (Bonito- oder getrocknete Thunfischflocken) • 2 Kombu-Algen

ZUBEREITUNG
Das Wasser zum Kochen bringen und die Bonitoflocken gemeinsam mit den Kombu-Algen zugeben. Mindestens 30 Minuten, am besten 1 Stunde ziehen lassen, aber nicht mehr weiterkochen! Dann abseihen und für die weitere Verwendung bereithalten.

VARIANTE II
ZUTATEN
1 l Wasser • 1 Kombu-Alge, 5 x 20 cm groß • 30 g Katsuo-Bushi (Bonito- oder getrocknete Thunfischflocken)

ZUBEREITUNG
Das Algenblatt ca. 4 Stunden im Wasser ziehen lassen, bis sich das Wasser grün färbt. Dann das Wasser zum Kochen bringen. Kurz bevor es wirklich kocht, das Algenblatt herausnehmen und die Bonitoflocken zugeben. Einmal kurz aufkochen, dann vom Herd nehmen und warten, bis die Flocken zu Boden sinken. Die Flüssigkeit abseihen und die Flocken dabei gut auspressen, damit möglichst viel von ihrem Aroma erhalten bleibt.

VERWENDUNG: Unentbehrliches Würzmittel für Saucen oder Suppen sowie zum Marinieren.

Dashi nach koreanischer Art

ZUTATEN
1,5 l Wasser • 1 Tasse getrocknete große Sardinen 1/2 Bierrettich im Ganzen • Meersalz

ZUBEREITUNG
Kaltes Wasser aufstellen und gemeinsam mit Sardinen sowie Bierrettich aufkochen lassen. Dann bei geringer Hitze leicht köcheln lassen, bis sich das Wasser auf 500 ml reduziert hat bzw. die Sardinen keinen Geschmack mehr haben. Die Suppe leicht salzen und abseihen. Zur weiteren Verwendung beiseitestellen.

Marinade für Geflügel VIETNAM

ZUTATEN
3 Zitronengras-Stangen • 3 Frühlingszwiebeln • 2 EL Fischsauce 1/2 TL Zucker • 1/2 TL Essig • Prise frisch gemahlener Pfeffer

ZUBEREITUNG
Zitronengras in feine Ringerl schneiden. Von den Frühlingszwiebeln den weißen Teil fein hacken, das Grüne ebenfalls in feine Ringerl schneiden. Dann alle Zutaten miteinander gut vermischen und das Geflügel 1–2 Stunden damit marinieren.

Asiatische
Warenkunde

Marinade für Schweinsrippchen VIETNAM

ZUTATEN
**6 Knoblauchzehen • 3 Frühlingszwiebeln • 2 EL Fischsauce
1/2 TL Kokos-Essig (oder normaler Essig) • 1/2 TL Zucker
Prise frisch gemahlener Pfeffer**

ZUBEREITUNG
Knoblauch fein hacken, die Frühlingszwiebeln in Ringerl schneiden. Alle Zutaten miteinander vermischen und die Rippchen in der Marinade ca. 2–3 Stunden ziehen lassen.

Asiatische Warenkunde

Marinade für Garnelen VIETNAM

ZUTATEN
2 Kaffirblätter (ersatzweise etwas Limettensaft)
1 TL klein gehackte Zitronengras-Stange • 2 rote Chilischoten, klein gehackt
1 EL klein gehackte Dille • 1 TL Fünf-Gewürze-Pulver (s. S. 50)
2 EL Kokosmilch

ZUBEREITUNG
Die Kaffirblätter in feine Streifen schneiden. Alle Zutaten miteinander vermischen und die Garnelen damit mindestens 30 Minuten marinieren.

Balinesische Würzpaste

ZUTATEN
2 kl. Tomaten • 1 Stück (8 cm) Ingwer • 1 Stück (8 cm) Kurkumawurzel
6–8 Chilischoten • 5 Knoblauchzehen • 7–8 mittlere Zwiebeln
1 EL Korianderkörner • 1–2 EL Kerzennüsse (balinesische Nüsse, ersatzweise Makadamia- oder Cashew-Nüsse) • 3 EL Tamarindenmark • 1 TL Shrimpspaste
2 Stangen Zitronengras • einige Curryblätter • 4 EL Öl

ZUBEREITUNG
Ingwer und Kurkuma fein hacken. Die Tomaten kurz in heißem Wasser blanchieren (überbrühen), kalt abschrecken und enthäuten. Die Chilischoten entkernen und ebenso wie die Knoblauchzehen klein hacken. Zwiebeln fein hacken.
Nun Tomaten, Ingwer, Kurkuma, Chili, Knoblauch, Zwiebeln, Koriander und Nüsse in einem Mörser fein zerstoßen. In einer Pfanne das Öl erhitzen und die Würzpaste mit den Curryblättern, Tamarindenmark, Shrimpspaste und Zitronengras bei nicht zu großer Hitze einige Minuten goldbraun rösten. Währenddessen wiederholt durchrühren. Abkühlen lassen.
VERWENDUNG: Zum Aromatisieren von Suppen und Fischgerichten.

Nudeln

Der Nudelmacher, der sein Gewerbe stets ein wenig als Show-Business betrachtet und mit den von ihm gewickelten, hauchdünnen Nudelschleifen um sich wirft wie ein Equilibrist mit den Ringen, zählt zum Standardinventar der chinesischen Volkstypen, die man auf fast allen Märkten und in vielen Restaurants wiederfindet.
Ob die Nudeln, wie immer wieder gerätselt wird, durch Marco Polo oder auf anderen Wegen in die europäische Küche Eingang fanden, ist in diesem Zusammenhang unerheblich. Fest steht: Die 500 x 3 mm messende „Urnudel" wurde in der prähistorischen Siedlung Lajia am Gelben Fluss in Nordwestchina gefunden, hatte rund 4.000 Jahre auf dem Buckel, bestand aus Rispenhirse sowie Kolbenhirse und verdankte ihren einwandfreien Zustand der Aufbewahrung in einer versiegelten Steingut-Schale.
In vielen asiatischen Ländern bilden Nudeln bis heute die Grundlage jeglicher Sättigung und werden vor allem in folgenden Varianten angeboten.

E-FU-NUDELN Was wie eine Abkürzung klingt, ist in Wahrheit eines der beliebtesten chinesischen Nudelgerichte und geht auf den Haushalt *(Fu)* eines Mandarins namens E zurück, in dem sie einst angeblich durch Zufall erfunden wurden. Ein ungeschickter Koch schüttete die Nudeln damals nämlich irrtümlich in siedendes Öl anstatt in heißes Wasser –

Asiatische
Warenkunde

und war überrascht, wie gut das schmeckte. E-Fu-Nudeln gibt es mittlerweile auch vorgefertigt und in größeren Knäueln abgepackt.

MIE-NUDELN Die in ganz Asien beliebten Eierteignudeln ähneln italienischen Spaghetti, sind aber meist ringelig gewickelt und mitunter auch aromatisiert.

GLASNUDELN Auch Glasvermicelli oder Zellophannudeln genannt, werden aus Mung-Bohnen-Stärke hergestellt und haben in Europa keinerlei Entsprechung. Die Erfindung der Glasnudeln geht der Legende nach auf einen Feldherrn und Festungsbauer namens Sun Bin zurück, der vor rund 2.000 Jahren erkannt hatte, dass in Wasser geweichte Bohnen, wenn man sie zerstampft, eine sämige, kleisterartige Masse bilden, aus der man dünne Fäden ziehen kann, die dann – an der Sonne getrocknet – zu den ebenso schmackhaften wie durchsichtigen Glasnudeln werden. Möglicher Ersatz: am ehesten europäische Suppennudeln oder hauchdünne Taglierini.

HARUSAME Die japanischen Glasnudeln werden aus den Fäden der Mung-Bohne hergestellt.

Asiatische Warenkunde

HOKKIEN-NUDELN Auch Fukkien- oder Singapur-Nudeln genannt, werden aus Weizenmehl hergestellt und sind an ihrer elastischen, fast gummiartigen Konsistenz erkennbar. Man erhält sie im Handel bereits in vorgekochtem und eingeöltem Zustand, in dem sie sich im Kühlschrank auch länger lagern lassen.

KOREANISCHE VERMICELLI Die aus Kartoffelstärke hergestellten Nudeln ähneln Glasnudeln und werden in kochendem Wasser auf ähnliche Weise gelatineartig. Wichtig ist es, sie nicht allzu lange (sprich: nicht länger als 5 Minuten) zu kochen, da sie sonst klebrig werden.

RAMEN Die Ramen-Nudeln, die es in Yokohama sogar zu einem eigenen Ramen-Museum gebracht haben, verdanken ihre weltweite Popularität vor allem dem japanischen Film „Tampopo" (1985). Die neben Somen, Soba und Udon wohl populärste japanische Nudelart ist der Hauptbestandteil der berühmten Ramen-Suppe, die in eigenen Restaurants *(Ramenya)* in großer Vielfalt angeboten werden. Insgesamt, schätzt man, gibt es in Japan über 200.000 Ramen-Shops. Der Teig für die Ramen-Nudeln besteht für gewöhnlich aus Weizenmehl, Salz und Wasser. Dazu kommen Kaliumcarbonat und Natriumcarbonat sowie Spuren von Phosphorsäure, die den Nudeln ihre spezielle gelbliche Farbe und ihren typischen Geschmack verleihen. Der Ursprung der Ramen-Nudelkultur liegt, ähnlich wie bei den Sushi, nicht in Japan, sondern in China, wobei die Herkunft des Wortes „Ramen" unklar bleibt. Ramen-Nudeln gibt es (vorzugsweise als Instantnudeln) auch in China, aber auch in Vietnam und Korea, wo sie vor allem zu fermentiertem Kim-Chi-Gemüse gereicht werden und deutlich schärfer sind als die japanische Spielart. Ernährungsphysiologisch sind die Ramen-Nudeln wegen des vor allem in Instant-Produkten enthaltenen Geschmacksverstärkers Mononatriumglutamat (E621) allerdings umstritten.

REISNUDELN werden aus Reismehl hergestellt. Die Reisstärke macht die meist hauchdünnen Nudeln hellweiß, aber nicht durchsichtig. Reisnudeln werden aber auch breit wie Bandnudeln oder in Quadratform angeboten.

SHANGHAI-NUDELN sind die chinesischen Schwestern der japanischen Somen-Nudeln.

SHIRATAKI Die durchscheinend-gelee-artigen Nudeln aus dem Wurzelmehl der „Teufelszunge" (s. *Wurzeln/Konnyaku*) sind einer der wichtigsten Bestandteile des japanischen Nationalgerichts Suki-Yaki.

SOBA-NUDELN Sie stammen aus Japan, bestehen aus Buchweizenmehl und werden häufig mit grünem Teepulver oder roten Rüben eingefärbt. Man kann sie auch kalt essen.

SOMEN-NUDELN werden aus Weizenmehl hergestellt und zu langen, eher dünnen Fäden gezogen, die auch kalt gut schmecken.

UDON-NUDELN sind eine japanische Spezialität und werden aus Weizenmehl sowie Salz hergestellt und in runden oder flachen Formaten angeboten.

WONTON-HÜLLEN Die Quadrate aus frisch zubereitetem Nudelteig empfehlen sich für die Küche zu Hause als bequemes Convenience-Produkt, das im Fernost-Shop erhältlich ist. Möglicher Ersatz: vorgekochte Lasagne-Blätter.

Wonton-Teig

ZUTATEN FÜR 20–25 STÜCK
125 g Mehl • 1 Ei • Salz • Mehl zum Ausrollen

ZUBEREITUNG
Auf einer Arbeitsfläche das Mehl mit dem Ei sowie einer Prise Salz vermengen und zu einem Teig verkneten. Teig auflegen und mit dem Nudelwalker oder einer Nudelmaschine zu hauchdünnen Teigplatten ausrollen. Diese wiederum in etwa 10 x 10 cm große Quadrate schneiden. Mit einem feuchten Tuch bedecken und bis zur raschen weiteren Verwendung beiseitestellen.

Pilze

Im Chinesischen heißt Pilz kurz „Yi", und das bedeutet soviel wie Ohr. Oft findet man auch die Bezeichnung „Gu", die allerdings nichts anderes heißt, als dass dieses „Ohr" auch zu den essbaren und nicht zu den giftigen Pilzen gehört.

Die Analyse des Pilzaromas unter japanischen Gourmets führte sogar zur Entstehung eines neuen kulinarischen Begriffs. Umami (von jap. *umai:* „fleischig und herzhaft") gilt in vielen asiatischen Fachkreisen als fünfte über die Zunge wahrnehmbare Geschmacksqualität neben süß, salzig, bitter und sauer. Wissenschaftlich betrachtet ist dieser an Shii-Take erinnernde Pilzgeschmack allerdings nichts anderes als die Geschmacksrezeptanz von Glutamat auf der Zunge. Die Verwendung von Monosodiumglutamat in der Küche ist jedoch umstritten. (s. Stichwort *Glutamat* bei Gewürzen).

Asiatische Warenkunde

CHINESISCHE PILZE Wenn ganz allgemein von „chinesischen Pilzen" die Rede ist, so sind meist Mook-Jee-Pilze (Baumpilze, Baumohren) gemeint. Oft werden sie auch Judasohren oder chinesische Morcheln genannt, wachsen auf Holunderholz und kommen getrocknet in den Fachhandel. In diesem Zustand, in dem sie fast unbegrenzt haltbar sind, haben sie eine papierene Konsistenz und müssen mindestens 15 Minuten vor der Verwendung in Wasser oder Suppe eingeweicht werden, bis sie um das Fünffache an Volumen zunehmen. Zu den chinesischen Pilzen oder Pilzmischungen zählen u. a. auch Mu-Err-Pilze *(Foto oben)* und Poku-Pilze. Möglicher Ersatz: Austernpilze, Stockschwammerl, Shii-Take-Pilze.

SHIITAKE-PILZE Der Name „Shiitake" setzt sich aus den japanischen Wörtern für Pilz (= *Take*) und einen eichenähnlichen Hartholzbaum (*Shii*) zusammen. In den Wäldern Chinas und Japans wächst der Shiitake-Pilz auch wild, in den Handel gelangt er jedoch fast ausschließlich aus zwei Zuchttypen: Der meistverkaufte Shiitake-Pilz ist der *Donko* oder *Tong Gu*, ein dickfleischiger, fester Pilz mit kaum geöffnetem Hut, weniger häufig ist der *Koshin* mit dünnem Fleisch und weit geöffnetem Hut. Wie viele asiatische Zutaten verdankt auch der Shiitake-Pilz seine Beliebtheit in der Küche nicht zuletzt medizinischen Erwägungen, gilt er doch als probates Mittel gegen Entzündungen, Tumore, Magenleiden, Kopfschmerzen, Schwindelgefühle, Leberzirrhose und Arteriosklerose.

STROHPILZE Die in ganz Asien erhältlichen stiellosen Pilze mit kugelförmigen Kappen werden auf Strohmatten gezüchtet und meist in konservierter Form angeboten.

ENOKIPILZE *(Flammulina velutipes)* Die zarten, weißen Pilze mit ihren langen Stielen und sehr kleinen Köpfen sind auch als Winter- oder Schnee-Pilze bekannt und vor allem in der japanischen Küche sehr beliebt.

Asiatische
Warenkunde

Reis

Die wahrscheinlich älteste Kulturpflanze der Welt zählt zu den sieben Getreidesorten und wurde vermutlich vor 11.000 Jahren am Mittellauf des Flusses Jangtse erstmals kultiviert. Der Reisanbau verbreitete sich langsam über ganz Asien, wo das Wort für Reis in vielen Sprachen mit dem Wort für Essen bis heute identisch ist. Auch in den asiatischen Religionen und in der Alltagskultur ist Reis allgegenwärtig: In Thailand etwa ist es in manchen Gegenden heute noch Sitte, am Beginn des Essens vor dem Reis eine Verbeugung zu machen. Aus Indien wiederum stammt der Brauch, Brautpaare mit Reis zu bewerfen, um ihnen Wohlstand und Fruchtbarkeit zu wünschen.

Basmati-Reis, Klebreis, Sushi-Reis

So gesehen verwundert es nicht, dass sich unter den 20 größten Reisproduzenten der Welt, die von China, Indien und Indonesien angeführt werden, gleich 15 asiatische Länder befinden, deren Anbautraditionen jedoch unterschiedlich lang sind.

Körner, die man in Thailand fand, verweisen auf das Jahr 3500 v. Chr., 500 Jahre lässt sich Reisanbau auch auf den Philippinen sowie in Indonesien nachweisen. Und in den heiligen Sanskritrollen wird Reis um 2400 v. Chr. erwähnt. Zu den stets in Isolation lebenden Japanern gelangte der Reis über Korea erst im 3. Jahrhundert v. Chr., also erst nachdem er durch Alexander den Großen (356–323 v. Chr.) auch in Europa bekannt gemacht worden war.

Grundsätzlich wird Reis in Kurz- oder Rundkornreis sowie Langkornreis unterschieden. Unter diesen Oberbegriffen existieren heute etwa 8.000 den jeweiligen Klimaverhältnissen und Erntebedingungen angepasste Reissorten. Die wichtigsten für die asiatische Küche sind:

BASMATI-REIS „Basmati" bedeutet auf Hindi „Duft". Es handelt sich also um einen besonders aromatischen, langkörnigen Reis, der ursprünglich aus Indien stammt. Er wird am Fuß des Himalaya angebaut und ist die typische Begleitung zu einer Vielzahl von orientalischen Gerichten. Als Faustregel in der asiatischen Küche gilt: Je schärfer ein Gericht ist, desto besser harmoniert es mit dem langkörnigen Basmati-Reis und desto weniger passt Rundkornreis dazu. Ausgezeichnet eignet sich Basmati-Reis auch für gebratenen Reis, eines der populärsten und einfachsten chinesischen Rezepte, das während der letzten Jahrzehnte auch die westlichen Küchen im Sturm erobert hat (s. S. 220).

PATNA-REIS Der Patna-Reis ist wie Java- und Lombok-Reis von guter Qualität. Die Körner sind lang, dünn und durchsichtig. Er gehört zur „harten" Gruppe, ist also trocken kochend und etwa für Reistafeln sehr gut geeignet.

JAPAN-REIS Vollkornreis und schwarzer Naturreis aus Japan. Diese Sorte *(Oryza sativa var. japonica)* wird außer in Japan auch in Ägypten, Spanien und Italien angebaut. Sie ist weicher als Langkornreis und wird im deutschsprachigen Raum vor allem für Reisbrei (Milchreis) verwendet. Die Körner sind kurz und dick, beinahe rund. In Japan selbst wird dieser Reis normalerweise ohne Salz in Wasser gekocht und mit Gemüse, Fisch und Fleisch gegessen. Dabei handelt es sich nicht um eine Beilage, da der Reis als zentraler Bestandteil der Mahlzeit angesehen wird.

JAPANISCHE SPEZIALREISSORTEN *Mochigome* ist ein trüber Klebreis, der vor allem für Süßigkeiten verwendet oder geröstet wird. *Sakamai* wiederum ist der Grundreis für die Herstellung von Sake, dem japanischen Reiswein. Roter und schwarzer Naturreis sind in Japan unter dem Namen *Kodaimai* auf dem Markt.

KLEBREIS Ohne Klebreis *(No May)* läuft nichts in der Garküche der kleinen Genüsse. Hinter dem nicht besonders appetitlich klingenden Wort verbirgt sich nämlich eine Reisart mit sehr hohem Stärkeanteil, deren Körner beim Kochen zusammenkleben und sich daher mit Stäbchen leicht aufnehmen lassen. Klebreis spielt seine Stärke jedoch keineswegs nur bei Reisgerichten aus, sondern bildet auch die Grundlage von zahlreichen Teigen der Dim-Sum-Küche, hauchdünnen Vermicelli-Nudeln, Puddings und anderen Süßspeisen. Auch Reiswein wird auf der Grundlage von fermentiertem Klebreis gebraut (und keineswegs gekeltert). Klebreis wird ein paar Stunden gewässert, danach gedämpft und zu kleinen Bällchen geformt und mit Gemüse, Salat sowie Fleisch (mit den Fingern) gegessen. Klebreis muss gedämpft werden, da er beim normalen Kochen vollkommen zu Schleim zerfällt.

SIAM-REIS (auch Duftreis oder Jasminreis) hat eine ausgezeichnete Qualität. Siam-Reis wird hauptsächlich im Norden Thailands, aber auch in Laos, Vietnam und Italien angepflanzt. Man nennt ihn „Duftreis", weil er beim Kochen angenehm nach Jasmin riecht und, im Gegensatz zu vielen anderen Sorten, durch eine spezielle Anbaumethode ein wenig Eigengeschmack hat. Jasminreis wird gedämpft und ohne weitere Gewürze zu asiatischen Speisen gereicht oder zu Gerichten wie Nasi Goreng weiterverarbeitet. Da das

Asiatische Warenkunde

Asiatische Warenkunde

Kochen von Reis ein gutes Timing erfordert, kann man sich dafür auch eines elektrischen Reiskochers bedienen.

ROTER NATURREIS ist in Europa auch als Camargue-Reis bekannt. Die rot-braune Außenhaut des Korns ist seinem Anbau auf tonhaltiger Erde zu verdanken. Das eigentliche Korn ist weiß, daher ist roter Reis nur unbehandelt und ungeschält als Naturreis erhältlich. Ursprünglich stammt dieser mittelkörnige Reis aus Indien und entspringt der Kreuzung von Wildreis und einer Kulturreissorte. In Europa wird dieser Reis seit den 1980ern vor allem in der französischen Camargue angebaut.

SUSHI-REIS Diese Spezialsorte mit stark klebenden Eigenschaften ist in Asia-Shops oder in gut sortierten Supermärkten erhältlich. Es gibt verschiedene Sushi-Reis-Sorten wie *Kome*, *Ketan* oder *Nikishi*. Für Sushi wird der Reis (am besten mit dem nur dezent-säuerlichen Reisessig) gesäuert und schnell gekühlt. Er wird mit rohem Fisch und Meeresfrüchten und geriebenem grünem Meerrettich (Wasabi) serviert.

VOLLKORNREIS Eigentlich die irreführende Bezeichnung für Reis, der unpoliert gegart und gegessen wird. Ihm haften noch das Silberhäutchen und der Embryo an, wodurch der Vitamin-, Spurenelement- und Eiweißgehalt höher ist als bei normalem Reis.

Für die **REISZUBEREITUNG** gibt es vermutlich weltweit fast so viele Tipps wie Reisköchinnen. Mit Sicherheit bewährt haben sich in der asiatischen Küche die folgenden:

Die Frage, ob man **REIS WASCHEN** soll oder nicht, lässt sich bedenkenlos mit Ja beantworten. Waschen ist nicht nur hygienischer, sondern entfernt auch die überschüssige Stärke, die dem Reis immer einen etwas dumpfen Beigeschmack verleiht. Gewaschen wird in etwa sechs bis sieben „Durchgängen" und ein Reis gilt erst dann als wirklich durch-gewaschen, wenn das Reiswasser „klar wie ein Gebirgsbächlein" abfließt.

Für das **REISKOCHEN** hat sich eine Wasser-Reis-Proportion von 1,2:1 am besten bewährt. Gekocht wird zunächst auf höchster Stufe, bis das Wasser fast verschwunden ist. Danach reduziert man auf die kleinste Stufe oder dreht die Flamme überhaupt ab, während man den Reis noch weitere 15 Minuten lang garen lässt. Vorsicht: Währenddessen niemals den Deckel öffnen, da der Reis sonst nicht durchgaren kann.

In Persien und manchen Gebieten Chinas wird der Reis nach dem Kochen abgeseiht und weitere 20 Minuten im Dampf gegart – was den Vorteil besitzt, dass der Reis nicht anbrennen kann.

Wurzeln

DAIKON Der japanische weiße Rettich wird bis zu 30 cm lang und dient, kunstvoll klein geschnitten, vor allem als erfrischende, geschmackvolle Beilage zu Sashimi und Sushi.

GALANGAWURZEL Auch Thai-Ingwer, Kleiner Galgant oder *Kaempferia galanga* genannt, zählt zur Familie der Ingwergewächse und steht vor allem in Thailand als Heil- und Gewürzpflanze in hohem Ansehen. Die Galangawurzel wirkt in kleinen Mengen animierend, euphorisierend und angeblich auch aphrodisierend, in größeren Dosen entwickelt sie auch halluzinogene Wirkungen. Die thailändische Volksmedizin setzt Galanga zur Bekämpfung von Rheuma, Halsentzündungen, Atemwegserkrankungen und Kopfschmerzen ein. In der Siamküche ist die Galangawurzel vor allem ein Bestandteil vieler Reisgerichte.

GALGANTWURZEL *(Foto links)* Auch „Echter Galgant" genannt, ist vor allem in der chinesischen und der thailändischen Küche heimisch. Sowohl in optischer als auch geschmacklicher Hinsicht ähnelt Galgantwurzel dem Ingwer, ohne mit diesem verwandt zu sein. Getrockneter und pulverisierter Galgant wird auch als Laospulver bezeichnet.

GINSENG Die vor allem in Korea besonders beliebte und auch in bester Qualität erhältliche Heilwurzel wird in der Küche weniger aus geschmacklichen als aus medizinischen Gründen verwendet. Sie reguliert

Eingelegter Ginseng Getrocknete Wurzeln

den Kreislauf, verstärkt das Immunsystem und macht die Haut straffer. Bei Verkühlungen und Fieber sollte man vom Ginseng-Genuss jedoch Abstand nehmen. Die verlässlichsten Wirkungen erzielt man mit Wurzeln, die älter als drei Jahre, am besten jedoch 7–10 Jahre alt sind. Beliebt ist auch der Ginseng-Schnaps mit eingelegter Wurzel, dem u.a. auch aphrodisierende Wirkungen zugeschrieben werden. Ginseng ist auch in Kapseln- oder Seifenform sowie als Ginseng-Ginkgo-Tee erhältlich.
INGWERWURZEL Frischer Ingwer *(Shoga)* ist eine intensiv duftende Wurzel, die sich meist in mehrere Knollen mit seidig-weicher Oberfläche aufgliedert. Die Knollen sind leicht abzubrechen, und das Wurzelfleisch lässt sich nach Entfernung der seidigen Haut auslösen und in Scheiben schneiden oder hacken. Während Ingwer in vielen asiatischen Ländern vor allem als Gewürz betrachtet wird, ist er besonders in Japan und Korea auch beliebt als Beilage sowie eine Art Leitmotiv jeglicher Kochkunst. Allerdings sollte man frischen Ingwer niemals zu lange kochen, da er in diesem Fall weniger aromatisch, dafür aber wesentlich schärfer wird. Zu Fisch werden auch gerne *Ha-Shoga* – marinierte Ingwersprossen – gereicht. Beliebt ist auch der *Gari* oder *Amazu Shoga* genannte marinierte Ingwer, der zum Neutralisieren von Sushi und Sashimi im Speziellen oder Fischgeschmack im Allgemeinen dient. Vorsicht: Ingwer kann ganz schön scharf schmecken, vor allem dann, wenn er zu hoch dosiert wird. Ingwer spielt auch in der asiatischen Heilkunde eine bedeutende Rolle, wirkt er doch gegen alle Arten von Verkühlungen, aber auch krampflösend und schmerzlindernd. Vor allem aber steht er im Ruf, alle schädlichen Bakterien im Magen und Darm abzutöten.
KONNYAKU Die auch „Teufelszunge" genannte Wurzel wird in Japan zu einer in Würfelform hergestellten Stärke verarbeitet, die extrem nährstoffreich ist.
LOTUSWURZEL Eine höchst vielseitige Zutat für Füllungen, Saucen und Suppen aller Art, kann aber auch mariniert oder frittiert werden. Die so genannten Lotusnüsse dienen als Suppeneinlage und werden kandiert als Glücksbringer verschenkt.
RENKON Der Wurzelstock des Wasserlotos wird vor allem wegen seines Reichtums an Vitamin C geschätzt und meist in Essigwasser eingeweicht, weshalb die Lotuswurzel sich auch perfekt für Sunomono-Gerichte eignet.
TARO Kartoffelähnliches, stärkehaltiges Wurzelgemüse von süßem Wohlgeschmack.

Die Stäbchen,

der Wok und der goldene Schnitt

GRUNDLAGEN DER ASIATISCHEN GERÄTE- UND SERVIERKUNDE

Bambuskörbchen und Dämpfeinsätze

Das Garen über heißem Dampf gilt als eine der wirkungsvollsten und beliebtesten Garungstechniken in der chinesischen Küche (s. auch Kapitel Wok). Dämpfeinsätze aus geflochtenem Bambus zählen daher neben dem Wok zu den wichtigsten Gerätschaften von Gar- über Haushalts- bis zur Profiküche. Diese Einsätze sind stapelbar und ermöglichen dadurch die Herstellung nahezu beliebig vieler Portionen. Außerdem lassen sich auf diese Weise unterschiedliche Speisen gleichzeitig zubereiten und vor allem auch warm halten. Dass der Bambuseinsatz den Speisen, die darin gedämpft werden, auch sein unverwechselbares „Holzaroma" verleiht, macht das praktische Küchengerät darüber hinaus auch noch zu einem mittlerweile bei vielen westlichen Köchen beliebten „Geschmacksträger".

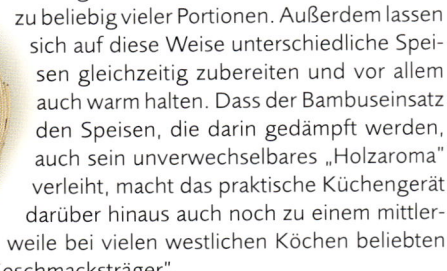

Selbstverständlich kann statt der Bambuskörbchen, die man ganz einfach über einem mit kochendem Wasser gefüllten und entsprechend dampfenden Wok aufschlichtet, auch ein klassischer Topf mit Dämpfeinsatz oder ein Dampfgarer bzw. Kombidämpfer verwendet werden.

Hände: Symbol von Freundschaft und Frieden

Während das Essbesteck in Asien entweder als „Exote" oder als Zeichen für den kriegerischen Geist der Europäer gilt, wird in Asien entweder mit Stäbchen (s. dort) oder, vor allem auf dem indischen Subkontinent, mit den Händen gegessen. Das geschieht auf wesentlich zierlichere Weise als es klingt und hat mit der in Europa Mode gewordenen Fast- und Fingerfood-Schlingerei nicht das Geringste zu tun. Wer jemals Indern beim Essen zugesehen hat, merkt kaum, mit welcher Selbstverständlichkeit und Sauberkeit sie zu Werke gehen. Reis wird zu Kugeln, Brotfladen werden zu kleinen Täschchen geformt, mit Hilfe derer man Fleisch und Gemüse perfekt auftunken und – ausschließlich mit der rechten Hand – zum Mund führen kann. Vorsicht mit allzu viel Bestreben nach Authentizität: Wer nicht geübt ist, hat mit dieser Essmethode, ehe er sich's versieht, das halbe Essen über Hemd und Bluse verteilt. Dann lieber ein Besteck verwenden – wofür die Inder jedenfalls mehr Verständnis haben als für unkultiviertes Kleckern.

Messer und Küchenbeile: Der goldene Schnitt

Um das Bratgut so wok-gerecht vorzubereiten, dass es unter ständigem Wenden gleichmäßig gegart werden kann, ist die Beherrschung der richtigen Schneidetechnik nötig, oder – wie es die Chinesen formulieren – des „goldenen Schnitts." Diesen im sprichwörtlichen „kleinen Finger" zu haben, ist nicht nur Aufgabe der Helden von Hongkong-Eastern, sondern vor allem auch der chinesischen Köche. Wer sein Handwerk versteht, kann eine gebratene Ente ebenso problemlos wie vorschriftsmäßig mit einem Küchenbeil in 112 einzelne Stücke zerlegen, und sie halten sich dabei einmal mehr an den guten alten Konfuzius, der da meinte: „Ich will kein Essen zu mir nehmen, das nicht richtig geschnitten ist." Das ist auch der Grund, warum ein guter chinesischer Koch sein kantig-scharfes Küchenbeil nur zum Hacken verwendet, wenn es sich gar nicht vermeiden lässt, während er es ansonsten fast ausschließlich zum Zerteilen, Ziselieren und Zuputzen von Zutaten benutzt, die ihrer Bearbeitung nicht viel oder gar keinen Widerstand entgegensetzen. Chinesische Köche sind es gewohnt, so leise und gewaltfrei wie nur irgend möglich zu arbeiten. Kochen und Essen werden in China als Akt friedfertigen Zusammenseins betrachtet. Und das ist wohl auch der Grund, warum die Chinesen unsere europäische Gewohnheit, mit Messer und Gabel zu essen, also „zu stechen und zu schneiden" als ein Zeichen mangelnder Zivilisation betrachten.

Dabei kommen gerade die Chinesen, was ihr geschliffenes Handwerkszeug betrifft, mit relativ einfachen Mitteln aus. Ob in der Garküche oder im Spitzenrestaurant: Angesichts europäischer Köche, die über einen Koffer mit einem oder gar zwei Dutzend Spezialmessern verfügen, kommt der chinesischen Kollegenschaft nur ein bemitleidendes Schmunzeln über die Lippen.

Gleichgültig wie das Grundprodukt beschaffen ist, kommt ein chinesischer Koch im Wesentlichen mit einem schweren und einem leichteren Hackmesser aus, mit deren Hilfe er dann winzige Würfelchen und hauchdünne Tranchen, dicke Röllchen und schlanke Stiftchen, lange Streifen und kurze Stummel schneiden kann. Das Wörtchen „Messer" ist für die rechteckigen Schneidwerkzeuge mit dem kurzen Griff und der scharfen, spitz zulaufenden Klinge freilich eher eine Untertreibung. Hackbeil würde den Kern der Sache schon eher treffen.

Es dauert seine Zeit, bis ein junger Koch die Grundtechniken seines Handwerks erlernt hat: den senkrechten Schnitt für Bambussprossen, den Stoß- und Zugschnitt für größere Fleischstücke, den Sägeschnitt für Brot oder Schinken, den Rollschnitt für Wurzel- und Knollengemüse, den horizontalen Scheibenschnitt für Sojaquark und Gelees, den diagonalen Scheibenschnitt für Chinakohl, den Stoß- oder Zugscheibenschnitt für das Entbeinen von Geflügel – und schließlich das Hacken, Schlaghacken und Nachhacken von Fleischstücken mit Knochen auf dem klassischen Teakholz-Schneidblock.

Dieses Handwerk beherrscht man erst nach vielen Jahren wirklich perfekt. In China würde man sagen, erst dann, wenn sich zur bloßen Fertigkeit auch noch ein gewisses Maß an Weisheit gesellt hat.

Während die Chinesen lieber auf ein Küchenbeil setzen, lieben die Japaner Spezialmesser *(Hocho)* unterschiedlichster Fasson, die mittlerweile auch in allen europäischen Formaten

Asiatische Geräte- und Servierkunde

vom Officemesser über das Tourniermesser bis hin zum Küchenmesser in verschiedenen Längen angeboten werden, während die Japaner selbst vor allem die folgenden Klingenformen unterscheiden:

SANTOKU HOCHO Allzweckmesser.
NAKIRI HOCHO Beidseitig geschliffenes Gemüsemesser.
USUBA HOCHO Einseitig geschliffenes Gemüsemesser.
DEBA HOCHO Küchenbeil mit über den Griff vorstehender Klinge zum Zerteilen von Knochen und Gräten.
YANAGIBA HOCHO Einseitig geschliffenes Filetiermesser.
UNIGISAKO HOCHO Aalmesser.
HANCHO HOCHO Thunfischmesser mit 1 m langer Klinge.
SASHIMI Beidseitig geschliffenes „Sushimesser", das allerdings nicht in Japan, sondern in Europa entwickelt wurde.

Es ist neuerdings in Europa unter – vor allem männlichen – Hobbyköchen Mode geworden, möglichst ein komplettes Set japanischer Spitzenmesser der Topmarken Kai, Tojiro, Global, Haiku, Kyocera oder SekiRyu zu besitzen. Nicht jeder wird seiner Messersammlung jedoch wirklich froh, da diese – meist sündteuren – Messer einer speziellen Behandlung bedürfen, die von ständigem Einölen bis zu stetigem Schleifen mit Spezialsteinen reicht. Wer sich daran nicht hält und seine Messer womöglich auch noch dem Geschirrspüler anvertraut, darf sich nicht wundern, plötzlich um teures Geld ein rostiges Messer in der Hand zu halten, das keine Freude bereitet.

Japanische Klingenschmiede müssen eine zehnjährige Lehrzeit durchlaufen. Die Herstellung hochkarätiger japanischer Messer aus dem weißen Hagane-Stahl *(Shirokou)* besteht aus dem richtigen „Zusammenschmieden" eines weicheren Stahls für das Messerblatt und eines harten Stahls für die Klinge bei 1.000 °C. Da diese beiden Stahlsorten nicht gleich beim ersten Schmieden „zusammenwachsen", sind mehrere Schmiedevorgänge nötig. Wenn die Klinge am Schluss gehärtet wird, hat sie 27 Arbeitsschritte hinter sich – und dann geht es erst ans Schleifen an einem Wasserstein, was wiederum rund zwanzig „veredelnde" Arbeitsgänge beinhaltet. Dann kommen noch 24 Arbeitsschritte für die Herstellung eines perfekten Griffs aus wertvollem Magnolienholz mit einer Zwinge aus Büffelhorn oder Holz dazu – und erst dann ist das Messer so weit, dass es zum Graveur gelangen kann, der Klinge und Griff „tätowiert" und die Qualitätskontrolle vornimmt, bevor die Klinge noch einmal rostschutzbehandelt und zwischen Seidenpapier verpackt wird.

Garantiert rostfrei sind übrigens Kochmesser aus 32-lagigem (sprich 32-mal „gefaltetem") Damaszener-Stahl, die heute, etwa in der berühmten Shun-Serie, ebenfalls im Handel erhältlich sind.

Ohne Pflege geht es freilich auch bei rostsicheren Messern nicht ab.

Grundsätzlich sollten Sie dabei folgendes beachten:
- Messer sofort nach Gebrauch ohne aggressive Spülmittel abspülen und mit einem weichen Tuch abtrocknen. Vorsicht: Messer immer von der Rückseite der Schneide aus abwischen, da sonst Verletzungsgefahr besteht.
- Messer niemals im Geschirrspüler reinigen.
- Nur auf Holzbrettern oder mittelharten Kunststoffplatten, niemals auf Granit oder Stein schneiden.
- Messer mit Naturholzgriff von Wasser möglichst fernhalten und hin und wieder mit Pflanzenöl einreiben.
- Messer stets so lagern, dass sie nicht mit den Schneiden anderer Messer oder metallischer Gegenstände in Kontakt kommen. Ideal ist die Aufbewahrung in einem Messerblock.
- Japanische Kochmesser niemals mit Wetzstahl sondern mit einem Abziehstein von möglichst feiner Körnung nachschärfen. Im Fachhandel gibt es auch elektrische Messerschärfer für asiatische Spezialmesser.

Bei dermaßen richtiger Pflege halten japanische Messer mindestens das Berufsleben eines Suhsi- und Sashimi-Kochs lang; manche Messer können sogar noch vererbt werden. Ist kein Erbe in Sicht, begraben manche japanischen Köche ihre Messer feierlich am Tage ihrer Pensionierung.

Spezialgeräte und -geschirre

BULGOGI-GRILL Der pyramidenförmige, elektrische oder gasbetriebene Tischgrill basierte ursprünglich auf Holzkohle und ist heute ein fixer Bestandteil koreanischer Spezialitätenrestaurants. Er dient zur Zubereitung des auch *Bulgogi* genannten „koreanischen Feuertopfs". Dünne Fleischstreifen werden dafür in Sojasauce, Knoblauch, Sesamöl, Schalotten und Zucker eingelegt und anschließend auf den schrägen heißen Platten gegrillt. Man kann für Bulgogi ohne Geschmacksverlust auch jeden anderen Tisch- oder Holzkohlengrill, eine Teppanyaki-Platte (s. nächste Seite) bzw. wie in unserem Rezept auf S. 334 auch eine Grillpfanne verwenden.

MÖRSER Der Mörser ist ein archaisches Gerät, das keineswegs nur der asiatischen Küche bekannt ist, aber in den letzten Jahren immer häufiger durch Küchenmaschinen, Mixer und Blitzcutter ersetzt wurde. Um bestimmte Würzmischungen authentisch herstellen zu können, ist ein guter Küchenmörser jedoch, zumal in der indischen Küche, unbedingt vonnöten. Wichtig dabei sind Standfestigkeit und Härte. So lässt sich beispielsweise ein Pesto-Mörser aus Carrara-Marmor bequem auch für viele asiatische Gerichte verwenden. Noch empfehlenswerter ist aufgrund der beißenden Schärfe vieler asiatischer Gewürze ein Mörser aus Granit (möglichst auch mit Granitstößel), da dieses Material absolut säureresistent, geschmacksneutral und sicher vor Verfärbungen ist.

NABEMONO-KOCHER Nabemono ist der Überbegriff für alle japanischen Eintopfgerichte, die in einem Topf bei Tisch auf einem tragbaren Gaskocher zubereitet werden. Der archaische Vorläufer dieses fondueähnlichen Gerichts, das auch *Nabe O Kakomu* („um den Topf herum sitzen") genannt wird, ist der Kessel über offenem Feuer. Den Teilnehmern an der Mahlzeit steht es dabei frei, zu entscheiden, welche Zutaten sie im Topf haben wollen. Es gibt in Japan, nach Regionen verschieden, Dutzende von Nabemono-Gerichten. Die in Europa bekanntesten davon sind *Suki-Yaki* und *Shabu-Shabu* (s. S. 330). Wer keine entsprechende transportable Gasplatte, wie sie in Japan praktisch jeder Haushalt besitzt, zur Verfügung hat, kann Nabemono-Gerichte auch in europäischen Fondue-Sets über einem Rechaud zubereiten.

REISKOCHER Da in nahezu allen asiatischen Küchen täglich große Mengen an Reis „umgeschlagen" werden und eine gleichmäßige Reisqualität das höchste Ziel jeder Köchin und jedes Kochs ist, wurden in den letzten Jahren ausgezeichnete Geräte entwickelt, die den auch in Asien immer mehr an Zeitmangel leidenden und doppelbelasteten Hausfrauen und -männern die Verantwortung beim Reiskochen abnehmen. Mittlerweile hat

Asiatische
Geräte- und
Servierkunde

sich der Reiskocher, mit dessen Hilfe es möglich ist, jeden Reis unabhängig von der Sorte mit der jeweils genau abgestimmten Wassermenge und ohne Anbrennen punktgenau zu garen, auch in Europa immer mehr durchgesetzt. Es gibt auch, je nach gewünschter Reisart, unterschiedliche Modelle. Wer etwa wie in Persien Reis bevorzugt, der am Topfboden knusprig ist, sollte sich für ein persisches Fabrikat entscheiden, das durch erhöhte Abschalt-Temperaturen auch diese Variante ermöglicht. Wer wie etwa die Japaner auch gerne Reis zum Frühstück isst, sollte indessen zu einem Gerät greifen, das auch eine Warmhaltefunktion (bis zu 24 Stunden) hat.

In jedem Fall empfiehlt es sich, den Reis nicht sofort nach dem Abschalten aus dem Kocher zu nehmen, sondern dort noch etwa fünf bis zehn Minuten nachziehen zu lassen und ihn dann erst, mit einer Gabel aufgelockert, zu servieren.

SUSHI-SET   Da man Sushi nicht nur mit dem Gaumen, sondern vor allem auch mit den Augen isst und die Herstellung doch auch eine gewisse Geschicklichkeit erfordert, ist die Anschaffung eines Sushi-Sets, das auch ein hübsches Geschenk für Japanophile abgibt, auf jeden Fall von Vorteil. Ein solches Set besteht üblicherweise aus einem hölzernen Sushi-Brett, einem hölzernen Reistopf, einer Bambusmatte zum Ausrollen, Stäbchen und Stäbchenbank sowie Sake- und Dip-Schälchen. Es werden aber auch andere Kombinationen angeboten. Vorsicht: Hölzerne Sushi-Sets sind nicht spülmaschinengeeignet.

TEPPANYAKI-GRILL   Die von unten beheizte Edelstahlplatte, die in der japanischen Küche zum Grillen am Tisch verwendet wird und zum Grundinventar jedes japanischen Restaurants gehört, wird auch in praktischen Haushaltsvarianten angeboten.

Stäbchen: Heben statt stechen

Die meisten komplizierten asiatischen Schneidetechniken – und es gibt derer nicht wenige – dienen letztlich nur einem Zweck: nämlich das Essen so zu zerteilen, dass es bequem mit Stäbchen aufgenommen und daher ebenso zierlich wie gewaltlos zu sich genommen werden kann. Außer Stäbchen aus Holz, Bambus oder Metall wird bei Tisch nur ein porzellaner Suppenlöffel als notwendige Gerätschaft geduldet. Auch wenn Messer und Gabel heute in vielen europäischen Asia-Restaurants zur Standardaus-

Asiatische
Geräte- und
Servierkunde

stattung gehören, würde eine Gabel als Teil des Gedecks in China, Japan oder Korea zumindest belächelt werden. Ein Messer am Esstisch ist und bleibt jedoch ein echter Fauxpas, da das Messer – so ist man nahezu in ganz Asien überzeugt – ganz einfach in die Küche gehört.

Tatsächlich ist das Essen mit Stäbchen längst nicht so kompliziert, wie der Unkundige meist fürchtet. Es basiert auf dem einfachen Prinzip, aus einem festen und einem beweglichen Stäbchen eine Art Zange zu bilden, mit der auch kleine und kleinste Stücke aufgenommen und an den Mund geführt werden können. Aus diesem Grund empfiehlt es sich, ein Stäbchen (gewissermaßen das „Standbein") unterhalb des rechten Daumens möglichst fest einzuklemmen, so dass es sich kaum noch bewegen lässt. Das zweite Stäbchen (gewissermaßen das „Spielbein") wird so zwischen Zeige- und Mittelfinger eingeklemmt, dass es sich möglichst gelenkig auf dem Teller herumbugsieren lässt, bis es sich seine „Beute" geholt hat. Auf diese Weise lassen sich selbst schwierige Gerichte wie ganze Fische und Garnelen bewältigen. (Stoßen Sie sich bitte nicht daran, dass manche Asiaten, wenn sie uns dabei zusehen, wie wir, unserer Meinung nach völlig richtig, mit Stäbchen essen, einen halben Lachkrampf bekommen. Denn zum einen klappt es beim zweiten Anlauf schon viel besser. Und zum anderen ist uns eine gewisse Schadenfreude, wenn andere sich mit europäischen Essgewohnheiten herumplagen – einmal Hand aufs Herz – ja auch nichts Fremdes.)

Wok: Von der Ursuppe zum Allzwecktopf

Der Wok ist das Herzstück jeder chinesischen Küche. Er steht auf archaischen Kochstellen und leeren, mit Brennmaterial gefüllten Benzinfässern ebenso wie in modernen Hotelküchen. Ein Wok ist im Grunde nichts anderes als eine Kasserolle oder Pfanne. Das Wort stammt aus dem Kantonesischen und bedeutet schlicht „Kochgefäß". Dennoch ist der ursprünglich ausschließlich für offenes Feuer gedachte Wok mit seinem schweren, gewölbten Boden nicht nur ein Gefäß, sondern steht auch für eine Methode. Sie besteht im Anbraten unterschiedlichster Zutaten, die je nach notwendiger Kochzeit zwischen einer und vier Minuten nacheinander exakt auf den Punkt gegart werden.

Am Anfang aller Kochkunst stand auch bei den alten Chinesen das Feuer. Doch dann kam gleich der Wok, eines der ältesten Kochgeräte der Welt, das – halb Kessel, halb Pfanne –

Asiatische
Geräte- und
Servierkunde

sowohl für das scharfe Anbraten (Yang) als auch für das schonende Schmoren (Yin) verwendet werden kann. Die Grundzüge der chinesischen Gastrosophie sind somit in einer einzigen Gerätschaft verwirklicht.

Schon in den ältesten chinesischen Kochbüchern, dem „Zhou Li" und dem „Li Ji", ist über die Auswirkungen des Feuers auf den Geschmack die Rede: „Nur ein richtiges Feuer bedeutet ein köstliches Gericht", heißt es dort sinngemäß. Und ein Gedicht des chinesischen Schriftstellers Su Dongpo (1037–1101) lautet:

> Langsames Feuer
> Wenig Wasser
> Und köstlich wird es sein

Wie köstlich, davon kann sich jedermann in den Straßenküchen zwischen Nordchina, Singapur und Bangkok selbst überzeugen. Denn während die gemauerten chinesischen Herde, in deren Gluthitze sich hauptsächlich ganze Bratenstücke wie Spanferkel und Peking-Ente perfekt garen lassen, im wesentlichen den Restaurantküchen vorbehalten sind, hat sich der vielseitige Wok seit dem zehnten Jahrhundert, als er in China erstmals in Gebrauch kam, zur zentralen Institution nahezu jeder fernöstlichen Küche entwickelt. Vorformen des gusseisernen Wok hat es freilich auch schon viel früher gegeben. In wok-ähnlichen Tontöpfen mit rundem Boden hat man bereits vor 3000 Jahren gekocht. Der klassische Wok, auch *Wah* oder *Chaoguo* genannt, hat einen kugelrunden Boden und hohe, nach außen geneigte Wände, die eine optimale Hitzeverteilung ermöglichen und dank eines Durchmessers von etwa 40 cm auch ziemlich viel Bratgut aufnehmen können. Woks gibt es allerdings auch in einer kleineren Fassung von etwa 25 cm. Im ersteren Fall hat die chinesische Pfanne für gewöhnlich zwei gusseiserne Henkel, im letzteren lässt sie sich mit Hilfe eines kleinen Holzgriffs bewegen.

In der Praxis ist der Wok für einen Koch ein weites Land, das vieles möglich macht, was in Europas Küchen undenkbar scheint: So ist die Kombination von Frittieren und Rösten in den großen Küchen Europas (wie nahezu alle kombinierten Gartechniken) verpönt. Mit Hilfe eines Woks kann es jedoch zu äußerst wohlschmeckenden Ergebnissen führen, wenn man zunächst eine Tasse Frittieröl in den runden Pfannenboden gießt, in dem man etwa Fleisch oder Fisch ausbäckt, die man dann, nachdem man das Öl weitgehend reduziert hat, etwa mit Gemüse oder Pilzen weiterröstet.

Das ist freilich nur eine der rund 50 in der chinesischen Küche bekannten Garungsmethoden. **CHAO** – das mit unserem Sautieren verwandte Pfannenrühren, ist vielleicht die bekannteste davon und erfordert, dass das gesamte Kochgut zuvor möglichst regelmäßig geschnitten wurde und während des Garens ständig in Bewegung bleibt. Als **ZAH** bezeichnet man das Frittieren in heißem Öl, als **JIAN** das Braten mit zunächst relativ wenig Öl, das allerdings nachgegossen wird. **SHAO** bezeichnet das Schmoren von Kochgut, das zunächst kurz angebraten und dann mit Flüssigkeit aufgegossen und zugedeckt fertiggedünstet wird. **ZHENG** schließlich nennt sich die Grundtechnik jeder Dim-Sum-Küche, das Dämpfen. Dabei wird der Wok mit reichlich Wasser angefüllt, über welches man schließlich jene runden Bambuseinsätze stellt, in denen die kleinen Klößchen, Täschchen und Röllchen über heißem Dampf gegart werden.

Jetzt erst stellt sich wirklich heraus, ob der zunächst erfolgte Schnitt entlang der Möhren, Chinakohlköpfe, Enten- und Hühnerbrüste, Tofuziegel, Schinkenkeulen und Schweinsfüßen wirklich ein „goldener" war. Nur wenn sie allesamt in Teilchen von annähernd gleichem Durchmesser geschnitten wurden, lässt sich nämlich ein gemeinsamer Garpunkt erzielen, und auch dann muss der Koch oder die Köchin noch ganz genau kalkulieren, welche Zutaten zehn Minuten im Wok verweilen und welche nur ein paar Sekunden durchs heiße Erdnussöl, das hitzebeständigste aller Öle, gezogen werden, um dann bis zum endgültigen Abschmecken auf einem eigens dafür eingerichteten Gittereinsatz über dem Wok beiseitegestellt zu werden.

Mindestens so wichtig wie die Güte des Wok ist die Qualität der Hitze. Ganz allgemein wird in Asien, nicht zuletzt auch aus Gründen der Lebensmittelhygiene, auf wesentlich größerer Hitze gekocht als in Europa. Wer also seinem Wok eine wirklich „asiatische Hitze" verpassen möchte, sollte ihn grundsätzlich nur auf der Schnellkochplatte bzw. der größten Gasflamme verwenden oder – noch besser – einen Induktions-Wok verwenden, der zwar wesentlich teurer ist, aber tatsächlich asiatische Wok-Erfolge ermöglicht.

Asiatische
Geräte- und
Servierkunde

Welchen Wok jedoch auch immer Sie verwenden, an die folgenden fünf „goldenen Regeln" sollten Sie sich auf jeden Fall halten:

1. Kochen Sie niemals mehr als 2 Portionen in einem Wok.
2. Achten Sie darauf, dass der Wok wirklich heiß ist und geben Sie erst dann das Öl und die Zutaten hinein.
3. Fügen Sie Kräuter erst im Verlauf des Garens hinzu, am Anfang würden sie nämlich verbrennen.
4. Fügen Sie alle flüssigen Bestandteile wie Würzsaucen bzw. -pasten, Wein, Essig etc. erst unmittelbar vor dem Anrichten hinzu, da ansonsten die verwendeten Gemüse wässrig werden und auch andere Zutaten den Biss verlieren.
5. Und merke: Ein echter asiatischer Koch braucht, um kochen zu können, im Grunde nur zwei Werkzeuge: einen Wok und ein wirklich scharfes Messer. Der Rest ist Geschicklichkeit.

Tee, Tiger oder Mao-Tai?

EIN KLEINES ASIATISCHES GETRÄNKELEXIKON

Arrak ist ein in Südindien, Sri Lanka und Südostasien, besonders in Java, hergestellter Branntwein aus vergorener Reismaische.

Bier Gerade unter Feinschmeckern wird immer wieder gerätselt, welches Getränk denn nun wirklich am besten zur chinesischen Küche passe. Nicht jedem Europäer ist nämlich die Weisheit gegeben, seinen Hummer und seine Schweinshaxe zwischen Yin und Yang demütig mit Tee hinunterzuspülen. Umgekehrt ist die chinesische Küche mit ihrer hohen Aromatik, ihrer klammheimlichen Schärfe und allgegenwärtigen Würze nicht wirklich ein Freund des Weines. Man muss schon ziemlich schwere Geschütze an Chardonnays oder Cabernet-Sauvignons auffahren lassen, um der Duftoffensive, die aus Chinas Küchen dringt, einigermaßen Paroli bieten zu können.

Ein Getränk, das sich den Aromen aus dem Reich der Mitte unaufdringlich unterordnet, den Appetit unterstützt und den durch allfällige Schärfe immer wieder aufkommenden Durst zumindest fürs Erste löscht, ist das Bier.

Das dachten sich auch jene deutschen Einwanderer, die sich 1903 in der deutschen Kolonie Quingdao niederließen und hier die Tsing-Tao-Brauerei gründeten, die mittlerweile zwar nicht Chinas größte, aber immerhin die bedeutendste chinesische Exportbrauerei geworden ist. Fast überall, wo – in mittlerweile 60 Ländern der Welt – zwischen New York, Berlin und Johannesburg chinesisches Bier getrunken wird, ist der Name „Tsing Tao" zu lesen, der – wenngleich auf einigen Umwegen – für gediegene deutsche Bierbrau-Tradition steht.

Ganz ähnlich verlief die Geschichte der klammheimlichen Eroberung Asiens durch das Bier auch am indischen Subkontinent, in Indochina, Malaysia, Singapur und in Japan, wo in den ersten Jahrzehnten des 20. Jahrhunderts allenthalben, meist unter deutscher Beteiligung oder zumindest Fachberatung, Brauereien entstanden, deren Namen in der internationalen Bierwelt von heute durchwegs einen hervorragenden Ruf haben. Alleine das „Tiger Beer" aus der 1932 gegründeten Brauerei Singapurs hat mittlerweile mehr als 30 internationale Goldmedaillen eingeheimst und verfügt über ein weltweites Vertriebsnetz. Ähnliches gilt auch für das berühmte japanische Kirin-Bier, das thailändische Singha- und Changbier, das San-Miguel-Bier von den Philippinen, das vietnamesische Saigon Export sowie das vom Time Magazine und der Bangkok Post zum „besten Bier Asiens" gewählte Beerlao aus Laos.

Jiu ist kein Ausdruck für ein spezielles Getränk, sondern bezeichnet Alkoholika ganz im Allgemeinen, deren Bandbreite vom gesüßten Chrysanthemenwein über den Reiswein bis hin zum Hirseschnaps reicht. Man könnte auch sagen: Wenn der Chinese gerade nicht Tee trinkt, so trinkt er Jiu.

Joghurt und Joghurtgetränke Schon in sehr früher Zeit entdeckten die nomadischen Hirten Vorderasiens, dass vergorene Milch erfrischend, durstlöschend und energiezuführend ist. Getränke wie Joghurt, Kefir, Ayran (gegorene Kuh-, Ziegen- oder Schafs-Buttermilch) und Kumyss (gegorene Stutenmilch) waren den asiatischen Reitervölkern daher bereits sehr früh bekannt. Gerade die vorderasiatischen

Asiatisches Getränkelexikon

Asiatisches Getränke-lexikon

Völker sind daher, was den Gebrauch von Joghurt betrifft, um ihren Einfallsreichtum geradezu zu beneiden. So haben sie etwa erkannt, dass kühles Joghurt – beispielsweise mit Tomaten und Auberginen vermischt – einen reizvollen Gegensatz zu pikanten oder scharfen Gerichten schafft. Gleichgültig ob Sie ein feuriges indisches Lamm-, Hühner- oder Gemüsecurry essen, so basiert die Sauce dazu nicht nur auf fein gerösteten Gewürzmischungen, sondern fast immer auch auf Joghurt. Und das ursprünglich aus Indien stammende Lassi hat sich zu einem echten „panasiatischen" und mittlerweile fast schon globalisierten Joghurt-Drink entwickelt.

Hergestellt wird Lassi auf Grundlage der Basisrezeptur von 1:1 (oder 2:1) Wasser oder manchmal Milch und Joghurt; süß mit Zucker und Safran, Fruchtsaft oder pürierten Früchten (z.B. als Mango-Lassi), gewürzt und salzig als Namkin-Lassi. Als Grundlage für seine Herstellung dient Joghurt mit stark säuernden Kulturen (*Streptococcus thermophilus* und *Lactobacillus bulgaricus*). Als Beispiel ein besonders populäres Rezept:

Mango-Lassi INDIEN

ZUTATEN

**250 g Joghurt • 100 ml Wasser oder Mineralwasser
150 g reines Mango-Fruchtfleisch • 4 TL Zucker • 1 TL Zitronensaft
1 Spritzer Rosenwasser (aus der Apotheke) • 1 Prise Kardamompulver
oder Kreuzkümmel • Minze bzw. Zitronenmelisse für die Garnitur**

ZUBEREITUNG

Mangofleisch würfelig schneiden und im Mixer pürieren. Mit Joghurt und Wasser aufmixen, mit Zitronensaft, Zucker, Rosenwasser und Kardamom abschmecken. Bei Bedarf noch durch ein Haarsieb passieren. Ist die Konsistenz zu dickflüssig, etwas Mineralwasser nachgießen und anschließend kaltstellen. Mit Zitronenmelisse oder Minze garnieren.

Kaffee

Im „Teekontinent" Asien spielt Kaffee nur im westlichsten Teil, also in Arabien und Vorderasien, eine Rolle, dort freilich eine nicht unbeträchtliche. Bereits die türkischen Sultane wussten sehr wohl, auf welchen „Bodenschatz" sie da schon ziemlich früh ihre Hand gelegt hatten. Sie kontrollierten nicht nur lange Zeit den internationalen Kaffeehandel, sondern erklärten den Anbau der ursprünglich aus dem äthiopischen Hochland stammenden Kaffeepflanze im gesamten Osmanischen Reich auch schlichtweg zum Staatsgeheimnis.

Immerhin hatten sie mit dem Kaffee (arab. *Qahwa* = Pflanzensaft) jenes Genussmittel unter Kontrolle, das als „Wein

Kaffee nach Beduinenart

des Islam" der gesamten muslimischen Welt ihr alkoholfreies Dasein schon auf Erden versüßte und die Bereitschaft zum „Heiligen Krieg" gegen die wein- und bierseligen „Heiden" des Abendlands steigerte.
Zur Illustration ein besonders köstliches Kaffeerezept aus dem arabischen Raum:

Kaffee nach Beduinenart SAUDI-ARABIEN

ZUTATEN
**750 ml Wasser • 2 TL frisch gemahlener Kardamom • 1 TL Zimtpulver
1/2 TL frisch geriebener Ingwer • 8 TL frisch gemahlener Mokka
2 TL Zucker**

ZUBEREITUNG
Die Gewürze gemeinsam mit dem Ingwer in einen Topf geben. (Am besten eignet sich dazu die typische Kaffeekanne mit Stiel.) Nun mit Wasser aufgießen und aufkochen. Hitze auf ein Minimum reduzieren und das Wasser zugedeckt (damit nicht zu viel Wasser verdunstet) 10 Minuten köcheln lassen. Mokka und Zucker hinzufügen, einmal umrühren und den Kaffee zugedeckt 5 Minuten köcheln lassen. In kleine Schälchen gießen und servieren.

Asiatisches Getränkelexikon

Kwas,
dessen Zubereitung ziemlich aufwändig ist, ist seit 1056 bekannt und neben Wodka ebenfalls ein Nationalgetränk Russlands und Sibiriens. Zunächst wird eine Maische aus Wasser, Mehl und Malz angesetzt, die dann fermentiert wird. Später verdünnt man sie und reichert sie mit Hefe, Zucker und diversen natürlichen Geschmacksstoffen an. Kwas wird ungekocht und stets kalt getrunken. Die unterschiedlichsten Geschmacksnoten verleihen ihm Säfte von Früchten (Äpfel, Birnen), Beeren sowie einigen Gewürzen wie Anis und Kräutern sowie Minze.
Kwas wird heute hauptsächlich industriell hergestellt und im Sommer gerne auf der Straße vom Fass gezapft. Im Handel findet man verpacktes Kwas-Konzentrat, das nur mit Wasser verdünnt werden muss. Nach dem folgenden etwas vereinfachten Rezept kann man Kwas auch zu Hause herstellen. Sein Geschmack ist allerdings nicht jedermanns Sache:

Kwas SIBIRIEN

ZUTATEN
20 g Germ • 2 l Wasser • 250 g Roggenbrot • 120 g Zucker

ZUBEREITUNG
Das in dünne Scheiben geschnittene Roggenbrot in einer Pfanne oder im Backrohr fettfrei braten, bis es eine wirklich dunkle Färbung hat, aber noch nicht angebrannt ist. Brotscheiben mit Wasser übergießen und für ca. 4 Stunden an einem warmen Ort stehen lassen. Inzwischen Germ in etwas lauwarmem Wasser auflösen und mit Zucker vermischen. Nunmehr das Brotwasser durch ein feines Sieb seihen, mit der Germ-Zucker-Lösung verrühren und ca. 10 Stunden an einem warmen Ort gehen lassen. Danach das fertige Kwas in Flaschen füllen und mindestens 3 Tage lang kalt lagern. Dann ist es trinkfertig und wird in Sibirien gewöhnlich aus Holzkrügen getrunken.

Maotai
Wenn es in, aber auch außerhalb von China um alkoholische Getränke geht, ist der Maotai stets ganz vorne dabei. Immerhin ist Maotai ein besonders alkoholreiches Destillat aus Sorghumhirse und Weizen, ein Getränk, dessen Genuss dank seiner

53 Vol.-% Alkohol für viele Chinesen einer Mutprobe gleichkommt, die ihnen nicht weniger gefährlich scheint als Bungee-Jumping. (Was die trinkfesteren unter ihnen keineswegs daran hindert, sich bei Festbanketten gerade dieses schärfsten aller chinesischen Destillate zu bedienen, um einen oder mehrere Toasts auszubringen). Der dem Whisky nicht unähnliche „Schnaps der Schnäpse" wird etwa seit Beginn des 20. Jahrhunderts in der Ortschaft Maotai in der Provinz Gui Zhou nahe dem Chishui-Fluß hergestellt. Die Destillerie-Tradition in diesem Ort ist allerdings schon wesentlich älter und reicht bis in die Zeit der Han-Dynastie um 135 v. Chr. zurück, als die Bevölkerung von Maotai den Hof des damaligen Kaisers Hanwu bereits mit einem köstlichen, likörähnlichen Elixier versorgte. 1915 betrat der Maotai erstmals die Bühne der Spirituosenwelt, als er auf der Weltausstellung von Panama eine Goldmedaille einheimste. Über den Geschmack des Maotai scheiden sich seither dennoch die Geister: Sein an Sojasauce erinnerndes Aroma erinnert den Neuling eher an Suppenwürze, gewinnt aber für jenen, der sich einmal daran gewöhnt hat, zunehmend an Reiz, vor allem dann, wenn es sich um länger gelagerte Brände handelt. Es gibt freilich auch Spötter, die meinen, dass die Chinesen, nachdem sie bereits das Schießpulver und den Molotov-Cocktail lange vor den Europäern kannten, nunmehr mit dem Maotai endgültig eine neue Wunderwaffe entwickelt haben ...

Reiswein erscheint in Asien in vielen Formen. Die wichtigsten davon sind:

SAKE Obwohl im Zusammenhang mit Sake stets von Reiswein gesprochen wird, handelt es sich, rein technisch gesehen, um ein Reisbier, sprich: um ein aus vergorenem Reis, Wasser und Hefe hergestelltes alkoholisches Getränk. Die älteste Erwähnung von Sake findet man in der Nihonshoki-Chronik, die 720 abgeschlossen wurde und von einem Bankett im Jahr 485 berichtet, bei dem der Sieger eines Lyrik-Wettbewerbs mit einer Schale Sake belohnt wird. Die Herstellung des Sake war ursprünglich dem Kaiserhof vorbehalten und wurde später auch auf Klöster und das Shogunat übertragen. Die Zentren der Sake-Produktion entwickelten sich vor allem an Orten, die über eine hohe Reis- und Wasserqualität gleichermaßen verfügten. Sake enthält im Schnitt 15 Vol.-%-Alkohol, Spitzenqualitäten zuweilen auch mehr. Je nach Jahreszeit wird Sake entweder heiß (max. 55 °C) oder kalt (ca. 7 °C) serviert. Sake dient im japanischen Shintoismus auch dem religiösen Gebrauch und wird den Göttern als Weihegabe in großen Holzfässern dargebracht.

MAKKORI Süßlich mundender, noch in der Gärung befindlicher, ungeklärter Reiswein aus Korea, dem oft andere Zutaten wie Mais oder Salatchrysanthemen beigefügt werden.

DONGDONGJU Dunkler koreanischer Reiswein.

SOJU Klarer, oft industriell hergestellter koreanischer Reiswein.

SHAOSHING Auch wenn in den letzten Jahren der in China schon seit dem 2. Jh. n. Chr. bekannte, aus Trauben gepresste Wein zunehmend an Bedeutung gewinnt (und von zahlreichen Joint-Ventures mit europäischen und New-World-Weingütern auch entsprechend gefördert wird), so gebührt das „Hausrecht" in China zunächst dem Reiswein (*Shaohsing* oder *Shaoxing*), der auch „gelber" Wein genannt wird, ein bisschen nach Sherry schmeckt und warm getrunken wird. Der Shaohsing-Wein spielt auch in der chinesischen Küche eine große Rolle und kann dort, wenngleich mit einer gewissen Geschmacksveränderung, ebenfalls durch Sherry ersetzt werden. Eine in ganz China beliebte Sitte ist es schließlich auch, getrocknete Pflaumen in den Reiswein zu tunken, der übrigens idealerweise gerade auf Körpertemperatur, also rund 37 °C erhitzt werden sollte.

Säfte und Sirups

Die meisten Asiaten, so lautet eine von vielen Asien-Reisenden bestätigte Erfahrungstatsache, vertragen nicht allzu viel Alkohol. Das liegt möglicherweise auch daran, dass sie zum Essen neben Tee sehr viele alkoholfreie Getränke zu sich nehmen. Das Angebot an Früchten und Obst, aus denen sich köstliche frische Säfte pressen oder Sirups erzeugen lassen, ist denn auch überwältigend. Besonders beliebt sind etwa Ausgangsprodukte wie Ananas, Guave, Kokosnuss, Lychee, Mango und Passionsfrucht. Aber auch aus Quitten lässt sich, wie das folgende Rezept zeigt, ein hervorragendes Getränk herstellen, das, wie es heißt, „das Herz stärkt und den Appetit anregt". Das Rezept sieht vor, dass die Quitten roh durchgeseiht werden. Um mehr Saft zu erhalten, kann man die Quitten vorher allerdings auch kurz dünsten.

Asiatisches Getränkelexikon

Quittensirup IRAK

ZUTATEN
1 kg reife, säuerliche Quitten • 500 g Zucker

ZUBEREITUNG
Die Quitten schälen und entkernen. Die Früchte in einen Topf geben, unter beständigem Rühren langsam erhitzen und ca. 10–15 Minuten köcheln lassen. Vom Herd nehmen, die Quittenmasse durch ein Sieb drücken und den Saft dabei auffangen. Den Topf kurz durchspülen, Saft wieder eingießen und aufkochen lassen. Dann die Hitze reduzieren und den Saft bei mäßiger Hitze auf die Hälfte einkochen lassen.
Nun den Zucker einmengen und unter kräftigem Umrühren auflösen. Den heißen Saft in kleine Flaschen füllen, gut verschließen und kühl sowie dunkel lagern. Bei Bedarf im Verhältnis 1:3 mit kaltem Wasser aufgießen und servieren.

Quittensirup

Spirituosen

Asien ist für Spirituosenimport, aber auch -erzeugung ein gewaltiger Markt. Viele – vor allem reiche – Chinesen trinken zum Menü gern ein oder mehrere Gläschen XO-Cognac. Marken wie jene des Gin-Spezialisten Bombay Sapphire besitzen in der Branche Weltgeltung und genießen höchstes Ansehen.

Asiatisches Getränke-lexikon

Tee

Die Sitte, zum Essen Alkohol zu trinken, ist vor allem in China noch relativ jung und überdies nicht besonders weit verbreitet. Der klassische Speisenbegleiter der chinesischen Küche ist und bleibt Schwarzer oder Grüner Tee, der am Beginn jedes chinesischen Essens steht und es auch abschließt. Dazwischen trinken traditionsbewusste, sprich: disziplinierte Chinesen entweder gar nichts oder – auch Tee.

Menschen, die der Teekultur (man könnte fast sagen: dem Kult des Tees) huldigen, gibt es in China schon seit vielen tausend Jahren. Die erste der zahllosen überlieferten Tee-Legenden handelt von einem chinesischen Kaiser namens Shen Nung, der bereits um 2750 v. Chr. lebte und den Tee „erfunden" haben soll. In Wahrheit, so beginnt die Geschichte, wollte Seine Majestät ja nur ein Glas heißes Wasser trinken, doch dann trug ihm ein freundlicher Wind durch Zufall ein paar Teeblätter zu und ließ sie in die Tasse fallen. Der Kaiser staunte nicht schlecht, als das Wasser bereits wenige Minuten später nicht nur seine Farbe, sondern auch seinen Geschmack wesentlich verändert hatte.

Die Teegeschichte geht mit den historischen Daten nicht ganz so großzügig um wie die Legende. Tatsächlich scheint Tee in China „erst" um 400 v. Chr. in Mode gekommen zu sein, und von da an dauerte es immerhin weitere 1.200 Jahre, bis die ersten Teesamen das Land verließen und im Jahr 801 n. Chr. nach Japan gelangten. Erst der Tätigkeit der britischen East India Company ist es zu verdanken, dass der Tee aus China, Ceylon und Indien um die Mitte des 17. Jahrhunderts seinen Siegeszug rund um die Welt antreten konnte.

Chinesische Teesorten gibt es fast so viele wie asiatische Würzsaucen und Aromaten. In Europa am bekanntesten ist der sogenannte „Earl Grey Tea", ein mit Bergamotteöl parfümierter Chinatee, der nach dem britischen Außenminister Earl Charles Grey benannt ist, welcher diesen Tee 1830 von einer Chinareise mitbrachte.

Mittlerweile zum absoluten westlichen Modegetränk geworden ist der ebenfalls aus China stammende „Grüne Tee", der gleich nach der Ernte erhitzt und mit heißer Luft getrocknet wird, wodurch er seine grüne Farbe behält. Durch den Ausfall der ansonsten üblichen Fermentation der Teeblätter weist Grüner Tee einen höheren Gerbsäure- und Koffeingehalt als Schwarztee auf, verfügt aber gleichzeitig auch über mehr Vitamin A und C. Unter den zahlreichen aromatisierten chinesischen Tees muss vor allem der Jasmintee erwähnt werden, der vor allem im Zusammenklang mit Jasminreis und besonders aromatischen Gerichten bezaubernde geschmackliche Wirkungen auf den Gaumen zu zaubern vermag.

Mindestens ebenso bedeutend wie in China ist die Teekultur in Japan, dem Land, das eine eigene Tee-Zeremonie entwickelt hat. Sie findet in einem eigens dafür reservierten Raum, dem so genannten *Sukiya*, statt, dessen Ausmaße und Ausstattung genau vorgeschrieben sind. Der Wasserkessel wird mit einigen Metallstückchen gefüllt, die beim Brodeln des Teewassers eine „singende" Melodie entstehen lassen, die zur Meditation anregen soll. Teedosen, Trinkschalen, Handreichungen und sogar die Themen für das Tischgespräch sind genau festgelegt. So darf beispielsweise nicht über Geschäfte oder Familienärger gesprochen werden, sondern nur von der Schönheit jener Dinge, die im Raum zu sehen sind – von den Vasen, den Lackkästchen, den Skulpturen, Seidenmalereien oder auch von der Kleidung der Anwesenden. Die Unterhaltung, so heißt es in einer der Anweisungen für die Tee-Zeremonie, „soll so geführt werden, dass kein Schatten auf die Harmonie der Umgebung fällt. Denn wenn einer sich selbst nicht in der Harmonie der Schönheit übt, so hat er auch kein Recht, sich dem Schönen zu nähern."

Die wichtigsten asiatischen Teesorten sind die folgenden:

ASSAMTEE Das größte Teeanbaugebiet der Welt liegt im Nordwesten Indiens und produziert Tees von kräftiger Aromastruktur und dunkler Farbe.

CEYLONTEE Sri Lanka ist zwar nicht der größte Teeproduzent, aber der größte Tee-Exporteur der Welt. Hier reifen der vollaromatische *Uva*, der kraftvolle *Dimbula* und der edle *Nuwara-Eliya* („über den Wolken") heran.

DARJEELINGTEE Das Anbaugebiet an den Hängen des Himalaya liefert durch die Höhenlage und das milde Klima Tees mit ausgesprochen zartem Aroma. Je nach Erntezeit und Aroma bezeichnet man sie als *First Flush* (März, April), *In-betweens* (Mitte April bis Mai), *Second flush* (Ende Mai bis Anfang Juli) oder *Autumnals* (nach dem Monsunregen bis Mitte Dezember).

EARL GREY TEE Mit Bergamotteöl parfümierter Chinatee, der nach dem britischen Außenminister Earl Charles Grey benannt ist, der diesen Tee 1830 von einer Chinareise mitbrachte.

GRÜNER TEE wird gleich nach der Ernte erhitzt und mit heißer Luft getrocknet, wodurch er seine grüne Farbe behält. Durch die fehlende Fermentation besitzt er einen höheren Gerbsäure- und Koffeingehalt als Schwarztee, verfügt aber auch über mehr Vitamin A und C.

JASMINTEE Mit Jasminblüten aromatisierter grüner Tee aus China.

SCHWARZTEE Seine charakteristische dunkle Farbe erhält dieser Tee durch die schon bei den alten Chinesen gebräuchliche Verarbeitung, in deren Verlauf die Teeblätter zunächst zum Welken gebracht, dann eingerollt und fermentiert, bei 85 °C getrocknet und schließlich nach folgenden Blattgraden sortiert werden: *ungebrochenes Blatt* (weniger intensiv), *gebrochenes Blatt* (aromatischer Broken Tea), *Fannings* (mittlerer Blattgrad für Teebeutel) und *Dust* (Teestaub für Aufgussbeutel).

Welchen Tee man wann und in welcher Gegend wozu trinkt, ist eine eigene Wissenschaft, die den hier vorgegebenen Rahmen sprengen würde. Wichtig ist es in jedem Fall, beim Teetrinken folgende Grundregeln zu beachten:

- Bewahren Sie Tee in einem gut verschließbaren Behältnis (Glasbehälter oder Teedose) auf und achten Sie darauf, dass sich keine stark aromatischen Lebensmittel (z. B. Gewürze oder Früchtetees) in der Nähe befinden.
- Das Naturprodukt Tee erfordert ein natürliches Behältnis. Von Ton über Porzellan bis zu Glas und Gusseisen ist vieles möglich, bloß niemals Aluminium oder gar Plastik.
- Das beste Teewasser ist kaltes Leitungswasser, das auf dem Herd erwärmt wird. Vorgeheiztes Wasser ist weniger geeignet.
- Das klassische Mengenmaß ist für alle Tees gleich: Ein gehäufter Teelöffel Tee pro Tasse plus ein weiterer Löffel „für die Kanne".
- Wie lange Sie den Tee ziehen lassen, hängt davon ab, ob Sie ihn eher als Anregungs- oder als Beruhigungsmittel verwenden wollen. Sind Sie abgespannt und müde, lassen Sie Ihren Tee ein bis drei Minuten ziehen, haben Sie sich indessen gerade über Ihren Chef aufgeregt, so geben Sie noch zwei Minuten dazu.
- Teesäckchen sind zwar eine praktische Erfindung, bescheren dem wahren Tee-Genießer jedoch niemals dasselbe Glücksempfinden wie Teeblätter, die sich im Tee-Einsatz oder Teesieb „frei schwebend" entfalten können.
- Verwenden Sie zum Süßen Ihres Tees am besten Rohr- oder Kandiszucker, niemals jedoch Süßstoff. Ob Sie lieber Milch oder Zitrone dazu nehmen, ist Ansichtssache. Echte Tee-Freaks trinken ihren Tee jedenfalls am liebsten ungesüßt und ohne jegliche Geschmackszusätze.
- Im Gegensatz zu Rotwein wird Tee mit zunehmendem Alter nicht besser. Länger als sechs Monate sollte man Tee daher keinesfalls lagern.
- Kräuter- und Früchtetees sind zwar gesund, haben aber mit klassischem Tee nichts zu tun. Sie sollten daher auch nicht im selben Behältnis zubereitet werden. Sonst riecht Ihr wertvoller Darjeelingtee womöglich nach Käsepappel – und wäre somit rettungslos verloren.

Asiatisches
Getränke-
lexikon

Tropical Drinks

Sie haben nicht zwangs-
läufig etwas mit autoch-
thon-bodenständigen Ess-
und Trinksitten zu tun, doch
sie gehören dank zahlrei-
cher prominenter Kronzeu-
gen wie Joseph Conrad,
Ernest Hemingway, Somer-
set Maugham, Eric Ambler
und vielen anderen, die über
sie geschrieben haben, zum
fixen Inventar des europäischen Asienbilds: jene berühmten Cocktails, die meist
unter dem Tropenmond an
exklusiven Hotelbars wie
jener des „Raffles" in Singapur, des „Oriental" in Bangkok oder des „Peninsula"
in Hongkong das Licht der
„Welt der Barflys" erblick-
ten. Hier einige berühmte
Beispiele:

Singapore Sling

Singapore Sling

ZUTATEN FÜR 1 DRINK
**3 cl Gin • 1 cl Cherry Brandy • 1 cl Cointreau • 1 cl Benedictine D.O.M.
1 cl Grenadine-Sirup • 1 Spritzer Angostura (Kräuterbitter)
100 ml Ananassaft • 1 cl Limettensaft • Eiswürfel • Ananas und
Cocktailkirsche mit Stiel zum Garnieren**

ZUBEREITUNG
Alle Zutaten gemeinsam mit einigen Eiswürfeln in den Shaker geben, kräftig schütteln
und in ein Cocktailglas gießen. Mit Ananas und Kirsche garnieren.

Asian Dream PANASIATISCH

ZUTATEN FÜR 1 DRINK
**2 cl Cognac • 1 Zitronenspalte • 1 Gewürznelke • 8 cl Maracujanektar
1 Kumquat (Bitterorange) • Weißwein (am besten halbtrocken) zum
Auffüllen • Crushed Ice (zerstoßenes Eis)**

ZUBEREITUNG
Den Cognac gemeinsam mit dem Maracujanektar und etwas Crushed Ice im Shaker
schütteln. In ein Cocktailglas seihen und das Glas mit gekühltem Weißwein auffüllen.
Eine Zitronenspalte mit einer Gewürznelke spicken und in das Glas geben. Mit einer
Kumquatfrucht dekorieren.

Sago-Cooler MANILA-PHILIPPINEN

ZUTATEN
100 g Sago (gekörntes Stärkemehl) • Saft von 2 Limetten • 4 Minze-Zweiglein 400 ml (Soda-)Wasser • 100 ml Zuckersirup

ZUBEREITUNG
In einem Topf Wasser aufstellen und zum Kochen bringen. Sago zugeben und so lange kochen (ca. 20 Minuten), bis die Sagokugeln glasig werden. Die Sagokugeln abseihen, auswaschen und zur Seite stellen.
Minze und Limettensaft auf 4 Gläser verteilen und mit einem Stößel leicht zerstampfen. Den Zuckersirup sowie die Sagokugeln dazugeben und mit Wasser bzw. Soda aufgießen.

Asiatisches Getränkelexikon

Sago-Cooler

Wein Traubenwein hat, was in Europa kaum bekannt ist, in China eine bis ins 7. Jahrhundert zurückreichende Tradition. Und auch wenn man den Asiaten nachsagt, sie seien keine großen Weintrinker oder gar -kenner, so bleibt es doch ein Faktum, dass große Bordeaux und Burgunder heute zum großen Teil in asiatischen Kellern landen. Auch auf internationalen Weinverkostungen findet man immer öfter japanische, chinesische oder indische Weine. Sicherlich steckt das große „asiatische Weinprojekt" zur Zeit noch in den Kinderschuhen. Doch die Asiaten lernen schnell und verstehen es, sich von aus Europa eingeflogenen Spitzen-Önologen gut beraten zu lassen. Mit dem „Weinkontinent Asien" ist also in wohl schon gar nicht so ferner Zeit zu rechnen.
Mit dem Weinbauland Türkei muss indessen heute schon gerechnet werden. Nur wenige wissen nämlich, dass die großteils in Asien liegende Türkei über die größte Weinbaufläche der Welt verfügt: Jährlich werden hier 3,5 Millionen Tonnen Weintrauben geerntet. Doch die Sache hat einen – in der islamischen Kultur begründeten – Haken: Nur zwei Prozent davon werden zu Wein, der Rest wird zu Rosinen verarbeitet.

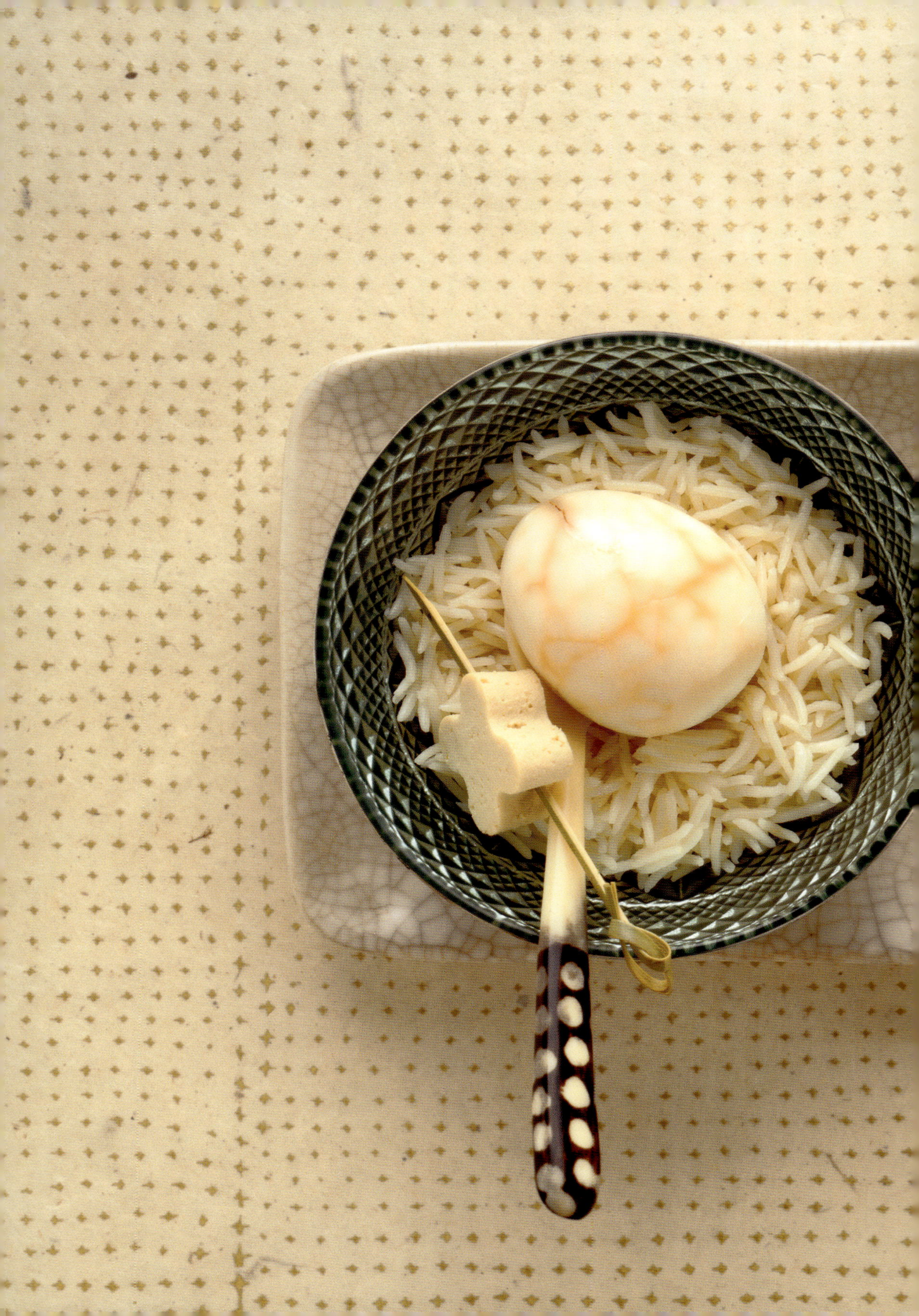

Congee oder frischer Fisch

ASIATISCHE FRÜHSTÜCKSREZEPTE

Asiatische Frühstücksrezepte

Eistich mit geröstetem Speck JAPAN

ZUTATEN
3 Eier • 4 leere Eierschalen • 60 ml Wasser • Salz • 1 EL geschnittene Frühlingszwiebeln • 2 EL Speckwürfel • 1 kleine Schalotte • Olivenöl

ZUBEREITUNG
Die Eier mit Wasser, einer Prise Salz und den geschnittenen Frühlingszwiebeln verrühren und auf vier leere Eierschalen verteilen. In einen Eierkarton setzen und im Dampfgarer bei 100 °C 8 Minuten dämpfen (oder über Dampf 8–10 Minuten dämpfen). Die Schalotte kleinwürfelig schneiden. Eine Pfanne erhitzen und die Schalottenwürfelchen in wenig Olivenöl braun anrösten. Den Speck zugeben und ebenfalls knusprig rösten. Den knusprigen Speck auf die fertig gegarten Eier verteilen und servieren.

Foto rechts

Tee, Gedichte und Papageien

Für Uneingeweihte sehen Chinas Teehäuser häufig wie Vogelgeschäfte aus. Kein Wunder: Viele Besucher führen ihre Papageien – des Chinesen liebstes Haustier – im Käfig ins Teehaus aus und finden an den Tischen sogar eigene Haken vor, an denen man die Käfige wie an der Garderobe aufhängen kann.
Teehäuser sind in China schon seit dem 12. Jahrhundert bekannt, und ihrer Popularität konnte selbst Maos Kulturrevolution keinerlei Abbruch tun. Hier werden unterschiedliche Teesorten verkostet, zwischen malerischen Blumenarrangements und alten chinesischen Gemälden Gedichte rezitiert, Chinaopern aufgeführt oder auch religiöse und philosophische Texte vorgelesen. Die Zeiten, in der diese ursprünglich recht elitären Teehäuser ausschließlich der gebildeten Aristokratie und dem Klerus vorbehalten waren, gehören gottlob endgültig der Vergangenheit an. Heute stehen diese originellen Stätten zwischenmenschlicher Kommunikation und Kulinarik jedem offen.

Tee-Eier CHINA

ZUTATEN
4 Eier • 2 EL schwarzer oder grüner Tee • 1 EL Fünf-Gewürze-Pulver (s. S. 50) • 1/2 Zimtstange • 1 Sternanis • 2 EL Sojasauce • 1 EL Salz

ZUBEREITUNG
In einem Topf Wasser aufstellen. Tee, Fünf-Gewürze-Pulver, Zimt, Sternanis, Salz und Sojasauce zugeben und alles aufkochen. Die Hitze reduzieren, Eier einlegen und langsam hartkochen. Dabei nach einigen Minuten die Schale rundherum mit einem Löffel vorsichtig anschlagen (oder zwischen den Fingern behutsam andrücken), aber nicht schälen! Eier im ganz leicht köchelnden Sud noch 2 Stunden ziehen lassen, bis sich unter der Schale ein Netzmuster gebildet hat. Eier herausnehmen, abkühlen lassen, schälen und vierteln.

Foto Seite 93

Eier in Kokosmilch INDIEN

ZUTATEN
4 Eier • 1 kl. Stück (3 cm) Ingwer • 2 Dosen Kokosmilch • 1 Zwiebel
2–3 Knoblauchzehen • 3 frische grüne und/oder rote Chilischoten
6 Curryblätter • 1 TL Kurkumapulver • Salz • Zitronensaft
2 EL Ghee (oder Butterschmalz)

ZUBEREITUNG
Die Eier in kaltem Wasser aufsetzen, aufkochen und ca. 8 Minuten hart kochen. Herausnehmen, kalt abschrecken und schälen. Halbieren und beiseite stellen. Die Zwiebel fein schneiden, Knoblauch und Ingwer fein hacken. Die entkernten Chilischoten fein schneiden. In einer Kasserolle Ghee erhitzen und die Zwiebelwürfel, Knoblauch, Ingwer, Chili und Curryblätter darin hell anschwitzen. (Die Zwiebeln sollten dabei weich, aber nicht zu dunkel werden.) Mit Kurkuma würzen und dann etwa die Hälfte der Kokosmilch zugießen. Aufkochen lassen und einige Minuten bei mittlerer Hitze vor sich hinköcheln lassen. Die Eierhälften einlegen, restliche Kokosmilch zugießen und abermals knappe 10 Minuten köcheln lassen. Dabei öfters umrühren. Mit Salz und Zitronensaft abschmecken und anrichten.

Congee, das chinesische Frühstück

In China wird heute noch gerne auf der Straße gefrühstückt. Es gibt kaum eine Garküche, die in den Morgenstunden nicht ein duftendes Congee, auch *Juk* genannt, bereithielte. Das ist nichts anderes als eine heiße Schale dicklicher Klebreisbrei, die man entweder pur oder mit Fleisch-, Innereien-, Schinken und Fischstückchen, Ingwer oder Hundertjährigen Eiern angereichert, mit Hilfe eines kleinen Porzellanlöffels ausschlürft.

Asiatische
Frühstücks-
rezepte

Enten-Congee (Frühstücksreis mit Ente) PEKING

ZUTATEN
1 l Hühnersuppe • 80 g Langkornreis • 2 Entenbrüste • 1 gelbe Rübe
1 Chinakohl • 40 ml helle Sojasauce • Salz

ZUBEREITUNG
Zuerst die Entenbrüste enthäuten und in feine Streifen schneiden. Die geputzte gelbe Rübe sowie den gewaschenen Chinakohl ebenfalls in Streifen schneiden.
Nun die Hühnersuppe aufkochen, den Reis, die Entenfleisch- sowie Rübenstreifen hinzugeben und alles aufkochen lassen. Auf kleiner Flamme etwa 30 Minuten ziehen lassen. Erst kurz vor dem Servieren den Chinakohl unterrühren und alles mit Sojasauce und, falls nötig, auch mit Salz abschmecken. In kleine Schalen füllen und mit einem Porzellanlöffel servieren.

Vollkorn-Congee (Vollkorn-Frühstücksreis)
KANTON

ZUTATEN
100 g Vollkornreis • 1 l Wasser oder Gemüsesuppe • Salz • Sojasauce
Garnelen, Fisch und/oder Gemüse nach Belieben

ZUBEREITUNG
Wasser oder Gemüsesuppe in einem möglichst großen Topf aufstellen, Reis zugeben und zugedeckt etwa 4 Stunden bei kleiner Hitze vor sich hinköcheln lassen.
Kurz vor Garungsende ganz nach Belieben Garnelen, Fisch und/oder Gemüse zugeben und kurz mitgaren. Mit wenig Sojasauce und eventuell Salz abschmecken. In Schalen füllen und mit einem Porzellanlöffel servieren.

Longanizas PHILIPPINEN

ZUTATEN
4 Longanizas (scharfe Paprika-Bratwürste, ersatzweise scharfe Bratwürste aus Ungarn od. Spanien) • 4 EL Erdnuss- oder Palmöl • 200 g gekochter Reis

ZUBEREITUNG
In einer Pfanne das Öl erhitzen und die Paprika-Bratwürste rundum braten, aus der Pfanne nehmen und warmstellen. Den Bratensatz lockern und eventuell mit einem Schuss Wasser loskochen. Den gekochten Reis einrühren und im Bratrückstand unter ständigem Wenden braten. Die Bratwürste anrichten und den gebratenen Reis darauf platzieren.

Pikante Fleischomeletts THAILAND

ZUTATEN
4 Eier • 200 g faschiertes Fleisch • 2 kleine Tomaten • 100 g Erbsen
2–3 Frühlingszwiebeln • 1 rote Chilischote • 1 EL helle Sojasauce
1/2 EL Fischsauce • Pfeffer • Prise brauner Zucker
2 EL gehacktes Koriandergrün • Öl

Tee-Eier (Rezept Seite 90)

ZUBEREITUNG

Für die Fülle zunächst die Erbsen in etwas Salzwasser weich dünsten. Die Tomaten in siedendem Wasser blanchieren (überbrühen), schälen und in kleine Würfel schneiden. Die Frühlingszwiebeln in feine Ringe schneiden. Die Chilischote halbieren, entkernen und ebenfalls in feine Ringe schneiden.

In einem Wok oder einer schweren Pfanne etwas Öl erhitzen und das Faschierte darin gemeinsam mit den Frühlingszwiebeln sowie Chili unter ständigem Rühren anbraten. Tomaten sowie Erbsen einrühren und ebenfalls mitbraten. Mit Soja- sowie Fischsauce, Pfeffer und braunem Zucker abschmecken. Wok vom Herd nehmen und das gehackte Koriandergrün einrühren.

Nun die Eier verschlagen und in einer Pfanne ganz wenig Öl erhitzen. Von den verschlagenen Eiern gerade so viel eingießen, dass der Pfannenboden dünn bedeckt ist. Goldbraun anbraten, vorsichtig wenden und die andere Seite ebenso goldgelb backen. Behutsam herausheben, auf einen Teller geben und warmhalten. Die restlichen Omeletts ebenso backen. Dann auf jedem Omelett in der Mitte etwas von der Fülle auftragen und die Ränder des Omeletts von allen vier Seiten her zu einem Drittel einschlagen. (Die Fülle in der Mitte bleibt zum Teil offen und sichtbar.) Auf Tellern anrichten und servieren.

TIPP: Wird das Omelett als Hauptspeise serviert, so reicht man dazu gekochten Reis.

Asiatische Frühstücks-rezepte

Krabbenomelett VIETNAM

ZUTATEN
3 Eier • 1 Tasse Reismehl • 1 1/2 Tassen Wasser • Zucker und Salz
Öl zum Herausbacken

FÜR DEN BELAG
100–150 g gegarte, geschälte Krabben • 100–150 geselchtes Schweinefleisch oder Speck • 1 Handvoll frische chin. Pilze
1 Tomate • nach Belieben Sojabohnen- und Bohnensprossen
1/2 Bund Frühlingszwiebeln • 1/2 Lauchstange • Pfeffer
1 TL Fischsauce • frisch gehacktes Koriandergrün und Pfefferminze

ZUBEREITUNG
Für den Teig zunächst die Eier in einer Schüssel verschlagen. Dann das Reismehl, Wasser und je eine Prise Zucker sowie Salz einmengen, alles gut verrühren und 10–15 Minuten rasten lassen.
Die Pilze in Streifen, das geselchte Fleisch in mundgerechte Stückchen schneiden. Die Frühlingszwiebeln in feine Ringe, den Lauch in Streifen schneiden. Die Tomaten kurz blanchieren (in siedendem Wasser überbrühen), schälen und in Würfel schneiden.
Dann in einer geeigneten Pfanne etwas Öl erhitzen, einen Teil des Teiges eingießen und die Pfanne so schwenken, dass der Teig schön gleichmäßig dünn verteilt wird. Zuerst Tomatenwürfel und Pilze darüber verteilen, Deckel aufsetzen und ganz kurz anziehen lassen. Nach etwa 1 Minute Deckel abheben und die restlichen Zutaten darüber verteilen. Mit Fischsauce beträufeln, mit Pfeffer bestreuen und bei geringer Hitze so lange braten, bis die Palatschinke schön goldbraun ist. Herausheben, warmhalten und die restlichen Palatschinken ebenso braten.

Kascha mit Steinpilzen SIBIRIEN

ZUTATEN
250 g Rollgerste oder Buchweizen • 1 Zwiebel • 250 g Steinpilze
(ersatzweise 30 g zuvor in lauwarmem Wasser geweichte Trockenpilze)
Rindsuppe oder Wasser zum Aufgießen • 1 Msp. Kümmel
2 klein gehackte Knoblauchzehen • 1 Msp. Majoran • Schweineschmalz (oder Öl) • Salz • Pfeffer

ZUBEREITUNG
Rollgerste bzw. Buchweizen in einem Sieb mit kaltem Wasser gut durchspülen und abtropfen lassen. Die Zwiebel klein schneiden und in ca. einem Esslöffel Schmalz glasig anschwitzen, ohne dass sie dabei braun wird. Das Getreide hinzufügen, kurz mitrösten und mit so viel Wasser oder Rindsuppe auffüllen, dass alle Körner bedeckt sind. Nun das Getreide nicht zugedeckt kochen, bis es weich ist und die Flüssigkeit fast vollständig verdampft ist.
Inzwischen in einer anderen Bratpfanne abermals einen Esslöffel Fett erhitzen, die geputzten und grob zerkleinerten bzw. die geweichten Pilze darin leicht andünsten. Dann unter das fertig gegarte Getreide mischen und alles mit Salz, Kümmel, Knoblauch, Majoran und Pfeffer abschmecken.

Schak-Schuka (Spiegeleier mit Gemüse)
ARABIEN

ZUTATEN
4–6 Eier • 6 Cocktailtomaten • 1 rote Paprikaschote • 2 Knoblauchzehen
4 Schalotten • Salz • 4 EL Olivenöl • 1 Msp. Rosenpaprika-Pulver
1 Msp. Koriander

ZUBEREITUNG
Zuerst die Paprikaschote halbieren, Kerne sowie Stiel entfernen, waschen und in kleine Würfel schneiden. Die Tomaten vierteln, Knoblauch und Schalotten feinwürfelig schneiden bzw. hacken. Nun Öl in einer Pfanne erhitzen und die Schalotten gemeinsam mit dem Knoblauch darin nicht zu dunkel rösten. Paprikawürfel hinzufügen und mitbraten. Tomaten einrühren und ebenfalls einige Minuten mitbraten. Mit Rosenpaprika, Salz sowie Koriander würzen und mit ca. 250 ml Wasser ablöschen. Etwa 5 Minuten einreduzieren (einkochen lassen) und bei Bedarf noch etwas Wasser nachgießen. Sobald die Paprikawürfel weich sind und die Sauce nicht mehr zu flüssig ist, Eier in die Sauce schlagen, aber nicht verrühren, sondern zugedeckt je nach Wunsch mehr oder weniger lange gar werden lassen.
BEILAGENEMPFEHLUNG: Fladenbrot.

Asiatische
Frühstücks-
rezepte

Japanisches Frühstück

ZUTATEN FÜR 2 PORTIONEN
2 Lachsfilets à 100 g • 2 Eier • Reiswein • Sojasauce
2 EL Shiitake-Pilze • 1–2 EL Sojasprossen • 1 EL Miso-Paste
Dashi (s. S. 58 oder Fertigprodukt) • 4 Frühlingszwiebeln
Reis nach Belieben • Öl

ZUBEREITUNG
Die Pilze in lauwarmem Wasser einweichen und dann gut abtropfen lassen. Die Frühlingszwiebeln in feine Ringe schneiden. Dann für das japanische Omelett die Eier verquirlen und mit einem Schuss Reiswein sowie etwas Sojasauce zu einem Omelettenteig rühren. In einer kleinen Pfanne wenig Öl erhitzen, Teig eingießen und das Omelett auf beiden Seiten goldgelb backen. Herausheben, einrollen und fein schneiden. In einem Schälchen anrichten.
In einer Pfanne etwas Öl erhitzen und die Lachsfilets darin bei kräftiger Hitze auf beiden Seiten ganz kurz braten, so dass der Lachs innen noch schön rosa ist. Lachsfilets herausheben und gemeinsam mit der Hälfte der Frühlingszwiebeln und den Shiitake-Pilzen anrichten. Mit etwas Sojasauce beträufeln.
Währenddessen für die Miso-Suppe je nach Geschmack mehr oder weniger Dashi in etwa 250 ml kochendes Wasser rühren. Sojasprossen und restliche Frühlingszwiebeln hinzufügen. Suppe vom Herd nehmen, die Miso-Paste einrühren und in kleinen Schalen anrichten. Alles auftragen und nach Belieben Reis dazu servieren.

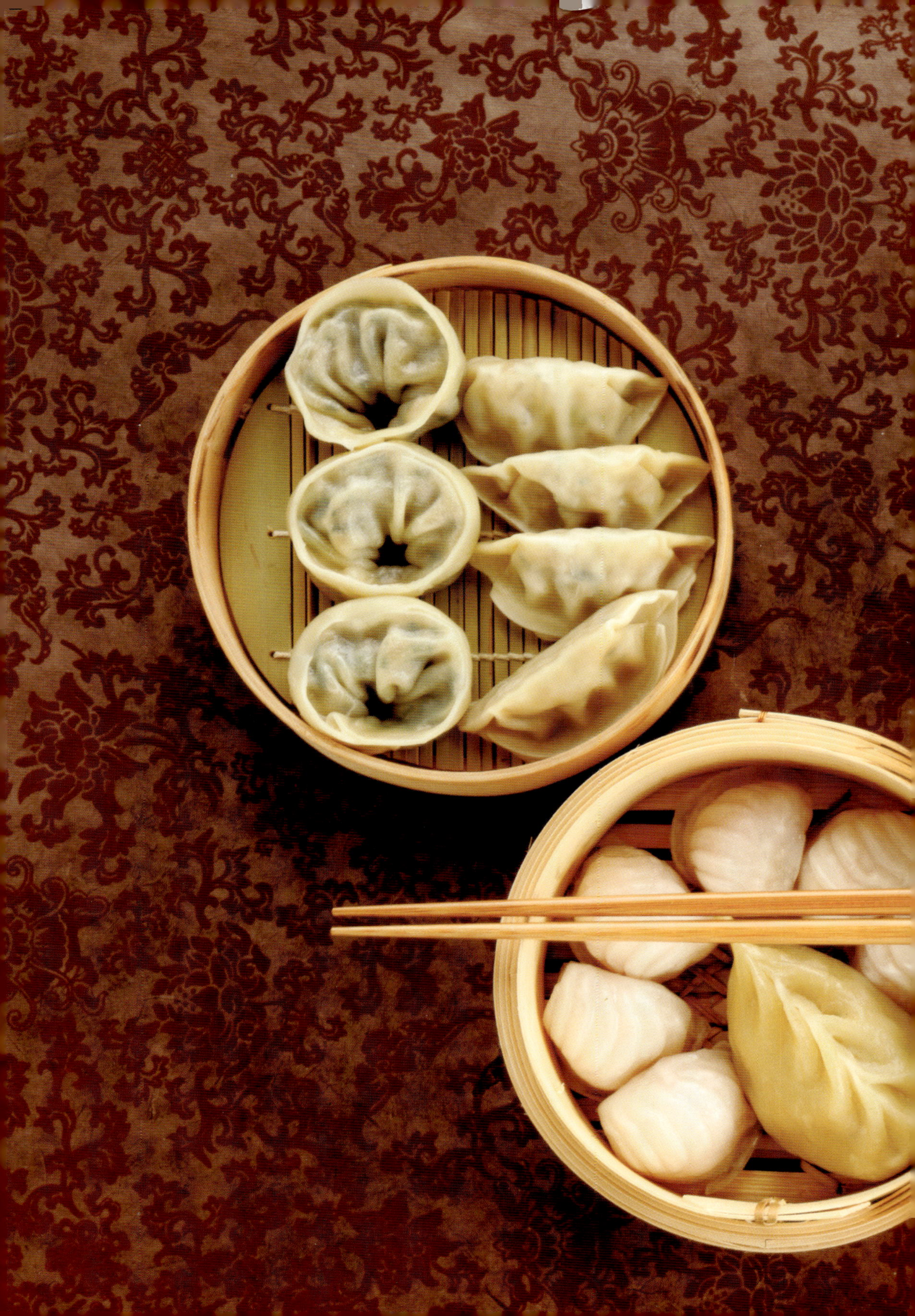

Die Kultur des kleinen Happens

DIM SUM, SUSHI, PELMENI UND ANDERE KÖSTLICHE HERZENSFREUDEN

KALTE HAPPEN

Kalte kleine Happen

Sushi-Reis JAPAN

ZUTATEN FÜR CA. 800 G GEKOCHTEN SUSHI-REIS
450 g Sushi-Reis • 450 ml Wasser

FÜR DIE MARINADE
45 ml Reisessig • 2 TL Salz • 4 TL Zucker

ZUBEREITUNG
Den Reis so oft waschen, bis die Stärke zur Gänze ausgewaschen ist und das Wasser klar ist. Den Reis abtropfen lassen und dann in einem Topf mit Wasser aufkochen. Sobald der Reis zu kochen beginnt und die Wassermenge auf ein Drittel reduziert wird, die Hitze völlig reduzieren und weitere 20 Minuten zugedeckt garen lassen. Währenddessen den Deckel nicht öffnen!
Die Zutaten für die Marinade in einen Topf geben und so lange aufkochen, bis sich der Zucker aufgelöst hat. Anschließend auskühlen lassen. Den noch warmen Reis in eine unlackierte Holzschale oder in eine Keramikschale geben und die Marinade darübergießen. Vorsichtig unterrühren (die Reisschale darf nicht verletzt werden!). Den Reis auf etwa 28 °C abkühlen und weiterverwenden.

TIPP: Wenn Sie den Reis besonders rasch abkühlen wollen, so kann man dies auch mit einem Ventilator bewerkstelligen.

Kleines Sushi-Lexikon

ABUGARE Japanischer gebratener Bohnenquark, im Tiefkühlfach monatelang haltbar.
BENI SHOGA Eingelegter, rot gefärbter Ingwer.
CALIFORNIA MAKI Aus Seetang, Sushi-Reis, Gurke, Avocado, Krabbenfleisch oder Krabbenfleischersatz (Surimi), Wasabi, Sesam und Keta-Kaviar in relativ großen Formaten gerollte Sushi, die nicht in Japan, sondern in den USA entstanden sind.
CHIRASHI SUSHI Bällchen aus mit Essig gewürztem Klebreis werden mit verschiedenen Zutaten bestreut.
FUTOMAKI SUSHI Dicke Norimaki-Rollen.
KOMBU: Kelp-Tang, erhältlich in breiten, schwarz-grauen Folienblättern.
MAKI (NORIMAKI SUSHI) in ein getrocknetes Algenblatt eingewickelte, gerollte Sushi. *(siehe rechte Seite, Mitte)*
NIGIRI SUSHI länglich-ovale Reisbällchen, die mit ihren Zutaten nicht gefüllt, sondern nur belegt werden. *(siehe rechte Seite, oben)*
TEMAKI SUSHI in Stanitzelform gerollte Sushi. *(siehe rechte Seite, unten)*
WASABI Scharfe, grüne Krenpaste.

Nigiri Sushi (oben), **Norimaki Sushi** (Mitte), **Temaki Sushi** (unten)

Thunfisch in dünne, 2 bis 3 cm lange Scheiben schneiden.

Hand in Essigwasser tauchen und ein kleines, ovales Reisbällchen (ca. 20 g) formen. In einer Hand behalten und mit der anderen Hand Thunfisch mit ein wenig Wasabi bestreichen.

Reis auf die mit Wasabi bestrichene Thunfischscheibe legen.

Vorsichtig andrücken und die Seiten des Reisbällchens oval in Form bringen.

Gurke in dünne Streifen schneiden, Kerne weglassen. Nori-Blatt auf 10 x 18 cm zurechtschneiden. Glänzende Seite nach unten legen.

Algenblatt auf die Matte legen. Reis auf dem Blatt 5 mm hoch verteilen. Auf einer Längsseite 2,5 cm freilassen. Reis mit Wasabi bestreichen. 1–2 Gurkenstreifen in die Mitte der Reisfläche legen.

Matte hochheben und einmal überschlagen. Dabei den Inhalt festdrücken und nochmals einrollen.

Rolle mit scharfem Messer zuerst in der Mitte in zwei gleich große Stücke schneiden und dann die beiden Hälften nochmals dritteln.

Nori-Blatt auf 10 x 18 cm zurechtschneiden. Blatt in die Hand nehmen und den Reis auf dem unteren Drittel des Blattes gleichmäßig (max. 5 mm hoch) verteilen.

Reis in der Mitte zart mit Wasabi bestreichen.

Gekochte Garnelen, dünn geschnittene Avocadoscheiben, Salatblatt und ein schmales Stück rohen Lachs auf den Reis legen.

Linke Nori-Blatt-Ecke um das Ende der kompletten Einlage schlagen und wie ein Stanitzel einrollen.

Tipps für Sushi und Maki

- Setzen Sie den Sushi-Reis immer mit wenig Wasser an. Das ideale Wasser-Reis-Verhältnis beträgt 1,1 : 1.
- Rühren Sie Ihren Sushi-Essig selbst aus Meersalz, Zucker, Mirin (süßer Kochreiswein), Essig und Kombublatt an.
- Kühlen Sie den fertigen Sushi-Reis mit einem Fächer oder Ventilator schnell ab, da der Reis sonst nicht die nötige Knackigkeit bekommt.
- Drücken Sie die Sushi-Auflage (Fisch, Gemüse) möglichst fest an, da sie sonst beim Essen leicht vom Reisbällchen rutscht.

Lachs-Sushi

Thunfisch-Sushi

Shrimps-Sushi mit schwarzem Sesam

Lachs-Thunfisch-Sushi

Shrimps-Sushi

Wolfsbarsch-Sushi

California-Maki

Gemüse-Maki

Kalte kleine Happen

Sushi JAPAN

ZUTATEN FÜR CA. 40 SUSHI
**jeweils 120 g roher Thunfisch, Lachs, Wolfsbarschfilet und Steinbuttfilet (insgesamt ca. 500 g), alles in topfrischer Qualität
800 g gekochter Sushi-Reis (s. S. 98) • 40 g Wasabikren-Paste
100 g eingelegter Sushi-Ingwer • Sojasauce zum Dippen**

ZUBEREITUNG
Die sehr sorgfältig entgräteten Fischfilets mit einem scharfen Messer in etwa 0,5 cm breite Scheiben schneiden. Diese dann wiederum in 5 x 2,5 cm große Rechtecke schneiden. Jedes einzelne Fischfilet (am besten mit dem Finger) auf einer Seite dünn mit Wasabi bestreichen.
Nun mit angefeuchteten Händen aus dem Reis krokettenförmige Rollen von etwa 5 cm Länge und 3 cm Durchmesser formen. Je ein Reisröllchen auf die mit Wasabi bestrichene Seite legen und vorsichtig festdrücken. Umdrehen und auf einem Teller oder einer Sushiplatte anrichten. Mit Wasabi sowie Ingwer garnieren und mit Sojasauce servieren.

TIPP: Die Auswahl der rohen Fische lässt sich beliebig variieren, wobei auch Tintenfisch oder Garnelen gerne verwendet werden. Die Sushi können auch mit Sesamkörnern bestreut und mit hauchdünn geschnittenem Bierrettich garniert werden.

Stammen die Sushi aus China?

Die Antwort auf diese Frage heißt schlicht und einfach: ja. Sushi waren zunächst nämlich nichts anderes als chinesische Reisbällchen, die man mit Fleisch oder Fisch belegte und in Sojasauce tunkte. Erst den Japanern war es allerdings vorbehalten, die Bällchen in schwarzen, gerösteten Tang zu wickeln und sie damit nicht nur ansehnlicher, sondern – trotz des Dickmachers Reis – zum Inbegriff gesundheitsbewusster Ernährung zu machen. Dass Sushi zum Codewort einer fitnessbewussten Epoche werden konnten, hängt nämlich nicht zuletzt mit der physiologischen Beschaffenheit dieser Algen zusammen. Die getrockneten, gerösteten und perforierten Seetangblätter verfügen nämlich über einen dermaßen hohen Gehalt an Eisen, Kalzium, Jod, hochwertigem Eiweiß sowie Vitamin A, B12 und C, dass sie im Kampf gegen Managerkrankheiten wie Arterienverkalkung und Bluthochdruck als wohlschmeckende Wunderwaffe gelten.
Mit fernöstlichen Kampf- und Meditationstechniken sowie japanischen Samurai-Ratgebern entdeckten die jungen Führungskräfte von Banken und Konzernen daher schon bald auch im Westen die magischen Kräfte der Nahrung aus dem Meer, um sich bei voller Gesundheit für Machtkampf und Intrige im Betrieb zu wappnen.

Marinierte Thunfisch-Sashimi (Rezept Seite 107)

Thunfisch-Maki JAPAN

ZUTATEN
120 g Thunfisch (Sashimi-Qualität) • **2 Noriblätter (Seetang)**
640 g gekochter Sushi-Reis (s. S. 98) • **20 g Wasabikren-Paste**
100 g eingelegter Sushi-Ingwer • **Sojasauce zum Dippen**

ZUBEREITUNG
Den Thunfisch mit einem scharfen Messer in 1,5 cm breite und etwa 5 cm lange Streifen schneiden. Die Noriblätter der Breite nach mit einer Küchenschere vorsichtig einmal durchschneiden. Eine Bambusmatte ausrollen und ein halbes Noriblatt darauflegen. Etwa 0,5 cm dick mit Sushi-Reis belegen, dabei am oberen Rand 1 cm frei lassen. Von rechts nach links in der Mitte entlang mit den Fingern dünn etwas Wasabi auftragen und darauf einen Thunfischstreifen legen. An der unteren Seite (wo der Reis ist) mit dem Aufrollen beginnen. Die Matte so formen, dass die Rolle rechteckig ist, damit die Noriblätter nicht brechen. Die Bambusrolle leicht anpressen. Bambusmatte entfernen und die restlichen Maki-Rollen ebenso zubereiten. Die Messerklinge kurz mit kaltem Wasser befeuchten und die Rollen in sechs gleich große Stücke schneiden. Die Makis auf einem Teller oder einer Sushiplatte anrichten und mit Wasabi und Ingwer garnieren. Mit Sojasauce servieren.

TIPP: Statt mit Fisch können die Makis auch mit Gemüse gefüllt werden.

Wolfsbarsch-Maki mit vier verschiedenen Saucen KIM KREATION!

Kalte kleine Happen

ZUTATEN
200 g gekochter und marinierter Sushi-Reis (s. S. 98)
8 Noriblätter (Seetang), je 3x6 cm groß • 1 Bund Schnittlauch • 1 Karotte
1 Stück (10 cm lang) marinierter gelber Rettich (Oshinko, im Asia-Shop erhältlich) • ca. 120 g topfrisches Wildwolfsbarschfilet ohne Haut und ohne Gräten • 2 cl Sake (Reiswein) • Salz

FÜR DIE SESAM-ERDNUSS-SAUCE
30 g gesalzene Cocktail-Erdnüsse • 10 g geröstete geschälte Sesamkörner
1 TL dunkles Sesamöl • 1 EL Sake • 2 EL Sojasauce • 1 Knoblauchzehe
1 kl. Stück (0,5 cm) Ingwer • 3 EL Sushi-Essig • 3 EL Wasser

FÜR DIE WASABI-RAHM-SAUCE
70 ml Sauerrahm • 1/2 TL Zucker • Prise Salz • 2 cl Weißwein
1 TL Wasabikren-Paste

FÜR DIE CURRYSAUCE
1 kl. fein gehackte Schalotte • 1 fein gehackte Knoblauchzehe
1 Stück (2 cm) fein gehackter Ingwer • 2 EL scharfes Madras-Currypulver
Salz • 1 EL Sojasauce • 1 EL Garam oder Rasam Masala (s. S. 52)
2 EL Sonnenblumenöl • 50 ml Kokosmilch • Schuss Limettensaft

FÜR DIE CHILISAUCE
1 Schalotte • 1 Knoblauchzehe • 1 rote Chilischote • 3 EL Wasser
1 TL dunkles Sesamöl • 1 TL Zucker • 2 cl Sake • 3 EL Sojasauce
1 TL Fischsauce • Salz • Prise Kartoffelstärke

ZUBEREITUNG
Zuerst den Wolfsbarsch mit Sake sowie einer Prise Salz marinieren und 30 Minuten lang in den Kühlschrank stellen. Währenddessen die Saucen vorbereiten. Für die Sesam-Erdnuss-Sauce alle angeführten Zutaten in den Mixer geben und pürieren. Für die Wasabi-Rahm-Sauce alle Zutaten gut durchmischen und ebenfalls zur Seite stellen. Für die Currysauce in einer Pfanne das Sonnenblumenöl erhitzen und den gehackten Knoblauch, Ingwer, Schalotte sowie alle anderen Gewürze darin 5 Minuten unter ständigem Rühren anrösten. Dann die Kokosmilch zugießen und noch eine weitere Minute kochen. Zur Seite stellen.
Für die Chilisauce die Schalotte gemeinsam mit Knoblauch, Chilischote und Wasser im Mixer pürieren. Eine Pfanne erhitzen, das Sesamöl zugeben und die pürierte Masse einrühren. Die restlichen Zutaten – bis auf die Kartoffelstärke – untermischen und kurz aufkochen lassen. Abschließend die Kartoffelstärke einrühren. Zur Seite stellen.
Nun den Wolfsbarsch in ganz dünne Scheiben schneiden und wieder kühlstellen. Karotte, Rettich und den Schnittlauch jeweils in 5 cm lange, dünne Streifen schneiden.
Ein Noriblatt auf eine Reismatte legen. Etwas Sushi-Reis flach darauf auftragen, eine Frischhaltefolie darauflegen und umdrehen, so dass das Noriblatt obenauf ist. Auf

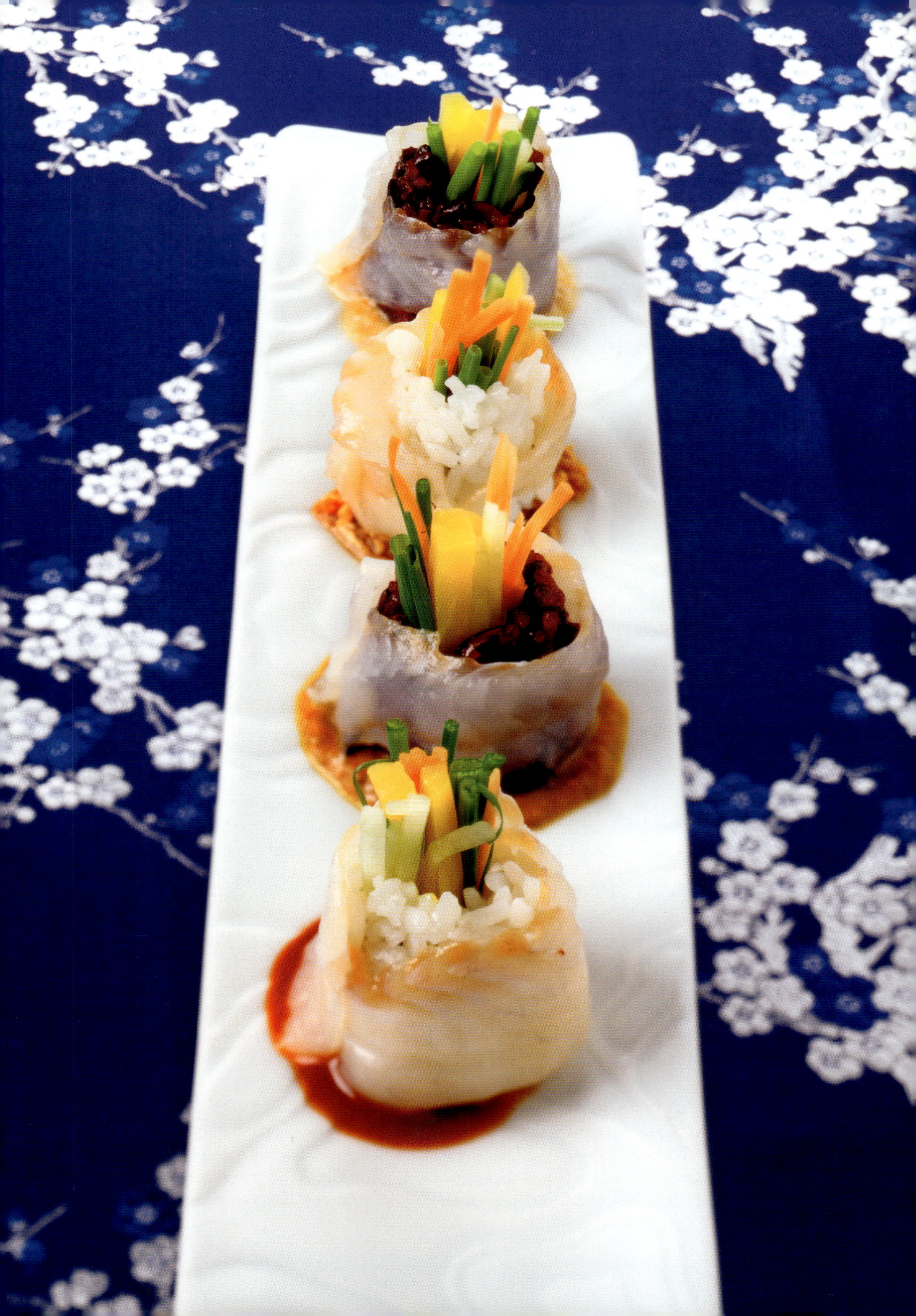

das Noriblatt der Breite nach je 4 Streifen Karotten, Schnittlauch und Rettich legen (das Gemüse ragt dabei jeweils über das Blatt hinaus) und mit Hilfe der Reismatte straff einrollen. Dabei vorsichtig die Folie abziehen. Restliche Maki ebenso zubereiten.
Die vier Saucen jeweils im Abstand von 2 cm auf den Tellern auftragen.
Die Maki in der Mitte halbieren, jeweils mit Wolfsbarsch umwickeln und mit der Schnittfläche nach unten auf den Saucen anrichten Foto Seite 105

Kalte kleine Happen

Sashimi JAPAN

ZUTATEN FÜR CA. 32 SASHIMI
**jeweils 80 g Thunfisch, Lachs, Wolfsbarschfilet, Steinbuttfilet (insgesamt ca. 350 g), alles in topfrischer Qualität • 40 g Wasabikren-Paste
100 g eingelegter Sushi-Ingwer • 1 Bierrettich • 4 Limettenscheiben
Sojasauce zum Dippen**

ZUBEREITUNG
Den Bierrettich schälen, in 10 cm lange Stücke schneiden und diese wiederum in ganz dünne Streifen schneiden. In kaltem Wasser auswaschen und ca. 10 Minuten einweichen. Danach abseihen und zur Seite legen.
Die sehr sorgfältig entgräteten Fischfilets mit einem scharfen Messer in etwa 0,7 cm breite Scheiben schneiden. Diese dann wiederum in etwa 2 cm breite und 3 cm lange Rechtecke schneiden. Anschließend 4 Teller oder Sushiplatten mit Bierrettich, Limettenscheiben, Wasabi und Ingwer garnieren und je 2 Fischfilets (insgesamt 8 Scheiben Fisch) pro Teller anrichten. Mit Sojasauce servieren.

Thunfisch-Sashimi in Orangen-Senfkörner-Sauce mit Minze KIM KREATION!

ZUTATEN
**4 topfrische Thunfischfilets à 70 g • 4 EL Orangen-Senfkörner-Sauce (s. u.)
2 EL Sushi-Essig • 3 EL Chilisauce (s. u.) • 1 EL dunkles Sesamöl
2 EL Sojasauce • 16 Minzeblätter • Chilischote nach Belieben zum Garnieren**

FÜR DIE ORANGEN-SENFKÖRNER-SAUCE (auch in Kims Shop erhältlich)
**2 EL getrocknete Senfkörner • 125 ml (am besten frisch gepresster) Orangensaft • 60 ml Sushi-Essig • 2 cl Weißwein • 1 TL süßer, körniger Senf • 1/2 TL scharfer Senf • Saft von 1 Limette
1/2 TL Meersalz**

FÜR DIE CHILISAUCE (auch in Kims Shop erhältlich)
**1 fein gehackte Schalotte • 2 fein gehackte Knoblauchzehen
3 EL edelsüßes Paprikapulver • 3 Kaffirblätter • 1 Stück (4 cm) fein gehackter Ingwer • 2 Chilischoten • 2 EL Pflanzenöl • 125 ml Rotwein
250 ml Wasser • 250 ml Sojasauce • 3 EL Zucker • 2 EL Fischsauce**

ZUBEREITUNG

Für die Orangen-Senfkörner-Sauce die Senfkörner in kaltem Wasser einweichen, bis sie leicht klebrig und schleimig sind. Den Orangensaft mit Sushi-Essig und Weißwein zum Kochen bringen und so lange köcheln lassen, bis die Hälfte der Flüssigkeit verkocht ist. Dann beide Senfsorten, Limettensaft, Salz sowie die eingeweichten Senfkörner dazugeben und alles noch weitere 2 Minuten köcheln lassen. Dann kaltstellen.

Für die Chilsauce Pflanzenöl erhitzen und Schalottenwürfel gemeinsam mit Knoblauch, Ingwer, Kaffirblättern, Paprika und Chili etwa 5 Minuten lang anschwitzen. Mit Rotwein ablöschen, mit Wasser und Sojasauce aufgießen und weitere 5 Minuten kochen lassen. Mit einem Stabmixer pürieren und mit Zucker und Fischsauce abschmecken. Abkühlen lassen.

Die Thunfischfilets in dünne Scheiben schneiden und in eine Schüssel geben. Orangen-Senfkörner-Sauce, Chilisauce, Sushi-Essig, Sesamöl sowie Sojasauce zugießen und vorsichtig durchmischen. Thunfisch auf Teller verteilen und mit Minzeblättern garnieren. Nach Belieben mit geschnittener Chilischote bestreuen.

TIPP: Beide Saucen eignen sich ideal zum Verfeinern und Marinieren von Fleisch- sowie Fischgerichten und lassen sich in verschließbaren Gläsern kühl einige Zeit lagern.

Kalte kleine Happen

Marinierte Thunfisch-Sashimi KIM KREATION!

ZUTATEN
**300 g topfrisches Thunfischfilet • 3 EL Sake (jap. Reiswein)
4 EL Sojasauce • 1 nussgroßes Stück Wasabikren-Paste
200 g Daikon-Rettich (jap. Rettich, ersatzweise anderer milder Rettich)
5 Shisoblätter (chines. Gewürzkraut, ersatzweise frische Zitronenmelisse)
Zitronenscheiben nach Belieben**

ZUBEREITUNG
Den geschälten Rettich mit einem Sparschäler in dünne Scheiben schneiden und einige Male in kaltem Wasser waschen. Dann abtropfen lassen. Das Thunfischfilet in ca. 1 cm dicke Scheiben schneiden, mit Sake beträufeln und 20 Minuten marinieren lassen.
Die Rettichscheiben auf Tellern anrichten und die Thunfischscheiben darauf oder daneben drapieren. Mit Shiso-Blättern sowie nach Belieben auch noch mit Zitronenscheiben garnieren. Mit Sojasauce und Wasabikren-Paste servieren.

TIPP: Noch attraktiver sieht das Gericht aus, wenn Sie den Daikon-Rettich nicht in Scheiben schneiden, sondern (am besten mit einer Küchenmaschine) in feinste Streifen raspeln. Das Thunfischfilet kann freilich auch in nur 2 mm dünne Streifen geschnitten und als Tatar serviert werden.

Foto Seite 103

Geräucherte Lachs-Sashimi mit Kren-Sesamsauce KIM KREATION!

ZUTATEN
**400 g Lachsfilet • 30 g Bancha-Tee (oder anderer grüner Tee)
Rettich zum Garnieren nach Belieben**

FÜR DIE SAUCE
**3–4 EL frisch geriebener Kren • 3 EL Sojasauce • 1 TL brauner Zucker
4 cl Mirin (süßer japanischer Reiswein, ersatzweise Portwein)
5 EL geröstete Sesamkörner**

ZUBEREITUNG
Das gut entgrätete Lachsfilet auf einen Teller legen und diesen auf ein Backblech stellen. Ins Backrohr schieben und nur Umluft, aber keine Hitze einschalten. Den Bancha-Tee in einen kleinen Topf geben, Deckel auflegen und auf dem Herd erhitzen. Sobald der Tee zu rauchen beginnt, vom Herd nehmen, ebenfalls in das Backrohr stellen und den Lachs in diesem Aroma 15 Minuten räuchern.
Währenddessen für die Sauce alle Zutaten außer dem Kren mit dem Mixer oder Mörser pürieren. Abschließend den frisch geriebenen Kren untermischen.
Das Lachsfilet herausnehmen und in dünne Scheiben schneiden. Auf einem Teller dekorativ auflegen und nach Belieben mit gehobelten Rettichscheiben garnieren. Sauce in kleinen Schälchen anrichten und dazu servieren.

Kalte kleine
Happen

Keta-Kaviar auf Daikon-Püree   JAPAN

ZUTATEN
120 g Keta-Kaviar • 300 g Daikon-Rettich (jap. Rettich, ersatzweise anderer milder Rettich) • 3 EL Sojasauce • 4 grüne Salatblätter 1 TL Zitronensaft • 1 TL frisch geriebener Ingwer • Wasabikren-Paste nach Belieben

ZUBEREITUNG
Die gewaschenen, abgetropften Salatblätter auf 4 Tellern anrichten. Den Rettich mit einer feinen Reibe raspeln und in kaltem Wasser auswaschen. In einem Sieb gut abtropfen lassen und auf 4 Teller aufteilen. Den Keta-Kaviar mit Sojasauce mischen und auf dem Daikon-Püree anrichten. Den geriebenen Ingwer daraufsetzen und mit etwas Zitronensaft beträufeln. Nach Belieben mit Wasabikren servieren.

TIPP: Richten Sie das Daikon-Püree in einer ausgehöhlten Zitronenhälfte an.

Falscher Fugu JAPAN

Der japanische Kugelfisch ist eine vielerorts in Film und Literatur zitierte kulinarische Legende. Tatsächlich sind seine Kiemen, Augen, Eierstöcke und Innereien durch das darin enthaltene Tetrodotoxin so giftig, dass ihr Verzehr binnen kürzester Zeit zum Tod führt. Es ist daher nur Köchen mit einer jahrelangen Spezialausbildung erlaubt, das genießbare Muskelfleisch des Fugu zuzubereiten, das – wie Fugukenner einhellig behaupten – ähnlich wie Angler schmeckt.

ZUTATEN
**400 g topfrisches Anglerfilet • 1 weißer Rettich • 2–3 Karotten
1 TL Wasabikren-Paste • 2 EL Sojasauce • 1 EL Mirin (Kochreiswein)**

ZUBEREITUNG
Anglerfilet mit einem sehr scharfen Messer in hauchdünne Scheiben schneiden. Rettich und Karotten schälen und feinnudelig schneiden. Das Gemüse mit einer Mischung aus Sojasauce und Mirin marinieren. Die Fischscheiben dekorativ auf Teller verteilen, mit dem Gemüse belegen und Wasabi dazu servieren.

Entrecôte-Streifen nach japanischer Art

ZUTATEN
**400 g Entrecôte (oder Roastbeef) • 3 Knoblauchzehen
1 Stück (5 cm) Ingwer • 200 ml jap. Sojasauce • 50 ml Sake (oder Sherry)
1/2 Bierrettich • 1/2 Salatgurke • 1 EL Sonnenblumenöl
Sojasauce und Wasabikren-Paste für den Dip**

ZUBEREITUNG
Das Entrecôte in 3 cm breite Streifen schneiden. Ingwer sowie Knoblauch auf dem Reibeisen fein reiben und mit Sojasauce und Sake vermengen. Die Fleischstreifen zugeben und zugedeckt 3 Stunden marinieren.
Eine Pfanne erhitzen und mit Öl ausstreichen. Das Fleisch zugeben und nur ganz kurz (2 Minuten) rundum anbraten. Herausheben und kurz in Eiswasser tauchen. Mit Küchenkrepp trockentupfen und im Kühlschrank 1 Stunde kühlstellen.
Dann den Rettich waschen, in feine Streifen schneiden, kurz abwaschen und abtropfen lassen. Die Gurke waschen, der Länge nach halbieren und in dünne Scheiben schneiden. Das Fleisch in 0,5 cm dicke Scheiben schneiden. Einen Teller mit Rettich und Gurkenscheiben garnieren und die Fleischscheiben darauflegen. Etwas Wasabikren-Paste mit Sojasauce vermengen und in einem kleinen Schälchen dazu servieren.

TIPP: Diese Sushi-Spielart aus zart gegartem Rindfleisch kann freilich auch ohne Gemüsegarnitur und dafür mit Shisoblättern oder Zitronenmelisse serviert werden.

Kalte kleine Happen

Spinat mit Sesam-Pinien-Sauce und Bonitoflocken JAPAN

ZUTATEN
200 g frische Spinatblätter
1 Handvoll Bonitoflocken (bzw. getrocknete Thunfischflocken)

FÜR DIE SESAM-PINIEN-SAUCE
100 g gerösteter Sesam • 50 g geröstete Pinienkerne
1 TL dunkles Sesamöl • 2 TL Apfelessig • 1/2 TL Meersalz • 1/2 TL Zucker
2 EL Mirin (süßer jap. Reiswein, ersatzweise 1 EL Sake oder 3 EL Riesling)
1 EL Sojasauce • 60 ml Wasser • 3 dünne Scheiben Sushi-Ingwer

ZUBEREITUNG
Für die Sesamsauce alle Zutaten im Mixer pürieren. Die Spinatblätter waschen, ca. 1 Minute blanchieren (überbrühen) und lauwarm abschrecken. In einem Sieb abtropfen lassen. Auf einer Reismatte bzw. einer Küchenfolie den Spinat rechteckig (ca. 10 x 7 cm groß) verteilen und so einrollen, dass daraus eine makiähnliche Rolle entsteht. Die Spinatrolle in vier Teile schneiden.
Die Sauce auf 4 Teller verteilen und die Spinatrolle jeweils daraufsetzen. Mit Bonitoflocken bestreuen und servieren.

TIPP: Noch rascher lässt sich dieses Gericht zubereiten, wenn Sie den Spinat in kleinen dekorativen Schalen anrichten und die Sauce darüberträufeln.

Wolfsbarsch-Tatar mit Ingwer JAPAN

ZUTATEN
ca. 300 g Wolfsbarschfilet • 30 g frischer Ingwer • 1 Knoblauchzehe
8 grüne Shisoblätter (chines. Gewürzkraut, ersatzweise frische Zitronenmelisse) • 1 Bund Schnittlauch • 1 EL Sesamöl • 4 EL Sojasauce
etwas Wasabikren-Paste

ZUBEREITUNG
Ingwer, Knoblauch und Shisoblätter in feine Streifen schneiden. Den Schnittlauch in etwa 4 cm lange Stücke schneiden.
Wolfsbarschfilet mit einer Pinzette sehr sorgfältig entgräten und in ca. 5 mm dicke Scheiben schneiden. Mit Ingwer, Knoblauch, Shisoblättern, Schnittlauch und Sesamöl vermengen und auf Tellern anrichten. Mit Sojasauce und Wasabikren-Paste servieren.

TIPP: Richten Sie das Tatar auf dekorativem, fein geraspelten Daikon-Kren an.

Foto rechts

Kalte kleine Happen

Gefüllte Reisblätter mit Garnelen und Minze KIM KREATION!

ZUTATEN
4 Reisteigblätter • 20 gekochte, geschälte Garnelen
20 frische Minzeblätter • 4 Salatblätter (Häuptelsalat oder Lollo Rosso)
100 g (1 kl. Pkt.) sehr dünne Glasnudeln (aus Reisteig) • Salz

FÜR DIE SAUCE
Fisch- und Sojasauce • 1 frische Chilischote

ZUBEREITUNG
Salzwasser zum Kochen bringen und die Reisnudeln darin 2 Minuten kurz aufkochen, anschließend abseihen und kaltstellen. Ein Reisteigblatt kurz mit warmem Wasser befeuchten und auf einer glatten Fläche 1 Minute ruhen lassen, bis das Reisblatt leicht wellig wird. Nun auf einem Drittel des Reisblattes zuerst ein Salatblatt, dann ein Viertel der Nudeln, 5 Minzeblätter und 5 Garnelen übereinander auflegen. Die Seitenteile einklappen und das Blatt wie einen Strudel einrollen. Mit Folie oder einem leicht befeuchteten Küchentuch abdecken und die restlichen Rollen ebenso zubereiten. Jede Rolle schräg in 4–5 gleich große Scheiben schneiden. Auf einem Teller anrichten und mit der vorbereiteten Sauce servieren.
Für die Sauce Fischsauce und Sojasauce im Verhältnis 3:1 mischen und die klein gehackte Chilischote einmengen.

BEILAGENEMPFEHLUNG: Zusätzlich noch Süß-Saure Sauce.

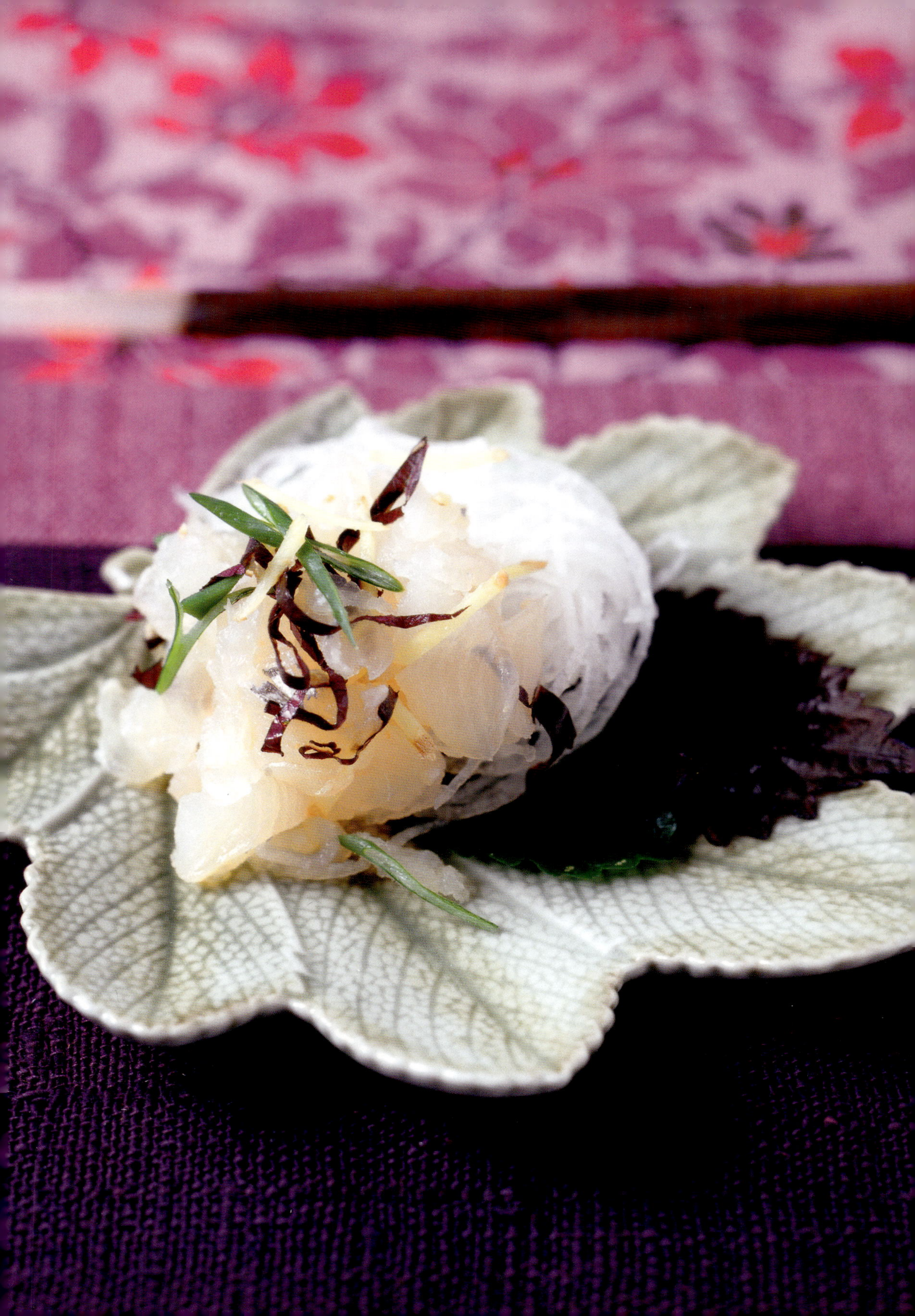

Marinierte Enten-Lauch-Bissen JAPAN

ZUTATEN
250 g Entenbrustfilet mit Haut • 2 dünne Stangen Lauch
100 ml Sake (oder Sherry)
80 ml Mirin (süßer japanischer Reiswein, ersatzweise Portwein)
100 ml Sojasauce • 1 EL Pflanzenöl • Salz • frisch gemahlener Pfeffer

Warme kleine Happen

ZUBEREITUNG
Die Entenbrust pfeffern und salzen. Sojasauce mit Mirin sowie Sake bei starker Hitze kurz aufkochen und dann wieder abkühlen lassen. Eine Pfanne erhitzen und mit etwas Öl ausstreichen. Die Entenbrust mit der Hautseite nach unten bei mittlerer Hitze 5 Minuten anbraten. Wenden und weitere 5 Minuten braten, bis die Brust außen knusprig, aber innen noch rosa ist.
Das Fleisch mit der Sauce übergießen und mindestens 2 Stunden (am besten über Nacht) im Kühlschrank ziehen lassen.
Inzwischen die Lauchstangen waschen, in ca. 3 cm große Stücke schneiden und diese halbieren. In einer Pfanne in etwas Öl anbraten und auskühlen lassen. Die Filets in ca. 1 cm breite Stücke schneiden, anrichten und mit dem Lauch garnieren.

WARME HAPPEN

Chapati I (Fladenbrot) INDIEN

ZUTATEN
350 g feines Vollkornmehl (Atta) • 1 EL Ghee (oder Butterschmalz)
ca. 150–200 ml lauwarmes Wasser • Salz • Mehl für die Arbeitsfläche
Ghee zum Bestreichen nach Belieben

ZUBEREITUNG
Mehl mit einer Prise Salz, zimmerwarmem Ghee und lauwarmem Wasser vermengen und zu einem nicht zu festen, elastischen Teig verarbeiten. Dafür den Teig mindestens 10–15 Minuten mit der Hand oder Küchenmaschine durchkneten, damit das Brot schön locker wird. Zugedeckt 1 Stunde rasten lassen.
Nun den Teig nochmals durchkneten und zu kleinen Bällchen in der Größe eines Golfballs formen. Auf einer bemehlten Arbeitsfläche zu flachen Scheiben mit 20 cm Durchmesser ausrollen. Eine schwere Pfanne ohne Fett stark erhitzen, das erste Brot einlegen und auf beiden Seiten braten (insgesamt 1–2 Minuten), bis die Flade die typischen braunen Flecken bekommt. Dabei immer wieder mit einem Bratenwender oder einem Küchentuch andrücken, damit das Brot Blasen wirft. Herausheben, in Alufolie einschlagen und die restlichen Brote ebenso backen. Vor dem Servieren nach Belieben mit flüssigem Ghee bestreichen und rasch auftragen.

TIPP: Besonders luftig werden die Brote, wenn man den Teig über Nacht rasten lässt.

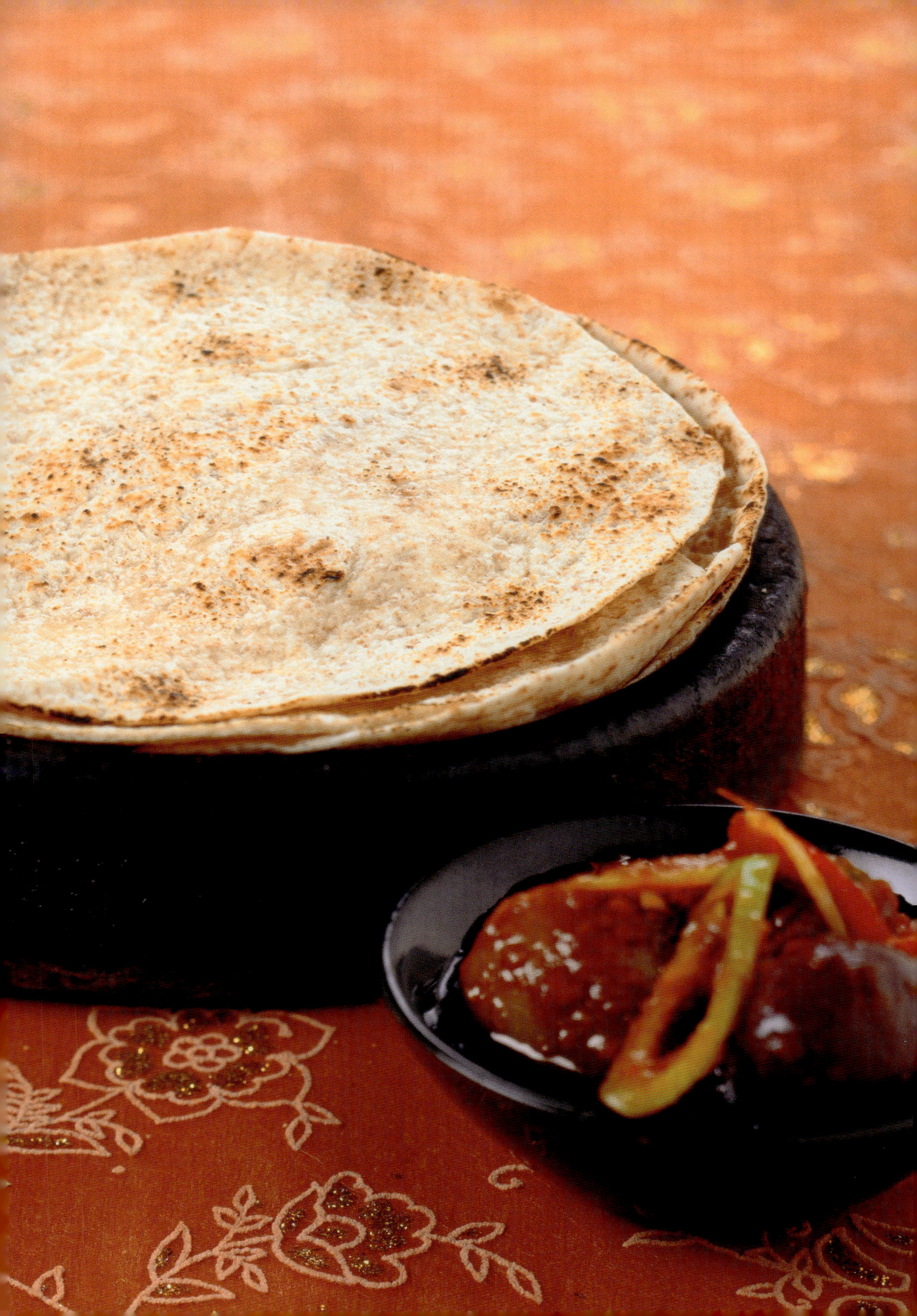

Chapati II (gebuttertes Fladenbrot) INDIEN

ZUTATEN
350 g feines Vollkornmehl (Atta) • 1 EL Ghee (oder Butterschmalz)
ca. 150–200 ml lauwarmes Wasser • Salz • Mehl für die Arbeitsfläche
reichlich Ghee zum Bestreichen nach Belieben

Warme kleine Happen

ZUBEREITUNG
Teig und Fladen wie im Rezept Chapati I (s. S. 114) beschrieben zubereiten. Dann die erste Flade mit flüssigem Ghee bestreichen. Zusammenklappen, etwas ausrollen und abermals mit Ghee bestreichen und wiederum zusammenklappen. Diesen Viertelkreis zu einem großen Dreieck ausrollen. In einer Pfanne etwas Ghee erhitzen. Die Flade einlegen, 1 Minute braten und dann wenden. Dabei mit einem Bratenwender gut andrücken. Noch eine halbe Minute braten, bis die Flade braune Flecken bekommt. Dabei eventuell noch etwas Ghee zugeben und gegebenenfalls nochmals wenden. Herausheben, in Alufolie warmhalten und die restlichen Brote ebenso backen.

Naan I (im Backrohr gebacken) INDIEN

ZUTATEN
500 g Universalmehl • 125 ml lauwarme Milch • 1 Ei • 1 Msp. Backpulver
1 kräftige Prise Zucker • 3–4 EL flüssiges Ghee (oder Butterschmalz)
Salz • schwarze Sesamsamen • Mehl für die Arbeitsfläche

ZUBEREITUNG
Aus Mehl, lauwarmer Milch, Backpulver, je einer kräftigen Prise Zucker sowie Salz, Ei und flüssigem Ghee einen weichen, elastischen Teig kneten. Sollte der Teig zu fest geraten, noch etwas lauwarmes Wasser einarbeiten. Fest durchkneten. Abdecken und ca. 20 Minuten rasten lassen. Wieder durchkneten und abermals mindestens ca. 2 Stunden rasten lassen. Ein Backblech mit Backpapier auslegen, mit den schwarzen Sesamsamen bestreuen und im Backrohr auf höchster Stufe aufheizen. Inzwischen den Teig in 8–10 Bällchen teilen. Auf die typische ovale, tropfenförmige Form drücken bzw. ausrollen. Auf das heiße Blech legen und so lange backen, bis das Brot schön goldbraun ist. Herausheben und rasch servieren.

Naan II (in der Pfanne gebraten) INDIEN

ZUTATEN
350 g Universalmehl • 100 g Joghurt • 100 ml Milch
1 1/2 EL flüssiges Ghee (oder Butterschmalz) • 3 KL Zucker
1 1/2 TL Trockengerm • 1 TL Backpulver • 1 Ei • Salz
schwarze Sesamsamen • flüssiges Ghee zum Bestreichen
Mehl für die Arbeitsfläche

ZUBEREITUNG
Die Milch in einem kleinen Topf erwärmen und mit Germ sowie 1 Kaffeelöffel Zucker vermengen. Etwas Mehl darüberstreuen und das Dampfl zugedeckt an einem warmen Ort gehen lassen, bis sich Sprünge zeigen. Dann das Mehl mit dem Backpulver vermischen und mit dem Dampfl sowie den restlichen Zutaten zu einem elastischen Teig verarbeiten. Zu einer Kugel formen, mit flüssigem Ghee bestreichen und zugedeckt mindestens 1 Stunde gehen lassen, bis sich sein Volumen deutlich vergrößert hat.
Nun den Teig nochmals durchkneten und in 4 Stücke teilen. Auf die typische ovale, tropfenförmige Form drücken bzw. ausrollen und eine Seite mit Sesamsamen bestreuen. Eine schwere oder beschichtete Pfanne sehr stark erhitzen. Das erste Brot einlegen und auf beiden Seiten kurz (insgesamt 1–2 Minuten) braten, bis die Flade braune Flecken bekommt. In Alufolie schlagen und warmhalten. Die restlichen Brote ebenso backen und rasch auftragen.

TIPP: Dieses Brot kann freilich auch im Backrohr gebacken werden.

Warme kleine Happen

Puri (Frittiertes Fladenbrot) INDIEN

ZUTATEN
350 g feines Vollkornmehl (Atta) • 1 EL Ghee (oder Butterschmalz)
ca. 150–200 ml lauwarmes Wasser • Salz • Mehl für die Arbeitsfläche
Öl zum Frittieren

ZUBEREITUNG
Mehl mit einer Prise Salz, zimmerwarmem Ghee und lauwarmem Wasser vermengen und zu einem nicht zu festen, elastischen Teig verarbeiten. Dafür den Teig mindestens 10–15 Minuten mit der Hand oder der Küchenmaschine durchkneten, damit das Brot schön locker wird. Zugedeckt 1 Stunde rasten lassen.
Nun den Teig nochmals durchkneten und zu kleinen Bällchen in der Größe eines Golfballs formen. Auf einer bemehlten Arbeitsfläche zu flachen Scheiben mit 20 cm Durchmesser ausrollen. In einer passenden Pfanne reichlich Öl erhitzen und die erste Flade einlegen. Auf beiden Seiten ganz kurz (einige Sekunden) knusprig frittieren und das Brot dabei ständig mit heißem Öl übergießen, damit es sich schön aufbläht. Herausheben, etwas abtropfen lassen und in Alufolie einschlagen. Die restlichen Brote ebenso frittieren. Sofort servieren.

Warme kleine Happen

Paratha (Fladenbrot) mit Gemüsefüllung INDIEN

ZUTATEN
500 g feines Vollkornmehl (Atta) • ca. 150 ml lauwarmes Wasser
250 g gekochtes Gemüse (Karfiol, Kartoffeln etc.) • 1 Stück (2 cm) Ingwer • 1 TL Garam Masala (s. S. 52) • Chilipulver • 1–2 EL gehacktes Koriandergrün • Salz • Mehl für die Arbeitsfläche • Ghee zum Bestreichen nach Belieben

ZUBEREITUNG
Mehl mit einer Prise Salz und lauwarmem Wasser vermengen und zu einem festen, aber elastischen Teig verarbeiten. Dafür den Teig mindestens 10–15 Minuten mit der Hand oder Küchenmaschine durchkneten, damit das Brot schön locker wird. Zugedeckt 1 Stunde rasten lassen.
Inzwischen für die Füllung das gekochte Gemüse sehr fein schneiden, Ingwer fein reiben und beides in einer Schüssel mit Garam Masala, Chili, einer Prise Salz sowie gehacktem Koriandergrün vermengen.
Nun den Teig nochmals durchkneten und zu 8 kleinen Bällchen in der Größe eines Golfballs formen. Auf einer bemehlten Arbeitsfläche zu flachen Scheiben mit 10 cm Durchmesser ausrollen. Nun auf jeweils eine Hälfte jeder Flade etwas Füllmasse platzieren. Zusammenklappen, vorsichtig etwas ausrollen, mit Ghee bestreichen und abermals zu einem Viertelkreis zusammenklappen. Nochmals vorsichtig ausrollen. In einer Pfanne etwas Ghee erhitzen. Die Flade einlegen, 1 Minute braten und währenddessen an der Oberfläche mit flüssigem Ghee bestreichen. Dann wenden und noch eine halbe Minute braten, bis die Flade braune Flecken bekommt. Dabei mit einem Bratenwender gut andrücken und eventuell noch etwas Ghee zugeben. Herausheben, in Alufolie warmhalten und die restlichen Brote ebenso backen.

Mit Faschiertem überbackenes Fladenbrot IRAN

ZUTATEN
500 g Mehl • 3 EL zerlassene Butter • ca. 150 ml Wasser • Salz
Mehl für die Arbeitsfläche

FÜR DIE FÜLLE
400 g Tomaten • 400 g faschiertes Fleisch • 3 Knoblauchzehen
1/2 Bund Frühlingszwiebeln • Minze- oder Petersilienblätter nach Belieben
Salz, Pfeffer • Muskatnuss, Gewürznelken und Kardamom

ZUBEREITUNG
Zunächst für den Teig das Mehl aufhäufen, salzen und die zerlassene Butter darüberträufeln. Durchmischen und so viel Wasser einarbeiten, dass ein nicht zu fester, aber elastischer Teig entsteht. Mindestens 10 Minuten gut durchkneten. In eine Schüssel geben und zugedeckt 30–45 Minuten rasten lassen. Währenddessen für die Fülle die Tomaten kurz in siedendem Wasser blanchieren (überbrühen), schälen und in kleine Würfel schneiden. Die Frühlingszwiebeln sehr fein schneiden, Knoblauch fein

Thunfisch-Kraut-Röllchen mit Rucola-Kartoffeln

hacken. In einer Schüssel das faschierte Fleisch mit den Frühlingszwiebeln und Knoblauch vermischen. Mit Salz, Pfeffer, Muskatnuss, Gewürznelken und Kardamom würzen. Die Minzeblätter fein hacken und untermischen.
Nun den Teig nochmals durchkneten, zu einer Rolle formen und in kleine Stücke schneiden. Zu etwa 5–7 mm dicken Fladen ausrollen. Die Fleischfüllung auftragen und die Fladenbrote auf ein mit Backpapier belegtes Backblech setzen. Im vorgeheizten Backrohr bei 180–200 °C ca. 15 Minuten backen. Herausnehmen und heiß servieren.
BEILAGENEMPFEHLUNG: Mit Kurkuma glattgerührtes Joghurt und Gurken- oder Tomatensalat.

Thunfisch-Kraut-Röllchen mit Rucola-Kartoffeln KIM KREATION!

ZUTATEN
4 frische Krautblätter • 200 g Thunfischfilet • 1 kl. Zwiebel • 2 Eier ca. 300 g Kartoffeln • 200 g Rucola • 1 EL Balsamicoessig • Salz, Pfeffer 2 EL Teriyaki-Sauce (jap. Würzsauce) • Olivenöl zum Anbraten

ZUBEREITUNG
Das Thunfischfilet fein hacken. Die Krautblätter in heißem Wasser blanchieren (kurz überbrühen), herausheben und trockentupfen. Die Zwiebel kleinwürfelig schneiden und in eine Schüssel geben. Mit Eiern und Thunfisch vermischen. Salzen, pfeffern

Warme kleine Happen

und mit Teriyaki-Sauce abschmecken. Die geschälten Kartoffeln in Salzwasser weich kochen und abseihen. Rucolablätter waschen und gut abtropfen lassen.
Nun die gekochten Kartoffeln der Länge nach vierteln und mit wenig Olivenöl und Salz vermengen. In eine feuerfeste Form geben und im vorgeheizten Backrohr bei 160 °C ca. 15 Minuten erwärmen. Inzwischen die blanchierten Krautblätter auflegen und die Thunfischmasse jeweils darauf verteilen. Jedes Krautblatt einrollen und in einer Pfanne in etwas Öl goldbraun anbraten. Mit wenig (etwa 1 Esslöffel) Teriyaki-Sauce aufgießen und die Rouladen kurz ziehen lassen. Die Kartoffeln aus dem Backrohr nehmen und mit Rucola vermengen. Mit Balsamicoessig aromatisieren und gemeinsam mit den Rouladen anrichten.

Foto Seite 119

Warmes Kartoffel-Carpaccio mit St. Petersfisch und gehobeltem Bergkäse KIM KREATION!

ZUTATEN
**4 St.-Petersfisch-Filets à 100 g • 300 g festkochende Salat-Kartoffeln
1 EL Olivenöl • Balsamicoessig bester Qualität • Meersalz, frisch gemahlen
Bergkäse zum Hobeln**

ZUBEREITUNG
Die Kartoffeln gut waschen und mit der Schale in ca. 2 mm dünne Scheiben schneiden (oder hobeln). Die Kartoffelscheiben auf einen Dämpfeinsatz (ohne Löcher) legen, mit Olivenöl beträufeln und leicht salzen. Die Fischfilets auf einen zweiten Einsatz geben. Nun die Fischfilets im Dampfgarer bei 80 °C ca. 3 Minuten, die Kartoffeln ca. 5 Minuten garen (s. Tipp).
Die gegarten Kartoffelscheiben dekorativ auf Tellern anrichten, mit Balsamicoessig beträufeln und die Fischfilets darauf drapieren. Mit Meersalz würzen. Vor dem Servieren den Käse darüberhobeln.

TIPP: Etwas herzhafter schmeckt dieses Carpaccio, wenn die Kartoffelscheiben nicht im Einsatz gegart, sondern in einer Pfanne in Olivenöl goldgelb gebraten und die Fischfilets über Wasser gedämpft werden.

Foto rechts

Bratäpfel mit Faschiertem IRAN

ZUTATEN
4 schöne, große Äpfel • 200 g Faschiertes • 1 EL kleine gelbe Erbsen oder Linsen • 2 Frühlingszwiebeln • 1 EL gehackte Minze • je 1 Prise Zimt, Gewürznelken und Muskatnuss • Salz und Pfeffer • Öl und Butter

FÜR DIE MARINADE
100 ml Wasser • 3 EL Weinessig • 1 KL Zucker

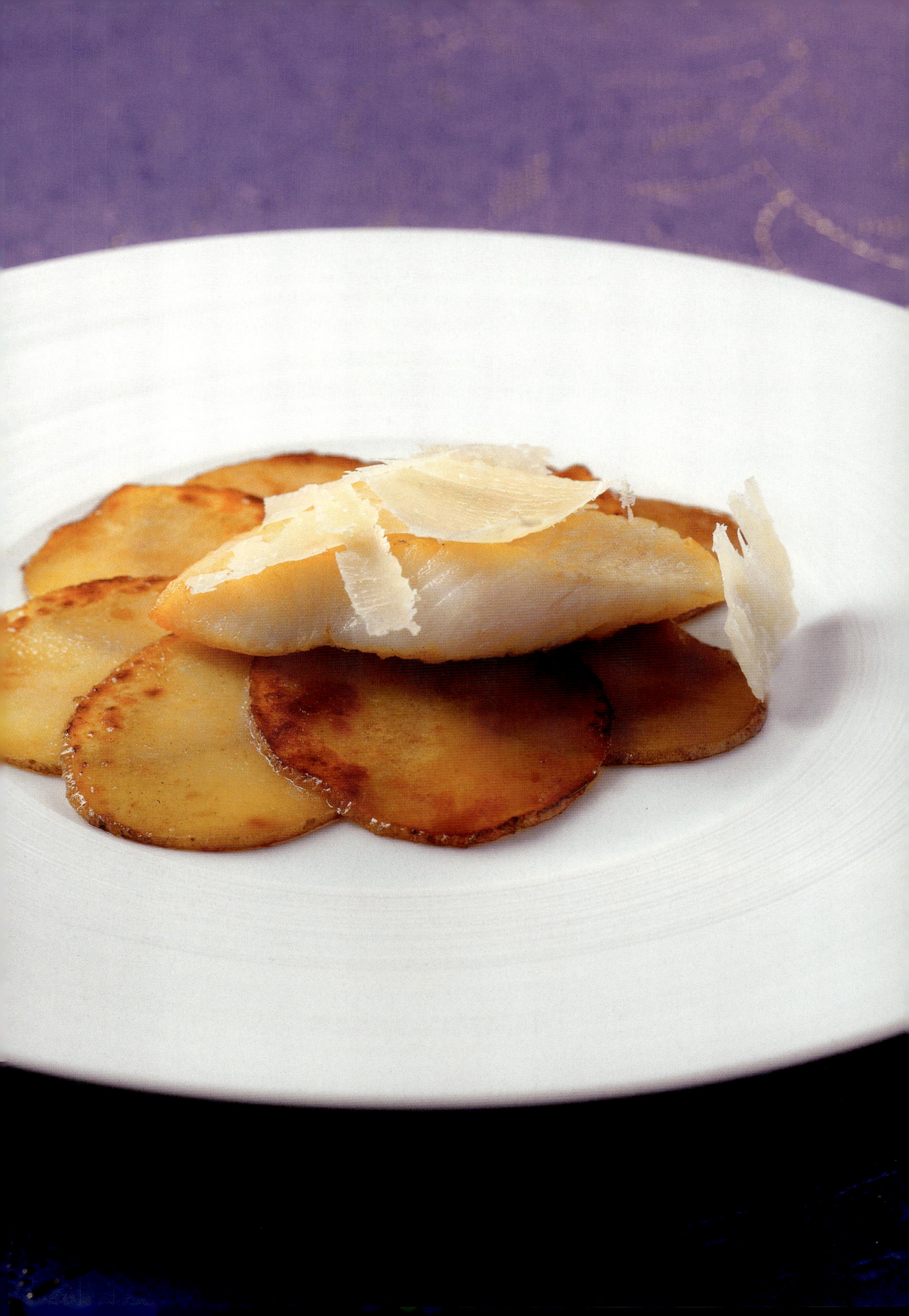

Warme kleine Happen

ZUBEREITUNG

Die kleinen Erbsen oder Linsen bereits am Vortag in Wasser einweichen. Am nächsten Tag gut abtropfen lassen. Dann die Frühlingszwiebeln fein hacken und in heißem Öl bei mäßiger Hitze langsam hell anschwitzen. Das Faschierte zugeben und mitbraten. Mit Salz, Pfeffer, Zimt, Gewürznelken und Muskatnuss würzen. Vom Herd nehmen und die eingeweichten Erbsen sowie die gehackte Minze unterrühren.

Nun die Äpfel mit einem kleinen Löffel aushöhlen und mit der Fleischfarce füllen. Das ausgelöste Fruchtfleisch fein hacken, auf die Farce auftragen und die Äpfel damit verschließen. In eine Bratenform setzen und mit 1 Tasse Wasser untergießen. Die gefüllten Äpfel mit Butterflocken belegen und im vorgeheizten Backrohr bei 180 °C ca. 30 Minuten backen.

Inzwischen für die Marinade das Wasser mit dem Essig vermischen und den Zucker darin auflösen. Bratäpfel mit der vorbereiteten süß-sauren Marinade übergießen und nochmals 5–8 Minuten überbacken.

Mit Heilbutt und Zitronengras gefüllte Palatschinken KIM KREATION!

ZUTATEN
FÜR DIE PALATSCHINKEN
2 Eier • 130 g Mehl • 1 Bund Schnittlauch
Prise Salz • 1 EL Pflanzenöl • 350 ml Wasser • Öl zum Backen

FÜR DIE FÜLLE
4 Heilbuttfilets zu je 100 g • 2 Stangen Zitronengras • Salz • Pfeffer
Schnittlauch zum Zusammenbinden

FÜR DIE SOJA-CHILISAUCE
60 ml Sojasauce • 2 EL Sesamöl • 5 EL Wasser • ca. 3 frische Chilischoten
1 Knoblauchzehe, fein gehackt • 1 Bund Schnittlauch, fein gehackt

ZUBEREITUNG

Für die Palatschinken den Schnittlauch schneiden und gemeinsam mit Eiern, Mehl, Salz, Wasser und etwas Öl zu einem Teig verrühren. In einer beschichteten Pfanne (ca. 30 cm Durchmesser) wenig Öl erhitzen und etwa einen Schöpflöffel Teig eingießen. Die Pfanne schwenken, damit sich der Teig verteilt. Palatschinke auf beiden Seiten goldbraun backen. Herausheben und abkühlen lassen. Restliche Palatschinken ebenso backen.

Die Heilbuttfilets mit Salz und Pfeffer würzen, das Zitronengras dünn schneiden. Nun auf jede Palatschinke zuerst etwas Fischfilet auflegen, die dünn geschnittenen Zitronengras-Stangen darauflegen und die Palatschinke einrollen. Mit Schnittlauch zusammenbinden. Die Palatschinken in einen Dampfgarer (Bambuskörbchen oder einen Topf mit Einsatz) setzen und etwa 7 Minuten garen. Herausheben und mit der inzwischen vorbereiteten Soja-Chilisauce servieren.

Für die Soja-Chilisauce die Sojasauce mit Wasser, Sesamöl, fein gehacktem Chili, Schnittlauch und Knoblauch gut vermischen.

Foto rechts

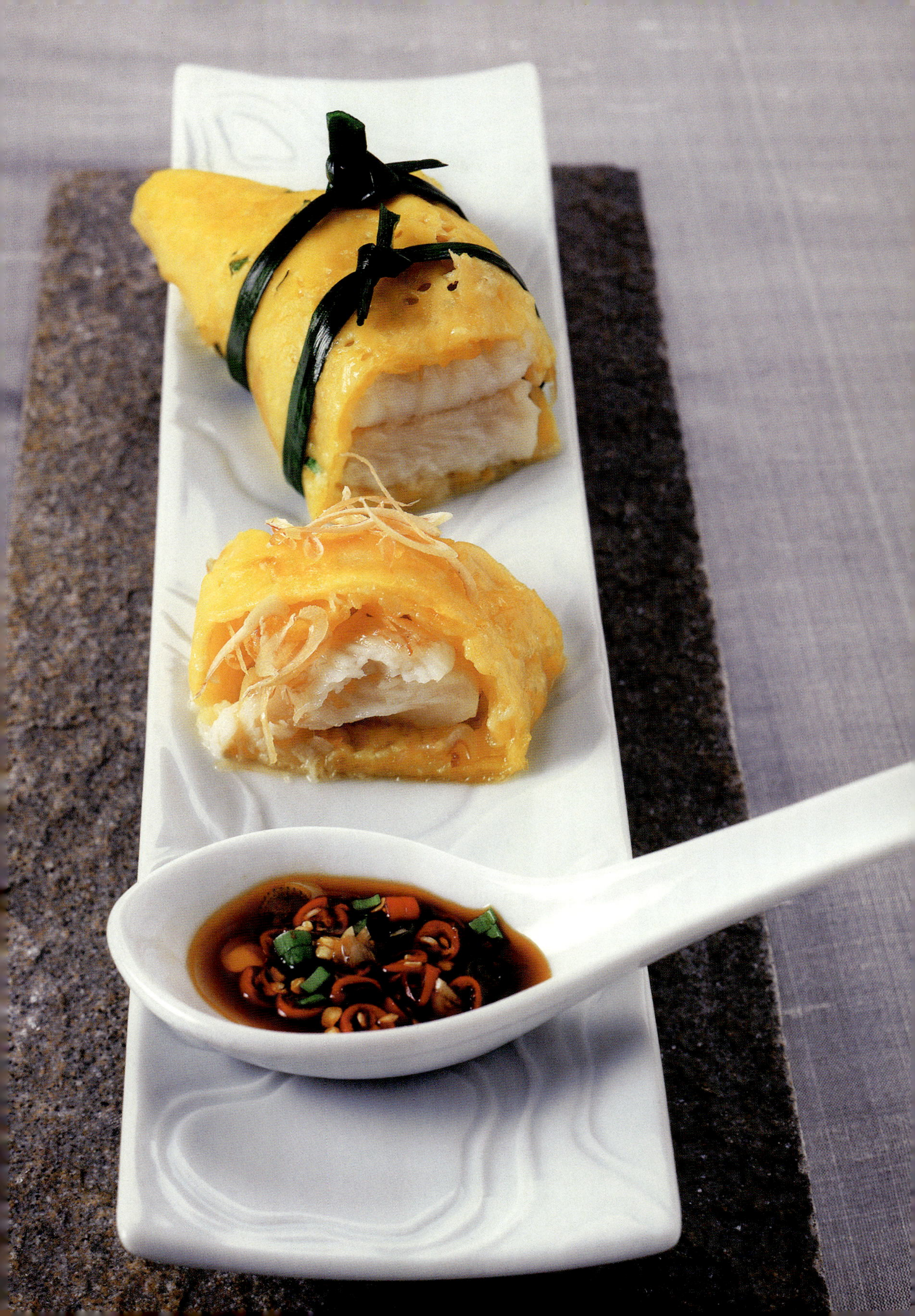

Hühnerfleischpasteten

VEREINIGTE ARABISCHE EMIRATE

ZUTATEN
500 g Mehl • 1/2 Pkt. (20 g) Germ • 200–250 ml lauwarmes Wasser
1 kräftige Prise Salz

Warme kleine Happen

FÜR DIE FÜLLUNG
1 kg Hühnerteile (Brust und Keulen) oder 1 ganzes Huhn
1 Bund Frühlingszwiebeln • 3 Knoblauchzehen • 1 Stück (2 cm) Ingwer
1 Chilischote • 3 mittlere Tomaten • 3 EL gehackte Petersilie
1 EL Tomatenmark • 1 TL Rosenpaprika • Limettensaft
Piment • Kurkuma • Salz • Pfeffer • 4 EL Öl oder Butterschmalz
flüssige Butter oder Butterschmalz zum Bestreichen

ZUBEREITUNG
Für den Germteig zunächst Germ in etwas lauwarmem Wasser auflösen und mit dem Mehl, einer Prise Salz sowie dem restlichen Wasser zu einem geschmeidigen Germteig verkneten. Den Teig dafür mindestens 15 Minuten kräftig durchkneten. In eine Schüssel geben, mit einem feuchten Küchentuch abdecken und mindestens 1 Stunde gehen lassen.
Inzwischen die Hühnerteile in einem Topf mit Wasser aufstellen und zum Kochen bringen. Die Hitze reduzieren und das Hühnerfleisch ca. 1 Stunde wirklich weich kochen. Hühnerteile herausheben, kurz überkühlen lassen, Fleisch auslösen und in sehr kleine Würfel schneiden. Die Tomaten kurz in siedendem Wasser blanchieren (überbrühen), schälen und ebenfalls in kleine Würfel schneiden. Frühlingszwiebeln und Knoblauch sehr fein hacken. Die Chilischote halbieren, entkernen und fein hacken. Ingwer in feine Streifen schneiden.
Nun das Öl erhitzen und die klein gehackten Frühlingszwiebeln gemeinsam mit Knoblauch, Ingwer und der Chilischote darin langsam hell anschwitzen. Sobald die Zwiebeln schön weich und golden sind, Paprikapulver einrühren, kurz durchrühren und dann das Tomatenmark zugeben. Ebenfalls kurz anrösten und danach die Tomatenwürfel einmengen. Nun alles bei mittlerer Hitze so lange dünsten, bis die Tomaten zu einer breiartigen Masse verkocht sind. Mit Salz, Pfeffer, Kurkuma und Piment würzen. Das Hühnerfleisch einrühren und kurz aufkochen lassen. Mit Limettensaft abschmecken und die gehackte Petersilie unterrühren.
Jetzt den Teig nochmals durchkneten und zu einer Rolle formen. In ca. 16 Stücke teilen und diese zu runden Fladen ausrollen. Jeweils etwas von der Füllmasse auf eine Hälfte der Flade auftragen und zu einem Halbkreis zusammenklappen. Die Teigränder fest zusammendrücken und auf ein mit Backpapier belegtes Backblech setzen. Mit flüssiger Butter bestreichen und im vorgeheizten Backrohr bei ca. 220 °C ca. 25–30 Minuten backen.

Gedämpftes Garnelen-Tofu-Steak mit Soja-Chilisauce KIM KREATION!

ZUTATEN
**4 Scheiben Tofu zu je 200 g • 12 geschälte Garnelen
1 kl. Bund Koriandergrün zum Garnieren**

FÜR DIE SOJA-CHILISAUCE
60 ml Sojasauce • 4 EL Wasser • 1 EL Sesamöl • 1 Stange Frühlingszwiebel • 1 Knoblauchzehe • je 1 rote und grüne frische Chilischote

ZUBEREITUNG
Je 3 Garnelen in einen Tofublock stecken. (Dafür bei Bedarf mit dem Stiel eines Mokkalöffels vorbohren.) In einen Dampfgarer (Bambuskörbchen oder einen Topf mit Einsatz) setzen und bei 95 °C etwa 10 Minuten garen.
Währenddessen für die Soja-Chilisauce die Frühlingszwiebel in feine Ringe schneiden, Knoblauch und Chili fein hacken. Die Sojasauce mit Wasser sowie Sesamöl vermischen und mit Frühlingszwiebeln, Knoblauch sowie Chilischoten vermengen.
Gegarten Tofu herausnehmen und in Scheiben schneiden. Auf Tellern anrichten und mit der Chilisauce beträufeln. Mit Koriander garniert servieren.

DIM SUM UND ANDERE HERZENSFREUDEN

Die Küche der herzlichen Empfindung

Warme kleine Happen

Dim Sum, stammt aus dem Kantonesischen und bedeutet soviel wie „kleine Herzen" oder „Herzensfreude". An die Entstehung der Dim Sum knüpft sich, wie an so viele chinesische Gerichte, eine romantische Legende, die von einem Koch am Hofe der alten kantonesischen Kaiserstadt Xian handelt, der eines Tages darüber nachdachte, wie er den Gaumen seines verwöhnten Herrschers noch weiter verwöhnen könne. Der Kaiser, so sagte sich der Koch, habe bereits alles an Köstlichkeiten probiert, was Erde, Flüsse, Luft und Meer hervorzubringen vermochten. Das einzige, was er noch nicht kannte, so hoffte sein Leibkoch, war die Küche der kleinen Leute.

Also servierte der Koch dem Kaiser eine Reihe all jener Gerichte, die ansonsten nur beim Gesinde auf den Tisch kamen, bereitete sie jedoch mit umso größerer Sorgfalt zu. Der Kaiser, von diesem Mahl höchst angetan, ließ den Koch rufen und fragte ihn, was er ihm da denn kredenzt habe. „Eure Hoheit", antwortete der Koch, „lediglich ein wenig von jener herzlichen Empfindung, welche die Bevölkerung von Kanton ihrem Kaiser entgegenbringt. Einen Namen dafür müssen Sie selbst finden."

Der Kaiser dachte nicht lange nach und verfügte, dass die neuen Spezialitäten in aller Zukunft „herzliche Empfindung aus Kanton" heißen sollten – womit die klassischen kantonesischen Dim Sum erfunden waren.

Mittlerweile versteht man darunter nicht nur in China, sondern auch in den USA und Europa, wo es immer mehr Dim-Sum-Lokale gibt, all jene kleinen Mundbissen, die in riesigen Speisehallen auf kleinen Wägelchen in hoch aufgetürmten Bambuskörben von Tisch zu Tisch gerollt werden, die man aber auch in jeder kleinen Garküche am Straßenrand erhält. Für gewöhnlich handelt es sich dabei um gedämpfte oder frittierte Röllchen, Päckchen, Täschchen und Klößchen aus hauchdünnem Klebreis-, Germ- oder Weizenmehlteig, die mit Krabben- und/oder Schweinefleisch, Nüssen und Bärlauch, Hummer oder Taschenkrebsen gefüllt sind und entweder im Dämpfkörbchen, in dem sie zubereitet wurden, oder aber auch in einer Reisschüssel, ja mitunter sogar in einer Papiertüte, serviert werden. Der Variationsreichtum dieser „Küche der kleinen Herzen" ist schier unerschöpflich. Große kantonesische Dim-Sum-Häuser rühmen sich nicht selten, bis zu 2.000 Dim-Sum-Gerichte im Repertoire zu haben.

Foto oben: Gebratene chinesische Teigtaschen (Rezept Seite 136)
Foto Mitte: Knusprige Shrimps-Wonton-Säckchen (Rezept Seite 140)
Foto unten: Glasklare Kaisertaschen Har Kao (Rezept Seite 130)

Gedämpfte Wonton-Täschchen mit Shrimps und Schweinefleisch

CHINA

ZUTATEN FÜR 20 TÄSCHCHEN

20 Wonton-Teigblätter (oder selbstgemacht s. S. 62) • 200 g faschiertes Schweinefleisch (möglichst mager) 50 g Speck • 200 g Shrimps- und/oder Krebsfleisch • 1 EL frische chin. Pilze (od. eingeweichte) Salz • Pfeffer • 1/2 EL Zucker 1 TL Sesamöl • 1 EL Speisestärke 1 EL frisch gehacktes Koriandergrün Sesamöl und frisch geriebener Ingwer zum Garnieren

ZUBEREITUNG

Shrimps- und Krebsfleisch fein schneiden, die Pilze klein hacken und beides gemeinsam mit dem Faschierten, mit Zucker, Salz, Pfeffer und Sesamöl vermischen. Mit der Speisestärke gut vermengen und den gehackten Koriander einrühren. Die Teigblätter auflegen und jeweils etwas Füllmasse in die Mitte setzen. Nach Belieben rund ausstechen und zu halbmondförmigen Täschchen zusammenklappen oder die Ecken so übereinanderklappen, dass ein Dreieck entsteht. Die Teigränder dabei mit Wasser befeuchten und gut festdrücken. Auf einen Dämpfeinsatz platzieren und im Bambuskörbchen (oder Topf) zugedeckt 8–10 Minuten dämpfen.
Wontons mit etwas Sesamöl beträufeln und mit frisch gehacktem oder geriebenem Ingwer bestreuen. Am besten im Körbchen servieren.

TIPP: Die Füllmasse dieser Wontons kann beliebig, etwa durch gehackte geröstete Erdnüsse, frisch gehackten Ingwer oder Chili, abgewandelt werden.

Warme kleine Happen

Warme kleine Happen

Garnelen-Dim-Sum CHINA

ZUTATEN FÜR 20 STÜCK
FÜR DEN TEIG
200 g Reismehl • 100 ml heißes Wasser • Salz • Salat- oder Kohlblätter

FÜR DIE FÜLLUNG
**10 geschälte rohe Riesengarnelen • 2 EL Mehl • 2 EL Kartoffelstärke
Salz • 1/2 TL Zucker • 2 EL Reiswein**

ZUBEREITUNG
Die Garnelen putzen und klein hacken. Mit den restlichen Zutaten gut durchmischen und zur Seite stellen. Für den Teig das Reismehl mit einer Prise Salz sowie heißem Wasser gut vermischen und durchkneten, bis der Teig schön geschmeidig ist. Den Teig auf ein Backpapier geben, abermals mit Backpapier abdecken und ca. 0,5 cm dick ausrollen. Das obere Papier abziehen und mit einem Ausstecher von ca. 5 cm Ø vorsichtig Scheiben ausstechen. (Achtung, der Teig ist sehr weich!) In der Mitte jedes Teigblattes je 1 Teelöffel Füllung platzieren, zusammenklappen und die Ränder gut zusammendrücken. Dabei vorsichtig eine Seite andrücken, damit eine schöne Rückseite entsteht, auf der man mit einer Gabel dekorative Rillen eindrückt.
Einen Topf mit Wasser zum Kochen bringen. Einen Dämpfeinsatz mit Salat- oder Chinakohlblättern auslegen und die Teigtaschen daraufsetzen. Zudecken und 10 Minuten dämpfen.
GARNITUREMPFEHLUNG: Soja- oder Fischsauce mit Chili.   Foto rechts

Bärlauch-Dim-Sum „Tsing Tao" CHINA

ZUTATEN FÜR 20 STÜCK
FÜR DEN TEIG
**160 g Reismehl • 20 g Kartoffelstärke • 40 ml heißes Wasser
Mehl für die Arbeitsfläche**

FÜR DIE FÜLLUNG
**600 g frischer Bärlauch • 200 g Shrimps • 50 g Schweinefleisch
10 g Kartoffelstärke • 1 TL Zucker • Salz • 20 g Schweineschmalz
etwas Sesamöl und Chilisauce**

ZUBEREITUNG
Den Reisteig wie bei den Kaisertaschen (s. S. 130) beschrieben zubereiten. Den Bärlauch fein hacken, ca. 1 Minute in heißem Wasser blanchieren (überbrühen) und gut abtropfen lassen. Shrimps und Schweinefleisch ebenfalls klein hacken und mit dem Bärlauch vermengen. Mit Zucker, Salz, etwas Sesamöl und Chilisauce aromatisch würzen. Abschließend Kartoffelstärke und Schweineschmalz einrühren. Aus Teig und Masse wie bei den Kaisertaschen beschrieben kleine Taschen formen, diese in Bambuskörbchen setzen und bei größerer Hitze 8 Minuten dämpfen.
GARNITUREMPFEHLUNG: Mit Chili vermengte Sojasauce.

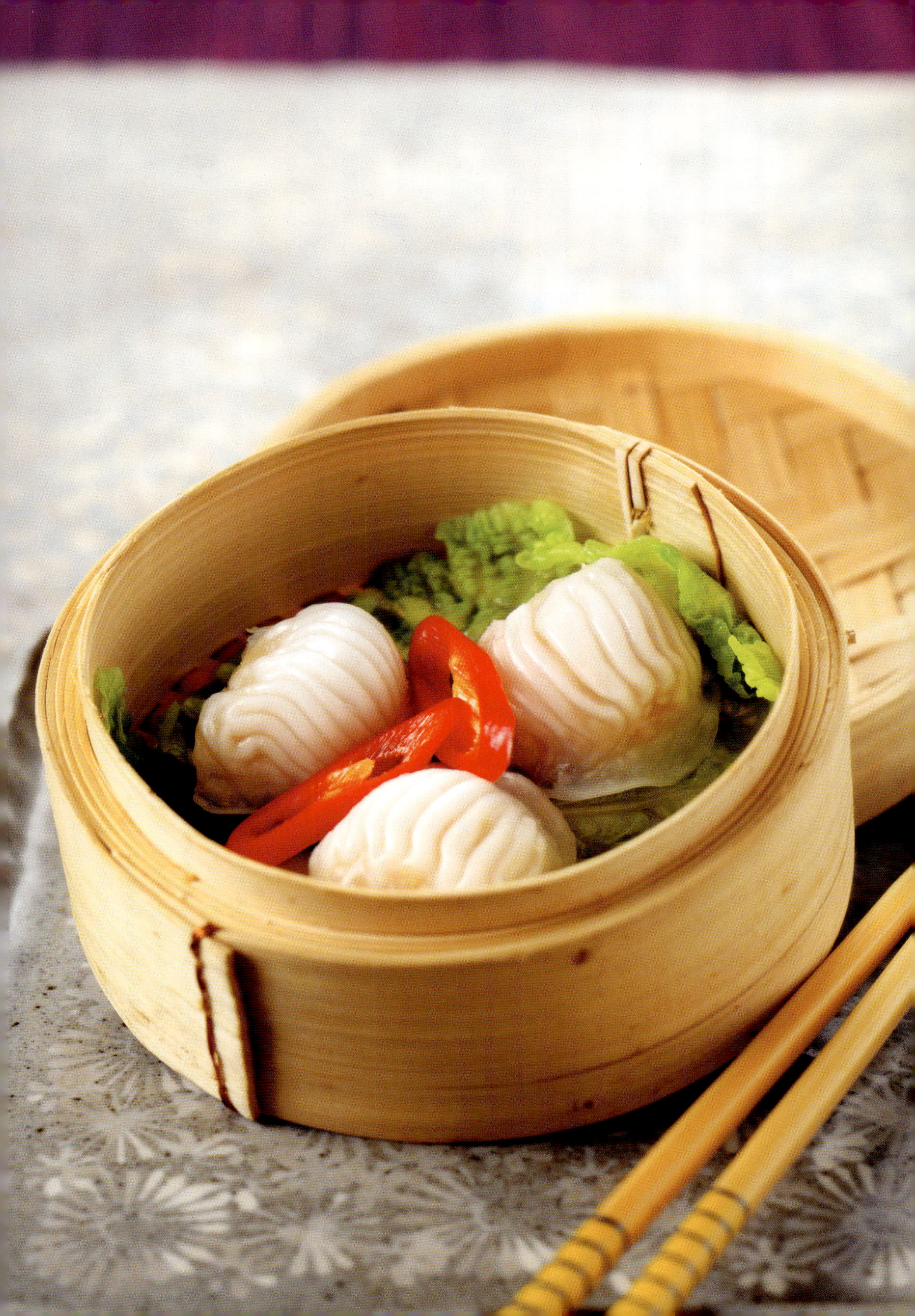

Kleines Dim-Sum-Lexikon

BAOZI: gedämpfte, mit Garnelen und Fleisch gefüllte kleine Teigbällchen
CHASHAI BAO: süße Germteigbällchen mit Schweinefleischfüllung
HAR KAU: Teigtäschchen aus Reisteig, meist mit Garnelenfüllung
JIAOZI: gedämpfte oder gebratene Teigtaschen mit Fleischfüllung
JUAT DO: metallenes Grundwerkzeug der Dim-Sum-Küche, mit dem man die kleinen Bällchen formt
NGAU TAO: gedämpfte Kutteln
NIUROU SHAOMAI: gedämpfte kleine Teigbällchen mit Schweine-, Rinder- und Ingwerfülle
PAU: gedämpfte kleine Teigbällchen
ROUMO SHAOBING: gedämpfte oder frittierte Teigbällchen mit Sesam und Fleischfülle
SALA PAU: mit süßem Schweinefleisch gefüllte kleine Teigbällchen
SIU MAI: Teigtäschchen mit Füllung aus Hühnerbrust, Selchfleisch und Frühlingszwiebeln, wobei ein Teil der Fülle vom Teig frei bleibt
WAN TAN (WONTON): Teigtäschchen aus der Szechuan-Küche mit Garnelen- oder Fleischfülle, als Suppeneinlage, gedämpft oder frittiert serviert
XIAO SI: zarte Teighülle mit zart-würziger Fleischfülle (benannt nach der alten Kaiserstadt Xian)
XIAO WOTOU: kleine Teigbällchen aus Maismehl
YUM CHA: Dim Sum essen gehen

Glasklare Kaisertaschen Har Kao CHINA

ZUTATEN FÜR 20 STÜCK
FÜR DEN TEIG
**160 g Reismehl • 20 g Kartoffelstärke • 40 ml heißes Wasser
Mehl für die Arbeitsfläche**

FÜR DIE FÜLLUNG
250 g Scampi • 50 g Bambussprossen • ca. 1 TL Salz • 16 g Zucker etwas Sesamöl • 10 g Schweineschmalz

ZUBEREITUNG
Reismehl, Kartoffelstärke und heißes Wasser rasch zu einem geschmeidigen Reisteig verkneten. Für die Füllung Scampi und Bambussprossen fein schneiden. Mit Salz, Zucker sowie etwas Sesamöl abschmecken und mit dem Schweineschmalz zu einer klebrigen Masse verrühren. Den Teig zu einer Rolle formen und in 20 gleich große Stücke teilen. Die Teigstücke zu Bällchen formen und jedes auf einer bemehlten Fläche zu einem runden Teigfladen von etwa 8 cm Durchmesser ausrollen. Jeweils einen Esslöffel Scampifarce in die Mitte des Teigfladens setzen, den Teig hochklappen, oben zusammendrücken und gut abdrehen. Jeweils drei bis sechs Kaisertaschen auf den Einsatz eines Bambuskörbchens (oder Dämpfeinsatz) setzen und in einem großen, gut verschlossenen Topf ca. 8 Minuten bei stärkerer Hitze dämpfen.
GARNITUREMPFEHLUNG: Soja- od. Fischsauce mit Chili. Foto Seite 127 unten

Pelmeni – Sibiriens Dim Sum

Von den Tortellini Südeuropas über die Maultaschen Westeuropas und die Piroggen Osteuropas verläuft bis zu den Wan-Tan-Täschchen und anderen fernöstlichen Teigtaschen so etwas wie ein Nudelhalbmond, der sich über die gesamte nördliche Erdkugel zieht. Das „Missing Link" zwischen den Piroggen und den Wan Tan sind dabei die sibirischen Pelmeni, eine Spezialität, um die sich zahlreiche Legenden ranken. Eine davon handelt von zwei sibirischen Kaufleuten des 19. Jahrhunderts, die darum wetteten, wer von ihnen mehr Pelmeni essen könne. Beide waren große Esser, und beide gingen bis an den Rand ihres physischen Fassungsvermögens. Als der letzte Pelmen verschlungen war, fiel einer der beiden tot unter den Tisch. Der Sieger konnte sich seines Triumphes jedoch nicht lange erfreuen. Denn er starb wenige Minuten später.
Trotz solcher Schauergeschichten gibt es ähnliche Pelmeni-Wetten in Sibirien bis heute, und das Ansehen eines sibirischen Mannes hängt, zumindest bis zu einem gewissen Grad, auch davon ab, wie viele Pelmeni er verdrücken kann (fünfzig, so meinen Kenner, sollten es jedenfalls sein). Die Technik, wie man solche Pelmeni-Siege erringt, ist übrigens gar nicht so schwer zu erlernen und basiert auf einem Trick: Niemals einen Pelmen zerschneiden, sondern immer als Ganzes in den Mund schieben. Dann verdaut sich's leichter – und man kommt auf mehr.
Und weil wir schon beim Schlemmen sind: Zu Pelmeni gehört Smetana (Rahm). Denn nur dann kommen die Pelmeni so richtig ins Rutschen. Und am Schluss – ja, dann hilft wohl nur noch Wodka. Reichlich.

Warme kleine Happen

Pelmeni SIBIRIEN

ZUTATEN FÜR DEN TEIG
250 g Mehl • 1 Ei • 1 TL Öl • Salz • Mehl für Arbeitsfläche • 1 Eiklar zum Bestreichen • Butter (od. Rahm) zum Garnieren • Petersilie zum Bestreuen

FÜR DIE FÜLLUNG
300–400 g faschiertes Schweinefleisch • 2 fein gehackte Zwiebeln Salz • Pfeffer

ZUBEREITUNG
Mehl mit Ei, Öl, Salz und wenig Wasser vermischen und daraus einen festen, aber elastischen Teig kneten. Möglichst dünn ausrollen und mit einem umgestülpten Glas runde Teigplatten ausstechen. Für die Füllung Faschiertes mit den gehackten Zwiebeln, etwas Wasser sowie Salz und Pfeffer vermischen. Nun auf die Hälfte der Teigplatten je 1 TL Füllung setzen, Ränder mit Eiklar bepinseln und jeweils eine zweite Teigscheibe darauflegen. Rundum gut festdrücken, damit die Teigränder gut schließen. In einem großen Topf reichlich Salzwasser aufkochen, Pelmeni einlegen und 10–15 Minuten kochen. Mit dem Schaumlöffel herausnehmen und in Holzschalen anrichten. Mit zerlassener Butter übergießen oder einen Klacks Sauerrahm daraufsetzen. Mit gehackter Petersilie bestreuen.
TIPP: Pelmeni kann man anstatt mit Schweinefleisch auch mit Füllen aus gemischtem Schweine- und Rindfleisch, Leber, Fisch und Pilzen, Weißkraut, aber auch Kohlrabi, Kürbis oder Rüben zubereiten.

Rindfleisch-Zwiebel-Röllchen PHILIPPINEN

ZUTATEN
4 hauchdünne Scheiben vom Sirloin Steak (Roastbeef oder Rinderfilet)
4 Frühlingszwiebeln • 1 TL Zucker • 2 TL Sojasauce
frisch gehackter Ingwer • 1 TL Sherry • Öl zum Braten

Warme kleine Happen

ZUBEREITUNG
Frühlingszwiebeln der Länge nach in Streifen schneiden. Das Fleisch auflegen, mit Frühlingszwiebelstreifen belegen und fest einrollen. Für die Marinade Sojasauce, Zucker, etwas Ingwer und Sherry vermengen. Die Fleischröllchen einlegen und ca. 30 Minuten marinieren. Dann herausheben und auf dem Grill oder in einer Pfanne (mit etwas heißem Öl) ca. 3 Minuten beidseitig goldbraun braten.
TIPP: Japanische oder koreanische Delikatessengeschäfte bieten dieses Rindfleisch speziell auch für Sukiyaki an.

Duftende Phönixkrallen
(Hühnerfüße aus dem Wok) TAIWAN

Obwohl die ganze Welt mit der größten Freude Hühner verspeist, wissen offensichtlich nur asiatische und da wiederum ganz besonders chinesische Gaumen Biss und Geschmack der in Europa nahezu tabuisierten Hühnerfüße zu schätzen. Damit zumindest abenteuerlustige Gaumen einmal versuchen können, wie diese chinesische Delikatesse mundet, anbei das folgende Rezept:

ZUTATEN
12 Hühnerfüße ohne Krallen • 500 ml Hühnersuppe • 2 Frühlingszwiebeln
2 Knoblauchzehen • 1 Prise Ingwer • 2 EL Reiswein • 3 Stück Sternanis
1 TL Szechuan-Pfeffer oder Chili • 4 Gewürznelken • 1/2 Zimtstange
2 EL chinesische Trockenpilze • Schale einer halben getrockneten Orange
2 EL dunkle Sojasauce • 1 EL helle Sojasauce • Salz • 1 Prise Zucker
Erdnussöl zum Frittieren • 1–2 TL Stärke • 1 TL Sesamöl
Koriandergrün zum Garnieren

ZUBEREITUNG
Zuerst Frühlingszwiebeln und Knoblauch feinwürfelig schneiden. Die getrockneten Pilze in lauwarmem Wasser einweichen. In einem großen Topf reichlich Wasser aufkochen, die Hühnerfüße einlegen und einige Minuten überbrühen. Dann wieder herausnehmen, mit dunkler Sojasauce beträufeln und ca. 30 Minuten ziehen lassen. In einem Wok nicht zu wenig Erdnussöl erhitzen, die Hühnerfüße einlegen und rundum frittieren. Wieder herausheben und die Hühnerfüße mit Küchenkrepp trockentupfen.
Das Öl bis auf einen kleinen Rest aus dem Wok abgießen und darin Frühlingszwiebeln und Knoblauch anrösten. Ingwer, Anis, Szechuan-Pfeffer, Nelken, Zimt, die gut abgetropften Pilze sowie die Orangenschale hinzufügen. Mit Reiswein ablöschen, kurz aufkochen lassen und dann mit Hühnersuppe aufgießen. Die Hühnerfüße wieder zurück in den Wok legen und zugedeckt auf mittlerer Flamme etwa 2 Stunden

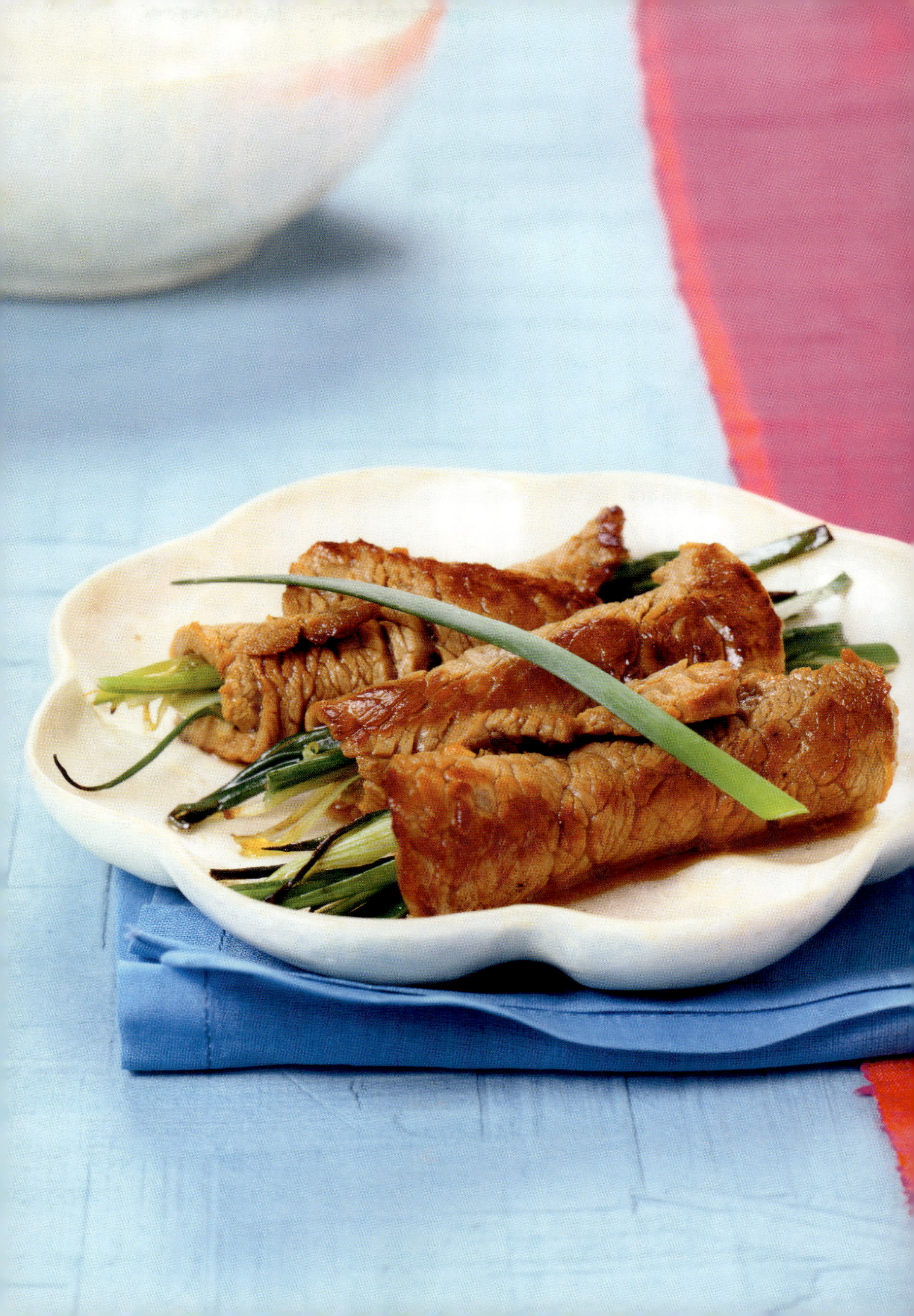

köcheln lassen, bis die Hühnerfüße zart und weich sind. Nun mit heller Sojasauce, Salz sowie Zucker abschmecken. Etwas Stärke in wenig warmem Wasser glattrühren und die Sauce damit binden. Die Hühnerfüße herausnehmen, mit Sesamöl beträufeln und auf einer heißen Platte anrichten. Rundherum die Sauce angießen und mit Koriandergrün bestreuen.

BEILAGENEMPFEHLUNG: Reis.

TIPP: Es empfiehlt sich, zu diesem Gericht eine Fingerbowle (Schüssel mit Zitronenwasser) zu servieren, da die Hühnerfüße nicht mit Stäbchen, sondern mit den Fingern gegessen werden.

Zum Duft gesellt sich die Musik

Wenn europäische Musikfreunde an China denken, so fällt ihnen sofort Puccinis Oper „Turandot" ein, die erst jüngst auch in Pekings „Verbotener Stadt" unter freiem Himmel aufgeführt wurde. Sie denken vielleicht auch noch an Béla Bártoks Ballett vom „Wunderbaren Mandarin" und Franz Léhars sentimentale Fernweh-Operette aus dem „Land des Lächelns". Doch dann versiegt das Wissen über chinesische Musik sehr schnell, und es fallen dem Laien fast nur noch jene halb poppigen, halb folkloristischen Klänge ein, die man als Hintergrundmusik aus dem China-Restaurant um die Ecke kennt. Man weiß nichts davon, dass die chinesische Harmonik auf einem „die goldene Glocke" genannten Grundton und 12 Halbtönen basiert, die sich wiederum in sechs männliche (Yang) und sechs weibliche (Yin) aufteilen. Auch dass die chinesische Oper – heute noch eine höchst lebendige Kunstform – im 13. Jahrhundert entstand und damit wesentlich älter ist als die europäische, ist alles andere als allgemeines Bildungsgut. Am ehesten hat man noch Peking-Opern mit roten Transparenten, exzellenten Ballett-Tänzern und noch besseren Karate-Kämpfern auf einer ihrer Tourneen durch Europa bewundern können.

Das Erlebnis, in einem echten chinesischen Teehaus zu beobachten, wie sich da allmählich eine recht bunte Truppe aus Streichern, Bläsern, Pfeifern, Querflötisten, Gongschlägern, Trommelwirblern, Holz-, Stein- und Jadeglockenspielern, Mundorgel- und Zithervirtuosen sowie kostümierten Sängern rekrutiert, um alte Balladen oder neue „Teemusik" zum Vortrag zu bringen, das lässt sich, ähnlich wie die unverfälschte Küche der chinesischen Provinzen, freilich nur in China selbst nachvollziehen.

Frühlingsröllchen CHINA

ZUTATEN FÜR 24 RÖLLCHEN
**24 Teigblätter für Frühlingsrollen (s. Tipp) • 150 g Hühnerbrust
30 g getrocknete chin. Pilze, eingeweicht • 100 g Sojabohnensprossen
100 g Bambussprossen aus der Dose • 2 Frühlingszwiebeln
150 g frische Garnelen (ohne Kopf und Schale) oder eingelegte Shrimps
2–3 EL Öl • 2 EL Sojasauce • Prise Zucker • Salz, Pfeffer
Öl oder Kokosfett zum Frittieren**

ZUBEREITUNG

Das Hühnerbrustfleisch in feine Streifen, die eingeweichten und gut abgetropften Pilze klein schneiden. Sojabohnensprossen, Frühlingszwiebeln und Bambussprossen ebenfalls klein hacken. Frische Garnelen in etwas Salzwasser kurz garen. Fertig gegarte Garnelen (oder eingelegte Shrimps) gut abtropfen lassen und ganz klein schneiden. Nun in einem Wok (oder gusseiserner Pfanne) etwas Öl erhitzen und die gehackten Frühlingszwiebeln darin hell anrösten. Dann Hühnerfleisch, Pilze, Bohnen- und Bambussprossen sowie Garnelen zugeben und alles kurz braten. Eine Prise Zucker in die Sojasauce einrühren und diese zugießen. Mit Salz und Pfeffer abschmecken. Nochmals kurz heiß werden lassen, dann vom Feuer nehmen und etwas auskühlen lassen.

Teigblätter auflegen und jeweils etwas Füllmasse auftragen. Dann eine Ecke darüberschlagen, die seitlichen Ecken einschlagen und abschließend zur letzten Ecke hin einrollen. Teigenden mit wenig Wasser befeuchten und gut festdrücken. In einer großen Pfanne oder Wok ausreichend viel Öl erhitzen, die Frühlingsrollen einlegen und darin bei nicht allzu großer Hitze langsam goldgelb frittieren. Fertige Frühlingsrollen herausheben und auf Küchenkrepp abtropfen lassen.

GARNITUREMPFEHLUNG: Pflaumen- oder Sojasauce.

TIPPS:
- Statt der fertigen Teigblätter kann man auch kleine aus Mehl und Wasser zubereitete Palatschinken verwenden.
- Die Füllung lässt sich je nach persönlichem Geschmack etwa durch mehr Gemüse, faschiertes Fleisch, Glasnudeln oder Eier variieren.

Warme kleine Happen

Wie der Frühling zu seiner Rolle kam

Sie gehören zum Chinesen um die Ecke wie süß-saures Schweinefleisch, knusprige Ente und Pflaumenwein. Ohne Frühlingsrolle als Hors d'œuvre scheint selbst der hungrigste goldene Drache keinen Appetit zu bekommen. Und das ist wohl auch der Grund, warum alle Welt die von charmanten chinesischen KellnerInnen gerne auch als „Flühlingslollen" angepriesenen gefüllten Teigtaschen für eine Vorspeise hält.

Dabei fügt man der im Original *Chwun-Jywan* genannten Frühlingsrolle allerdings bitteres Unrecht zu. Ist sie doch keineswegs nur ein Appetizer, sondern vielmehr jenes Gericht, mit dem man sich in China, aber etwa auch in Vietnam – ähnlich wie bei uns mit dem Schweinsrüssel – ins Neue Jahr hinüberschmaust. Und da Neujahr im Fernen Osten auch Frühlingsfest genannt wird, führt das alte Brauchtumsgebäck auch mit Recht den Lenz in seinem Namen.

Gebratene chinesische Teigtaschen

ZUTATEN
100 g Mehl • ca. 50 ml warmes Wasser • Prise Salz • Pflanzenöl oder Schweineschmalz zum Braten • Mehl für die Arbeitsfläche

FÜR DIE FÜLLUNG
200 g gehacktes Schweinefleisch (am besten Schweinebauch)
3 EL Kartoffelstärke • 4 EL Reiswein • 1 Stück (2 cm) klein gehackter Ingwer • 2 fein gehackte Knoblauchzehen • Salz • 1 EL dunkles Sesamöl

ZUBEREITUNG
Zunächst aus Mehl, warmem Wasser und einer Prise Salz einen geschmeidigen Teig kneten. Mit einem feuchten Tuch abdecken und zur Seite stellen.
Für die Fülle das fein gehackte Schweinefleisch mit Kartoffelstärke, Reiswein, klein gehacktem Ingwer und Knoblauch vermengen. Mit Salz und Sesamöl abschmecken.
Nun den Teig ca. 2 mm dünn ausrollen und mit einem Ausstecher Scheiben mit 8–10 cm Durchmesser ausstechen. Jeweils etwa 1 Teelöffel Fülle in die Mitte jeder Scheibe platzieren, die Teigränder mit Wasser befeuchten, zusammenklappen und gut festdrücken.
In einem Topf reichlich Wasser zum Kochen bringen und die Teigtaschen darin 2 Minuten kochen. Abseihen, abtropfen lassen, mit etwas Pflanzenöl bestreichen (damit sie nicht zusammenkleben) und auskühlen lassen. Dann in einer Pfanne Öl oder Schmalz erhitzen und die Teigtaschen darin auf beiden Seiten beidseitig leicht braun anbraten.
BEILAGENEMPFEHLUNG: Sojasauce mit Chili und Frühlingszwiebeln.

Foto Seite 126/127 oben

Frittierte Wonton-Täschchen CHINA

ZUTATEN
250 g (50 Stk.) Wonton-Teigblätter (oder selbstgemacht s. S. 62, doppelte Menge) • 250 g geschälte Garnelen • 100 g Schweinefleisch 4 Wasserkastanien • 2 Frühlingszwiebeln • 1/2 TL Salz • 2 TL Sojasauce Öl zum Braten

ZUBEREITUNG
Die geputzten Garnelen sowie die Frühlingszwiebeln fein schneiden. Das Schweinefleisch ebenfalls fein hacken und in einer heißen Pfanne in wenig Öl ca. 1 Minute lang braten. Dann Garnelen, Wasserkastanien und Frühlingszwiebeln zugeben und mit Salz sowie Sojasauce abschmecken. Kurz durchrühren, vom Herd nehmen und die Masse auf Raumtemperatur abkühlen lassen.
Wonton-Teigblätter auflegen und jeweils etwa einen Teelöffel der Masse in die Mitte platzieren. Teig über der Füllung so zusammenklappen, dass ein Dreieck entsteht. Dabei die Teigenden mit Wasser befeuchten und fest zusammenpressen. Nach Belieben die 2 gegenüberliegenden Ecken nochmals zueinanderziehen und in der Mitte festdrücken.
Reichlich Öl in einem Wok erhitzen und die Teigtaschen auf mittlerer Hitze rundum goldbraun braten. Dabei nicht zu viele Täschchen auf einmal einlegen, damit das Öl nicht zu stark abkühlt. Wontons herausheben und auf Küchenkrepp abtropfen lassen. Im vorgeheizten Backrohr warmstellen, bis alle Wontons fertig sind.
GARNITUREMPFEHLUNG: Süße Chili- oder Sojasauce

TIPP: Die Wontons können im Backrohr bei ca. 120 °C problemlos bis zu 1 Stunde warmgehalten oder bei 230 °C ca. 5 Minuten wieder erwärmt werden.

Warme kleine Happen

Garnelenbällchen CHINA

ZUTATEN FÜR 6 PORTIONEN
600 g geschälte Garnelen • 200 g gut durchwachsener Bauchspeck 2 Wasserkastanien • 4 Eier • Shaoxing-Reiswein (ersatzweise Sherry) Salz • 2 EL Stärkemehl • etwas Szechuan-Pfeffer (ersatzweise Chilipfeffer) Erdnussöl zum Frittieren • Koriander zum Garnieren

ZUBEREITUNG
Garnelen, Bauchspeck und Wasserkastanien klein hacken. In einer Schüssel mit Eiern, Szechuan-Pfeffer, Salz, Reiswein und Stärkemehl gut vermischen und aus der Masse kleine, kompakte Bällchen formen. Sind die Bällchen nicht fest genug, noch etwas Stärkemehl hinzufügen. In einem Wok (oder einer gusseisernen Pfanne) reichlich Öl erhitzen und die Garnelenbällchen bei großer Hitze schnell schwimmend backen, bis sie schön goldgelb sind. Währenddessen die Pfanne ständig schwenken, damit sich die Garnelenbällchen nicht am Pfannenboden festsetzen. Herausheben und vor dem Servieren gut abtropfen lassen. Mit Koriandergrün garnieren.
GARNITUREMPFEHLUNG: Dipsauce aus Chili- und Sojasauce

Chili-Fleischbällchen CHINA

ZUTATEN
500 g mageres Faschiertes • 3 EL Fischsauce • 2 EL Sojasauce
Pfeffer • 2 Knoblauchzehen, gehackt • Öl zum Frittieren

FÜR DIE DIPSAUCE
4 Knoblauchzehen, gehackt • 3 EL helle Sojasauce • 1–2 EL Sesamöl
1–2 EL Zitronensaft • 1–2 EL brauner Zucker • Chili (getrocknet oder frisch gehackt) • 1–2 EL chin. schwarzer Essig (ersatzweise milder Essig)

ZUBEREITUNG
Das faschierte Fleisch mit Fisch- und Sojasauce sowie Pfeffer und den gehackten Knoblauchzehen vermengen. Alles gut durchkneten. Mit nassen Händen aus der Masse kleine Bällchen formen.
Für die Dipsauce in einer kleinen Schüssel den Knoblauch mit heller Sojasauce, Sesamöl, Zitronensaft, Zucker, Chili, Essig und bei Bedarf wenig Wasser gut vermengen. Rühren, bis sich der Zucker aufgelöst hat. Dann in kleine Dipschüsselchen füllen. In einer schweren Pfanne oder einem Wok reichlich Öl erhitzen und die Bällchen darin rundum knusprig frittieren. Herausheben und mit Küchenkrepp trockentupfen. Mit der extra gereichten Dipsauce servieren.

Frittierte Hühnerfleisch-Dim-Sum CHINA

ZUTATEN FÜR CA. 40 STÜCK
40 Wonton-Teigblätter (oder selbst gemacht s. S. 62, doppelte Menge)
400 g Hühnerbrust • 100 g Schinken • 50 g Bambussprossen
1 Selleriestange • 3–4 Frühlingszwiebeln • 1 TL frisch gehackter Ingwer
1 EL Sojasauce • 1 Knoblauchzehe, fein gehackt • Öl zum Frittieren

ZUBEREITUNG
Hühnerfleisch und Schinken entweder ganz fein hacken oder durch den Fleischwolf drehen. Bambussprossen, Sellerie sowie Frühlingszwiebeln ebenfalls fein hacken und alles in einer Schüssel miteinander vermengen. Mit Ingwer, Sojasauce und Knoblauch würzen und nochmals gut durchmischen.
Teigblätter auflegen und jeweils etwas Füllmasse auftragen. Dann die Teigenden so zusammenklappen, dass ein kleines Säckchen entsteht. Dabei die Teigränder mit Wasser befeuchten und gut zusammendrücken. Der Teig kann mehr oder weniger kunstvoll zu gerippten Täschchen oder einem schmetterlingartigen Dim Sum *(Butterfly)* festgedrückt werden. In einer großen Pfanne (Wok) reichlich Öl erhitzen und die Säckchen darin goldbraun backen. Auf Küchenkrepp abtropfen lassen.
GARNITUREMPFEHLUNG: Dipsauce aus Chili- und Sojasauce

TIPPS
- Besonders dekorativ sehen die Säckchen aus, wenn Sie Schnittlauchhalme halbieren, ganz kurz in siedendes Wasser einlegen, mit kaltem Wasser abschrecken und die Säckchen damit zusammenbinden.
- Etwas kalorienärmer gerät dieses Gericht, wenn man die Teigtäschchen über Wasserdampf gart.

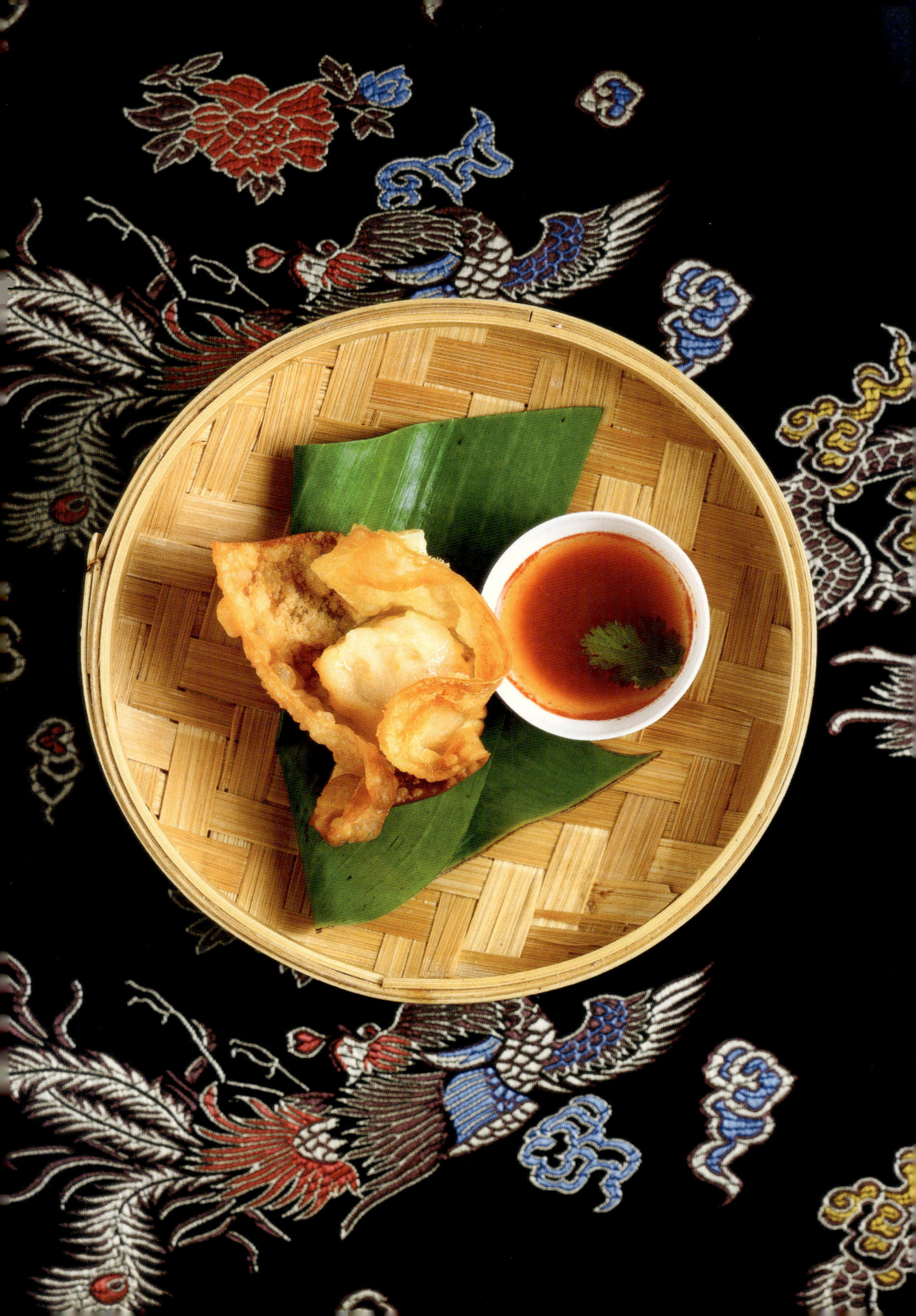

Knusprige Shrimps-Wonton-Säckchen CHINA

ZUTATEN FÜR 30 TÄSCHCHEN
30 Wonton-Teigblätter (oder selbst gemacht s. S. 62) • 100 g geschälte Shrimps • 100 g mageres Faschiertes (Rind- oder Schweinefleisch) 2 Frühlingszwiebeln • 1 EL Sojasauce • 1 EL Shaoxing-Reiswein (oder trockener Sherry) • 2 EL süß-saure Sauce • Salz, Pfeffer • 1 TL Sesamöl gehacktes Koriandergrün • 1 Eidotter • Eiklar oder Wasser • Öl zum Herausbacken

FÜR DEN DIP
3 EL Shaoxing-Reiswein (oder trockener Sherry) • 3 EL Sojasauce

ZUBEREITUNG
Zuerst für die Fülle die Shrimps sehr fein hacken und in einer Schüssel mit dem faschierten Fleisch vermengen. Frühlingszwiebeln fein hacken und untermischen. Sojasauce, Reiswein und süß-saure Sauce miteinander vermengen und über die Masse gießen. Alles gut durchrühren, mit Salz sowie Pfeffer abschmecken und mindestens 30 Minuten rasten lassen. Dann mit Sesamöl beträufeln, gehackten Koriander untermengen und Eidotter einrühren.
Die Teigblätter auflegen und jeweils etwas Füllemasse auftragen. Teigränder mit Eiklar oder Wasser bestreichen und den Teig über der Füllung so zusammendrücken, dass ein kleines Säckchen entsteht. Der Teig kann dabei nach Belieben wellenartig geformt werden. Wok (oder eine schwere gusseiserne Pfanne) erhitzen. Öl erhitzen und die Säckchen darin knusprig und goldbraun backen (dabei nicht alle Wontons auf einmal einlegen, damit das Fett nicht abkühlt). Fertige Wonton-Säckchen herausheben, auf Küchenkrepp abtropfen lassen und mit dem vorbereiteten Dip servieren.
Für den Dip Reiswein und Sojasauce miteinander vermischen und in kleinen Schälchen portionsweise anrichten. Foto Seite 126/127 Mitte

Gebackene Shrimpsbrötchen CHINA

ZUTATEN
250 g Shrimps, geschält und gegart • 10 Toastbrot-Scheiben 1–2 Schalotten oder Frühlingszwiebeln • 40 g Bambussprossen 40 g Wasserkastanien • 1 Ei • 4 cl Shaoxing-Reiswein (ersatzweise trockener Sherry) • Sesam- oder Leinsamenkörner zum Panieren Maiskeim- oder Erdnussöl zum Frittieren • Hoisin-Sauce als Beigabe

ZUBEREITUNG
Die Schalotten oder Frühlingszwiebeln gemeinsam mit den Bambussprossen, Wasserkastanien, Shrimps, Ei und Reiswein in einem Mörser oder in der Küchenmaschine zerkleinern. Die Toastbrot-Scheiben entrinden und in kleine Dreiecke vierteln. Nun die Toastschnitten etwa fingerdick mit der Shrimps-Bambus-Farce bestreichen und so dicht mit Sesam- bzw. Leinsamenkörnern bestreuen, dass die gesamte Oberfläche davon bedeckt ist. In einem Wok oder einer gusseisernen Pfanne reichlich Öl erhitzen. Shrimpsbrötchen mit der bestrichenen Seite nach unten einlegen und goldgelb sowie knusprig ausbacken. Herausheben, auf Küchenkrepp abtropfen lassen und gemeinsam mit der in kleinen Schälchen angerichteten Hoisin-Sauce servieren.

Garnelen-Tempura auf dreierlei Arten

Die Mengenangaben (1 Garnele pro Person) basieren darauf, dass Garnelen-Tempura in Japan stets mit Gemüse-Tempura gemischt serviert wird. Wer ausschließlich Garnelen-Tempura machen möchte, muss pro Portion je nach Größe mit 3–4 Garnelen rechnen.

Warme kleine Happen

Variante I   JAPANISCHE ART

ZUTATEN
4 ungeschälte Garnelen • 1 Eidotter • 125 ml Wasser
6 EL Tempuramehl (im Asia-Shop erhältlich) • Öl zum Frittieren

FÜR DIE SAUCE
5 EL Sojasauce • 5 EL Wasser • 2 EL Ahornsirup • etwas gehackter Ingwer
1 gehackte Frühlingszwiebel

ZUBEREITUNG
Die Garnelen so schälen, dass das letzte Schwanzende erhalten bleibt. Darm entfernen. Die Bauchseite mit einem kurzen Querschnitt einschneiden, damit sich die Garnele beim Frittieren nicht krümmt. Die Garnelen in etwa einem Esslöffel Tempuramehl wälzen. Dotter mit Wasser glattrühren und das restliche Tempuramehl zugeben und grob (mit einer Gabel) umrühren. Dabei den Teig keinesfalls glattrühren, da die Garnelen sonst nicht richtig knusprig werden.
Reichlich Öl in einer Pfanne erhitzen. Die Garnelen in den Teig eintauchen, ins heiße Fett einlegen und (bei ca. 160 °C) goldgelb backen. Dabei zuerst die Garnele nur bis zur Hälfte eintauchen und ca. 20 Sekunden halten, dann erst zur Gänze einlegen. Restliche Garnelen ebenso frittieren. Herausheben und abtropfen lassen. Mit der vorbereiteten Sauce servieren.
Für die Sauce die Sojasauce mit Wasser, Ahornsirup, Ingwer und Jungzwiebel-Würfeln vermengen.

Variante II   VIETNAMESISCHE ART (IN REISTEIG)

ZUTATEN
4 ungeschälte Garnelen • 4 kl. Blätter Frühlingsrollenteig
Öl zum Frittieren

ZUBEREITUNG
Die Garnelen wie im Grundrezept beschrieben schälen, putzen und einschneiden. Die Frühlingsrollenblätter diagonal zusammenfalten und je eine Garnele in die Mitte legen. Die Ecken zueinanderklappen und die Garnele darin einwickeln. Dabei die Teigränder mit wenig Wasser befeuchten und gut andrücken. Öl in einer Pfanne erhitzen und die Garnelen darin goldgelb frittieren. Herausheben und abtropfen lassen. Mit der vorbereiteten Sauce (s. Grundrezept) servieren.

Variante III THAILÄNDISCHE ART (IN KOKOSFLOCKEN)

ZUTATEN
4 ungeschälte Garnelen • 1 Eidotter • 125 ml Wasser
6 EL Tempuramehl (im Asia-Shop erhältlich)
2 EL Kokosflocken • Öl zum Frittieren

ZUBEREITUNG
Die Garnelen wie im Grundrezept beschrieben schälen, putzen und einschneiden. In etwa einem Esslöffel Tempuramehl wälzen und den Teig wie beschrieben zubereiten. Reichlich Öl in einer Pfanne erhitzen. Die Garnelen in den Teig eintauchen. Mit Kokosflocken bestreuen, ins heiße Fett einlegen und wie im Grundrezept beschrieben goldgelb herausbacken. Mit der vorbereiteten Sauce (s. o.) servieren.

Foto rechts

Warme kleine Happen

Marillen-Hühnerfilet-Millefeuille

KIM KREATION!

ZUTATEN
8 kleine Hühnerfilets zu je 50 g • 50 g fein gehackter Ingwer
Eier, etwas Mineralwasser, Mehl und Brösel zum Panieren
Salz, Cayennepfeffer • Öl zum Frittieren • Rucola zum Garnieren

FÜR DIE MARILLEN
4 Marillen • 1EL Butter • Schuss Zitronensaft • 1 EL Zucker • Salz
wenig Ingwersaft (oder etwas geriebener Ingwer) • 3 EL Karottensaft

ZUBEREITUNG
Die Marillen halbieren und entkernen. Eine beschichtete Pfanne erhitzen. Butter sowie Zucker zugeben und karamellisieren lassen. Marillen mit der aufgeschnittenen Seite nach unten einlegen und anbraten. Etwas Zitronensaft, eine Prise Salz, Ingwer- und Karottensaft zufügen und die Marillen 1 Minute schmoren lassen. Dann warmstellen.
Die Hühnerfilets salzen und mit Cayennepfeffer würzen. Die Eier mit wenig Mineralwasser verschlagen (so wird die Panier knuspriger) und etwas fein gehackten Ingwer daruntermengen. Den restlichen Ingwer mit den Bröseln vermischen. Nun die Filets zuerst in Mehl wenden, dann durch das Ei ziehen und zuletzt in den Ingwer-Bröseln wälzen. In einer Pfanne reichlich Öl erhitzen und die Filets darin auf beiden Seiten goldgelb herausbacken. Herausheben und auf Küchenkrepp abtropfen lassen.
Nun auf den Tellern etwas Rucola anrichten, darauf nacheinander zuerst ein gebackenes Hühnerfilet, dann etwas von den karamellisierten Marillen, noch ein Hühnerfilet und abermals Marillen legen. Mit der restlichen Marillensauce beträufeln und servieren.

BEILAGENEMPFEHLUNG: Rosinen-Reis

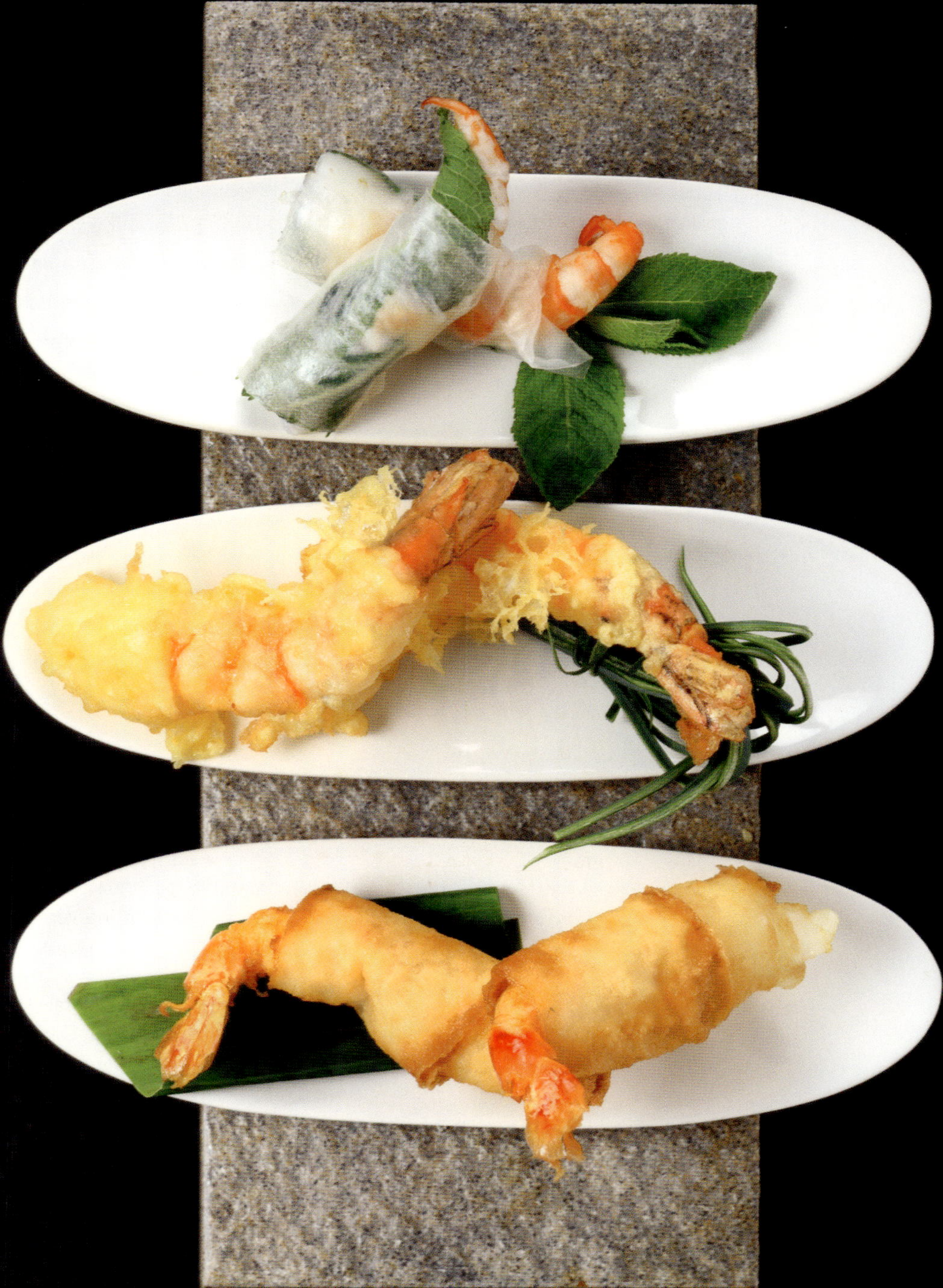

Von mild bis scharf, von knackig bis cremig

ASIATISCHE SALATE

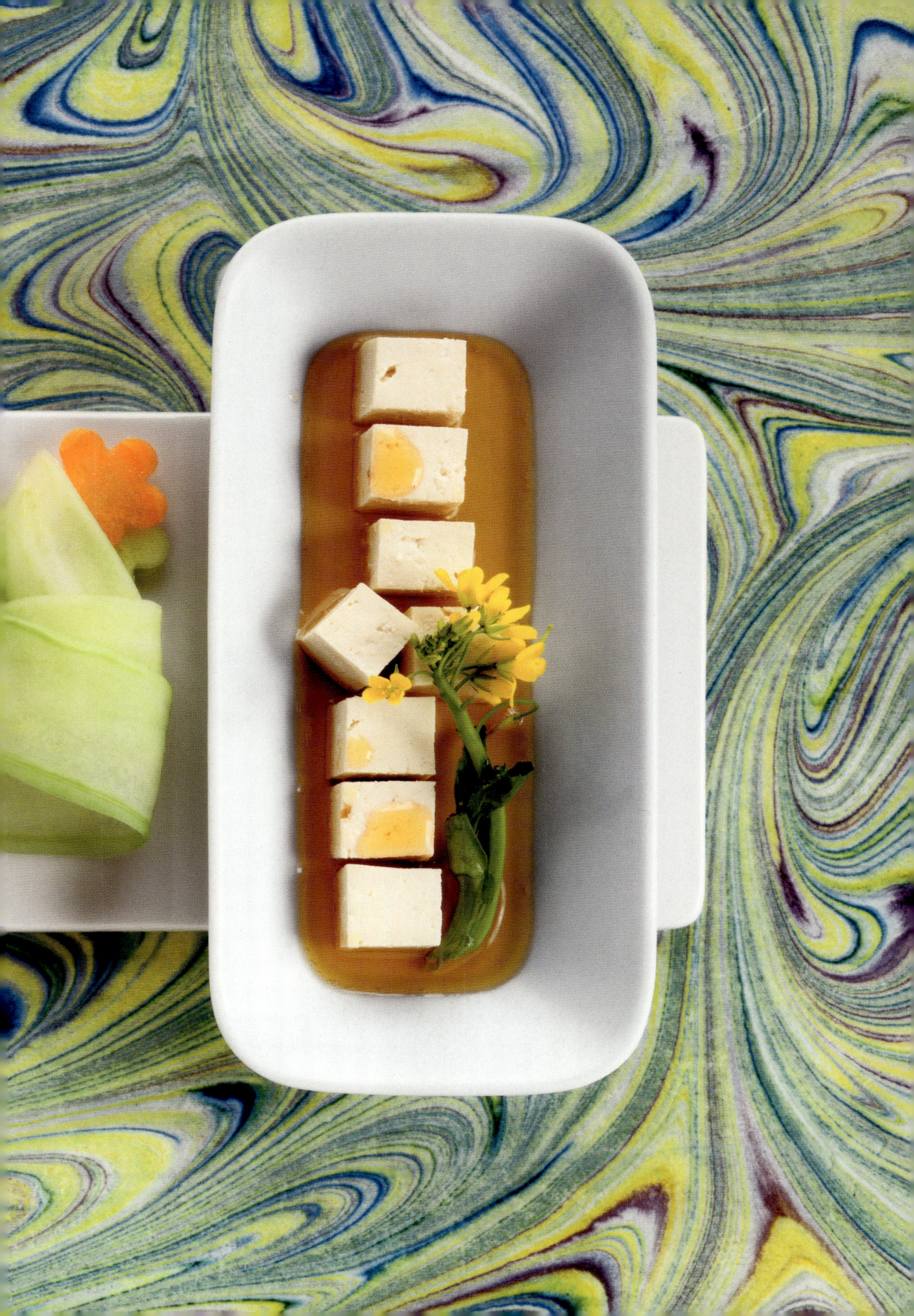

Asiatische Salatküche

Marinierte Gurken mit Koriander CHINA

ZUTATEN FÜR 3–4 PORTIONEN
**1 große Salatgurke • 1–2 TL frisch gehackter Ingwer
1 EL Shaoxing-Reiswein (ersatzweise Sherry) • 1–2 EL chin. Reisessig
Salz, Zucker • 1 Schuss Sesamöl • Korianderblätter zum Garnieren**

ZUBEREITUNG
Die Gurke schälen, der Länge nach halbieren und die Kerne mit Hilfe eines kleinen Löffels entfernen. Gurke in kleinere Stücke schneiden und in eine Schüssel geben. Mit Salz sowie Ingwer würzen, gut durchmischen und ca. 20 Minuten ziehen lassen. In ein Sieb geben und die überschüssige Flüssigkeit leicht auspressen.
Reiswein mit Reisessig und einer Prise Zucker vermengen, leicht salzen. Die abgetropften Gurken mit der Marinade übergießen und etwas durchrühren. Mit Sesamöl beträufeln, leicht durchmischen und mit gehacktem Koriandergrün garnieren.

Karottensalat mit Szechuan-Pfeffer
CHINA

ZUTATEN
**500 g Karotten • 4 Frühlingszwiebeln • 50 g frischer Ingwer
4 EL Ananassaft • 3 EL Limettensaft • je 1 Msp. Chili, Szechuan-Pfeffer und gemahlener Koriander • 1 TL Honig • 2 TL Sesamöl • 1 EL geröstete Sesamkörner • Salz**

ZUBEREITUNG
Die gut geputzten Karotten in Salzwasser bissfest kochen. Mit kaltem Wasser abschrecken, überkühlen lassen und möglichst dekorativ in schräg angeschnittene Rechtecke oder Quadrate schneiden. Frühlingszwiebeln in feine Streifen schneiden, Ingwer ebenfalls sehr fein schneiden oder reiben.
Für die Marinade Ananas- und Limettensaft mit Chili, Szechuan-Pfeffer, Koriander, Honig und etwas Salz gut verrühren. Die Karotten portionsweise (oder auf einem großen Teller) hübsch auflegen und mit Frühlingszwiebeln und Ingwer bestreuen. Mit der vorbereiteten Marinade begießen, mit etwas Sesamöl beträufeln und die gerösteten Sesamkörner darüber verteilen.

Gurkensalat mit Kokos und Chili

SINGAPUR UND MALAYSIA

ZUTATEN
1 große Salatgurke • 3 EL getrocknete Garnelen • 6 EL Wasser
2 EL Kokosflocken • 3 rote Chilischoten • 1 kl. Stück Ingwer
(ca. 2 cm groß) • 3 TL Zucker • 1 TL Salz • 2 ausgepresste Limetten

ZUBEREITUNG
Die Gurke in schräge Scheiben schneiden und kühlstellen. Die getrockneten Garnelen einweichen und die Kokosflocken in einer Pfanne ohne Fett goldbraun rösten. Chilischoten entkernen und in dünne Scheiben schneiden. Ingwer, Kokosflocken und eingeweichte Garnelen in einem Mörser zu einer Paste zerreiben. Mit Salz, Zucker und Limettensaft würzen. Die Gurkenscheiben auf einen Teller dekorativ auflegen und mit der Paste sowie Chilischeiben anrichten.

TIPP: Dieser erfrischende Salat harmoniert besonders gut zu – durchaus auch roh genossenen – Meeresfrüchten.

Asiatische Salatküche

Gurken-Joghurt-Salat (Khira Raita) INDIEN

ZUTATEN FÜR 3 PORTIONEN
**1 Salatgurke • 1 kleine Knoblauchzehe • 1 Prise frisch geriebener Ingwer
125–150 g Joghurt • Salz, weißer Pfeffer**

ZUBEREITUNG
Die Gurke ganz schälen oder sehr gut waschen und in Abständen von 1 cm schälen. (Die Gurke behält so etwas mehr Biss und sieht dekorativer aus.) In sehr dünne Scheiben schneiden oder hobeln. Kräftig mit Salz bestreuen und mindestens 30 Minuten kühl ziehen lassen. In ein Sieb geben, ausgetretenes Wasser abgießen und Gurken gut auspressen.
Knoblauch und Ingwer mit dem Joghurt verrühren. Gurken einmengen und mit Salz sowie weißem Pfeffer abschmecken. Vor dem Servieren nach Möglichkeit nochmals kaltstellen. Unmittelbar vor dem Auftragen nochmals kurz durchrühren.
VERWENDUNG: Ideale Beilage zu scharfen Schmorgerichten   Foto rechts

Spargel-Marillen-Salat KIM KREATION!

ZUTATEN
**1 bunte Salatmischung (Lollo Rosso, Rucola, Frisée etc.)
1 Bund weißer Spargel (am besten Solospargel) • 1 Bund grüner Spargel
500 g Marillen (oder Pfirsiche) • 2 Schalotten • etwas Butter
Zucker und Zitronensaft**

FÜR DAS DRESSING
**1 EL Sojasauce • frisch geriebene Muskatnuss
1/2 TL frisch gehackter Ingwer • 125 ml Balsamicoessig • Salz**

ZUBEREITUNG
Salat waschen und bei Bedarf etwas zerkleinern. Gut durchmischen.
Den weißen Spargel schälen und holzige Teile entfernen. In einem Topf reichlich Wasser mit etwas Butter, einer Prise Zucker und einem Spritzer Zitronensaft aufkochen. Spargel einlegen und 20 Minuten kochen. Herausheben und in 3 cm lange Stücke schneiden.
Den grünen Spargel ungeschält und ungekocht in 3 cm lange Stücke schneiden. Die Marillen bzw. Pfirsiche achteln, die Schalotten feinwürfelig schneiden. Für das Dressing sämtliche Zutaten miteinander vermengen. Nun Salat, weißen und grünen Spargel – mit Ausnahme der Spitzen – miteinander vermengen. Marillen sowie Schalotten zugeben und mit dem Dressing marinieren. In dekorativen Schalen anrichten und mit den Spargelspitzen garnieren.

TIPP: Ist der grüne Spargel nicht zart genug, um roh gegessen zu werden, so sollte man ihn einige Minuten in Salzwasser kochen.

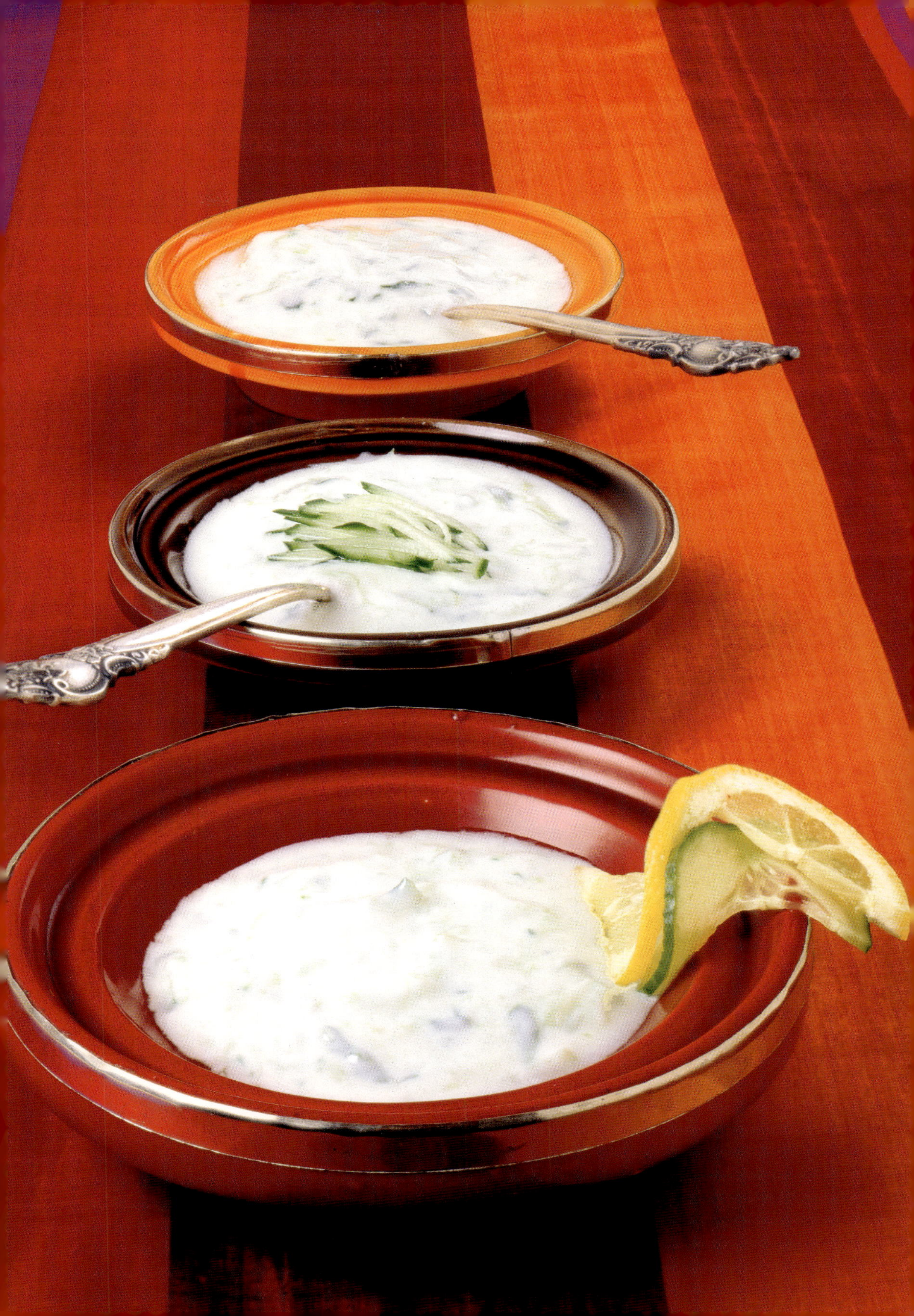

Asiatische Salatküche

Tofu-Kräuter-Salat mit Erdnüssen CHINA

ZUTATEN
500 g brauner Tofu • 80–100 g nicht gesalzene Erdnüsse • 3 EL Öl
1 Bund frischer Koriander • 1 Bund frische Petersilie

FÜR DIE MARINADE
2–3 EL Sesamöl • 2–3 EL Sojasauce • Chilisauce • Zucker und Salz

ZUBEREITUNG
In einem Topf Wasser zum Kochen bringen. Tofu zugeben, aufkochen lassen und bei reduzierter Hitze einige Minuten ziehen lassen. Tofu herausnehmen, leicht überkühlen lassen, in kleine Würfel schneiden und beiseitestellen.
In einem Wok oder einer großen, schweren Pfanne das Öl erhitzen. Die Erdnüsse zugeben, die Hitze auf ein Minimum reduzieren oder die Pfanne vom Feuer nehmen und die Erdnüsse goldbraun, aber nicht zu dunkel rösten. Nüsse herausheben, auf Küchenkrepp abtropfen und auskühlen lassen. Dann die Erdnüsse grob hacken. Koriander- sowie Petersilblätter fein hacken und dabei einige Korianderblätter für die Garnitur aufheben.
Für die Marinade in einer kleinen Schüssel oder Tasse das Sesamöl mit Sojasauce, Salz, einer Prise Zucker und je nach Geschmack mehr oder weniger Chilisauce gut verrühren. Nun die Tofuwürfel in einer Schüssel mit den gerösteten Erdnüssen und den gehackten Kräutern vorsichtig vermengen. Die vorbereitete Marinade darübergießen und nochmals kurz durchmischen. Mit den ganzen Korianderblättern garnieren.

Kalter Chinakohl auf Szechuan-Art CHINA

ZUTATEN
ca. 500 g Chinakohl (1 kl. Kopf) • ca. 10 Szechuan-Pfefferkörner
3 getrocknete Chilischoten • 1 kl. Stück (1 cm) Ingwer • 4 EL Honig
250 ml Wasser • 80 ml chin. Reisessig • 8 EL Pflanzenöl • 1 KL Sesamöl
Salz

ZUBEREITUNG
Den gut gewaschenen Chinakohl der Quere und der Länge nach in dünne Streifen schneiden. In eine Schüssel geben, kräftig salzen und 1–2 Stunden stehen lassen. Inzwischen die Chilischoten halbieren, entkernen und ebenso wie den Ingwer in feine Streifen schneiden. Den Honig mit lauwarmem Wasser und Essig vermischen.
In einer Pfanne das Öl erhitzen. Chilistreifen und Szechuan-Pfefferkörner darin braten, bis sie beginnen dunkel zu werden. Ingwer zugeben und ebenfalls kurz mitbraten. Dann die Honig-Wasser-Essigmischung zugießen und einmal kurz aufkochen lassen. Vom Herd nehmen und anschließend gut überkühlen lassen.
Die Chinakohlstreifen gut auspressen und wieder in die Schüssel geben. Die Marinade darübergießen, gründlich durchmischen und 4–6 Stunden ziehen lassen. Vor dem Servieren die Flüssigkeit, die sich dabei abgesetzt hat, abgießen und nochmals durchmischen. Mit etwas Sesamöl beträufeln und servieren.

TIPP: Dieser pikant-scharfe Chinakohl-Salat eignet sich auch ideal als appetitanregende Vorspeise.

Kimchi KOREA

Chinakohl ist keineswegs nur in China selbst populär, sondern auch der wichtigste Bestandteil des koreanischen Leibgerichts Kimchi, das je nach Region und Saison in unterschiedlichen Schärfestufen zubereitet werden kann. Kimchi kann übrigens nicht nur aus Chinakohl, sondern auch aus Rettich, Gurken und verschiedenen Kräutern hergestellt werden.

ZUTATEN
1 Chinakohl • 150 g Meersalz

FÜR DIE MARINADE
250 ml Wasser • 1 EL Reismehl • 1 Karotte • 1 Jungzwiebel • je 1 rote und grüne Chilischote • 3 EL Fischsauce • 50 g edelsüßes Paprikapulver 4 Knoblauchzehen

ZUBEREITUNG
Den Chinakohl der Länge nach vierteln und mit 100 g Meersalz über Nacht ziehen lassen. Für die Marinade das Wasser mit dem Reismehl aufkochen und wieder abkühlen lassen. Dann die Karotte, die Jungzwiebel und die Chilischoten in feine Streifen schneiden. Knoblauch klein hacken und mit sämtlichen Zutaten gut vermischen.
Den eingesalzenen Chinakohl mit Wasser so auswaschen, dass das restliche Salz hinausgespült wird. Chinakohl gut abtropfen lassen. Die Sauce sowie das restliche Salz mit dem Chinakohl gut durchmischen und dabei auch die Chinakohlblätter mit Marinade füllen. In mundgerechte Stücke schneiden und servieren.
BEILAGENEMPFEHLUNG: Reis

Asiatische Salatküche

Mango-Papaya-Salat mit Sardellensauce VIETNAM

ZUTATEN
2 Mangos • 2 Papayas • 1 gesalzene Sardelle (ev. aus der Dose)
2 EL Fischsauce • 150 g geröstete Cocktail-Erdnüsse • 1 Bund Koriander
1 frische rote Chilischote • 1 ausgepresste Limette

ZUBEREITUNG
Mangos schälen und kleinwürfelig schneiden. Papayas gut waschen, halbieren, entkernen und die Kerne auswaschen. Aus der Papaya mit einem Ausstecher vorsichtig das Fruchtfleisch herausstechen und dabei darauf achten, dass die Schale nicht verletzt wird, da diese zum Servieren verwendet wird.
Mangowürfel und Papaya in eine Schüssel geben. Die Korianderblätter samt Stielen klein schneiden und zugeben. Die gerösteten Erdnüsse gemeinsam mit Chili, Limettensaft und Fischsauce in einem Mörser zerstoßen. Unter die Früchte mischen. Die Sardelle klein hacken, ebenfalls untermengen und alles nochmals gut vermischen. In die Papayaschalen (oder kleine Schalen) füllen und servieren.

TIPP: Für Mango-Salat sollten Sie eher harte Mangos verwenden, für Mango-Püree hingegen reifere Früchte. Möchte man die Mango einfach pur genießen, so sollte sich die Haut wie die eigene anfühlen, wenn man die Frucht mit dem Finger leicht drückt.

Foto rechts

Glasnudel-Salat mit Sojasprossen CHINA

ZUTATEN
150 g Glasnudeln • 200 g Sojasprossen • 1 Stangensellerie
3 Frühlingszwiebeln • 1/2 Tasse Reisessig • 1 EL Honig • 1 TL Salz
1 TL Sesamöl

ZUBEREITUNG
Die Glasnudeln mit kochendem Wasser übergießen und kurz quellen lassen. Abgießen, mit kaltem Wasser gut abschrecken und in einem Sieb abtropfen lassen. In mundgerechte Länge schneiden. Sojasprossen waschen und in kochendem Salzwasser etwa 30 Sekunden blanchieren (überbrühen). Abgießen und in einem Sieb ebenfalls gut abtropfen lassen.
Stangensellerie und Frühlingszwiebeln in sehr feine, möglichst dünne Streifen schneiden. Beides mit Essig, Honig, Salz und Sesamöl zu einer Marinade verrühren. Über die Glasnudeln gießen, die Sojasprossen untermischen und den Salat überkühlen lassen.

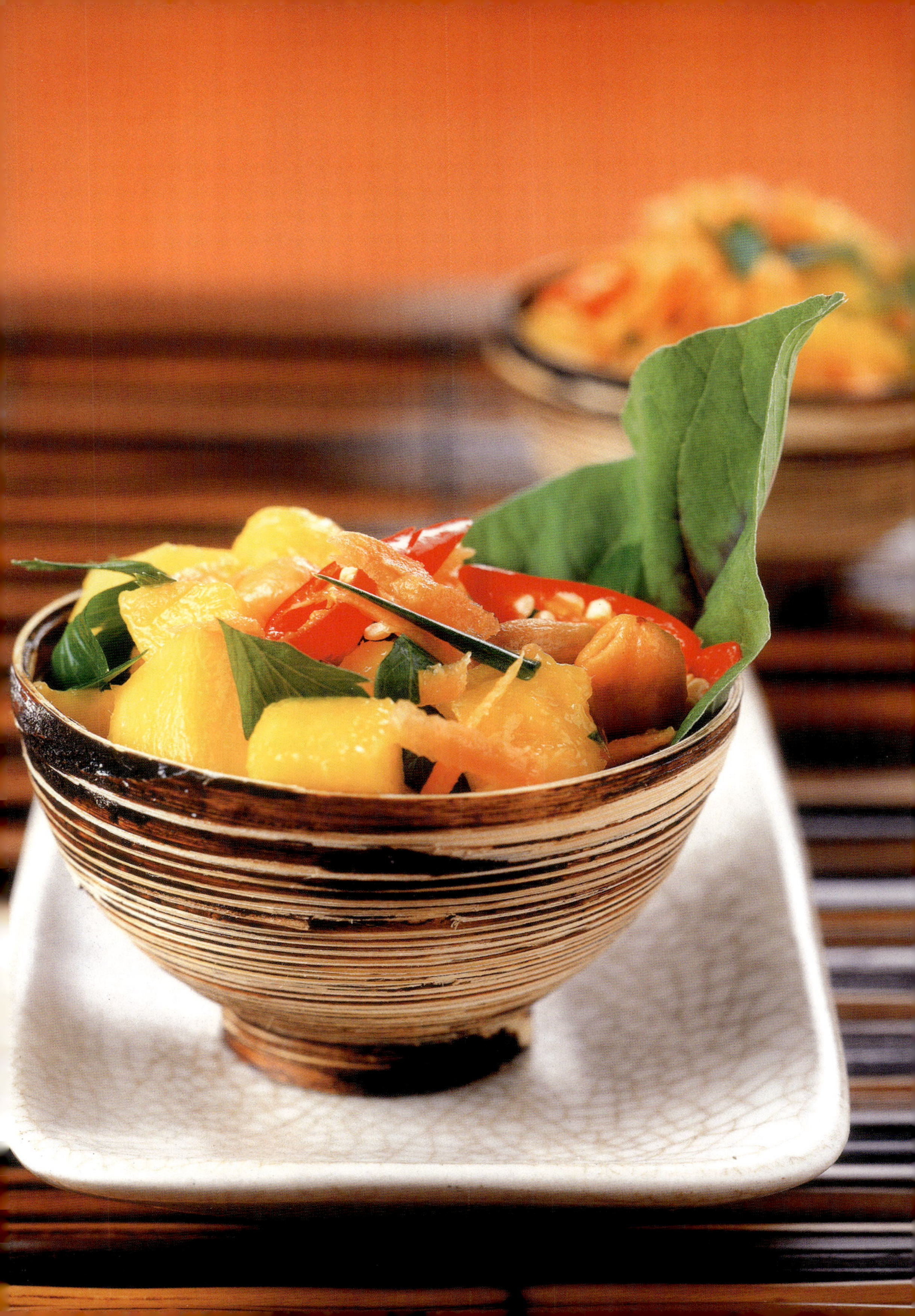

Asiatische Salatküche

Koknozu-Salat mit Kichererbsen JAPAN

ZUTATEN
**80 g Kichererbsen • 40 g grüne Linsen • 40 g rote Linsen
80 g Naturreis • 1 Nori-Algenblatt, 30 x 20 cm groß • 1/2 Papaya
4 EL Bonitoflocken (getr. Thunfischflocken, ersatzweise geröstete Speckwürfel) • Friséesalat zum Garnieren nach Belieben • Salz
1/2 TL Sesamöl • 8 EL Sushi-Essig**

ZUBEREITUNG
Die Kichererbsen über Nacht einweichen und am nächsten Tag weich kochen. Linsen 1 Stunde in kaltem Wasser einweichen und anschließend bissfest kochen. Den Naturreis ca. 20 Minuten weich kochen. (Der Reis darf allerdings nicht zu lange gekocht werden, da sonst die Schale aufbricht.)
Inzwischen das Noriblatt in ganz feine Streifen schneiden. Die Papaya schälen, entkernen und in kleine Stücke schneiden. Mit dem Mixer pürieren. Nun nacheinander grüne sowie rote Linsen, Naturreis und abschließend die Kichererbsen in kleine Schalen oder Gläser einschichten. Noristreifen und Bonitoflocken darüberstreuen und nach Belieben mit Friséesalat garnieren. Für das Dressing das Papaya-Püree mit Salz, Sesamöl sowie Essig verrühren und in einem extra Schälchen jeweils dazu servieren. Erst bei Tisch behutsam durchmischen.

Pomelo-Garnelen-Salat THAILAND

ZUTATEN
1 Pomelo • 16 gekochte und geschälte Garnelen • 2 Zitronengras-Stangen
4 Limettenblätter • 2 Knoblauchzehen, klein gehackt • 1 kl. Stück
Galgantwurzel (1 cm groß) • 2 Korianderwurzeln • 2 frische Chilischoten
2 EL Fischsauce • 1 EL getrocknete Shrimps • 2 EL Limettensaft
4 Schalotten und frisches Koriandergrün zum Garnieren

ZUBEREITUNG
Die Pomelo schälen, in Spalten teilen und zur Seite legen. Die getrockneten Shrimps in etwas warmem Wasser einweichen. Zitronengras putzen, den Strunk sowie den hinteren Teil abschneiden und ganz dünn schräg schneiden. In einem Mörser oder Mixer Knoblauch, Galgant- sowie Korianderwurzeln, Chili, Fischsauce und die eingeweichten Shrimps fein zerstoßen bzw. gut durchmixen. Den Limettensaft einrühren. Zwei Limettenblätter in ganz dünne Streifen schneiden. Nun Pomelofilets, gekochte Garnelen, Gewürzpaste, Zitronengras und die 2 ganzen Limettenblätter in eine Schüssel geben und alles behutsam durchmischen. Den Pomelosalat auf Tellern gleichmäßig verteilen und mit den Limettenblätter-Streifen, den Schalottenringen sowie Koriander garnieren.

TIPP: Serviert man gekochten Reis dazu, so kann dieser erfrischende Salat auch als Hauptgericht gereicht werden.

Garnelen-Avocado-Salat KIM KREATION!

ZUTATEN
2 Avocados • 20 Cocktailgarnelen • 300 g Ricotta (oder anderer Frischkäse) • 1 kl. Stück (10 g) frisch geriebener Ingwer • Salz Zitronensaft

Asiatische Salatküche

ZUBEREITUNG
Avocado halbieren, entkernen und kleinwürfelig schneiden. Sofort mit etwas Zitronensaft beträufeln, damit sich das Fruchtfleisch nicht braun verfärbt. Vier Garnelen beiseitelegen, den Rest ebenfalls kleinwürfelig schneiden. Den Frischkäse mit etwas Zitronensaft, Salz und geriebenem Ingwer abschmecken.
Nun in dekorative Gläser oder Schalen etwas von den Avocadowürfeln geben, mit etwas Garnelenwürfeln bedecken und Ricotta darauf verteilen. Die restlichen Avocado- sowie Garnelenwürfel daraufgeben und mit je einer ganzen Garnele garnieren.

TIPP: Diese Kim-Kreation mundet auch dann vorzüglich, wenn man statt Ricotta Tofuwürfel verwendet.

Foto rechts

Kalbshirn-Sellerie-Salat IRAN

ZUTATEN
**500 g Kalbshirn • Milch oder Essigwasser zum Einlegen
3 EL Öl • 2–3 Knoblauchzehen • 1 Sellerie • Zitronensaft • Kurkuma
Salz • Pfeffer • Petersilie oder Selleriegrün zum Garnieren**

ZUBEREITUNG
Das Hirn in einer Schüssel in mit Milch oder Essig vermengtem Wasser mindestens 45 Minuten wässern. Waschen und sorgfältig zuputzen (Häutchen und Äderchen entfernen etc.). In kleinere Röschen teilen und gut abtropfen lassen.
Öl und ca. 1/2 kleine Tasse Wasser in einem Topf erhitzen. Währenddessen den Knoblauch mit etwas Salz mit dem Messerrücken zerdrücken. Den Sellerie in Scheiben oder Streifen schneiden. Knoblauchpaste, etwas Zitronensaft, eine kräftige Prise Kurkuma und Sellerie zugeben. Salzen, pfeffern und ca. 15 Minuten kochen lassen. Dann das Hirn einlegen und noch ca. 10–12 Minuten kochen.
In eine Schale geben und mit gehackter Petersilie oder Selleriegrün garnieren.

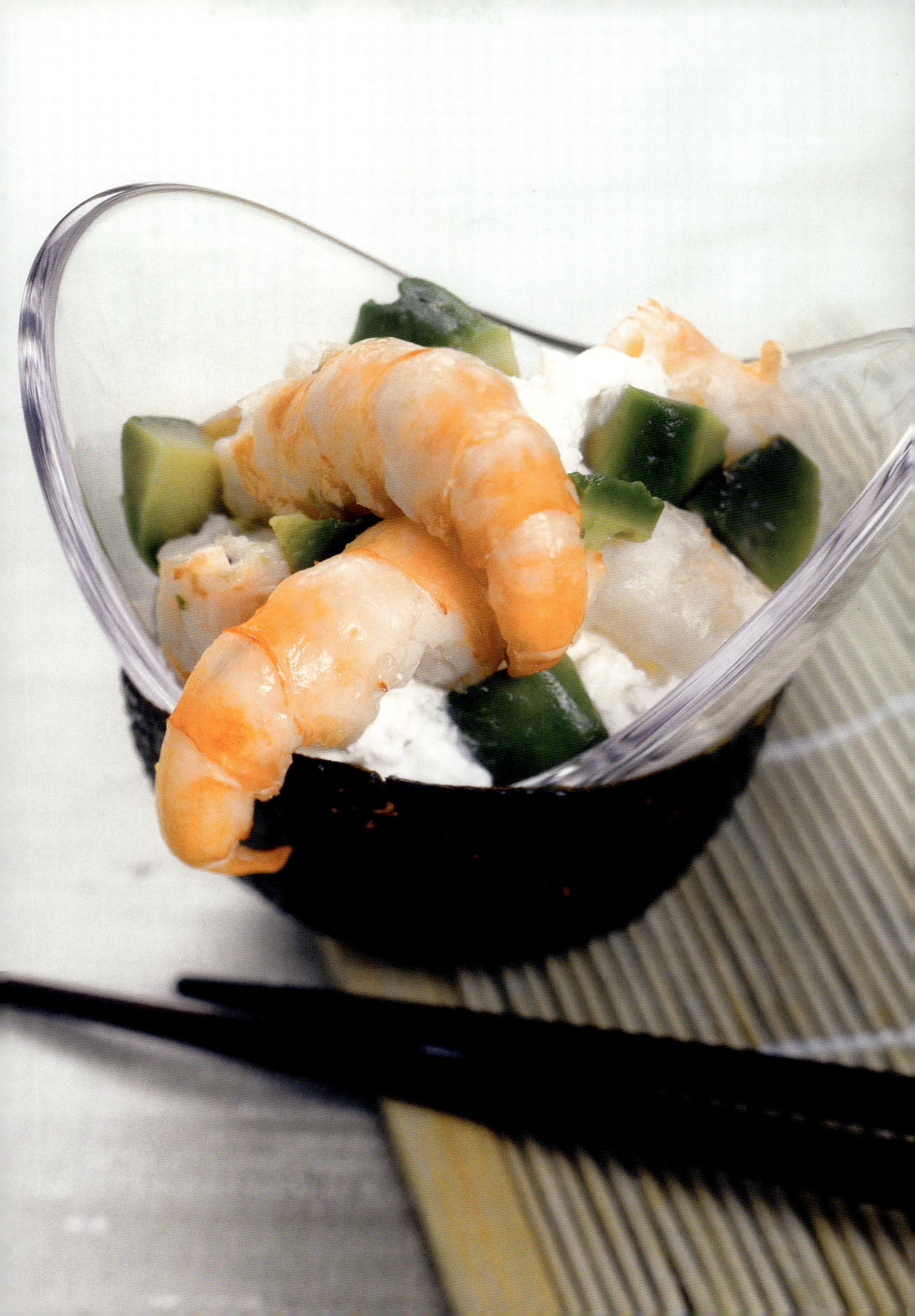

Asiatische Salatküche

Muschelsalat mit Sojabohnensprossen und Miso
HONGKONG

ZUTATEN FÜR 4–6 PORTIONEN
1 kg gemischte Muscheln (Mies- und Venusmuscheln)
je 1/2 rote und grüne Paprikaschote • 150 g Sojabohnensprossen
4 Frühlingszwiebeln • 1/2 Salatgurke • Salz
frisches Koriandergrün zum Bestreuen

FÜR DIE MARINADE
2 EL Shaoxing-Reiswein (oder trockener Sherry) • 2 EL Reisessig
1 EL Miso • 1/2 EL frisch geriebener Ingwer • je 1 Prise Chilipulver
und Szechuan-Pfeffer • 1 EL Sesamöl

ZUBEREITUNG
Die Muscheln unter fließendem kalten Wasser gut bürsten, die Bärte entfernen und bereits geöffnete Muscheln aussortieren. In einem großen Topf ausreichend viel Salzwasser zum Kochen bringen. Die Muscheln hineingeben und zugedeckt etwa 4–5 Minuten kochen. Nun die Muscheln wieder herausnehmen und in einem Sieb abtropfen lassen. Sobald die Muscheln etwas abgekühlt sind, das Muschelfleisch auslösen und beiseite stellen.
Die Sojabohnensprossen kurz in heißem Wasser blanchieren (überbrühen). Kalt abschrecken und abtropfen lassen. Die Paprikaschoten entkernen, waschen und in Streifen schneiden. Frühlingszwiebeln in feine Scheiben schneiden. Die Salatgurke gründlich waschen (oder schälen) und ebenfalls in Scheiben schneiden.
Für die Marinade den Reiswein mit Reisessig, frisch geriebenem Ingwer, Miso, Chili, Szechuan-Pfeffer sowie Sesamöl gut miteinander vermengen und kräftig durchrühren. Die Muscheln in einer Schüssel mit dem vorbereiteten Gemüse vermengen und mit der Marinade begießen. Vorsichtig durchrühren, mit Folie abdecken und 20 Minuten marinieren. Vor dem Servieren noch mit grob gehacktem Koriander bestreuen.

Thunfisch-Tomaten-Salat mit Rosmarin-Vinaigrette KIM KREATION!

ZUTATEN
4 Rispentomaten (oder 16 Kirschtomaten)
200 g Thunfisch-Steak in Sushi-Qualität • 2 Rosmarinzweige
125 ml Olivenöl • Salz • Pfeffer • Balsamicoessig
1 Tasse Rucola nach Belieben

ZUBEREITUNG
Den Rosmarin zupfen und in heißem Olivenöl 1–2 Sekunden frittieren. Herausheben und abtropfen lassen. Das mit Rosmarin aromatisierte Öl kaltstellen. Tomaten entstielen und oben kreuzweise einschneiden. Ganz kurz in siedendem Wasser pochieren (überbrühen) oder 1 Minute bei 95 °C im Dampfgarer blanchieren. Kalt abschrecken, schälen und im Kühlschrank kaltstellen.
Den Thunfisch in sehr dünne Scheiben schneiden, die geschälten Tomaten ebenfalls in feine Scheiben schneiden. Die Tomatenscheiben rosettenartig auf Tellern anrichten. Die Thunfischscheiben auflegen und nach Belieben in der Mitte mit Rucola garnieren. Den frittierten Rosmarin darüberstreuen. Mit Salz und Pfeffer würzen. Mit Balsamicoessig und etwas abgekühltem Rosmarinöl beträufeln.
BEILAGENEMPFEHLUNG: Getoastetes Weißbrot

TIPP: Besonders dekorativ sieht dieser Salat aus, wenn Sie etwas Thunfisch in hauchdünne Streifen schneiden und diese etwa in Form einer Rose in der Mitte anrichten.

Von Mulligatawny bis Sukiyaki

DIE HOHE SCHULE DER ASIATISCHEN SUPPE

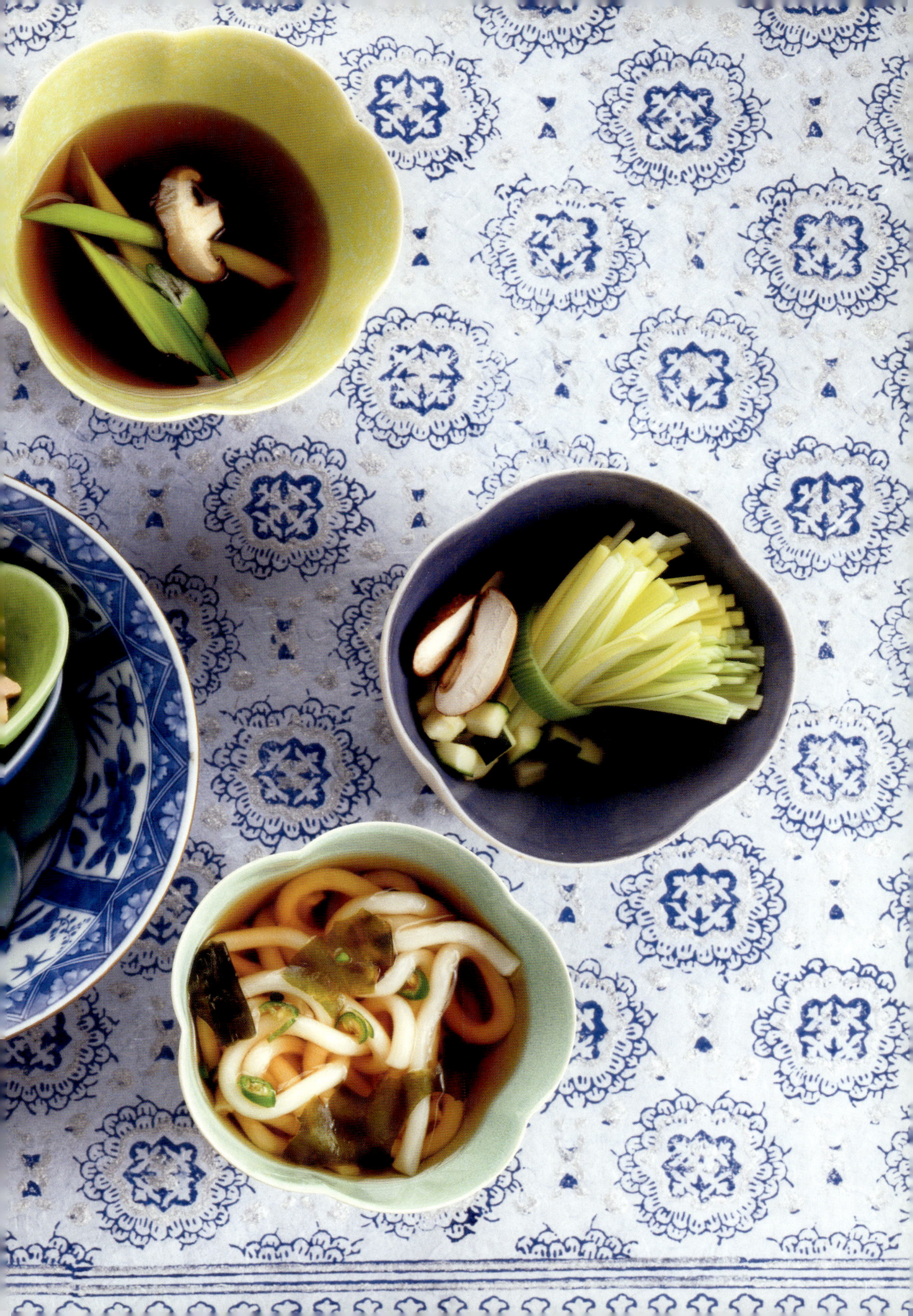

Asiatische Suppenküche

Miso-Suppe mit Tofu und Wakame JAPAN

ZUTATEN
**800 ml Dashi (s. S. 58) • 40 g eingeweichte Wakame-Algen
60 g helle Miso-Paste • 1 Stück Tofu • 1 Frühlingszwiebel**

ZUBEREITUNG
Die Frühlingszwiebel in feine Ringe, den Tofu in 1 cm große Würfel schneiden. Dashi in einem Topf aufkochen und die eingeweichten Wakame-Algen dazugeben. Kurz aufkochen und die Miso-Paste in der Suppe auflösen, aber währenddessen nicht kochen lassen. Tofuwürfel zugeben. Miso-Suppe in kleine Suppenschalen füllen und mit den Frühlingszwiebelringen garnieren.
BEILAGENEMPFEHLUNG: Reis

TIPP. Je nach Geschmack können auch Sojasprossen oder Gemüse in der Suppe als Einlage mitserviert werden.
Foto rechts

Koreanische Wonton-Suppe

ZUTATEN
**1 l Rindsuppe • 2 EL koreanisches Chilipulver
Jungzwiebeln oder Koriandergrün zum Garnieren**

FÜR DEN TEIG (oder fertige Teigblätter)
**100 g Mehl • ca. 50 ml warmes Wasser • Prise Salz
Mehl für die Arbeitsfläche**

FÜR DIE FÜLLUNG
**2 Stück Tofu natur • 50 g dünne Glasnudeln • 50 g faschiertes Rindfleisch
1 Knoblauchzehe • 1 Jungzwiebel • 2 EL dunkles Sesamöl
2 EL Sojasauce • Salz**

ZUBEREITUNG
Aus Mehl, warmem Wasser und einer Prise Salz einen glatten Teig kneten. Mit einem feuchten Tuch abdecken und zur Seite stellen.
Nun Knoblauch klein hacken. Glasnudeln nach Anleitung kurz kochen, abseihen und ebenfalls klein hacken. Die Jungzwiebel klein schneiden. In einem Wok oder einer Pfanne das Sesamöl erhitzen und das Faschierte darin bei nicht zu kleiner Hitze anbraten. Die klein gehackten Zutaten kurz mitbraten und dann mit Salz sowie Sojasauce abschmecken.

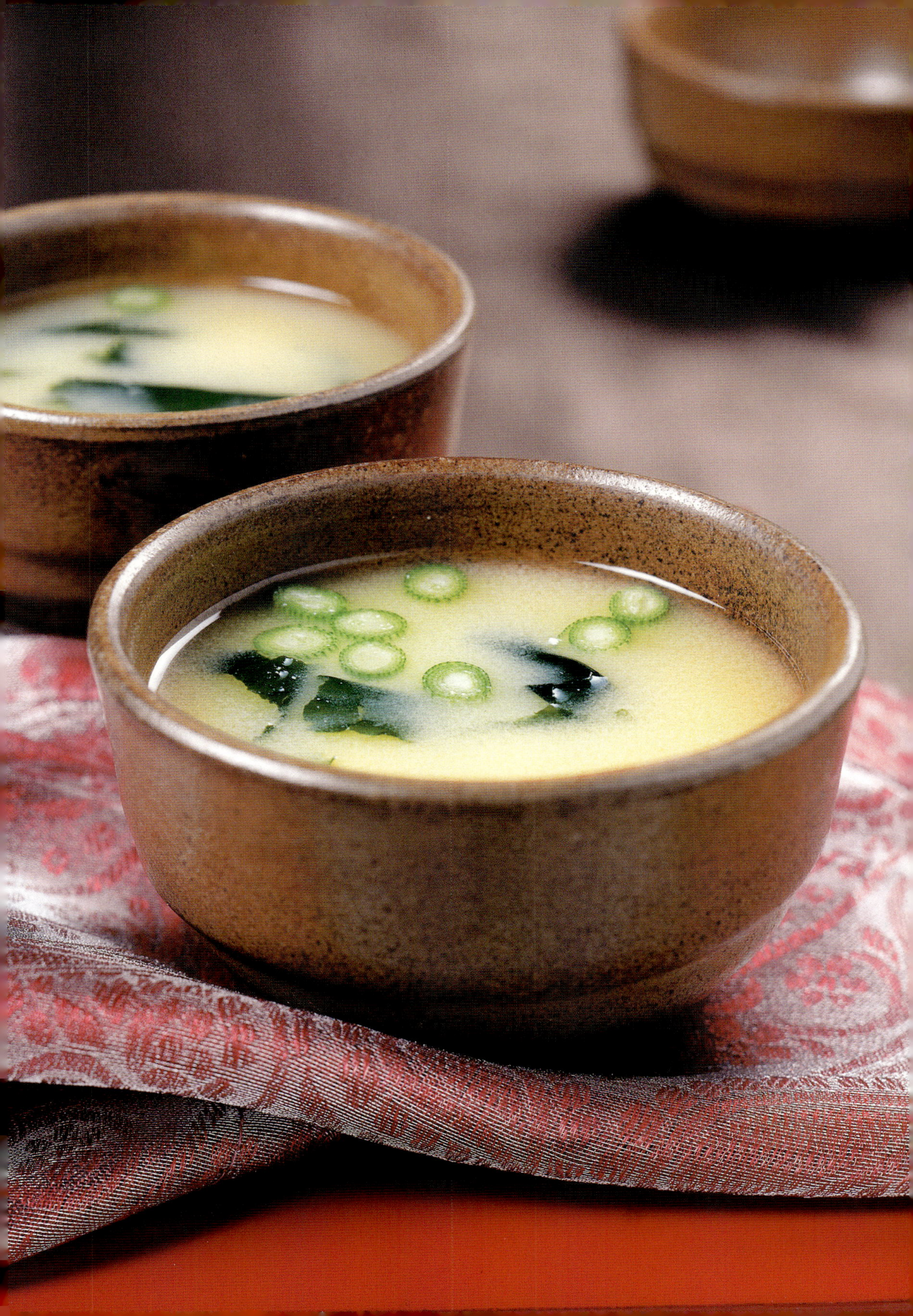

Asiatische
Suppenküche

Den Tofu in einer großen Schüssel (am besten mit der Hand) gut durchkneten. Die gebratenen Zutaten dazugeben und alles schön durchmischen. Sollte dabei Wasser entstehen, abseihen.

Den Teig sehr dünn (1 mm) ausrollen und in ca. 6 x 6 cm große Quadrate schneiden oder kleine Kreise ausstechen. In die Mitte jeweils ca. 1 TL Füllmasse platzieren, den Rand mit Wasser befeuchten, zusammenklappen und festdrücken. Die halbmondförmigen Teigtaschen nach Belieben an den Rändern wieder mit Wasser befeuchten, nach oben vorziehen und optisch dekorativ zusammendrücken.

Die Suppe zum Kochen bringen und die Teigtaschen darin ca. 5 Minuten leicht köcheln lassen. Kurz vor dem Servieren mit Chilipulver abschmecken. Nach Belieben mit klein geschnittenen Jungzwiebeln oder Koriandergrün garnieren.

Foto rechts oben

Chinesische Wonton-Suppe

ZUTATEN
1 l Hühnersuppe

FÜR DEN TEIG (oder fertige Teigblätter)
100 g Mehl • ca. 50 ml warmes Wasser • Prise Salz
Mehl für die Arbeitsfläche

FÜR DIE FÜLLUNG
100 g klein gehacktes Schweinefleisch • 1 EL Kartoffelstärke
1 TL dunkles Sesamöl • 1 Stück (1 cm) Ingwer • 2 Knoblauchzehen
2 Stk. chinesischer Bärlauch (oder 1 Jungzwiebel)
2 EL Shaoxing-Reiswein (oder trockener Sherry) • Salz

ZUBEREITUNG
Aus Mehl, warmem Wasser und einer Prise Salz einen glatten Teig kneten. Mit einem feuchten Tuch abdecken und zur Seite stellen.

Für die Füllung Ingwer, Knoblauch, chinesischen Bärlauch oder Jungzwiebel klein hacken und unter das Fleisch mengen. Salz, Reiswein, Kartoffelstärke sowie Sesamöl einrühren und alles kräftig durchmischen.

Den Teig sehr dünn (1 mm) ausrollen und in ca. 6 x 6 cm große Quadrate schneiden. In die Mitte jeweils ca. 1 TL Füllmasse platzieren, den Rand mit Wasser befeuchten, diagonal zu dreieckigen Wontons zusammenklappen und die Enden festdrücken. Die Suppe zum Kochen bringen und die Wontons darin ca. 5 Minuten köcheln lassen. In Schüsseln anrichten und servieren.

TIPP: Beim Formen der Täschchen sind der Fantasie keine Grenzen gesetzt. Der Bogen der Möglichkeiten reicht von schlichten Ravioli-Formen über halbmondförmige oder zylindrische Gebilde bis hin zu Schmetterlingsformen.

Foto rechts unten

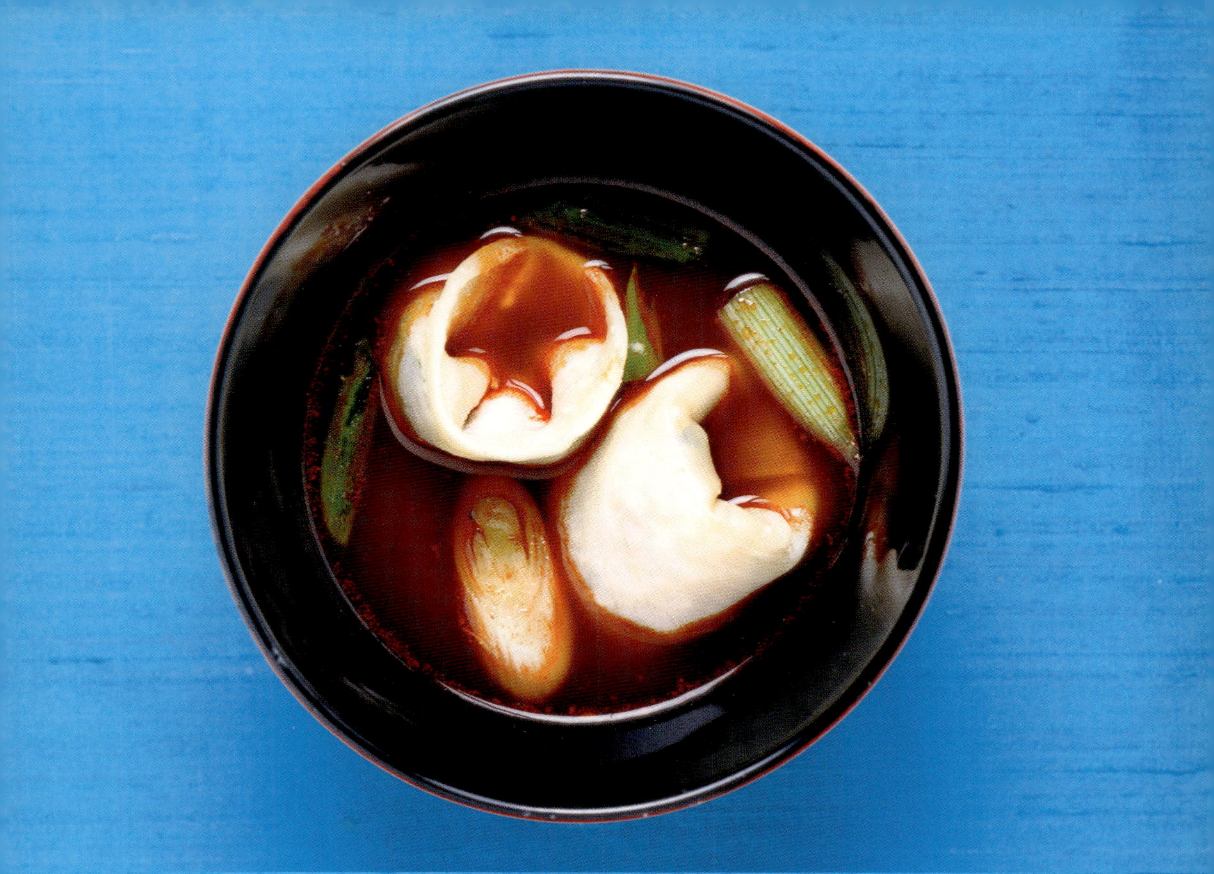

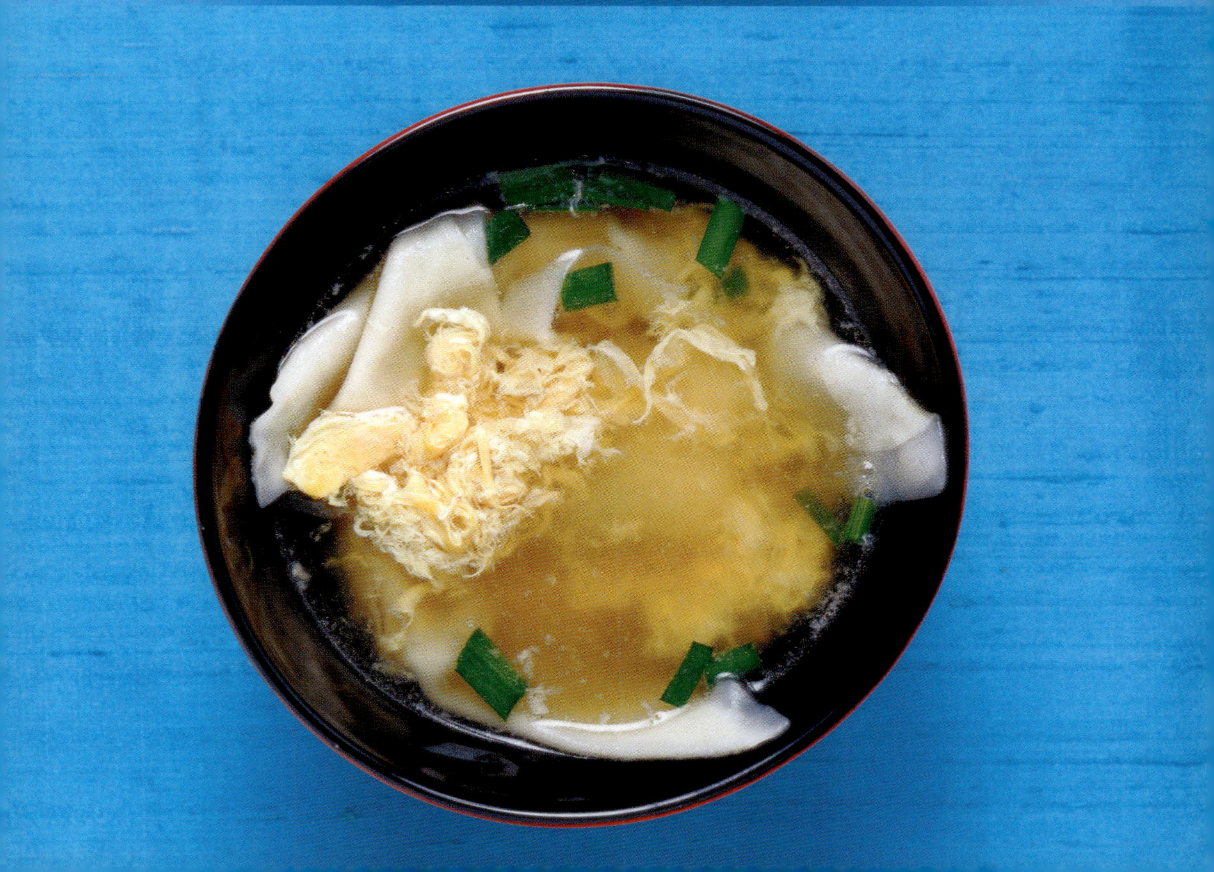

Asiatische Suppenküche

Spinatsuppe mit Fleischbällchen
AFGHANISTAN

ZUTATEN
1 l Rindsuppe • 200 g Blattspinat • 1 Schalotte • 100 g Erbsen (wenn möglich kleine gelbe) • einige Safranfäden • 1 kl. Zwiebel 4 EL Joghurt • Salz, Pfeffer • Öl oder Butter zum Braten • Petersilie oder Minze zum Bestreuen

FÜR DIE EINLAGE
200 g faschiertes Fleisch vom Rind oder Kalb • 1 Ei • 1 Schalotte 1 Knoblauchzehe • 1–2 EL Reis • je 1 Prise Zimt, Gewürznelken, Muskatnuss, Kurkuma und Kardamom • Salz • Pfeffer • Öl

ZUBEREITUNG
Zunächst für die Einlage den Reis mehrmals waschen und dann gut abtropfen lassen. Das Faschierte in einer Schüssel mit dem Ei, dem Reis sowie den Gewürzen vermengen. Die Schalotte sowie die Knoblauchzehe fein hacken und beides in wenig Öl hell anschwitzen. Kurz überkühlen lassen und untermengen. Mit Salz und Pfeffer nochmals abschmecken. Nun aus der Masse kleine kompakte Fleischbällchen formen. Für die Suppe die Schalotte fein hacken und den Blattspinat waschen, abtropfen lassen und grob schneiden. Beides gemeinsam mit den Erbsen in der mit etwas Wasser verdünnten Rindsuppe aufkochen. Die Safranfäden in wenig lauwarmem Wasser einweichen und dann ebenfalls zugeben. Mit Salz und Pfeffer abschmecken. Dann die Fleischbällchen einlegen und bei mäßiger Hitze 15 Minuten köcheln lassen. Währenddessen die Zwiebel in Ringe schneiden und diese in heißem Öl oder Butter goldbraun braten. Herausheben und auf Küchenkrepp abtropfen lassen.
Das Joghurt glattrühren und je einen Esslöffel davon in eine Suppenschale geben. Die Suppe mitsamt den Fleischbällchen eingießen, mit den goldbraunen Zwiebelringen belegen und gehackte Petersilie oder Minze darüberstreuen.

TIPP: Noch sämiger schmeckt die Suppe, wenn Sie etwas Reis mitkochen.

Rote-Rüben-Kokossuppe KIM KREATION!

ZUTATEN
3 mittelgroße Rote Rüben • 100 ml Kokosmilch • 300 ml Gemüsesuppe 1 Stück (1 cm) Ingwer • Saft von 1/2 Limette • Salz, Muskatnuss 1/2 TL Kumin (Kreuzkümmel) • 3 EL Kokosflocken

ZUBEREITUNG
Die Roten Rüben waschen und mit der Schale in leicht gesalzenem Wasser 2 Stunden kochen, bis die Rüben sehr weich sind. Anschließend die Rüben schälen. Gemeinsam mit der Gemüsesuppe, Kokosmilch und Ingwer in den Mixer geben und fein pürieren. In einen Topf gießen, nur kurz erwärmen und mit Muskatnuss, Kumin, Salz sowie Limettensaft abschmecken. In vorgewärmten Schalen anrichten und vor dem Servieren mit Kokosflocken bestreuen.

Erdnuss-Pinien-Suppe KIM KREATION!

ZUTATEN
**250 ml Rindsuppe oder Wasser • 100 g gesalzene Cocktail-Erdnüsse
ca. 170 ml Kokosmilch • 100 g Pinienkerne • 50 g gekochter Reis**

ZUBEREITUNG
Die Pinienkerne in einer Pfanne ohne Fett goldbraun anrösten und anschließend kaltstellen. Erdnüsse, Kokosmilch sowie Pinienkerne in einen Mixer geben und pürieren. Gemeinsam mit Suppe oder Wasser in einem Topf kurz erwärmen. Den gekochten Reis einmengen und mit dem Stabmixer so kurz pürieren, dass noch einige Reiskörner spürbar sind. In vorgewärmten Schalen oder Tellern anrichten.

Asiatische
Suppenküche

Schnelle Chinakohlsuppe mit Glasnudeln CHINA

ZUTATEN FÜR 6 PORTIONEN
1,5 l Geflügelsuppe • 300 g Chinakohl • 1 Stange Lauch
1 Dose Bambusschösslinge • 6 getrocknete Wolkenohrpilze
(oder andere getrocknete chin. Pilze) • 100–150 g Glasnudeln
1 EL Sojasauce • Chili nach Belieben • 6 Kopfsalatblätter

ZUBEREITUNG
Zunächst die getrockneten Pilze 20–30 Minuten in lauwarmem Wasser einweichen. Abtropfen lassen, harte Stellen entfernen und Pilze in mundgerechte Stücke schneiden. Das geputzte Gemüse mit Ausnahme der Salatblätter in Streifen schneiden. Glasnudeln nach Anleitung in ungesalzenem Wasser einweichen oder zum Kochen bringen und wieder abseihen.
Nun die Geflügelsuppe in einem Topf aufkochen lassen. Gemüse, Pilze sowie Nudeln zugeben und alles kurz aufkochen lassen. Mit Sojasauce und einer Prise Chili nach Belieben abschmecken. In jede Suppenschüssel ein Salatblatt legen und die Suppe darübergießen.

Fastensuppe mit Tofu nach Guangdong-Art KANTON

ZUTATEN FÜR 4–5 PORTIONEN
750 ml–1 l Gemüsesuppe • 100 g Glasnudeln • 2 junge Karotten
1 Handvoll getrocknete chin. Pilze • 200 g Tofu • 2 Frühlingszwiebeln
2 Knoblauchzehen • 150 g Bambussprossen • 3 EL Öl
1 kl. Stück (2–3 cm) frisch geriebener Ingwer • 2 Stangen Zitronengras
Chilipulver • 2 EL Shaoxing-Reiswein (oder trockener Sherry)
1-2 EL Sojasauce • Salz • frischer Koriander zum Bestreuen

ZUBEREITUNG
Die getrockneten Pilze in lauwarmem Wasser etwa 20–30 Minuten einweichen. Wasser abseihen und beiseitestellen. Pilze zuputzen (Stiele entfernen) und in mundgerechte Stücke schneiden. Tofu in kleine Würfel schneiden. Frühlingszwiebeln und Knoblauchzehen fein schneiden. Karotten und Bambussprossen in feine Streifen, Zitronengras in schräge Stücke schneiden.
Die Glasnudeln in heißem Wasser 10 Minuten quellen lassen, abtropfen lassen und einige Male durchschneiden. In einem großen Suppentopf Öl erhitzen, Frühlingszwiebeln und Knoblauch darin hell anrösten. Sobald diese etwas Farbe genommen haben, Pilze, Tofu, Karotten sowie Bambussprossen beigeben und einige Minuten lang durchrösten. Ingwer, Zitronengras und Chili beimengen, durchrühren und mit Reiswein, Sojasauce, dem aufbewahrten Pilzwasser und der Suppe aufgießen. Mit Salz abschmecken. Glasnudeln einrühren und alles 10–15 Minuten lang köcheln lassen. Koriander grob hacken und die Suppe vor dem Servieren damit bestreuen.

Tomatensuppe mit Linsen INDIEN

ZUTATEN
1 Becher braune Linsen oder Sojabohnen • 1 l Wasser • 1 TL Kurkuma
1/4 TL Asafoetida-Pulver (Asant bzw. „Teufelsdreck") • 1 TL Pflanzenöl
3 Tomaten • 1 1/2 TL Tamarindensaft • 2 TL zerdrückte Knoblauchzehen
1 1/2 TL Rasam Masala (s. S. 52) • 1/3 Becher frischer Koriander
Saft von 1/2 Limette • 18 frische Curryblätter • Salz

ZUBEREITUNG
Die Linsen waschen und abtropfen lassen. Die Tomaten grob schneiden. In einer großen Pfanne (oder Topf) bei mittlerer Hitze Wasser, Kurkuma, Asafoetida-Pulver sowie Öl zum Kochen bringen und anschließend ca. 20–30 Minuten köcheln lassen. Dann Tomaten, Tamarindensaft sowie Knoblauch zugeben und weitere 10 Minuten zugedeckt kochen lassen. Abschließend die Suppe mit Rasam Masala, frisch geschnittenem Koriander, Limettensaft, klein gezupften Curryblättern sowie Salz abschmecken.

Asiatische
Suppenküche

Kürbissuppe mit Apfelwürfelchen
KIM KREATION!

ZUTATEN
500 g Kürbisfleisch (Muskat- oder Hokaido-Kürbis)
4 Äpfel zum Pürieren • 1 Apfel als Einlage • 1 EL frisch gehackter Ingwer
150 ml Kokosmilch • 200 ml Wasser oder Rindsuppe • Muskatnuss
Salz • Kardamom • Zitronensaft und 1 TL Zucker zum Marinieren

ZUBEREITUNG
Den Kürbis schälen und klein schneiden. Die Äpfel ebenfalls schälen, entkernen und gemeinsam mit dem Kürbisfleisch, Ingwer, Kokosmilch und Wasser oder Rindsuppe im Mixer pürieren. Masse in einen Topf geben und kräftig durchkochen lassen. Mit Salz, Kardamom und Muskatnuss abschmecken.
Für die Einlage den restlichen Apfel schälen, entkernen und kleinwürfelig schneiden. Mit Zitronensaft und Zucker marinieren. Die Suppe in vorgewärmten Schalen oder Tellern anrichten, die marinierten Apfelstücke einlegen und servieren.

TIPP: Wenn Sie Gäste mit der Kürbissuppe bewirten, so sieht es besonders hübsch aus, wenn Sie die fertige Suppe in ausgehöhlten kleinen Kürbissen servieren.

Kichererbsensuppe mit Nudeln IRAN

ZUTATEN
100 g Kichererbsen (s. Tipp) • 200 g Nudeln • 1 l Rindsuppe
1 Stange Lauch • 400 g Blattspinat • 1 Bund Frühlingszwiebeln
1/2 Bund gehackte Petersilie • 2 EL gehackte Pfefferminzblätter
oder andere Kräuter • Butter und Öl • Salz, Pfeffer • Piment (Neugewürz)

ZUBEREITUNG
Die Kichererbsen bereits am Vortag in kaltem Wasser einweichen. Am nächsten Tag abseihen und in der kochenden Suppe weich kochen. Währenddessen den Lauch in Ringe schneiden. Blattspinat waschen, abtropfen lassen und einige Male durchschneiden. Die Frühlingszwiebeln fein schneiden.
Sobald die Kichererbsen weich gekocht sind, Lauchringe sowie Blattspinat zugeben und kurz aufkochen lassen. Nudeln einlegen und je nach Stärke und Qualität ca. 10 Minuten weich kochen. Parallel dazu in einer Pfanne die fein geschnittenen Frühlingszwiebeln in heißem Öl hell anschwitzen. Gehackte Petersilie einrühren und beides in die Suppe einmengen. Mit Salz, Pfeffer und Piment abschmecken. Die gehackten Pfefferminzblätter kurz in aufgeschäumter Butter anschwitzen. Die Suppe in vorgewärmten Tellern anrichten und mit der Pfefferminze garnieren.

TIPP: Stehen keine Kichererbsen zur Verfügung, können auch Bohnen verwendet werden. In manchen Originalrezepten werden die Kichererbsen auch zur Hälfte mit Bohnen gemischt.

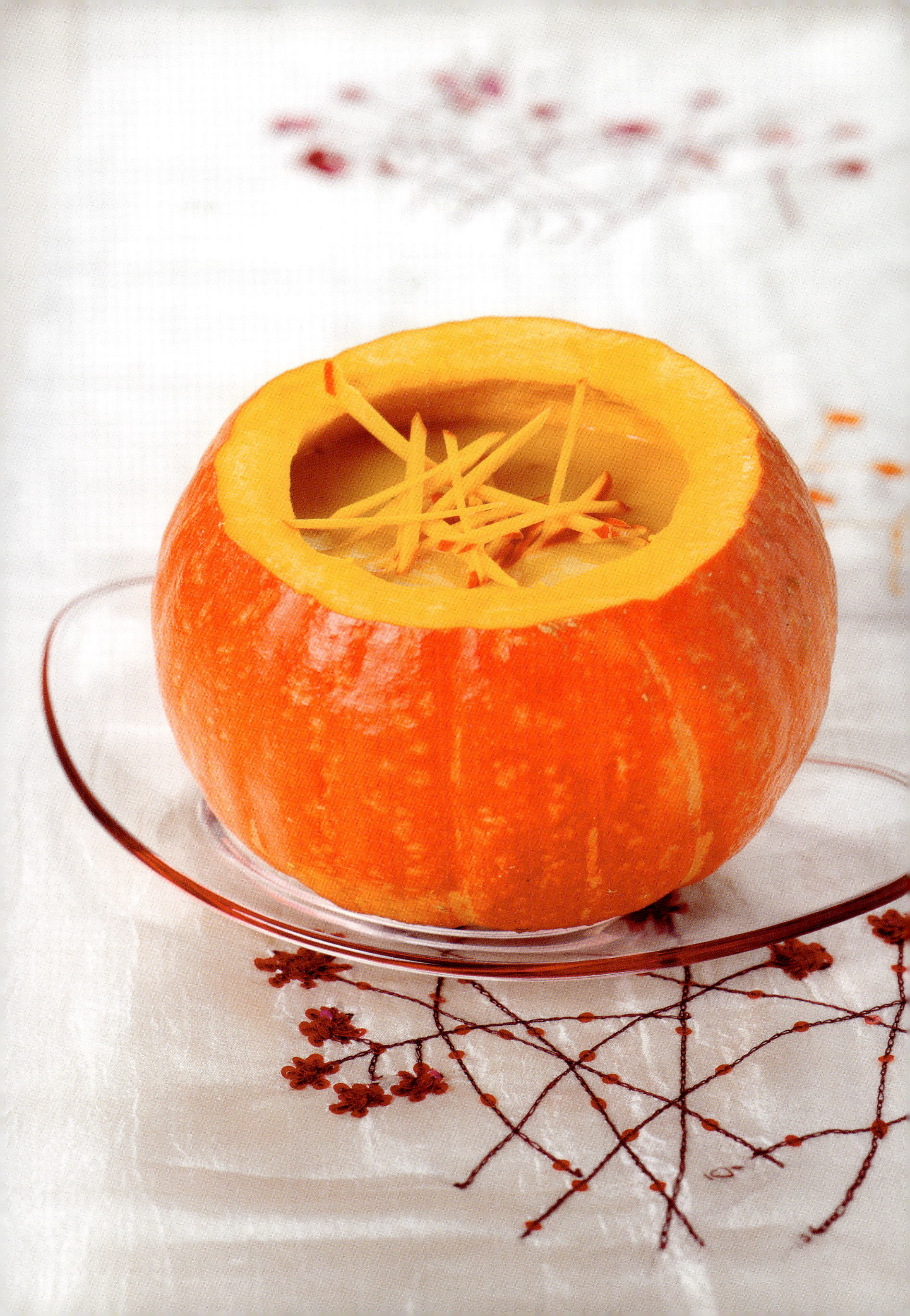

Asiatische Suppenküche

Zitronengrassuppe mit Garnelen I
(Tom Yam Gung) THAILAND

ZUTATEN
500 g Hühnerflügerl • 500 g rohe, geschälte Garnelen • 1 EL Salz
1 rote Chilischote • 1 grüne Chilischote • 1 Stück (4 cm) Kurkumawurzel (ersatzweise 1 TL Kurkumapulver) • 1 Stück (2 cm) Galgantwurzel
1 l Wasser • 2 EL Tamarindenpaste (ersatzweise 2 EL Apfelessig und
1 EL Sojasauce) • 2 Zitronengras-Stangen • 400 ml Kokosmilch
2 EL Fischsauce • 2 EL Sojasauce • 1 Limette • Koriandergrün (oder Thai-Basilikum) zum Garnieren

ZUBEREITUNG
Die Hühnerflügerl mit Wasser, Salz, zerdrückter Galgantwurzel, 1 (!) Chilischote und Kurkuma ca. 1 Stunde kochen lassen. Dann die Suppe abseihen. Die Zitronengras-Stangen klein hacken, restliche Chilischote entkernen und ebenfalls klein hacken. Die Limette halbieren, eine Hälfte auspressen, die andere in Scheiben schneiden.
Die abgeseihte Suppe mit Kokosmilch, gehackter Chilischote, Tamarindenpaste und Zitronengras kurz aufkochen und mit Fischsauce, Sojasauce sowie Limettensaft abschmecken. Die geputzten Garnelen in die kochende Suppe geben und 5 Minuten ziehen lassen. Die Suppe in warmen Schalen anrichten und mit Limettenscheiben sowie Koriandergrün garnieren.

Zitronengrassuppe mit Garnelen II
(Tom Yam Gung) THAILAND

ZUTATEN
800 g rohe ungeschälte Garnelen mit Köpfen (!) • 2 Zitronengras-Stangen
4 Zitronenblätter • 5 Chilischoten • 1 EL Fischsauce • 2–3 EL Limettensaft
1 EL Erdnussöl • 1 l Wasser • 1 TL Salz

FÜR DIE GARNITUR
1 Chilischote • 2 EL frisch gehacktes Koriandergrün • 2 Frühlingszwiebeln

ZUBEREITUNG
Die Garnelen von Köpfen, Schalen und Innereien befreien. Die Innereien wegwerfen, Köpfe und Schalen gut waschen und gründlich trockentupfen. Schalen klein hacken. Das Erdnussöl in einem Suppentopf erhitzen und die Köpfe mitsamt den Schalen darin scharf anbraten, bis sie eine rötliche Farbe annehmen. Mit Wasser aufgießen und salzen. Nun Zitronengras, Zitronenblätter sowie die fünf ganzen Chilischoten hinzufügen und alles 30 Minuten auf mittlerer Hitze zugedeckt köcheln lassen.
Dann durch ein Sieb abseihen, Suppe wieder in den Topf gießen und erneut aufkochen. Nun die Hitze stark reduzieren und die Garnelenschwänze darin etwa 3 Minuten ziehen lassen. Mit Fischsauce, Limettensaft und eventuell Salz abschmecken. Für die Garnitur die Chilischote halbieren, entkernen und Schote sowie die Frühlingszwiebeln in feine Ringe schneiden. Suppe in Schalen füllen und mit Koriandergrün, Frühlingszwiebeln sowie den Chiliringen servieren.

Spinatsuppe nach Mogul-Art INDIEN

ZUTATEN
250 g Spinatblätter • **500 ml Milch** • **500 ml Hühner- od. Gemüsesuppe**
2 TL Pflanzenöl • **2 Schalotten** • **4 zerdrückte Knoblauchzehen**
1/2 TL Kurkuma • **4 TL gefrorene Butter** • **1/2 TL geriebene Muskatnuss**
Salz und Pfeffer • **Sauerrahm zum Garnieren**

ZUBEREITUNG
Die Schalotten in feine Scheiben schneiden. In einer tiefen Pfanne (oder Topf) das Öl erhitzen, Schalotten zugeben und ca. 5 Minuten anrösten. Den zerdrückten Knoblauch sowie Kurkuma dazugeben und ca. 30 Sekunden mitrösten. Die Spinatblätter einmengen, kurz anrösten, vom Herd nehmen und abkühlen lassen. Die Spinatmasse in den Standmixer geben und langsam pürieren. Wieder in die Pfanne zurückgießen. Milch und Suppe ebenfalls eingießen und alles für weitere 2 Minuten köcheln lassen. Mit Butter, Muskatnuss, Salz sowie Pfeffer abschmecken und nochmals 2 Minuten kochen lassen. Je einen Schöpfer Suppe in Schüsseln aufteilen und mit einem Löffel Sauerrahm garnieren.

Asiatische Suppenküche

Kokos-Garnelen-Suppe mit frittierten Glasnudeln THAILAND

ZUTATEN
500 g gemischtes Gemüse (Wok-Gemüse wie Chinakohl, Paprika, Pak Choi, Zucchini, Karotten, Lauch, Sojabohnen- und Bambussprossen)
1/3 TL Sambal Oelek (indon. Würzpaste) • 4 EL Sesamöl
400 g Cocktailgarnelen • 4 Zitronengras-Stangen • ca. 170 ml Kokosmilch
1/2 Kokosblock • Salz, Pfeffer • 100 g Glasnudeln • Öl zum Frittieren

ZUBEREITUNG
Gemüse putzen, waschen und in Streifen schneiden. Den Wok (oder eine tiefe, schwere Pfanne) erhitzen und das Sesamöl eingießen. Die Garnelen darin kurz anbraten. Gemüse dazugeben und mitbraten. Zitronengras-Stangen in Scheiben schneiden und gemeinsam mit Sambal Oelek zugeben. Kokosmilch und -block einmengen, etwa 1 Liter Wasser zugießen und 2 Minuten aufkochen. Salzen und pfeffern.
Inzwischen die Glasnudeln in heißem Öl frittieren. Herausheben und auf Küchenkrepp abtropfen lassen. Die fertige Suppe in Schalen anrichten, die frittierten Nudeln darauflegen und servieren.

Reissuppe mit Garnelen VIETNAM

ZUTATEN
1 Tasse gekochter Reis • 300 ml Kokosmilch • 5 EL Kokosflocken
10 Garnelen (nicht geschält) • 2 Zitronengras-Stangen • 1 Zwiebel
1 Frühlingszwiebel • 1 EL Sesamöl • 500 ml Wasser oder Hühnersuppe
1 Stück (1 cm) Ingwer • 2 EL Fischsauce • Meersalz
Chilischeiben zum Garnieren

ZUBEREITUNG
Die Garnelen schälen, putzen (Darm entfernen) und dabei die Garnelenschalen sowie Köpfe aufheben. Die Zwiebel kleinwürfelig, den Ingwer in feine Streifen schneiden. Zitronengras schräg sehr fein schneiden. Einen Topf erhitzen, Sesamöl eingießen und die Zwiebelwürfel darin leicht garen lassen. Garnelenkarkassen zufügen und mit Wasser (oder Hühnersuppe) aufgießen. Etwa 15 Minuten köcheln lassen. Dann 4 (!) Garnelen kurz in der Suppe blanchieren (überbrühen), wieder herausheben und zur Seite legen. Die Suppe abseihen.

Die Garnelensuppe wieder in den Topf gießen und nun den Reis, Kokosmilch, Kokosflocken, Zitronengras und Ingwerstreifen dazugeben. Die restlichen Garnelen klein schneiden, zugeben und ca. 30 Minuten unter ständigem Rühren köcheln lassen. Anschließend mit dem Stabmixer grob pürieren. Die Frühlingszwiebel schräg schneiden, in die Suppe geben und weitere 5 Minuten köcheln lassen. Mit Fischsauce und bei Bedarf auch noch mit Meersalz abschmecken. Die Suppe auf Schüsseln aufteilen und mit je einer Garnele und Chilistreifen garnieren.

Asiatische Suppenküche

Garnelen-Tofu-Suppe mit Reisnudeln (Laksa Udang) SINGAPUR UND MALAYSIA

Laksa ist ein in Indonesien äußerst populäres Gericht aus Reisnudeln in einer kräftigen Suppe aus Kokosmilch. Meistens gibt man Bohnensprossen, Gurken und Blattgemüse dazu. Als Begleitung kann man ein scharfes Sambal reichen.

ZUTATEN
500 g rohe geputzte Garnelen • 100 g dünne Reisnudeln (Vermicelli)
200 g Tofu • 100 g Sojabohnensprossen • ca. 1,5 l kochendes Wasser
400 ml Kokosmilch • 250 ml Hühnersuppe • 1 EL Korianderpulver
1 TL brauner Zucker • 1 Frühlingszwiebel • 5 EL Pflanzenöl • Salz

FÜR DIE WÜRZPASTE
3 EL getrocknete Garnelen • 6 EL Wasser • 4 rote Chilischoten
3 Knoblauchzehen • 1 Stück (3 cm) Ingwer • 1 Stück (2 cm) Kurkumawurzel • 2 Zitronengras-Stangen • 12 ungesalzene Macadamia-Nüsse
1 EL Öl zum Rösten

ZUBEREITUNG
Für die Würzpaste zunächst die getrockneten Garnelen ca. 5 Minuten in Wasser einweichen. Dann die Garnelen mit den restlichen Zutaten im Mixer pürieren. In einer Pfanne 1 Esslöffel Öl erhitzen und die Paste ca. 5 Minuten unter ständigem Rühren köcheln lassen. Anschließend zur Seite stellen.
Tofu in kleine Würfel schneiden und in etwas heißem Öl kurz anbraten. Sojabohnensprossen zugeben und ebenfalls kurz anbraten. Die Reisnudeln in kochendes Wasser einlegen, etwas weichen lassen und wieder abseihen.
Einen Wok erhitzen, Öl eingießen und die Garnelen darin anbraten. Würzpaste, abgeseihte Nudeln, Tofu und Sojabohnensprossen zugeben und mit Kokosmilch sowie Hühnersuppe aufgießen. Etwa 3 Minuten kochen lassen. Die Frühlingszwiebel schneiden. Suppe mit Koriander, Salz sowie Zucker abschmecken. In Schalen anrichten und mit den Frühlingszwiebelstreifen garnieren.
Foto rechts

Safransuppe mit Fischen und Garnelen KANTON

ZUTATEN
1 l Fisch- oder milde Geflügelsuppe • 200 g geputzte Garnelen
(ohne Kopf und Schale) • 400 g gemischte Fischfilets (Lachs, Barsch, Kabeljau etc.) • 1 Karotte • 200 g Fisolen • 1/2 Stange Lauch
2–3 Frühlingszwiebeln • 1–2 EL Fischsauce • 2 EL Shaoxing-Reiswein (oder Sherry) • 1/2 TL Safranfäden • Saft von 1 Zitrone • Chilipulver
1/2 TL gehacktes Zitronengras • Salz, Pfeffer • 1/2 Bund frischer Koriander • 2 EL Öl

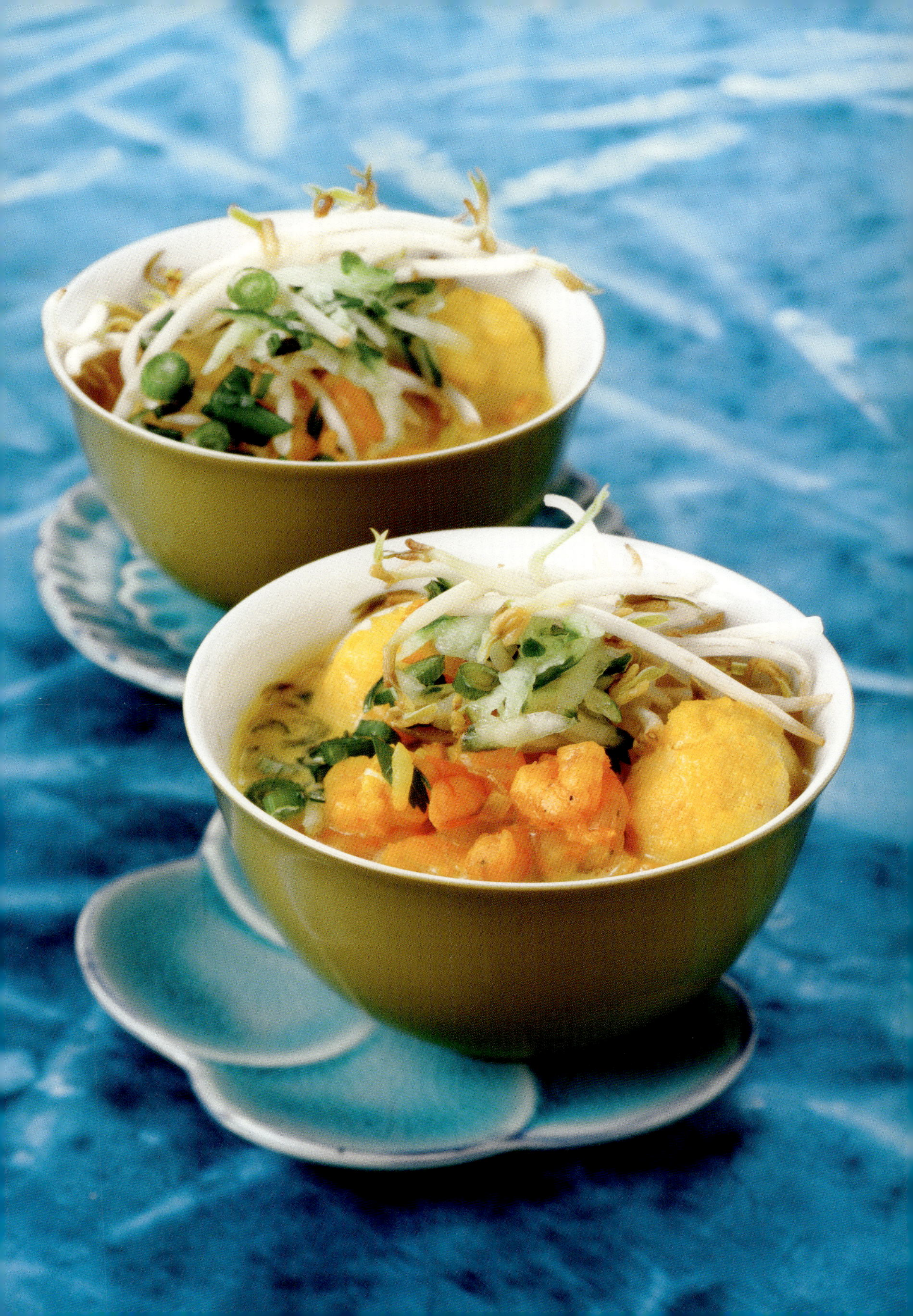

Asiatische
Suppenküche

ZUBEREITUNG

Die Fischfilets sorgfältig entgräten. Gemeinsam mit den Garnelen mit Zitronensaft sowie einer kräftigen Prise Chili vermengen und 10 Minuten ziehen lassen. Währenddessen die Karotte und den Lauch in Scheiben schneiden. Die geputzten Fisolen in kleinere Stücke teilen. Die Frühlingszwiebeln fein hacken. Die Safranfäden in etwas lauwarmem Wasser einweichen.

Nun in einem großen Topf etwas Öl erhitzen und zunächst die Frühlingszwiebeln darin hell anschwitzen. Dann das vorbereitete Gemüse nach und nach einmengen, jeweils kurz mitrösten und schließlich mit etwas Fischsuppe aufgießen. Aufkochen lassen, restliche Suppe sowie Fischsauce und Reiswein zugießen. Safranfäden sowie Zitronengras zugeben und alles zum Kochen bringen. Etwa 5–7 Minuten kräftig durchkochen lassen. Dann die Garnelen und Fischfilets in kleine mundgerechte Stücke schneiden, in die Suppe geben und einige Minuten garziehen lassen. Suppe nochmals mit Salz und Pfeffer abschmecken und den gehackten Koriander einrühren. In Schalen anrichten und servieren.

Vietnamesische Tintenfisch-Suppe

ZUTATEN

**12 geputzte kleine Tintenfische ohne Fangarme • 1 l Hühnersuppe
2 frische Chilischoten • 1 Zitronengras-Stange • 1 Stück (2 cm) Ingwer
(oder 2 cm Galgantwurzel) • 2 Stk. Sternanis • 2 Knoblauchzehen
2 EL Fischsauce • Saft von 1/2 Limette (oder 1 EL Tamarindenmark)
Koriandergrün zum Garnieren**

FÜR DIE FÜLLUNG

**1 Stück Tofu natur • 1 Zitronengras-Stange • 3 Kaffirblätter
(ersatzweise Limettensaft) • 2 Knoblauchzehen • 1 Chilischote • 1 Ei
1 Stück (1 cm) Ingwer • Salz, Pfeffer**

ZUBEREITUNG

Für die Füllmasse den Tofu in eine große Schüssel geben und mit der Hand bzw. mit einer Gabel zerdrücken. Zitronengras-Stange zwei Mal schälen und die Spitze sowie den Strunk wegschneiden. Die weicheren Teile ebenso wie die Kaffirblätter, Knoblauch, Chilischote und Ingwer klein hacken und alles gemeinsam mit dem Ei unter den Tofu mischen. Mit Salz und Pfeffer gut abschmecken.

Die Tintenfische gut waschen, mit Küchenkrepp trockentupfen und die Füllmasse einfüllen. Vorsicht: Die Tintenfische dürfen nur zu 2/3 gefüllt werden, da die Füllung sonst beim Braten herausquillt. Die Öffnung mit Zahnstochern verschließen.

In einem Topf die Hühnersuppe zum Kochen bringen. Chilischoten schräg in Scheiben schneiden, Knoblauch und Ingwer klein hacken, Zitronengras-Stangen schälen, Spitz und Strunk wegschneiden und die weicheren Teile schräg fein schneiden. Zitronengras gemeinsam mit Ingwer, Knoblauch, Sternanis sowie Fischsauce in die Suppe einrühren, die gefüllten Tintenfische einlegen und 5 Minuten leicht kochen lassen. Mit Limettensaft abschmecken. Kurz vor dem Servieren mit Chili und Korianderblättern garnieren.

Foto rechts

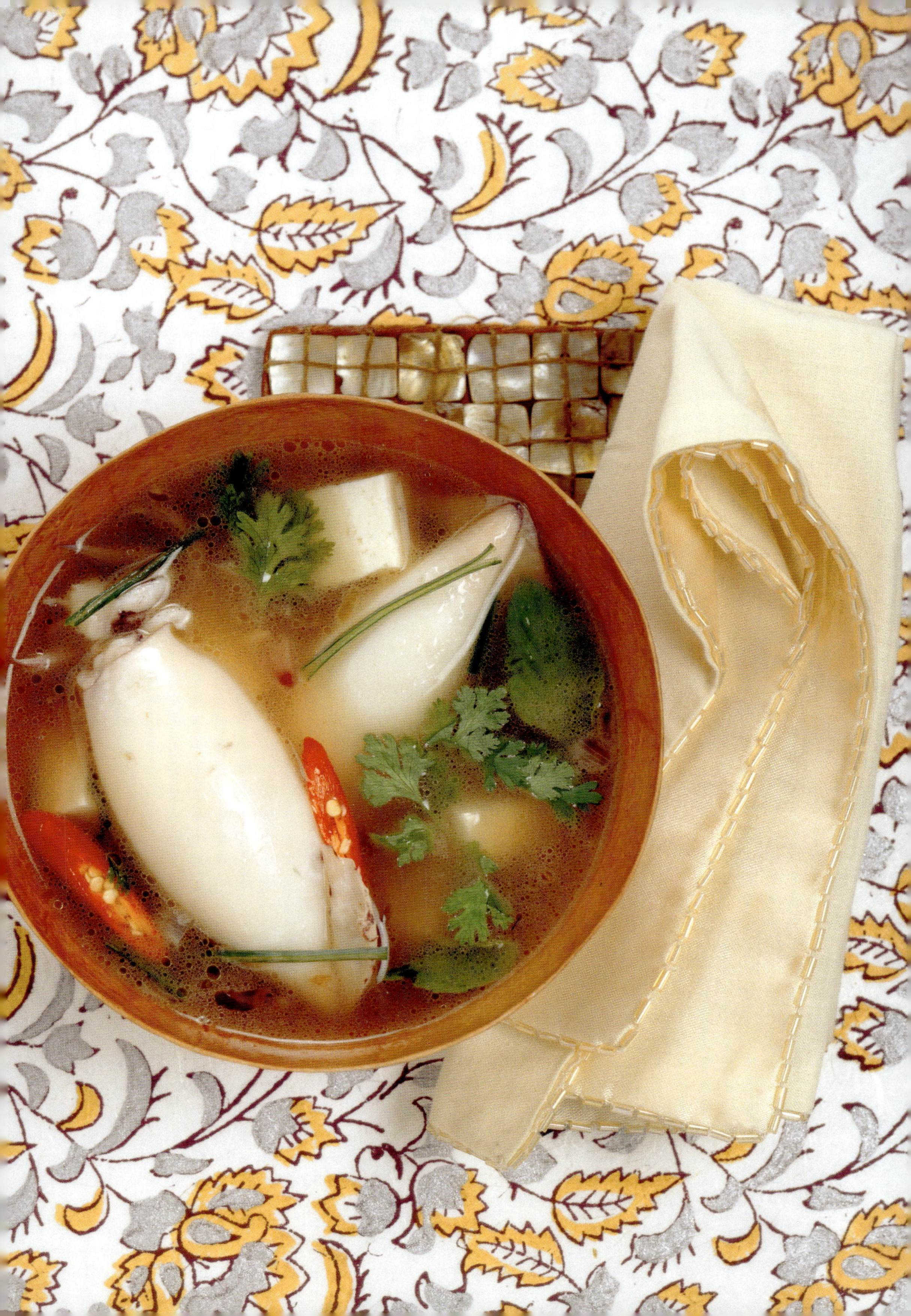

Asiatische Suppenküche

Fischsuppe mit Frühlingszwiebeln und Chili KOREA

ZUTATEN
ca. 600 g gemischte Fischfilets (Bachsaibling, Forelle, Wolfsbarsch, Karpfen etc.) • 1 Zucchini • 2 Stangen Frühlingszwiebeln
je 2 Schoten grüner und roter Chili • 1 l Wasser oder Fischfond
2 Knoblauchzehen • 1 EL Paprikapulver • Salz, Pfeffer

ZUBEREITUNG
Die entgräteten Fischfilets in mundgerechte Stücke, die Zucchini in ca. 1 cm dicke halbmondförmige Scheiben schneiden. Frühlingszwiebeln und Chilischoten schräg in je 1 cm lange Stücke schneiden. Den Knoblauch fein hacken.
Das Wasser oder den Fischfond in einem Topf zum Kochen bringen. Den Fisch sowie Zucchini, Chili und Zwiebeln zugeben und alles ca. 3–4 Minuten aufkochen. Nun mit Knoblauch, Paprikapulver, Salz und Pfeffer würzen. Die heiße Suppe in vorgewärmte Schalen füllen und servieren.

TIPP: Statt der Filets können freilich auch in kleinere Stücke geschnittene Fische im Ganzen verwendet werden.

Foto rechts

Grüne Fischsuppe KANTON

ZUTATEN
1 l Fisch- oder Hühnersuppe • 250–300 g beliebige Fischfilets
300 g frischer Blattspinat • 6 chinesische getrocknete Pilze
250 g Tofu • Salz • Pfeffer • Sesamöl

ZUBEREITUNG
Zunächst die Fischfilets sehr sorgfältig mit einer Küchenpinzette entgräten und in kleine Würfel schneiden. Die getrockneten Pilze in lauwarmem Wasser 20–30 Minuten einweichen. Dann die Pilze herausheben, mit kaltem Wasser abspülen und harte Stiele entfernen. Größere Pilze in kleinere Stücke schneiden. Tofu in mundgerechte Würfel schneiden. Blattspinat waschen, abtropfen lassen und grob zerteilen.
Nun in einem großen Topf die Suppe zum Kochen bringen. Pilze zugeben und kurz kochen lassen. Dann Tofu- sowie Fischwürfel untermengen und alles etwa 10 Minuten garen. Sobald der Fisch gar ist, den Blattspinat einrühren und noch kurz mitkochen lassen. Vor dem Servieren mit Salz, Pfeffer und Sesamöl abschmecken.

Fischsuppe vom Baikalsee (Ucha) SIBIRIEN

ZUTATEN
800 g gemischte Fischfilets (Barsch, Zander, Hecht etc.)
1 kl. Karotte • 8 kl. Kartoffeln • 1/2 Petersilwurzel • 2 mittlere
Zwiebeln • 3–4 Lorbeerblätter • einige Pfefferkörner und Safranfäden
1 TL Anissamen • 3 Frühlingszwiebeln oder etwas Lauch
2 EL gehackte Dille • 4 Zitronenscheiben • Salz

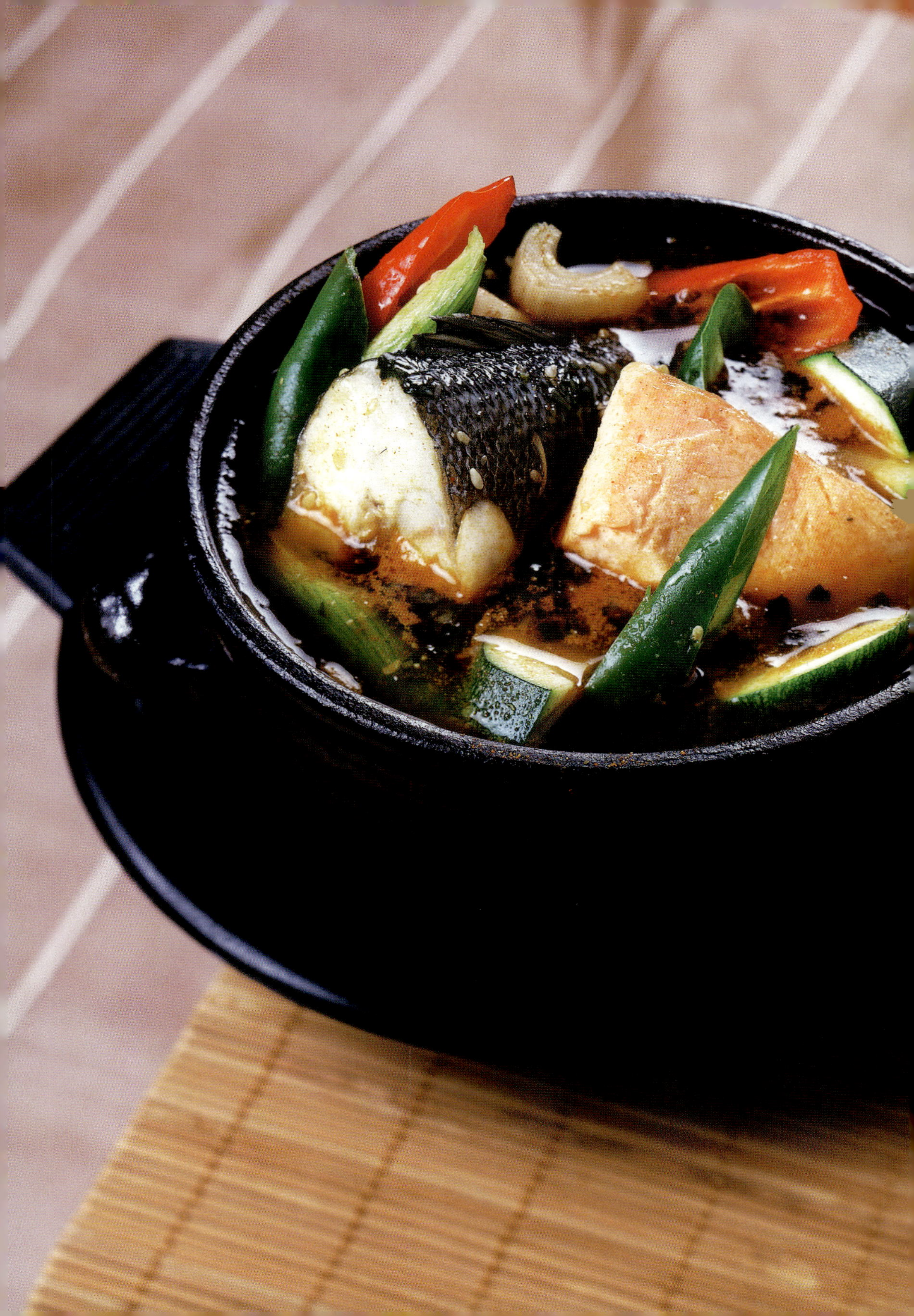

ZUBEREITUNG

Die nach Möglichkeit entgräteten Fischfilets in mundgerechte Stücke teilen. Die Petersilwurzel und die Karotte in Scheiben, die Kartoffeln sowie die Zwiebeln in Würfel schneiden. Nun in einem Topf etwa 1 Liter Salzwasser zum Kochen bringen. Das vorbereitete Gemüse zugeben, mit Lorbeerblättern, Pfefferkörnern, Anis sowie Safran aromatisieren und so lange kochen, bis die Kartoffeln fast, aber nicht ganz weich gekocht sind.

Dann die Fischstücke einlegen und einige Minuten garziehen lassen. Die Frühlingszwiebeln (oder Lauch) in feine Ringe schneiden. Die Suppe nochmals mit Salz abschmecken und den Topf vom Herd nehmen. Gehackte Dille und Frühlingszwiebeln einrühren. In jede Suppenschale eine Zitronenscheibe legen und mit Suppe aufgießen.

TIPP: Die Gewürze können auch in ein Tee- oder Leinensäckchen gebunden werden. Nach dem Originalrezept werden auch Fischköpfe und -schwänze mitgekocht, was der Suppe freilich ein noch kräftigeres Aroma verleiht.

Taschenkrebssuppe mit Mango VIETNAM

ZUTATEN
**1 frischer Taschenkrebs (ca. 500 g) • 1,5 l Wasser
2,5 g Meersalz zum Kochen • 2 reife Mangos • 1,5 l Hühnersuppe
1 EL Kartoffelstärke (od. Tapiokastärke) • 2 TL Sojasauce
2 TL Austernsauce • 1 TL Salz • chin. Essig • Pfeffer
Koriandergrün zum Garnieren**

ZUBEREITUNG

Das Wasser zum Kochen bringen und das Meersalz zufügen. Den Taschenkrebs einlegen, kurz aufkochen und 20 Minuten ziehen lassen. Den Taschenkrebs öffnen, das Fleisch auslösen und den Corail (Rogen) zur Seite stellen. Die Mango schälen und in mundgerechte Stücke schneiden.

Die Kartoffelstärke in einer kleinen Schüssel mit ca. 150 ml Hühnersuppe abrühren. Sojasauce, Austernsauce und Salz zugeben und bei Bedarf auch mit Essig abschmecken.

Die restliche Hühnersuppe zum Kochen bringen und Stärke sowie Mangostücke einrühren. Gut durchrühren und ca. 10 Minuten kochen lassen. Abschließend das Krebsfleisch sowie den Corail dazugeben und nur noch kurz erwärmen. Die Suppe auf Schalen aufteilen und mit Koriandergrün garnieren.

TIPP: In Vietnam serviert man den Taschenkrebs auch gerne unausgelöst und lediglich in kleinere Stücke gehackt. Das erfordert beim Essen freilich etwas Fingerfertigkeit. Reicht man dazu noch Reis und Gemüse, so wird aus dieser delikaten Suppe ein veritables Hauptgericht.

Foto rechts

Asiatische Suppenküche

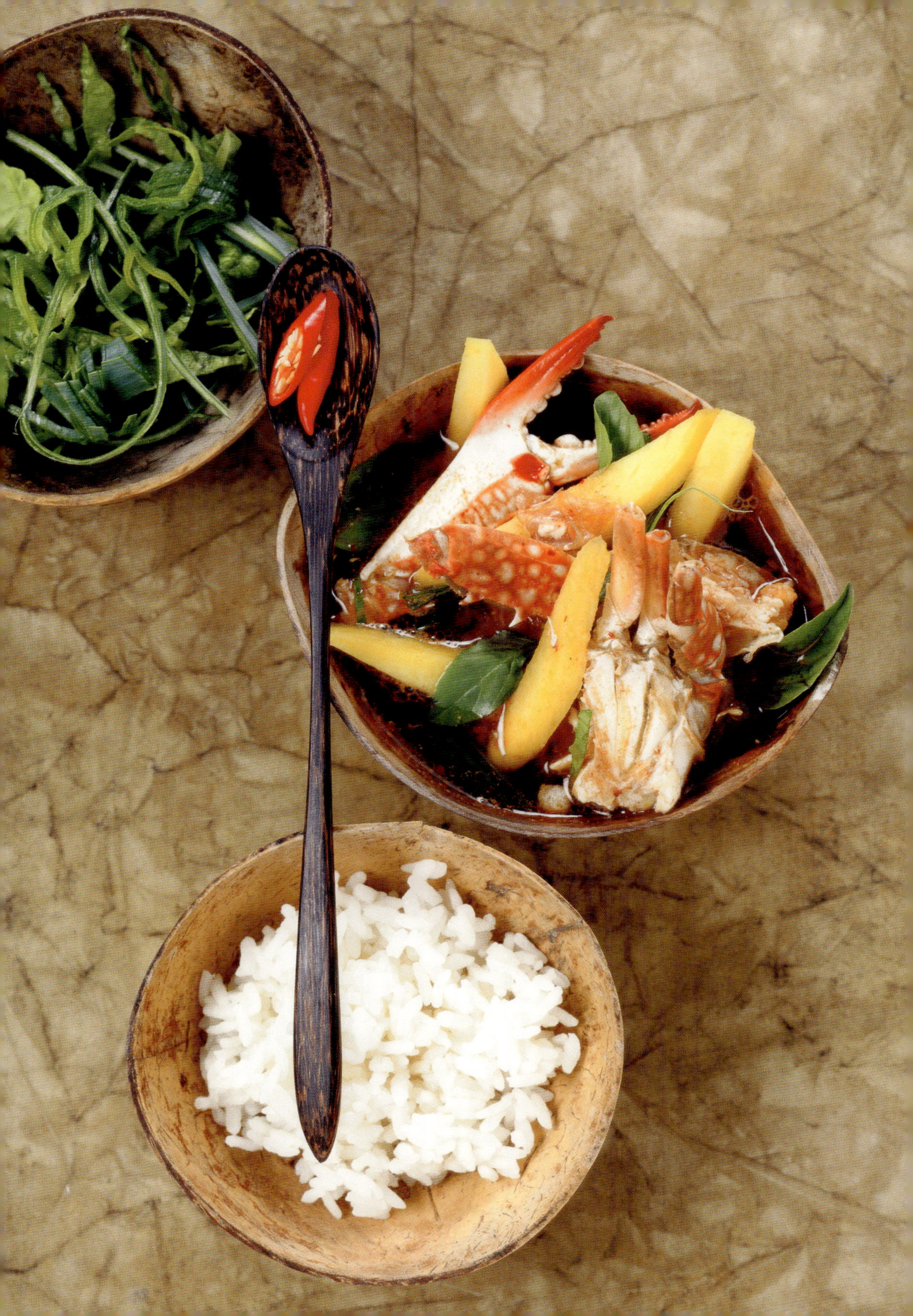

Schnecken-Papaya-Suppe BALI

Schnecken, die zu Tausenden auf den balinesischen Reisfeldern eingesammelt werden, bilden die Basis dieses Gerichts, können aber auch durch gute Dosen- bzw. Glasware ersetzt werden.

ZUTATEN
3–4 Dutzend Schnecken aus der Dose (s. Tipp) • 200 g unreife, grüne Papaya oder Kürbisfleisch • 750 ml–1 l Hühnersuppe ca. 100 g balinesische Würzpaste (s. S. 60) • 1 Stange Zitronengras einige Curryblätter • 1 EL Öl • Salz, Pfeffer • Butter zum Braten Zwiebelringe zum Garnieren

ZUBEREITUNG
Zitronengras fein schneiden, die Schnecken gut waschen und abtropfen lassen. Papaya (od. Kürbisfleisch) halbieren, die Samen entfernen und Fruchtfleisch in kleinere Stücke schneiden.
In einem Suppentopf die Hühnersuppe mit der Würzpaste, Zitronengras, Curry- blättern und Öl aufkochen und dann 5 Minuten köcheln lassen. Nun die Papaya bzw. Kürbis zugeben und fast weich kochen. Dann die Schnecken zugeben und noch so lange mitköcheln lassen, bis das Fruchtfleisch weich ist. Mit Salz und Pfeffer abschmecken. Währenddessen die Zwiebelringe in etwas Butter braten. Die Suppe in Schalen anrichten und mit den gebratenen Zwiebelringen garnieren.

TIPP: Zum vegetarischen Vergnügen wird diese Suppe, wenn man die Schnecken durch getrocknete chinesische Pilze ersetzt, die freilich vorher gut in lauwarmem Wasser eingeweicht werden müssen. Foto rechts

Asiatische Suppenküche

Reisblumensuppe mit Rindfleisch-Tatar
KAMBODSCHA

ZUTATEN
200 g Rindslungenbraten (Filet) • 4 Frühlingszwiebeln • 50 g Ingwer 4 EL Fischsauce • Pfeffer • 4 topfrische Eidotter

FÜR DIE REISSUPPE
1,5 l Wasser • 80 g Duftreis • 20 g Klebe-Reis • 1 TL Fischsauce 1 TL Sesamöl

ZUBEREITUNG
Für die Reissuppe den Reis mit kaltem Wasser mehrmals waschen und abtropfen lassen. Dann mit kaltem Wasser aufsetzen und bei kleiner Hitze zum Kochen bringen. Den Topf nicht zudecken, denn die Reiskörner sollen sich wie Blumen öffnen. Mit Fischsauce und Sesamöl abschmecken. Den Lungenbraten mit einem scharfen Messer fein hacken. Ingwer ganz fein hacken, den weißen Teil der Frühlingszwiebeln ebenfalls klein und den grünen Teil in dünne Ringe schneiden. Das Fleisch mit Ingwer und Frühlingszwiebeln gut vermischen. Mit Pfeffer und Fischsauce abschmecken und auf 4 Schüsseln verteilen. Anschließend jeweils ein Dotter darauf setzen und mit der kochend heißen Reissuppe aufgießen. Rasch servieren.

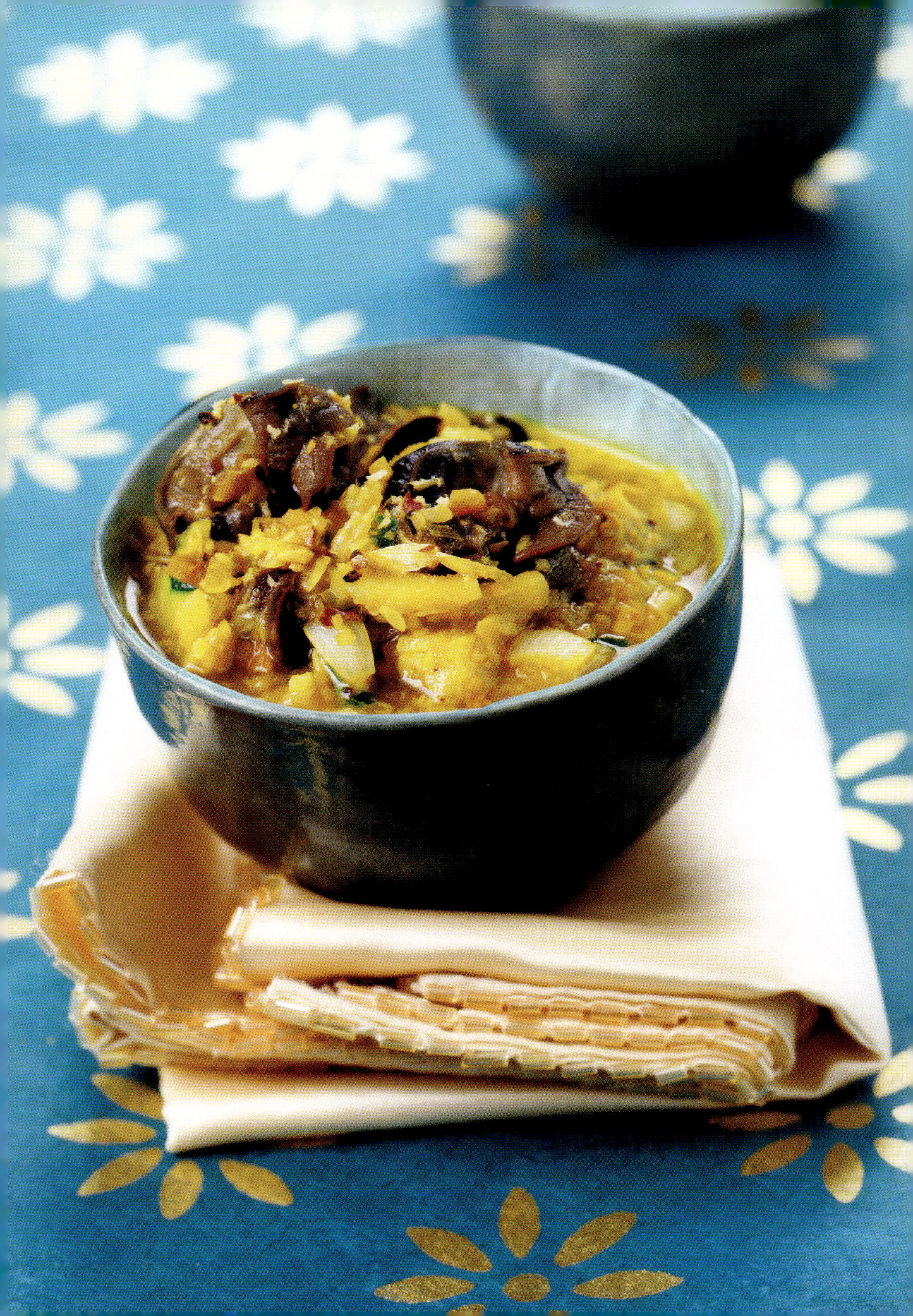

Asiatische Suppenküche

Mulligatawny INDIEN/GROSSBRITANNIEN

Ähnlich wie das Wort Curry beruht auch die Bezeichnung Mulligatawny *auf einem Hörfehler der britischen Besatzer, die mit dem Tamilendialekt nicht zurecht kamen. Aus den tamilischen Wörtern* Mulegoo *und* Thani, *was mit* Mulegoothani *soviel wie „Pfefferwasser" bedeutet, machten die Engländer eine Hühner-Tomaten-Suppe, die mindestens so viele britische wie indische Elemente enthält und oft auch mit Currypulver, Muskatnussblüte, Gemüsestreifen, Nüssen, Reis, Speck und sogar mit Portwein zubereitet wird. Das Huhn kann übrigens auch durch Rind oder Lamm ersetzt werden. Kurzum: Die Mulligatawny ist ein weltberühmter Suppen-Klassiker, von dem es allerdings kein „approbiertes" Originalrezept gibt.*

ZUTATEN
1 Huhn • 1 Zwiebel • 2 Knoblauchzehen • 1 Bund Suppengrün 1 Lorbeerblatt • 3 Kardamomkapseln • je 1 KL Kreuzkümmel und Koriandersamen • Gewürznelken und schwarze Pfefferkörner 4 Tomaten • 3 Schalotten • 250 ml Kokosmilch • schwarze Senfsamen 4 Curryblätter • Madras-Currypulver • Salz • Cayennepfeffer Zitronensaft • 2 EL Ghee (oder Butterschmalz)

ZUBEREITUNG
Die Zwiebel vierteln, die Knoblauchzehen halbieren. Das Huhn waschen und in einem großen Topf gemeinsam mit den Zwiebelstücken, Knoblauchzehen und Suppengrün in kaltem Salzwasser aufstellen. Lorbeerblatt, Kardamom, Kreuzkümmel, Koriander, Gewürznelken und schwarze Pfefferkörnern zugeben und zum Kochen bringen. Dann die Hitze etwas reduzieren und das Huhn zugedeckt 45–50 Minuten garkochen.
Inzwischen die Tomaten kurz in siedendem Wasser blanchieren (überbrühen), schälen und in Würfel schneiden. Die Schalotten fein hacken. Das mittlerweile gargekochte Huhn aus der Suppe heben und kurz überkühlen lassen. Das Fleisch von den Knochen lösen und kleinwürfelig schneiden.
Die Suppe durch ein Haarsieb abseihen. Nun das Butterschmalz erhitzen und Schalotten gemeinsam mit den Curryblättern sowie einer Prise Senfsamen zugeben und alles gut anschwitzen. Dann die Tomatenwürfel zugeben und einige Minuten anschwitzen. Mit der abgeseihten Suppe aufgießen und alles ca. 15 Minuten köcheln lassen. Abschließend das Hühnerfleisch wieder in die Suppe geben, Kokosmilch einrühren und kräftig aufkochen lassen. Mit Curry, Zitronensaft und Cayennepfeffer abschmecken.

TIPP: Statt mit Zitronensaft kann man der Suppe die nötige Säure auch mit etwas Tamarindenmark verleihen.

Kokos-Hühner-Suppe THAILAND

ZUTATEN FÜR DIE KLARE HÜHNERSUPPE
1 junges Huhn • 4 Knoblauchzehen • 2 kleine Tomaten • 1 Stück (5 cm) Galgant- oder Ingwerwurzel • 3 Stk. Sternanis • 1/2 TL zerstoßener Koriandersamen • 1 Prise Kurkuma • Salz, Pfeffer • 4 EL Fischsauce
2 EL Sojasauce • 1,5 l Wasser

ZUM VOLLENDEN
200 g dünne Reisnudeln • 2 fein gehackte Schalotten
1 Stück (3 cm) fein gehackter Ingwer • 2 fein gehackte Knoblauchzehen
500 ml Kokosmilch • 100 g Sojasprossen • 2 frische Chilischoten
2–3 Zweige Koriandergrün • Saft und Schale von 1 Limette • 2 EL Sesamöl

ZUBEREITUNG
Das Huhn in einem großen Topf Wasser mit allen weiteren Suppenzutaten ca. 1 Stunde kochen, bis sich das Fleisch vom Knochen löst und sich die Flüssigkeit auf die Hälfte reduziert hat. Dann das Huhn herausnehmen, Fleisch auslösen, in mundgerechte Stücke schneiden und die Suppe abseihen.
Die Schalotten mit Knoblauch und Ingwer in einen erhitzten Topf geben und in Sesamöl kurz anrösten. Danach mit der abgeseihten Suppe aufgießen und alles zum Kochen bringen. Die Reisnudeln zugeben und weitere 3 Minuten köcheln lassen. Kokosmilch eingießen und mit Limettensaft abschmecken. Die Limettenschale in dünne Streifen schneiden, Chilischoten schräg schneiden oder klein hacken.
Die Reisnudeln auf Schüsseln aufteilen, Sojasprossen, Chili, Limettenzeste, Koriander und das Hühnerfleisch ebenfalls gleichmäßig aufteilen und mit der heißen Suppe aufgießen.

Asiatische Suppenküche

Tibetische „Haifischflossensuppe"

Dass unser Rezept aus Tibet stammt und die Haifischflossensuppe unter Anführungszeichen steht, hat einen bestimmten Grund. Der Handel mit Haifischflossen, die für die echte chinesische Haifischflossensuppe essentiell sind, ist im Westen längst verpönt (und in der EU sogar strikt verboten), aber auch in Asien wird diese traditionelle Festtagssuppe immer öfter mit Glasnudeln serviert, die Haifischflossen zum Verwechseln ähnlich sehen und – nur ganz kurz gegart – einen ähnlichen Biss haben. Das folgende Rezept geht auf tibetische Mönche zurück, die sich mit Erfolg bemühen, traditionelle Fleisch- und Fischgerichte mit umweltverträglichen Zutaten zuzubereiten.

ZUTATEN FÜR 6 PORTIONEN
**1,5 l Hühnersuppe • 250 g gegartes Hühnerfleisch
50 g chinesischer Yunnan-Schinken (ersatzweise Prosciutto di Parma oder San Daniele) • 50 g sehr dünne Glasnudeln • 20–30 g getrocknete chin. Pilze • 150 g eingelegte Bambussprossen • 1 kl. Stück (1 cm) Ingwer
1 Frühlingszwiebel • 1 EL Shaoxing-Reiswein (oder Sherry)
3 EL Sojasauce • 2 TL Salz • 1/2 TL Zucker • 4 EL Maisstärke
1/4 TL grob geschroteter Pfeffer • 3 EL Öl • frisch gehackter Koriander**

ZUBEREITUNG
Die getrockneten Pilze in lauwarmem Wasser 20–30 Minuten einweichen. Herausheben, abtropfen lassen, Stiele entfernen und in dünne Streifen schneiden. In einem Topf Wasser aufkochen, die Glasnudeln einlegen und 2 Minuten ziehen lassen. Abseihen und in mundgerechte Stücke schneiden. Gekochtes Hühnerfleisch, Schinken und Bambussprossen in feine Streifen schneiden.
Nun die Frühlingszwiebel sowie den Ingwer fein schneiden und beides in heißem Öl hell anschwitzen. Mit Reiswein ablöschen und mit Hühnersuppe aufgießen. Bambussprossen, Pilze, Glasnudeln sowie Hühnerfleisch zugeben und einmal aufkochen lassen. Mit Sojasauce, Salz und einer Prise Zucker würzen. Die Maisstärke in etwas kaltem Wasser glattrühren, zugießen und die Suppe damit binden. Die Suppe in Schalen anrichten und mit grob geschrotetem Pfeffer bestreuen. Die Schinkenstreifen darüber verteilen und mit Koriander garnieren.

Hühnersuppe mit Glasnudeln und Sojabohnensprossen MALAYSIA

ZUTATEN
**4 Hühnerflügerl • 2 Hühnerkeulen • Hühnerrücken nach Belieben
200 ml Kokosmilch • 100–150 g Glasnudeln • 1 Zwiebel
4 Knoblauchzehen • 2 Handvoll Sojabohnensprossen • Chilipulver
2–3 EL helle Sojasauce • 1 Stange Zitronengras
je 1 TL Koriander und Kümmel • 1/2 Zimtstange • Salz, Pfeffer
Sweet Chilisauce und Koriandergrün zum Garnieren**

ZUBEREITUNG
Den Knoblauch und die Zwiebel hacken und mit etwas Salz auf einem Schneidbrett mit einem Messer zu einer Paste zerdrücken. Die Hühnerteile in einem Topf

Asiatische
Suppenküche

mit reichlich Wasser und Kokosmilch bedecken. Zwiebel-Knoblauch-Paste, Koriander, Kümmel, Zimtstange, Zitronengras, Salz sowie eine Prise Pfeffer zugeben und das Hühnerfleisch bei mittlerer Hitze 45–60 Minuten weich kochen. Herausheben, kurz überkühlen lassen, das Fleisch auslösen und warmstellen. Die Suppe abseihen und in einem Topf bei niedriger Hitze köcheln lassen.
Währenddessen die Glasnudeln nach Anleitung quellen lassen bzw. weich kochen. Abseihen, abschrecken und mehrmals durchschneiden. Nun Hühnerfleisch und Sojasprossen in die Suppe geben und mit Chili, Sojasauce, Salz sowie Pfeffer abschmecken. In den Suppenschalen zunächst die Nudeln verteilen und dann mit der Hühnersuppe aufgießen. Mit Sweet Chilisauce und Koriandergrün garnieren.

Asiatische
Suppenküche

Pho (Rindfleischsuppe „Hanoi") VIETNAM

ZUTATEN

ca. 300 g Rindermarkknochen • 200 g Ochsenschwanz oder Beinfleisch
150 g Rindfleisch guter Qualität für die Einlage • 1 Zwiebel zum Anrösten
20 g frischer Ingwer • 2 Stk. Sternanis • 1 Gewürznelke • 1 Zimtstange
1 TL Fünf-Gewürze-Pulver (s. S. 50) • 200 g Reisnudeln • Salz
2 EL Fischsauce • 4 frische Korianderzweige • 1 kl. Zwiebel
3 Frühlingszwiebeln

ALS BEILAGE

100 g frische Sojabohnensprossen • 4 Limettenscheiben
1 frische Chilischote • scharfe Chilisauce • Hoisin-Sauce • Austernsauce

ZUBEREITUNG

In einem Suppentopf reichlich Wasser zum Kochen bringen und die gewaschenen Knochen und das Beinfleisch (oder Ochsenschwanz) kurz aufkochen. Den dabei aufsteigenden Schaum abschöpfen. Die Zwiebel halbieren, den Ingwer klein schneiden und in einer Pfanne ohne Fett kurz anrösten. In die Suppe geben und alles ca. 2 Stunden kochen. Die Hitze dabei so weit reduzieren, dass die Suppe nur ganz leicht köchelt. Nun Rindfleisch, Sternanis, Gewürznelke, Zimt sowie Fünf-Gewürze-Pulver zugeben und 1 weitere Stunde köcheln lassen. Dann die Suppe völlig abkühlen lassen und anschließend wieder aufkochen. Die Fleischstücke zur Seite geben und kaltstellen, die Suppe abseihen.
Die Reisnudeln in Salzwasser 5 Minuten aufkochen, dann abseihen und kalt abschrecken. Das Koriandergrün waschen und abzupfen, die Zwiebel sowie die Frühlingszwiebeln in feine Ringe schneiden und alle Zutaten gut durchmischen.
Die Reisnudeln auf Schüsseln aufteilen. Die Suppe erwärmen und das kaltgestellte Fleisch in Würfel schneiden. In der Suppe kurz erwärmen und Suppe mit Salz sowie Fischsauce abschmecken. Die Fleischstücke auf den Nudeln anrichten und die Kräutermischung darüberstreuen. Mit der heißen Suppe aufgießen.
Sojabohnensprossen, Limettenscheiben und die in Ringe geschnittene Chilischote in kleinen Schüsselchen anrichten und gemeinsam mit den verschiedenen Saucen zur Suppe servieren.

Schtschi (Sauerkrautsuppe mit Kartoffeln und Rindfleisch) SIBIRIEN

ZUTATEN FÜR 6 PORTIONEN

1 kg Rindfleisch zum Kochen (Tafelspitz, Suppenfleisch etc.)
1 Bd. Suppengemüse • 600 g Sauerkraut • 300 g Kartoffeln • 2 EL Butter
1 EL Mehl • 1 Zwiebel • 1 Lorbeerblatt • Pfeffer, Salz

ZUBEREITUNG

In einem großen Topf ca. 1,5 Liter Wasser zum Kochen bringen. Rindfleisch gemeinsam mit dem Suppengemüse zugeben und das Fleisch je nach Qualität 1 1/2–2 1/2 Stunden weich kochen. Währenddessen die Zwiebel fein hacken und die geschälten Kartoffeln vierteln.

Das weich gekochte Fleisch herausheben, überkühlen lassen und in mundgerechte Würfel schneiden. Die Suppe abseihen. Die Zwiebeln in einem Topf in etwas Butter hell anschwitzen. Mehl darüberstauben, kurz durchrühren und nach und nach mit Suppe aufgießen. Kartoffeln sowie das Lorbeerblatt zugeben und alles etwa 15 Minuten kochen. Mit Salz und Pfeffer abschmecken. Nun die Rindfleischwürfel sowie das Sauerkraut einmengen und noch etwa 10–15 Minuten kochen lassen. In vorgewärmten Tellern anrichten.

Ochsenschleppsuppe KOREA

ZUTATEN
**4 mittelgroße Ochsenschleppstücke • 2 Stangen Frühlingszwiebeln
4 l Wasser • Salz, Pfeffer**

ZUBEREITUNG
Den Ochsenschlepp mit 3 Litern Wasser in einem Topf aufstellen und bei kleiner Hitze insgesamt 4–6 Stunden köcheln lassen, bis die Suppe eine milchige Farbe bekommt. Dann mit 1 Liter Wasser aufgießen (bei Bedarf noch mehr Wasser aufgießen) und weiterkochen. Die fertige Suppe mit Salz und Pfeffer abschmecken. Die Frühlingszwiebeln in feine Ringe schneiden. Nun je einen Schöpflöffel in vorgewärmte Schalen füllen und mit den Frühlingszwiebeln garnieren.
BEILAGENEMPFEHLUNG: Reis

TIPP: Diese Ochsenschleppsuppe wird in Korea das ganze Jahr über als kräftigende Suppe geschätzt, die speziell nach einer längeren Krankheit oder bei Appetitlosigkeit wahre Wunder wirkt.

Soljanka (Sibirischer Suppeneintopf)

ZUTATEN
**500 g Suppenfleisch vom Rind • 1 Bd. Suppengrün
100 g Schinken im Ganzen • 1 Frankfurter oder Debreziner-Würstel
1 Zwiebel • 1–2 Salzgurken • 1–2 Tomaten • 1–2 EL Tomatenmark
entkernte Oliven nach Belieben • Sauerrahm zum Garnieren
Saft von 1/2 Zitrone • 1 Lorbeerblatt • 1 EL Butter • Salz, Pfeffer**

ZUBEREITUNG
In einem Suppentopf etwa 1–1,5 Liter Wasser aufkochen. Suppengrün zugeben und das Suppenfleisch je nach Qualität darin 1 1/2–2 1/2 Stunden weich kochen. Fleisch herausheben und in kleine Stücke schneiden. Suppe abseihen.
Die Tomaten kurz in siedendem Wasser blanchieren (überbrühen), schälen und in kleine Würfel schneiden. Dann die Zwiebel klein schneiden und in einem Topf in etwas Butter hell anschwitzen. Tomatenmark und -würfel einrühren und kurz mitdünsten. Die Salzgurken schälen, in Scheiben schneiden und zugeben. Mit etwas Suppe aufgießen, Lorbeerblatt zugeben und alles ca. 5 Minuten auf kleiner Flamme köcheln lassen. Restliche Suppe zugießen und aufkochen. Schinken in Streifen, das Würstel in Scheiben schneiden und beides gemeinsam mit den Oliven und den Fleischwürfeln einmengen. Mit Salz und Pfeffer sowie etwas Zitronensaft abschmecken. Die Suppe in vorgewärmten Schalen oder Tellern anrichten und mit je einem Tupfer Sauerrahm garnieren.

Asiatische Suppenküche

Lammsuppe mit Koriander INDIEN

ZUTATEN FÜR 12 PORTIONEN
2 vordere Lammstelzen • 4 l Wasser • 50 g frischer Koriander
1 Zimtstange • 3 grüne Kardamomkerne • 3 braune Kardamomkerne
3 Gewürznelken • 15 schwarze Pfefferkörner • 1/2 TL Koriandersamen
4 TL geriebener Ingwer • 1 1/4 Becher Ziegenjoghurt (ersatzweise
Schafjoghurt) • einige Safranfäden und 1 TL heiße Milch • Salz
Saft von 1/2 Limette

ZUBEREITUNG
In einem großen Topf die Lammstelzen mit Wasser, Koriander, Zimt, Kardamom, Gewürznelken, Pfeffer, Koriandersamen sowie Ingwer aufstellen und auf niedriger Hitze zum Kochen bringen. Dann etwa 1 1/2 Stunden kochen lassen, bis das Fleisch weich ist. Stelzen herausnehmen, Fleisch auslösen und in Würfel schneiden. Die Suppe abseihen.
Safranfäden ca. 10 Minuten in heißer Milch einweichen. Die Suppe wieder erhitzen und das Lammfleisch zugeben. Joghurt mit der Safranmilch verrühren und in die Suppe einrühren. Mit Salz sowie Limettensaft abschmecken und rasch servieren.

TIPP: Diese kräftigende Suppe wird in Indien besonders während der Ramadanzeit gerne gegessen.

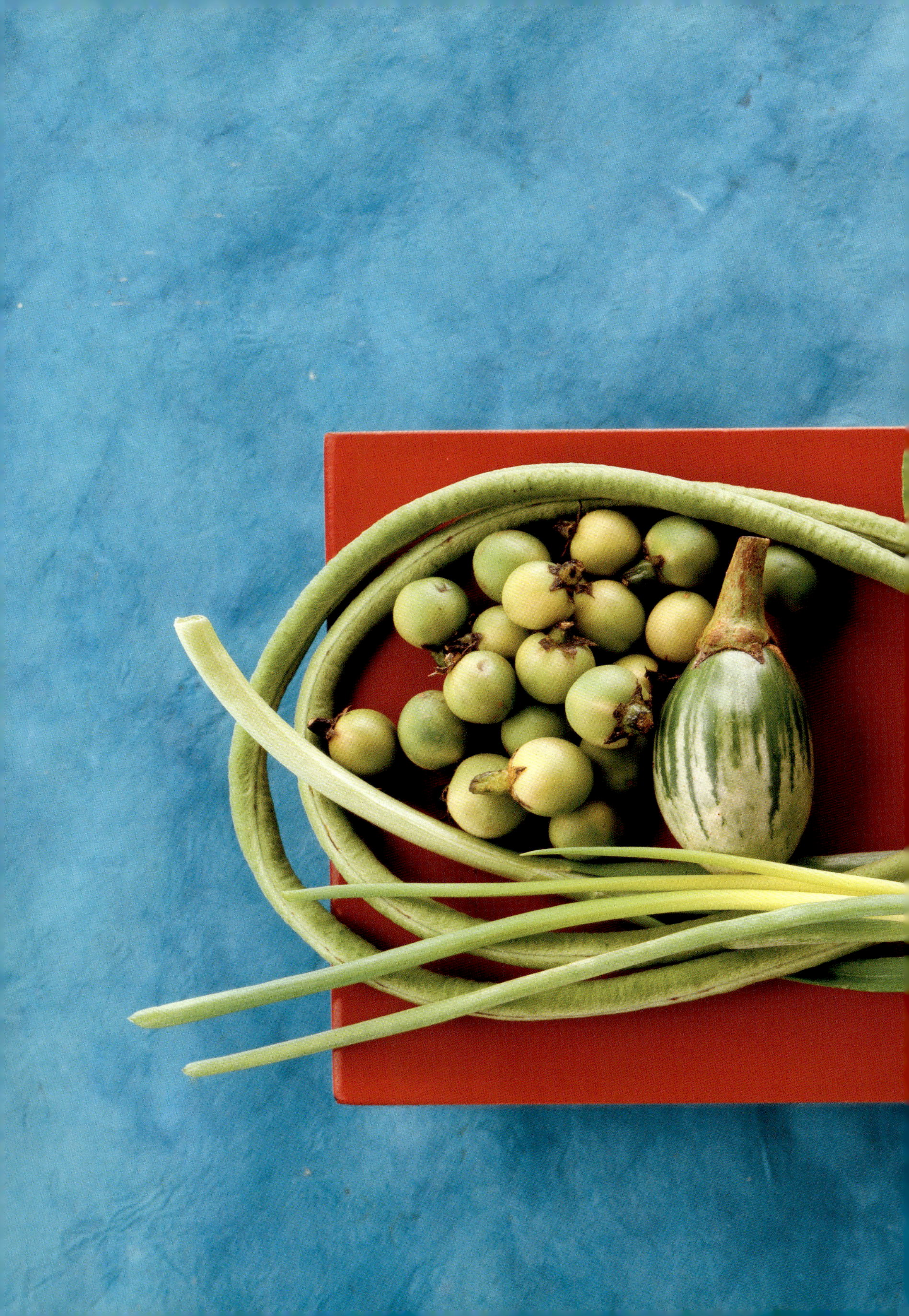

Auf den Spuren von Buddha, Gandhi & Co

DIE ASIATISCHE KUNST, MIT GEMÜSE ZU KOCHEN

Asiatische Gemüseküche

Pilz-Wok mit Sesam KANTON

ZUTATEN
ca. 250 g frische Shiitake-Pilze • 8 getrocknete Mu-Err-Morcheln oder andere chin. getrocknete Pilze • 150 g Sojabohnensprossen
250 g frische Brokkoli • 3 Frühlingszwiebeln • 3 Knoblauchzehen
1 kl. Stück (1 cm) Ingwer • 1 gelbe oder rote Paprikaschote • 1/2 TL Sesamöl • ca. 1 EL geröstete Sesamkörner zum Bestreuen • 2–3 EL Öl

FÜR DIE WÜRZSAUCE
2–3 EL Shaoxing-Reiswein (oder Sherry) • 2 EL Sojasauce • Chilipulver
1 KL Speisestärke

ZUBEREITUNG
Die getrockneten Pilze in lauwarmem Wasser mindestens 30 Minuten einweichen. Herausheben, abtropfen, harte Stellen entfernen und in Streifen schneiden. Etwas Pilzwasser aufbewahren. Die frischen Pilze in mundgerechte Stücke schneiden. Knoblauch sowie Ingwer fein hacken, die Frühlingszwiebeln in feine Ringe schneiden. Die Paprikaschote halbieren, den Stiel sowie die Kerne entfernen und die Schote in feine Streifen schneiden. Brokkoli waschen, in kleine, mundgerechte Röschen schneiden und dabei holzige Stellen entfernen.
Für die Würzsauce den Reiswein in einer Tasse mit Sojasauce, Chili, Speisestärke und 2–3 Esslöffeln des bereitgehaltenen Pilzwassers glattrühren.
In einem Wok oder einer schweren Pfanne das Öl sehr heiß werden lassen. Ingwer zusammen mit Knoblauch bei starker Hitze kurz anrösten. Nach und nach zuerst Brokkoli, dann Paprikastreifen zugeben und jeweils einige Minuten lang rösten. Sojasprossen zugeben, weiterrösten und dabei ständig rühren oder die Pfanne durch leichtes Rütteln in Bewegung halten. Eingeweichte und frische Pilze untermengen, abschließend Frühlingszwiebeln zugeben und nochmals kurz durchrösten. Insgesamt sollte das Gemüse aber nicht länger als etwa 8–12 Minuten geröstet werden. Würzsauce zugießen, aufkochen lassen und so lange auf dem Feuer lassen, bis die Sauce schön gebunden ist. Pilzgemüse vom Feuer nehmen, mit etwas Sesamöl beträufeln, nochmals durchmischen und anrichten. Vor dem Servieren mit gerösteten Sesamkörnern bestreuen.

Marinierte Lotuswurzel KIM KREATION!

ZUTATEN
1/2 Stange Lotuswurzel • 1 l Salzwasser • 200 ml Sojasauce
80 g Zucker • 2 Zitronengras-Stangen • 1 Stück (4 cm) Galgantwurzel
4 frische Chilischoten • 1 TL Wacholderbeeren • 1 TL Sesamöl
200 ml Wasser • 5 Kaffirblätter (ersatzweise etwas Limettensaft)

ZUBEREITUNG
Die Lotuswurzel schälen und in 1 cm breite Scheiben schneiden. Sofort in Salzwasser geben, damit sie sich nicht verfärben. Die Galgantwurzel in dünne Scheiben schneiden. Vom Zitronengras den Strunk und die Endstücke abschneiden und die Stangen schräg in dünne Streifen schneiden.

In einem Topf die Sojasauce mit Zucker, Wasser, Zitronengras, Wacholderbeeren, Galgant, ganzen Chilischoten und Kaffirblättern kurz aufkochen und die Lotuswurzel zugeben. Noch weitere 5 Minuten köcheln lassen. Mit Sesamöl abschmecken, anrichten und servieren.

Wok-Gemüse mit Tofu CHINA

ZUTATEN
800 g gem. Gemüse nach Marktlage (Chinakohl, Paprikaschoten, Pak Choi, Zucchini, Erbsenschoten, Lauch, Sojasprossen etc.) • 2 Chilischoten 500 g geräucherter Tofu • 4 EL Pflanzenöl • 1 TL frisch gehackter Ingwer 1 TL gehackter Knoblauch • 3 EL Sojasauce • 1 TL Ahornsirup (oder 1 EL Zucker) • Salz, Pfeffer • 2 TL Sesamöl • Sesamkörner zum Garnieren

ZUBEREITUNG
Das Gemüse putzen, waschen und in mundgerechte Streifen schneiden. Tofu ebenfalls in kleinere Würfel schneiden. Einen Wok oder eine schwere (am besten gusseiserne) Pfanne erhitzen. Öl eingießen, erhitzen und die Tofu-Streifen darin anbraten. Das geschnittene Gemüse samt Chilischoten beigeben und ca. 2 Minuten weiterbraten. Ingwer, Knoblauch, Sojasauce und Ahornsirup hinzufügen und 1–2 Minuten mitbraten. Mit Salz, Pfeffer und Sesamöl abschmecken. In Schalen anrichten, mit Sesamkörnern bestreuen und servieren.
TIPP: Sowohl was die Gemüseauswahl als auch die Würzung betrifft, sind hier dem persönlichen Geschmack keine Grenzen gesetzt. So kann das Wok-Gemüse auch mit Zitronengras, Fisch- oder Chilisauce beliebig aromatisiert werden.

Asiatische Gemüseküche

Süß-saures Tofu-Gemüse THAILAND

ZUTATEN
300 g Tofu (natur) • 8 Schalotten • 1 Aubergine • 8 Kirschtomaten
1 Mango • 1 TL Sesamöl • 2 EL Maiskeimöl • 3 EL Teriyaki-Sauce
4 EL Tamarinde • Salz, Pfeffer

FÜR DIE WÜRZSAUCE
1 EL eingelegter Sushi-Ingwer mit 1 EL Saft • 1 EL Stärkemehl
5 EL Pflaumenwein • 2 EL Wasser

ZUBEREITUNG
Den Tofu in 1 x 1 cm große Würfel, Schalotten in Ringe schneiden. Die Aubergine waschen und in größere Würfel schneiden. Tomaten waschen, halbieren und entkernen. Die Mango schälen und in kleine Würfel schneiden.
Einen Wok oder eine schwere (am besten gusseiserne) Pfanne erhitzen. Sesamöl sowie Maiskeimöl eingießen, erhitzen und Tofu darin goldbraun anbraten. Aubergine sowie Mango hinzufügen und mitbraten. Dann Tomaten und Schalotten untermengen. Mit Teriyaki-Sauce, Tamarinde, Salz und Pfeffer würzen. Für die Würzsauce den Ingwer fein hacken und in einer Schüssel mit sämtlichen Zutaten vermischen. In das Gemüse einrühren. Kurz durchschwenken und servieren. Foto rechts

Persische Krautrouladen IRAN

ZUTATEN
1 Krautkopf • 300 g Faschiertes • 1 Tasse Reis (Basmati-Reis) • 1–2 Tomaten
2 Schalotten • 2–3 Knoblauchzehen • etwas Tomatenmark • je 1 Prise Paprikapulver, Muskatnuss, Gewürznelken, Piment, Zimt, Kardamom • 1 EL gehackte Petersilie • 2–3 Dillzweige • Zitronensaft • Salz, Pfeffer • Öl zum Braten

ZUBEREITUNG
Für die Füllung den Reis zunächst einige Male unter fließendem Wasser waschen und abtropfen lassen. Krautstrunk und äußere Krautblätter entfernen und den Krautkopf in Salzwasser kochen, bis sich die Blätter leicht lösen lassen. Abtropfen lassen, Blätter lösen und harte Randstellen entfernen. Schalotten und Knoblauch fein hacken. Die Tomaten kurz blanchieren (mit siedendem Wasser überbrühen), schälen und in kleine Würfel schneiden. Nun in einer Pfanne etwas Öl erhitzen und die Schalotten gemeinsam mit dem Knoblauch langsam hell anschwitzen. Sobald die Zwiebeln weich sind, das Faschierte einrühren und mitbraten. Etwas Tomatenmark zugeben, durchrühren und dann Tomatenwürfel einmengen. Nur kurz andünsten und dann vom Herd nehmen. Reis hinzufügen und mit einer Prise Paprikapulver, Muskatnuss, Gewürznelken, Piment, Zimt und Kardamom würzen. Mit wenig Zitronensaft sowie Salz abschmecken und die gehackte Petersilie einrühren.
Die Krautblätter mit der Innenseite nach oben auflegen, mit der Fleischfarce füllen, die Seitenteile einschlagen und zu Rouladen einrollen. Mit Küchengarn fixieren. Die Rouladen in einen Topf nebeneinander einschlichten. Etwa 2–3 Tassen Wasser mit wenig Salz und Pfeffer würzen. Das Wasser untergießen, Dillzweige hinzufügen und den Topf gut verschließen. Die Rouladen etwa 40 Minuten garen. Dann die Rouladen anrichten und nach Belieben mit dem Sud beträufeln.

„Spargelnudeln" mit Thunfischsugo und Ziegenkäse

KIM KREATION!

ZUTATEN
**400 g grüner Spargel • 4 Scheiben würziger Ziegenkäse • 150 g frisches Thunfischfilet • 1 Dose geschälte Tomaten • 2 kl. Schalotten
2 Knoblauchzehen • 5 EL Lemonen- oder Zitronenöl • 6 Kaffirblätter (ersatzweise Limettenblätter oder Limettensaft) • 2 Fleischtomaten
1 EL Tomatenmark • Pflanzenöl • Salz, Pfeffer**

ZUBEREITUNG
Die Schalotten kleinwürfelig, den Knoblauch in dünne Scheiben schneiden. Tomaten kurz blanchieren (mit kochendem Wasser überbrühen), herausheben und schälen. Entkernen und in Würfel schneiden. Das Thunfischfilet mit einem scharfen Messer klein hacken. Eine Pfanne erhitzen, etwas Öl eingießen und die Schalotten hellbraun anschwitzen. Gehackten Thunfisch zugeben und kurz anrösten. Dosentomaten etwas zerkleinern und gemeinsam mit dem Tomatenmark einrühren. Kurz aufkochen. Die Kaffirblätter dazugeben und nun alles etwas köcheln lassen.
Spargel waschen, holzige Teile entfernen, die Spitzen abschneiden und beiseitelegen. Die Spargelstangen schräg der Länge nach vierteln, wodurch spaghettiähnliche Spargelstangen entstehen. Spargelspitzen und -stangen ca. 3 Minuten über Dampf garen (oder bei 85 °C im Dampfgarer dämpfen).

Nun die klein gewürfelten frischen Tomaten sowie den Knoblauch in das Sugo einrühren und Salz, Pfeffer sowie Lemonenöl abschmecken. Den Ziegenkäse in eine feuerfeste Form legen und bei starker Oberhitze im Backrohr schmelzen. Die heißen „Spargelnudeln" auf Tellern anrichten. Je einen Schöpflöffel Sugo daraufgeben und mit den Spargelspitzen garnieren. Abschließend den geschmolzenen Ziegenkäse obenauf platzieren.

TIPP: Wenn Sie eine konsequent vegetarische Variante dieses aparten Gerichtes servieren möchten, so lassen Sie den Thunfisch einfach weg.

Knusprige Tofustäbchen mit Rohkost-Salat TAIWAN

ZUTATEN
**600 g fester, gepresster Tofu • 2–3 Eier • 3–4 EL Speisestärke
Öl zum Backen**

FÜR DIE ROHKOST
**2 große, feste Tomaten • 1 kl. Salatgurke • 1 rote Paprikaschote
3 Frühlingszwiebeln • 1 Knoblauchzehe • 1 EL Sojasauce
1 EL milder Essig • 1 TL Sesamöl • Salz • Prise Chili**

ZUBEREITUNG
Den Tofu in fingerdicke, etwa 5–6 cm lange Stifte schneiden. Die Eier aufschlagen und in einem Teller verrühren. Nun die Tofustäbchen zuerst in Speisestärke, danach in Ei wenden. Inzwischen einen Wok oder eine schwere Pfanne sehr stark erhitzen. Etwas Öl vom oberen Wok-Rand rundum eingießen und das Öl sehr stark erhitzen. Jetzt Tofustäbchen nacheinander einlegen und goldgelb herausbacken. Dabei nicht zu viele Stäbchen auf einmal einlegen, damit das Öl nicht zu stark abkühlt. Fertige Stäbchen herausheben, mit Küchenkrepp abtupfen und warmhalten. Restliche Stäbchen fertig backen. Anrichten und mit dem vorbereiteten Salat servieren.
Für den Salat die Tomaten ebenso wie die nach Wunsch geschälte oder gut gewaschene Gurke in kleine Würfel schneiden. Die Paprikaschote halbieren, weiße Trennwände und Kerne entfernen und in Streifen schneiden. Frühlingszwiebeln und Knoblauch sehr fein hacken. Nun das Gemüse in einer Schüssel miteinander vermengen. In einer kleinen Schüssel oder Tasse die Sojasauce mit Essig, Sesamöl, Salz und Chili zu einer Marinade verrühren. Über das Gemüse gießen, gut durchmengen und mit den gebackenen Tofustäbchen anrichten.

Namul (Gedämpftes Gemüse) KOREA

Namul lautet der koreanische Ausdruck für alle Gemüse- oder Wildgewächs-Gerichte.

ZUTATEN
SPINAT-NAMUL
250 g Blattspinat • 1 TL Sojasauce • 1 TL Sesamöl • 1 TL Fischsauce Sesamkörner • Salz • 1 kl. gehackte Knoblauchzehe

CHINAKOHL-NAMUL
4 Chinakohlblätter • 1 TL Sesamöl • Salz • 1 kl. gehackte Knoblauchzehe 1/2 TL Paprikapulver (oder Chili)

SOJABOHNENSPROSSEN-NAMUL
150 g Sojabohnensprossen • 1 TL Sesamöl • 1 kl. gehackte Knoblauchzehe • Salz • 1 TL Apfelessig • 1 rote Chilischote • 1 grüne Chilischote

ZUBEREITUNG
Spinat, Chinakohl und Sojabohnensprossen jeweils getrennt blanchieren (kurz überbrühen) und kalt abschrecken. Mit den jeweils angeführten Zutaten vermengen und gut durchmischen. Jedes Gemüse extra in kleine Schüsseln geben und servieren.
BEILAGENEMPFEHLUNG: Reis

Gemüse-Tempura JAPAN

ZUTATEN
gemischtes Gemüse (Zucchini, Karotten, Zwiebel, Kartoffeln etc.) nach Angebot • Salz • Pflanzenöl

FÜR DEN TEMPURA-TEIG
200 g glattes Mehl • 200 g Süßkartoffelmehl (ersatzweise Kartoffelmehl) 2 EL Zucker • 1/2 EL Salz • 300 ml eiskaltes Wasser • 4 Eidotter

FÜR DIE SAUCE
5 EL Sojasauce • 5 EL Wasser • 2 EL Ahornsirup etwas gehackter Ingwer • 1 gehackte Jungzwiebel

ZUBEREITUNG
Das geputzte Gemüse schräg in etwa 3 mm starke Scheiben schneiden und leicht salzen. Für den Teig beide Mehlsorten mit Zucker und Salz versieben. Etwa ein Drittel beiseitegeben und die Gemüsescheiben darin wenden. Das eiskalte Wasser mit den Eidottern gut verrühren und das restliche Mehl in zwei Schüben einrühren. Dabei die Masse zuerst eher glattrühren und danach mit einer Gabel (keinesfalls mit dem Schneebesen!) nur locker durchrühren, so dass der Teig eher klumpige Konsistenz bekommt. In einer tiefen Pfanne Öl erhitzen. Das bemehlte Gemüse durch den Teig ziehen und in das heiße Öl einlegen. Auf beiden Seiten goldgelb backen. Herausheben und auf Küchenkrepp abtropfen lassen. Anrichten und mit der vorbereiteten Sauce servieren. Für die Sauce die Sojasauce mit Wasser, Ahornsirup, Ingwer und Jungzwiebel-Würfeln vermengen.

Asiatische Gemüseküche

Linsencurry mit Rotbarbe im Bananenblatt

SOHYI KIMS HOMMAGE AN DIE INDISCHE KÜCHE

ZUTATEN
200 g braune Linsen (am besten Champagner-Linsen)
4 kl. Rotbarbenfilets • 1 l Wasser (Fischfond oder Rindsuppe)
3 Schalotten • 1 EL Balsamicoessig • 1 EL Olivenöl • 2 EL mildes
Currypulver • 50 g Ingwerknolle • 2 Knoblauchzehen • Muskatnuss
Salz, Pfeffer • 4 Scheiben Bananenblätter • Koriander und Chili
zum Garnieren

ZUBEREITUNG
Schalotten und Knoblauch feinwürfelig schneiden und in einer Pfanne in heißem Olivenöl anrösten. Currypulver einrühren. Dann die Linsen sowie den grob gehackten Ingwer dazugeben und mit Wasser (Fischfond oder Rindsuppe) aufgießen. Etwa 30 Minuten köcheln lassen, bis die Linsen weich sind (je nach Qualität der Linsen auch länger). Anschließend mit Balsamicoessig, Salz, Pfeffer und etwas frisch geriebener Muskatnuss abschmecken. Währenddessen die Rotbarben salzen, pfeffern und mit je einem Bananenblatt umwickeln. Auf einen Dämpfeinsatz legen und über sprudelnd

kochendem Wasser ca. 15 Minuten dämpfen (oder im Dampfgarer bei 85 °C ca. 10 Minuten garen). Das fertige Linsencurry gleichmäßig auf Teller verteilen. Je eine Rotbarbe darauflegen und mit Koriander und Chili garnieren.

TIPP: Statt Filets von der Rotbarbe können selbstverständlich auch andere Fischfilets oder kleinere Fische im Ganzen verwendet werden. Stehen keine Bananenblätter zur Verfügung, so kann der Fisch auch in Chinakohlblätter eingewickelt werden.

Asiatische Gemüseküche

Pakoras (Frittierte Gemüsebissen)
INDIEN

Pakoras werden in Indien als Häppchen zum Tee serviert. Als Beilage oder Party-Snack können gewürfelte rohe Kartoffeln, Zwiebeln, Karfiol, Auberginen, Zucchini oder Paprika mitserviert werden.

ZUTATEN
Gemüse nach Belieben (Auberginen, Karfiol, Paprikaschoten, Kartoffeln, Zucchini etc.) • 1 Knoblauchzehe • ca. 175 g Kichererbsenmehl ca. 175 g Weizenmehl • 1 TL Backpulver • 2 TL Garam Masala (s. S. 52) 2 TL Salz • 1/2 TL Kurkumapulver • 1/2 TL Chilipulver oder Cayennepfeffer • ca. 200 ml Wasser • Öl zum Herausbacken

ZUBEREITUNG
Zuerst das Gemüse sorgfältig zuputzen und in kleine Würfel schneiden. Den Knoblauch fein hacken. Das Weizenmehl mit dem Backpulver vermischen und gemeinsam mit dem Kichererbsenmehl, Garam Masala, Salz, Kurkuma und Chilipulver in einer Schüssel vermengen. Langsam so viel Wasser zugeben, dass aus der Masse ein schöner, dicklicher Teig wird. Knoblauch zugeben und den Teig gut abschlagen. Mit einem Küchentuch abdecken und an einem warmen Ort 30 Minuten gehen lassen. Nochmals kräftig durchschlagen.
Nun die klein geschnittenen Gemüsewürfelchen in den Teig einarbeiten. Währenddessen in einer schweren, tiefen Pfanne reichlich Öl erhitzen. Den Teig je nach Belieben in Form von kleinen Dreiecken oder Bällchen goldgelb herausbacken. Dafür mit Hilfe eines Esslöffels größere Nocken abstechen und diese im Fett mit einem zweiten Löffel zu dreieckigen Plätzchen formen. (Oder mit einem Kaffeelöffel kleine Nocken abstechen, diese in das heiße Öl einlegen und mit zwei kleinen Löffeln noch etwas rundlicher formen.) Langsam goldgelb herausbacken. Herausheben, gut abtropfen lassen und rasch servieren.
BEILAGENEMPFEHLUNG: Gurken-Joghurt-Salat oder rohes Gemüse wie Paprika, Gurken oder Zwiebeln

TIPP: Bereitet man den Teig etwas dünnflüssiger zu, so kann das – in diesem Fall etwas größer geschnittene – Gemüse auch durch den Teig gezogen und dann herausgebacken werden.

Imam Bayildi (Der Imam fiel in Ohnmacht)
TÜRKEI

ZUTATEN
4 kl. Auberginen • 4 Zwiebeln • 4 Knoblauchzehen • 12 kl. Tomaten
je 1 Prise Muskatnuss, Zimt- und Nelkenpulver • 1 Chilischote • Essig
4 EL Pinienkerne • fein gehacktes Koriandergrün oder Minze zum
Garnieren • Salz, Zucker • Olivenöl

ZUBEREITUNG
Die Auberginen in kochendem Salzwasser blanchieren (kurz überbrühen). Herausheben, mit Küchenkrepp trockentupfen und der Länge nach in Abständen von ca. 1,5 cm so schälen, dass stets ein Streifen ungeschält und dann wieder ein Streifen

Asiatische
Gemüseküche

geschält ist. Dabei den Stiel nicht entfernen. Jede Aubergine der Länge nach halbieren, das Fruchtfleisch mit einem Kaffeelöffel etwas herauslösen und kleinwürfelig schneiden.

Tomaten kurz in siedendes Wasser tauchen, schälen, entkernen und kleinwürfelig schneiden. Die Zwiebeln fein schneiden, Knoblauch fein hacken und beides in heißem Olivenöl hell anschwitzen. Chilischote halbieren, entkernen, fein hacken und zugeben. Tomaten- sowie Auberginenwürfel, sämtliche Gewürze und Pinienkerne einmengen. Mit Salz, einer Prise Zucker und einem Schuss Essig abschmecken und etwa 10 Minuten auf kleiner Flamme dünsten lassen. Das Gemüse in die Auberginenhälften füllen und alles gut mit Olivenöl beträufeln. Eine passende Form mit Öl ausstreichen, die Auberginen einschlichten und im vorgeheizten Backrohr bei 200 °C etwa 20–30 Minuten (je nach Größe) überbacken. Herausnehmen und kurz überkühlen lassen. Vor dem Servieren mit frischem Koriandergrün oder Minze bestreuen und entweder als Zwischengericht oder – mit Bulghur-Reis – als Hauptspeise servieren.

TIPP: Nach dem Originalrezept werden die Auberginen nicht halbiert, sondern es wird eine taschenartige Öffnung hineingeschnitten, in welche das Gemüse dann eingefüllt wird. Auch was die Garungsart angeht, kursieren in der Türkei mehrere Varianten. So können die gefüllten Auberginen etwa auch auf mittlerer Flamme in Wasser, das mit Zucker und Salz aromatisiert wurde, weich geschmort werden.

Auberginen-Curry mit Garnelen

MALAYSIA UND SINGAPUR

ZUTATEN
**750 g Auberginen • 8 frische Garnelen • 1 EL Kurkumapulver
1 TL Mehl • 2 Knoblauchzehen • 2 Zwiebeln • 1 Stück (2 cm) Galgantwurzel • 2 rote Chilischoten • 100 g Cashewnuss-Kerne • 6 EL Pflanzenöl
400 ml Kokosmilch • 1 Zimtstange • 2 Stk. Sternanis • 6 getr. Curryblätter
Salz • frischer Koriander zum Garnieren**

ZUBEREITUNG
Die Auberginen in 2 cm große Würfel schneiden und kurz durchbraten. Mehl und Kurkuma gut durchmischen und unter die angebratenen Auberginen rühren. Zwiebeln, Knoblauch, Chilischoten und Cashewnuss-Kerne klein hacken.

Das Öl in einem Wok (oder einer schweren Pfanne) erhitzen und die Auberginenwürfel darin 2 Minuten braten. Anschließend Zwiebeln, Knoblauch, Galgant, Chili, Nüsse, Kokosmilch, Zimtstangen, Sternanis sowie Curryblätter zugeben und ca. 5 Minuten köcheln lassen. Mit Salz abschmecken. Nun die Garnelen hineingeben und 3 weitere Minuten mitkochen. In Schüsseln anrichten und nach Belieben mit frischem Koriander garnieren.

TIPP: Konsequente Vegetarier lassen die Garnelen am besten weg oder ersetzen sie durch ein Soja-Produkt.

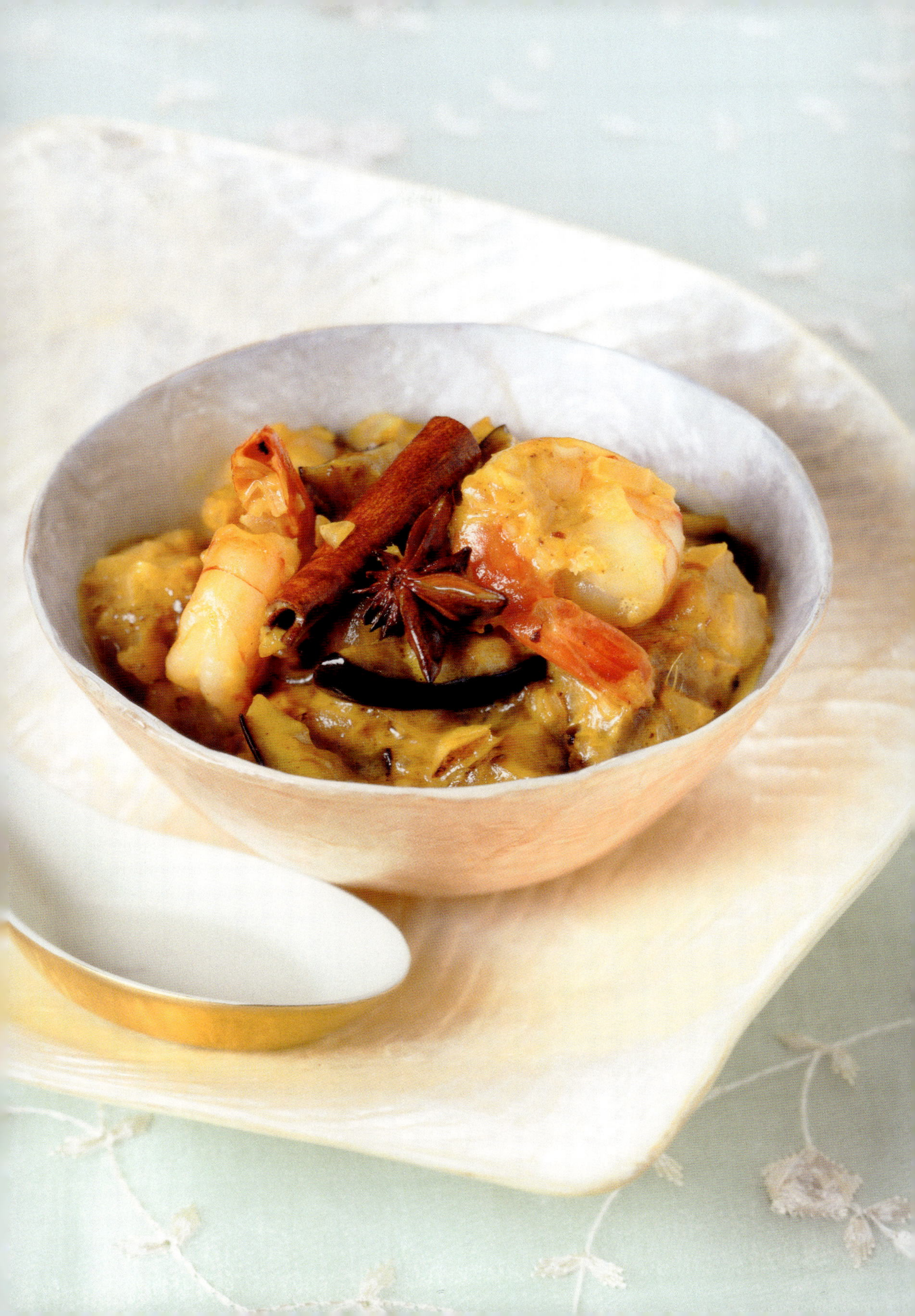

Asiatische Gemüseküche

Gado-Gado I INDONESIEN

ZUTATEN
5 Kartoffeln • 1 große Karotte • 200 g Fisolen • 250 g Tofu
4 hart gekochte halbierte Eier • 250 g Blattspinat • 1 Salatgurke
1 Paprikaschote • 100 g Sojasprossen • 2 fein gehackte Frühlingszwiebeln
120 g Erdnussbutter • 50 ml Kecap Manis (süße indonesische Sojasauce)
oder Sojasauce • 1 EL Korianderpulver • 1 EL Kreuzkümmel
1 TL Chilipulver • 200 ml dicke Kokosmilch • 1 TL brauner Zucker
1 Spritzer Zitronensaft • Erdnussöl

ZUBEREITUNG
Zunächst die Karotte und die Gurke stiftelig schneiden, die geputzte Paprikaschote in Streifen schneiden. Die Kartoffeln schälen und in Spalten schneiden. Tofu in mundgerechte Würfel schneiden. Nun die Kartoffelspalten, Karottenstifte und Fisolen getrennt in Salzwasser jeweils bissfest garen, mit kaltem Wasser abschrecken und abtropfen lassen. Blattspinat und Sojasprossen ebenfalls kurz in Salzwasser blanchieren (überbrühen), kalt abschrecken und abtropfen lassen. Etwas Erdnussöl in einer Pfanne erhitzen und die Tofuwürfel darin knusprig braten. Auf Küchenkrepp trockentupfen.
Für die Erdnuss-Sauce in einem Wok oder einer Pfanne etwa zwei Esslöffel Erdnussöl erhitzen und die Frühlingszwiebeln darin hell anschwitzen. Erdnussbutter, Kecap Manis, Koriander, Kreuzkümmel und Chili hinzufügen, durchrühren und mit Kokosmilch aufgießen. Kurz aufkochen lassen, Hitze stark reduzieren und alles etwa 5 Minuten köcheln lassen. Mit Zucker und Zitronensaft abschmecken. Gegartes sowie rohes Gemüse, Tofuwürfel und die Eierhälften dekorativ auf einer Platte anrichten und mit der fertigen Erdnuss-Sauce beträufeln.

Gado-Gado II INDONESIEN

ZUTATEN
1 Zwiebel • 300 g Kartoffeln • 250 g Fisolen (oder junge Erbsen)
250 g Chinakohl • 100 g Sojabohnensprossen • 1/2 Salatgurke
4 Tomaten • 4 Frühlingszwiebeln • 2 rote Chilischoten
1 grüne Chilischote • 2 hart gekochte Eier • Öl zum Braten

ZUBEREITUNG
Die Zwiebel schälen, halbieren und in dünne Scheiben schneiden. In etwas heißem Öl goldbraun anbraten und auf einem Küchenpapier abtropfen lassen. Die Kartoffeln kochen, schälen und in Scheiben schneiden. Chinakohl in 4 cm dicke Scheiben schneiden. Fisolen dünn schneiden und mit den Sojabohnensprossen kurz in heißem Wasser blanchieren (überbrühen). Kalt abschrecken. Die gut gewaschene Gurke in Scheiben schneiden, die Tomaten achteln und die Jungzwiebeln halbieren. Die Chilischoten von der Spitze bis zum Stielansatz mehrmals einschneiden und in kaltes Wasser legen, damit sie sich dekorativ auffalten. Gekochte Eier schälen und ebenfalls in Scheiben schneiden. Alles dekorativ auf einem großen Teller anrichten.

BEILAGENEMPFEHLUNG: Erdnuss-Sauce

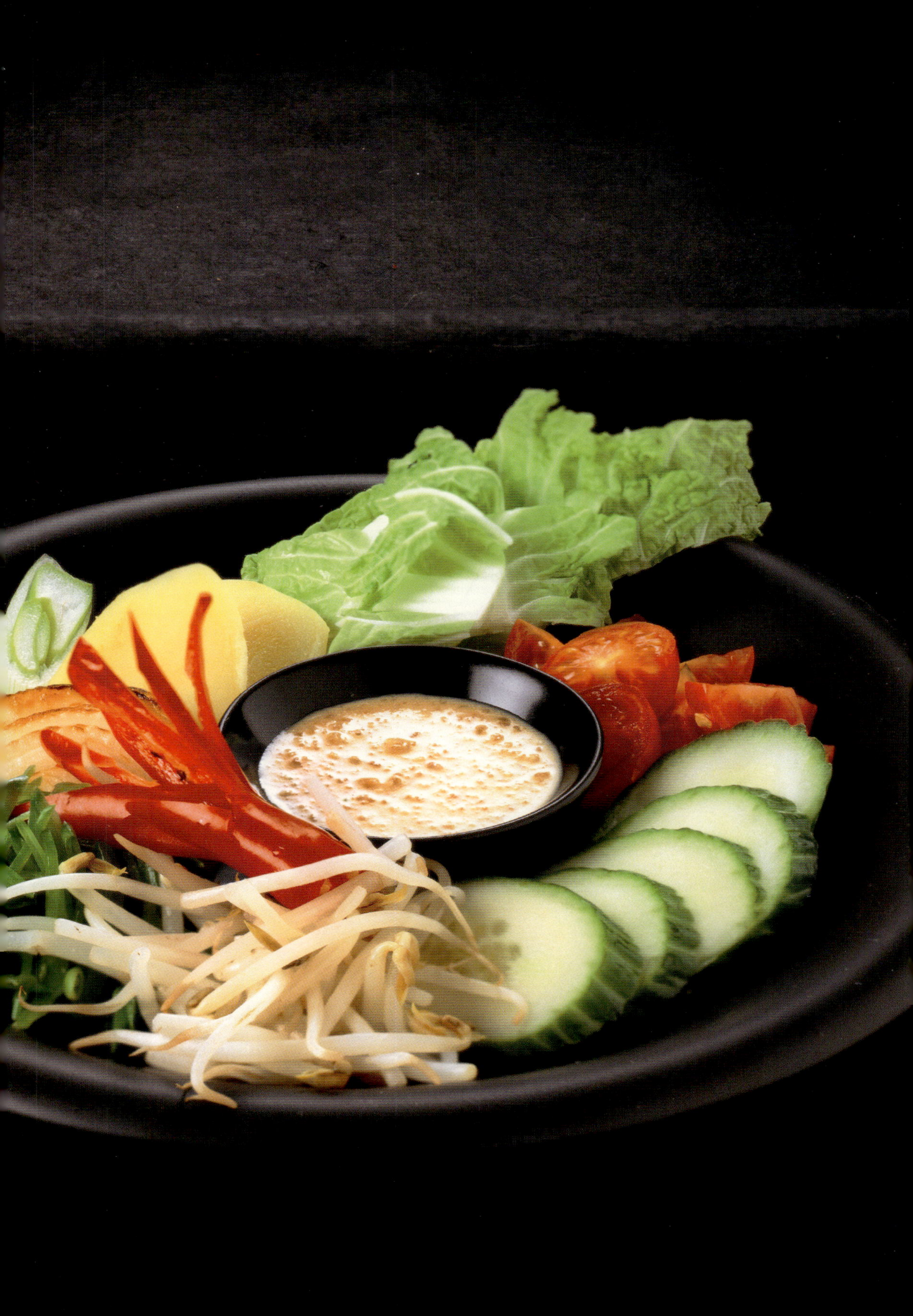

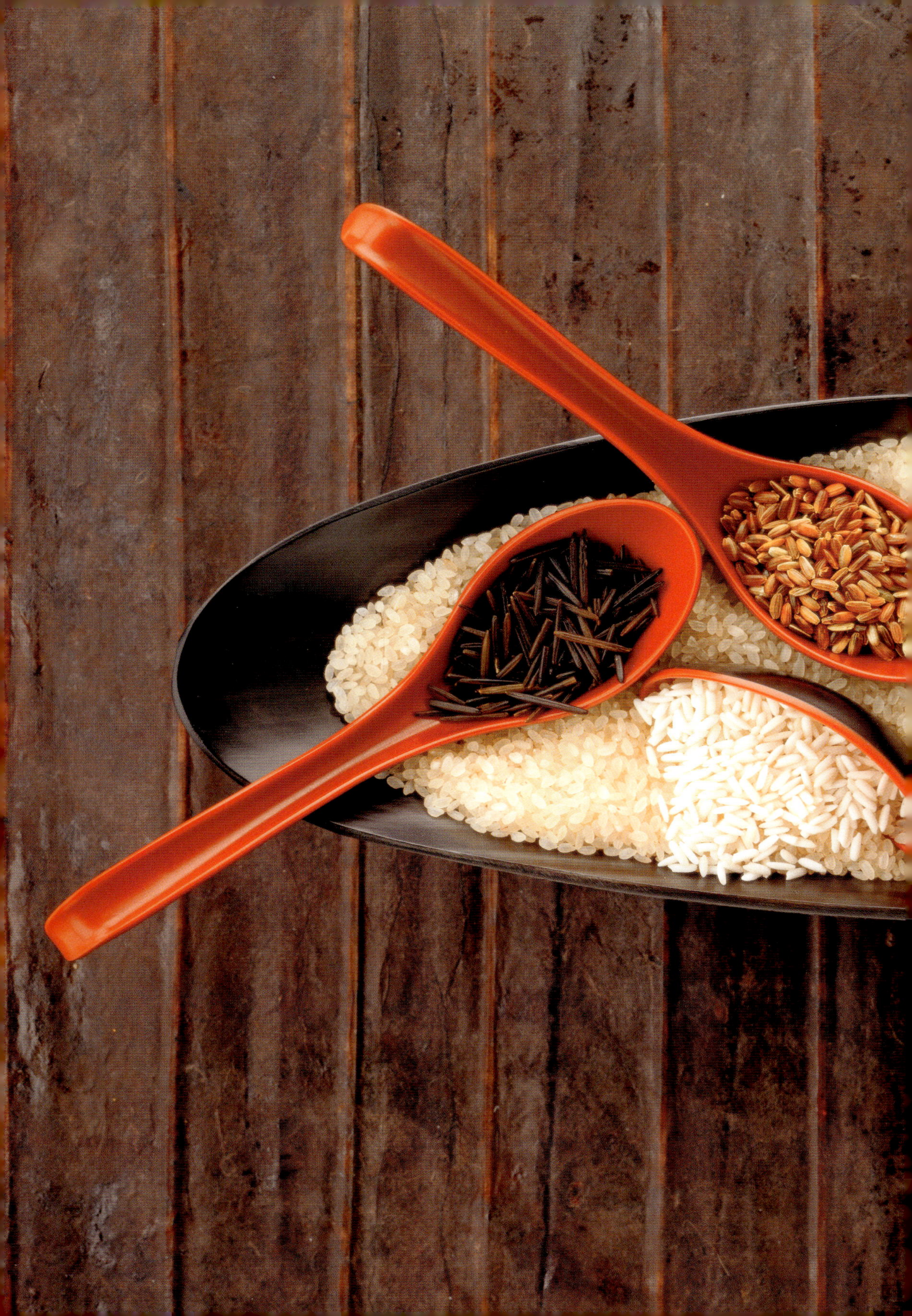

Für eine Handvoll Reis

GETREIDEPRODUKTE IN ASIENS KÜCHEN

Asiatische Getreideküche

Kalte Reisschale mit Frühlingszwiebeln und Pilzen CHINA

ZUTATEN
**150 g chinesischer Reis • 150 g Sojabohnensprossen • 150 g Chinakohl
2–3 Frühlingszwiebeln • 1–2 Knoblauchzehen • 200 g frische chin. Pilze
(Shiitake, Strohpilze, ersatzweise getrocknet oder eingelegt)
3–4 EL Erdnuss- oder Pflanzenöl • 3 Eier • 1/2 EL Mehl • Salz
rote, kleine Chilischoten zum Garnieren**

FÜR DIE MARINADE
**2–3 EL chin. Reisessig • 2 EL Sojasauce • 2 TL Sesamöl
1 TL frisches, gehacktes (ersatzweise etwas getrocknetes) Zitronengras
Szechuan-Pfeffer**

ZUBEREITUNG
Reis unter fließendem Wasser mehrfach gut waschen, bis das Wasser klar ist. In einem Sieb abtropfen lassen. In einem möglichst großen Topf ca. 200 ml Wasser aufstellen, leicht salzen, Reis zugeben und aufkochen lassen. Dann Hitze auf kleinste Stufe reduzieren und Reis zugedeckt 15–20 Minuten garen. Reis auf einem großen Teller oder Platte verteilen und auskühlen lassen. In einem Topf etwas Salzwasser aufkochen lassen und die Sojabohnensprossen darin ganz kurz ziehen lassen. Abgießen, in kaltes Wasser legen und abtropfen lassen. Chinakohl in feine Streifen schneiden. Die Frühlingszwiebeln ebenso wie den Knoblauch fein hacken. Pilze putzen und in mundgerechte Stücke schneiden.

In einem Wok oder einer Pfanne das Öl erhitzen und Frühlingszwiebeln gemeinsam mit dem Knoblauch hell anschwitzen. Die Pilze zugeben und weiterrösten. Alles aus der Pfanne heben und auskühlen lassen. In einer Tasse die Eier mit Mehl und Salz verrühren. Die Masse in die Pfanne eingießen und im verbliebenen Fett ein großes oder zwei kleinere Palatschinken backen. Herausnehmen und ebenfalls zum Auskühlen auf einen Teller stürzen.

Für die Marinade den Reisessig mit Sojasauce, Sesamöl, Zitronengras und Szechuan-Pfeffer gut verrühren. Dann in einer großen Schüssel den ausgekühlten Reis mit den Pilzen, Chinakohl und Sojabohnensprossen vermengen. Die Palatschinken nudelig schneiden und zugeben. Die Marinade darübergießen und alles vorsichtig durchmischen. Den Reissalat anrichten und nach Belieben mit in Streifen geschnittenen Chilischoten garnieren.

Goldener Hochzeitsreis INDIEN

An hohen Festtagen und bei Hochzeiten wird dieser Gewürzreis mit Blattgold garniert.

ZUTATEN FÜR 6–8 PORTIONEN
**500 ml nicht zu fette, milde Geflügelsuppe (oder Gemüsesuppe)
250 g Basmati-Reis • 100 g Mandeln • 100 g Rosinen • 1 Granatapfel
1 Stück (3–4 cm) Ingwer • Mark von 1 Vanilleschote • 1 TL Safranfäden
etwas Kardamom • Rosenwasser • Butter zum Andünsten • Salz
dünnes Blattgold nach Belieben (s. Tipp)**

Asiatische Getreideküche

ZUBEREITUNG
Die Safranfäden in wenig lauwarmem Wasser einweichen. Die Vanilleschote der Länge nach halbieren. Ingwer fein hacken. In einem Topf etwas Butter erhitzen und die Vanilleschote gemeinsam mit dem Ingwer darin anschwitzen. Mit Suppe aufgießen, die Safranfäden mitsamt dem Einweichwasser einrühren und den Reis zugeben. Mit Salz würzen. Rosinen hinzufügen, einmal aufkochen lassen, dann Hitze reduzieren und auf kleinster Flamme zugedeckt ca. 20 Minuten kochen lassen. (Der Reis sollte nicht kleben, sondern schön locker sein.)
Inzwischen die Kerne aus dem halbierten Granatapfel herauslösen. Die Mandeln in feine Stifte schneiden und gemeinsam mit dem Kardamom in einer Pfanne ohne Fett anrösten. Wieder vom Herd nehmen, die Granatapfel-Kerne einrühren und unter den Reis mengen. Das Rosenwasser zugeben und alles behutsam durchmischen. Auf einem vorgewärmten Vorlegeteller kegelartig anrichten und ganz nach Belieben mit Blattgold garnieren.
VERWENDUNG: Festtags-Beilage zu geschmortem Lamm, Rind oder Geflügel mit aromatischer Sauce.

TIPP: Blattgold ist in Farbenfachgeschäften oder im gut sortierten Papierwarenhandel erhältlich. Man unterscheidet verschiedene Gewichtsklassen: Für die Verwendung in der Küche sollte man unbedingt möglichst feine Blätter wählen und die hauchdünnen Goldblättchen mit einer Pinzette sorgfältig vom Seidenpapier heben sowie in kleinen Stücken auf den Reis drapieren.

Asiatische Getreideküche

Quinoa-Pinien-„Risotto" KIM KREATION!

ZUTATEN FÜR CA. 3 PORTIONEN
**100 g gekochter Sushi-Reis (s. S. 98) • 50 g Quinoa (Reismelde, im Reformhaus erhältlich) • 1l Rindsuppe oder Wasser • 100 g Pinienkerne
4 Nori-Blätter (Maki-Seetang) • 1 EL Sojasauce • 1/2 TL Sesamöl
1 Bund Frühlingszwiebeln • Chili zum Garnieren**

ZUBEREITUNG
Quinoa in Wasser aufkochen und ca. 20 Minuten ziehen lassen. Dann abseihen. Die Pinienkerne in einer Pfanne ohne Fett rösten. Mit Suppe oder Wasser in einem Mixer pürieren. Den gekochten Sushi-Reis mit Quinoa vermengen, mit der Piniensuppe aufgießen und ca. 10 Minuten auf kleiner Flamme köcheln lassen. Dabei öfters umrühren.
Die Seetangblätter in einer Pfanne kurz ohne Öl anbraten. Zwischen den Fingern zerbröseln und in eine Schüssel geben. Frühlingszwiebeln klein hacken und gemeinsam mit Sojasauce und Sesamöl daruntermischen. Risotto und Seetangsalat auf Tellern anrichten. Mit Chili garnieren.

TIPP: Kann als kleiner nahrhafter Zwischengang oder als Beilage zu zahlreichen asiatischen Gerichten serviert werden.

Erdnuss-„Risotto" mit Garnelenspießchen KIM KREATION!

ZUTATEN
**300 g Rundkornreis • 300 ml Wasser • 300 ml Rindsuppe
100 g grob geriebene Erdnüsse • 4 EL Erdnussbutter
80 g geriebener Parmesan • 8 Riesengarnelen • 4 Stangen Zitronengras
1 EL Sojasauce • 1 Knoblauchzehe • Zucker, Salz • 1 TL Fischsauce
Pflanzenöl • Chili und Koriandergrün zum Garnieren**

ZUBEREITUNG
Den Reis mit Wasser aufkochen, Hitze reduzieren und zugedeckt ca. 20 Minuten (am besten im Dampfgarer) bissfest kochen. Inzwischen die Garnelen (bis auf das letzte Schwanzende) schälen und putzen (Darm entfernen). Bei den Zitronengras-Stangen beide Enden schräg abschneiden, damit man die Garnelen besser aufspießen kann. Je 2 Garnelen auf eine Stange stecken.
Den fertig gegarten Reis mit Rindsuppe, geriebenen Erdnüssen und Erdnussbutter vermengen und unter ständigem Rühren noch weitere 3 Minuten ziehen lassen.
Eine Pfanne erhitzen, wenig Öl eingießen und die Garnelen darin beidseitig anbraten, bis sie eine zart-orange Farbe bekommen. Knoblauch in Scheiben schneiden und mit Sojasauce, Zucker und bei Bedarf Salz vermengen. Zugeben und die Garnelen damit aromatisieren.
Risotto vom Herd nehmen, mit Parmesan vermischen und die Fischsauce zugeben. Auf Tellern anrichten, die Spieße darüberlegen und mit Chili sowie Koriandergrün garnieren.

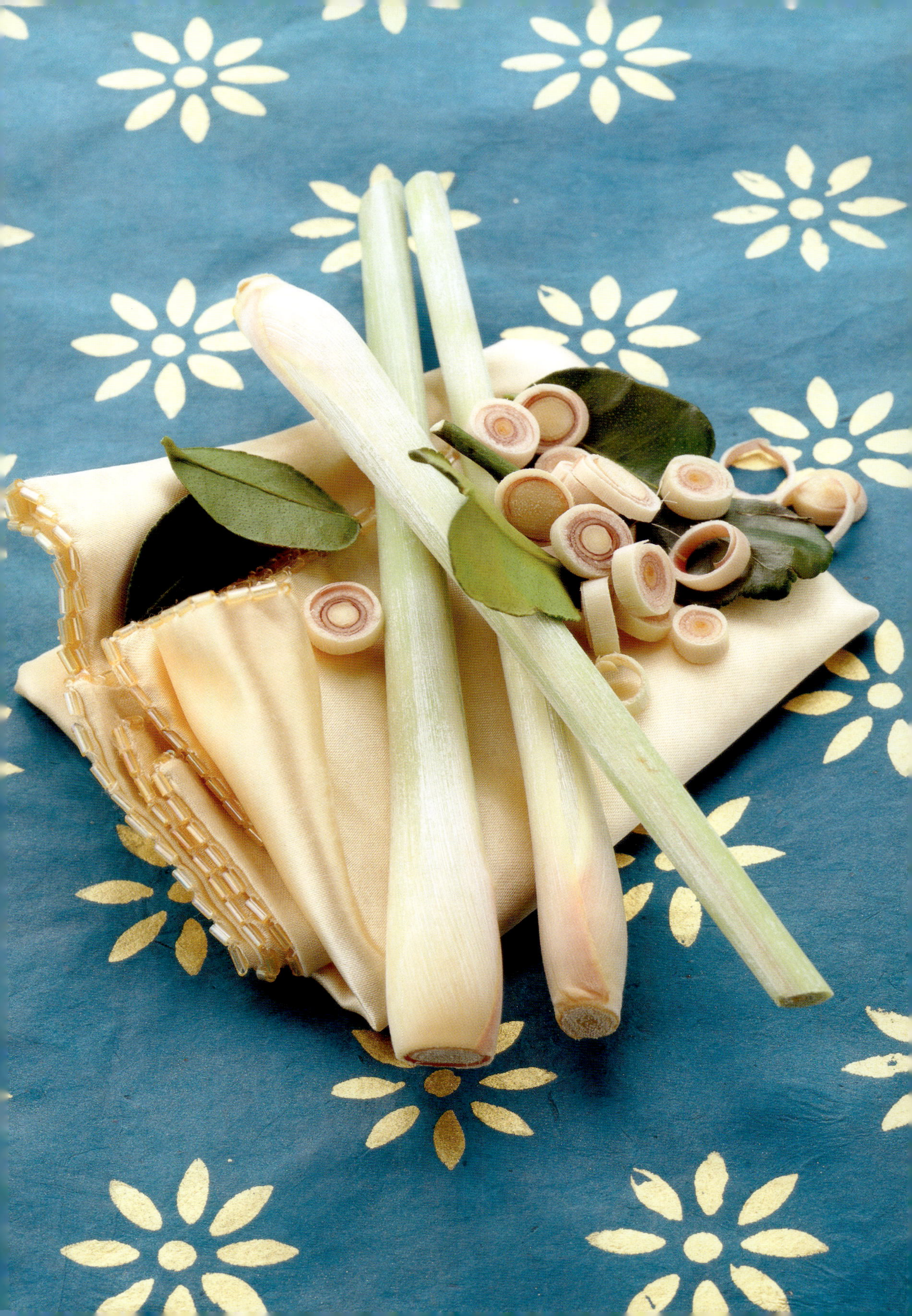

Asiatische Getreideküche

Gebratener Gemüsereis mit Tofu KOREA

ZUTATEN
**500 g Rundkornreis • 700 ml Wasser • 200 g Tofu • 1 kl. Schalotte
ca. 300 g gemischtes Gemüse nach Wahl (Zucchini, Karotten, Lauch, Brokkoli, Karfiol etc.) • 1 EL Sesamöl • 3 EL Sonnenblumenöl • Salz
Pfeffer • 1 EL Balsamicoessig**

ZUBEREITUNG
Den Reis gründlich (d. h. bis zu sechs Mal) waschen, bis das Wasser wirklich klar ist. Wasser in einen Topf (mit Einsatz) geben und den Reis (am besten im Dampfgarer bei 100 °C) 20 Minuten garen.
Währenddessen das Gemüse waschen bzw. putzen und kleinwürfelig schneiden. Tofu und Schalotte ebenfalls kleinwürfelig schneiden. Eine Pfanne erhitzen und Sonnenblumen- sowie Sesamöl zugeben. Zuerst die Schalottenwürfel braun anrösten, dann das Gemüse sowie die Tofuwürfel einmengen und ca. 2 Minuten mitrösten. Den gegarten Reis hinzufügen und ebenso kurz mitrösten. Mit Essig, Salz und Pfeffer abschmecken. In Schalen anrichten und servieren. Foto rechts

Roter Reis mit Garnelen VIETNAM

ZUTATEN
**400 g Garnelen • 2 Tassen gekochter roter Reis
1 Bund Frühlingszwiebeln • 3 Knoblauchzehen • 3 Tomaten
1–2 rote Chilischoten • 1 EL Fischsauce • 1 EL Sojasauce
Salz • Öl • frisch gehackter Koriander zum Bestreuen**

ZUBEREITUNG
Zunächst den Knoblauch sowie die Frühlingszwiebeln fein hacken. Die Tomaten in siedendem Wasser blanchieren (überbrühen), schälen, entkernen und in kleine Würfel schneiden. Die Chilischoten halbieren, entkernen und fein hacken.
In einem Wok oder einer schweren Pfanne etwas Öl erhitzen. Die Frühlingszwiebeln gemeinsam mit dem Knoblauch darin hell anschwitzen. Chili und Tomaten hinzufügen und kräftig einkochen lassen. Mit Fisch- und Sojasauce würzen. Nun die Garnelen zugeben und ca. 4–5 Minuten garziehen lassen. Den gekochten Reis unterrühren und behutsam durchrühren. Mit Salz abschmecken, gehackten Koriander darüberstreuen und servieren.

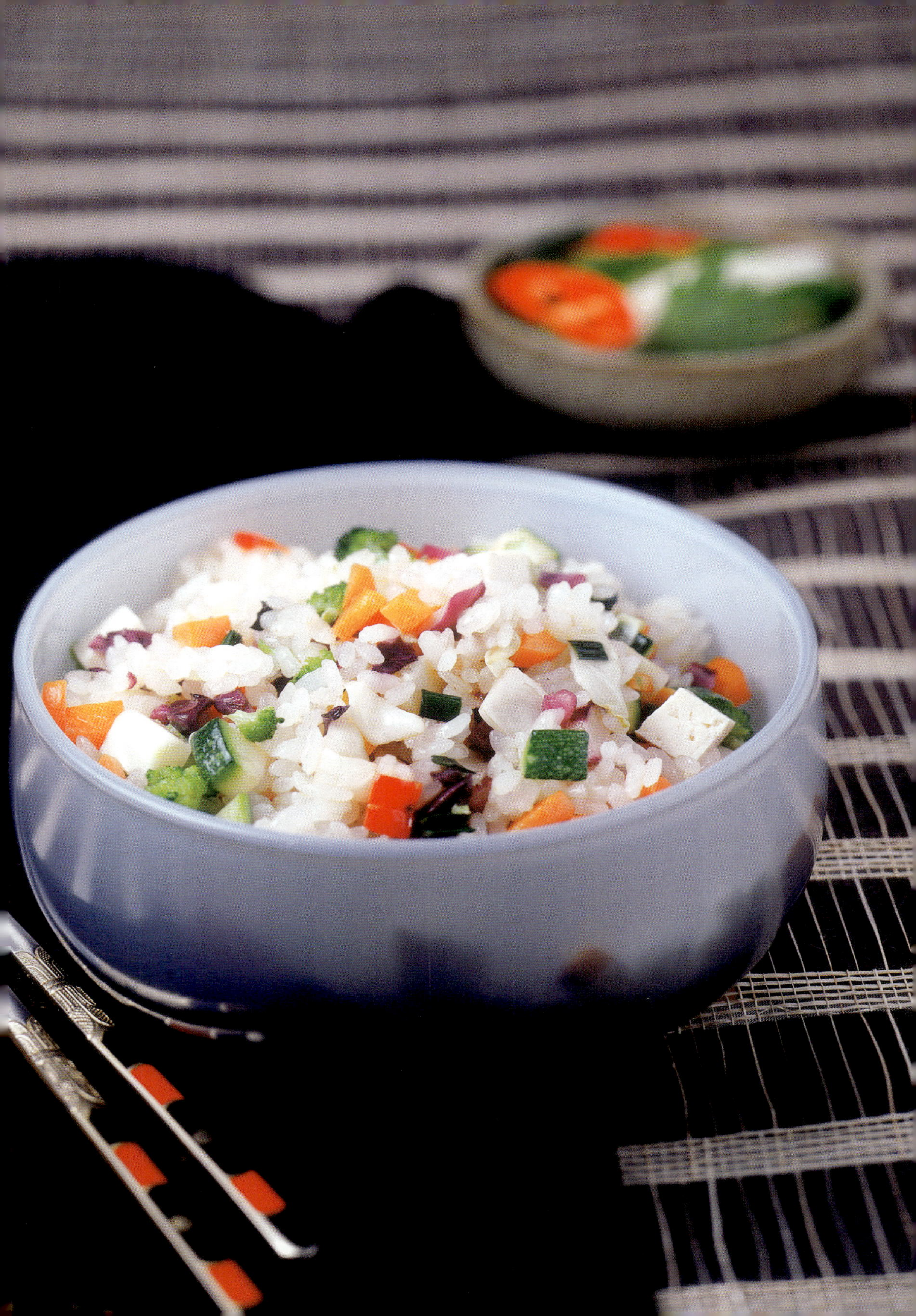

Orangen-Safran-Reis mit Hühnerkeulen
IRAN

Asiatische
Getreideküche

ZUTATEN
4 Hühnerkeulen (mit Ober- und Unterkeule) • 4 Hühnerflügerl
300 g Langkornreis • ca. 150 g fein gehackte Hasel- oder Walnüsse
einige Safranfäden • 100 g getrocknete Orangenschalen • 100 g Zucker
schwarze Pfefferkörner • einige Gewürznelken • Salz, Pfeffer • Butter

ZUBEREITUNG
Zunächst die Hühnerteile in einen Topf geben und mit leicht gesalzenem Wasser bedecken. Einige Gewürznelken und Pfefferkörner hinzufügen und das Fleisch ca. 30–40 Minuten weich garen. Die Hühnerteile herausheben, das Fleisch ablösen und in kleine Würfel schneiden. Den Hühnersud beiseitestellen.
Etwas Butter in einem Topf schmelzen lassen, das Hühnerfleisch einlegen und bei geringer Hitze rundum sanft anbraten. Die gehackten Nüsse zugeben und mit etwas Hühnersud aufgießen. Salzen, pfeffern und 10–15 Minuten zu einer molligen Masse einkochen lassen. Bei Bedarf noch etwas Sud zugießen oder andernfalls noch länger einkochen lassen bzw. noch Nüsse zugeben.
Die Safranfäden in lauwarmem Wasser einweichen. Einen Topf mit ca. 500 ml Wasser aufstellen. Die Orangenschalen zugeben und darin weich kochen. Dann den Safran samt Flüssigkeit einrühren, den Zucker darin auflösen und alles nochmals aufkochen lassen. Vom Herd nehmen und durch ein feines Sieb seihen.
Währenddessen den Reis mehrmals gut waschen, bis das Wasser völlig klar ist. In einem Sieb gut abtropfen lassen. In einem Topf reichlich Salzwasser aufkochen, den Reis zugeben und ca. 10 Minuten köcheln lassen, bis die Reiskörner weich, aber noch fest sind. Abseihen und in einem Sieb abtropfen lassen.
Nun einen geeigneten Topf gut mit Butter ausstreichen und den Reis abwechselnd mit dem Hühnerfleisch einfüllen. Mit Reis abschließen und den Orangen-Safran-Sud darüberträufeln. Den Topf gut verschließen, dafür am besten den Deckel mit einem Küchentuch umwickeln und aufsetzen. Bei stark reduzierter Temperatur ca. 30 Minuten ziehen lassen. Auf vorgewärmten Tellern anrichten und mit reichlich brauner Butter beträufeln.

TIPP: Stehen keine getrockneten Orangenschalen zur Verfügung, so können auch frische Orangenzesten verwendet werden, die vorher einige Stunden in warmes Wasser gelegt wurden. Dabei sollte das Wasser immer wieder gewechselt werden, um die Bitterstoffe zu entziehen.

Ginseng-„Risotto" mit Maroni und Berberitzen KOREA

ZUTATEN
200 g gekochter Sushi-Reis (s. S. 98) • 2 Ginseng-Wurzeln (oder 4 Päckchen Ginseng-Teepulver) • 125 ml Wasser oder Hühnersuppe
4 getrocknete, rote Datteln • 4 geschälte, gebratene Maroni
1 TL Berberitzen • 1/2 TL Salz

ZUBEREITUNG
Die Ginseng-Wurzeln in dünne Scheiben schneiden und mit Wasser oder Suppe 1 Stunde köcheln lassen. Bei Bedarf noch etwas Flüssigkeit zugießen. (Das als Ersatz verwendete Ginseng-Teepulver in 125 ml Wasser oder Suppe auflösen und kurz aufkochen.) Datteln, Maroni, Berberitzen sowie Reis zugeben und noch 30 Minuten köcheln lassen. Dabei öfters durchrühren. Mit Salz abschmecken und in einer Schüssel anrichten.

Asiatische Getreideküche

Ein Reisgericht macht Weltkarriere

Eines der populärsten und einfachsten chinesischen Rezepte hat während der letzten Jahrzehnte auch die westlichen Küchen im Sturm erobert. Gebratener Reis ist eine schnelle, schmackhafte „Resteverwertung", kann aber auch ein veritables Festessen darstellen. Etwa dann, wenn man in China am Ende eines langen Menüs den Reis als letzten (!) Gang gemeinsam mit dem Fleisch jener Enten oder Spanferkel serviert, von denen man zu Beginn des Menüs lediglich die feine Kruste kredenzt hat. Das folgende Rezept beinhaltet von Shrimps über Ente, Huhn, Schwein, Pilze, Erbsen, Möhren und Schinken alles was gut und teuer ist

Gebratener Reis CHINA

ZUTATEN
**250 g Reis (Basmati-Reis) • 300 ml Wasser • Gemüse nach Wahl (Erbsen, Lauch, Paprika, Karotten, Sojabohnensprossen etc.)
150 g gekochter Schinken • 150 g gemischtes gebratenes Fleisch nach Belieben (Ente, Huhn oder Schweinefleisch)
100 g geschälte und pochierte Shrimps • 3 Frühlingszwiebeln
2 Eier • 1 EL eingeweichte chin. Pilze • 1 EL helle Sojasauce
1 EL Austernsauce • 2 EL Öl**

ZUBEREITUNG
Den Reis einige Male gut waschen und gemeinsam mit dem Wasser zum Kochen bringen. Dann Hitze reduzieren und zugedeckt etwa 20 Minuten ziehen lassen, bis die gesamte Flüssigkeit verdampft ist. Den Reis mindestens einen Tag kühl stehen lassen (oder Reisreste vom Vortag verwenden).
Frühlingszwiebeln fein hacken, Schinken in Würfel, Fleisch in Streifen schneiden. Das Gemüse nach Bedarf putzen und in mundgerechte Stücke schneiden. Einen Wok (oder eine schwere gusseiserne Pfanne) sehr stark erhitzen. Öl eingießen und die Frühlingszwiebeln darin hell anrösten. Nun nacheinander zuerst Gemüse, dann Schinken, Fleischstreifen, Shrimps sowie die Pilze hinzufügen und bei mittlerer Hitze jeweils kurz anziehen lassen.
Die beiden Eier verquirlen, zugeben und unter ständigem Rühren kurz stocken lassen. Reis zugeben und noch 1–2 Minuten braten. Austern- mit Sojasauce vermischen und gut mit dem Reis vermengen. In Schalen anrichten und servieren.

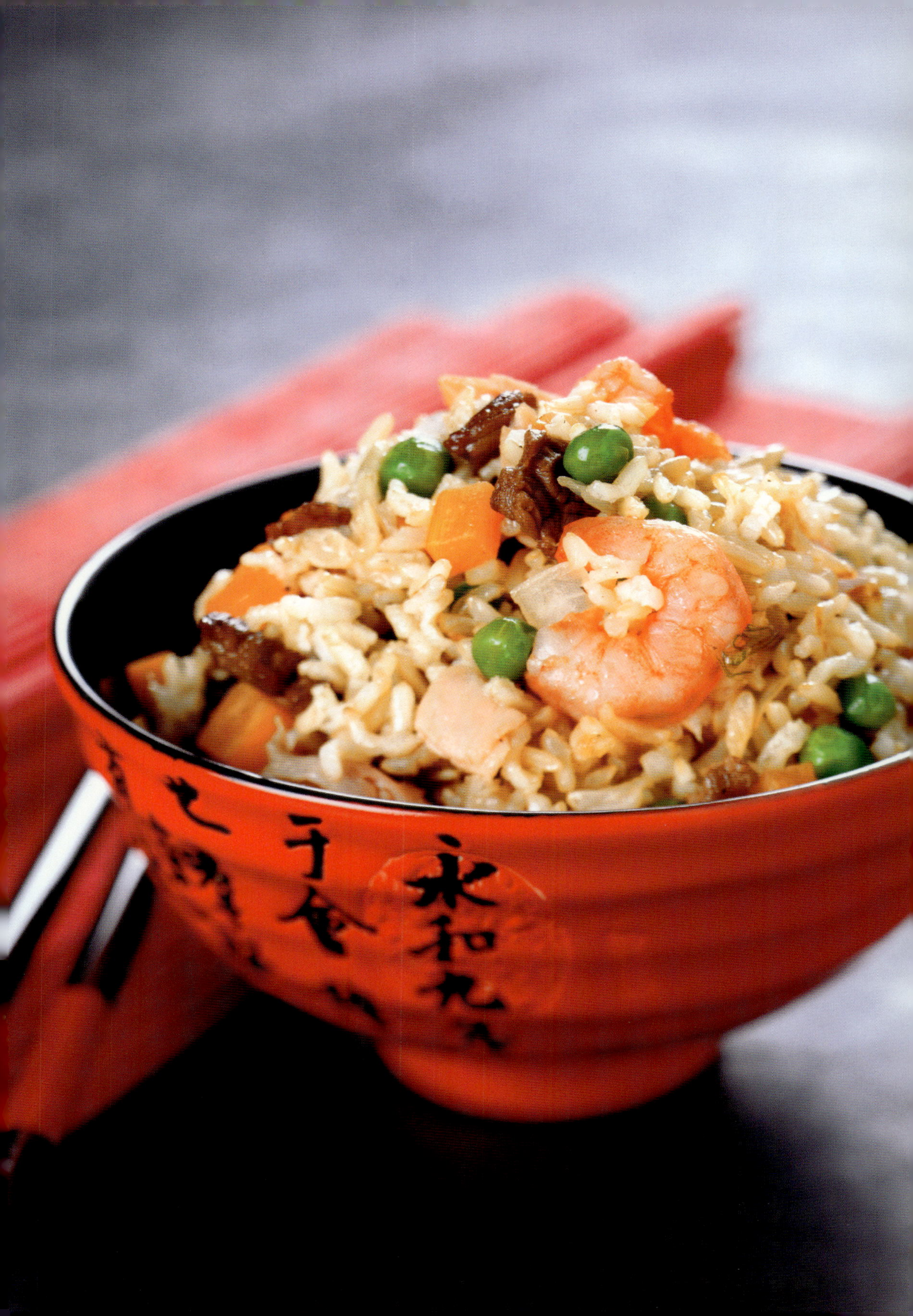

Asiatische Getreideküche

Berberitzen-Reis mit Huhn in Orangensauce KIM KREATION!

ZUTATEN FÜR 2 PORTIONEN
1 Hühnerbrust • 100 g roter Reis • 1 l frisch gepresster Orangensaft
Saft von 1/2 Zitrone • 1 TL Zucker für die Orangensauce
30 g div. getrocknete Früchte • 20 g Berberitzen
10 g kandierter, halbgetrockneter Ingwer • 1 TL Frühlingszwiebel-Ringe
1 Knoblauchzehe • 1 kl. Stück Ingwer • 1 TL Sesam- oder Erdnussöl
60 ml Sojasauce • 60 ml Wasser
1 EL Zucker oder 2 EL Ahornsirup für die Marinade
Salz, Pfeffer • Olivenöl

ZUBEREITUNG
Den Orangensaft auf 300 ml reduzieren (einkochen). Zucker, eine Prise Salz sowie Zitronensaft zugeben und dann zur Seite stellen.
Die Hühnerbrust quer in 2 flache Filets schneiden. Knoblauch sowie Ingwer fein hacken und mit Sojasauce, Zucker und Wasser zu einer Marinade vermengen. Die Hühnerfilets darin 20 Minuten marinieren.
Nun in einer Pfanne Erdnuss- oder Sesamöl erhitzen und das Huhn darin beidseitig goldbraun braten. Dann den reduzierten Orangensaft zugießen und noch ganz kurz (30 Sekunden) ziehen lassen. Das Fleisch währenddessen einmal wenden. Hühnerfilet in Scheiben schneiden und mit dem vorbereiteten Reis servieren.
Für den Berberitzen-Reis den Reis 15 Minuten aufkochen und 10 Minuten ziehen lassen. Die Berberitzen und Früchte fein hacken. In einer zweiten Pfanne Olivenöl erhitzen und den gekochten Reis darin kurz anbraten. Dann nacheinander die Früchte, Ingwerstücke, Salz, Pfeffer und Frühlingszwiebeln dazumischen und 2 Minuten anbraten. In Schalen oder auf einem Teller anrichten.

TIPP: Besonders dekorativ sieht dieses Reis-Gericht aus, wenn Sie den Orangensaft nicht direkt über die Hühnerbrust gießen, sondern diesen getrennt in einem hübschen Glas dazu servieren.

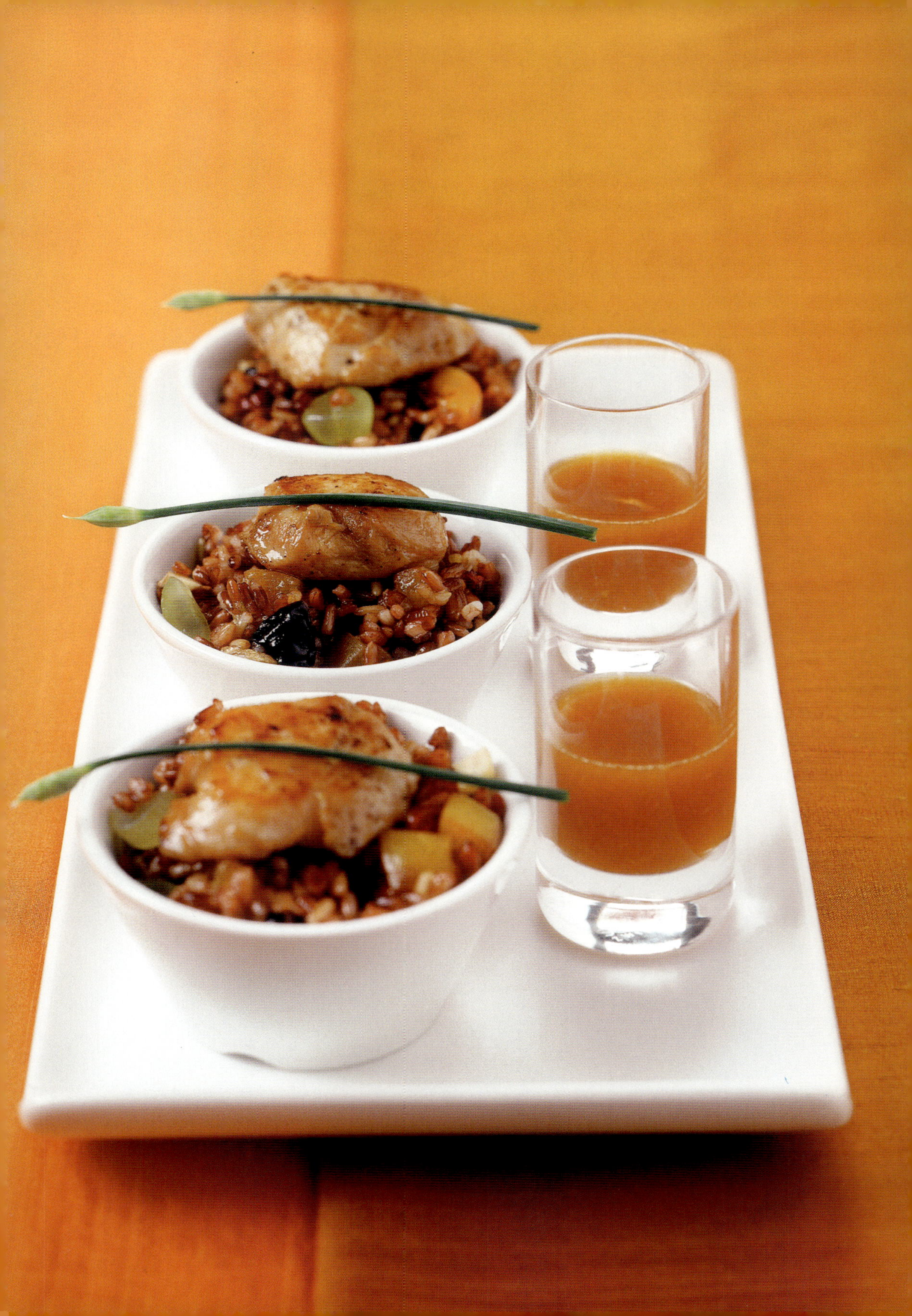

Asiatische Getreideküche

Reisauflauf mit Lammfleisch und Dörrfrüchten IRAN

ZUTATEN
300 g Langkornreis (z.B. Basmati-Reis) • 400 g mageres Lammfleisch aus Schulter oder Keule • 50 g getrocknete Marillen ohne Kerne 50 g getrocknete Zwetschken ohne Kerne • 1 Zwiebel • Suppe oder Wasser zum Aufgießen • Zimtpulver • Salz, Pfeffer • Butter für die Form Öl zum Anbraten • frisch gehackte Kräuter zum Garnieren

ZUBEREITUNG
Zunächst den Reis einige Male gründlich waschen, einige Stunden in Wasser einweichen und dann abtropfen lassen. Gedörrte Zwetschken und Marillen ebenfalls in kaltem Wasser einweichen, bis man sie in kleine Würfel schneiden kann.
Das zugeputzte Lammfleisch in mundgerechte Würfel schneiden. Die Zwiebel fein hacken. In einem Topf etwa 2 Esslöffel Öl erhitzen und die Zwiebelwürfel darin goldgelb anrösten. Lammfleisch zugeben und bei kräftiger Hitze ebenfalls rundum goldbraun anrösten. Mit Salz, Pfeffer sowie einer Prise Zimt würzen und die geschnittenen Dörrfrüchte untermengen. Soviel Suppe oder Wasser zugießen, dass das Fleisch gerade bedeckt ist, und ca. 1 Stunde weich kochen. Das Fleisch sollte dann sehr weich und die Flüssigkeit fast zur Gänze aufgenommen worden sein. Währenddessen bei Bedarf noch etwas Flüssigkeit zugießen.
Inzwischen in einem anderen Topf reichlich Salzwasser aufkochen, den gut abgetropften Reis zugeben und ca. 10 Minuten köcheln lassen, bis die Reiskörner weich, aber noch fest sind. Abseihen und in einem Sieb abtropfen lassen.
Einen passenden Topf mit Butter ausstreichen. Nun eine Schicht Reis einschlichten, mit Fleisch bedecken und abermals Reis einfüllen. So lange wiederholen, bis alles verbraucht ist, wobei mit Reis abgeschlossen wird. Noch einige Butterflocken darauf verteilen. Den Topfdeckel in ein Küchentuch hüllen, auf den Topf geben und bei niedriger Hitze noch ca. 30 Minuten köcheln lassen, bis der Reis gar ist. Mit frisch gehackten Kräutern garnieren und heiß servieren.
BEILAGENEMPFEHLUNG: Gurken-Joghurt-Salat

TIPP: Die Dörrfrüchte können auch durch die Zugabe von Rosinen ergänzt werden.

Philippinische Reispfanne

ZUTATEN FÜR 8 PORTIONEN
500–750 g gemischte Muscheln • 500–750 g Garnelen mit Schale
1 kg beliebige Hühnerteile (Keulen, Flügerl, Brust) • 500 g Schweinefleisch
1–2 Stk. Longaniza oder Chorizo (philipp. Würstchen, ersatzweise
Debreziner oder anderes scharfes Würstchen) • 3 Tassen Reis
ca. 6 Tassen heiße Geflügel- oder Gemüsesuppe • 6 Schalotten
6 Knoblauchzehen • 4–6 kleinere Tomaten • 1 EL Tomatenmark
1/2 EL Paprikapulver • Chilipulver • einige Safranfäden • Salz, Pfeffer
Olivenöl zum Braten • würfelig geschnittene Paprikaschote und grob
gehackter Koriander zum Garnieren

Asiatische
Getreideküche

ZUBEREITUNG
Die Muscheln unter fließendem Wasser gut putzen, Bärte entfernen, bereits geöffnete Muscheln aussortieren. Die Hühnerteile nach Belieben noch kleiner schneiden, salzen und pfeffern. Das Schweinefleisch in mundgerechte Bissen schneiden und ebenfalls mit etwas Salz und Pfeffer würzen. Die Würstchen in Scheiben schneiden. Nun in einer großen Pfanne etwas Öl erhitzen und nacheinander die Hühnerteile, das Schweinefleisch und die Longaniza-Scheiben jeweils rundum braun anbraten, herausheben und abtropfen lassen.

Nun die Safranfäden in etwas lauwarmem Wasser einweichen. Die Tomaten in siedendem Wasser kurz blanchieren (überbrühen), schälen und in kleine Würfel schneiden. Die Schalotten ebenso wie den Knoblauch fein hacken. Das Öl aus der Pfanne abgießen, die Pfanne mit Küchenkrepp auswischen und etwas frisches Öl erhitzen. Die Schalottenwürfel zugeben und auf kleiner Flamme langsam weich und goldgelb dünsten. Knoblauch einrühren und ebenfalls mitdünsten. Paprikapulver einmengen, kurz durchrühren und Tomatenmark sowie Tomatenwürfel zugeben. Kräftig aufkochen lassen, mit Salz, Pfeffer, Chili und Safran würzen und alles zugedeckt bei relativ großer Hitze sämig einkochen.

Jetzt den Reis einmengen, kurz durchrühren und mit der heißen Suppe aufgießen. Aufkochen lassen und dann sämtliche Fleischzutaten zugeben. Durchrühren, Hitze auf ein Minimum reduzieren, mit dem Deckel verschließen und ca. 15 Minuten sanft dünsten. Währenddessen ab und an umrühren. Nun die Muscheln gemeinsam mit den Garnelen so zugeben, dass sie gut von Reis umgeben sind. Nochmals ca. 15 Minuten garen. Währenddessen nicht umrühren. Sobald die Suppe zur Gänze vom Reis aufgenommen wurde, klein gewürfelten Paprika und grob gehackten Koriander miteinander vermengen und über den Reis streuen. In der Pfanne auftragen.

TIPP: Zum wahren Festschmaus gerät dieses Reisgericht, wenn Sie mit dem Fleisch noch einen in Scheiben geschnittenen Langustenschwanz unter den Reis mengen.

Asiatische Getreideküche

Festliches Reismahl (Nasi Tumpeng)

INDONESIEN

Nasi Tumpeng ist ein Gericht, das die indonesische Küche in vielen Varianten mit Fleisch, Fisch, Krustentieren und Gemüse in den unterschiedlichsten Varianten kennt. Das folgende Rezept stellt nur eine von vielen möglichen Kombinationsmöglichkeiten dar.

ZUTATEN
500 g Reis • 700 ml Wasser • 1 EL Kurkuma

FÜR DAS HÜHNERGERICHT
1 mittleres Huhn (oder Hühnerteile) • 1 Stück (4 cm) frische Kurkumawurzel • 2 Knoblauchzehen • 1 Zwiebel • 1 Zitronengras-Stange 1 TL Korianderkörner • 1 TL brauner Zucker • 1 gehackte rote Chilischote • 100 ml Kokosmilch • Pflanzenöl • Tamarindenmark und Salz zum Abschmecken

FÜR DAS RINDFLEISCHGERICHT
250 g Beiried • 1 kl. Stück Ingwer • 1 Zwiebel • 1 rote Chilischote 4 EL Sojasauce • 1 EL Tamarindenmark • Pflanzenöl

FÜR DAS AUBERGINENGERICHT
300 g Auberginen • 100 ml Kokosmilch • 1 Zwiebel • 1 Knoblauchzehe 1 TL Kurkuma • Salz • 1 EL dunkles Sesamöl • Limettensaft

FÜR DIE FRITTIERTEN BANANEN
200 g Bananen (oder Maniok bzw. Kochbananen) • Öl zum Frittierten

ZUBEREITUNG
Den Reis gut waschen. Mit Wasser und Kurkuma zum Kochen bringen, Hitze reduzieren und zugedeckt 15–20 Minuten garen. Dann noch weitere 15 Minuten zugedeckt ziehen lassen.
Die Auberginen in kleine Würfel schneiden. Zwiebel ebenfalls feinwürfelig schneiden, den Knoblauch fein hacken. Nun sämtliche Zutaten mit der Kokosmilch vermengen. Mit Limettensaft, Salz sowie Kurkuma aromatisieren und 5–8 Minuten bei mittlerer Hitze köcheln lassen. Dann Sesamöl einrühren und warmhalten.
Das Huhn in mundgerechte kleine Stücke tranchieren. In einer Pfanne etwas Öl erhitzen, die Hühnerteile einlegen und je nach Größe 10–15 Minuten anbraten. Kurkuma, Zwiebel, Knoblauch, Koriander und braunen Zucker im Mixer pürieren. Dann mit Kokosmilch aufgießen. Über das Huhn gießen, Zitronengras zugeben und kurz durchkochen lassen. Mit Tamarinde, Chili und Salz abschmecken und warmstellen.
Das Rindfleisch in Streifen schneiden. Ingwer, Chili und Zwiebel klein hacken. Eine Pfanne erhitzen, etwas Öl eingießen und das Rindfleisch rundum kurz anbraten. Ingwer, Chili sowie Zwiebeln zugeben und kurz mitbraten. Mit Sojasauce und Tamarinde abschmecken.
Die Bananen in dünne Scheiben schneiden und in heißem Öl frittieren. Herausheben und auf Küchenkrepp gut abtropfen lassen. Nun alle Gerichte in Schüsseln anrichten. Den Reis in die Mitte des Tisches stellen und die Schälchen rundum platzieren.

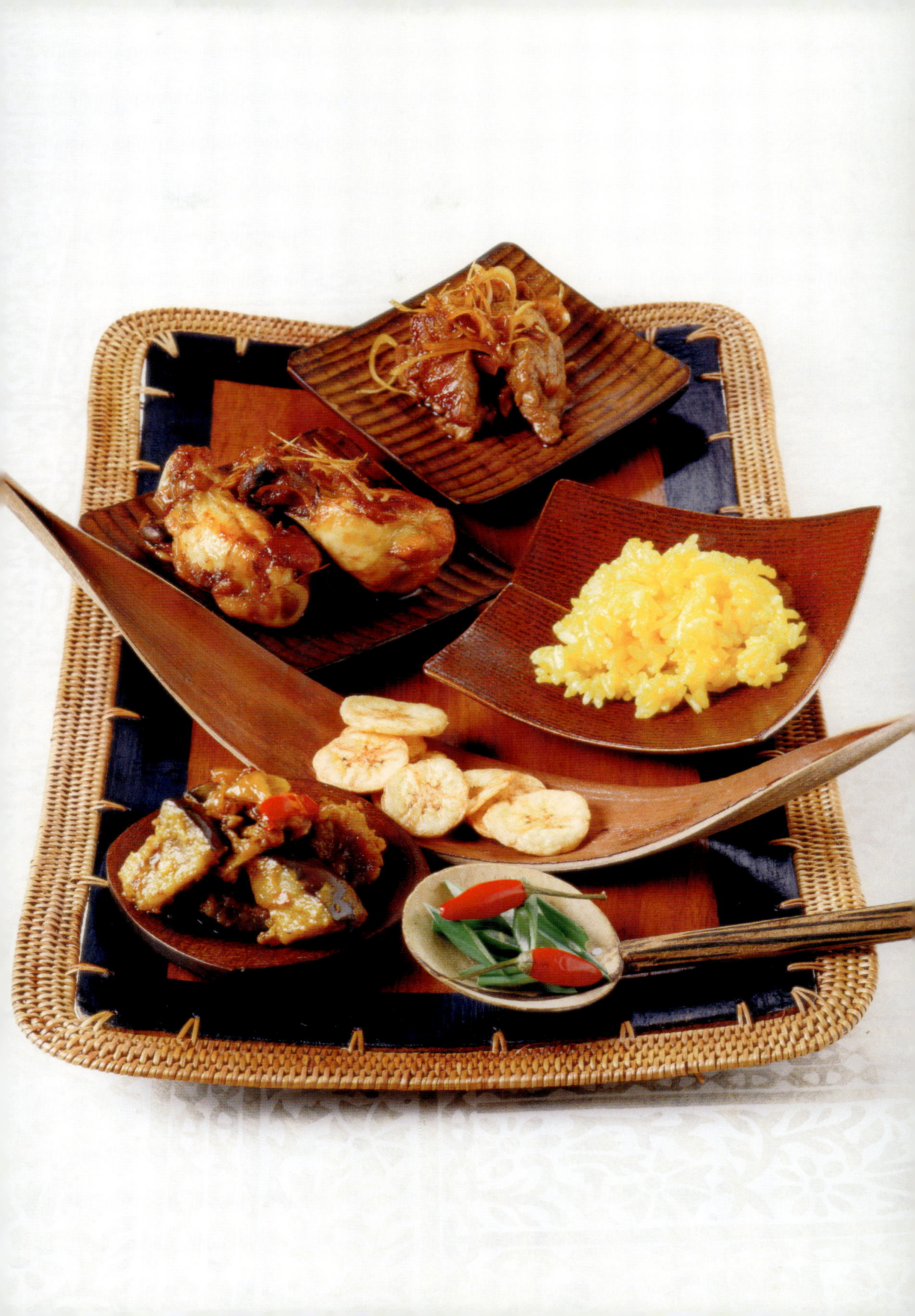

Asiatische Getreideküche

Schwarzer Reis mit Huhn im Bananensack INDONESIEN

ZUTATEN
**500 g gekochter schwarzer Reis (kein Wildreis) • 400 g Hühnerbrust
4 kreisförmige Bananenblätter (15 cm Ø) • 150 g Cocktail-Erdnüsse
1 Dose (330 ml) Kokosmilch • 2 EL Fischsauce • 1 Zitronengras-Stange
2 Knoblauchzehen • 1 Stück (2 cm) Ingwer • 1 Stück (2 cm) Galgant
4 Kaffirblätter (ersatzweise etwas Limettensaft) • Saft von 1 Limette
Chili nach Belieben**

ZUBEREITUNG
Die Hühnerbrust in 8 kleinere Stücke schneiden. Die Bananenblätter in einer Pfanne ohne Fett bei großer Hitze kurz braten, damit sie biegsam werden. In jeweils eine kleine Schüssel geben und mit Zahnstochern so fixieren, dass das Blatt wiederum zu einer kleinen Schüssel geformt wird. Zitronengras, Knoblauch, Ingwer und Galgant fein hacken, die Kaffirblätter in Streifen schneiden. In einem Mixer die Erdnüsse mit Kokosmilch, sämtlichen Gewürzen und Aromaten kurz (ca. 5 Sekunden) pürieren.

Nun auf jedes Bananenblatt jeweils 2 Hühnerfilets platzieren. Mit der Kokos-Erdnuss-Mischung halb auffüllen. In einen Dämpfeinsatz (oder Dampfgarer) setzen und ca. 10 Minuten ziehen lassen. Schwarzen Reis in die Sauce geben und einmal durchmischen. Nach Belieben mit Chili servieren.

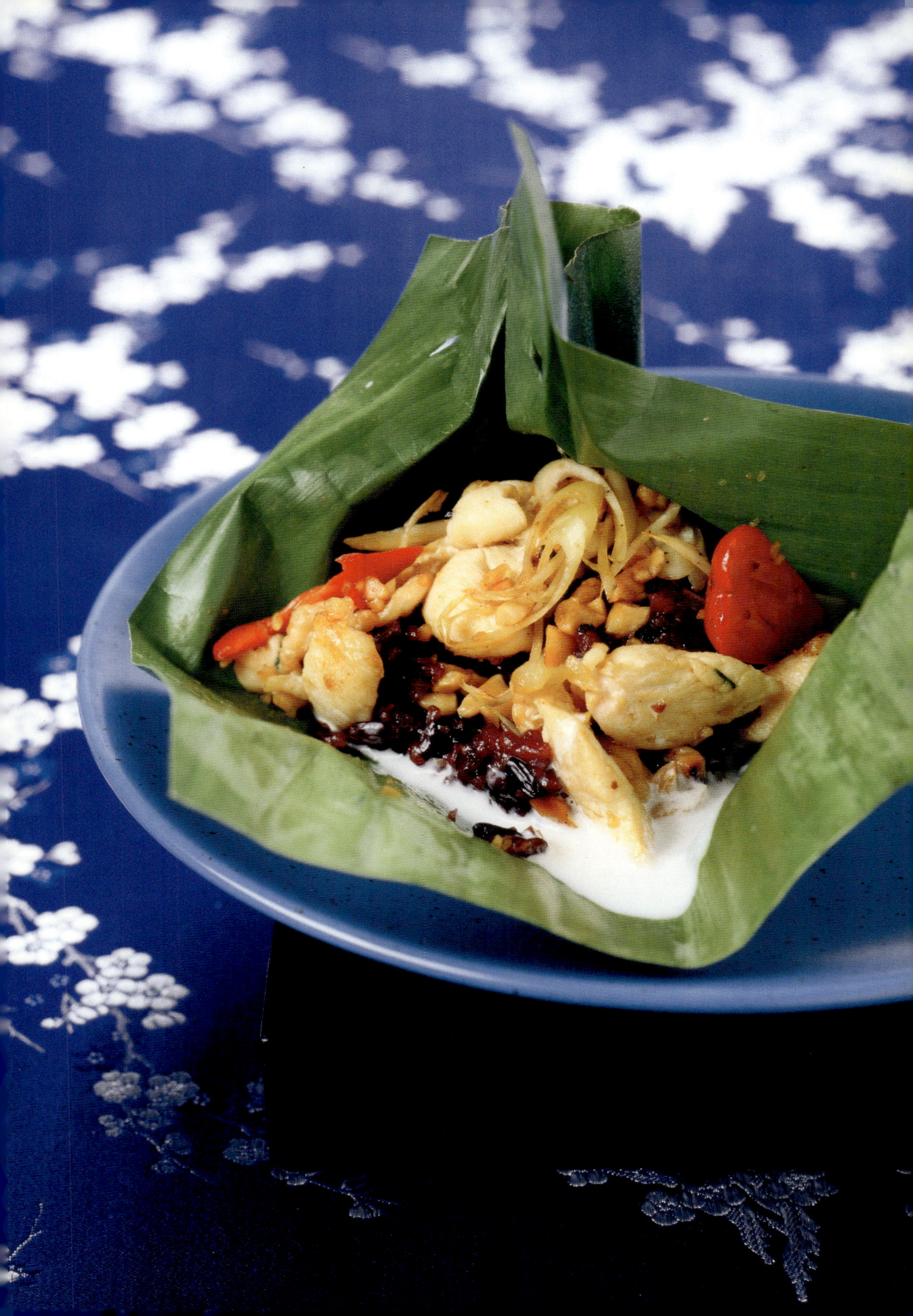

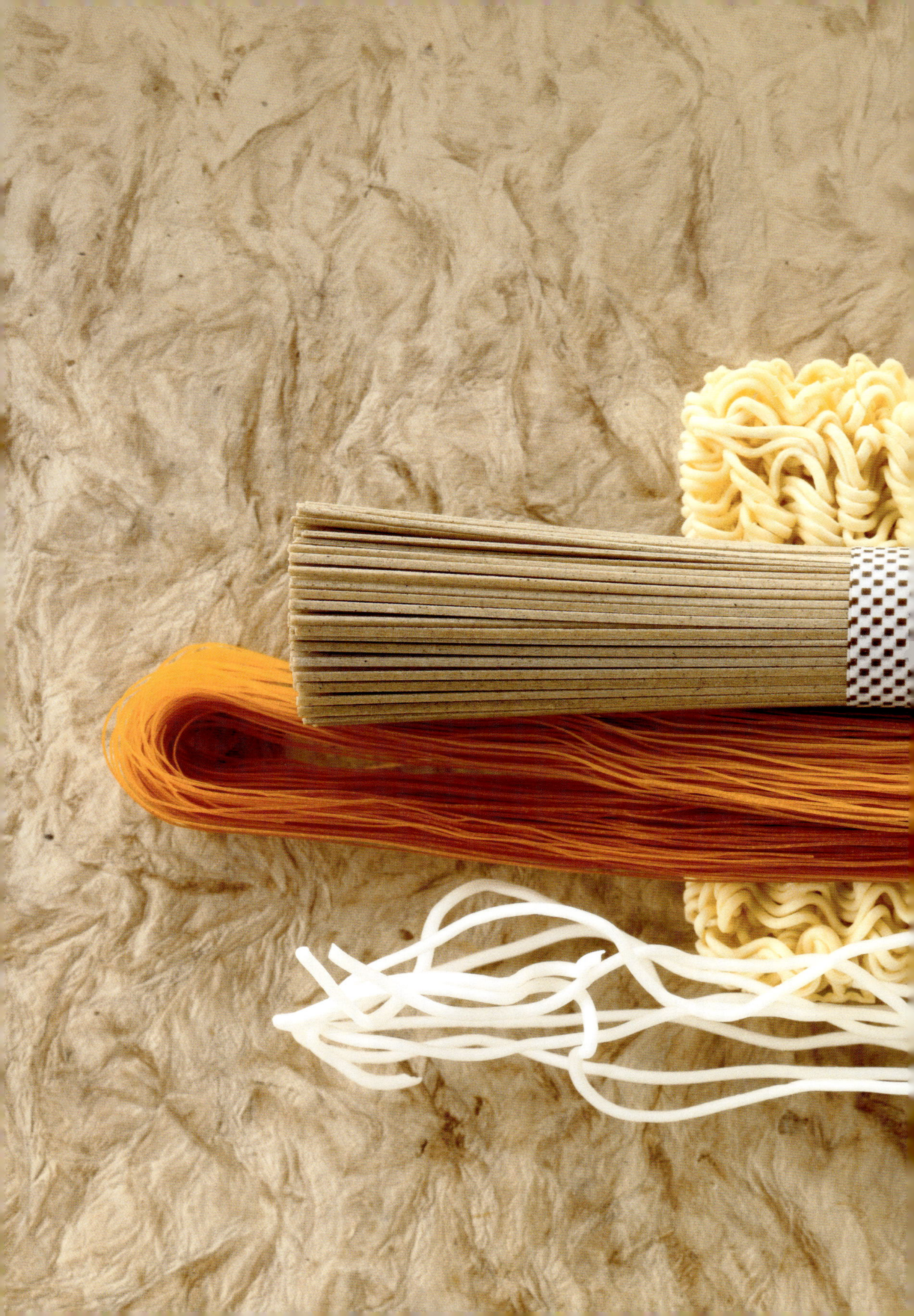

Udon, Ramen, Mie oder wie?

AUS DER WELT DER
ASIATISCHEN NUDELGERICHTE

Asiatische Nudelküche

Gebratene Eiernudeln „Bami Goreng"

INDONESIEN

ZUTATEN

250 g Eiernudeln (Mie-Nudeln) • 6 EL Sonnenblumenöl • 1 EL dunkles Sesamöl • 300 g Hühnerbrustfilet • 16 mittelgroße, roh geschälte Garnelen 2 Zwiebeln • 2 Knoblauchzehen • 1 Bund Jungzwiebeln • 1 Stück (3 cm) Galgantwurzel • 100 g Sojabohnensprossen • 200 g Chinakohl • 3 Tomaten 4 EL Sojasauce • 1 EL Fischsauce • 1–2 EL Sambal Oelek • Salz Koriandergrün zum Garnieren

ZUBEREITUNG

Die Nudeln in reichlich Salzwasser aufkochen und 4 Minuten ziehen lassen. Abgießen, kalt abschrecken und abseihen. In einer Pfanne in etwas heißem Öl knusprig braten und zur Seite stellen. Das Hühnerbrustfilet in dünne Streifen schneiden, in einer Pfanne in erhitztem Sesamöl goldbraun anbraten und ebenfalls zur Seite stellen. Garnelen halbieren, Darm entfernen und in etwas heißem Öl 2 Minuten kurz anbraten. Chinakohl in Streifen, Jungzwiebeln in feine Ringe schneiden. Die Tomaten kurz blanchieren (überbrühen), schälen und in kleine Würfel schneiden. Zwiebeln klein schneiden, Galgant sowie Knoblauch klein hacken.
Nun zuerst Zwiebeln, Galgant und Knoblauch in einer Pfanne in heißem Öl kurz anbraten. Dann Chinakohl, Jungzwiebeln, Tomatenwürfel und Sojabohnensprossen hinzufügen. Hühnerstreifen, Garnelen und Eiernudeln gemeinsam mit dem verbliebenen Öl nach und nach zugeben. Mit Sojasauce, Fischsauce und Sambal Oelek abschmecken. In Schüsseln anrichten und mit Koriandergrün garnieren.

TIPP: Rührt man anstatt der gekochten Nudeln am Schluss gekochten Reis unter die übrigen Zutaten, so entsteht das beliebte indonesische Gericht „Nasi Goreng."

Foto rechts

Reisnudeln mit Steinpilzen KIM KREATION!

ZUTATEN

400 g ca. 3 mm breite Reisnudeln • 250 g Steinpilze bester Qualität
2 EL Sojasauce • 1 EL Sesamöl • 3 EL Sonnenblumenöl • 1 Schalotte
1 EL Ahornsirup (ersatzweise 1 TL Zucker) • 1 EL Fruchtessig
(Himbeer- oder Erdbeeressig etc.) • Salz, Pfeffer • Sesam oder
Frühlingszwiebeln zum Garnieren

ZUBEREITUNG

Wasser in einem Topf zum Kochen bringen und die Nudeln darin ca. 4 Minuten weich kochen. Abseihen, mit kaltem Wasser abschrecken und mit etwa 1 Esslöffel Sonnenblumenöl vermengen. Pilze sorgfältig putzen und in 4 mm breite Scheiben schneiden. Die Schalotte kleinwürfelig schneiden. Schalottenwürfel in Sesamöl und dem restlichen Sonnenblumenöl goldbraun anschwitzen. Pilze, Sojasauce, Ahornsirup und Fruchtessig zugeben und ca. 2 Min. bei starker Hitze braten. Reisnudeln untermengen und kurz mitbraten. Mit Salz und Pfeffer abschmecken. Nudeln auf Tellern anrichtenund mit Sesam oder gehackten Frühlingszwiebeln garnieren. Foto Seite 235

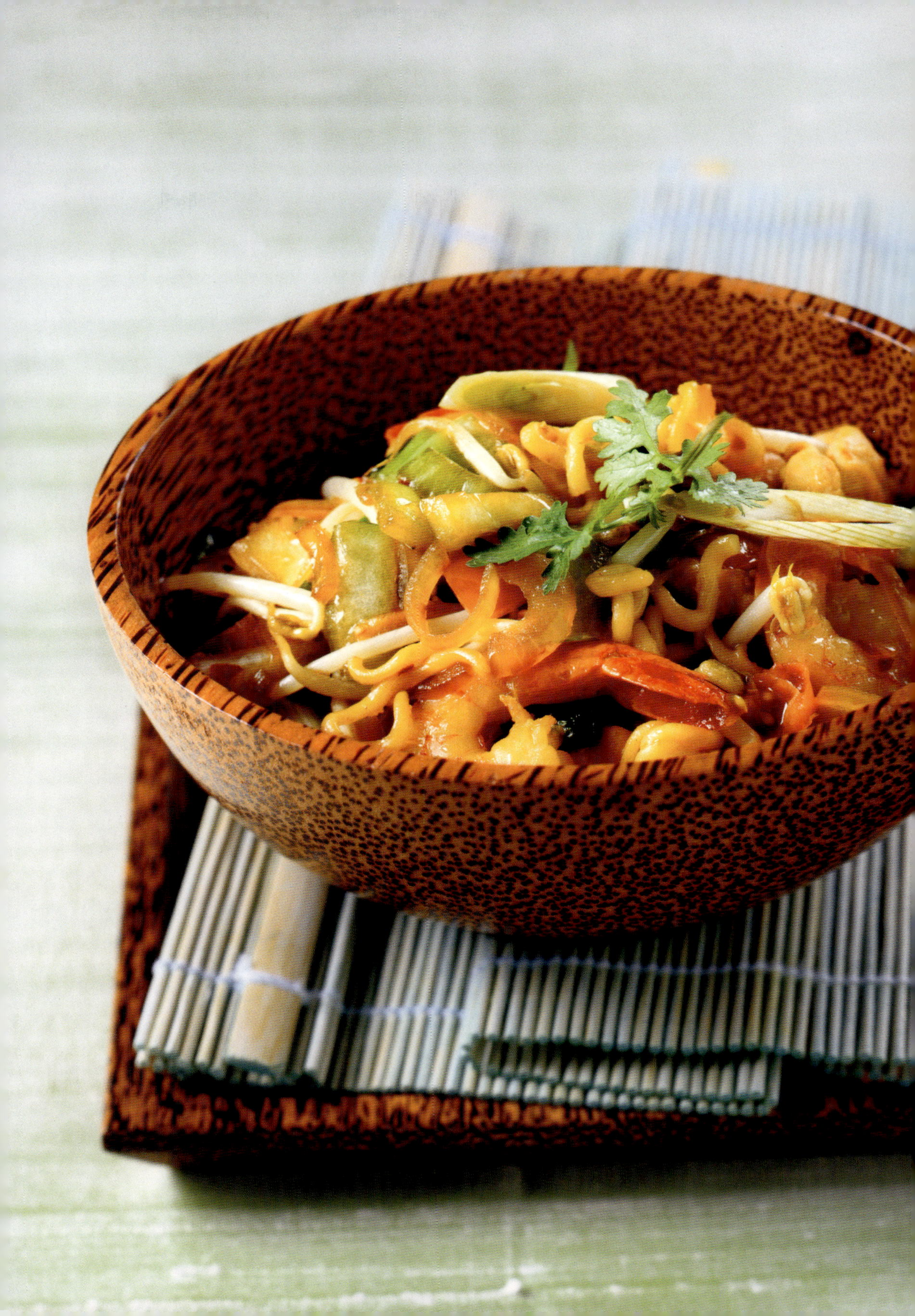

Asiatische
Nudelküche

Yunnan-Nudeln CHINA

ZUTATEN

250 g Yunnan-Schinken im Ganzen (ersatzweise Prosciutto San Daniele oder anderer luftgetrockneter Schinken) • 300 g frische La-Mian-Nudeln (ersatzweise getrocknete chin. Nudeln oder Vollkornnudeln) 100 g Austernpilze • 20 g getrocknete chin. Pilze • 1 Stück (3 cm) Ingwer • 1 rote Paprikaschote • 1 kl. Zucchini • 4 Frühlingszwiebeln 2 Knoblauchzehen • 100 g Sojasprossen • 1 Bund frischer Bärlauch (ersatzweise Blattspinat) • kräftige Prise Szechuan-Pfeffer • 4–5 EL Sojasauce • brauner Zucker • 1 TL Speisestärke • Salz • geröstete ungesalzene Erdnüsse • 4 EL Erdnuss- oder Pflanzenöl • 1 TL Sesamöl

ZUBEREITUNG

Zuerst die getrockneten Pilze in lauwarmem Wasser 20–30 Minuten einweichen. Herausnehmen, ausdrücken und Stiele abschneiden. Den Yunnan-Schinken kleinwürfelig, die Austernpilze in mundgerechte Stückchen schneiden. Paprikaschote halbieren, Kerne sowie Stiel entfernen und in feine Streifen schneiden. Zucchini schälen oder sehr gut waschen und in kleine Würfel schneiden. Frühlingszwiebeln in feine Ringe schneiden. Knoblauch und Ingwer fein hacken. Sojasprossen waschen und abtropfen lassen. Bärlauch waschen, lange Stiele entfernen.
In einem großen Nudeltopf ausreichend viel Salzwasser zum Kochen bringen und die Nudeln darin nach Anleitung bissfest kochen (frische Nudeln nur ganz kurz, getrocknete entsprechend länger). Herausnehmen und abtropfen lassen.
In einem Wok oder einer schweren Pfanne Erdnuss- oder Pflanzenöl erhitzen und darin Knoblauch, gehackten Ingwer und Szechuan-Pfeffer kurz anrösten. Yunnan-Schinken zugeben, mitbraten und dann unter ständigem Rühren nach und nach sämtliches vorbereitetes Gemüse – bis auf den Bärlauch und die Frühlingszwiebeln – zugeben und alles knackig braten (8–10 Minuten). Abschließend Nudeln und Bärlauch untermengen und nochmals kurz erhitzen. Sojasauce mit Zucker und Speisestärke abrühren, über die Nudeln gießen und so lange einkochen, bis die Sauce sämig wird. Nach Bedarf noch mit Salz abschmecken. Topf vom Feuer nehmen. Nudeln mit Sesamöl beträufeln sowie mit Frühlingszwiebeln und gerösteten Erdnüssen bestreuen. Nochmals leicht durchmischen.

Chili-Nudeln mit Rinderfilet-Streifen

SINGAPUR UND MALAYSIA

ZUTATEN

250 g breite Reisnudeln (Bandnudeln) • 400 g Rinderfilet 2 EL getrocknete Garnelen • 5 rote Chilischoten • 2 Knoblauchzehen 2 Zwiebeln • 1 Stück (4 cm) Ingwer • 100 g Sojabohnensprossen 250 g Chinakohl • 4 EL Pflanzenöl • 1 TL Korianderpulver 1 TL Kreuzkümmelpulver • 1 TL brauner Zucker • Salz • 2 EL Sojasauce 1 EL Austernsauce • 2 Jungzwiebeln

ZUBEREITUNG

Reichlich Wasser aufkochen, Reisnudeln darin ca. 2 Minuten kochen und dann 3 Minuten ziehen lassen. Abseihen. Die getrockneten Garnelen ca. 5 Minuten in

Reisnudeln mit Steinpilzen (Rezept Seite 232)

gekochtem Wasser einweichen und dann klein hacken. Das Rinderfilet in 1 cm dünne Scheiben, den Chinakohl in Streifen schneiden und Knoblauch, Ingwer sowie Zwiebeln klein hacken. Jungzwiebeln schräg in Ringe schneiden.
Das Öl in einem Wok (oder einer schweren Pfanne) erhitzen und die Fleischstreifen darin kurz anbraten. Dann Zwiebeln, Knoblauch, Ingwer, Sojasprossen, Chinakohl sowie Garnelen zugeben und alles mitbraten. Chili fein hacken und ebenso wie Koriander und Kreuzkümmel einrühren. Abschließend die Nudeln untermengen. Jungzwiebeln hinzufügen und mit Austernsauce, Sojasauce, Zucker und Salz abschmecken. In Schalen anrichten und servieren.

Yaki Udon
mit süß-saurem Mango-Gemüse JAPAN

ZUTATEN
**2 Päckchen Pancit-Kanton-Nudeln (Udon-Weizennudeln, ersatzweise 400 g Eiernudeln) • 400 g beliebig gemischtes Wok-Gemüse (Chinakohl, Paprikaschoten, Pak Choi, Zucchini, Erbsenschoten, Lauch, Sojasprossen etc.) • 2 reife (aber nicht überreife) Mangos • 4 EL Austernsauce
1 TL Sesamöl • 4 EL Erdnussöl • 1/2 TL Knoblauchchili (mit gehacktem Chili vermengter Knoblauch) • 4 EL Sweet-Chili-Sauce • 4 EL Sukiyaki Wok-Sauce • 1 EL eingelegter Sushi-Ingwer • 1 TL gehackter Koriander zum Garnieren**

ZUBEREITUNG

Die Mangos schälen und in fingerbreite Streifen schneiden. Das Gemüse putzen bzw. waschen und in mundgerechte Stücke schneiden. Einen Wok (oder eine schwere Pfanne) erhitzen, Erdnuss- sowie Sesamöl eingießen und das Gemüse darin anbraten. Knoblauchchili, Sweet-Chili- und Wok-Sauce zugeben. Ingwer in Streifen schneiden und ebenfalls 3 Minuten anbraten. Dann die Mangostreifen hinzufügen.
Die rohen Nudeln einmengen und in der mittlerweile entstandenen Flüssigkeit garen. Mit Austernsauce abschmecken. In Schalen oder auf Tellern anrichten, mit gehacktem Koriander garnieren.

Yaki Udon mit Hühnerbrust JAPAN

ZUTATEN
200 g Yaki Udon (dicke Weizennudeln) • ca. 300 g beliebig gemischtes Wok-Gemüse (Karotten, Fisolen, Paprikaschoten, Pak Choi, Zucchini, Erbsenschoten, Lauch, Sojasprossen etc.) • 200 g Hühnerbrustfilet 1 TL Sesamöl • 4 EL Sonnenblumenöl • 1/2 TL Knoblauchchili (mit gehacktem Chili vermengter Knoblauch) • 1 Stück (2 cm) frischer Ingwer • 2 EL Sojasauce • 1 EL Zucker • 1 TL Sesam zum Garnieren

ZUBEREITUNG
Reichlich Wasser zum Kochen bringen und die Nudeln darin ca. 5 Minuten kochen. Abseihen, kalt abschrecken und abtropfen lassen. Hühnerfilet sowie geputztes Gemüse in fingerbreite Streifen schneiden, Ingwer klein hacken. Einen Wok oder eine schwere Pfanne erhitzen, Sesam- sowie Sonnenblumenöl eingießen und erhitzen. Gemüse- und Fleischstreifen darin anbraten. Knoblauchchili, Zucker, Sojasauce und Ingwer zugeben und 3 Minuten mitbraten. Nudeln hinzufügen und ebenfalls kurz mitbraten. In Schüsseln anrichten und vor dem Servieren mit Sesam bestreuen.

TIPP: Diese japanischen Weizennudeln, die ohne Eier hergestellt werden, haben die Tendenz beim Kochen überzugehen. Um das zu verhindern, ist es ratsam, während des Kochens ständig etwas kaltes Wasser zuzugießen.   Foto rechts

Die Glasnudelernte

Jeder, der einmal einen Kriegsfilm aus dem Fernen Osten gesehen hat, weiß, dass es in chinesischen Militärlagern besonders hart hergeht. Früher, erzählen viele Chinesen, soll es sogar noch härter gewesen sein. Vor 2.000 Jahren beispielsweise sei, so erzählt es zumindest die Legende, ein chinesischer Militärstratege namens Sun Bin vor dem Problem gestanden, dass er seine Soldaten aufgrund der schlechten Ernte nicht einmal mehr mit dem notwendigen Reis versorgen konnte. Daraufhin ließ er grüne Bohnen in Wasser einweichen und zu Mus zerstampfen. Der daraus entstehende Kleister erwies sich als so klebrig und stärkehaltig, dass man daraus äußerst nahrhafte Nudeln ziehen konnte, die man in der Sonne trocknete, bis sie ganz durchsichtig wurden. Dank dieser „Glasnudelernte" erwies sich Sun Bin dann auch weiterhin als erfolgreicher Feldherr.

Asiatische Nudelküche

Glasnudeln mit Garnelen LAOS

ZUTATEN
150 g Glasnudeln • 200 g Garnelen ohne Kopf und Schale
100 g faschiertes mageres Fleisch • 1–2 EL Sojasauce • 2 EL Reisessig
1 EL Fischsauce • 1–2 EL brauner Zucker • 1 Stück (3 cm) Ingwer
2 rote Chilischoten • 1/2 Bund Koriander • 1/2 Bund chin. Schnittlauch
(ersatzweise 2 Knoblauchzehen) • 1 Zwiebel • 3 EL Öl • 1 TL gehacktes
frisches Zitronengras (ersatzweise getrocknetes) • 1 TL Sesamöl

ZUBEREITUNG
Garnelen putzen (Darm entfernen). Chilischoten halbieren, entkernen und in feine Streifen schneiden. Ingwer fein hacken. In einer Schüssel Chili mit Sojasauce, Reisessig, Fischsauce, Zucker und Ingwer verrühren. Die Garnelen einlegen und etwa 10 Minuten marinieren. Inzwischen die Glasnudeln mit kochendem Wasser übergießen, kurz quellen lassen, abgießen und einige Male durchschneiden. Koriander und Schnittlauch klein hacken, die Zwiebel in Ringe oder Streifen schneiden.
In einem Wok oder einer schweren Pfanne das Öl erhitzen. Die Zwiebeln zugeben und hell anschwitzen. Das faschierte Fleisch beimengen und ebenfalls kurz anrösten. Dann die Glasnudeln zugeben. Mit Zitronengras sowie gehacktem Schnittlauch aromatisieren. Die Garnelen samt Marinade untermengen und alles noch etwa 3 Minuten ziehen lassen, bis sich die Garnelen rötlich verfärben. Vom Herd nehmen, mit Sesamöl geschmacklich abrunden und mit gehacktem Koriander bestreuen.

Asiatische Nudelküche

Mie-Nudeln mit Krebsen und Wolkenohrpilzen CHINA

ZUTATEN
250 g Mie-Nudeln (Eiernudeln) • 500 g geschälte Krebsschwänze
5 Wolkenohrpilze (oder andere chin. getrocknete Pilze) • 1 Schalotte
1 Stück (3 cm) Ingwer • 2 Knoblauchzehen • 1 Chilischote
4 cl Shaoxing-Reiswein (ersatzweise Sherry) • 1 TL Honig • 1 TL Austernsauce • 1 EL helle Sojasauce • 1 EL Maisstärke • Fisch- oder Geflügelfond zum Aufgießen • Öl • Koriandergrün zum Bestreuen

ZUBEREITUNG
Zunächst die getrockneten Pilze in lauwarmem Wasser einweichen. Die Schalotte sowie den Ingwer und die Knoblauchzehen fein hacken. Die Chilischote halbieren, entkernen und fein schneiden. Die Mie-Nudeln in Salzwasser etwa 3–4 Minuten bissfest kochen. Abseihen und abtropfen lassen.
Dann die gut geweichten Wolkenohrpilze in schmale Streifen schneiden. In einem Wok oder einer schweren Pfanne Öl erhitzen. Die Schalotten gemeinsam mit Ingwer, Knoblauch und Chili darin kurz anschwitzen. Die Pilze sowie die Krebsschwänze zugeben und kurz anbraten. Dann mit Reiswein ablöschen, aufkochen lassen und etwas Fond zugießen. Honig, Austern und Sojasauce hinzufügen und alles kurz einkochen lassen. Maisstärke mit wenig Wasser glattrühren und in die Sauce einrühren. Sobald die Sauce schön sämig ist, die Nudeln hinzufügen und gut mit der Sauce durchmischen. Mit frisch gehacktem Koriandergrün bestreuen und servieren.

Ameisen steigen auf den Baum CHINA

Keine Angst: Sie sollen hier nicht zum Insektenessen animiert werden (auch wenn dies in China nichts Ungewöhnliches wäre). Seinen ungewöhnlichen Namen verdankt das Gericht der optischen Ähnlichkeit von Hackfleisch mit Ameisen. Und die Glasnudeln, so darf man annehmen, müssen wohl die dazugehörigen „Bäume" sein.

ZUTATEN
300 g Glasnudeln • 400 g faschiertes Fleisch (idealerweise von Hand geschnitten) • 2–3 EL Shaoxing-Reiswein • 2 EL scharfe Bohnensauce
2 EL Sojasauce • ca. 200 ml Rindsuppe zum Aufgießen • Sesamöl • Salz
4 EL Erdnussöl • Koriander oder Frühlingszwiebeln zum Garnieren

ZUBEREITUNG
Glasnudeln mit kräftig gesalzenem kochenden Salzwasser übergießen und quellen lassen, bis sie weich sind. Währenddessen in einem Wok oder einer schweren Pfanne das Öl erhitzen. Das Faschierte zugeben und anbraten. Bohnensauce zugeben, durchrühren und kräftig einkochen lassen. Nunmehr mit Reiswein und Sojasauce ablöschen, etwas Rindsuppe zugießen und alles zu einer sämigen Fleischsauce einkochen lassen. Mit Sesamöl abschmecken. Die mittlerweile weichen, abgeseihten Nudeln kegelartig anrichten und die heiße Fleischsauce darüberträufeln. Nach Belieben mit frisch gehacktem Koriander oder geschnittenen Frühlingszwiebeln garnieren.

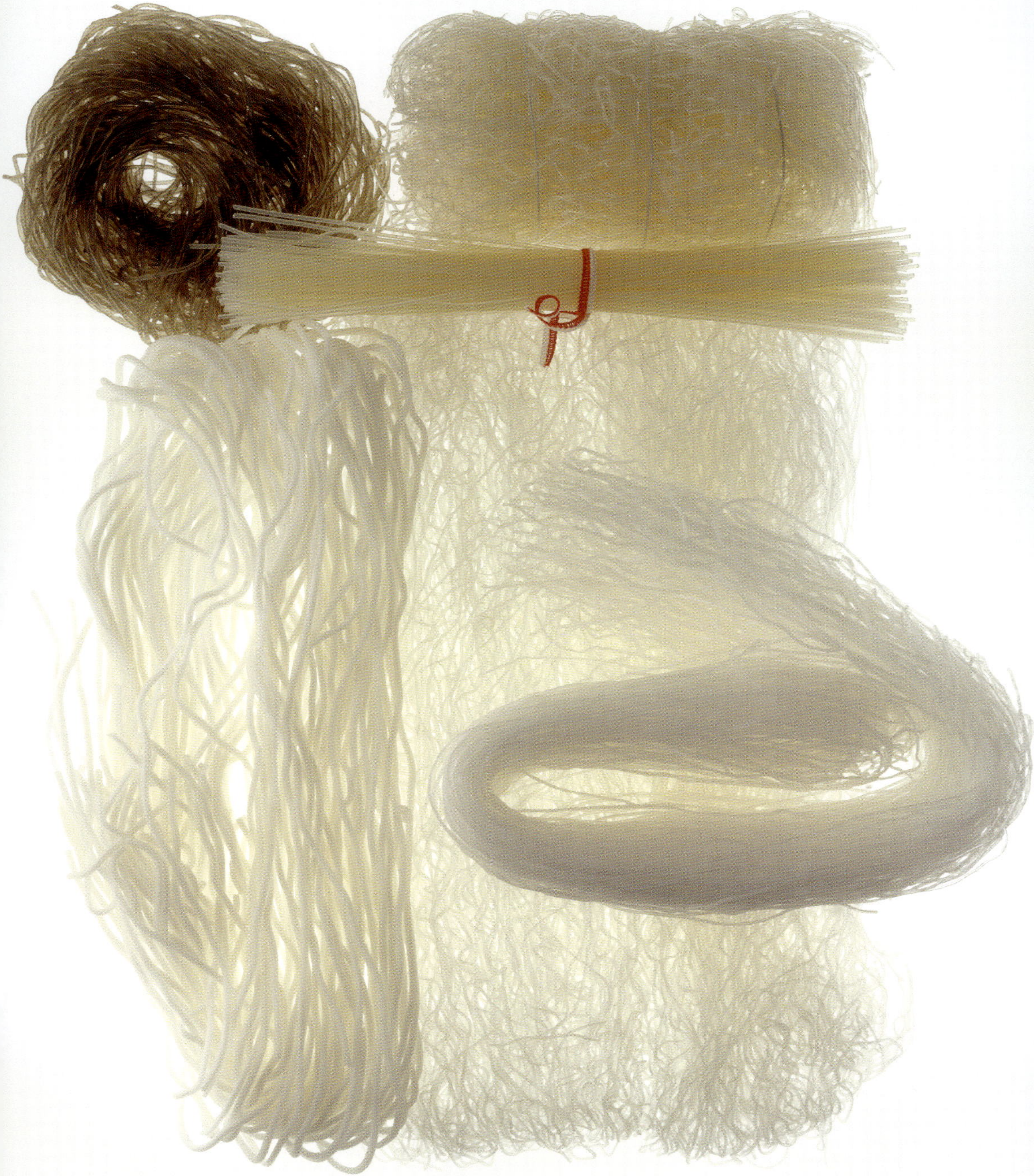

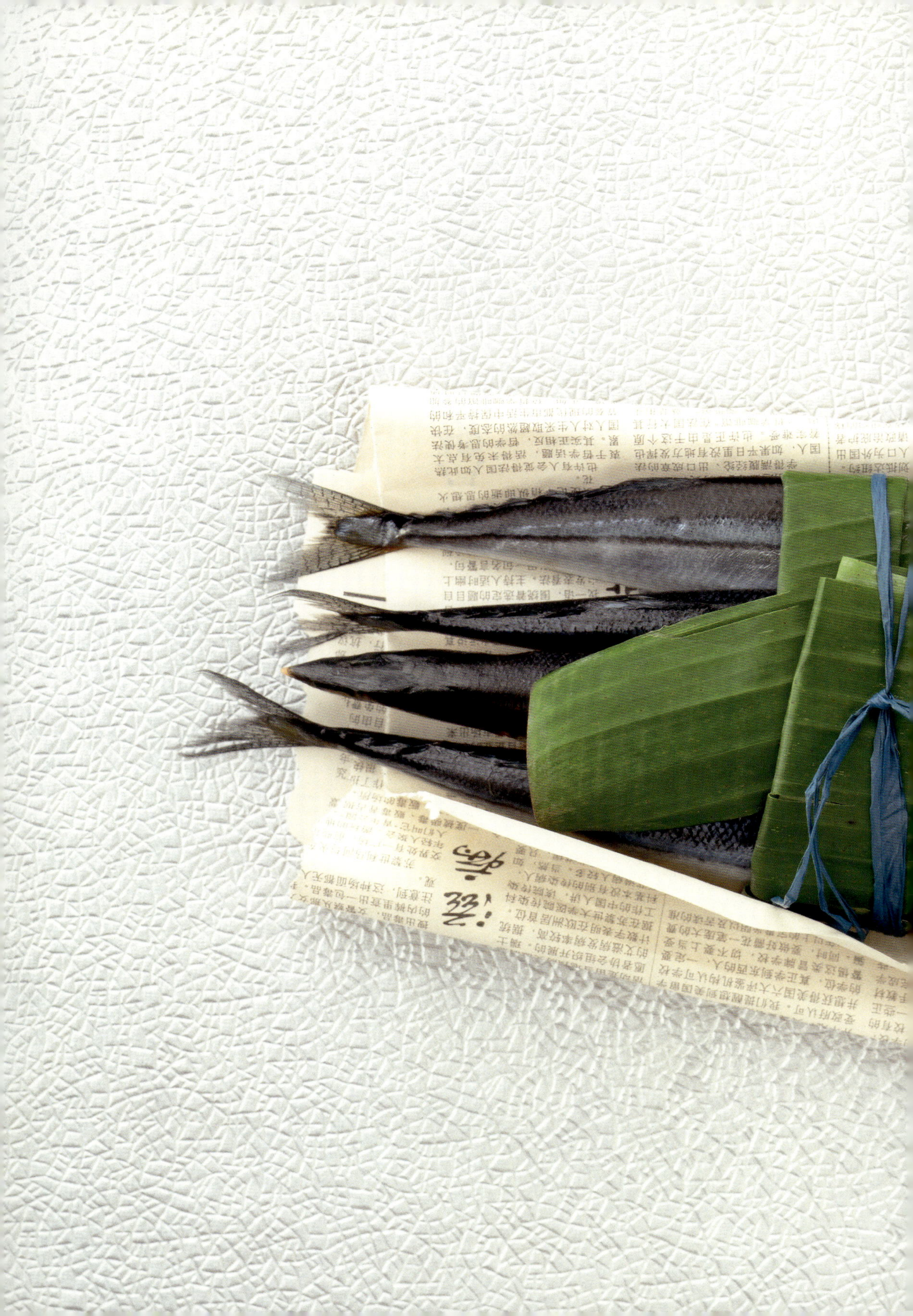

Karpfen oder Kugelfisch

DIE ASIATISCHE FISCHKÜCHE

Asiatische Fischküche

Gedämpfter Silberfisch mit Gemüse und Chili CHINA

ZUTATEN
4 Filets vom Silberkarpfen mit Haut • 2 rote und 2 grüne Chilischoten
1 rote und 1 grüne Paprikaschote • 1 Stück (3 cm) Ingwer
4 Knoblauchzehen • 3 Jungzwiebeln • 5 EL Sojasauce • 1 TL Miso-Paste
1 TL Kartoffelstärke • 3 EL Austernsauce (oder Fischsauce)
3 EL dunkles Sesamöl • 3 EL Pflanzenöl • 2 cl Reiswein

ZUBEREITUNG
Die Fischfilets auf einem Dämpfeinsatz ca. 15 Minuten dämpfen. Währenddessen die Chilischoten sowie die Jungzwiebeln schräg in 5 mm starke Streifen schneiden. Die Paprikaschoten entkernen, waschen und in mundgerechte Stücke schneiden. Ingwer und Knoblauch klein hacken. In einer kleinen Schüssel die Sojasauce mit Austernsauce, Sesamöl, Miso-Paste, Kartoffelstärke und Reiswein zu einer Marinade verrühren.
Einen Wok oder eine Pfanne erhitzen, das Pflanzenöl eingießen und ebenfalls erhitzen. Chili, Paprika, Jungzwiebeln, Knoblauch und Ingwer darin kurz anbraten. Die Marinade zugießen. Die mittlerweile fertig gedämpften Fischstücke auf Tellern anrichten. Das gebratene Gemüse darauflegen und servieren. Foto rechts

Wenn Küchengötter Geburtstag feiern

Ein kleiner Ausflug in die chinesischen Küchenbräuche zeigt, welchen Einfluss das leibliche Wohl auf das Leben der Menschen hat. Ein gutes Beispiel ist der Geburtstag des Küchengottes, der in China am 3. August gebührend gefeiert wird. An diesem Tag gibt man zu seinen Ehren ein großes Fest und bringt ihm Opfergaben dar. Der Küchengott wird besonders verehrt und respektiert, weil ihm ein großer Einfluss auf das Leben der Menschen zugesprochen wird. Einmal im Jahr begibt er sich nämlich in den Himmel, um mit dem Hauptgott Yu-Huan-Da-Di über die Menschen zu sprechen.
Um den Küchengott für seine „Auskünfte" im Himmel wohlwollend zu stimmen, werden ihm Bonbons und andere süße Sachen geopfert. Kinder nehmen gern etwas Honig und schmieren ihn der Statue des Küchengottes, die in jeder chinesischen Küche zu finden ist, einfach um den Mund. So plaudert er nur „süße Sachen" über sie und vergisst ihre Streiche.

Rotbarsch mit scharfer Bohnensauce
CHINA

ZUTATEN
1 Rotbarsch (ca. 1,2 kg) • 2 EL Maismehl • 1 Stück (3 cm) Ingwer
2 Knoblauchzehen • 2 EL scharfe chin. Bohnensauce • 2 EL Sojasauce
1 EL Shaoxing-Reiswein • 1 TL Zucker • 250 ml Wasser • Essig
1/2 EL Maisstärke nach Bedarf • 1 TL Sesamöl • 3 Frühlingszwiebeln
100 ml Erdnussöl

ZUBEREITUNG
Den küchenfertigen Barsch auf beiden Seiten mehrmals etwa 5 mm tief einschneiden und rundum mit Maismehl bestreuen. In einer schweren, flachen Pfanne das Erdnussöl erhitzen und den Fisch darin auf beiden Seiten goldbraun braten. Den Fisch herausheben und kurz beiseitestellen.
Ingwer sowie Knoblauch fein hacken und im verbliebenen Fett anbraten. Die scharfe Bohnensauce unterrühren. Mit Reiswein sowie Sojasauce ablöschen und mit Zucker würzen. Nun mit Wasser aufgießen, den Fisch wieder einlegen und unter ständigem Begießen mit dem eigenen Saft auf mittlerer Flamme garen.
Den fertig gegarten Fisch herausheben und auf einer vorgewärmten Platte anrichten. Nach Wunsch die Sauce noch mit in etwas Wasser angerührter Maisstärke binden. Mit einem Schuss Essig und Sesamöl abschmecken. Die Sauce über den Fisch träufeln und mit frisch gehackten Frühlingszwiebeln garnieren.

Asiatische Fischküche

Verborgener Amur CHINA

ZUTATEN
**4 Amurfilets à ca. 150–200 g (ersatzweise Spiegelkarpfen)
200 g sehr feine chin. Nudeln • 2 EL Sojasauce zum Marinieren
2 EL Shaoxing-Reiswein • 1/2 rote Paprikaschote • 1 Stück (2 cm) Ingwer
2 Knoblauchzehen • 2 Frühlingszwiebeln • 1 EL Speisestärke
Maisstärke zum Wälzen • Erdnussöl**

FÜR DIE SAUCE
2 EL Sojasauce • 3 EL Reisessig • 3 EL Zucker • 200 ml Wasser • Salz

ZUBEREITUNG
Amurfilets waschen, trockentupfen, in eine Schüssel legen und rundum mit Sojasauce sowie Reiswein beträufeln. Etwa 30 Minuten ziehen lassen. Dann die Filets mit Küchenkrepp etwas abtupfen und in Maisstärke wälzen. Paprikaschote, Knoblauchzehen, Ingwer und Frühlingszwiebeln klein hacken. Die Nudeln mit siedendem Wasser übergießen und je nach Anleitung 10–15 Minuten quellen lassen. Wasser abgießen und Nudeln in kaltes Wasser legen.

In einem Wok oder einer schweren Pfanne etwas Öl erhitzen. Die Amurstücke einlegen und rundum knusprig braten. Herausheben, mit Küchenkrepp abtupfen und warmhalten. Verbliebenes Fett – eventuell noch etwas Öl nachgießen – sehr stark erhitzen. Die Nudeln aus dem kalten Wasser heben, aber nicht abtropfen lassen, sondern sofort ins heiße Öl geben. Die dadurch entstehende Masse beidseitig goldbraun braten.

Inzwischen für die Sauce in einer kleinen Kasserolle Sojasauce mit Essig, Salz, Zucker und Wasser aufkochen. Speisestärke mit wenig Wasser anrühren. Die inzwischen knusprig gebratenen Nudeln herausheben, gut abtupfen und ebenfalls warmstellen. Fett aus dem Wok abgießen und frisches Öl zugießen. Nun den Ingwer gemeinsam mit dem Knoblauch darin kurz anbraten. Die vorbereitete Sauce einfließen lassen und aufkochen. Angerührte Stärke zugeben und die Sauce so lange kochen, bis sie anfängt einzudicken. Dann Paprika und Frühlingszwiebeln zugeben und kurz heiß werden lassen. Die Fischfilets auf einer vorgewärmten Platte anrichten, die Nudeln darüber drapieren und mit Sauce übergießen.

Wolfsbarsch im Bananenblatt mit Safran-Birnensauce KIM KREATION!

ZUTATEN
4 Wolfsbarschfilets • 4 große Bananenblätter (20 x 30 cm groß)
1 Beutel Safranfäden • 2 reife, süße Birnen • 1 harte Birne
1 Dose (330 ml) Kokosmilch • 125 ml halbtrockener Weißwein (Riesling)
Zitronensaft • Zucker • Salz, Pfeffer

ZUBEREITUNG
Die beiden reifen Birnen schälen, Kerngehäuse entfernen und Birnen pürieren. Die harte Birne ebenfalls schälen und in kleine Würfel schneiden. Birnenpüree und -würfel mit etwas Zitronensaft und einer Prise Zucker vermengen, damit sich die Birnen nicht verfärben.
Die Kokosmilch in einen Topf geben und zum Kochen bringen. Birnenpüree und -würfel hinzugeben und kurz aufkochen lassen. Mit Zucker, Salz und Riesling abschmecken. Abschließend die in wenig Wasser eingeweichten Safranfäden hinzufügen und den Topf vom Herd nehmen.
Die Wolfsbarschfilets mit Salz und Pfeffer würzen. Aus den Bananenblättern kleine Taschen formen, mit Zahnstochern fixieren und die Fischfilets einlegen. Auf einen Dämpfeinsatz legen und ca. 15 Minuten (oder im Dampfgarer bei 85 °C etwas kürzer) garen. Die fertig gegarten Fischfilets im Bananenblatt auf Tellern anrichten und mit der Birnensauce servieren.
BEILAGENEMPFEHLUNG: Gemischter Reis

Asiatische Fischküche

Rochenflügel mit gebratener Papaya
THAILAND

ZUTATEN
4 Rochenflügelfilets zu je 100 g • 2 reife Papayas • 2 Chilischoten
2 Jungzwiebeln • 1 TL Sesamöl • 1 Knoblauchzehe • Stärkemehl
zum Bestauben • Salz, Pfeffer • Öl zum Braten • 2 EL Fischsauce
1 TL Wacholderbeeren • Koriander zum Garnieren

ZUBEREITUNG
Die Papayas schälen, entkernen und in dickere Scheiben schneiden. Die Chilischoten in feine Ringe, die Jungzwiebel in schräge Scheiben schneiden. Den Knoblauch fein hacken. Rochenfilets mit Salz sowie Pfeffer würzen und eine Seite mit Stärkemehl bestauben. Eine Pfanne erhitzen, etwas Öl eingießen und die Rochenfilets darin zuerst auf der bemehlten Seite ca. 2 Minuten anbraten. Wenden, ganz kurz braten und auf einen vorgewärmten Teller legen.
Inzwischen in einer anderen Pfanne die Papayascheiben kurz in etwas Öl anbraten. Wieder vom Feuer nehmen und mit Jungzwiebeln, Chili, Knoblauch, Fischsauce, Sesamöl und Wacholderbeeren vermischen. Die fertig gebratenen Rochenflügelfilets damit beträufeln und mit Koriander garnieren.

TIPP: Papayakerne landen in Asien keineswegs im Biomüll, sondern gelten als sehr heilsam für die Verdauung und zur Stärkung der Herzmuskulatur.

Bangusfilets in schwarzer Bohnensauce
PHILIPPINEN

ZUTATEN
ca. 600 g Bangusfilets (philippinischer Milkfish, ersatzweise größere Heringe oder Meeräsche) • 1 EL Tausi (Paste aus schwarzen Bohnen in Salzlake) • 2 EL Essig • 2 Gewürznelken • 1 Knoblauchzehe
1 kl. Zwiebel • 2 Tomaten • 1 EL in Streifen geschnittener Ingwer
60 ml Wasser • 1/2 TL Salz • Zucker • ca. 120 ml Öl zum Braten

ZUBEREITUNG
Die Fischfilets mit Salz bestreuen und ca. 20 Minuten ziehen lassen. Eine Pfanne erhitzen und die Filets in etwas heißem Öl beidseitig goldbraun braten. Herausheben und zur Seite stellen.
Knoblauch und Zwiebel fein hacken, Tomaten in Scheiben schneiden. In einer Pfanne 2 Esslöffel Öl erhitzen und Knoblauch, Zwiebeln sowie Ingwer und Gewürznelken darin anrösten. Dann die Tomaten zugeben und so lange kochen, bis sie weich sind. Anschließend den Essig einrühren. Wasser, Tausi sowie eine Prise Zucker untermengen und die Fischfilets wieder einlegen. Umrühren und noch ca. 3 Minuten ziehen lassen.

Foto rechts

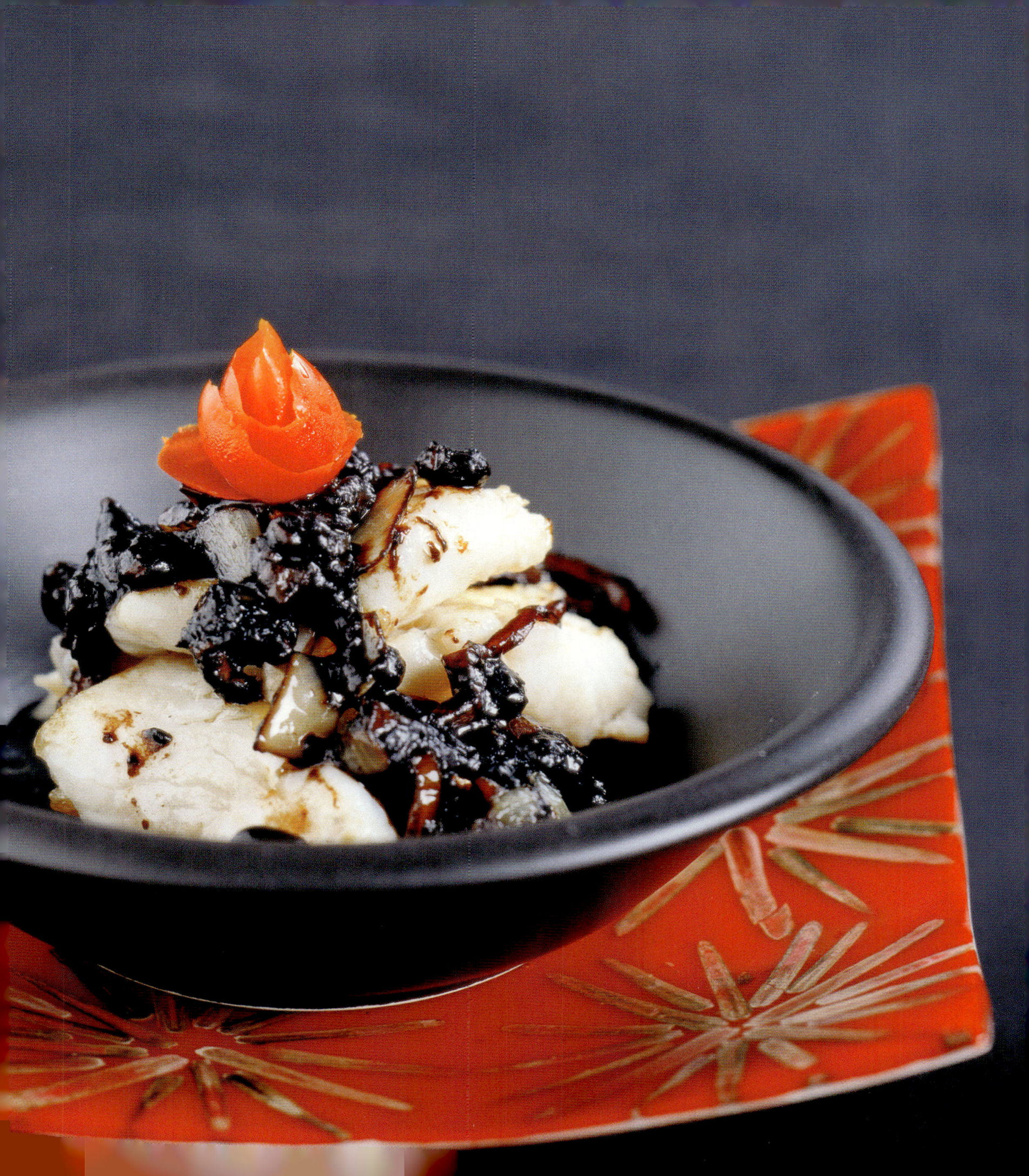

Asiatische Fischküche

Der Fisch mit dem Bauch CHINA

ZUTATEN
4 kleinere Rotbrassen à 250 g (od. Forelle, Saibling etc.) • 200 g durchwachsener Schweinebauch • 120 g Sojabohnen- oder Bambussprossen
3 Frühlingszwiebeln • 1 Stück (3 cm) Ingwer • 4 Stk. Sternanis • 4 Knoblauchzehen • 2 EL ausgelassenes Schweinefett • 1 EL Sesamöl • 1 TL Maisstärke • Erdnussöl zum Frittieren • Koriandergrün zum Bestreuen

FÜR DIE WÜRZSAUCE
6 EL Sojasauce • 3 EL Honig • 6 cl Shaoxing-Reiswein (oder Sherry)
150 ml Fischfond • 150 ml Geflügelfond

ZUBEREITUNG
Die küchenfertigen Fische auf beiden Seiten einige Male schräg so einschneiden, dass eine Art Gittermuster entsteht. Den Schweinebauch in Streifen schneiden. Frühlingszwiebeln, Ingwer und Knoblauch in feine Scheiben schneiden. Für die Würzsauce alle Zutaten miteinander verrühren und beiseitestellen.
In einem Wok oder einer tiefen, schweren Pfanne etwas Erdnussöl stark erhitzen. Die Fische einlegen und auf beiden Seiten insgesamt ca. 2–3 Minuten knusprig frittieren (die Fische sollen innen erst halbgar sein). Fische wieder herausnehmen, Fett abgießen und den Wok mit Küchenkrepp auswischen.
Nun das ausgelassene Schweinefett erhitzen. Sternanis zugeben und kurz anbraten. Frühlingszwiebeln, Ingwer und Knoblauch einmengen und kurz mitbraten. Dann Fleisch und Sprossen daruntermischen und ebenfalls anbraten. Mit der vorbereiteten Würzsauce ablöschen und aufkochen lassen. Jetzt die Fische wieder einlegen, Hitze reduzieren und alles auf kleinster Flamme 12–15 Minuten schmoren lassen. Fische aus der Pfanne nehmen, auf einer vorgewärmten Platte anrichten und mit Alufolie möglichst gut abschließen. Inzwischen die Sauce auf die Hälfte der bisherigen Konsistenz einreduzieren. Maisstärke mit wenig Wasser glattrühren und die Sauce damit binden. Nochmals aufkochen lassen. Mit Sesamöl abrunden. Alufolie entfernen und die Sauce über die Fische gießen. Mit gehacktem Koriandergrün bestreuen.

Red Snapper mit Bärlauch-Kokos-Püree
KIM KREATION!

ZUTATEN
4 Red-Snapper-Filets zu je 100 g • 400 g mehlige Kartoffeln • 5 g Bärlauch
150 ml Kokosmilch • 3 EL Öl • 1 EL Sesamöl zum Braten • Muskatnuss • Salz

ZUBEREITUNG
Die Kartoffeln in Salzwasser weich kochen, noch warm schälen, durch die Kartoffelpresse drücken und in eine Schüssel geben. Den Bärlauch waschen, mit 3 EL Öl pürieren und gemeinsam mit der Kokosmilch unter die Kartoffeln mischen und mit dem Schneebesen alles gut verrühren. Mit Salz und Muskatnuss abschmecken. Eine beschichtete Pfanne erhitzen, Sesamöl eingießen und die mit Salz sowie Pfeffer gewürzten Fischfilets darin auf beiden Seiten ca. 2 Minuten braten. Das Püree auf Tellern anrichten, die Fischfilets daneben oder darauf anrichten.

Lachs-Pflaumen-Spieß mit Erdnuss-Chilisauce KIM KREATION!

ZUTATEN
500 g Lachsfilet • **8 weiche, halbgetrocknete Pflaumen (oder getrocknete Pflaumen einweichen)** • **1–2 Jungzwiebeln** • **Salz, Pfeffer** **Öl** • **Chili und Koriander zum Garnieren**

FÜR DIE ERDNUSS-CHILISAUCE
100 g Cocktail-Erdnüsse • **2 Stangen Zitronengras** **1 Dose (330 ml) Kokosmilch** • **1 EL brauner Zucker** • **1 Knoblauchzehe** **2 EL Sojasauce** • **1 TL Tomatenmark** • **1 EL Paprikapulver**

ZUBEREITUNG
Das gut entgrätete Lachsfilet in größere Würfel schneiden, salzen und pfeffern. Die Jungzwiebeln in schräge Scheiben schneiden. Nun die Lachswürfel abwechselnd mit den Pflaumen und Jungzwiebeln auf Spieße stecken. In einer heißen Pfanne wenig Öl erhitzen und die Spieße darin rundum goldbraun braten (der Lachs sollte innen noch schön saftig und glasig sein). Die Spieße auf Teller verteilen, nach Belieben mit Chili und Koriander garnieren und mit der vorbereiteten Sauce servieren.
Für die Erdnuss-Chilisauce sämtliche Zutaten in einen Topf geben, mit dem Stabmixer pürieren und aufkochen.
BEILAGENEMPFEHLUNG: Wildkornreis

Asiatische Fischküche

Gedämpftes Lachsfilet in Kokos-Zitronengras-Sauce mit Reisnudeln

THAILAND

ZUTATEN
4 Lachsfilets à ca. 125 g • 1 Dose (330 ml) Kokosmilch (natur)
50 g Kaffirblätter (ersatzweise etwas Limettensaft) • 1 Stange Lauch
Salz, Pfeffer • Muskatnuss • 125 ml Weißwein • 1 Knoblauchzehe
200 g Reisnudeln • 1 EL Öl • Chili nach Belieben

ZUBEREITUNG
Den Lauch in ca. 1 cm breite Ringe, den Knoblauch dünnblättrig schneiden. Eine Pfanne erhitzen und Lauch sowie Knoblauch in etwas Öl 1–2 Minuten hellbraun anschwitzen. Den Dampfgarer auf 80 °C erhitzen, das Lauchgemüse auf den Einsatz verteilen und die Lachsfilets darauflegen. Die Kaffirblätter mit der Hand grob zerdrücken (damit sich das Aroma besser entfalten kann) und die zerkleinerten Blätter darüberstreuen. Mit Weißwein und Kokosmilch aufgießen, mit Muskatnuss, Salz und Pfeffer würzen. In den Dampfgarer geben und ca. 20 Minuten garen. Steht kein Dampfgarer zur Verfügung, alle Zutaten für die Sauce kurz aufkochen, Hitze reduzieren oder überhaupt abstellen und die Lachsscheiben darin ca. 15 Minuten zugedeckt ziehen lassen. Währenddessen reichlich Wasser mit wenig Salz aufkochen, Reisnudeln zugeben, 3–5 Minuten kochen und dann abseihen. Die Nudeln auf je einem Teller anrichten, das Lachsfilet vorsichtig danebensetzen und mit Sauce beträufeln. Nach Belieben mit Chili würzen.

Heilbutt mit Eierschwammerln in Kernöl KIM KREATION!

ZUTATEN
400 g Heilbuttfilet • 1 EL Sesamöl • 500 g Eierschwammerln
125 ml Sushi-Essig (od. Apfelbalsamico-Essig bester Qualität) • 4 EL Kernöl
1 EL süß-saure Chilisauce • 2 EL Preiselbeermarmelade • 1 Schalotte
1 Bund Jungzwiebeln zum Garnieren • Salz, Pfeffer

ZUBEREITUNG
Das Heilbuttfilet in 4 gleich große Stücke teilen. Die Jungzwiebeln in dünne Scheiben schneiden. Sesamöl in eine beschichtete Pfanne eingießen und erhitzen. Die Heilbuttfilets kurz beidseitig 2 Minuten braten und auf 4 vorgewärmte Teller aufteilen. Die Schalotte fein schneiden, in die Pfanne geben und anrösten. Die gut geputzten Eierschwammerln, Chilisauce, Sushi-Essig sowie Preiselbeermarmelade zugeben und alles bei starker Hitze ca. 2 Minuten mitrösten. Mit Salz und Pfeffer abschmecken. Zum Schluss das Kernöl einrühren. Eierschwammerln gleichmäßig auf die bereits vorbereiteten Heilbuttfilets verteilen und mit Jungzwiebeln garnieren.

TIPP: Weniger risikofreudige Gaumen bevorzugen evtl. statt Kernöl Olivenöl. Der Heilbutt lässt sich auch durch Lachsforellen- oder Wallerfilets ersetzen. Foto rechts

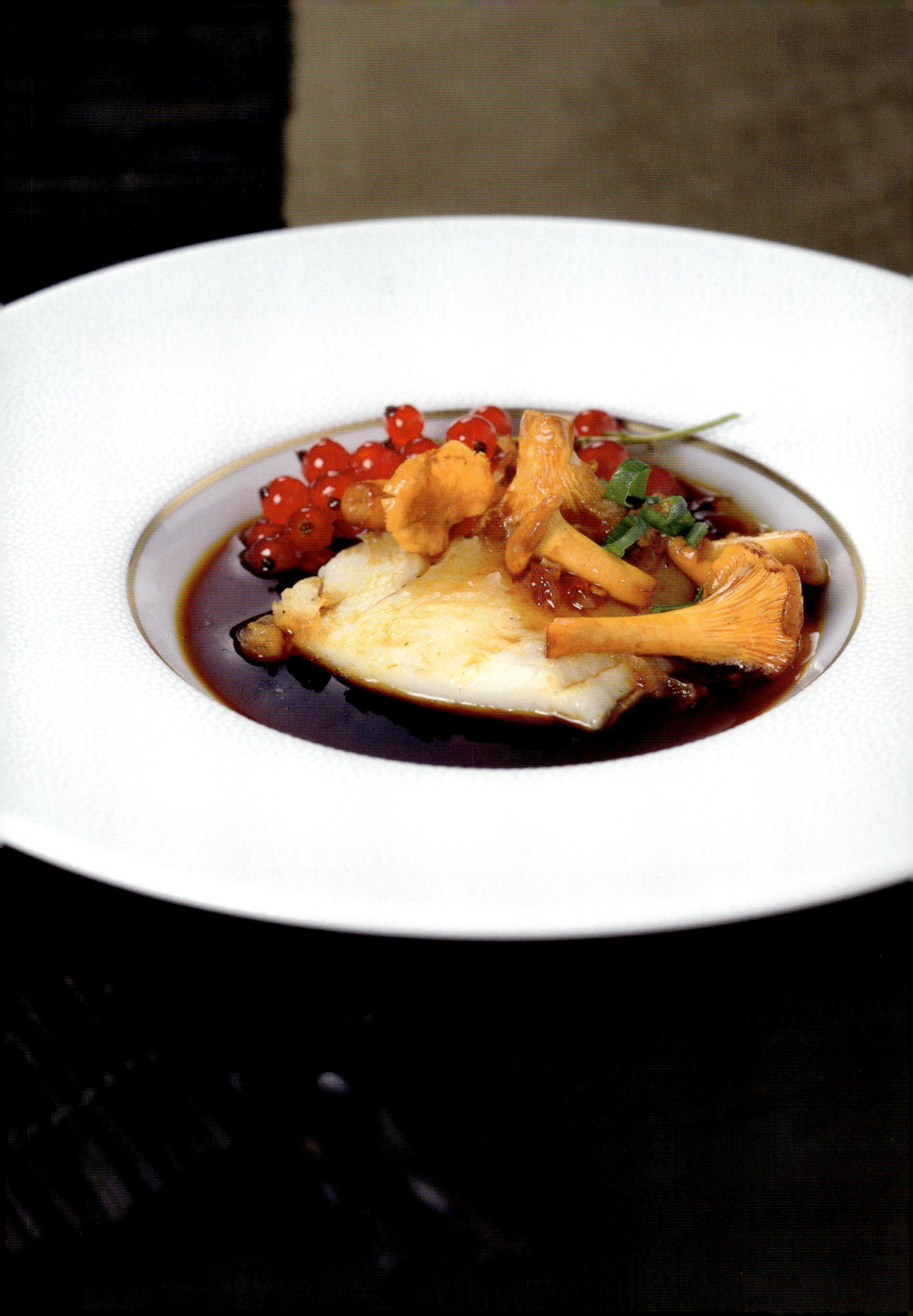

Asiatische Fischküche

Fischlaibchen in Tomatensauce IRAN

ZUTATEN
**750 g entgrätetes Fischfilet nach Belieben • 1 Karotte • 3 Tomaten
1 Stück (2 cm) Ingwer • 1 Lorbeerblatt • 2 Schalotten • 1 Zwiebel
3 Knoblauchzehen • 1 Ei • 1 EL gehackte Petersilie • 1 EL Semmelbrösel
je 1 TL gemahlener Kümmel und Kurkuma • je 1 kräftige Prise Piment,
Koriander und Kreuzkümmel • 1 EL Tomatenmark • Pfefferkörner
Mehl • Salz • Öl oder Butter**

ZUBEREITUNG
Zunächst die Schalotten und den Knoblauch fein hacken. Den Ingwer fein reiben. Die Tomaten kurz in siedendem Wasser blanchieren (überbrühen), schälen, entkernen und in kleine Würfel schneiden.
Einen Topf mit Wasser aufstellen. Karotte, Lorbeerblatt, einige Pfefferkörner sowie Salz zugeben, den Fisch einlegen und aufkochen lassen. Hitze reduzieren und das Fischfilet gar köcheln lassen. Fisch herausheben, den Sud abseihen und beiseitestellen. Den Fisch in eine Schüssel geben und zwischen den Fingern zerkleinern. Das Ei gemeinsam mit den Bröseln, der gehackten Petersilie und etwas Mehl zugeben und alles zu einer Masse verarbeiten. Aus der Masse kleine Laibchen formen.
In einer Pfanne Öl oder Butter erhitzen und die Fischlaibchen darin auf beiden Seiten anbraten. Wieder herausheben, kurz auf Küchenkrepp abtropfen lassen und warmstellen. Frische Butter oder Öl in die Pfanne geben und die Schalotten gemeinsam mit dem Knoblauch darin hell anschwitzen. Ingwer sowie Gewürze zugeben und alles kurz durchrösten. Das Tomatenmark einrühren, durchrösten und dann die Tomatenwürfel einmengen. Kräftig durchkochen lassen, bis sich die Sauce schön eingekocht hat.
Nun mit etwas Fischsud aufgießen und die Sauce abermals kräftig aufkochen lassen. Fischlaibchen einlegen und zugedeckt noch ca. 10 Minuten ziehen lassen. Dabei darauf achten, dass die Bällchen völlig mit Flüssigkeit bedeckt sind und bei Bedarf noch etwas Fischsud zugießen. Inzwischen die Zwiebel in Ringe schneiden und in heißem Öl goldbraun rösten. Kurz vor dem Servieren in die Sauce einrühren.
BEILAGENEMPFEHLUNG: Reis

Makrele im Bananenblatt

SINGAPUR UND MALAYSIA

ZUTATEN
4 geputzte Makrelen (s. Tipp) • 4 Bananenblätter (s. Tipp)
3 EL Tamarindenpaste • 2 Zwiebeln • 3 Knoblauchzehen • 1 rote Chilischote • 1 Stück (4 cm) Ingwer • 1 Zitronengras-Stange
1 EL schwarze Pfefferkörner • 4–6 Lorbeerblätter • 6 EL Pflanzenöl
6 EL Sojasauce • 1/2 TL Kreuzkümmelpulver • 1/2 TL Korianderpulver
Salz

ZUBEREITUNG
Zwiebeln, Knoblauch, Ingwer, Chili und Zitronengras-Stange klein hacken. Die Pfefferkörner im Mörser zermahlen. Einen Wok (oder schwere Pfanne) erhitzen und diese Zutaten darin kurz anbraten. Tamarindenpaste, Sojasauce, Kreuzkümmel sowie Koriander zufügen und mit Salz abschmecken.
Die Fische mit der fertigen Marinade innen und außen bestreichen und im Kühlschrank ca. 1 Stunde ziehen lassen. Dann jedes Bananenblatt mit Öl bestreichen und je einen Fisch darauflegen. Ein oder zwei Lorbeerblätter zugeben und den Fisch im Bananenblatt gut einwickeln. Auf den Grill legen und ca. 20 Minuten garen lassen. Wenn möglich im Bananenblatt servieren.

TIPP: Statt der Makrele können auch andere Fische im Ganzen, wie etwa Saibling oder Forelle, verwendet werden. Stehen keine Bananenblätter zur Verfügung, so kann stattdessen auch Alufolie verwendet werden.

Gegrillter Fisch mit Zitronengras-Zwiebel-Füllung KAMBODSCHA

ZUTATEN
4 kl. Fische à 200 g (Barsch, Saibling, Rotbarbe etc.) • 4 Zitronengras-Stangen • 1 Bund Jungzwiebeln • Salatblätter, Minze, Basilikum, Koriandergrün zum Garnieren

FÜR DIE MARINADE
6 EL Fischsauce • 2 EL Pflanzenöl • 3 Knoblauchzehen
2 rote Chilischoten • 1 Stück (4 cm) Ingwer • Salz, Pfeffer

ZUBEREITUNG
Die Fische waschen und trockentupfen. Für die Marinade Knoblauchzehen, entkernte Chilischoten und Ingwer klein hacken und mit den restlichen Zutaten vermischen. Den Fisch innen und außen mit Marinade bestreichen und 1 Stunde ziehen lassen. Die Zitronengras-Stangen in dünne Streifen schneiden und die Hälfte davon mit den geviertelten Jungzwiebeln in den Fischbauch füllen. Die restlichen Zitronengras-Stangen über die Fische streuen. In eine mit Öl ausgestrichene Bratform legen und im vorgeheizten Backrohr bei 150 °C (Oberhitze) ca. 5–7 Minuten grillen. Salatblätter auf die Teller verteilen, je einen Fisch darauf platzieren und mit den Kräutern garnieren.

TIPP: Die Garnitur kann freilich noch beliebig, etwa durch Chilischoten, Ingwer oder Zitronenfilets, erweitert werden.

Zischender Karpfen CHINA

ZUTATEN
1 küchenfertiger Karpfen mit ca. 1,5 kg • 1 Stück (5 cm) Ingwer
1/2 Bund Koriander • 1–2 EL Sojasauce • 1 EL Fischsauce • 1 EL Sesamöl
1 Lauchstange • 3 Frühlingszwiebeln • 1/2 rote Paprikaschote
6–8 EL Erdnussöl • Salz und Pfeffer

ZUBEREITUNG
Karpfen innen und außen mit Salz und Pfeffer einreiben. Ingwer in feine Streifen schneiden. Koriander waschen, trockentupfen und große Stiele entfernen. Ingwerstreifen und Koriander in die Bauchhöhle des Fisches füllen. In einer Tasse Soja- und Fischsauce mit Sesamöl vermengen und den Karpfen außen damit gut bestreichen. Lauch, Frühlingszwiebeln und Paprika in sehr dünne Streifen schneiden. In einem passenden Dämpftopf mit Einsatzgitter Wasser zum Kochen bringen und den Karpfen darin (auf einem Teller oder Backpapier) zugedeckt 20 Minuten dämpfen.
Nun die Gemüsestreifen über den Karpfen verteilen und alles zugedeckt noch einige Minuten ziehen lassen. Inzwischen in einer kleinen Kasserolle das Öl so stark erhitzen, dass es beinahe zu rauchen beginnt. Karpfen samt Gemüse herausheben, auf eine vorgewärmte Vorlegeplatte legen und auftragen. Erst bei Tisch mit dem stark erhitzten Öl so übergießen, dass das Gemüse schön zischt.

TIPP: Ist der Karpfen besonders fleischig, so ist es ratsam, ihn vor dem Garen einige Male diagonal einzuschneiden.

Im Ganzen gebratener Fisch mit Chili-Bandnudeln KIM KREATION!

ZUTATEN
**1 ganzer Wildwolfsbarsch (od. Red Snapper, Lachsforelle etc.) mit 1–1,5 kg
250 g Bandnudeln • 1 Tomate • 1 Bund Petersilie • 2 Knoblauchzehen
zum Füllen • 1/2 Zitrone • getrockneter Chili • 2 frische Chilischoten
1 Knoblauchzehe für die Nudeln • 2 EL Olivenöl • Salz, Pfeffer**

ZUBEREITUNG
Die Tomate vierteln, den Knoblauch schälen und die Zitronenhälfte noch einmal halbieren. Den küchenfertigen Fisch (gewaschen und geschuppt) auflegen und Tomaten, Knoblauch, Petersilie sowie Zitronenstücke in die Bauchhöhle füllen. Fest zudrücken und die obere Seite des Fisches mit einem scharfen Messer mehrmals leicht einschneiden (damit der Fisch schneller gegart ist).
In eine mit etwas Öl ausgestrichene Bratform legen und im vorgeheizten Backrohr bei 90 °C Heißluft ca. 20–30 Minuten garen. Dann die Temperatur auf 180 °C Oberhitze erhöhen und den Fisch noch 5 Minuten knusprig braten. Aus dem Herd nehmen, salzen, pfeffern und mit den vorbereiteten Chilinudeln servieren.
Für die Chilinudeln Salzwasser aufkochen, die Nudeln bissfest kochen und abseihen. Knoblauchzehe und Chili fein hacken. In einer Pfanne den Knoblauch in etwas Öl anschwitzen, Chili gemeinsam mit den Nudeln zugeben und mit Salz abschmecken.

Asiatische Fischküche

In der Folie gegrillter Kokos-Fisch
MALAYSIA

ZUTATEN
**1 Amur (Karpfen) mit 1,2–1,5 kg • 150 g Kokosflocken • 1–2 Zwiebeln
2 Knoblauchzehen • 1 Stück (3 cm) Ingwer • 1 Stange Zitronengras
1–2 Chilischoten • 1/2 TL Kurkumapulver • 1/2 TL Korianderpulver
Tamarindenpaste • Salz • Öl**

ZUBEREITUNG
Die Chilischoten halbieren, entkernen und ebenso wie das Zitronengras fein hacken. Die Zwiebeln sowie den Knoblauch in feine Würfel, den Ingwer in feine Streifen schneiden. Nun alles gemeinsam mit Kurkuma und Koriander in einem Mörser fein zerdrücken (oder im Mixer pürieren). Mit Salz und etwas Tamarindenpaste würzen. Die Kokosflocken untermengen.
Eine Alufolie mit Öl bestreichen und den Amur darauflegen. Nun den Amur mit der Kokosmasse füllen und etwas davon über den Fisch verteilen. Die Folie gut verschließen. Auf den Grill legen oder im vorgeheizten Backrohr bei guter Oberhitze 35–40 Minuten garen.

TIPP: Nach dem Originalrezept wird der Fisch in Bananenblätter gewickelt und dann gegrillt.

Gegrillter Fisch im Bananenblatt (Otak Otak) INDONESIEN

ZUTATEN
**600 g grätenlose weiße Fischfilets (z. B. Schnappbarsch) ohne Haut
15 gehackte Schalotten • 1-2 gehackte Knoblauchzehen
3 gehackte Frühlingszwiebeln • 1 TL zerstoßener weißer Pfeffer
1/2 Tasse dicke Kokosmilch • 1 EL Limonensaft • 1 TL Salz
3 Eier • Bananenblätter (12 x 12 cm groß) oder Alufolie**

ZUBEREITUNG
Die sorgfältig entgräteten Fischfilets fein hacken und im Mixer ein paar Sekunden lang zerkleinern. Die Fischmasse mit den restlichen Zutaten vermengen. Bananenblätter auflegen und jeweils 3 gehäufte Esslöffel Fischfarce in die Mitte jedes Blattes auftragen. Bananenblatt straff einrollen, die Enden umschlagen und mit Zahnstochern (oder Küchengarn) fixieren. In wenig Wasser (zugedeckt) oder über Wasserdampf etwa 15 Minuten garen und anschließend noch weitere 5 Minuten auf einem Holzkohlengrill (oder Elektrogrill) grillen. Währenddessen ab und zu wenden, damit die Blätter gleichmäßig braun werden. Im Bananenblatt servieren.

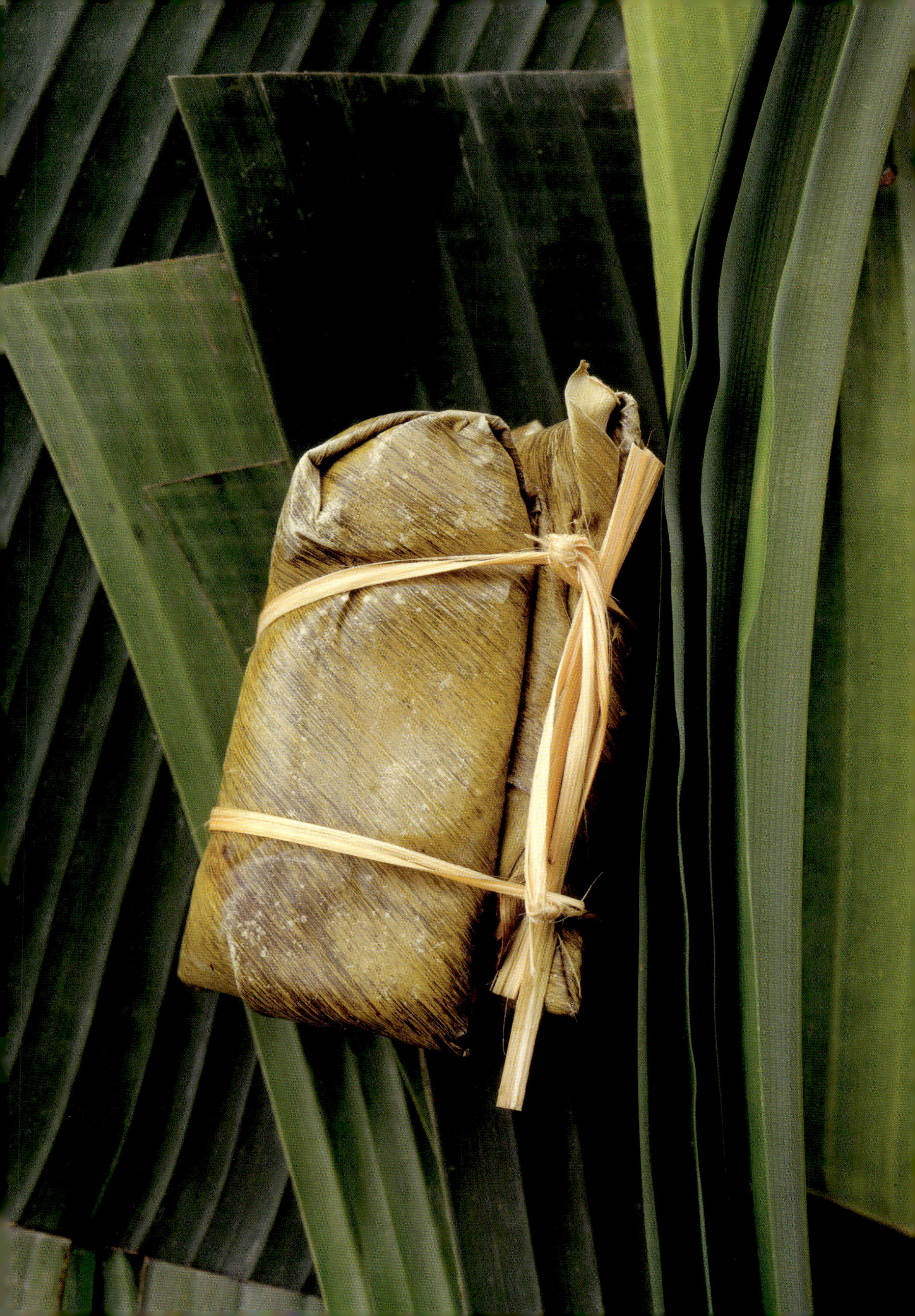

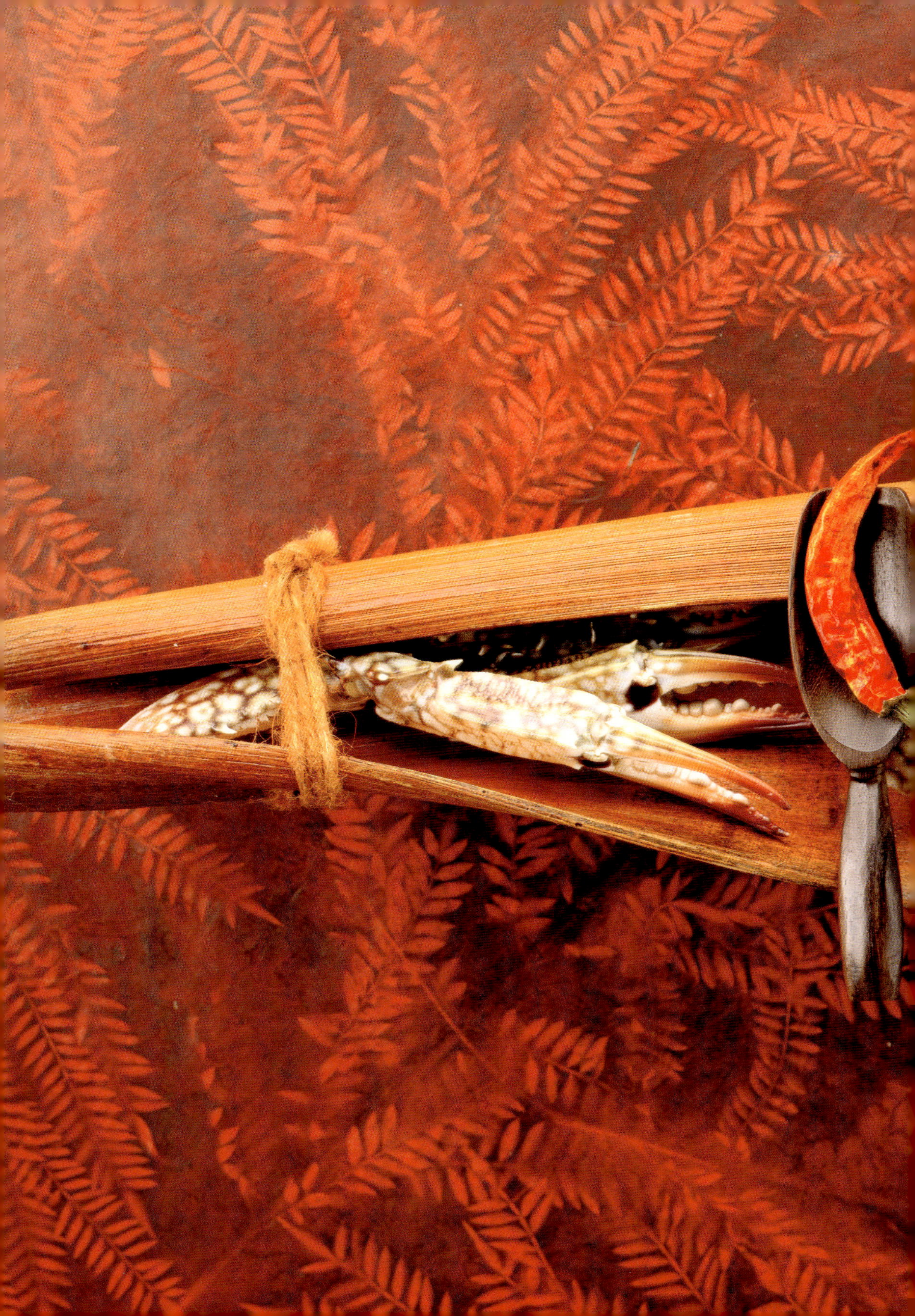

Gepanzerte Genüsse

VON ASIATISCHEN KRUSTEN- UND SCHALTIEREN

Asiatische Krusten- und Schaltiere

Garnelen in Kokosmilch INDONESIEN

ZUTATEN
16 rohe Garnelen • 3 EL Tamarindenpaste (ersatzweise 2 EL Apfelessig und 1 TL Sojasauce) • 6 EL heißes Wasser • 6 getrocknete Chilischoten 1 TL Korianderkörner • 2 Zwiebeln • 2 Knoblauchzehen • 1 Stück (3 cm) Galgant • 1 Stück (3 cm) Kurkumawurzel (od. 1 TL Kurkumapulver) 1 Zitronengras-Stange • 1 TL Garnelenpaste • 2 EL Sonnenblumenöl 50 g Cashewnuss-Kerne • 1/2 frische Ananas • 250 ml Kokosmilch Salz • 1 TL brauner Zucker

ZUBEREITUNG
Getrocknete Chilischoten und Korianderkörner in einem Mörser zerstoßen und mit Tamarindenpaste sowie heißem Wasser durchmischen.
Zwiebeln, Knoblauch, Kurkuma, Galgant sowie Zitronengras-Stange klein hacken und mit der Garnelenpaste gut vermischen. In einer Pfanne Öl erhitzen und nun alles gemeinsam 3 Minuten anbraten. Anschließend mit der Chilimischung im Stabmixer pürieren und durch ein Sieb streichen. Die Cashewnuss-Kerne klein hacken, die Ananas schälen und kleinwürfelig schneiden.
Kokosmilch, Gewürzmischung, Cashewnusskerne und Ananasstücke zum Kochen bringen. Mit Salz und Zucker abschmecken. Die Garnelen dazugeben und weitere 5 Minuten ziehen lassen. In Schalen anrichten und servieren.
BEILAGENEMPFEHLUNG: Reis oder Nudeln

TIPP: Nicht so Chili-erprobte Gaumen werden vermutlich eine reduzierte Chilizugabe bevorzugen.

Foto rechts

In Bier gegarte Riesengarnelen VIETNAM

ZUTATEN
8 Riesengarnelen • 250 ml kräftiges Bier • 2 Frühlingszwiebeln 2 Knoblauchzehen • 2 kl. Tomaten • 1 gr. Zwiebel • 1 rote Chilischote 1 TL Sesamöl • 1 EL Austernsauce • 1/2 TL Salz • 1/2 TL Pfeffer 1 EL Erdnussöl • 2 EL Wasserkresse • 1 EL gebratener Knoblauch

ZUBEREITUNG
Die Frühlingszwiebeln fein schneiden, die Knoblauchzehen ebenfalls fein schneiden und mit etwas Salz zerdrücken. Die Tomaten kurz in heißem Wasser blanchieren (überbrühen), schälen und in Würfel schneiden. Die Zwiebel in Ringe schneiden. Die Chilischote halbieren, entkernen und ebenfalls in feine Ringe schneiden.
In einem Wok oder einer schweren Pfanne das Erdnussöl erhitzen. Die Garnelen gemeinsam mit Frühlingszwiebeln sowie Knoblauch zugeben und kurz anrösten. Dann mit Austernsauce, Sesamöl, Salz sowie Pfeffer aromatisieren und noch etwa 2–3 Minuten braten. Garnelen aus der Pfanne nehmen. Nun Tomaten, Zwiebeln sowie Chili zugeben und alles gut durchrühren. Bier zugießen und alles ca. 10 Minuten zugedeckt vor sich hinköcheln lassen. Garnelen wieder zugeben und im Biersud noch kurz ziehen lassen. Vom Herd nehmen und die Kresse einrühren. In Schalen anrichten und mit dem gebratenen Knoblauch bestreuen.

Asiatische Krusten- und Schaltiere

Pikant gebratene Pfeffer-Garnelen
SZECHUAN

ZUTATEN
600 g Garnelen • **3 EL Sojasauce** • **3–4 getrocknete Chilischoten** (oder 1/2 TL Szechuan-Pfeffer) • **4 Knoblauchzehen** • **4 EL Limettensaft** **4 EL Fischsauce** • **1–2 EL frisch gehacktes Koriandergrün** • **1–2 EL brauner Zucker** • **3 EL Erdnuss- oder Pflanzenöl** • **frisch geschroteter Pfeffer** (am besten chin. Bergpfeffer)

ZUBEREITUNG
Von den Garnelen den Kopf sowie die Schale entfernen. Den Rücken der Länge nach aufschneiden und den Darm entfernen (auskratzen oder auswaschen). Geputzte Garnelen mit Küchenkrepp trockentupfen. In einer Schüssel die Sojasauce mit einer kräftigen Prise frisch geschrotetem Pfeffer vermengen. Die Garnelen einlegen und darin 30 Minuten marinieren.
Inzwischen den Knoblauch gemeinsam mit den entkernten Chilischoten in einem Mörser zerstoßen (oder mit einem scharfen Messer sehr fein hacken). In einer kleinen Tasse den Limettensaft mit Fischsauce, gehacktem Koriander und der Chili-Knoblauchpaste gut miteinander vermengen und den Zucker darin auflösen. Öl in einem Wok oder einer schweren Pfanne erhitzen und die Garnelen darin nur kurz, d. h. 2–3 Minuten, rundum braten, bis sie sich rot verfärben. Die vorbereitete Limettensauce über die Garnelen gießen, nochmals kurz durchschwenken und die Garnelen vom Feuer nehmen. In Schalen servieren.
BEILAGENEMPFEHLUNG: Reis

Asiatische Krusten- und Schaltiere

Taschenkrebs in Chilisauce nach chinesischer Art

ZUTATEN
2 frische Taschenkrebse (ersatzweise Blaukrabben) im Ganzen
1 Karotte • 1 Salatgurke • 2 grüne Chilischoten • 1 rote Paprikaschote
5 Bund Kuchai (chin. Knoblauchgrün, ersatzweise das Grüne einer Jungzwiebel) • 1 kl. Zwiebel • 2 EL Sesamöl zum Braten

FÜR DIE SAUCE
1 EL Austernsauce • 1 EL Hoisin-Sauce • 1 EL Sojasauce
2 Knoblauchzehen • 3 rote Chilischoten • 1 EL Fischsauce

ZUBEREITUNG
Für die Sauce alle Zutaten in den Mixer geben und pürieren. Den Panzer der Krebse aufbrechen und Krebse vierteln. Die größeren Beine sowie die Scheren mit der Haushaltsschere einschneiden, damit man sie beim Essen leichter öffnen kann. Karotte in ca. 1 cm lange Streifen schneiden. Salatgurke der Länge nach halbieren, entkernen und halbmondförmig schneiden. Die Kuchaiblätter bzw. Jungzwiebelgrün ebenfalls in Streifen, Paprikaschote und Zwiebel in größere Stücke, die Chilischoten schräg in ca. 1 cm große Stücke schneiden.
Einen Wok (oder schwere Pfanne) erhitzen, Öl eingießen und die Krebsstücke darin 3 Minuten anbraten. Anschließend das Gemüse dazugeben und mitbraten. Die vorbereitete Sauce in den Wok eingießen und alles noch zugedeckt 2 Minuten kochen lassen. In Schalen anrichten und servieren. Foto rechts

Langustenschwanz-Curry SRI LANKA

ZUTATEN
2 Langustenschwänze • 1 kl. Stück (2 cm) Ingwer • 5 Schalotten
5 Knoblauchzehen • 1/2 TL Bockshornklee-Samen • 10 Curryblätter
1 Zimtstange • 1–2 TL Chilipulver • 1 TL Kurkumapulver • 3 TL Salz
750 ml dünne Kokosmilch • 300 ml Kokosmilch • 3 EL Kokosflocken
1 TL Reis- oder Maisstärke bei Bedarf • 3 EL Limettensaft
Öl oder Butterschmalz

ZUBEREITUNG
Die Langustenschwänze mit einem scharfen Messer der Länge nach halbieren. Die Schalotten sowie den Knoblauch fein hacken und in einem Wok oder einer großen flachen Pfanne in etwas Öl hell anschwitzen. Den Ingwer fein schneiden und gemeinsam mit Bockshornklee-Samen, Curryblättern, Zimt, Chilipulver, Kurkuma sowie Salz zugeben und alles kurz durchrühren. Mit der dünnen Kokosmilch aufgießen und alles zugedeckt 30 Minuten bei niedriger Hitze vor sich hinköcheln lassen. Nun die Langustenschwänze zugeben und 7–10 Minuten garen. Dabei die Langusten wiederholt wenden. Gegarte Langusten herausheben und warmhalten.
Währenddessen die Kokosflocken in einer beschichteten Pfanne ohne Fett bei mäßiger Hitze unter ständigem Rühren goldbraun rösten. Kurz überkühlen lassen und mit der Hälfte der Kokosmilch im Mixer pürieren. Limettensaft einrühren und in

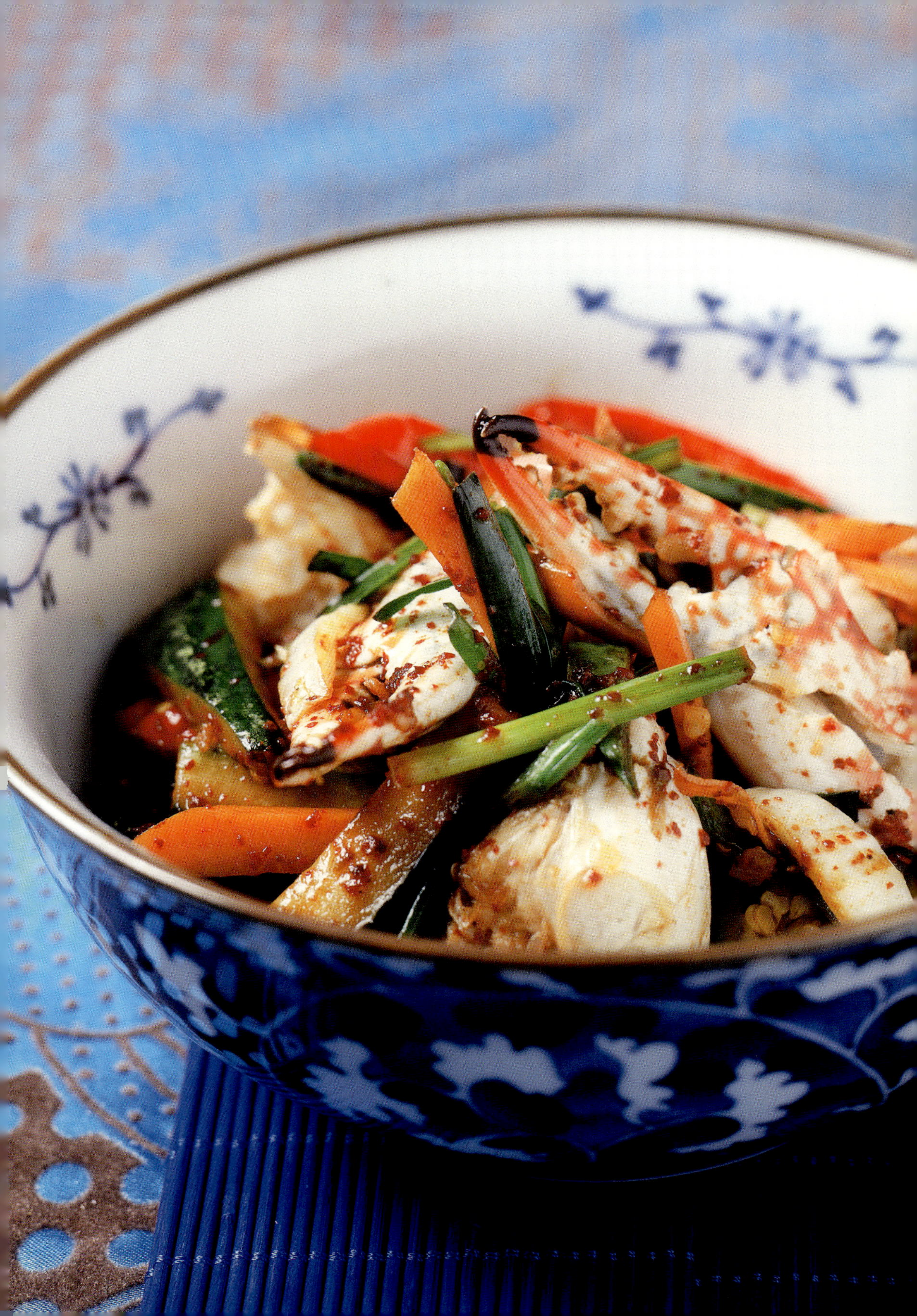

die Curry-Sauce einmengen. Restliche Kokosmilch zugießen und die Sauce bei kräftiger Hitze auf die gewünschte Konsistenz einkochen lassen. Bei Bedarf die Stärke mit wenig Wasser glattrühren und die Sauce damit binden. Abschließend die Langustenschwänze wieder einlegen und nur mehr kurz erwärmen. Auf Tellern anrichten.
BEILAGENEMPFEHLUNG: Reis

Asiatische Krusten- und Schaltiere

Taschenkrebs in Chilisauce auf Singapur-Art

ZUTATEN
1,5 kg Taschenkrebse (ersatzweise Blaukrabben) • 3 Knoblauchzehen
2 Zwiebeln • 6 rote Chilischoten • 1 Stück (2 cm) Ingwer • 350 g Tomaten
2 EL Mehl • 1 TL Kurkumapulver • 4 EL Pflanzenöl • 2 Jungzwiebeln

FÜR DIE SAUCE
2 EL Austernsauce • 1 EL Sojasauce • 1 EL brauner Zucker
1 EL Sushi-Essig (oder Balsamicoessig) • 1 EL Salz • 2 EL Kokosflocken

ZUBEREITUNG
Den Panzer der Krebse aufbrechen und die Krebse in gröbere Stücke teilen (hacken). Dabei vorsichtig die Panzerspitzen herausnehmen. Die größeren Beine sowie die Scheren mit der Haushaltsschere einschneiden.
Knoblauch und Zwiebeln kleinwürfelig schneiden, rote Chilischoten sowie Ingwer separat in kleine Würfel schneiden. Die Tomaten kurz in heißem Wasser blanchieren (überbrühen), die Haut abziehen, entkernen und achteln. Das Öl in einem Wok (oder einer schweren Pfanne) erhitzen und die Krabbenstücke gemeinsam mit Kurkuma und Mehl ca. 4 Minuten braten. Anschließend Knoblauch, Zwiebeln, Chili, Ingwer und Tomatenstücke zugeben und 3 Minuten mitbraten.
Für die Sauce die Kokosflocken in einer anderen Pfanne zunächst ohne Fett braun rösten. Danach die restlichen Zutaten einrühren und kurz durchkochen lassen. Die Jungzwiebeln der Länge nach schneiden und auf die Teller verteilen. Die Krabben darauf anrichten und mit Sauce beträufeln.

Im Wok gebratener Hummer in schwarzer Bohnensauce CHINA

ZUTATEN
1 frischer küchenfertiger Hummer • 1 EL gesalzene schwarze Bohnen aus der Dose • 2–3 Knoblauchzehen • 1 kl. Stück (2 cm) Ingwer
1 EL helle Sojasauce • 1 TL Zucker • 150–200 ml milde Gemüsesuppe oder Wasser • 2 TL Maisstärke • 1 Ei • 4 EL Erdnussöl • Koriandergrün zum Bestreuen • Salz

ZUBEREITUNG
In einem sehr großen Topf reichlich Salzwasser aufkochen. Den küchenfertigen (gut geputzten) Hummer rasch in das kochende Wasser geben und so lange ziehen

lassen, bis sich die Schalen rot verfärben. Hummer wieder herausheben, kalt abschrecken und (am besten mit einer Hummer- oder Geflügelschere) in mehrere Stücke zerteilen.
Die Knoblauchzehen sehr fein hacken, den Ingwer in Streifen schneiden. Die schwarzen Bohnen in ein Sieb geben, mit kaltem Wasser abspülen und dann abtropfen lassen. In eine Schüssel geben und mit einer Gabel etwas zerdrücken. Mit dem gehackten Knoblauch, Sojasauce und Zucker gut vermischen.
In einem Wok oder einer schweren Pfanne das Öl erhitzen, den Ingwer zugeben und kräftig anbraten. Die mit Knoblauch abgerührte Bohnensauce zugeben und kurz andünsten. Mit heißer Gemüsesuppe (oder Wasser) aufgießen und gut aufkochen lassen. Hummerstücke zugeben und alles unter wiederholtem Umrühren zugedeckt noch einige Minuten kochen lassen. Maisstärke mit wenig Wasser glattrühren, einmengen und die Sauce damit binden. Vom Herd nehmen und das versprudelte Ei einrühren. Mit grob geschnittenem Koriandergrün bestreuen und servieren.
BEILAGENEMPFEHLUNG: Reis

Asiatische Krusten- und Schaltiere

Gefüllte Kalmare mit arabischem Reis und Birnensauce
KIM KREATION!

ZUTATEN
8 Kalmare (ca. 10 cm groß) bester Qualität • 120 g gekochter Reis
1 EL Rosinen • 1 EL Berberitzen • 2 EL Portwein • 125 ml Sushi-Essig
2 TL arab. Gewürzmischung (s. S. 54) • Öl
gehackte Chilischote nach Belieben

FÜR DIE BIRNENSAUCE
4 reife Birnen • 1 harte Birne • 125 ml Birnenmost • 1 Beutel Safranfäden
4 dünne Scheiben Ingwer • 1/2 TL arab. Gewürzmischung (s. S. 54)
wenig Zitronensaft • Salz

ZUBEREITUNG
Zuerst die Rosinen in Portwein einweichen und die Safranfäden in 50 ml warmem Wasser auflösen. Nun für die Birnensauce die harte Birne schälen, entkernen, in sehr feine Würfel (5 mm groß) schneiden, mit wenig Zitronensaft beträufeln und zur Seite stellen. Dann auch die reifen Birnen schälen, entkernen und gemeinsam mit dem Birnenmost in einem Mixer fein pürieren. Die Birnenmasse in einen Topf geben und mit den eingeweichten Safranfäden kurz aufkochen. Mit Salz, Ingwer und der arabischen Gewürzmischung abschmecken. Warmstellen.
Den gekochten Reis mit den eingeweichten Rosinen, Berberitzen, Sushi-Essig und arab. Gewürzmischung gut durchmischen. Die Kalmare waschen, mit der Reismischung füllen (nicht ganz voll!) und nach Möglichkeit mit Zahnstochern verschließen. Eine Pfanne erhitzen, etwas Öl eingießen und die Kalmare 3 Minuten anbraten. Gleichzeitig die Birnenmasse leicht erwärmen und die kleinen gewürfelten Birnenstücke untermischen. Die Birnensauce in der Mitte der Teller anrichten, je 2 gefüllte Kalmare dazu legen und nach Belieben mit Chili garnieren.

Asiatische Krusten- und Schaltiere

Gebratene Tintenfische mit Silberohren SCHANGHAI

ZUTATEN
600 g küchenfertige Tintenfische • 20 g getrocknete Silberohren (oder andere getrocknete chin. Pilze) • 1 kl. Stange Lauch
3–4 Knoblauchzehen • 1 Stück (4 cm) Ingwer • 4 Frühlingszwiebeln
2 junge Karotten • 4 EL Erdnussöl • Salz, Pfeffer • Maisstärke
zum Wälzen • Sesamkörner • Sesamöl zum Beträufeln

ZUBEREITUNG
Zuerst die getrockneten Pilze in lauwarmem Wasser ca. 20 Minuten einweichen. Währenddessen die küchenfertigen, gut geputzten Tintenfische unter fließendem Wasser waschen und danach mit Küchenkrepp trockentupfen. Die Tintenfische der Länge nach aufschneiden und innen im Abstand von ca. 1/2 cm diagonal, d. h. kreuzweise, einschneiden. In vier Teile teilen und diese jeweils mit Salz sowie Pfeffer einreiben. Etwas Maisstärke auf einen Teller geben und die Tintenfischstücke darin rundum wenden.
Die eingeweichten Pilze abseihen, ausdrücken, Stiele wegschneiden und Pilze in Streifen schneiden. Den Lauch in feine Ringe schneiden. Knoblauchzehen fein hacken, den Ingwer in feine Scheiben schneiden und die Frühlingszwiebeln nach weißen und grünen Teilen getrennt in feine Ringe schneiden. Die Karotten in feine Stifte schneiden.
In einem Wok (oder einer schweren Pfanne) das Erdnussöl erhitzen. Knoblauch, Ingwer, Lauch und weiße Teile der Frühlingszwiebeln darin kurz anbraten. Dann Karotten zugeben und einige Minuten weiterbraten. Nun nach und nach Pilze sowie Tintenfischstücke zugeben und noch etwa 2–3 Minuten braten. Mit Salz und Pfeffer abschmecken. Abschließend die grünen Frühlingszwiebeln darüberstreuen, nochmals gut vermischen und in Schalen anrichten. Parallel dazu die Sesamkörner in einer beschichteten Pfanne ohne Fett rösten und die Tintenfische damit bestreuen. Mit etwas Sesamöl beträufeln.
BEILAGENEMPFEHLUNG: Gebratene Nudeln oder gebratener Reis

Gebratene Jakobsmuscheln mit Pak Choi CHINA

ZUTATEN
12 Jakobsmuscheln ohne Schale • 4 gr. Pak Choi
(oder 8 kleinere) • 2 Schalotten • 2 EL dunkles Sesamöl
2 Knoblauchzehen • 1 kl. Stück (1 cm) Ingwer • 5 EL Sojasauce
2 EL Palmzucker • 1 EL Shaoxing-Reiswein (oder Sherry)
2 EL Erdnussöl • 4 EL Pflanzenöl • Salz • evtl. frische Chilischote

ZUBEREITUNG

Die Jakobsmuscheln putzen und ca. 1 Stunde vor der Zubereitung Zimmertemperatur annehmen lassen (kalte Jakobsmuscheln verlieren bei der Zubereitung viel Wasser und werden auch nicht gleichmäßig heiß). Einen Topf mit Salzwasser aufstellen und zum Kochen bringen. Währenddessen Pak Choi putzen und die großen Stücke halbieren, kleineren Pak Choi nur an der Kopfseite 1–2 cm einschneiden, damit er schneller garen kann. Sobald das Wasser kocht, Pak Choi mit der Kopfseite voran langsam ins Wasser eintauchen und 1 Minute blanchieren. Herausheben und mit kaltem Wasser abschrecken, damit die grüne Farbe erhalten bleibt. Danach die einzelnen Stücke in der Mitte falten, mit einem größeren Blatt umwickeln und abtropfen lassen. (Dadurch entstehen 8 Pak-Choi-Päckchen.)

Die Schalotten feinwürfelig schneiden, Ingwer und Knoblauch klein hacken. Palmzucker ebenfalls klein hacken und mit Sojasauce sowie Reiswein mischen. Einen Wok oder eine Pfanne stark erhitzen, Sesam- und Pflanzenöl zugeben und die Schalotten darin kurz anrösten. Ingwer und Knoblauch zugeben und zum Schluss die Pak-Choi-Päckchen hineingeben und 2 Minuten kurz anbraten. Mit der gesüßten Sojasauce abschmecken.

Gleichzeitig in einer anderen Pfanne das Erdnussöl erhitzen und die Jakobsmuscheln darin beidseitig je 2 Minuten anbraten. Vorsicht: Wenn die Pfanne zu klein ist, lieber in zwei Tranchen (oder Pfannen) braten, denn die Pfanne muss wirklich heiß sein, da beim Braten sonst zu viel Wasser entsteht!) Pak-Choi-Päckchen und Jakobsmuscheln in kleinen Schalen anrichten und mit Saft beträufeln. Nach Belieben mit gehackter Chilischote garnieren.

Asiatische Krusten- und Schaltiere

In Reiswein marinierte Jakobsmuscheln mit Koriander SZECHUAN

ZUTATEN
12 Jakobsmuscheln in der Schale (s. Tipp) • 1 Stück (6–8 cm) Ingwer
2 Frühlingszwiebeln • 2–3 EL Sojasauce • 2–3 EL Shaoxing-Reiswein
(oder trockener Sherry) • chin. Bergpfeffer (auch Szechuan- oder Blütenpfeffer genannt) • Chilipulver nach Belieben • 1 EL gehacktes Koriandergrün • 1 TL Sesamöl • 3 EL Erdnussöl zum Braten

ZUBEREITUNG
In einem Wok oder einer großen Pfanne das Erdnussöl sehr heiß werden lassen. Jakobsmuscheln mit der Muschelseite nach unten einlegen und die Muscheln nur ganz kurz, d. h. nicht länger als 20–30 Sekunden, anbraten. Die Muscheln wieder herausnehmen und zum Marinieren bereitstellen.
Für die Marinade die Sojasauce in einer Tasse mit dem Reiswein vermengen. Mit Bergpfeffer sowie Chili nach Belieben würzen, über die Muscheln gießen und einige Minuten ziehen lassen. Inzwischen Ingwer und Frühlingszwiebeln jeweils in sehr feine Streifen schneiden und über die Muscheln verteilen. Nun die Muscheln auf einen Dämpfeinsatz legen und in einem Dämpftopf oder Wok über Wasser zugedeckt etwa 4–5 Minuten garen. Die fertig gedämpften Jakobsmuscheln wieder herausnehmen und auf Tellern (in der Schale) anrichten. Vor dem Servieren mit gehacktem Koriandergrün bestreuen und mit Sesamöl beträufeln.
BEILAGENEMPFEHLUNG: Reis

TIPP: Stehen keine Jakobsmuscheln in der Schale zur Verfügung, so kann man selbstverständlich auch bereits ausgelöste verwenden. In diesem Fall werden die Muscheln auf Pak-Choi- bzw. Salatblätter oder aber auch auf Backtrennpapier gelegt und dann gedämpft.

Okonomiyaki mit Jakobsmuscheln JAPAN

„Okonomi" bedeutet auf Japanisch „was immer Sie wollen" und bezeichnet ein äußerst versatiles Gericht, das sowohl mit der italienischen Pizza als auch den französischen Crêpes verwandt ist und beliebig belegt werden kann.

ZUTATEN
4–8 Jakobsmuscheln • 1 mittelgroße Zwiebel • 3 Jungzwiebeln
2 Karotten • 3 Eier • 3 Chilischoten • 250 g Weizenmehl • 300 ml Wasser
Salz • Öl zum Braten • mit etwas Essig vermengte Sojasauce nach Belieben

ZUBEREITUNG
Die Zwiebel in sehr dünne Scheiben schneiden, die gut gewaschenen Jungzwiebeln schräg in ca. 1 cm große Stücke schneiden und die geputzten Karotten in feine Streifen schneiden. Die Chilis halbieren, entkernen und in Streifen schneiden. Die Jakobsmuscheln grob schneiden.

Nun aus Mehl, Wasser und Eiern eine palatschinkenähnliche Masse anrühren. Zwiebeln, Karotten, Jungzwiebeln sowie Chili zugeben und mit Salz abschmecken. Eine kleine Pfanne mit etwas Öl erhitzen und mit Hilfe eines mittelgroßen Schöpflöffels etwas Gemüsemasse eingießen. Mit Jakobsmuscheln belegen und beidseitig goldbraun braten. Herausheben und nach Belieben mit etwas Soja-Essig-Sauce servieren, der ganz nach persönlichem Geschmack noch eine Extra-Portion gehackter Chili zugegeben werden kann. Restlichen Teig ebenso verarbeiten.

Asiatische Krusten- und Schaltiere

Miesmuscheln in Sake JAPAN

ZUTATEN
1 kg Miesmuscheln • 1 Zwiebel • 1 Stange Lauch • 250 ml trockener Sake (Reiswein, ersatzweise Sherry) • 5 Knoblauchzehen • 1 Stück (3 cm) Ingwer • 2 EL Sesamöl • 4 EL Sojasauce • 2 EL Mirin (süßer jap. Reiswein, ersatzweise Portwein) • 1 EL Hondashi (Würzpulver, im Asia-Shop erhältlich) • Pfeffer

ZUBEREITUNG
Die Zwiebel in feine Würfel schneiden, Knoblauch sowie Ingwer fein hacken. Den Lauch schräg in dünne Scheiben oder Streifen schneiden (auch den grünen Teil). Die Muscheln unter fließendem Wasser gut waschen und Bärte entfernen.
Eine Wokpfanne (oder schwere Pfanne) erhitzen. Sesamöl eingießen, erhitzen und Zwiebeln darin goldbraun rösten. Anschließend die Muscheln mit allen anderen Zutaten dazugeben und 3 Minuten garen lassen. Mit Pfeffer abschmecken. In Schalen anrichten und servieren.

Foto rechts

Muscheln in Kokossauce mit Chili-Bandnudeln THAILAND

ZUTATEN
1 kg gemischte Muscheln • 1 Dose (330 ml) Kokosmilch (natur) 1 Stück (2 cm) Ingwer • 2 Chilischoten • 1 EL Fischsauce 1 EL Tamarindenpaste (ersatzweise Balsamicoessig) • 1 TL dunkles Sesamöl • 1 EL Sonnenblumenöl • 10 Zitronenblätter • Salz Koriander zum Garnieren

FÜR DIE NUDELN
300 g Reis-Bandnudeln (4 mm breit) • 1/2 TL geschrotete Chilischoten 2 Schalotten • Limettensaft • Salz • Erdnussöl zum Braten

ZUBEREITUNG
Zunächst in einem Topf reichlich Salzwasser zum Kochen bringen und die Nudeln darin 4 Minuten kochen. Abseihen und warmstellen. Die Schalotten kleinwürfelig schneiden und in etwas heißem Erdnussöl goldbraun anbraten. Nudeln zugeben und mit Chili sowie einem Schuss Limettensaft würzen. Kurz weiterbraten. Mit Salz abschmecken und warmstellen.
Dann den ungeschälten Ingwer in Scheiben schneiden. Chilischoten entkernen und fein hacken. In einem Topf Sesam- sowie Sonnenblumenöl erhitzen und die Ingwerscheiben darin anrösten. Kokosmilch, Tamarindenpaste, Fischsauce sowie Chili zugeben und die Sauce kurz aufkochen. Die geputzten, gut gewaschenen Muscheln gemeinsam mit den Zitronenblättern in den Topf geben und 2 Minuten zugedeckt kochen lassen. Mit Salz abschmecken. Die vorbereiteten Bandnudeln auf Tellern anrichten, Muscheln darauf oder daneben platzieren und ein bisschen Sauce darübergießen. Mit Koriander garnieren.

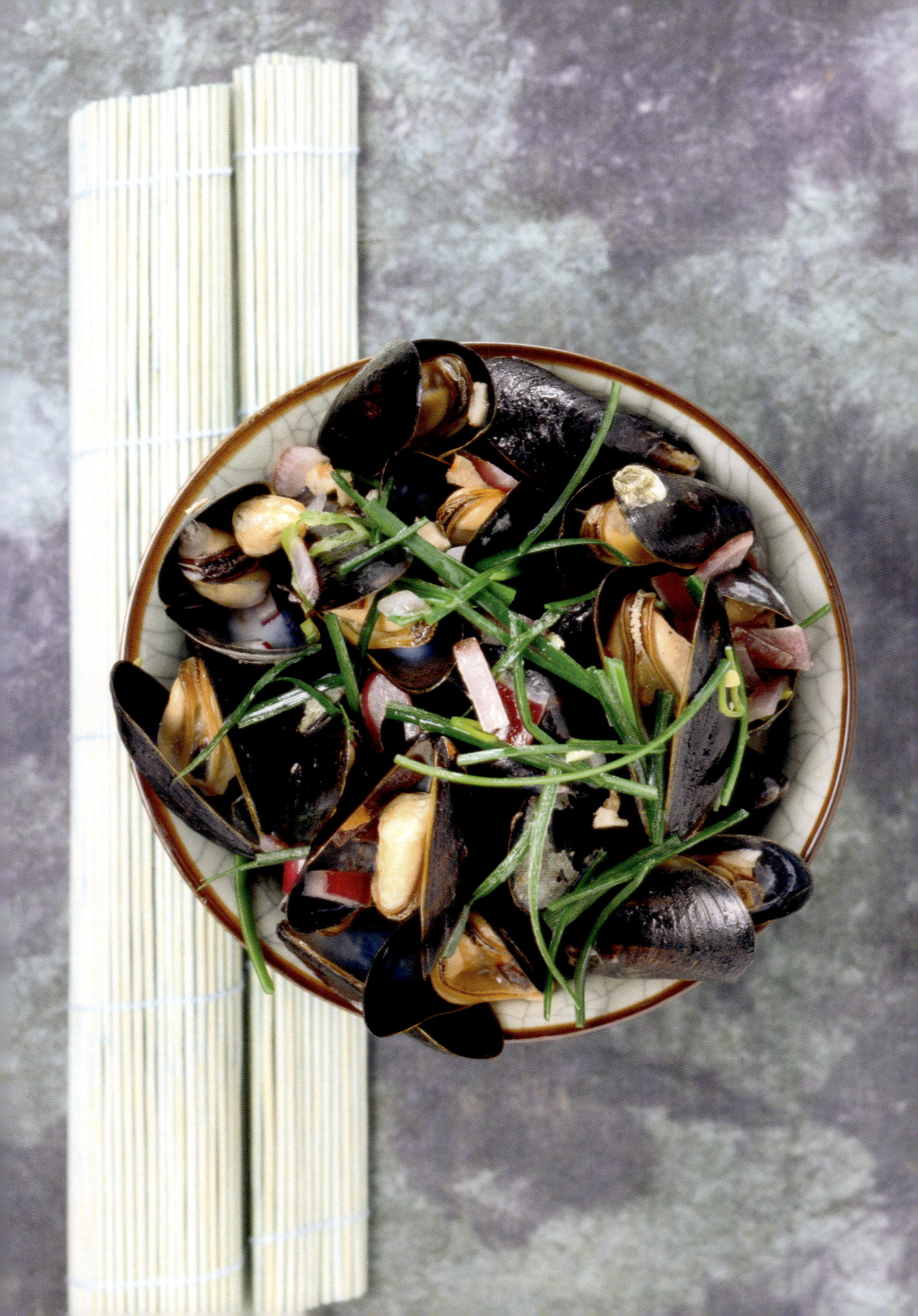

Asiatische Krusten- und Schaltiere

Gedämpfte Muscheln mit rotem und grünem Chili INDIEN

ZUTATEN
1 kg Miesmuscheln • 4–6 Schalotten • 4 Knoblauchzehen • 1 Stück (4 cm) Ingwer • je 2 kl. rote und grüne Chilischoten • Chilipulver 1/2 TL Kurkumapulver • 3 TL Korianderpulver • 3–4 EL Ghee (Butterschmalz oder Öl) • 2 cl Bombay-Sapphire-Gin (ersatzweise europäischer Gin) • Salz • frisches Koriandergrün • Zitronensaft

ZUBEREITUNG
Die Muscheln unter fließendem Wasser gut waschen, die Bärte entfernen und bereits geöffnete Muscheln aussortieren. Schalotten und Knoblauch fein schneiden, den Ingwer fein hacken oder reiben. Chilischoten halbieren, entkernen und ebenfalls fein hacken. In einem geräumigen Topf Ghee erhitzen und die Schalotten darin gemeinsam mit Knoblauch und Ingwer hell anschwitzen. Sobald die Schalotten weich und goldgelb sind, Chilischoten und -pulver (je nach gewünschter Schärfe), Kurkuma sowie Koriander zugeben und einige Minuten mitanrösten. Etwa eine Tasse Wasser zugießen, salzen und alles zugedeckt 7–8 Minuten vor sich hinköcheln lassen. Bombay-Sapphire-Gin hinzufügen und kurz mitköcheln lassen.
Nun die Muscheln hineingeben und gut zugedeckt 12–15 Minuten garen. Sobald alle Schalen geöffnet sind, vom Feuer nehmen. Etwas Zitronensaft einmengen, nochmals durchrühren und eventuell nachsalzen. Auf Tellern anrichten und mit grob gehacktem Koriander bestreuen.

Foto rechts

Muscheln süß-sauer TAIWAN

ZUTATEN
1 kg gemischte Muscheln • 1–2 frische rote Chilischoten
ca. 5 EL Maisstärke • 3–4 Frühlingszwiebeln • 1 Stück (4 cm) Ingwer
1–2 Handvoll getrocknete chin. Pilze • Erdnuss- oder Pflanzenöl zum Frittieren • geröstete Sesamkörner zum Bestreuen • Salz

FÜR DIE MARINADE
1 kl. Stück (1 cm) Ingwer • 1 Stange Zitronengras • 1/2 TL Salz
2–3 EL Shaoxing-Reiswein (oder trockener Sherry) • 4 cl Reisessig

FÜR DIE WÜRZSAUCE
100 g brauner Zucker • 80 ml Reisessig • 125 ml Wasser
3 EL chin. Katsup (ersatzweise gesüßtes Tomatenmark)
1 Prise Maisstärke • 1 TL Salz • 1 TL Sesamöl

ZUBEREITUNG
Zunächst die getrockneten Pilze in lauwarmem Wasser etwa 20 Minuten einweichen. Währenddessen die Muscheln unter fließendem Wasser gut waschen, die Bärte entfernen und bereits geöffnete Muscheln aussortieren. Dann die Pilze abseihen, Stiele entfernen und die Pilze bei Bedarf noch etwas kleiner schneiden.
Nun etwa 500 ml leicht gesalzenes Wasser in einer Kasserolle zum Kochen bringen.

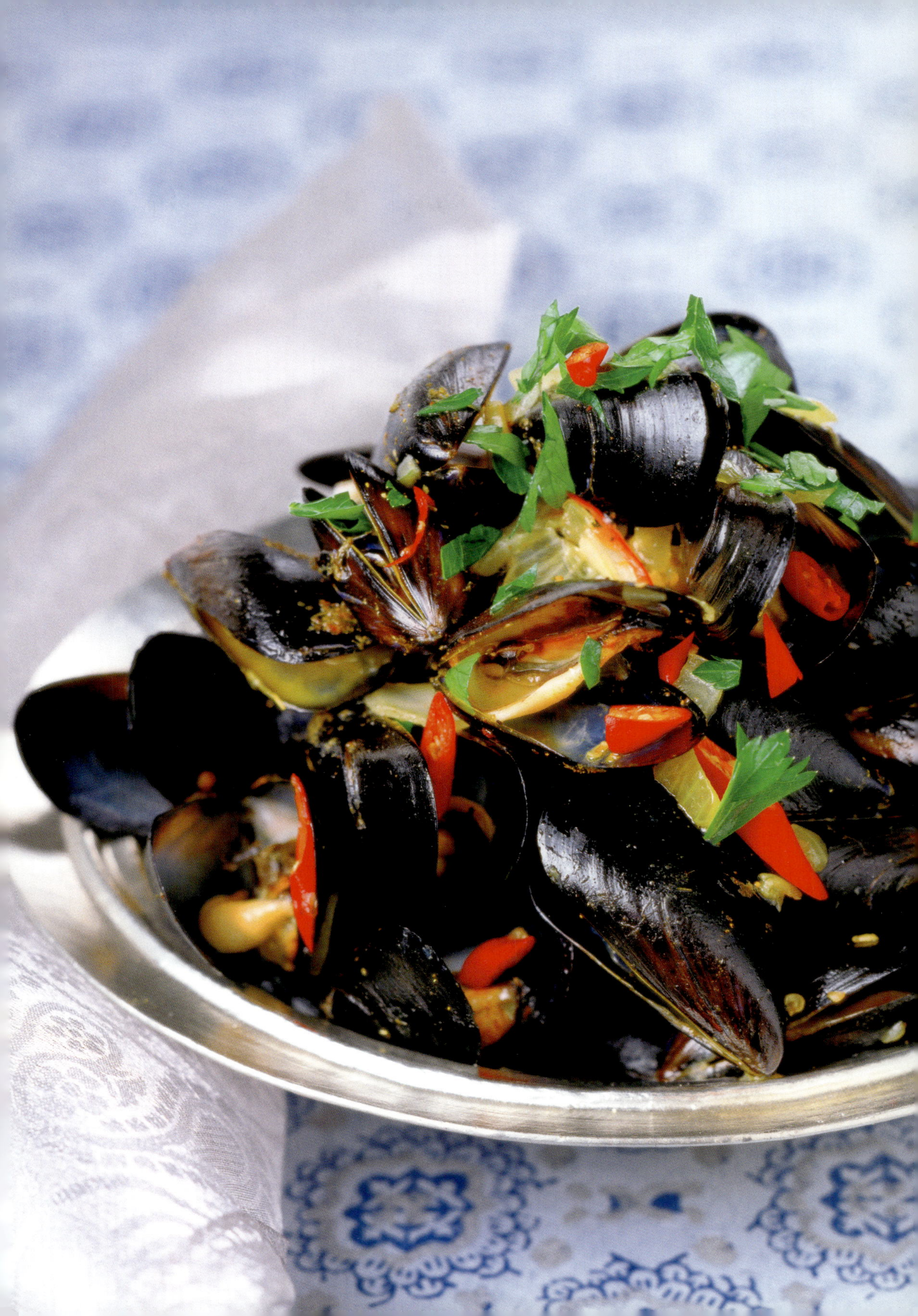

Die Muscheln zugeben und bei geschlossenem Deckel so lange auf mittlerer Flamme ziehen lassen, bis sich alle Schalen geöffnet haben. Muscheln wieder herausheben, kurz überkühlen lassen und das Muschelfleisch auslösen.

Für die Marinade den Ingwer in feine Scheiben, Zitronengras fein schneiden und beides mit Reiswein, Reisessig sowie einer kräftigen Prise Salz vermengen. Die Muscheln einlegen und darin etwa 30 Minuten ziehen lassen. Muscheln herausnehmen und mit Küchenkrepp trockentupfen. Die Maisstärke über die Muscheln streuen und einige Male gut durchmischen. Nun in einem Wok oder einer schweren Pfanne reichlich Öl erhitzen und die Muscheln darin goldbraun frittieren. Dabei die Muscheln in mehreren Tranchen herausbacken, damit das Öl nicht zu stark abkühlt. Muscheln herausheben, abtropfen lassen und warmhalten.

Inzwischen die roten Chilischoten halbieren, entkernen und in feine Streifen schneiden. Ingwer ebenfalls in feine Streifen, die Frühlingszwiebeln in längliche Stücke schneiden. In einer anderen Pfanne ebenfalls etwas Öl erhitzen und die Frühlingszwiebeln gemeinsam mit dem Ingwer darin anbraten. Pilze sowie Chilischoten hinzufügen und ebenfalls kurz mitbraten. Alle Zutaten für die Würzsauce einrühren und zum Kochen bringen. Muscheln zugeben, einmal durchrühren und anrichten. Mit gerösteten Sesamkörnern bestreuen und servieren.

BEILAGENEMPFEHLUNG: Reis

Muscheln in Nuss-Sauce SYRIEN

ZUTATEN
1 kg gemischte Muscheln nach Belieben • 5–6 kl. Tomaten • 2 Schalotten (od. 4 Frühlingszwiebeln) • 1/2 TL zerstoßene Pimentkörner (Neugewürz) 2 EL geklärte Butter oder Butterschmalz • Salz • Petersilie zum Garnieren

FÜR DIE SAUCE
1/2 kl. Fladenbrot • 100 g geriebene Nüsse • 100 ml Olivenöl • Salz, Pfeffer

ZUBEREITUNG
Die Muscheln unter fließendem Wasser gut waschen, die Bärte entfernen und bereits geöffnete Muscheln aussortieren. In einem geeigneten Topf etwas Salzwasser aufkochen, die Muscheln einlegen und darin garen, bis alle Muscheln geöffnet sind. Herausnehmen, kurz abkühlen lassen und Muschelfleisch auslösen.

Inzwischen die Tomaten kurz in siedendem Wasser blanchieren (überbrühen), herausheben, schälen und kleinwürfelig schneiden. Schalotten oder Frühlingszwiebeln in kleinere Stücke schneiden. Die geklärte Butter in einer Kasserolle schmelzen lassen und die Schalotten darin hell anschwitzen. Tomatenwürfel zugeben und kurz mitdünsten. Nun Muscheln zugeben, mit Piment sowie Salz würzen und so lange dünsten, bis sich die Flüssigkeit verflüchtigt hat. Dabei wiederholt umrühren. Die vorbereitete Nuss-Sauce einrühren und alles nochmals kurz erhitzen. Petersilie grob schneiden oder zupfen. Muscheln anrichten und mit der Petersilie garnieren.

Für die Nuss-Sauce das Fladenbrot in etwas Wasser einweichen. Ausdrücken, zwischen den Fingern zerkleinern und mit Nüssen, Olivenöl, Salz, Pfeffer und so viel Wasser verrühren, dass eine dickflüssige Sauce entsteht (oder im Mixer pürieren).

BEILAGENEMPFEHLUNG: Reis und Salat   Foto rechts

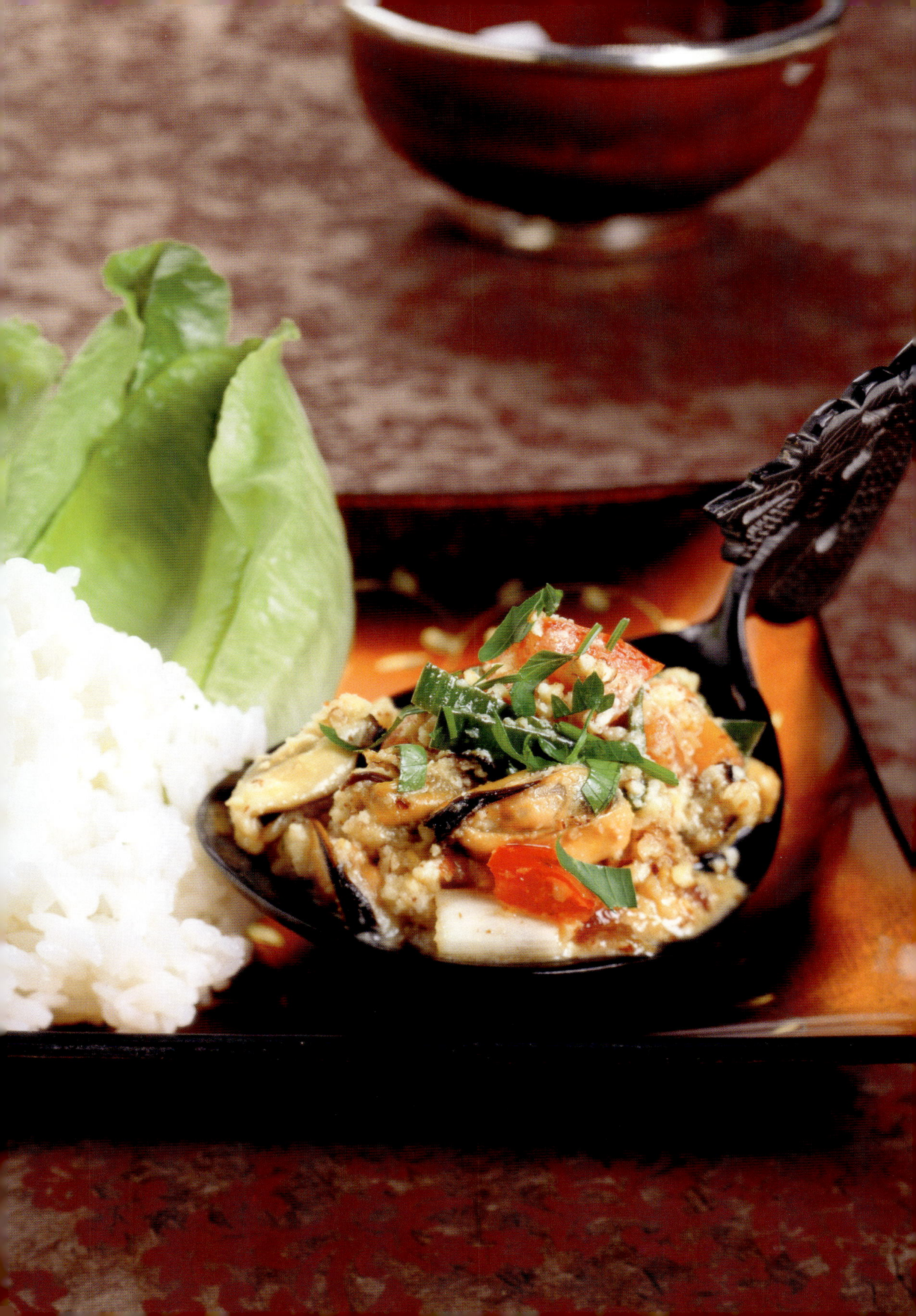

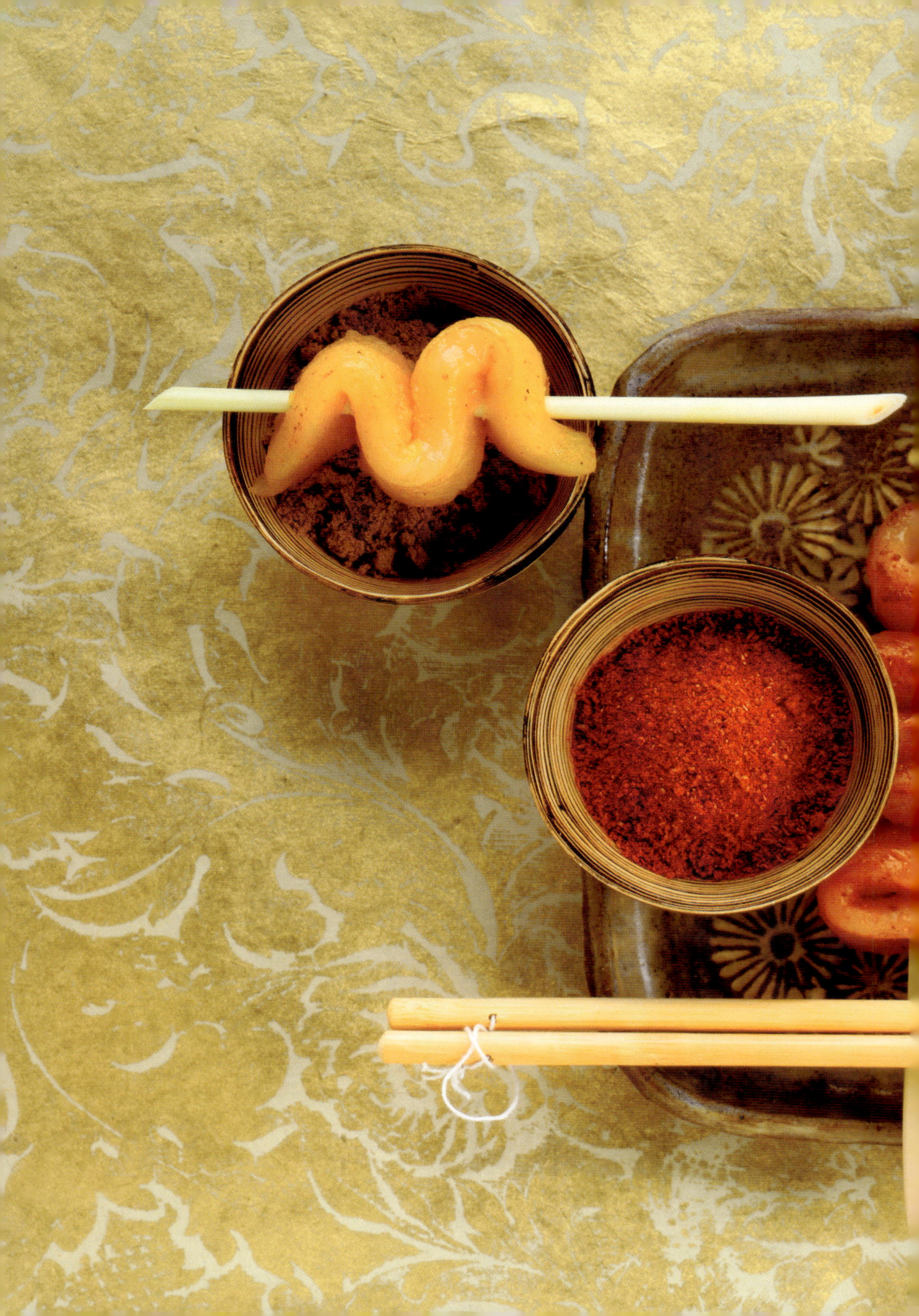

Vom Bettlerhuhn bis zur Peking-Ente

ASIATISCHE GEFLÜGELGERICHTE

Asiatische Geflügelküche

Hühnerfleisch „Chop Suey" CHINA/USA

Das vielleicht berühmteste aller chinesischen Gerichte hat niemals asiatischen Boden betreten, sondern zu Beginn des 20. Jahrhunderts in den Chinatowns von San Francisco, New York oder New Orleans das Licht der kulinarischen Welt erblickt. Als Klassiker des Neighbourhood-Chinesen hat es allerdings seine Meriten um den weltweiten Siegeszug der asiatischen Küche und sei hier in einem Rezept (ohne das ursprünglich essentielle Glutamat) wiedergegeben.

ZUTATEN
**400 g Hühnerbrust • 2 Karotten • 100 g Brokkoli • 100 g Chinakohl
1 Stange Porree • 1 Zwiebel • 100 g Sojabohnensprossen
50 g Wasserkastanien • 50 g Bambussprossen • 1 TL Ingwerpulver
1 TL Currypulver • 1 TL Salz (im Original: Glutamat) • 3 EL Sojasauce
200 ml Hühnersuppe • Stärkemehl (Maisstärke) • Erdnussöl zum Braten**

ZUBEREITUNG
Hühnerfleisch, Karotten und Chinakohl in Streifen, Porree und Zwiebel in Ringe schneiden. Etwas Erdnussöl in einer Pfanne oder einem Wok erhitzen und das Hühnerfleisch darin kurz anbraten. Wieder aus der Pfanne heben und warmstellen. Nach und nach das Gemüse hinzufügen und nur so lange garen, dass alles knackig und bissfest bleibt. Soja- und Bambussprossen sowie Wasserkastanien hinzufügen. Gewürze und Sojasauce zugeben und mit Hühnersuppe ablöschen. Stärkemehl mit wenig Wasser glattrühren, einrühren und die Sauce kurz einkochen lassen. Hühnerfleisch wieder zugeben und noch einige Minuten mitziehen lassen.
BEILAGENEMPFEHLUNG: Gekochter oder gebratener Reis

TIPP: In manchen Rezepten werden auch Glasnudeln mitgekocht, womit sich dann der Reis als Beilage erübrigt.

Hühnerwok mit Mangold und Paprika CHINA

ZUTATEN
**600 g Hühnerbrust • 2 EL Sojasauce • 2 EL Shaoxing-Reiswein
(oder trockener Sherry) • 1 Stück (3 cm) Ingwer • Msp. Chili
3 Frühlingszwiebeln • 2 Knoblauchzehen • 250 g Mangold • 2 Karotten
1 Paprikaschote • 1 Stangensellerie • Speisestärke zum Wenden
4 EL Öl • Salz • 1 TL Sesamöl**

ZUBEREITUNG
Die Hühnerbrust in mundgerechte Streifen schneiden. Den Ingwer fein reiben und mit Sojasauce, Reiswein und Chili zu einer Marinade verrühren. Die Hühnerfleischstreifen in einer Schüssel mit der Marinade vermengen und 30–40 Minuten ziehen lassen.
Inzwischen die Frühlingszwiebeln in feine Ringe schneiden, den Knoblauch fein hacken. Mangold waschen, putzen, die Blätter etwas zerkleinern. Die Karotten in sehr feine Streifen schneiden. Paprikaschote entstielen, halbieren, entkernen, waschen und ebenfalls in feine Streifen schneiden. Sellerie in kleinere Stücke schneiden.

Nun das Hühnerfleisch aus der Marinade heben, mit Küchenkrepp gut trockentupfen und in Speisestärke wälzen. Überflüssige Stärke abklopfen. In einem Wok oder einer schweren Pfanne das Öl erhitzen. Den Knoblauch kurz anrösten, Hühnerfleisch zugeben und goldbraun rösten. Währenddessen nach und nach Karotten, Sellerie, Paprika, Frühlingszwiebeln und abschließend den Mangold untermengen und alles einige Minuten lang knackig rösten. Mit Salz abschmecken. Wok vom Feuer nehmen, alles mit Sesamöl beträufeln und anrichten.

Yaki-Tori (Gegrillte Hühnerspießchen) JAPAN

ZUTATEN
**400 g ausgelöstes Hühnerkeulenfleisch • 2 dünne Stangen Lauch
200 ml Hühnersuppe • 120 ml jap. Sojasauce • 2 EL Zucker**

ZUBEREITUNG
Acht Holzspießchen über Nacht in Wasser einweichen. Das Hühnerfleisch in kleinere Würfel oder Stückchen (ca. 2,5 cm groß) schneiden. Lauch waschen und in 3 cm lange Stücke schneiden. Die Hühnersuppe mit Sojasauce und Zucker bei starker Hitze kurz aufkochen. Nun auf jeden Spieß abwechselnd Hühnerwürfel und Lauch stecken. Die Spieße in die Sauce tunken, abtropfen lassen und auf eine erhitzte Grillplatte legen. Auf beiden Seiten goldbraun grillen. Währenddessen die Spieße immer wieder mit Sauce bestreichen. Foto oben

Asiatische Geflügelküche

Hühner-Saté-Spießchen (Satay) mit Erdnuss-Sauce INDONESIEN

ZUTATEN
400 g Hühnerbrustfilet • 400 g Entenbrustfilet

FÜR DIE MARINADE
1 Knoblauchzehe • 1 Stück (2 cm) Ingwer • je 1 TL Chili-, Kurkuma-, Kreuzkümmel- und Korianderpulver • 1 TL Salz • 1 TL dunkles Sesamöl 6 EL Sojasauce • 1 TL Honig

FÜR DIE ERDNUSS-SAUCE
2 Frühlingszwiebeln • 1 EL Pflanzenöl • 1 TL gehackte Zitronengras-Stange • 125 g Erdnussbutter • 1 EL grob gehackte, gesalzene Cocktail-Erdnüsse • 250 ml Kokosmilch • 2 EL Sojasauce • 1 rote Chilischote • 1 EL Limettensaft • Salz

ZUBEREITUNG
Für die Marinade Knoblauch sowie Ingwer fein hacken und mit den restlichen Zutaten vermischen. Fleisch in 2 cm breite und 10–15 cm lange Streifen schneiden, zart klopfen und in der Marinade ca. 3 Stunden ziehen lassen.
Für die Erdnuss-Sauce die Frühlingszwiebeln in Scheiben schneiden, in heißem Öl weich dünsten und zur Seite stellen. In einem Topf Kokosmilch mit Sojasauce, Zitronengras, Erdnussbutter und Erdnüssen auf kleiner Flamme erhitzen und glattrühren. Die Chilischote entkernen, klein hacken und zufügen. Frühlingszwiebeln einrühren und mit Limettensaft und Salz abschmecken. In kleine Saucenschüsseln füllen. Fleisch aus der Marinade heben, abtropfen lassen und wellenförmig auf Holzspieße stecken. Am besten auf dem Griller (oder in einer Pfanne) beidseitig rasant braten und mit der Sauce servieren.

TIPP: Nach demselben Rezept lassen sich übrigens auch Saté-Spießchen aus Schweinslungenbraten zubereiten. Foto rechts

Teriyaki-Huhn mit süß-saurem Gemüse
JAPAN

ZUTATEN
1 mittelgroßes Huhn (am besten Bio-Huhn) • 1 Apfel • 1 Schalotte 1 Bd. Frühlingszwiebeln • 4 Salbeizweige • 1 Limette • 2 Zwiebeln

FÜR DIE MARINADE
125 ml Sojasauce • 2 EL Weißwein • 3 EL Ahornsirup • 50 g Butter 2 klein gehackte Knoblauchzehen • 1 EL Sesamöl

FÜR DAS GEMÜSE
1 frische Ananas • 1 Tasse Sojabohnensprossen • 500 g gemischtes Saisongemüse (Zucchini, Karotten, Brokkoli, junge Fisolen, Kohlsprossen, Lauch etc.) • 1 EL Sesamöl • 3 EL Apfelessig • 2 EL Rohzucker 2 klein gehackte Knoblauchzehen • 3 EL süß-saure Sauce

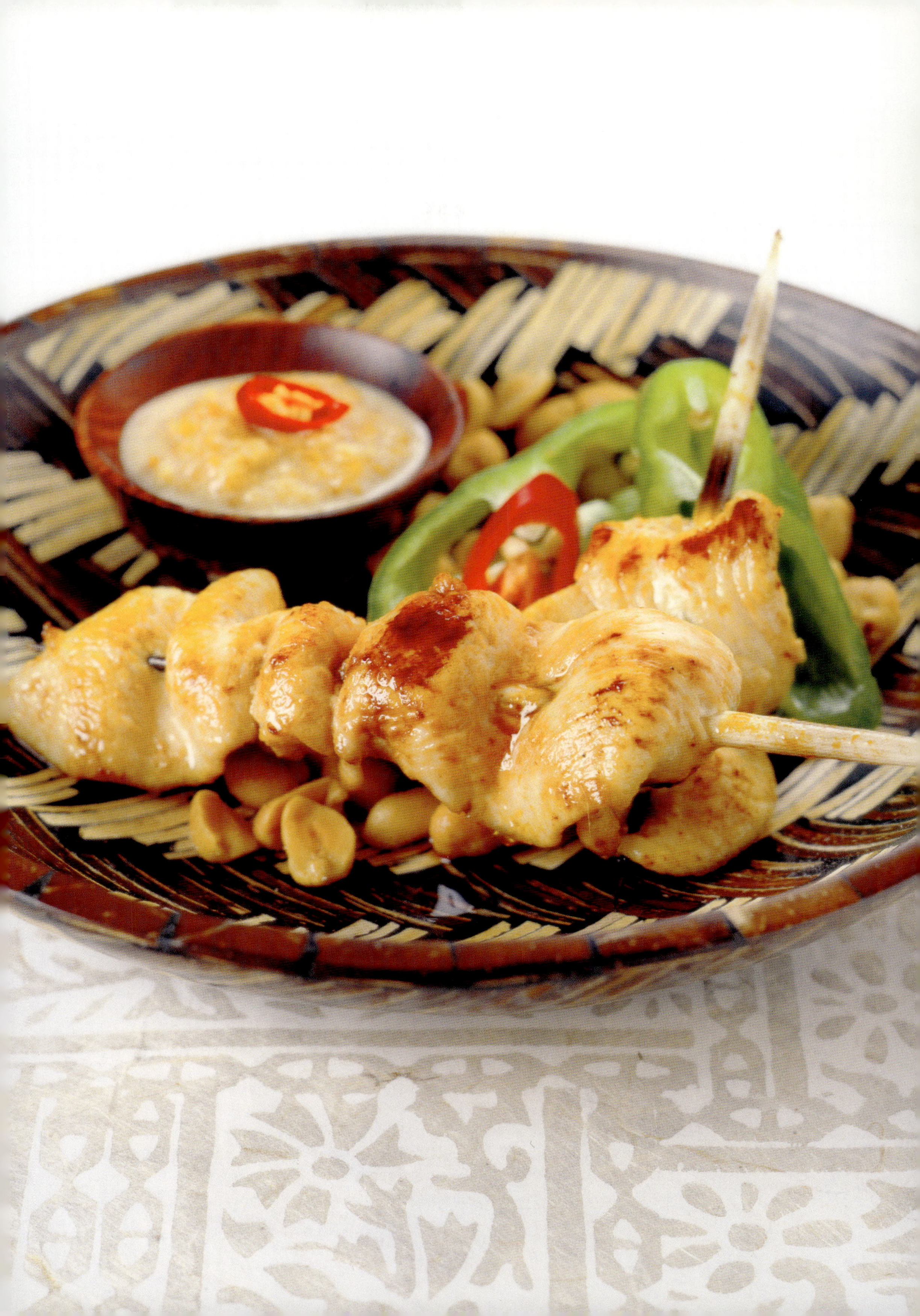

Asiatische
Geflügelküche

ZUBEREITUNG

Das küchenfertige Huhn waschen und trockentupfen. Apfel und Schalotte schälen und halbieren. Gemeinsam mit Salbei, Frühlingszwiebeln und der halbierten Limette das Huhn damit füllen. Für die Marinade Sojasauce mit Weißwein, Ahornsirup, Butter, Knoblauch und Sesamöl verrühren.

Das Huhn in eine passende Bratenform setzen. Die Zwiebeln halbieren und dazugeben. Im vorgeheizten Backrohr bei 90 °C Umluft zuerst 20 Minuten braten. Dann die Marinade über das Huhn gießen und weitere 70 Minuten braten. Währenddessen das Huhn wiederholt begießen und wenden. Nach insgesamt 90 Minuten die Hitze auf 220 °C (Oberhitze) erhöhen und das Huhn fertigbraten, bis die Haut schön knusprig ist. Das Huhn nach Belieben im Ganzen auf einer Platte anrichten (oder bereits in der Küche tranchieren) und mit dem vorbereiteten süß-sauren Gemüse servieren.

Für das süß-saure Gemüse die Ananas schälen und den mittleren Strunk wegschneiden. Fruchtfleisch in mundgerechte Stücke schneiden. Das Gemüse waschen und nach Belieben in Ring- oder Halbmondform schneiden. Am besten über Dampf je nach Sorte 15–20 Minuten bissfest garen. Mit Sesamöl, Apfelessig, Rohzucker, Knoblauch und süß-saurer Sauce abschmecken und nochmals kurz erwärmen.

BEILAGENEMPFEHLUNG: Reis

Ingwerhuhn mit Nüssen CHINA

ZUTATEN

**600 g Hühnerbrust ohne Haut • 1 Stück (6–8 cm) frischer Ingwer
1 Zwiebel • 2 Knoblauchzehen • 1–2 EL Sojasauce • 1 EL Speisestärke
2 Eiklar • 100 g ungesalzene Erd- oder Cashewnüsse • Salz
frisches Koriandergrün zum Garnieren • Erdnussöl zum Frittieren**

FÜR DIE WÜRZSAUCE

**1–2 EL Sojasauce • 150 ml Geflügelfond • 1 EL Honig
1–2 EL chin. Reisessig • 2 EL Shaoxing-Reiswein (oder trockener Sherry)**

ZUBEREITUNG

Die Hühnerbrust in mundgerechte Streifen schneiden. Den Ingwer sehr fein hacken oder grob raspeln. Die Zwiebel in feine Ringe schneiden, den Knoblauch ebenfalls fein hacken. Auf einem Teller Sojasauce, Speisestärke und Eiklar locker aufschlagen. Einen Wok oder eine schwere Pfanne erhitzen und das Erdnussöl darin heiß werden lassen. Die Hühnerfleischstreifen durch die Eiweiß-Masse ziehen und nacheinander (nicht zu viel auf einmal!) im heißen Öl wenige Minuten knusprig frittieren. Herausheben und auf Küchenkrepp abtropfen lassen. Nun die Nüsse im verbliebenen Fett ganz kurz anrösten und wieder herausheben.

Übrig gebliebenes Fett abgießen, die Pfanne kurz mit Küchenkrepp auswischen und frisches Öl darin erhitzen. Die Zwiebelringe, Knoblauch und Ingwer zugeben und bei mittlerer Hitze anschwitzen. Hühnerfleisch und Walnüsse wieder in den Wok geben und alles gut durchrühren. Inzwischen in einem Glas für die Würzsauce Sojasauce, Geflügelfond, Honig, Reisessig und Reiswein miteinander verrühren. Dann über das Fleisch gießen, kurz einkochen lassen und gegebenenfalls mit Salz nachwürzen. Vor dem Servieren mit frischem grob gehackten Koriander garnieren.

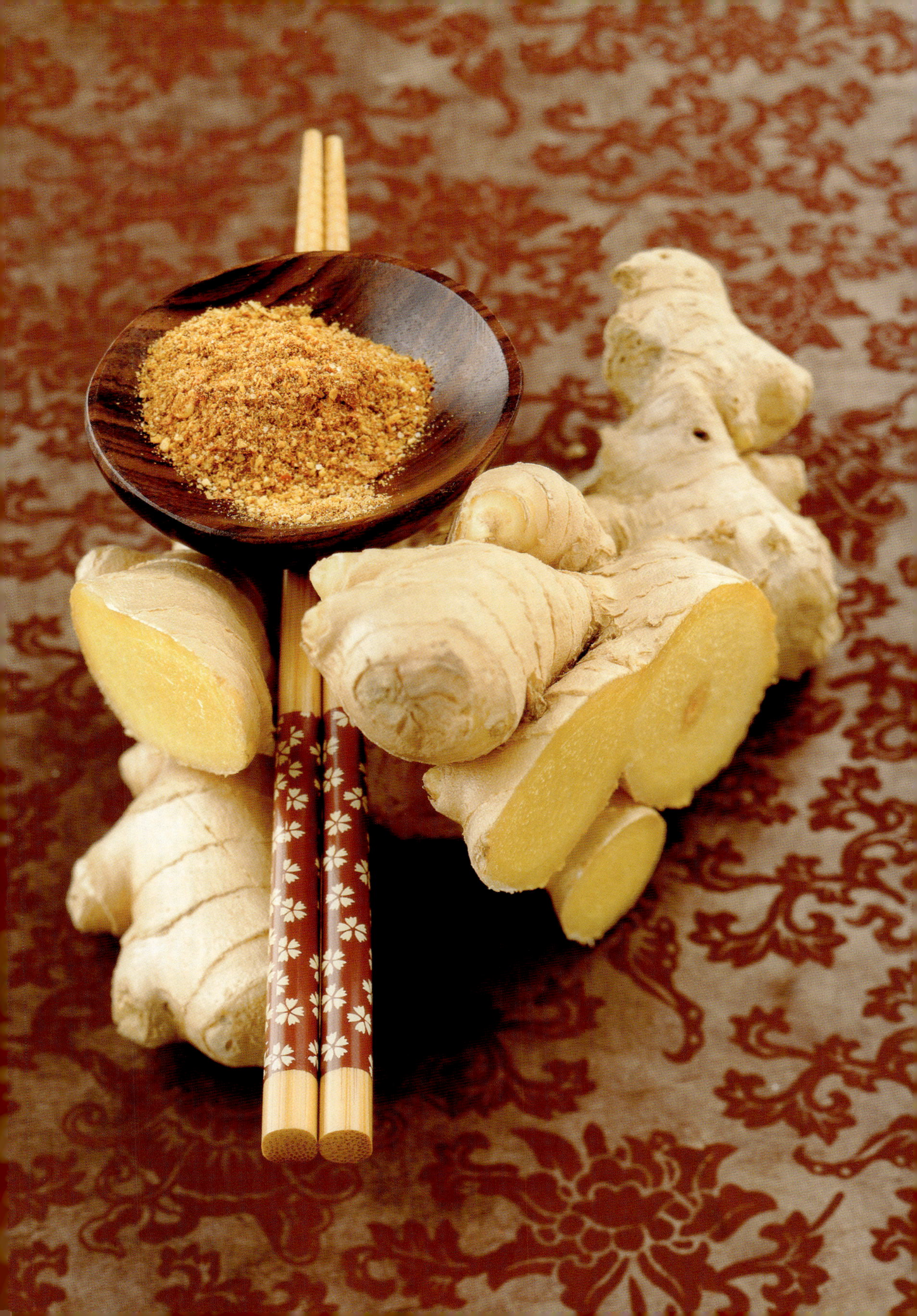

Asiatische Geflügelküche

Geschmortes Huhn mit Garnelen SCHANGHAI

ZUTATEN FÜR 4 PORTIONEN
1 Huhn mit ca. 1,3–1,5 kg • 4 Hühnerherzen und 1 Hühnerleber
8 Garnelen • 1 Handvoll frische oder 20 g getrocknete chin. Pilze
1 Karotte • 1 Lauchstange • 1 Handvoll Erbsenschoten
2 klein gehackte Frühlingszwiebeln • ca. 125 ml Sojasauce
1 EL Reiswein • 1 Stück Sternanis • 1 TL Honig • 1 TL Maisstärke
1 TL Sesamöl • Pflanzenöl zum Frittieren

ZUBEREITUNG
Das Huhn der Länge nach halbieren und in Viertel hacken bzw. mit der Geflügelschere teilen. Die Hühnerteile in eine Schüssel geben, mit Sojasauce übergießen und 30–45 Minuten marinieren. Währenddessen die Teile ab und an wenden und gut mit Sojasauce einstreichen.
Nun in einem Wok oder einer schweren Pfanne reichlich Öl erhitzen. Die Hühnerteile aus der Marinade nehmen, abtropfen lassen und im heißen Öl rundum frittieren. Herausnehmen und auf Küchenkrepp abtropfen lassen. Übrig gebliebenes Öl abgießen und den Wok rasch mit einer Küchenrolle auswischen. Die verbliebene Sojasaucen-Marinade gemeinsam mit Reiswein, Honig, Frühlingszwiebeln sowie Sternanis hineingeben und aufkochen lassen. Die Hühnerteile wieder einlegen, so viel heißes Wasser zugießen, dass die Hühnerteile fast bedeckt sind, und 40–50 Minuten weichköcheln lassen. Hühnerstücke wieder herausheben und die Flüssigkeit bei großer Hitze stark einkochen lassen.
Inzwischen die Pilze in Streifen schneiden (getrocknete Pilze vorher 20 Minuten in lauwarmem Wasser einweichen). Karotte und Lauch in Scheiben, die Hühnerinnereien in kleinere Würfel schneiden. Das Hühnerfleisch von den Knochen lösen, ebenfalls in mundgerechte Stücke schneiden und warmhalten. Das vorbereitete Gemüse gemeinsam mit den Erbsenschoten, Garnelen und Hühnerinnereien in den Wok geben, aufkochen lassen und 3–4 Minuten auf kleiner Flamme ziehen lassen. Mit in etwas Wasser aufgelöster Maisstärke binden. Das Hühnerfleisch anrichten, die fertige Sauce darübergießen und mit etwas Sesamöl beträufeln. Foto rechts

Huhn in Erdnuss-Kokos-Sauce THAILAND

ZUTATEN
4 Hühnerbrustfilets à ca. 150–200 g • 200 g Cocktail-Erdnüsse
4 EL Sweet Chilisauce • 1 Dose (330 ml) Kokosmilch
1 Block (ca. 200 ml) Kokos • 3 EL Ahornsirup • 1 TL Korianderpaste
1/2 TL Sambal Oelek • Öl (Sesamöl) zum Braten • 2 EL Fisch- oder Austernsauce zum Abschmecken

FÜR DIE MARINADE
125 ml Sojasauce • 1 EL Zucker • 1 TL Sesamöl • 1 TL gehackter (eingelegter) Sushi-Ingwer • 1 TL gehackter Knoblauch

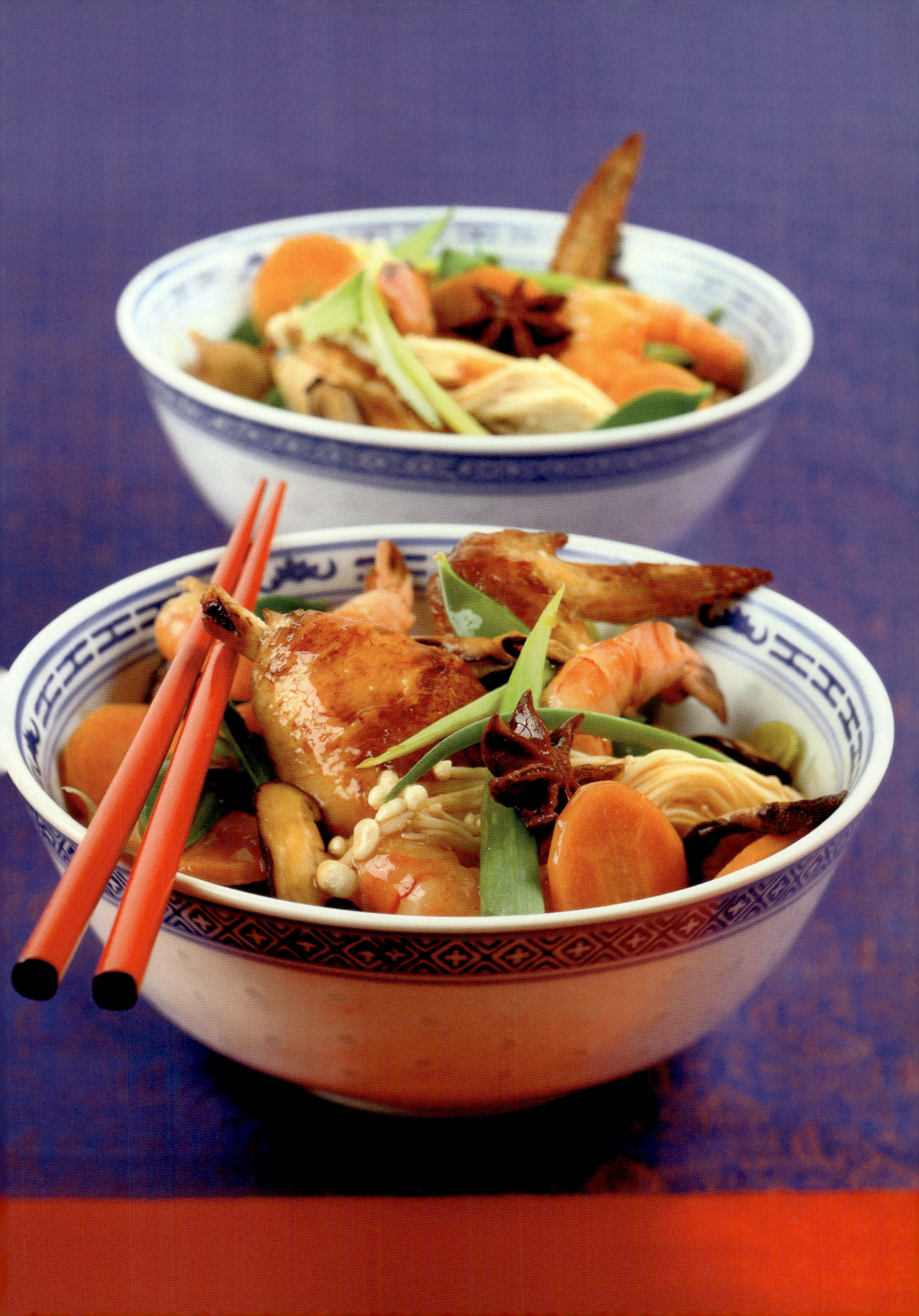

ZUBEREITUNG
Für die Marinade sämtliche Zutaten in eine Schüssel geben und gut vermischen. Die Hühnerfilets darin ca. 20 Minuten ziehen lassen. Einen Wok oder eine schwere Pfanne erhitzen, Öl eingießen und heiß werden lassen. Hühnerstücke einlegen und rundum braun anbraten.
Kokosmilch und -block zufügen und 3 Minuten köcheln lassen. Die Erdnüsse fein hacken oder in einem Mörser zerstoßen und ebenso zugeben. Mit Chilisauce, Ahornsirup, Koriander sowie Sambal Oelek würzen und alles noch weitere 5 Minuten köcheln lassen. Mit Fisch- oder Austernsauce abschmecken.
BEILAGENEMPFEHLUNG: Reis

Asiatische Geflügelküche

Philippinischer Fleischeintopf

ZUTATEN
1 kleines Huhn • 300 g Schweinefleisch • 1 Longaniza oder Chorizo (philipp. Würstchen, ersatzweise Debreziner oder anderes scharfes Würstchen) • 1 Tasse Kichererbsen • 300 g Süßkartoffeln • 1 Zwiebel 3 Schalotten • 1/2 Bund Frühlingszwiebeln • 1/2 Chinakohl 8 Knoblauchzehen • 3 Tomaten • 2 Lorbeerblätter • Pfefferkörner Olivenöl zum Anbraten • Salz, Pfeffer • Koriander zum Bestreuen

ZUBEREITUNG
Bereits am Vortag die Kichererbsen in kaltem Wasser einweichen und über Nacht quellen lassen. Am nächsten Tag das Huhn halbieren, Flügerl sowie Haxerl abtrennen und die Brust nach Belieben nochmals in kleinere Stücke hacken. Die Zwiebel halbieren und das Schweinefleisch in Würfel schneiden. Die Tomaten kurz in siedendem Wasser blanchieren (überbrühen), wieder herausheben, schälen und in Würfel schneiden. Die Longaniza in Scheiben, die Süßkartoffeln in mundgerechte Würfel schneiden. Den Knoblauch fein hacken und die Frühlingszwiebeln mitsamt dem grünen Stängel in Streifen schneiden. Chinakohl ebenfalls in Streifen schneiden.
Nun die Hühnerteile gemeinsam mit dem Fleisch und der Longaniza in einen Topf einschlichten. Eingeweichte Kichererbsen, Lorbeerblätter, halbierte Zwiebel, Pfefferkörner sowie Salz darüberverteilen und mit Wasser bedecken. Auf den Herd stellen und einmal aufkochen lassen. Dann Hitze reduzieren und alles ca. 1 1/2 Stunden weichkochen.
Inzwischen die Schalotten fein hacken. In einem anderen Topf etwas Öl erhitzen und die Schalotten gemeinsam mit dem gehackten Knoblauch bei sehr mäßiger Hitze langsam hellbraun anschwitzen. Die Tomatenwürfel zugeben, durchrühren und so lange dünsten, bis die Tomaten weich und zerkocht sind. Gemeinsam mit den Süßkartoffeln unter das Fleisch rühren und abermals köcheln, bis die Kartoffeln weich sind. Erst kurz vor dem Auftragen den Chinakohl und die Frühlingszwiebelstreifen einrühren und kurz ziehen lassen. Nochmals mit Salz und Pfeffer abschmecken. Mit grob gehacktem Koriander bestreuen und auftragen (s. Tipp).

TIPP
Auf den Philippinen schöpft man die Suppe ab und reicht diese getrennt vom Fleischeintopf.

Foto rechts

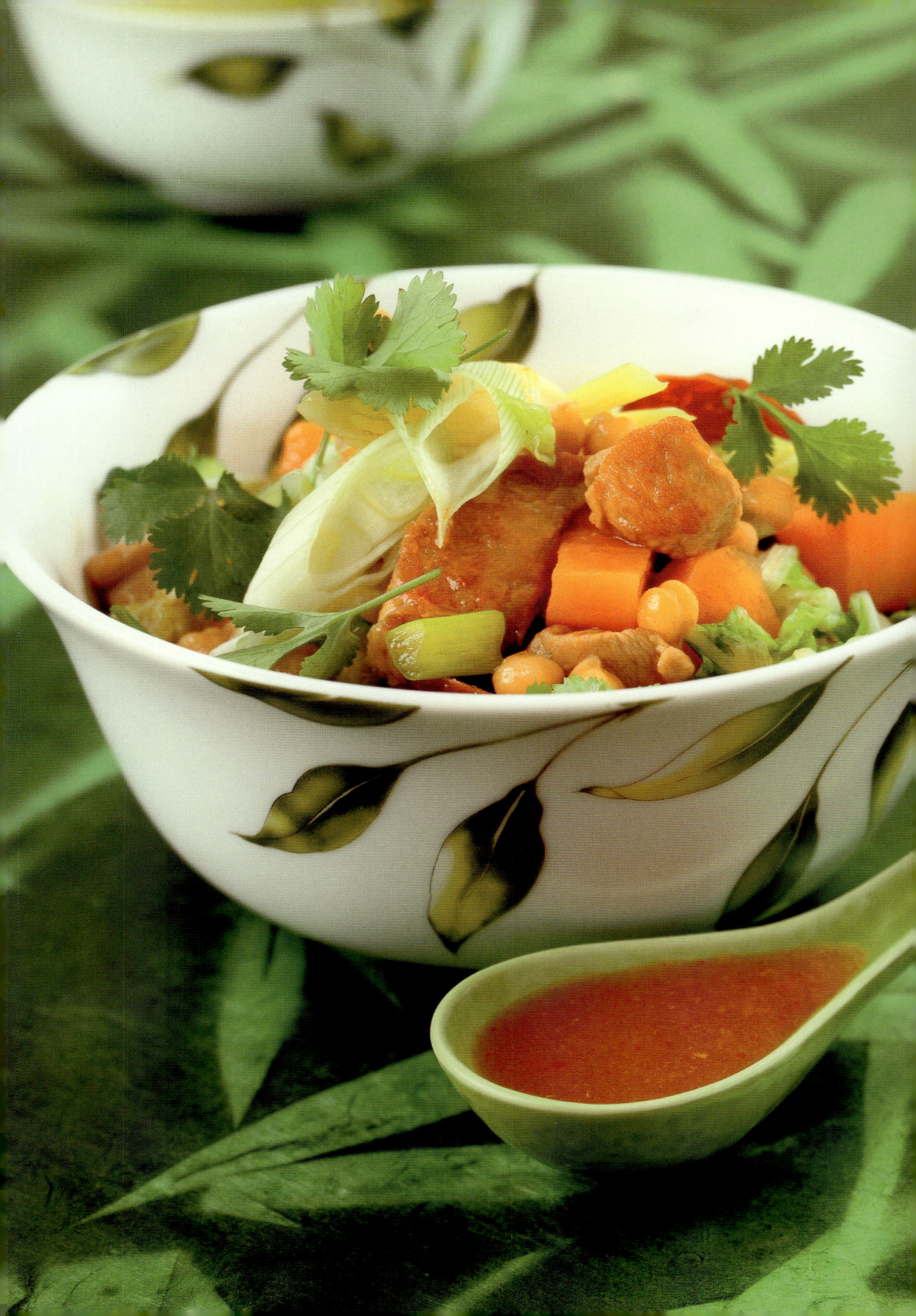

Pipian (Hühner-Schweinefleisch-Topf mit Erdnuss-Sauce) PHILIPPINEN

ZUTATEN FÜR 4–6 PORTIONEN
1 kg Hühnerteile (Brust und Keule) • 250–300 g Schweinefleisch
100 g Rohschinken oder Speck • Salz, Pfeffer • Kürbiskerne zum Bestreuen

FÜR DIE SAUCE
2 EL Kürbiskerne • 1/2 Tasse roher Reis • 1 TL Annatto-Samen (s. Tipp)
2 Knoblauchzehen • 1 Zwiebel • 100 g Erdnussbutter
3–4 EL Schweineschmalz • Salz

ZUBEREITUNG
Zunächst das Huhn in kleinere Stücke tranchieren und die Haut abziehen. Gut zugeputztes Schweinefleisch in mundgerechte Bissen, den Rohschinken in kleinere Würfel schneiden. Zuerst das Schweinefleisch in einen Topf geben, salzen, pfeffern und mit reichlich Wasser auffüllen. Aufkochen lassen, die Hitze reduzieren und das Fleisch langsam zugedeckt ca. 45 Minuten köcheln lassen. Dann Hühnerteile sowie Speck zugeben und weitere 45 Minuten köcheln lassen, bis alles weich gegart ist. Dabei bei Bedarf noch etwas Wasser zugießen. Dann Fleischsud abgießen und bereithalten.
Inzwischen für die Sauce die Kürbiskerne gemeinsam mit dem Reis in einer beschichteten Pfanne mit Deckel (die Kürbiskerne springen sonst aus der Pfanne) ohne Fett langsam rösten. Knoblauch sehr fein hacken, Zwiebel kleinwürfelig schneiden. Nun den Reis und die Kürbiskerne in einem Mörser fein zerstoßen (oder im Mixer zerkleinern). Das Schmalz in einem Topf mit Deckel erhitzen und zunächst die Annatto-Samen darin zugedeckt langsam anrösten. Sobald das Fett schön rötlich gefärbt ist, die Samen wieder herausnehmen und Knoblauch sowie Zwiebelwürfel im Fett langsam hell anschwitzen. Kürbiskern-Reis-Pulver gemeinsam mit der Erdnussbutter einrühren und unter ständigem Rühren mit so viel Fleischsud aufgießen, dass die Sauce schön sämig wird. Aufkochen lassen und mit Salz würzen. Das gegarte Fleisch zugeben und langsam darin erwärmen. Vor dem Servieren mit gehackten Kürbiskernen bestreuen.

TIPP: Annatto-Samen werden in der philippinischen Küche weniger wegen des Geschmacks verwendet, sondern um den Speisen einen rötlichen Farbton zu verleihen. Stehen diese nicht zur Verfügung, so kann man sie durch eine Messerspitze Kurkuma und eine kräftigere Prise Paprikapulver ersetzen.

Huhn nach Chengdu-Art CHINA

ZUTATEN
6–8 Hühnerteile nach Belieben (Keulen, Flügerl, Bruststücke mit oder ohne Knochen) • 1 rote Chilischote • 1 TL Szechuan-Pfeffer 2 EL Chilisauce • 2 Knoblauchzehen • 1 Stück (2–3 cm) Ingwer 1 TL brauner Zucker • 1/2 EL Reisessig • 1 EL Shaoxing-Reiswein (oder Sherry) • 1–2 TL Speisestärke • 2 EL gehackte Frühlingszwiebeln 2 EL gehackter Stangensellerie • Salz • 1/2 Tasse Erdnussöl

Asiatische Geflügelküche

ZUBEREITUNG
In einem Wok oder einer schweren Pfanne das Erdnussöl stark erhitzen. Die Hühnerteile einlegen und einige Minuten lang bei großer Hitze rundum goldbraun anbraten. Währenddessen die Chilischote halbieren, entkernen und fein hacken. Gemeinsam mit dem Szechuan-Pfeffer und der Chilisauce hinzufügen und weitere 2 Minuten braten. Knoblauch und Ingwer fein hacken, ebenfalls einrühren. Mit Reiswein ablöschen und mit einer kräftigen Prise Salz, Zucker und Essig würzen. Etwa eine Tasse heißes Wasser zugießen und die Hühnerteile zugedeckt 30–40 Minuten gardünsten. Währenddessen die Hühnerstücke wiederholt wenden und bei Bedarf heißes Wasser nachgießen. Sobald das Fleisch weich gegart ist, die Speisestärke mit etwas Wasser anrühren und zugeben. Alles nochmals aufkochen lassen. Gehackten Stangensellerie und Frühlingszwiebeln untermengen, durchrühren und anrichten.
BEILAGENEMPFEHLUNG: Reis

TIPP: Sollten Sie unter anderem auch ausgelöste Bruststücke verwenden, so ist es ratsam, deren Garungszeit zu verringern. Braten Sie die Bruststücke mit den anderen Hühnerteilen an, nehmen Sie sie allerdings wieder heraus und geben sie dementsprechend erst 10–15 Minuten vor Garungsende wieder zu.

In Reiswein gedünstete Hühnerflügerl
CHINA

ZUTATEN FÜR 3 PORTIONEN
15 Hühnerflügerl • 6 cl Shaoxing-Reiswein (oder trockener Sherry) ca. 300 ml Wasser • 2 Zimtstangen • 3 Stk. Sternanis • 2–3 EL Sojasauce 2 EL Öl • Salz, Zucker • Sesamöl zum Beträufeln

ZUBEREITUNG
Öl in einem Wok oder einer schweren Pfanne erhitzen. Die Hühnerflügerl einlegen, kurz rundum anbraten, Reiswein zugießen und so lange kräftig aufkochen, bis die Flüssigkeit fast zur Gänze verdampft ist. Wasser zugießen, durchrühren und bei nicht zu großer Hitze zugedeckt ca. 15 Minuten köcheln lassen.
Zimtstangen sowie Sternanis zugeben, weiterkochen und nach einigen Minuten mit Sojasauce, Salz sowie einer Prise Zucker abschmecken. Hühnerflügerl bei reduzierter Hitze zugedeckt 30–40 Minuten garen. Währenddessen ab und an wenden und gegebenenfalls etwas Wasser zugießen. Topf vom Feuer nehmen, Zimtstangen und Sternanis entfernen und mit einigen Tropfen Sesamöl beträufeln. Vor dem Auftragen nochmals durchrühren.

Fünffach duftende Hühnerflügerl CHINA

Asiatische Geflügelküche

ZUTATEN FÜR 3 PORTIONEN
15 Hühnerflügerl • 250 ml Hühnersuppe • 2–3 Frühlingszwiebeln
1 kl. Stück (2–3 cm) Ingwer • 4 cl Shaoxing-Reiswein (oder trockener Sherry) • 4 Stk. Sternanis • 4 Gewürznelken • ca. 20 Szechuan-Pfefferkörner • etwas getrocknete Orangenschale • 2–3 EL Sojasauce • Salz
1 KL Honig • 1 KL Sesamöl • Erdnussöl zum Frittieren • Mehl zum Wenden

ZUBEREITUNG
Die Frühlingszwiebeln in feine Scheiben schneiden, den Ingwer fein hacken. Die Hühnerflügerl in Mehl wenden und in einem Wok oder einer schweren Pfanne in heißem Erdnussöl frittieren, bis die Haut goldbraun ist. Flügerl wieder herausheben und auf Küchenkrepp gut abtropfen lassen.
In einem Topf die Hühnersuppe gemeinsam mit den Frühlingszwiebeln, Ingwer, Reiswein, Sternanis, Szechuan-Pfeffer, Gewürznelken, getrockneter Orangenschale, Sojasauce, Salz sowie Honig aufstellen. Die Hühnerflügerl zugeben und alles bei mittlerer Hitze erhitzen. Sobald die Suppe kocht, die Temperatur reduzieren, den Topf gut zudecken und die Hühnerflügerl 20–30 Minuten köcheln lassen, bis sie zart und weich sind. Herausnehmen und auf einem Teller oder in Schalen anrichten. Mit etwas Sesamöl beträufeln und heiß servieren.

Foto rechts

Gedämpfte Hühnerflügerl CHINA

ZUTATEN FÜR 2 PORTIONEN
12 Hühnerflügerl • 1 EL Maisstärke • 1 Stück (4 cm) Ingwer
12 Frühlingszwiebeln • Chinakohlblätter

FÜR DIE MARINADE
2 getrocknete, fein gehackte Chilischoten • 4 Knoblauchzehen, fein gehackt • 1 EL Hoisin-Sauce • 2 EL dunkle Sojasauce • 1 TL Honig
4 cl Shaoxing-Reiswein (ersatzweise Sherry)

ZUBEREITUNG
Zunächst für die Marinade alle angeführten Zutaten miteinander vermengen. Die Spitze der Hühnerflügerl abtrennen und an jedem Flügerl einen kräftigen Einschnitt am Gelenk machen. Die Hühnerflügerl mit Maisstärke bestäuben, in eine flache Schüssel legen und anschließend mit der gut durchgemischten Marinade übergießen. Etwa 2–3 Stunden marinieren und währenddessen mehrmals wenden.
Dann herausnehmen und in ein (oder mehrere) mit Chinakohlblättern ausgelegtes Bambuskörbchen (oder Dampfgarer) setzen. Den Ingwer in feine Streifen, die Frühlingszwiebeln in etwas längere Streifen schneiden und über die Flügerl verteilen. Die übrig gebliebene Marinade gleichmäßig darüber verteilen. Zugedeckt bei mittlerer Hitze etwa 15–20 Minuten dämpfen. Die fertig gegarten Hühnerflügerl im Bambuskörbchen servieren.

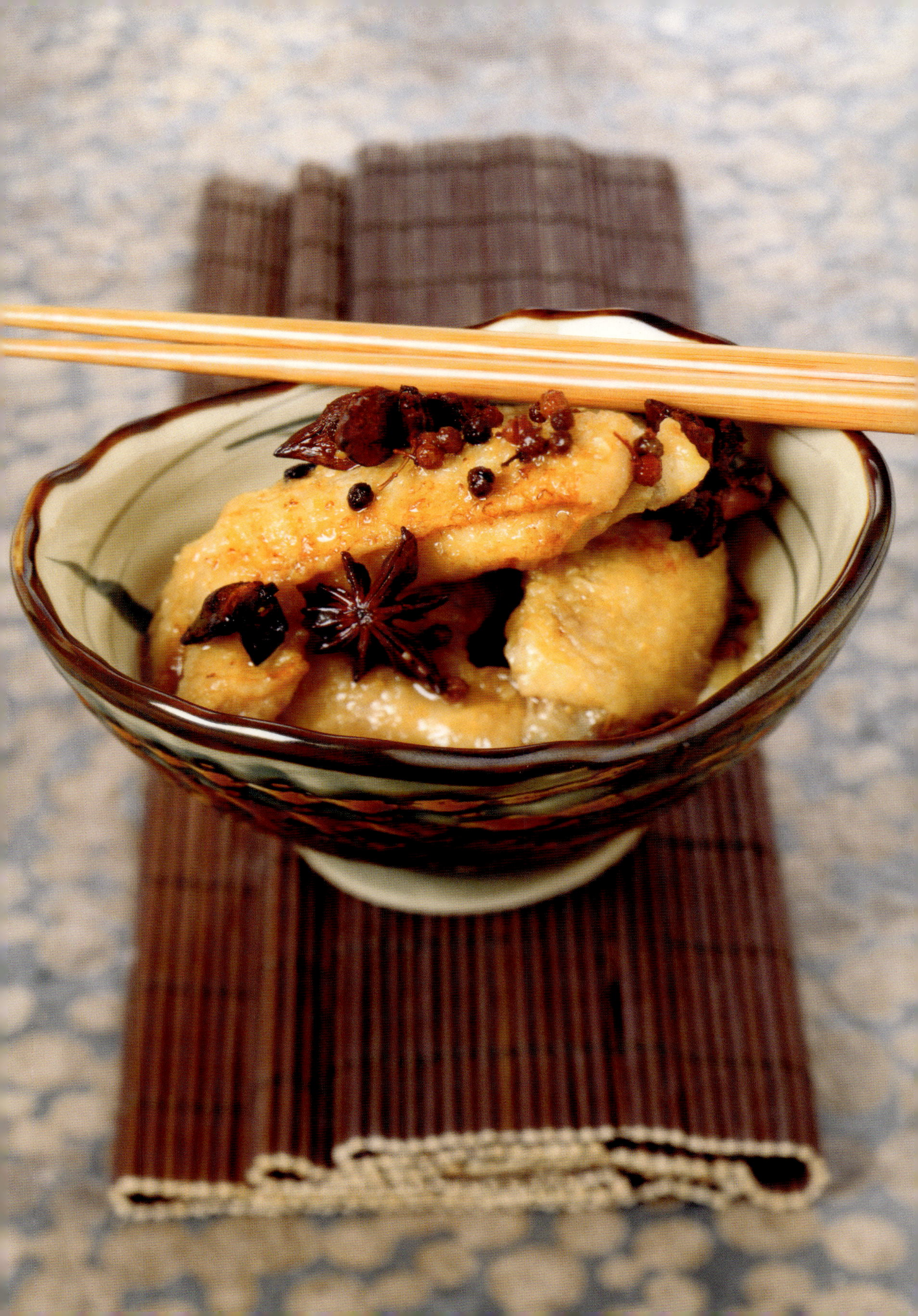

Asiatische Geflügelküche

Indisches Chili-Huhn BOMBAY

ZUTATEN FÜR 4–6 PORTIONEN
4–6 Hühnerbrustfilets à ca. 150–200 g • 1 Zimtstange • 2 TL Kardamomschoten • 2 TL Gewürznelken • 1 TL schwarze Pfefferkörner
2–3 EL frischer, grob gehackter Koriander • 30 frische Curryblätter
Saft von 2 Limetten • 4 TL gehackter grüner Chili • 4 TL geriebener frischer Ingwer • 4 TL zerdrückter Knoblauch • 2 TL Tamarindensaft
1 TL Kurkuma • Salz • Pflanzenöl

ZUBEREITUNG
Die Zimtstange in kleinere Stücke zerbrechen und gemeinsam mit Kardamom, Gewürznelken sowie Pfeffer in einem Mörser fein zerstoßen (oder in einer Kaffeemühle mahlen). In eine Schüssel geben. Frischen Koriander, Curryblätter, Limettensaft, Chili, Ingwer, Knoblauch, Tamarindensaft sowie Kurkuma zugeben und alles zu einer Paste vermischen. Mit Salz abschmecken.
Die Hühnerbrustfilets mit der Paste bestreichen und ca. 20 Minuten rasten lassen. Währenddessen das Backrohr sehr heiß vorheizen (220–240 °C). Nun die Hühnerfilets mit Öl beträufeln, in eine geeignete Bratenform legen und im vorgeheizten Backrohr 20 Minuten backen, ohne die Brüste umzudrehen. Auf Tellern anrichten und servieren.
BEILAGENEMPFEHLUNG: Gurken- oder Frühlingszwiebelsalat, Reis sowie indisches Brot (s. S. 114)

Huhn auf Chettinad-Art INDIEN

Die Chettinad-Küche weist neben typisch tamilischen Elementen auch Einflüsse aus dem benachbarten Birma auf.

ZUTATEN FÜR 6 PORTIONEN
1 kg Hühnerbrust • 8 Tomaten • 125 ml Buttermilch • 150 g Ghee (Butterschmalz) oder Pflanzenöl • 1 Zimtstange • 3 Kardamomkapseln
3 Gewürznelken • 1 TL Asafoetida-Pulver (Asant bzw. Teufelsdreck)
5 gehackte Schalotten • 3 EL frisch geriebener Ingwer • 3 TL zerdrückter Knoblauch • 3 TL geriebenes Chilipulver • 3 TL zerstoßene Koriandersamen • 4 TL Kurkuma • Salz • 3–4 EL grob gehackter frischer Koriander
2 TL frisch geschroteter schwarzer Pfeffer • 18 frische Curryblätter

ZUBEREITUNG
Die Hühnerbrust in mundgerechte Würfel schneiden. Mit Buttermilch gut durchmischen und im Kühlschrank rasten lassen. In einem großen Topf das Butterschmalz oder Öl erhitzen und Kardamom, die Zimtstange und Gewürznelken bei mittlerer Hitze unter ständigem Rühren ca. 1 Minute lang anrösten. Nun das Asafoetida-Pulver sowie die Schalotten einrühren und ca. 10–15 Minuten rösten lassen.
Knoblauch sowie Ingwer zugeben und 1 Minute lang mitdünsten. Chilipulver, Koriander, Kurkuma sowie Salz einrühren und weiterköcheln lassen. Abschließend die Tomaten grobwürfelig schneiden, einrühren und weitere 10 Minuten dünsten.

Die marinierten Hühnerwürfel in den Topf geben und unter ständigem Rühren ca. 10 Minuten garen. Mit frischem Koriander, Pfeffer und Curryblättern abschmecken und servieren.
BEILAGENEMPFEHLUNG: Reis und indisches Brot (s. S. 114)

Huhn in Sesam-Mandel-Marinade INDIEN

Asiatische Geflügelküche

ZUTATEN FÜR 4–6 PORTIONEN
4–6 Hühnerbrustfilets à ca. 150–200 g • 500 g Joghurt • 1 TL frisch geriebener Ingwer • 1 TL zerdrückter Knoblauch • 1/2 TL Kurkuma
1 1/2 TL gemahlene Sesamsamen • 8 geschälte, gemahlene Mandeln
1 Zimtstange • 2 grüne Kardamomkapseln • 4 Gewürznelken
1/2 TL schwarze Kümmelsamen • 125 g Ghee (Butterschmalz) oder Öl
3 Schalotten • Saft von 2 Limetten • Salz

ZUBEREITUNG
Joghurt, Ingwer, Knoblauch, Kurkuma, Sesam, Mandeln und Salz in einer Schüssel miteinander vermischen und die Hühnerfilets darin ca. 2 Stunden im Kühlschrank marinieren.
Die Zimtstange in kleinere Stücke zerbrechen. Mit Kardamom, Gewürznelken und Kümmel in einem Mörser zerstoßen (oder fein zermahlen). Die Schalotten in Scheiben schneiden.
In einem großen Topf Butterschmalz oder Öl erhitzen und die Schalotten darin goldbraun rösten. Gewürzmischung einstreuen und die marinierten Hühnerfilets einlegen und bei geringer Hitze 20–30 Minuten köcheln lassen. Währenddessen mehrmals gut durchrühren. Zum Schluss den Limettensaft dazugeben und die Hühnerfilets noch 2 Minuten rasten lassen. Dann anrichten und servieren.
BEILAGENEMPFEHLUNG: Reis, indisches Brot (s. S. 114) und Tomatensalat mit Garam Masala

TIPP: Nach diesem Rezept lassen sich auch köstliche Lammfilets zubereiten.

Tandoori-Huhn mit Minz-Koriander-Chutney INDIEN

Asiatische Geflügelküche

ZUTATEN
1 kg Hühnerteile (Keulen und Brust) • Ghee (oder Butterschmalz)

FÜR DIE MARINADE
**1/2 TL Safranfäden • 1 Stück (3 cm) Ingwer • 2 Chilischoten
3 große Knoblauchzehen • 1/2 EL Garam Masala (s. S. 52)
1/2 TL Kurkumapulver • etwas Zitronensaft • 1 kräftige Prise Salz
1 EL Öl • 1 Becher Joghurt**

FÜR DAS MINZ-KORIANDER-CHUTNEY
**ca. 150 g Minze und Koriander • 1 EL Joghurt • 2 Knoblauchzehen
1 Stück (2 cm) Ingwer • 1–2 grüne Chilischoten • etwas Limetten-
oder Zitronensaft • Zucker und Salz • Chilipulver nach Belieben**

ZUBEREITUNG
Für die Marinade Ingwer und Knoblauch fein hacken. Die Safranfäden in lauwarmem Wasser einweichen. Die Chilischoten halbieren, entkernen und fein schneiden. Nun sämtliche Zutaten gut miteinander vermengen. Die Hühnerteile an den Gelenken einschneiden, und das Huhn in einer Schüssel rundum mit der Marinade bestreichen. Mit Folie abdecken und einige Stunden (am besten über Nacht) marinieren. Währenddessen die Stücke ab und zu wenden und wieder gut einstreichen.
Dann die Hühnerteile auf einen Rost in einer Bratenpfanne legen. Ghee schmelzen lassen und die Hühnerteile damit beträufeln. Das Backrohr auf höchste Stufe vorheizen und das Huhn 50 Minuten lang auf 200 °C braten, bis die Haut schon ziemlich dunkel ist. Währenddessen die Hühnerteile wiederholt mit flüssigem Ghee bestreichen. Mit dem vorbereiteten Minz-Koriander-Chutney servieren.
Für das Minz-Chutney zunächst die Chilischoten halbieren, entkernen und einige Male durchschneiden. Die Kräuter zupfen und ebenfalls grob schneiden. Etwas für die Garnitur zur Seite geben. Knoblauch halbieren, Ingwer in Streifen schneiden. Kräuter mit Knoblauch, Ingwer und Chili im Mixer pürieren. Joghurt glattrühren und gemeinsam mit einer Prise Zucker, etwas Salz und Limettensaft unterrühren. Nach Belieben mit Chili abschmecken. In kleine Schälchen füllen und mit gehackten Kräutern bestreuen.
BEILAGENEMPFEHLUNG: Reis, indisches Fladenbrot (s. S. 114) und mit Garam Masala bestreuter Tomatensalat.

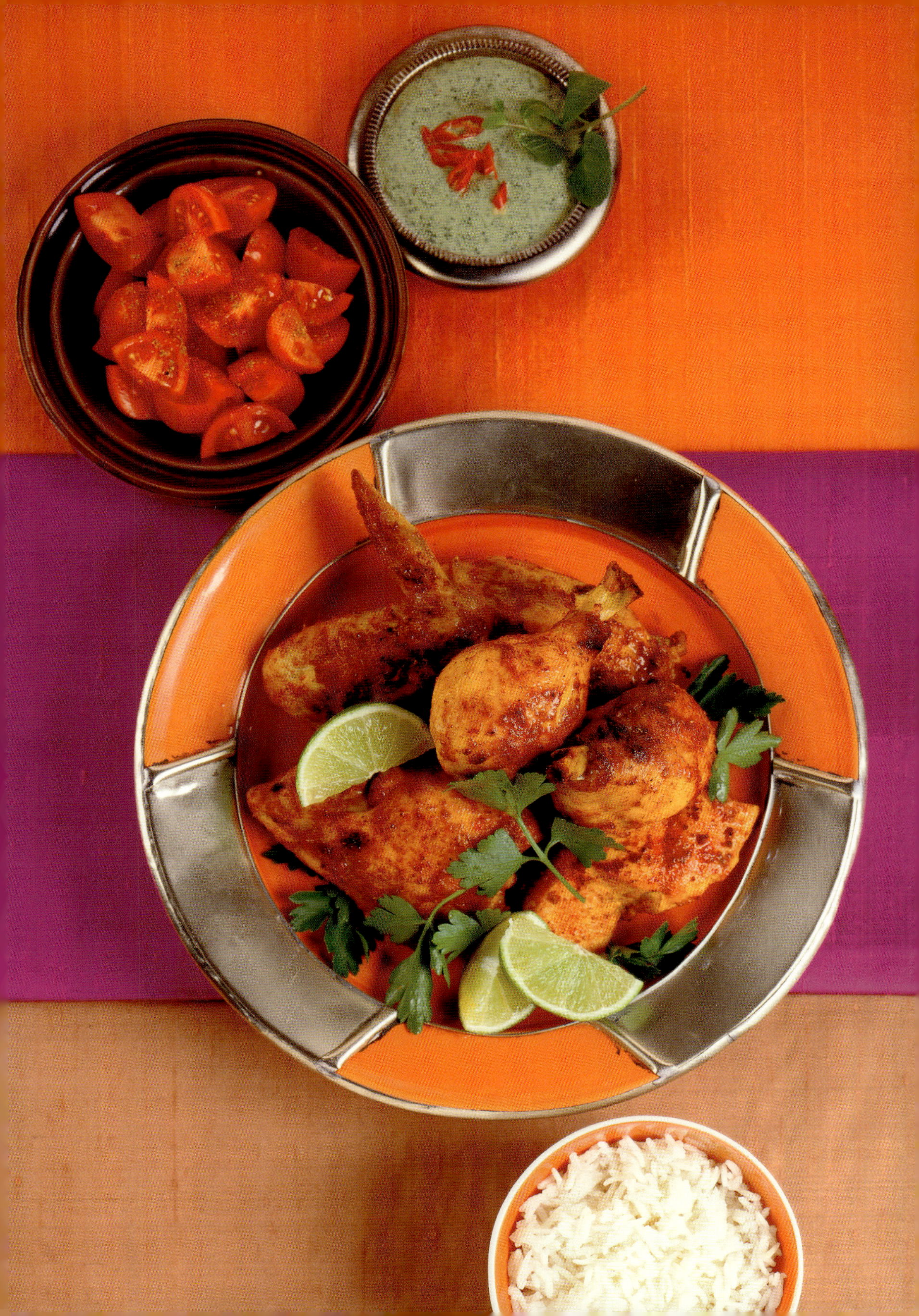

Asiatische
Geflügelküche

Wie das Bettlerhuhn zu seinem Namen kam

Wie um jedes berühmte Gericht, so ranken sich auch um das Bettlerhuhn allerlei Legenden. Jene, die man am öftesten hört, handelt von einem Bettler, der ein Huhn gestohlen hatte und sich daran machte, es über offenem Feuer zuzubereiten. Plötzlich hörte er Pferdegetrappel, und der Besitzer des Guts, von dem der Bettler das Huhn entwendet hatte, kam geradewegs auf ihn zu. Um das Corpus delicti zu entfernen, bedeckte der Bettler das Huhn mit Schlamm und warf es so einfach ins Feuer. Als der Verwalter vorübergezogen war und der Bettler keine Gefahr mehr witterte, stellte er fest, daß der Schlamm hart, das Hühnchen, das sich darin nach dem Aufbrechen der Krust verbarg, jedoch umso zarter geworden war.

Bettlerhuhn CHINA

ZUTATEN
1 Huhn mit ca. 1,2–1,5 kg • getrocknete Lotosblätter zum Einhüllen (s. Tipp) • Mehl für die Arbeitsfläche • Öl für die Form

FÜR DIE FÜLLUNG
150–200 g faschiertes Fleisch (vom Schwein und/oder Rind)
150–200 g gemischtes, sehr fein geschnittenes Gemüse nach Belieben
1 Stück (3 cm) Ingwer • 1 Handvoll frische (oder 4–5 getrocknete, eingeweichte) chin. Pilze • 2 Frühlingszwiebeln • Prise Zucker
1/2 EL Sojasauce • 3 EL Shaoxing-Reiswein (oder Sherry) • Salz, Pfeffer

FÜR DIE TEIGHÜLLE
1 kg Mehl • 2 Eier • ca. 2 Tassen warmes Wasser • 4 TL Trockenhefe
1 EL Salz • 2 EL Zucker

ZUBEREITUNG
Zuerst den Germteig vorbereiten. Dafür Mehl in einer Schüssel mit Eiern, Wasser, Trockenhefe, Salz und Zucker vermengen und daraus einen glatten, geschmeidigen Teig kneten. Mit etwas Mehl bestreuen, einem Küchentuch abdecken und an einem warmen Ort gehen lassen. Inzwischen für die Füllung Pilze in Streifen, Ingwer sowie Frühlingszwiebeln feinwürfelig schneiden bzw. hacken. In einer Schüssel das Faschierte mit den Pilzen, Gemüse, Ingwer und Frühlingszwiebeln vermengen. Mit Salz, Pfeffer, einer Prise Zucker, Sojasauce und Reiswein aromatisieren. Das Huhn mit der Fleischfarce füllen und die Öffnungen mit einem Küchengarn vernähen. Das gefüllte Huhn in die Lotosblätter einschlagen und in einem Dämpfkorb oder -topf etwa 40–50 Minuten dämpfen. Währenddessen den Teig wieder zusammenschlagen und auf einer bemehlten Arbeitsfläche so groß ausrollen, dass man das Huhn dann darin einhüllen kann. Teigenden gut festdrücken und das Huhn in eine mit Fett ausgestrichene Form setzen. Im vorgeheizten Backrohr bei 180 °C goldbraun backen. Das Huhn im Teigmantel servieren und erst bei Tisch tranchieren. Den Teig als Beilage dazu servieren.

TIPP: Stehen keine Lotosblätter zur Verfügung, so kann das Huhn auch in eine gut geölte Alufolie gewickelt und der essbare Germteig durch einen nicht essbaren

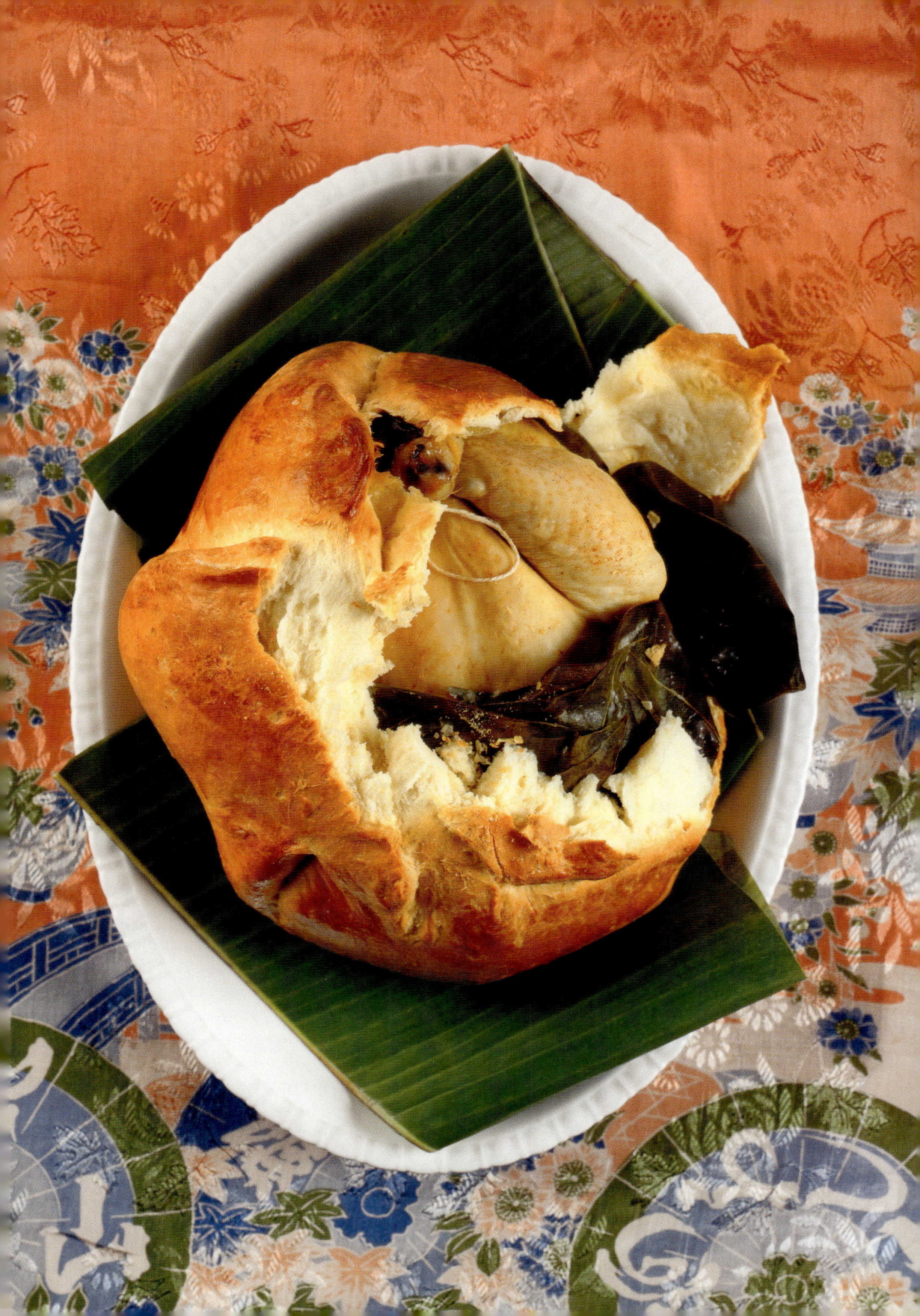

Salzteig (1 kg Salz, 4 Tassen Mehl und 1 1/2 Tassen Wasser) ersetzt werden. Wobei das Huhn selbstverständlich auch ohne Teigmantel ganz vorzüglich schmeckt, in diesem Fall allerdings etwas länger gedämpft werden sollte.

Murgh Biryani (Hühnercurry mit Reis) INDIEN

ZUTATEN
**800 g Hühnerkeulen und -brüste • 4 kleine Kartoffeln • 4 Schalotten
4 Knoblauchzehen • 1 Handvoll gekochte Erbsen • 2 hartgekochte Eier
1 Stück (3 cm) Ingwer • 2 Tomaten • 2 EL Mandeln • 2 EL Rosinen
je 1 kräftige Prise Chili, Pfeffer, Kumin (Kreuzkümmel), Kardamom
und Kurkuma • 1 TL Garam Masala (s. S. 52) • Salz • 2 EL Joghurt
2 EL gehackte Minze • 1 Zimtstange • Ghee (oder Butterschmalz)**

FÜR DEN REIS
**350 g Langkornreis (Basmati-Reis) • ca. 700 ml Geflügel- oder Rindsuppe
2 Schalotten • 1 Stück (2 cm) Ingwer • 4 Kardamomkapseln
4 Gewürznelken • 1/2 TL Safranfäden • 1 Zimtstange • 1–2 Lorbeerblätter
1 EL Rosenwasser • Salz • 2 EL Ghee (oder Butterschmalz)**

ZUBEREITUNG
Die Hühnerteile nach Belieben zerkleinern und zerteilen. Die Kartoffeln halbieren, die Schalotten und den Knoblauch kleinwürfelig schneiden und den Ingwer fein hacken. Die Tomaten kurz in siedendem Wasser blanchieren (überbrühen), schälen und in kleine Würfel schneiden. Die Mandeln ebenfalls kurz in siedendem Wasser blanchieren, abtropfen, schälen und überkühlen lassen.
Etwas Ghee erhitzen und nacheinander die Mandeln, Rosinen sowie Kartoffeln anbraten, jeweils wieder herausheben und abtropfen lassen. Noch etwas frisches Ghee zugeben und dann die Schalotten gemeinsam mit Knoblauch und Ingwer langsam anschwitzen. Sobald die Schalotten schön weich und gelb sind, Garam Masala, Chili, Pfeffer, Kardamom, Kumin sowie Kurkuma einrühren und ebenfalls kurz mitrösten. Nun Tomatenwürfel, Minze und Zimt zugeben, mit einer kräftigen Prise Salz würzen und etwas einkochen lassen. Joghurt einmengen und alles richtig sämig einkochen lassen. Dabei eventuell mit etwas Wasser aufgießen (aber nicht zu viel!). Hühnerfleisch zugeben, kurz aufkochen, dann Hitze reduzieren und zugedeckt langsam 30–40 Minuten weich dünsten, bis die Flüssigkeit nahezu zur Gänze verdunstet ist.
Inzwischen für den Biryani-Reis zunächst den Reis gründlich waschen und in einem Sieb sehr gut abtropfen lassen. Die Schalotten fein hacken, die Safranfäden in lauwarmem Wasser einweichen, den Ingwer fein hacken oder reiben. In einem großen Topf das Ghee erhitzen und die Schalotten gemeinsam mit Ingwer darin bei mittlerer Hitze langsam anschwitzen. Sobald die Schalotten goldgelb und weich sind, den Reis sowie sämtliche Gewürze (bis auf das Rosenwasser) zugeben und alles kurz anrösten, bis der Reis glasig ist. Dann Rosenwasser und Geflügelsuppe zugießen. Mit Salz würzen. Das fertige Hühnercurry gemeinsam mit den angebratenen Kartoffeln nach und nach unter den Reis mischen. Einmal aufkochen lassen und dann bei stark reduzierter Hitze und stets geschlossenem Deckel (!) ca. 20 Minuten dämpfen. Erst jetzt den Deckel abheben und den Hühner-Reis anrichten. Die gekochten Eier schälen, halbieren und darauf drapieren. Mit den gekochten Erbsen, Mandeln und Rosinen garnieren.

Perlhuhn-Teriyaki JAPAN

ZUTATEN
**4 Perlhuhn-Keulen (oder Keulen von Junghühnern)
3 EL Sonnenblumenöl**

FÜR DIE SAUCE
**5 g geriebener Ingwer • 10 EL Sojasauce • 2 EL Zucker
6 EL Mirin (süßer jap. Reiswein, ersatzweise vollfruchtiger Riesling)**

ZUBEREITUNG
Für die Sauce alle Zutaten miteinander vermischen und zur Seite stellen.
Eine Pfanne mit Sonnenblumenöl erhitzen und die Keulen darin braten, bis die Haut schön goldbraun ist. Dann etwas von der Sauce zugießen und bei kleiner Hitze ca. 5 Minuten weiterbraten. Währenddessen immer wieder mit Sauce aufgießen und die Keulen wenden. Nach 5 Minuten die Hitze erhöhen und die Keule bei starker Hitze knusprig und glänzend braten.
BEILAGENEMPFEHLUNG: Reis

Gedämpftes Stubenküken mit Zwiebeln und Ingwer CHINA

ZUTATEN
2 Stubenküken • 1 Bund Frühlingszwiebeln • 1 Stück (4 cm) Ingwer
1 EL Salz • 3 EL Shaoxing-Reiswein • 1 EL Sesamöl • 2 EL nicht gesalzene, geröstete Erdnüsse • chin. Schnittlauch und Ingwer als Garnitur
4 EL Sojasauce

ZUBEREITUNG
Die Frühlingszwiebeln und den Ingwer fein schneiden. Beides gemeinsam mit Salz sowie Reiswein verrühren und die gewaschenen und mit Küchenkrepp trockengetupften Stubenküken damit innen sowie außen gründlich einstreichen. Etwa 1–2 Stunden marinieren und währenddessen wiederholt einstreichen.
Die marinierten Stubenküken auf einen Dämpfeinsatz setzen und im Dämpftopf zugedeckt etwa 20–25 Minuten gardämpfen. Dann den Dämpftopf vom Feuer nehmen, die Stubenküken mit Alufolie bedecken und noch ca. 10 Minuten rasten lassen. Die Stubenküken in mundgerechte Stücke tranchieren und auf einem großen Teller dekorativ anordnen. Die Erdnüsse grob schneiden, mit dem leicht vorgewärmten Sesamöl vermischen und über die Stubenküken träufeln. Den chinesischen Schnittlauch in feine Ringe, den Ingwer in Streifen schneiden. Beides unter die Sojasauce mischen und in Extraschälchen dazu servieren.

Geräucherte Wachteln mit Bergpfeffer
CHINA

ZUTATEN
4 Wachteln • 2 EL chin. Bergpfeffer (auch Szechuan- oder Blütenpfeffer genannt) • 30 g Salz • 1 Frühlingszwiebel • 4 Scheiben Ingwer
4 Stk. Sternanis • 1/2 Zimtstange • 250 ml Sojasauce • 125 g Zucker
125 g Mehl • 8 EL grüne Teeblätter • 3 cm getrocknete Orangenschale
1 EL ausgelassenes Hühnerfett (ersatzweise Pflanzenöl) • Öl zum Ausstreichen

ZUBEREITUNG
In einer beschichteten Pfanne den chinesischen Bergpfeffer gemeinsam mit dem Salz ohne Fett anrösten, dann vom Herd nehmen und die gewaschenen und mit Küchenkrepp trockengetupften Wachteln außen und innen damit einreiben. In einem großen Topf ca. 1,5 Liter Wasser mit der Frühlingszwiebel, 2 Scheiben Ingwer, 2 Stück Sternanis, Zimt und Sojasauce 10 Minuten auf großer Flamme kochen. Erst dann die Wachteln zugeben und weitere 10 Minuten kochen lassen. Wachteln herausnehmen, etwas abkühlen lassen und mit Küchenkrepp gründlich trockentupfen.
Zucker, Mehl und Teeblätter in einen Dämpfer (oder einen alten Topf) geben und mit restlichem Ingwer, Sternanis sowie Orangenschalen aromatisieren. Den Dämpfeinsatz oder ein Metallsieb mit etwas Öl einreiben und die Wachteln darauflegen. Den Topf mit einem Deckel und/oder Alufolie gut verschließen und die Wachteln bei mittlerer Hitze 5 Minuten lang räuchern. Dann wenden und weitere 3–4 Minuten

räuchern. Räuchertopf vom Herd nehmen und die Wachteln im geschlossenen Topf noch einmal 5 Minuten ziehen lassen. Wachteln herausnehmen und mit ausgelassenem Hühnerfett oder Pflanzenöl einreiben, damit die Haut zart wird. Tranchieren oder im Ganzen servieren.
BEILAGENEMPFEHLUNG: Reis

TIPP: Die geräucherten Wachteln schmecken übrigens auch kalt ganz ausgezeichnet, wozu man etwa mit Sesamöl und Reisessig marinierten Salat servieren kann.

Duftende Bergtaube nach Szechuan-Art
CHINA

ZUTATEN
2 fleischige Wildtauben mit 400 g (s. Tipp) • 1 Schalotte • 1 Stück (8 cm) Ingwer • 4 rote Chilischoten • 1/2 EL Szechuan-Pfeffer • 2 EL Shaoxing-Reiswein (oder Sherry) • 2 EL helle Sojasauce • 1 TL Honig • 1 EL Reisessig 1 TL Maisstärke • Sesamöl zum Beträufeln • geröstete Sesamkörner 100 ml Erdnussöl • Salz

ZUBEREITUNG
Die Schalotte halbieren, den Ingwer in Streifen schneiden. Die Tauben waschen, trockentupfen und in einen passenden Topf geben. Mit Wasser bedecken und leicht salzen. Die Hälfte des Ingwers sowie die Schalotte zugeben. Wasser zum

Kochen bringen und die Tauben bei mittlerer Hitze 20–25 Minuten garen. Tauben herausnehmen und überkühlen lassen. Das Fleisch von den großen Knochen lösen und in mundgerechte Stückchen (ca. 2,5 cm breit, 5 cm lang) hacken. Den Taubenfond abseihen und bereithalten.

Nun das Erdnussöl in einer Pfanne erhitzen. Chilischoten halbieren und gemeinsam mit dem Szechuan-Pfeffer kurz durchrösten. Chili wieder herausnehmen und dafür den restlichen Ingwer kurz mitbraten. Die Fleischstücke zugeben, mit Sojasauce sowie Reiswein ablöschen und den Honig einrühren. Etwa 200 ml Taubenfond zugießen und alles ca. 3 Minuten auf großer Hitze einkochen lassen. Abschließend mit Salz und Essig abschmecken. Die Maisstärke mit etwas Wasser anrühren und zugießen. Nochmals aufkochen und dann vom Feuer nehmen. Mit Sesamöl und gerösteten Sesamkörnern beträufeln und servieren.

TIPP: Nach diesem Rezept kann auch anderes Geflügel, wie etwa Stubenküken oder Wachteln zubereitet werden, wobei die Garungszeit auf die Größe des Geflügels abgestimmt werden muss.

Entenbruststreifen in Sesamsauce CHINA

ZUTATEN
600 g Entenbrustfilet • 6 cl Shaoxing-Reiswein (ersatzweise trockener Sherry) • 2 EL helle Sojasauce • 4 fein geschnittene Frühlingszwiebeln 1 Stück (3–4 cm) fein gehackter Ingwer • 2 EL Maisstärke • 500 ml Hühnersuppe • 1 EL Honig • 2 cl Sesamöl • 2 fein zerstoßene Chilischoten 150 g geröstete Sesamkörner • ca. 500 ml Erdnussöl zum Frittieren Salz • Szechuan-Pfeffer (ersatzweise Chilipfeffer)

ZUBEREITUNG
Für die Marinade die Sojasauce mit ca. 1 Esslöffel Reiswein, einer Prise Salz und jeweils der Hälfte von Ingwer und Frühlingszwiebeln vermengen. Die Entenbrustfilets in sehr dünne Streifen schneiden, in die vorbereitete Marinade legen und darin etwa 2 Stunden ziehen lassen. Dann die Entenbruststreifen herausnehmen, mit Küchenkrepp trockentupfen und in eine Schüssel geben. Maisstärke darüberstreuen und alles gut durchmischen.

In einem Wok oder einer schweren Pfanne reichlich Erdnussöl erhitzen. Die Entenbruststreifen einlegen und bei starker Hitze rasch rundum knusprig braten. Herausheben und auf Küchenkrepp abtropfen lassen. Das Frittieröl bis auf einen kleinen Rest abgießen. Nun die restlichen Frühlingszwiebeln sowie den Ingwer zugeben und hell anschwitzen. Den restlichen Reiswein eingießen, einkochen lassen und dann mit Hühnersuppe aufgießen. Den Honig einrühren und abermals einkochen lassen, bis die Sauce schön sämig ist. Mit Sesamöl, Szechuan-Pfeffer und Chilischoten abschmecken. Die Entenbrust wieder zugeben und nochmals kurz durchziehen lassen. Die gerösteten Sesamkörner untermengen und die Entenbruststreifen in Schalen anrichten.

Foto rechts

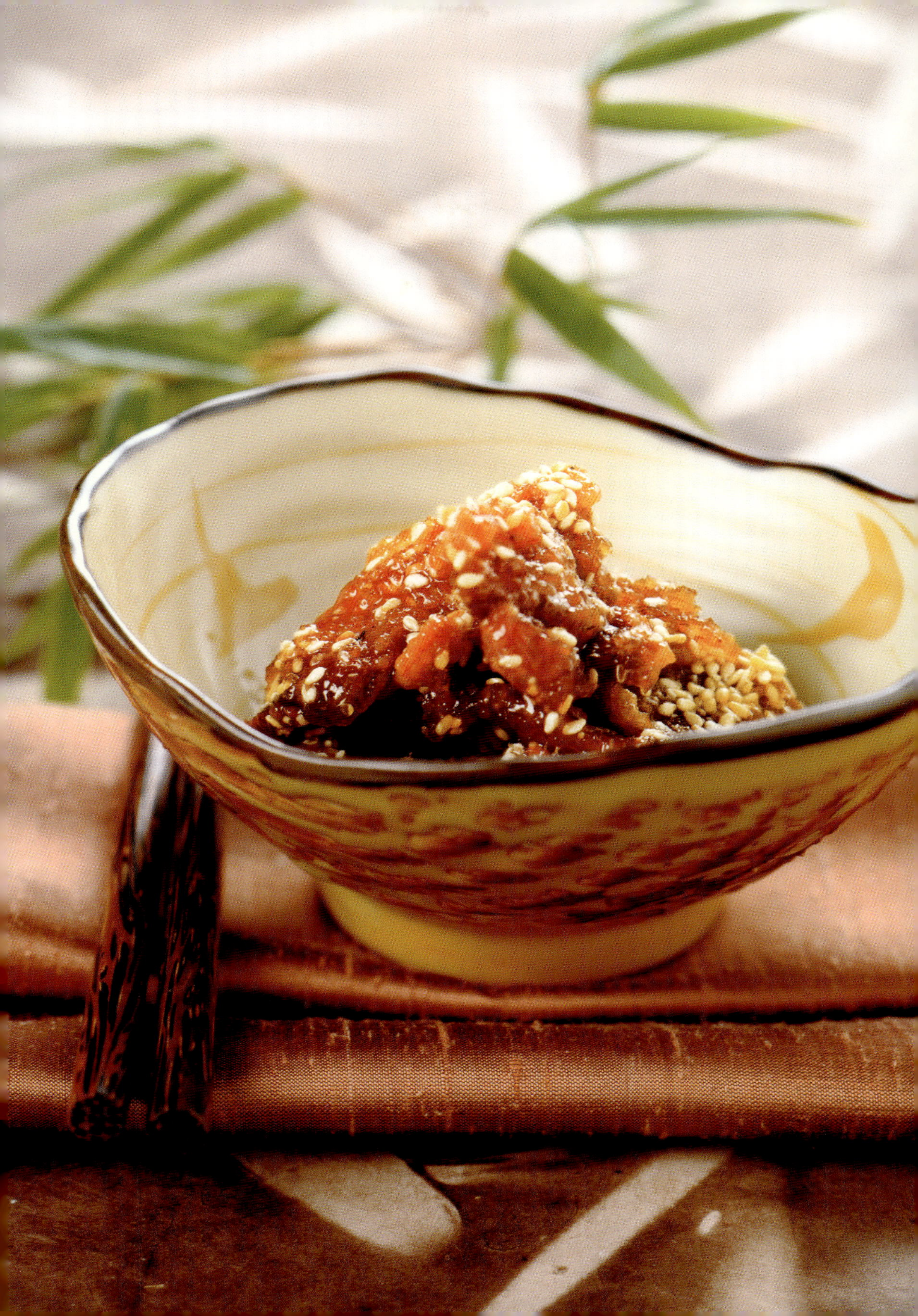

Enten-Saté-Spießchen INDONESIEN

ZUTATEN
800 g Entenfleisch (Brust und/oder Keule) • 4–5 Kaffirblätter (ersatzweise etwas Limettensaft) • 4 rote Chilischoten • 2 Tassen frisch geraspelte Kokosnuss (oder getrocknete Kokosflocken) • 2 EL Palm- oder brauner Zucker • Salz • frisch geschroteter Pfeffer • Zitronengras-Stangen oder Saté-Spieße

FÜR DIE WÜRZPASTE
2–3 rote Chilischoten • 4 Zwiebeln • 6 Knoblauchzehen
1 TL Laospulver (oder 1 kl. Stück Galangawurzel) • 1 Stück (4 cm) Ingwer
2 TL Kurkumapulver • 2 TL Koriander • 1/2 TL schwarze Pfefferkörner
1 EL ungesalzene Cashewnüsse • 1 TL getrocknete Garnelenpaste
Prise Muskatnuss • Gewürznelken • 2 EL Öl

ZUBEREITUNG
Für die Würzpaste zunächst den Knoblauch grob teilen, die Zwiebeln in Spalten schneiden, die Chilischoten halbieren, entkernen und in Streifen schneiden. Ingwer in Streifen schneiden. Nun die Chilischoten mit Zwiebeln, Knoblauch, Laospulver, Ingwer, Kurkuma, Koriander, Pfeffer, Cashewnüssen, Garnelenpaste, Muskatnuss sowie Gewürznelken in einem Mörser fein zerstoßen (oder im Mixer pürieren). In einer Pfanne etwas Öl erhitzen und die Paste darin 5–7 Minuten unter ständigem Rühren andünsten, bis sie ihr volles Aroma entfaltet hat. Vom Herd nehmen und überkühlen lassen.
Inzwischen das Entenfleisch mit einem scharfen Messer sehr fein schneiden oder mit dem Wiegemesser fein hacken. Die Kaffirblätter sehr fein schneiden, die Chilischoten halbieren, entkernen und ebenfalls fein schneiden. Getrocknete Kokosflocken mit etwas Wasser befeuchten und durchkneten. Nun das Entenfleisch mit der Würzpaste sowie Chili, Kaffirblättern, Kokosflocken, Zucker, Salz sowie frisch geschrotetem Pfeffer gut vermengen. Von der Masse jeweils etwas abstechen, zu einem kleinen Laibchen formen und dieses rund um das Zitronengras- oder Saté-Stäbchen pressen. So lange fortfahren, bis alles verbraucht ist. Saté-Spießchen auf dem Griller (Holzkohle oder Elektrogriller) unter mehrmaligem Wenden grillen.
BEILAGENEMPFEHLUNG: Reis und Erdnuss-Sauce (s. S. 280)

Entenbrust auf Peking-Art CHINA

ZUTATEN
4 Entenbrüste • 9–12 Mandarin-Pfannkuchen (s. Peking-Ente S. 306) oder kleine, noch warme Pfannkuchen mit ca. 12 cm Ø • 2 EL Honig
8–12 Frühlingszwiebeln • 1 kl. Salatgurke • reichlich Pflaumen- oder Hoisin-Sauce • Fünf-Gewürze-Pulver (s. S. 50) • Salz • 1 l Erdnussöl zum Frittieren

ZUBEREITUNG
Die Entenbrüste auf der Hautseite sorgfältig massieren, damit zwischen Haut und Fleisch ein kleiner Hohlraum entsteht. (Dabei soll sich die Haut allerdings nicht

vollständig vom Fleisch lösen.) Die Entenbrüste salzen und mit Fünf-Gewürze-Pulver würzen. Honig mit etwas lauwarmem Wasser verrühren und die Brüste auf der Hautseite damit einreiben. Mehrere Stunden beiseitestellen, bis der Honig eingetrocknet ist. (Man kann diesen Vorgang auch unter Zuhilfenahme eines Haarföns beschleunigen.)

Nun die Entenbrüste mit der Hautseite nach unten in heißes Erdnussöl einlegen und so braten, dass die Haut knusprig, das Fleisch aber noch saftig ist. Währenddessen wiederholt wenden. Aber Vorsicht: Die zunächst starke Hitze nach etwa 30 Sekunden reduzieren, damit die mit Honig bestrichene Haut nicht schwarz wird. Die Entenbrüste herausnehmen, die knusprige Haut mit Hilfe eines scharfen Messers ablösen und in kleine Streifen schneiden.

Die Entenbrust ebenfalls in schmale Streifen schneiden. Gurke sowie Frühlingszwiebeln stiftelig schneiden. Dann die knusprige Entenhaut und die Entenbruststreifen auf einem Teller anrichten, mit den Gurken- und Frühlingszwiebel-Streifen, Pflaumen- oder Hoisin-Sauce und den vorbereiteten Mandarin-Pfannkuchen servieren.

Bei Tisch je einen Pfannkuchen auf einen Teller legen, mit jeweils einem Kaffeelöffel Pflaumen- oder Hoisin-Sauce bestreichen, Gurken- und Frühlingszwiebel-Streifen sowie Entenfleisch und etwas knusprige Haut darauflegen und den Pfannkuchen einrollen. Am besten gleich mit den Fingern essen.

Ente mit Süßkartoffeln CHINA

ZUTATEN
1 Ente • Süßkartoffeln nach Belieben • 1 TL Fünf-Gewürze-Pulver (s. S. 50)
1 Prise brauner Zucker für die Marinade • 1 EL Shaoxing-Reiswein
1–2 EL helle Sojasauce • 1 Stück (2–3 cm) Ingwer • 3 Knoblauchzehen
3 EL roter Tofu • 1–2 TL brauner Zucker • 2 TL Zucker • Salz • gehackte Frühlingszwiebeln zum Garnieren • Erdnussöl zum Braten

ZUBEREITUNG
Den Knoblauch sehr fein hacken, mit etwas Salz bestreuen und mit dem Messer zu einer Paste zerdrücken. Den Ingwer fein reiben und beides in einer kleinen Schüssel mit Reiswein, Sojasauce, Fünf-Gewürze-Pulver und braunem Zucker gut verrühren. Die Ente mit der Marinade innen und außen gut einreiben und 1 Stunde marinieren. In einer passenden Pfanne etwas Erdnussöl erhitzen und die Ente darin rundum goldbraun anbraten. Die Ente herausheben, in einen Bratentopf (mit Deckel) geben und so viel Wasser zugießen, dass die Ente mindestens zu einem Drittel im Wasser liegt. Den Tofu mit Zucker verrühren und in das Wasser einrühren. Deckel aufsetzen, Wasser zum Kochen bringen und die Ente dann bei mittlerer Hitze ca. 1 1/2 Stunden weichdünsten. Währenddessen die Ente einige Male wenden und bei Bedarf Wasser zugießen.

Etwa 30 Minuten vor Garungsende die in mundgerechte Stücke geschnittenen Süßkartoffeln zugeben. Die fertig gegarte Ente herausheben, tranchieren und anrichten. Mit etwas Sauce beträufeln, die Süßkartoffeln dazugeben und mit gehackten Frühlingszwiebeln bestreuen.

TIPP: Sollten gerade Maroni Saison haben, so können die Süßkartoffeln zum Teil oder zur Gänze durch vorgekochte Maroni ersetzt werden.

Asiatische Geflügelküche

Asiatische Geflügelküche

Peking-Ente für Eingeweihte

Wenn Ihnen jemand erzählt, er habe gestern Abend selbst eine Peking-Ente zubereitet, so seien Sie mißtrauisch. Denn Peking-Ente – das sagt sich einfach, ist aber, wenn man die Sache ernst nimmt, ziemlich kompliziert. Man benötigt dafür ein Exemplar der weißen Peking-Rasse, das nach dem Ausschlüpfen aus dem Ei exakt 60 Tage aufgezogen wird, von welchen es allein an 40 Tagen jeweils 30 Deka Kichererbsen, Sorghumhirse und Weizenschrot als Nahrung erhält, bis das Tier keinesfalls weniger als 2,3 und keinesfalls mehr als 2,7 kg wiegt. Danach muss die Ente „handgewürgt", durch ein flaschenhalsgroßes Loch knapp unter dem Flügel ausgeweidet, unter ständigem Bestreichen mit Zuckersirup in den Wind der Sandwüste Gobi gehängt, dann mithilfe eines Strohhalms wie ein Luftballon aufgeblasen werden, um zuletzt, innen mit kochendem Wasser gefüllt, in einen chinesischen Glutofen gehängt zu werden, wo man die Ente über Dattel-, Pfirsich- oder Birnbaumholz brät, bis die Außenhaut so knusprig ist, dass sie schon beim bloßen Hinschauen kracht.

Alles verstanden? Oder probieren Sie doch lieber fürs Erste einmal die folgende etwas „leichtere" Variante aus?

Peking-Ente auf einfache Art CHINA

ZUTATEN FÜR 3–4 PORTIONEN
1 küchenfertige Ente • 6 Frühlingszwiebeln • Pflaumen- oder Hoisin-Sauce

FÜR DIE MARINADE
**6 EL Shaoxing-Reiswein (oder trockener Sherry) • 125 ml Sojasauce
2 EL Fischsauce • 1 EL brauner Zucker • 1/2 TL Chilipulver
2 gehackte Knoblauchzehen • 1/2 TL frisch gehackter Ingwer
1 EL Fünf-Gewürze-Pulver (s. S. 50) • Pfeffer aus der Mühle**

FÜR DIE MANDARIN-PFANNKUCHEN (S. AUCH TIPP)
**200 g Vollkorn- oder Buchweizenmehl • 125 ml kochendes Wasser
1 Ei • etwas Salz • Sesamöl zum Bestreichen • Öl zum Backen**

ZUBEREITUNG
Die Ente bereits am Vortag innen und außen gut waschen und mit Küchenkrepp trockentupfen. Für die Marinade sämtliche Zutaten miteinander verrühren und die Ente innen sowie außen damit gut einstreichen. In Klarsichtfolie einwickeln und über Nacht im Kühlschrank marinieren.

Am nächsten Tag die marinierte Ente aus der Folie wickeln, auf einen Grillrost legen und darunter ein mit etwas Wasser gefülltes Backblech bzw. eine Auffangtasse schieben. Im vorgeheizten Backrohr bei 250 °C zunächst 20 Minuten braten, dann die Hitze auf 150–160 °C reduzieren und 1 weitere Stunde braten. Die Ente herausnehmen und warmstellen. Den Bratenrückstand in einen Topf gießen, aufkochen und um die Hälfte einkochen lassen. Die Ente damit rundum kräftig einstreichen und unter der Grillschlange (oder bei sehr großer Oberhitze) nochmals 10 Minuten knusprig braten.

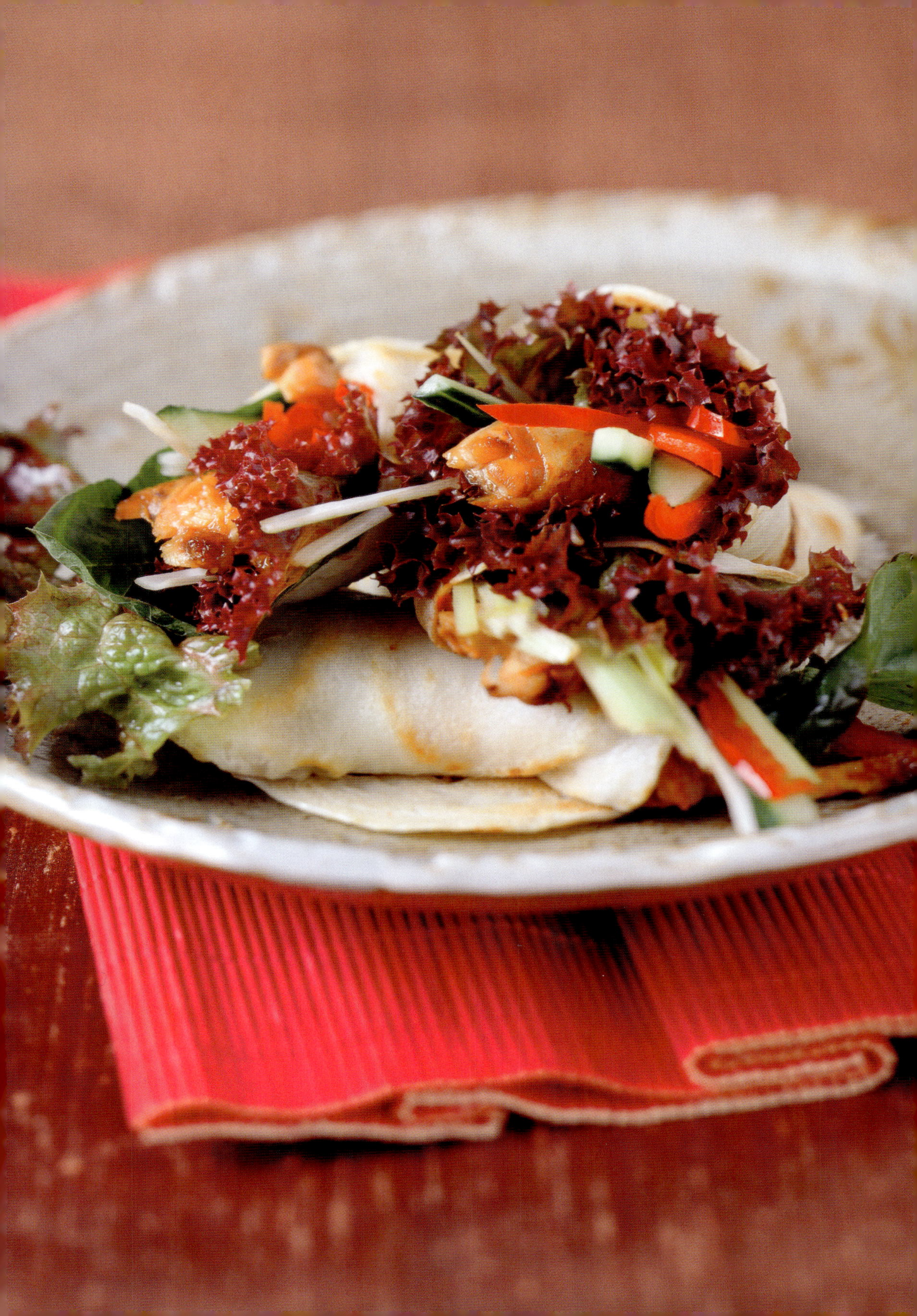

Inzwischen die Frühlingszwiebeln der Länge nach in feine Streifen schneiden. Die fertig gebratene Ente tranchieren, das Fleisch auslösen und in feine Scheiben oder Streifen schneiden. Auf einem vorgewärmten Teller anrichten. Frühlingszwiebeln und vorbereitete warme Pfannkuchen auf je einem Teller anrichten. Pflaumen- oder Hoisin-Sauce in ein kleines Schüsselchen geben und alles auftragen. Bei Tisch auf jeweils einen Pfannkuchen etwas Pflaumensauce aufstreichen, mit geschnittenen Frühlingszwiebeln und etwas Entenfleisch belegen. Pfannkuchen zusammenrollen und genießen. Sind alle Pfannkuchen verbraucht, so kann übrig gebliebenes Fleisch auch einfach in Hoisin-Sauce getaucht und mit dem Gemüse gegessen werden.

Für die Pfannkuchen Mehl, Wasser, Ei sowie eine Prise Salz zu einem glatten Teig verkneten und daraus eine längliche Rolle von etwa 1 cm Durchmesser formen. In etwa 20 Stücke schneiden und diese wiederum zu runden Teigfladen von etwa 10 cm Durchmesser ausrollen. Jede Teigscheibe mit Sesamöl bestreichen und jeweils zwei Fladen mit der eingeölten Seite zueinander gewandt aufeinanderlegen. Nun nochmals jeweils zu einem größeren Pfannkuchen ausrollen. Die Pfannkuchen schnell und unter ständiger Bewegung in heißem Fett auf beiden Seiten backen, bis sie Blasen werfen. Dann voneinander trennen und – am besten mit einem heißen Tuch abgedeckt – in einem Bambuskörbchen servieren, damit sie warm bleiben.

TIPP: Statt der zeitaufwändigen Mandarin-Pfannkuchen können auch rasch zubereitete Palatschinken aus einfachem Omelettenteig verwendet werden. Das entspricht zwar nicht dem Originalrezept, schmeckt aber auch köstlich. Letzteres gilt auch für die nach Belieben gestaltete Garnitur der Peking-Ente, die je nach Lust und Laune auch aus Salaten, frischen Kräutern und Gemüse bestehen kann. Die so zubereitete Ente schmeckt freilich auch ganz ohne Pfannkuchen und Frühlingszwiebeln, dafür in Begleitung von gebratenem Reis und süß-sauer marinierter Rohkost, ganz ausgezeichnet.

Gefüllte Ente IRAN

ZUTATEN
1 Ente • 500 g beliebig gemischtes Dörrobst (Rosinen, getrocknete Birnen, Zwetschken und Marillen) • 1 kleiner Apfel • 1 kleine Birne • 2 Schalotten 1 EL Semmelbrösel • Gewürznelkenpulver • Zimtpulver • Salz, Pfeffer Butter zum Braten

ZUBEREITUNG
Zuerst das Dörrobst in lauwarmem Wasser einweichen. Sobald die Früchte weich sind, herausheben, entkernen und fein hacken. Die küchenfertige Ente innen und außen mit Salz würzen, den Innenraum mit Nelkenpulver einreiben.
Nun für die Fülle den Apfel sowie die Birne in kleine Würfel schneiden. Die Schalotten fein hacken und in etwas heißer Butter ganz langsam Farbe nehmen lassen. Dann das Dörrobst sowie das frische Obst zugeben, mit Salz, Pfeffer, Zimt sowie Gewürznelken würzen und bei nicht zu großer Hitze dünsten lassen. Die Semmelbrösel einrühren und die Masse überkühlen lassen.
Die Ente mit der Dörrobst-Masse füllen und die Öffnung mit Küchengarn vernähen.

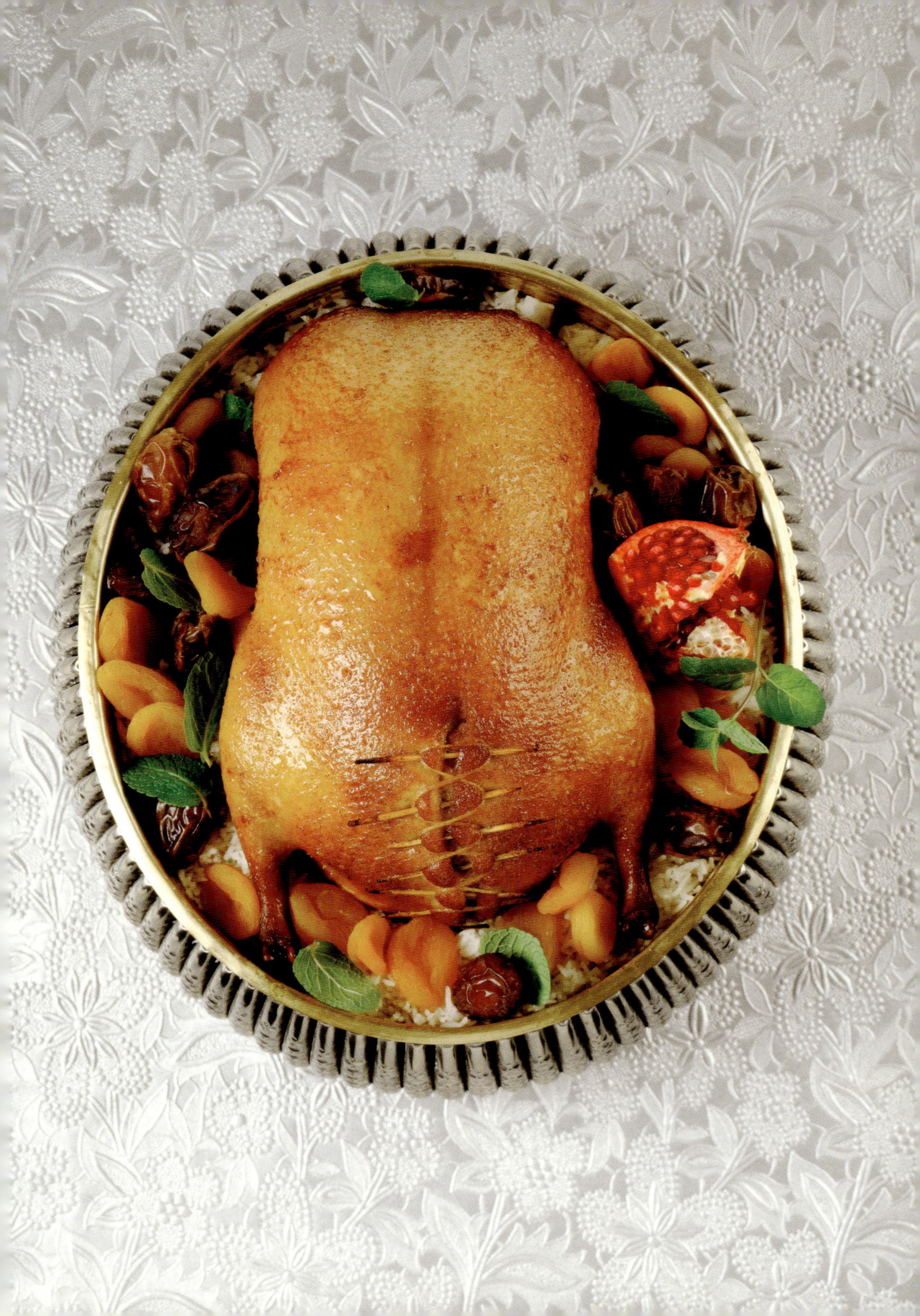

Die gefüllte Ente in eine mit Butter ausgestrichene Bratenform setzen und im vorgeheizten Backrohr ca. 1 1/2 Stunden knusprig braten. Währenddessen die Ente wiederholt mit Bratensaft übergießen und bei Bedarf ab und zu etwas Wasser zugießen. Fertig gebratene Ente aus dem Backrohr nehmen und noch kurz rasten lassen. Dann die Ente tranchieren und mit der Füllung servieren.
BEILAGENEMPFEHLUNG: Reis

Mit Nüssen und Zwetschken gefüllter Truthahn IRAN

ZUTATEN
1 Truthahn • 600 g Lammfaschiertes (oder Rindfleisch) • 100 g geriebene Walnüsse • 100 g geriebene Pinienkerne • 80 g getrocknete Zwetschken 2 Frühlingszwiebeln • 300 g Reis • Limettensaft • Salz, Pfeffer Gewürznelkenpulver, Zimtpulver, Muskatnusspulver • 2–3 EL Öl • Butter

ZUBEREITUNG
Für die Füllmasse zunächst die getrockneten Zwetschken in lauwarmem Wasser einweichen. Dann herausheben, abtropfen lassen und fein hacken. Die Frühlingszwiebeln ebenfalls fein hacken. Den Reis mehrmals waschen, bis das Wasser klar ist und dann in einem Sieb gut abtropfen lassen.
Das Öl in einer Pfanne oder einem Topf erhitzen und die Frühlingszwiebeln darin hell anschwitzen. Das Faschierte einmengen und kräftig durchbraten. Gehackte Zwetschken, Reis, geriebene Walnüsse sowie Pinienkerne einmengen. Mit Salz, Pfeffer, Gewürznelken, Zimt, Muskatnuss und einem Schuss Limettensaft abschmecken. Vom Herd nehmen und kurz überkühlen lassen.
Nun den Truthahn innen und außen kräftig mit Salz und Pfeffer würzen. Mit der vorbereiteten Masse füllen und die Öffnung mit Küchengarn vernähen. In eine mit Butter oder Öl ausgestrichene Bratenform setzen, einige Butterflocken darauf verteilen und im auf 220 °C vorgeheizten Backrohr zunächst 15 Minuten braten. Dann Hitze auf ca. 180 °C reduzieren, etwas Wasser zu-, aber nicht über den Truthahn gießen und den Truthahn goldbraun fertig braten (je nach Größe ca. 3 1/2 Stunden). Währenddessen den Truthahn wiederholt mit Bratensaft übergießen und frisches Wasser zugießen. (Der Truthahn darf nicht mit kaltem Wasser, sondern nur mit heißem Bratensaft übergossen werden.) Fertig gebratenen Truthahn herausheben und warm noch etwa 15 Minuten rasten lassen. Dann tranchieren und mit der Füllung servieren.

TIPP: Statt der Zwetschken können auch gekochte Maroni unter die Füllung gemengt werden. Nach anderen Originalrezepten wird der Truthahn zu Beginn nur kurz angebraten und dann in Wasser weichgedünstet.

Fasan mit Walnüssen, Orangen und grünem Tee GEORGIEN

ZUTATEN
**2 küchenfertige Fasane • 250 g Walnüsse • 250 g Rosinen
100 g Butter • Saft von 4–5 Orangen • ca. 750 ml grüner Tee
125 ml Hühnersuppe oder Kalbsfond • Salz, Pfeffer**

ZUBEREITUNG
Butter in einer großen Kasserolle schmelzen lassen. Die Fasane waschen, mit Küchenkrepp trockentupfen und in den Topf geben. Rundum goldbraun anbraten. Nach einer Weile Walnüsse und Rosinen hinzufügen und einige Minuten mitrösten. Danach mit Orangensaft und soviel grünem Tee ablöschen, dass der Fasan knapp bedeckt ist. Mit Salz sowie Pfeffer würzen und zugedeckt bei schwacher Hitze ca. 50 Minuten schmoren. Fasane aus der Kasserolle heben und warmstellen. Suppe zugießen und die Sauce einreduzieren (einkochen lassen), bis sie schön sämig ist. Fasane vierteln und in einer vorgewärmten Schüssel anrichten. Mit der Sauce übergießen.
BEILAGENEMPFEHLUNG: Blinis (im Delikatessenhandel erhältlich)

Asiatische
Geflügelküche

Acht Schätze und 1000 Köstlichkeiten

DIE ASIATISCHE FLEISCH- UND WILDKÜCHE

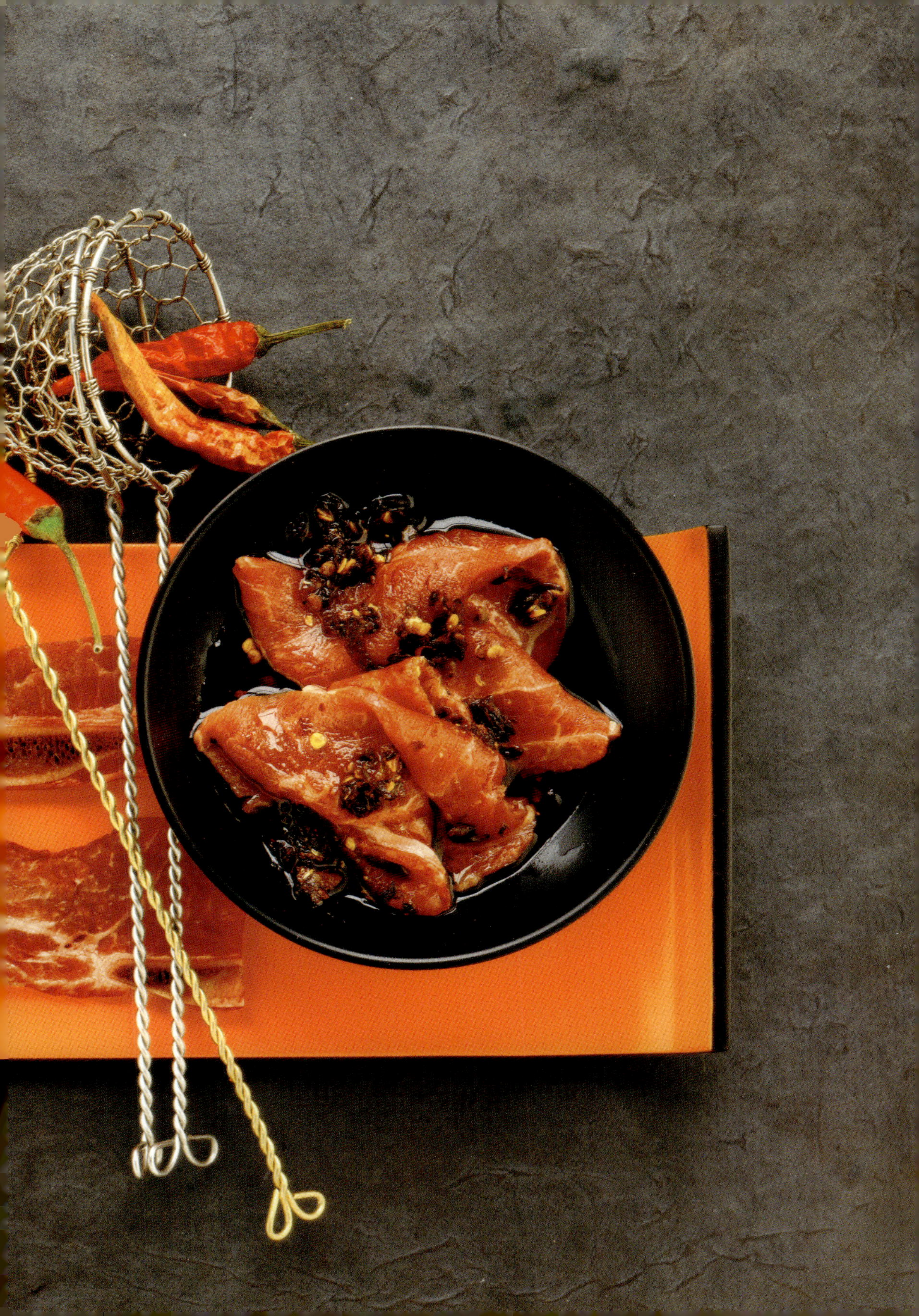

SCHWEIN

Knuspriges Schweinefleisch mit frischem Koriander CHINA

ZUTATEN
600 g Schweinslungenbraten (Filet oder anderes Schweinefleisch zum Kurzbraten) • etwas Maisstärke • 2 Tomaten • 4 Frühlingszwiebeln 2 Knoblauchzehen • 2 frische grüne Chilischoten • 5 EL Erdnuss- oder Pflanzenöl • 1 EL Sojasauce • je eine Prise Salz und Zucker 1 Bd. frisches Koriandergrün

ZUBEREITUNG
Den sorgfältig zugeputzten Schweinslungenbraten (ohne Fett und Sehnen) in Streifen schneiden und diese rundum in Maisstärke wenden. Die Frühlingszwiebeln in feine Ringe, die frischen Chilischoten in sehr feine Streifen schneiden und den Knoblauch fein hacken. Die Tomaten kurz in siedendem Wasser blanchieren (überbrühen), schälen und kleinwürfelig schneiden. Dabei den austretenden Saft auffangen.
Erdnuss- oder Pflanzenöl in einem Wok oder einer schweren Pfanne stark erhitzen. Zwiebelringe, Knoblauch und Chilischoten darin kurz hell anrösten. Überschüssige Maisstärke von den Fleischstreifen abklopfen und das Fleisch unter ständigem Rühren untermengen. Nur kurz knusprig braten (Lungenbraten ca. 3 Minuten, preisgünstigeres Fleisch je nach Qualität auch etwas länger). In einer Tasse die Sojasauce mit Tomatenwürfeln samt Saft, Salz sowie Zucker verrühren, über das Fleisch gießen und kurz aufkochen lassen. Sobald die Sauce sämig zu werden beginnt, Topf vom Feuer nehmen, gehacktes Koriandergrün darüberstreuen und anrichten.

Schweinebauch nach Mandarin-Art CHINA

ZUTATEN
600 g Schweinebauch ohne Knochen, aber mit schönen Fleischschichten 2 Frühlingszwiebeln • 1 Stück (2 cm) frisch geriebener Ingwer 80 ml Sojasauce • 40 ml Shaoxing-Reiswein (oder trockener Sherry) 2 EL Zucker • 1 EL Chilisauce • 1 KL Ahornsirup • 1 EL Erdnussöl frisch gehacktes Koriandergrün

ZUBEREITUNG
Das Fleisch in 4 cm lange fingerbreite Streifen schneiden. Die Frühlingszwiebeln fein hacken und in einer Schüssel mit frisch geriebenem Ingwer, Soja- und Chilisauce, Reiswein sowie Zucker vermengen. Fleisch zugeben, gut durchmischen und ca. 4 Stunden lang marinieren. Währenddessen wiederholt wenden.
Mariniertes Fleisch samt Marinade in eine feuerfeste Form umfüllen und im vorgeheizten Backrohr bei 180 °C ca. 20 Minuten braten. Dann wenden und weitere 20 Minuten garen. Herausheben und den Ahornsirup unterrühren. Mit Erdnussöl beträufeln und vor dem Servieren mit frisch gehacktem Koriandergrün bestreuen.
BEILAGENEMPFEHLUNG: Gebratene Nudeln oder gebratener Reis

Asiatische Fleisch- und Wildküche

Gekochter Schweinebauch JAPAN

ZUTATEN
500–600 g Schweinebauch ohne Knochen, aber mit schönen Fleischschichten • 1 Stück (3 cm) Ingwer • 2 Knoblauchzehen • 1 Zwiebel
1 l kaltes Wasser • Bierrettich zum Garnieren nach Belieben

FÜR DIE SAUCE
100 ml Sojasauce • 5 EL Mirin (süßer jap. Reiswein, ersatzweise Portwein)
1 Stück (2 cm) grob geschnittener Ingwer • 5 EL Zucker • 1 EL Sesamöl
3 EL Pflanzenöl • 50 ml jap. Dashi (s. S. 58) oder 1/2 TL Hondashi-Pulver

ZUBEREITUNG
Kaltes Wasser mit Ingwer, Knoblauch, Zwiebel und Fleisch aufstellen und zum Kochen bringen. Dann etwa 1 Stunde köcheln lassen. Das Wasser abseihen und das Fleisch in mundgerechte Stücke schneiden.
Für die Sauce alle Zutaten in einem Topf vermengen. Fleisch zugeben und zart köcheln lassen, bis das Fleisch die Farbe der Sojasauce leicht annimmt und so weich ist, dass es problemlos mit Stäbchen gegessen werden kann. Anrichten und nach Belieben mit geraspeltem Bierrettich garnieren.
BEILAGENEMPFEHLUNG: Sushi-Reis

Schweinefleisch süß-sauer CHINA

ZUTATEN FÜR 4–5 PORTIONEN
600–750 g mageres Schweinefleisch • 2 EL Sojasauce
2 EL Shaoxing-Reiswein (oder trockener Sherry) • 1 TL Sesamöl
1/2 rote Paprikaschote • 1/2 grüne Paprikaschote • 4 Frühlingszwiebeln
2 kl. junge Karotten • 3 EL Ananasstücke (auch Dosenware möglich)
2 Knoblauchzehen • Öl zum Frittieren

FÜR DEN TEIG
125 ml Rindsuppe • 1 Ei • 7 EL Mehl • 6 EL Maisstärke

FÜR DIE WÜRZSAUCE
250 ml Rindsuppe • 1 EL Sojasauce • 3 EL Zucker • Salz
1/2 EL Maisstärke • 4 EL chin. Reisessig

ZUBEREITUNG
In einer Tasse Sojasauce, Reiswein sowie Sesamöl vermengen. Das gut zugeputzte Schweinefleisch in mundgerechte Würfel schneiden und in einer Schüssel mit der Marinade vermengen. Durchmischen und 30 Minuten marinieren.
Währenddessen die entkernten Paprikaschoten, Frühlingszwiebeln und Karotten in mundgerechte Stücke bzw. Streifen schneiden. Die Ananaswürfel in einem Sieb abtropfen lassen. Die Knoblauchzehen fein hacken.
Für die Würzsauce in einer kleinen Schüssel die Suppe mit Sojasauce, Zucker, einer Prise Salz, Maisstärke und Essig gut abrühren. Nun das Schweinefleisch aus der Marinade heben und mit Küchenkrepp trockentupfen.
Einen Wok oder eine große, schwere Pfanne erhitzen. Wenig Öl vom oberen Rand rundum einfließen lassen, erhitzen und dann den Knoblauch darin hell anrösten. Paprikaschoten, Karotten und Frühlingszwiebeln zugeben und alles einige Minuten braten. Dann die vorbereitete Würzsauce darübergießen, Ananaswürfel zugeben und alles kurz einkochen lassen. Sobald die Sauce leicht sämig ist, Gemüse wieder herausheben und warmstellen.
Für den Teig die Suppe mit Ei, Mehl und Maisstärke zu einem glatten Teig verrühren und kurz anziehen lassen. Den Wok reinigen, indem man ihn kurz mit Küchenkrepp auswischt. Dann reichlich frisches Öl in den Wok eingießen und erhitzen. Die Schweinefleischwürfel kurz durch den Teig ziehen, abtropfen lassen und in heißem Fett etwa 4–5 Minuten rundum goldbraun frittieren. (Dabei nicht zuviel auf einmal frittieren, damit das Öl nicht zu sehr abkühlt und das Fleisch dadurch nicht knusprig wird.) Knuspriges Schweinefleisch herausheben, auf Küchenkrepp abtropfen lassen und warmstellen, bis auch der Rest herausgebacken ist. Auf einer vorgewärmten Servierplatte oder jeweils einem Teller anrichten, mit dem warmgehaltenen Gemüse übergießen und sofort servieren.
BEILAGENEMPFEHLUNG: Reis

TIPP: Dieser Klassiker der chinesischen Küche lässt sich freilich nicht nur mit Schweinefleisch, sondern auch mit Hühner- oder Truthahnfleisch, aber auch mit frittierten Garnelen zubereiten.

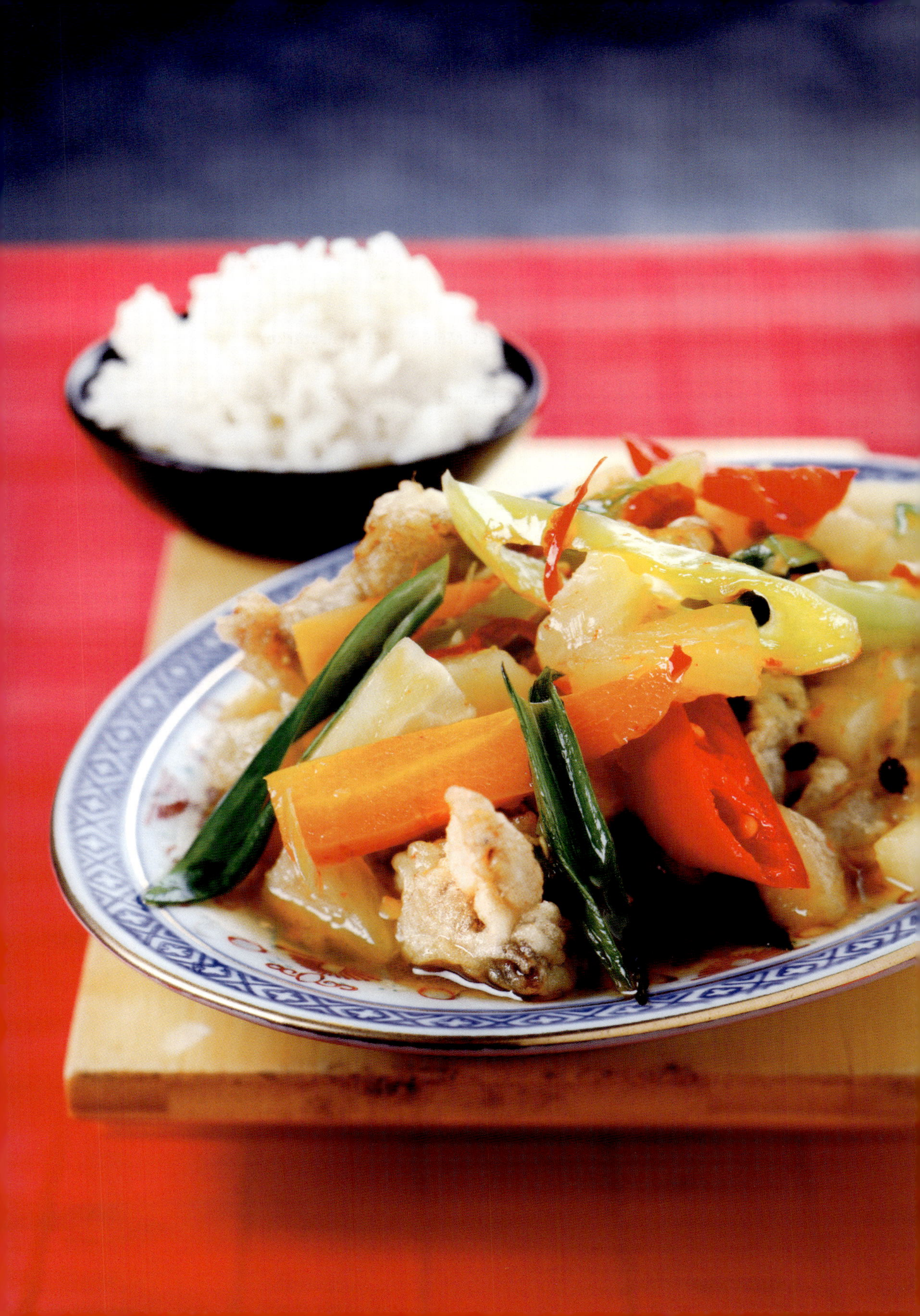

Asiatische Fleisch- und Wildküche

Schweinefleisch süß-sauer, zweimal gebraten CHINA

ZUTATEN
600 g Schweinefleisch • je 1 grüne und rote Paprikaschote
4 EL Ananaswürfel (auch Dosenware möglich) • Maisstärke zum Wälzen
Öl

FÜR DIE FLEISCHMARINADE
1 EL Sojasauce • 1 EL Maisstärke • 1 EL Wasser • 1 Eidotter • Salz

FÜR DIE WÜRZSAUCE
60 ml chin. Reisessig • 80 g Zucker • 5 EL Wasser • 4 EL chin. Katsup (ersatzweise gesüßtes Tomatenmark) • Salz • 1 EL Maisstärke
1 TL Sesamöl

ZUBEREITUNG
Das Schweinefleisch in mundgerechte Würfel schneiden. Für die Fleischmarinade alle Zutaten gut miteinander vermengen und die Fleischwürfel darin eine Stunde lang marinieren. Währenddessen ab und an durchmischen. Die Paprikaschoten entkernen und in 2 cm große Streifen schneiden. Alle Zutaten für die Würzsauce in einer kleinen Schale gut miteinander vermengen. Nun reichlich Pflanzenöl in einem Wok oder einer tiefen Pfanne erhitzen. Das Schweinefleisch in Maisstärke wälzen und in heißem Öl auf großer Flamme etwa 2 Minuten lang frittieren. Herausheben und das Öl erneut stark erhitzen. Das Schweinefleisch abermals ins Öl geben und etwa 30 Sekunden lang knusprig frittieren. Fleisch herausheben und warmstellen. Das Öl bis auf einen winzigen Rest abgießen und Paprika sowie Ananas auf großer Flamme anbraten. Nach etwa 2 Minuten die Würzsauce zugießen und aufkochen. Vom Feuer nehmen, das Schweinefleisch untermischen und sofort servieren, damit das Fleisch auch knusprig auf den Tisch kommt.
BEILAGENEMPFEHLUNG: Reis

Schweinefleisch Vindaloo INDIEN

ZUTATEN
600–750 g Schweinefleisch • 4–6 getrocknete rote Chilischoten (je nach gewünschter Schärfe) • 200 ml Kokosessig (oder etwas verdünnter Apfelessig) • 1 Stück (3 cm) Ingwer • 1 große Zwiebel
6 Knoblauchzehen • 1 gestrichener EL Garam Masala (s. S. 52)
1 TL Kreuzkümmelpulver • 1 TL brauner Zucker • Salz • Ghee (Butterschmalz) zum Braten

ZUBEREITUNG
Zuerst die Marinade zubereiten. Dafür die getrockneten Chilis in Essig einweichen. Dann die Chilis halbieren, entkernen und fein schneiden. Die Knoblauchzehen ebenso wie den Ingwer fein hacken und gemeinsam mit den eingeweichten Chilis in einem

Mörser fein zerstoßen (oder im Mixer pürieren). Die Paste mit Garam Masala, Kreuzkümmel, einer Prise Salz und dem Essig vermischen. Das Schweinefleisch in mundgerechte Würfel schneiden, in eine Schüssel geben und mit der Marinade beträufeln. Mindestens 1 Stunde marinieren und das Fleisch währenddessen wiederholt wenden. Dann die Zwiebel feinwürfelig schneiden. Etwas Ghee in einem Topf erhitzen und die Zwiebelwürfel darin bei mäßiger Hitze sehr langsam hell anschwitzen. Das Fleisch aus der Marinade heben, auf Küchenkrepp abtropfen lassen und zugeben. Rundum anbraten. Nun die übrig gebliebene Marinade zugießen und das Fleisch zugedeckt langsam ca. 1 1/2 Stunden weichdünsten. Bei Bedarf noch etwas Wasser nachgießen. Vor dem Servieren mit etwas braunem Zucker geschmacklich abrunden.
BEILAGENEMPFEHLUNG: Reis, indisches Brot (s. S. 13) und Gurkensalat mit Garam Masala.

TIPP: Bereiten Sie dieses Rezept zur Abwechslung auch einmal mit Lamm- oder Rindfleisch zu.

Asiatische Fleisch- und Wildküche

Pikante Rippchen CHINA

ZUTATEN
ca. 1 kg fleischige Schweinsrippchen • 250 ml Erdnussöl
3–4 EL Stärkemehl

FÜR DIE MARINADE
60 g Kastanienhonig (oder anderer Honig) • 2 TL Fünf-Gewürze-Pulver (s. S. 50) • 1 EL Sojasauce • 1 EL Hoisin-Sauce • 60 ml Shaoxing-Reiswein (ersatzweise trockener Sherry) • 1 Schuss Reisessig • 1 TL Salz

FÜR DIE SAUCE
1 EL klein gehackter Knoblauch • 1 EL Sojasauce • 1 EL Reisessig
1 EL Honig • 60 ml Shaoxing-Reiswein • 1 Msp. Szechuan-Pfeffer

ZUBEREITUNG
Die Rippchen in kleinere Portionen (jeweils 3–4 Rippchen) schneiden oder hacken. Für die Marinade den Kastanienhonig mit den restlichen Zutaten vermengen, die Rippchen zugeben und mehrere Stunden unter häufigem Wenden marinieren.
Die Rippchen herausnehmen und in Stärkemehl wälzen. In einem Wok oder einer schweren Pfanne das Erdnussöl erhitzen und die Rippchen darin je nach Größe 3–5 Minuten lang frittieren. Aus dem Öl nehmen, mit Küchenkrepp gut trockentupfen und warmstellen. Das Öl bis auf einen kleinen Rest abgießen und für die Sauce den Knoblauch kurz hell anrösten. Mit Sojasauce, Reisessig, Shaoxing-Reiswein und dem Rest der Marinade aufgießen. Den Honig einrühren, mit Szechuan-Pfeffer würzen und die Sauce solange einreduzieren (einkochen lassen), bis sie eine sämige Konsistenz hat. Die Rippchen nochmals einlegen und kurz durch die Sauce ziehen. Anrichten und mit der Sauce servieren.

Asiatische
Fleisch- und
Wildküche

Im Backrohr gebratene Schweinsrippen
CHINA

ZUTATEN
1 kg Schweinsrippchen

FÜR DIE MARINADE
**3–4 Frühlingszwiebeln • 1 Stück (3 cm) Ingwer • 3–4 EL Honig
2 EL Chilisauce • ca. 125 ml Rindsuppe • 80 ml dunkle Sojasauce
80 ml Reisessig • 50 ml Shaoxing-Reiswein (oder trockener Sherry)
1 TL Salz**

ZUBEREITUNG
Die Rippchen in kleinere Portionen (jeweils 3–4 Rippchen) schneiden oder hacken. In einem Topf Wasser zum Kochen bringen und die Rippchen im kochenden Wasser 5 Minuten lang blanchieren (überbrühen). Herausheben und abtropfen lassen. Ingwer und Frühlingszwiebeln fein schneiden. Beides in einer Schüssel mit sämtlichen Zutaten für die Marinade vermengen. Rippchen zugeben und 1–2 Stunden marinieren. Währenddessen ab und an wenden.
Dann die Rippchen in eine Backform oder auf ein Backblech legen, mit der Marinade begießen und im vorgeheizten Backrohr bei 170 °C ca. 40 Minuten braten. Dabei nach der Hälfte der Bratzeit wenden und die Rippchen ab und zu mit Marinade beträufeln. Bei Bedarf etwas Wasser oder Suppe zugießen. Kurz vor Garungsende die Rippchen mit der fetten Seite nach oben noch etwa 5 Minuten unter der Grillschlange oder bei großer Oberhitze schön knusprig bräunen lassen.
BEILAGENEMPFEHLUNG: Reis und Sweet oder Hot Chilisauce   Foto rechts

Mongolenspießchen CHINA

ZUTATEN
**800 g Schweinsrippchen • 200 g fetter Speck • 3–4 Frühlingszwiebeln
1 kl. Stück (2 cm) Ingwer • 1/4 TL Fünf-Gewürze-Pulver (s. S. 50)
2 EL Honig • 2 EL Sojasauce • 1 EL Maotai-Schnaps (oder anderer
Getreideschnaps) • 2 TL Sesamöl • Pfeffer**

ZUBEREITUNG
Das Fleisch mit einem spitzen, scharfen Messer vorsichtig von den Rippenknochen lösen und in mundgerechte Scheiben schneiden. Speck in gleich große Scheiben schneiden. Ingwer fein hacken, die Frühlingszwiebeln fein schneiden und beides in einer Schüssel mit dem Fünf-Gewürze-Pulver, Honig, Sojasauce, Sesamöl, Maotai-Schnaps sowie einer Prise Pfeffer vermengen. Das Fleisch zugeben und in der Marinade 1 Stunde ziehen lassen.
Das marinierte Fleisch abwechselnd mit dem Speck auf vier Holzspießchen stecken. Nun die Spieße am besten über offenem Feuer, im vorgeheizten Backrohr (bei 240 °C bzw. unter der Grillschlange) oder in einer Pfanne 15–20 Minuten braten. Währenddessen die Spieße ab und zu mit Sauce bestreichen. Das Fleisch nach Belieben

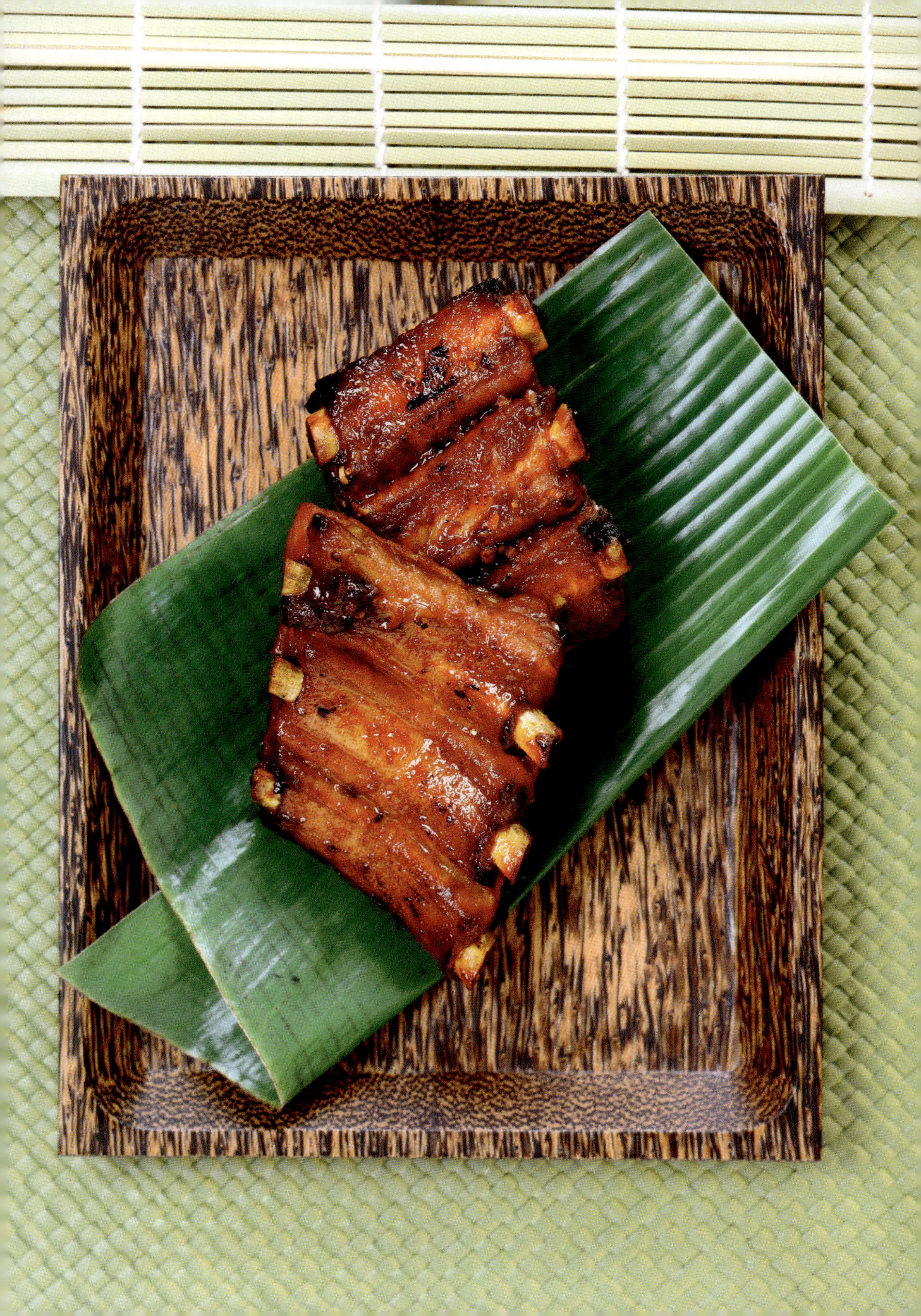

vor dem Servieren von den Spießchen lösen und in einer Schale servieren oder die Spieße auf je einem Teller anrichten.

TIPP: Besonders originell lassen sich die nach diesem Rezept gebratenen Rippchen nach Art einer Peking-Ente servieren. Dazu streift man das Fleisch ab und reicht es gemeinsam mit kleinen chinesischen Palatschinken, Frühlingszwiebeln und Hoisin-Sauce.

Asiatische
Fleisch- und
Wildküche

Gegrillter Schweinehals THAILAND

ZUTATEN
800 g Fleisch vom Schweinehals im Ganzen oder anderes saftiges Schweinefleisch • 3 Knoblauchzehen • 1 Stück (3 cm) Ingwer frisch geschroteter Pfeffer • Koriander • 1 EL brauner Zucker 2 EL Austernsauce • 2 EL helle Sojasauce

FÜR DIE BEILAGENSAUCE
2 Frühlingszwiebeln • 1 rote Chilischote • 1 EL Fischsauce 1 EL helle Sojasauce • Limettensaft

ZUBEREITUNG
Für die Marinade Knoblauch und Ingwer sehr fein hacken. Den Zucker mit den beiden Sojasaucen verrühren und darin auflösen. Knoblauch sowie Ingwer zugeben und gemeinsam mit den Gewürzen gut vermengen. Das Fleisch mit der Marinade beträufeln und mindestens 1 Stunde ziehen lassen. Dabei das Fleisch wiederholt wenden und mit der Marinade beträufeln.
Währenddessen für die Sauce die Chilischote halbieren, entkernen und in feine Ringe schneiden. Die Frühlingszwiebeln ebenfalls fein schneiden. Beides mit Fischsauce und Sojasauce vermengen. Mit etwas Limettensaft abschmecken.
Nun das marinierte Fleisch auf einen Rost legen und über glühender Holzkohle oder auf einem Grill so grillen, dass es innen noch saftig ist. Vom Grill nehmen, tranchieren und mit der vorbereiteten Sauce servieren.

TIPP: Auf dieselbe Weise lässt sich auch anderes Fleisch, wie etwa Rind oder Lamm, marinieren und anschließend grillen.

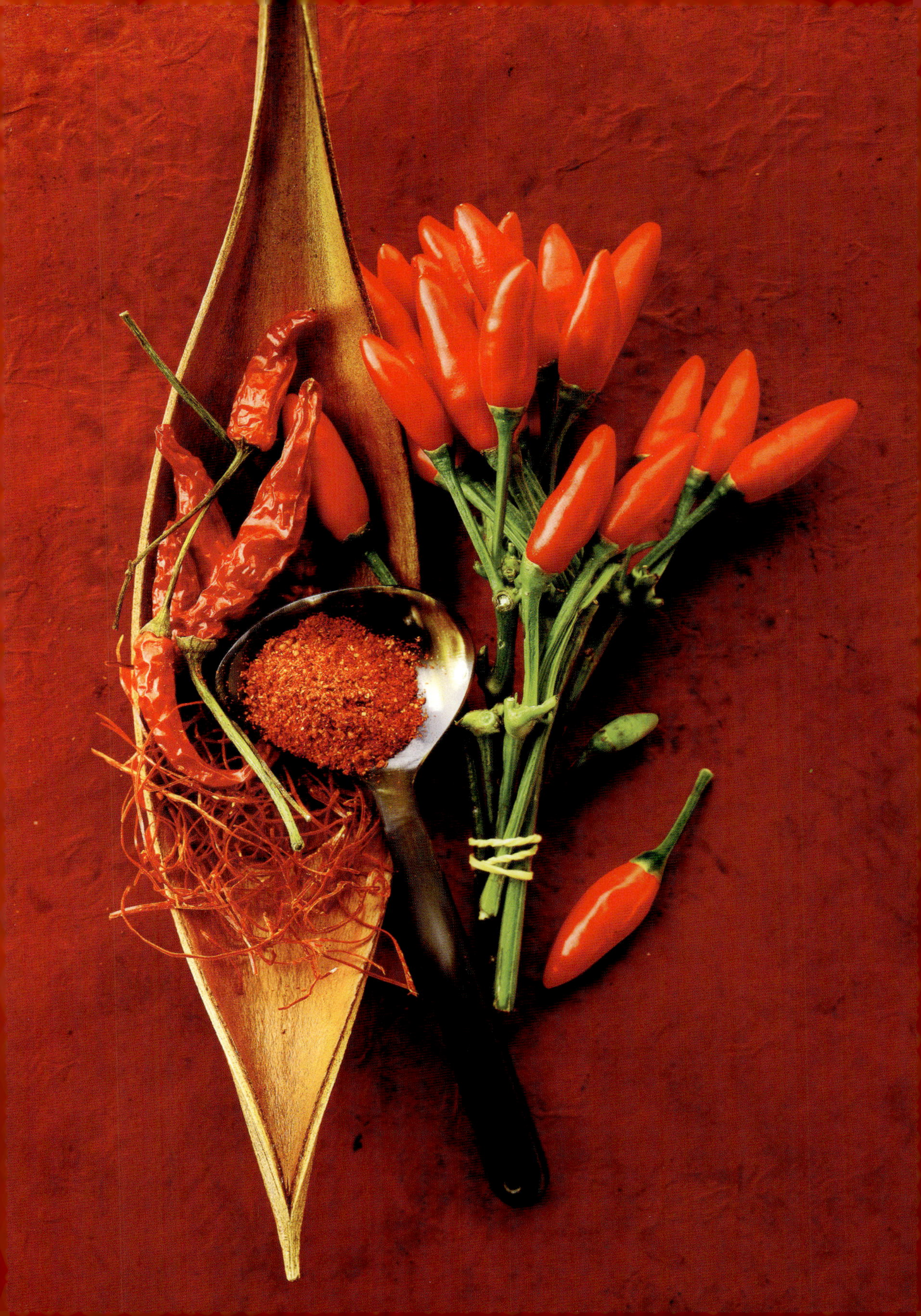

Asiatische Fleisch- und Wildküche

Geräuchertes Schweinefleisch in Chili-Knoblauch-Sauce CHINA

ZUTATEN FÜR 4–6 PORTIONEN
**1 Stk. Geselchtes im Ganzen (geräucherter Schopfbraten oder Karree, ca. 800 g–1 kg) • 4 Frühlingszwiebeln • 6–8 Knoblauchzehen
1 kl. Stück (2–3 cm) frisch gehackter Ingwer • 200 ml Rindsuppe • Salz
1 EL Chilisauce • 2 EL süße Sojasauce • 1 Msp. Chili • 1/2 EL Sesamöl
Frühlingszwiebeln zum Garnieren**

ZUBEREITUNG
In einem großen Topf reichlich Wasser aufstellen. Das Geselchte mit den ganzen (geschälten) Frühlingszwiebeln zugeben und ca. 1–1 1/2 Stunden weich kochen.
Dann die Knoblauchzehen fein hacken, in einer kleinen Schüssel mit gehacktem Ingwer, heißer Suppe, je einer Prise Salz sowie Chilipulver, Chilisauce, Sojasauce und Sesamöl vermengen. Fertig gegartes Fleisch herausnehmen, in nicht zu große Scheiben oder Streifen schneiden und auf Tellern anrichten. Die Sauce über das Fleisch gießen. Mit den in Streifen geschnittenen Frühlingszwiebeln garnieren.

Schweinsgulai mit Kartoffeln MALAYSIA

ZUTATEN
**600 g mageres Schweinefleisch • 300 g Kartoffeln • ca. 500 ml Kokosmilch • 1 Zitronengras-Stange • 1 kl. Zimtstange • 2 Gewürznelken
1 Sternanis • 3 Knoblauchzehen • 4 Schalotten • Salz, Pfeffer • Öl
Rindsuppe zum Aufgießen • frische Kräuter zum Garnieren (Koriander, Petersilie etc.)**

FÜR DIE KORIANDER-CHILIPASTE
milde frische und/oder getrocknete eingeweichte Chilischoten nach Belieben • 3 EL frisch gehackter Koriander • 1 Stück (3 cm) grob geschnittener Ingwer

ZUBEREITUNG
Das zugeputzte Fleisch in mundgerechte Würfel schneiden, die geschälten Kartoffeln vierteln. Die Schalotten sowie den Knoblauch fein schneiden und beides mit Hilfe eines Messers mit etwas Salz auf einem Schneidbrett zu einer Paste zerdrücken.
Für die Koriander-Chilipaste die Chilischoten mit frisch gehacktem Koriander und Ingwer im Mörser oder Mixer zu einer sämigen Masse zerstoßen bzw. pürieren.

In einem Topf etwas Öl erhitzen. Die Knoblauchpaste zugeben und kurz andünsten. Koriander-Chilipaste gemeinsam mit Sternanis, Zimtstange sowie Gewürznelken untermengen und alles bei geringer Hitze etwas dünsten lassen. Etwas Kokosmilch zugießen, aufkochen lassen und dann die Fleischwürfel einrühren. Zitronengras fein schneiden, zugeben und mit Salz würzen. Restliche Kokosmilch einrühren, gut durchmengen und aufkochen lassen. Hitze reduzieren und das Fleisch zugedeckt mindestens 1 Stunde weich köcheln. Bei Bedarf noch etwas Kokosmilch oder Suppe zugießen. Etwa 15 Minuten vor Garungsende die geviertelten Kartoffeln beigeben und ebenfalls weich garen. Mit Salz und Pfeffer abschmecken. In Schalen anrichten und nach Belieben mit Kräutern garnieren.
BEILAGENEMPFEHLUNG: Reis

Asiatische
Fleisch- und
Wildküche

Schweinsstelze
in Zitronengras-Erdnuss-Sauce VIETNAM

ZUTATEN
2 Schweinsstelzen • 1 Bund frisches Zitronengras • je 1 Prise Kurkuma, Kardamom, Kreuzkümmel, Muskatnuss, Gewürznelken, Piment und frisch geschroteter Pfeffer • 1 EL brauner Zucker • 100 g ungesalzene, geröstete Erdnüsse • Kokosmilch nach Bedarf • Salz • grob gehacktes Koriandergrün

ZUBEREITUNG
Die Stelzen gut waschen und das Zitronengras fein hacken. In einem Topf reichlich Salzwasser zum Kochen bringen. Zitronengras zugeben, die Stelzen einlegen und einmal kräftig aufkochen lassen. Hitze reduzieren und die Stelzen zugedeckt mindestens 1 Stunde fast, aber nicht ganz weich kochen.
Währenddessen die Erdnüsse grob hacken und mit den Gewürzen vermengen. Zucker einrühren. Nach ca. 1 Stunde Kochzeit diese Masse zu den Stelzen geben und nicht zugedeckt noch so lange weiterkochen, bis die Stelzen weich sind und die Flüssigkeit sich kräftig eingekocht hat. Die Sauce kann dabei nach Belieben auch mit Kokosmilch gebunden werden. Die Stelzen auf vorgewärmten Platten anrichten und mit grob gehacktem Koriandergrün bestreuen.
BEILAGENEMPFEHLUNG: Reis

Foto rechts

Pikanter Fleischtopf
mit Pilzen und Eiern CHINA

ZUTATEN
**1–1,5 l Geflügel- oder Rindsuppe • 200 g Schweinslungenbraten
200 g Hühnerbrust • 100–150 g gemischte frische oder 20 g getrocknete chin. Pilze • 200 g Tofu • 100 g Chinakohl • 100–150 g Glasnudeln
1 rote Chilischote • 100 g Bohnensprossen • 2 EL Maisstärke • 2–3 Eier
2–3 TL Erdnussöl • 2 EL Sojasauce • 4 EL dunkler chin. Essig
1 TL Sesamöl • Salz, Pfeffer, Zucker • 2 EL frisch gehackter Koriander**

FÜR DIE MARINADE
**1 EL Sojasauce • 1/2 EL Shaoxing-Reiswein (oder Sherry)
1–2 EL Wasser • Salz und Pfeffer**

ZUBEREITUNG
Frische Pilze putzen und in mundgerechte Bissen schneiden. Getrocknete Pilze in lauwarmem Wasser 20–30 Minuten einweichen. Dann abtropfen lassen, ausdrücken, Stiele entfernen und in mundgerechte Streifen schneiden. Schweine- und Hühnerfleisch in hauchdünne Streifen schneiden. Für die Marinade in einer Schüssel Sojasauce, Reiswein, Wasser, Salz und Pfeffer miteinander verrühren. Die Fleischstreifen einmengen, gut durchmischen und 30 Minuten ziehen lassen.
Inzwischen den Tofu in mundgerechte Streifen schneiden, Chinakohl waschen und

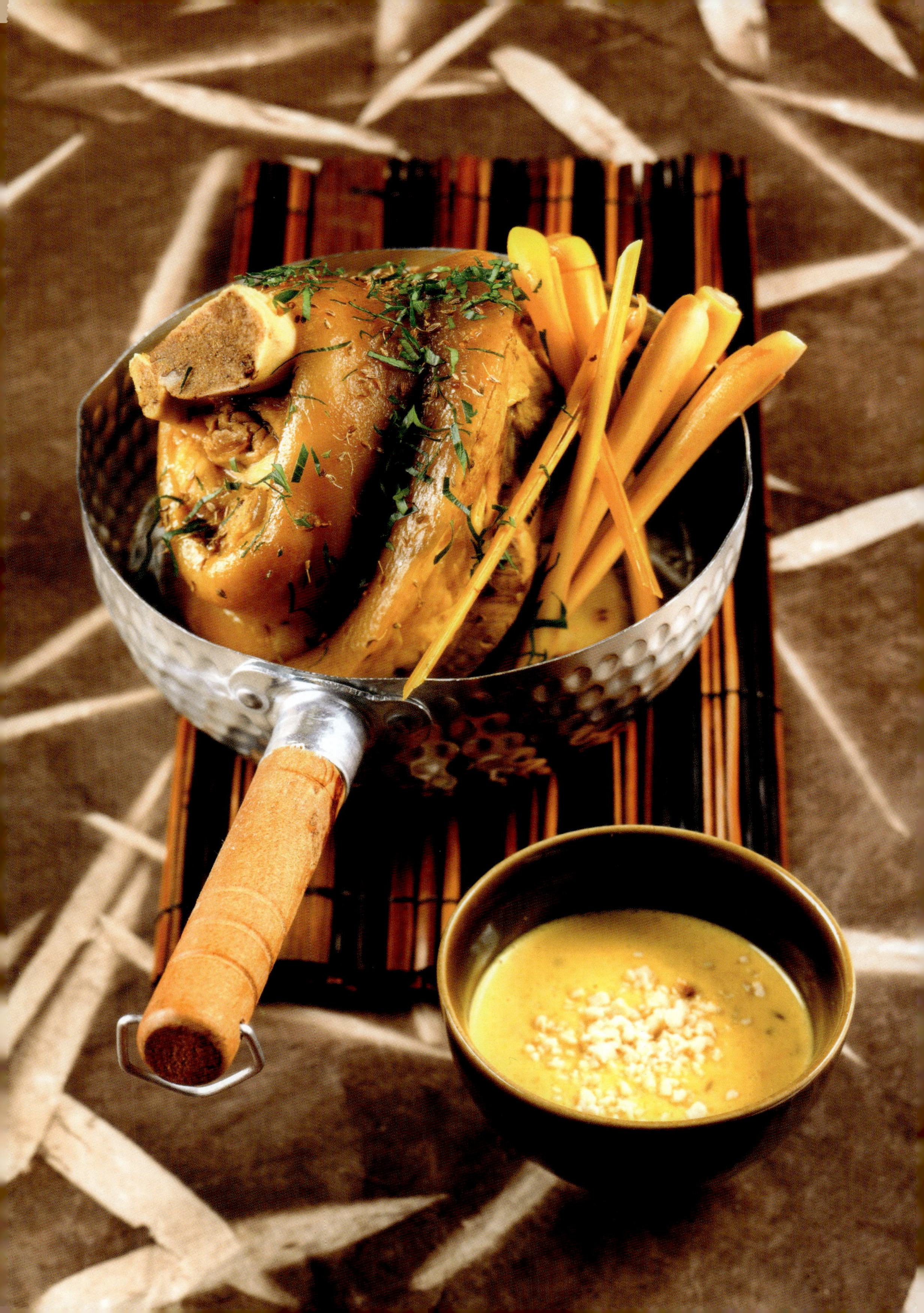

ebenfalls in Streifen schneiden. Glasnudeln in kaltem Wasser einweichen. Chilischote halbieren, entkernen und fein schneiden. In einem großen Topf die Suppe gemeinsam mit Pilzen, je einer Prise Salz sowie Zucker, der Sojasauce und Chili zum Kochen bringen. Marinierte Fleischstreifen, Tofu, Chinakohl und Bohnensprossen einrühren. Kräftig aufkochen und alles weich kochen.

Nun die Glasnudeln zugeben und kurz ziehen lassen. Die Maisstärke in 3–4 EL kaltem Wasser glattrühren, zugießen und unter kräftigem Umrühren auflösen. In einem Glas die Eier mit Erdnussöl und einer Prise Salz verrühren und durch eine Reibe oder einen Gabelrücken direkt in die Suppe laufen lassen. Die Suppe vom Feuer nehmen, den Topf zudecken und kurz stehen lassen, damit das Ei stocken kann. Den frisch gehackten Koriander einrühren. Abschließend mit frisch gemahlenem Pfeffer, Essig und Sesamöl abschmecken, aber nicht mehr kochen. In Schalen anrichten und servieren.

TIPP: Statt des Schweinslungenbratens kann auch entsprechend mehr Hühnerfleisch verwendet werden, oder aber Schweinefleisch, das länger zum Weichwerden benötigen würde, sehr fein gehackt werden.

Balinesische Muskat-Züngerln INDONESIEN

ZUTATEN
**2–3 Schweinszungen oder 1 kleinere Rindszunge • 4–6 kl. Kartoffeln
1/2 Bund Frühlingszwiebeln • 1 Chilischote • 1 Zitronengras-Stange
ca. 600 ml Rindsuppe • 4 EL süße Sojasauce • 2 EL helle Sojasauce
Salz, Pfeffer • frisch geriebene Muskatnuss nach Geschmack
3 EL Öl • gehackter Koriander zum Bestreuen**

ZUBEREITUNG
Reichlich Wasser in einem passenden Topf zum Kochen bringen. Die Zungen einlegen, aufkochen und dann die Temperatur reduzieren. Die Zungen je nach Qualität 1–1 1/2 Stunden fast ganz weich kochen. Zungen herausheben, überkühlen lassen, schälen und in Scheiben schneiden.

Inzwischen die Frühlingszwiebeln in feine Ringe schneiden. Chilischote halbieren, entkernen und ebenso wie das Zitronengras fein schneiden. Die Kartoffeln in mundgerechte, kleinere Würfel schneiden. Frühlingszwiebeln und Chili in einer Kasserolle in etwas heißem Öl langsam hell anschwitzen. Mit beiden Sojasaucen ablöschen, Muskatnuss sowie Zitronengras zugeben und kurz durchrühren. Mit Suppe aufgießen und die Zunge einlegen. Einmal kurz aufkochen, Kartoffeln zugeben und dann bei sehr mäßiger Hitze so lange dahinköcheln lassen, bis sich die Sauce schön eingekocht hat und die Kartoffeln weich sind. Dabei bei Bedarf noch etwas Suppe zugießen. Mit Salz abschmecken und mit gehacktem Koriander bestreuen. Foto rechts

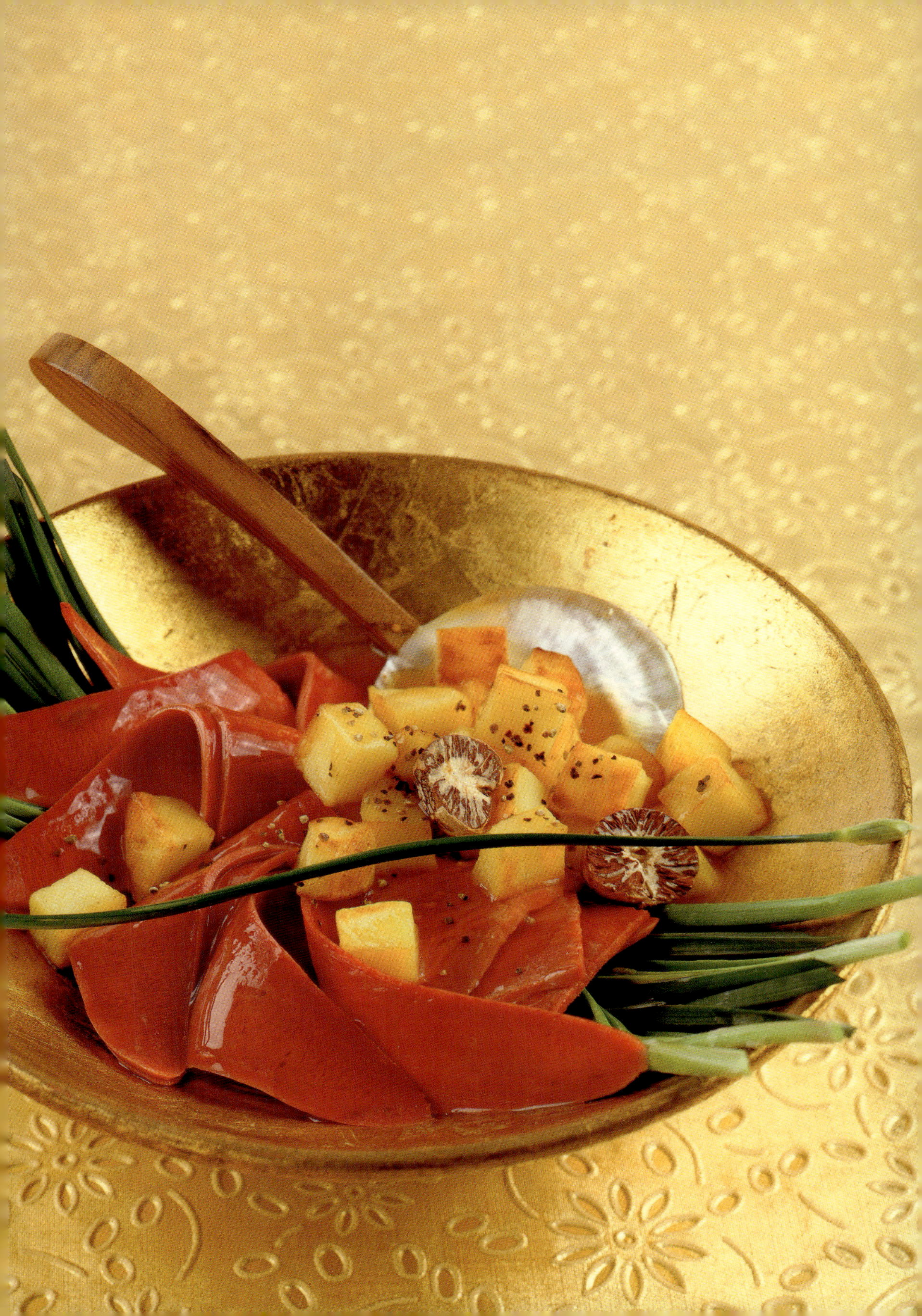

RIND

Asiatische Fleisch- und Wildküche

Nabemono, Suki-Yaki und Shabu-Shabu

Rindfleisch hatte in den stets auf eine möglichst vegetarische Lebensweise bedachten buddhistischen Ländern seit jeher einen schlechten Ruf. Zunächst war das Rindfleisch daher ausschließlich den Soldaten und Landarbeitern vorbehalten, die zu Kräften kommen mussten. Letztere bereiteten das Rindfleisch auf ihren Pflugscharen über glühenden Kohlen zu, weshalb Suki-Yaki auf Japanisch so viel wie „auf Pflugscharen braten" bedeutet. Erst als in der Meiji-Zeit der Kaiser selbst begann, nach westlicher Art Fleisch zu essen, hielt das bislang stets außer Haus zubereitete Rindfleisch auch in den japanischen Küchen Einzug, wo es sich als eines der zahlreichen Nabemono-Gerichte (Eintöpfe, deren Zutaten gemeinsam in einem Nabe-Topf gekocht werden) zu einer der bekanntesten japanischen Speisen entwickelte.

Ein anderes, nicht weniger bekanntes Nabemono-Gericht ist das Shabu-Shabu, das vom Stil her mit Suki-Yaki vergleichbar, aber im Geschmack weniger süß ist. Wie Suki-Yaki wird auch Shabu-Shabu mit zarten Entrecôtes oder Sirloin-Steaks gemacht, die nicht unbedingt vom teuren Kobe-Beef stammen müssen, es aber in der japanischen Top-Gastronomie häufig tun.

Shabu-Shabu geht angeblich auf keinen Geringeren als Dschingis-Khan zurück, der zur effizienteren Versorgung seiner Truppen größere Gruppen bilden ließ, die sich um jeweils einen Topf versammelten und darin gemeinsam kochten.

Die eigentliche Erfindung des Shabu-Shabu – es wurde mit Kobe-Beef, Chinakohl, Chrysanthemenblättern, Nori, Zwiebeln, Karotten, Shiitake- und Enoki-Pilzen oder Tofu serviert – erfolgte freilich erst viel später, nämlich erst 1948, als dieses Gericht erstmals in einem Restaurant in Kyoto angeboten wurde.

Suki-Yaki (Japanisches Fleischfondue)

ZUTATEN
600 g Entrecôte (oder Rindslungenbraten) • 160 g jap. Glasnudeln
250 g Tofu • 8 frische Shiitake-Pilze • 80 g Enoki-Pilze • 6 Jungzwiebeln
400 g Chinakohl • 2 Stangen Lauch • Rinderfett oder Öl
4 topfrische Eidotter

ZUTATEN FÜR SUKI-YAKI-SAUCE
120 ml jap. Sojasauce
120 ml Mirin (süßer jap. Reiswein, ersatzweise Portwein) • 2 EL Zucker

ZUBEREITUNG
Das Fleisch in 2–3 mm dünne Scheiben schneiden. Die Glasnudeln kurz aufkochen, abseihen und abkühlen lassen. Tofu in 2 x 2 cm große Würfel schneiden. Die Pilze

putzen, bei den Enoki-Pilzen die braunen Stücke wegschneiden. Das Gemüse waschen. Den Chinakohl in ca. 10 cm lange Stücke schneiden, kurz mit heißem Wasser begießen und flachdrücken (damit er nicht zu wässerig ist). Die gewaschenen Lauchstangen schräg der Länge nach in Stücke schneiden. Nun sämtliche vorbereiteten Zutaten gemeinsam mit den Fleischscheiben auf einem Teller dekorativ anrichten. Die Zutaten für die Sauce in einem Topf kurz aufkochen und ca. 160 ml in ein Kännchen geben. Die restliche Sauce mit 50 ml Wasser vermischen und in ein anderes Kännchen geben. Je zwei kleine Schüsseln vor jedes Gedeck stellen und jeweils ein Schälchen mit verdünnter Sauce füllen, in das zweite Schälchen das Eidotter hineinschlagen.

Eine Kochplatte oder Tischgasbrenner und einen Suki-Yaki-Topf (bzw. Brattopf) in die Mitte des Tisches stellen und erhitzen. Das Rinderfett darin schmelzen lassen und das Fleisch kurz braten. Fleisch herausheben, nacheinander in die verdünnte Sauce sowie in das Eidotter tauchen und essen.

Danach die unverdünnte Sauce in den Topf eingießen und etwas Gemüse dazugeben. Sobald die Sauce zu kochen beginnt, Nudeln sowie Tofu zugeben und ca. 5 Minuten darin garen. Dann ebenfalls in das Ei tauchen und genießen. Dabei bedient sich jeder am Tisch selbst mit Stäbchen oder einer Gabel direkt aus der Pfanne (wie bei einem Fondue).

TIPPS: Wenn man die Glasnudeln durch Ramennudeln ersetzt, so wird das Gericht deftiger, würziger und „winterlicher".
Die Gemüseauswahl kann je nach Saison beliebig abgewandelt werden und durch Dip-Saucen aller Art ergänzt werden.

Vietnamesisches Fleischfondue

ZUTATEN
600 g–750 g Rindslungenbraten oder Beiried • 1 Bund Frühlingszwiebeln • 1 Chilischote • 50 g brauner Zucker • 4 Knoblauchzehen 1 EL Fischsauce • 2 EL Sardellenpaste • Saft von 1/2 Limette Essig nach Geschmack • Salz, Pfeffer • 3 EL Öl

FÜR DIE EINLAGE
In beliebiger Menge: Koriander- und Bärlauchblätter, Frühlingszwiebeln, Tomaten, knackige Salatblätter, Sojasprossen, Gurke, Lauch, Reisblätter

ZUBEREITUNG
Den Rindslungenbraten gut zuputzen und in mundgerechte, möglichst dünne Streifen schneiden. Mit Salz und Pfeffer würzen, gut durchmischen und in eine Schüssel geben. Die Frühlingszwiebeln fein hacken, die Hälfte davon unter das Fleisch mengen und mit etwas Essig aromatisieren. Nun das Fleisch unter gelegentlichem Wenden mindestens 1 Stunde zugedeckt ziehen lassen.
Währenddessen die Chilischote halbieren, entkernen und fein hacken. Knoblauchzehen ebenfalls fein hacken. Die Hälfte des Knoblauchs mit Chili und Zucker gut vermengen und gemeinsam mit Fischsauce und Sardellenpaste kurz pürieren. Mit einem Schuss Limettensaft und ca. 500 ml Wasser verrühren.
In einer Kasserolle etwas Öl erhitzen und die restlichen Frühlingszwiebeln gemeinsam mit dem restlichen Knoblauch darin hell anschwitzen. Die Sardellen-Knoblauchmasse einrühren, mit Essig abschmecken und kräftig durchkochen lassen. In einen Fonduetopf umfüllen und bei Tisch dann nochmals aufkochen.
Die Zutaten für die Beilage in mundgerechte Streifen bzw. Stücke schneiden. Das marinierte Fleisch auf kleine Schalen aufteilen und jeweils mit Stäbchen in die kochende Suppe eintauchen. Mit den vorbereiteten Beilagen genießen.
BEILAGENEMPFEHLUNG: Asiatische Fonduesaucen

TIPP: Die Fondue-Suppe kann noch verfeinert werden, indem man das Wasser, bevor es zugegossen wird, mit etwas Kokosmilch vermengt.

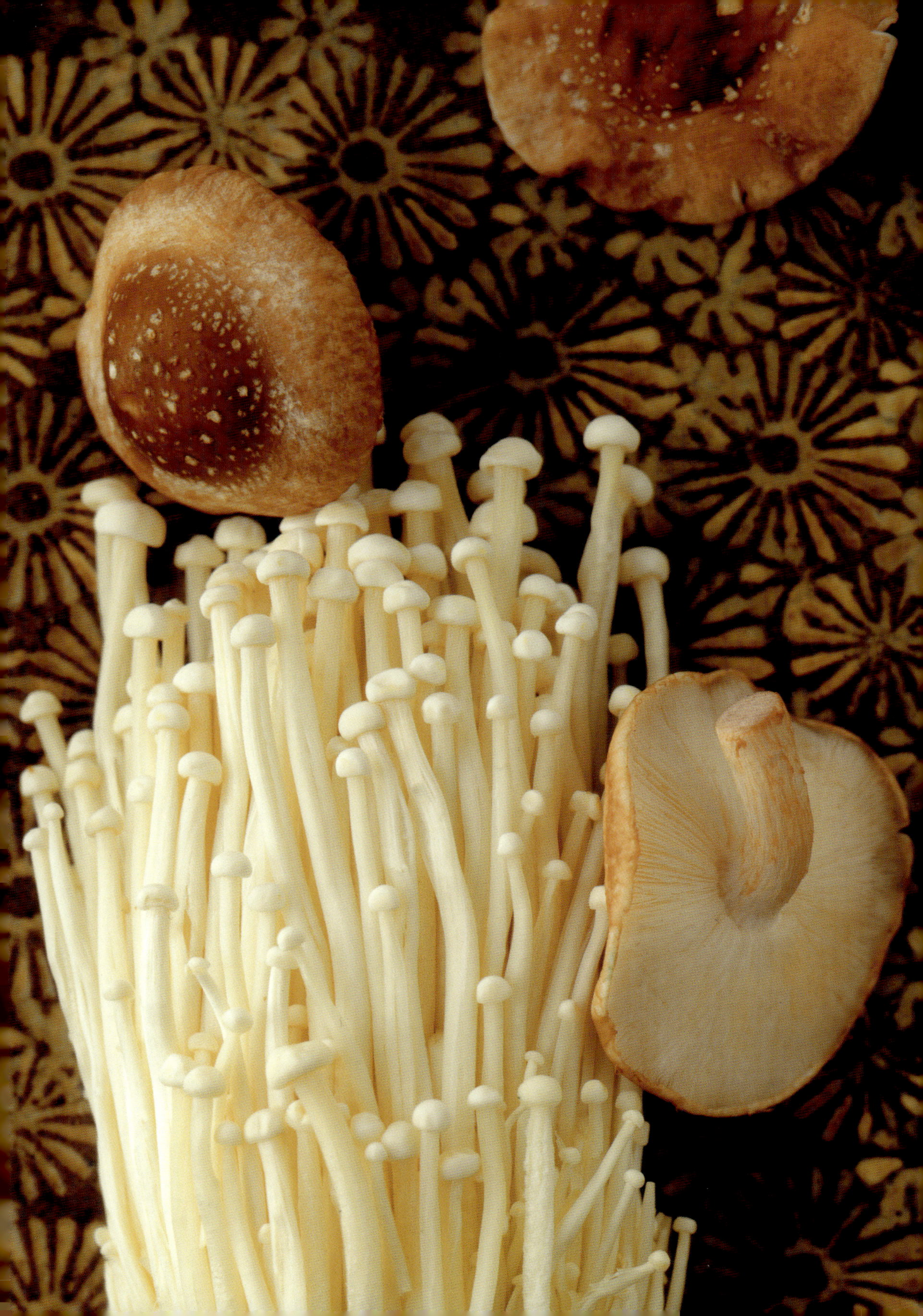

Asiatische Fleisch- und Wildküche

Bulgogi (gebratenes Rindfleisch) KOREA

ZUTATEN FÜR 5–6 PORTIONEN
ca. 800 g–1 kg Beiried (oder Rindslungenbraten)
Pflanzenöl, Sesamöl oder Rinderfett zum Braten

FÜR DIE MARINADE
125 ml Sojasauce • 3 EL Sesamöl • 1 Birne • 2 Knoblauchzehen
1 nussgroßes Stück Ingwer • 1 EL Zucker • 60 ml Wasser

ZUBEREITUNG
Das Rindfleisch in 1 cm starke Scheiben schneiden. Für die Marinade Ingwer sowie Knoblauch fein hacken, die geschälte Birne reiben und alles mit den übrigen Zutaten vermengen. Die Fleischscheiben 1 Stunde lang darin marinieren.
Anschließend eine Pfanne mit wenig Öl bzw. Rinderfett erhitzen. (Am besten die heiße Pfanne danach kurz mit Küchenkrepp auswischen, damit nicht zu viel Fett weiter verwendet wird.) Rindfleisch zugeben und bei starker Hitze ca. 2 Minuten kurz braten. Gleichmäßig auf Teller verteilen und servieren.
BEILAGENEMPFEHLUNG: Reis

TIPPS: Wenn ein solcher vorhanden ist, gart man das Bulgogi-Fleisch im koreanischen „Sin-Sul-Lo-Feuertopf", was das Essen zu einer länger dauernden Zeremonie macht. Die Marinade kann beliebig durch die Zugabe von Champignons, Karotten und dünn geschnittenem Lauch geschmacklich verfeinert und das Gemüse auch mitgebraten werden.
Foto rechts

Beiriedstreifen mit Silberohren und Schalotten CHINA

ZUTATEN
600 g Beiried oder Rostbraten • 20 g getrocknete Silberohren oder andere chin. Pilze • 2–3 Schalotten oder 1 mittlere Zwiebel
1 TL frisch gehackter Ingwer • Öl

FÜR DIE MARINADE
2–3 EL Maiskeimöl • 2 Eiklar • 2 EL Sojasauce

FÜR DIE WÜRZSAUCE
1 TL Honig • 2 EL Sojasauce • 1 TL Maisstärke, in etwas Wasser angerührt • Salz

ZUBEREITUNG
Für die Marinade das Maiskeimöl mit dem Eiklar und der Sojasauce verrühren. Das Rindfleisch mit einem sehr scharfen Messer oder mit Hilfe einer Schneidemaschine in hauchdünne Scheiben schneiden und in die Marinade einlegen. Mindestens 15–20 Minuten lang marinieren. Währenddessen die Schalotten vierteln. Die Silberohren mindestens 20 Minuten in Wasser weichen, säubern und dann klein schneiden. Die Pilze in einem Topf in wenig Salzwasser weich kochen.

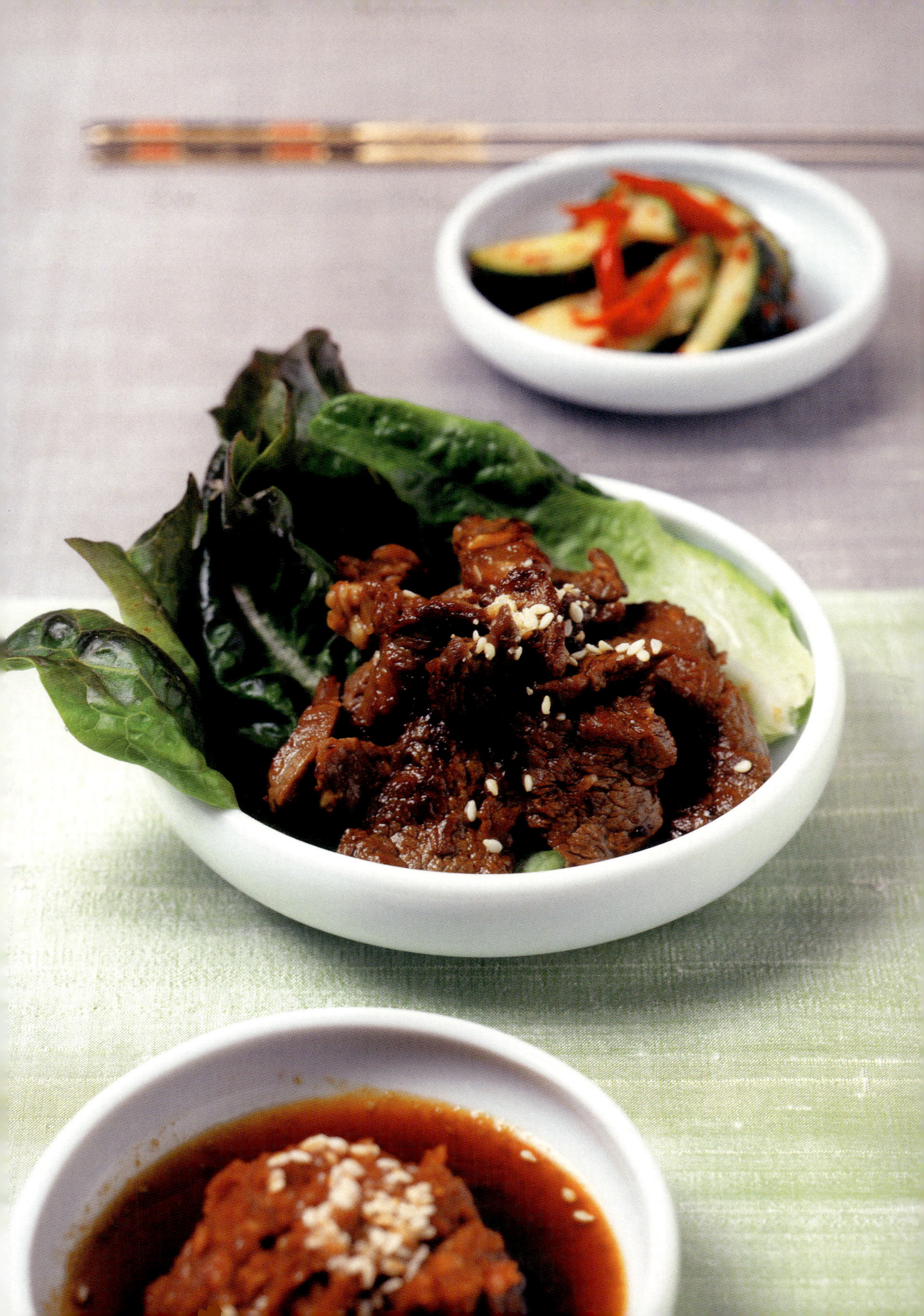

In einem Wok oder einer schweren Pfanne etwas Öl erhitzen und zunächst den Ingwer anbraten, bis er sein volles Aroma entfaltet hat. Dann die Rindfleisch-Streifen zugeben und unter mehrmaligem Wenden kurz garen, so dass die Streifen noch schön saftig sind. Danach die Schalotten sowie die abgetropften Silberohren hinzufügen. Für die Würzsauce Honig mit Sojasauce, in Wasser angerührte Maisstärke sowie einer Prise Salz miteinander verrühren und über das Rindfleisch gießen. Noch einmal aufkochen lassen und dann in Schalen anrichten.

TIPP: Wenn Sie das Rindfleisch vor der Verwendung für 20–30 Minuten in den Tiefkühlschrank geben, so lässt es sich leichter hauchdünn schneiden.

Rindslungenbratenstreifen in rot-gelber Sauce CHINA

ZUTATEN
600 g Rindslungenbraten (oder anderes zartes, zum kurzen Braten geeignetes Rindfleisch) • 200 g Gemüse nach Belieben (Erbsenschoten, Soja- oder Bohnensprossen, Sellerie etc.) • je 1 rote und gelbe Paprikaschote • 1 Karotte • 2–4 getrocknete Chilischoten, je nach gewünschter Schärfe • 100 g gemischte frische chin. Pilze (ersatzweise getrocknete) 6 EL Erdnussöl • 2–3 EL helle Sojasauce • 6 EL Shaoxing-Reiswein (oder Sherry) • 2 EL gelbe Bohnensauce • 1/2 TL Sesamöl • 2 EL geröstete Sesamkörner • Salz • Szechuan-Pfeffer • frisch gehackter Koriander zum Garnieren

ZUBEREITUNG
Das Rindfleisch in sehr dünne Streifen schneiden. Für die Marinade 3 Esslöffel Reiswein mit einer kräftigen Prise Szechuan-Pfeffer sowie Salz verrühren, über das Fleisch gießen und ca. 20 Minuten marinieren. Währenddessen wiederholt durchmischen. Die frischen Pilze in mundgerechte Stücke schneiden, getrocknete Pilze in lauwarmem Wasser einweichen und bei Bedarf kleiner schneiden.
Paprikaschoten halbieren, Stiele und Kerne entfernen, waschen, in Streifen schneiden. Die Karotte in feine Scheiben, das übrige Gemüse je nach Bedarf in mundgerechte Stücke schneiden. Chilischoten halbieren, Kerne entfernen, Schoten klein hacken.
Das Rindfleisch aus der Marinade nehmen und etwas abtupfen. In einem Wok oder einer schweren Pfanne etwa 3 Esslöffel Erdnussöl erhitzen, Chili und Rindfleischstreifen dazugeben und nur so kurz anbraten, dass das Fleisch gerade durch, aber nicht zäh ist. Herausheben und warmhalten.
Restliches Öl zugießen, Karottenscheiben zugeben und unter wiederholtem Rühren etwa 3 Minuten braten. Nach und nach (je nach benötigter Garzeit) das übrige Gemüse gemeinsam mit den Paprikastreifen, den abgetropften Bohnensprossen und Pilzen untermengen. Mit Sojasauce und restlichem Reiswein aufgießen. Die Bohnensauce einrühren und alles etwas einkochen lassen. Fleisch wieder zugeben, kurz erhitzen und wieder vom Feuer nehmen. Mit Sesamöl abschmecken und mit gehacktem Koriander sowie gerösteten Sesamkörnern bestreuen.

Rindfleischcurry mit String-Hoppers
SRI LANKA

ZUTATEN
750 g Rindfleisch • 1 EL Malaysia-Currypulver • 100 g frische Kokosflocken (s. Tipp) • 1 EL Tamarindenpaste • 2 fein gehackte Schalotten ca. 500 ml Kokosmilch mit • Wasser verdünnter Essig • Limettensaft Chilipulver • brauner Zucker nach Belieben • Salz, Pfeffer • Ghee (Butterschmalz)

FÜR DIE WÜRZPASTE
1 Stück (4 cm) Ingwer • 4–6 rote Chilischoten • 5 Knoblauchzehen 1 Zwiebel • 1 TL schwarze Pfefferkörner • 20 g Kaffirblätter (ersatzweise etwas Limettensaft)

FÜR DIE STRING-HOPPERS
350 g Reismehl • 150 g Weizenmehl

ZUBEREITUNG
Das zugeputzte Rindfleisch in mundgerechte Würfel schneiden. Malaysia-Curry mit Tamarindenpaste und etwas verdünntem Essig abrühren und unter die Rindfleischwürfel mischen. Kräftig durchmengen und 1 Stunde marinieren.
Für die Gewürzpaste die Chilischoten halbieren, entkernen und in feine Ringe schneiden. Ingwer, Knoblauch sowie Zwiebel fein schneiden und mit den restlichen Zutaten in einem Mörser fein zerstoßen (oder im Mixer kurz pürieren).
In einem Topf etwas Ghee erhitzen und die fein gehackten Schalotten bei sehr niedriger Hitze ganz langsam hell anschwitzen. Dann Würzpaste und Fleischwürfel zugeben und durchrösten. Mit Kokosmilch aufgießen und unter oftmaligem Umrühren das Fleisch weichdünsten. Währenddessen bei Bedarf mit Wasser oder Kokosmilch aufgießen. Kokosflocken einrühren und mit Salz, Pfeffer, einem Schuss Limettensaft sowie Chili und nach Belieben auch braunem Zucker abschmecken. Das Rindfleischcurry auf vorgewärmten Tellern anrichten und mit den vorbereiteten String-Hoppers servieren.
Für die Hoppers beide Mehlsorten miteinander gut vermengen. Salzen und mit so viel siedendem Wasser verarbeiten, dass ein glatter, nicht zu fester Teig entsteht. Den Teig in eine Kartoffelpresse geben und zu langen Nudeln pressen. Die Nudeln portionsweise miteinander zu kleinen Bällchen verschlingen. In einen Dampfgarer (oder Bambuskorb) setzen und etwa 10 Minuten dämpfen.

TIPP: Stehen keine frisch geraspelten Kokosflocken zur Verfügung, so vermengen Sie getrocknete Flocken mit etwas Wasser und kneten diese gut durch.

Asiatische Fleisch- und Wildküche

Asiatische
Fleisch- und
Wildküche

Rindfleisch in Zitronengras-Schalotten-Marinade VIETNAM

ZUTATEN
400–600 g Rindslungenbraten (Filet) • 2 Schalotten
2 Zitronengras-Stangen • 1 Knoblauchzehe • 1 Stück (2 cm) Ingwer
2 ausgepresste Limetten • Salz • 2 TL Fischsauce • 2 rote Chilischoten
2 grüne Chilischoten • 1/2 TL Sesamöl • 2 TL Pflanzenöl zum Braten
Koriander zum Garnieren

ZUBEREITUNG
Den Rindslungenbraten in Streifen schneiden und in heißem Öl ca. 1 Minute so anbraten, dass das Fleisch innen noch rosa ist. Die Zitronengras-Stange schräg, die Chilischoten sowie die Schalotten in feine Ringe schneiden. Ingwer und Knoblauch fein hacken. Nun Zitronengras, Chili, Schalotten, Ingwer und Knoblauch gemeinsam mit Fischsauce, Limettensaft, Sesamöl sowie Salz zu einer Marinade verrühren. Über das angebratene Rindfleisch gießen und damit marinieren. Das Rindfleisch auf Tellern oder in Schalen anrichten und mit Koriander garnieren.

Foto rechts

Würzige Rindfleischstreifen BALI

ZUTATEN
4 Steaks vom Rind (Lungenbraten oder Beiried) à ca. 180–200 g
2–3 rote Chilischoten • 6 Knoblauchzehen • 2 TL Koriandersamen
1 EL brauner Zucker • 1 Stück Galgantwurzel • 1 KL getrocknete
Krabbenpaste • Nelkenpulver • je 1 TL Salz und frisch geschroteter
Pfeffer • 1/2 Limette • 2 EL Öl

ZUBEREITUNG
Die Steaks in nicht zu stark gesalzenem Wasser in einem Topf so weich kochen, dass sich die Fleischfasern leicht voneinander lösen lassen (je nach Qualität ca. 1 Stunde). Dazu die weich gekochten Steaks vorher flachklopfen und dann mit den Fingern auseinanderlösen.
Nun die Chilischoten halbieren, entkernen und gemeinsam mit den Knoblauchzehen, Koriander, braunem Zucker und Galgantwurzel in einem Mörser fein zerstoßen (oder im Mixer pürieren). Mit einer kräftigen Prise Nelken, frisch geschrotetem Pfeffer, Salz und Krabbenpaste vermischen. Dann in einem Wok oder einer schweren Pfanne etwas Öl erhitzen und die Paste darin anrösten, bis sich ihr Aroma schön entfaltet. Das Fleisch zugeben, gut durchrühren und das Fleisch trockenrösten. Währenddessen die Limette auspressen und den Saft abschließend unterrühren. Vom Herd nehmen, nach Wunsch auf Küchenkrepp etwas abtropfen und dann etwas überkühlen lassen.
VERWENDUNG: Als Happen zwischendurch oder zu Reis- oder Gemüsegerichten

TIPP: Zum idealen Knuspersnack wird dieses würzige Rindfleisch, wenn man es auskühlen lässt und dann in heißem Öl frittiert.

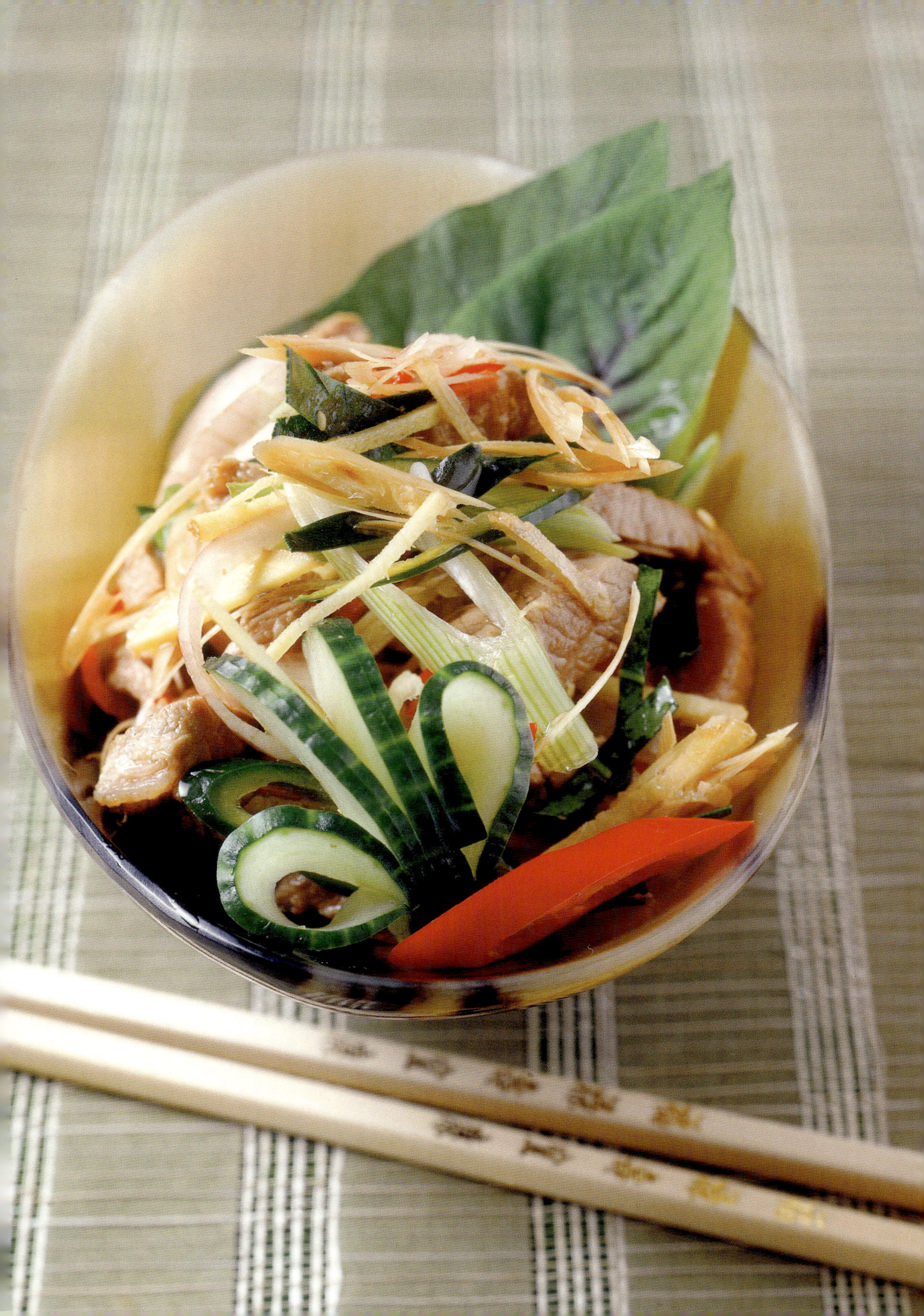

Asiatische Fleisch- und Wildküche

Gefüllte Weinblätter nach arabischer Art (Warak Enab)

ZUTATEN
ca. 30 eingelegte Weinblätter • 400–500 g faschiertes Fleisch vom Rind
4 Schalotten • 2 fein gehackte Knoblauchzehen • 2–3 kl. Tomaten
1/2 Bund Petersilie für die Füllung • 1 Tasse gekochter Reis
2 EL Tomatenmark • 400–500 ml Rindsuppe zum Garen • Salz
frisch geschroteter Pfeffer • Paprikapulver • Piment (Neugewürz)
1 Prise brauner Zucker • frisch gehackte Petersilie zum Bestreuen

ZUBEREITUNG
Die Schalotten fein hacken, in einen kleinen Topf geben und etwas Wasser zugießen. Aufkochen und dann bei reduzierter Hitze so lange vor sich hinköcheln lassen, bis die Flüssigkeit zur Gänze verdampft ist. Vom Herd nehmen und überkühlen lassen. Die Tomaten kurz in siedendem Wasser blanchieren (überbrühen), herausheben, Haut abziehen und Fruchtfleisch in kleine Würfel schneiden. Tomaten in eine Schüssel geben und gemeinsam mit dem faschierten Fleisch, Reis, Knoblauchzehen, Schalotten sowie den Gewürzen vermengen. Die Petersilie fein hacken und ebenfalls dazugeben. Nun die Weinblätter mit der rauen Seite nach oben auf die Arbeitsfläche legen und jeweils etwas Füllmasse auftragen. Den unteren Teil einschlagen, die Seitenteile darüberschlagen und das Weinblatt zigarrenförmig zusammenrollen. Nach Belieben mit einem Faden zusammenbinden und die Röllchen in einen Topf einschlichten. Das Tomatenmark in der Suppe glattrühren und zugießen. Den Topf gut verschließen und die Röllchen darin bei mäßiger Hitze etwa 45–60 Minuten garen. Bei Bedarf noch etwas Flüssigkeit zugießen. Die Weinblätter herausheben, anrichten, nach Belieben mit dem verbliebenen Saft umgießen, mit frisch gehackter Petersilie bestreuen und servieren.
BEILAGENEMPFEHLUNG: Frisches Fladenbrot

TIPP: Diese gefüllten Weinblätter schmecken auch kalt ganz ausgezeichnet, wofür man sie am besten direkt in der Sauce auskühlen lässt.   Foto rechts

Rindfleisch mit Austernsauce   CHINA

ZUTATEN FÜR 5 PORTIONEN
750 g Beiried oder Rindslungenbraten • 2 EL helle Sojasauce • 4 TL Maismehl • 150 g Erbsenschoten • 5 Frühlingszwiebeln • 50 g getrocknete chin. Pilze (oder 1 Handvoll frischer Pilze) • 6 cl Shaoxing-Reiswein (oder Sherry) • 8 cl chin. Austernsauce • 1 TL frisch gehackter Ingwer
1 EL Honig • Salz, Zucker • 100 ml Erdnussöl

ZUBEREITUNG
Für die Marinade Sojasauce, Reiswein, Zucker und Maismehl miteinander vermengen. Rindfleisch mit einem scharfen Messer oder auf der Schneidemaschine in hauchdünne Scheiben schneiden. In die Marinade geben und ca. 30 Minuten ziehen lassen. Die getrockneten Pilze in lauwarmem Wasser einweichen, bis sie weich sind. Dann

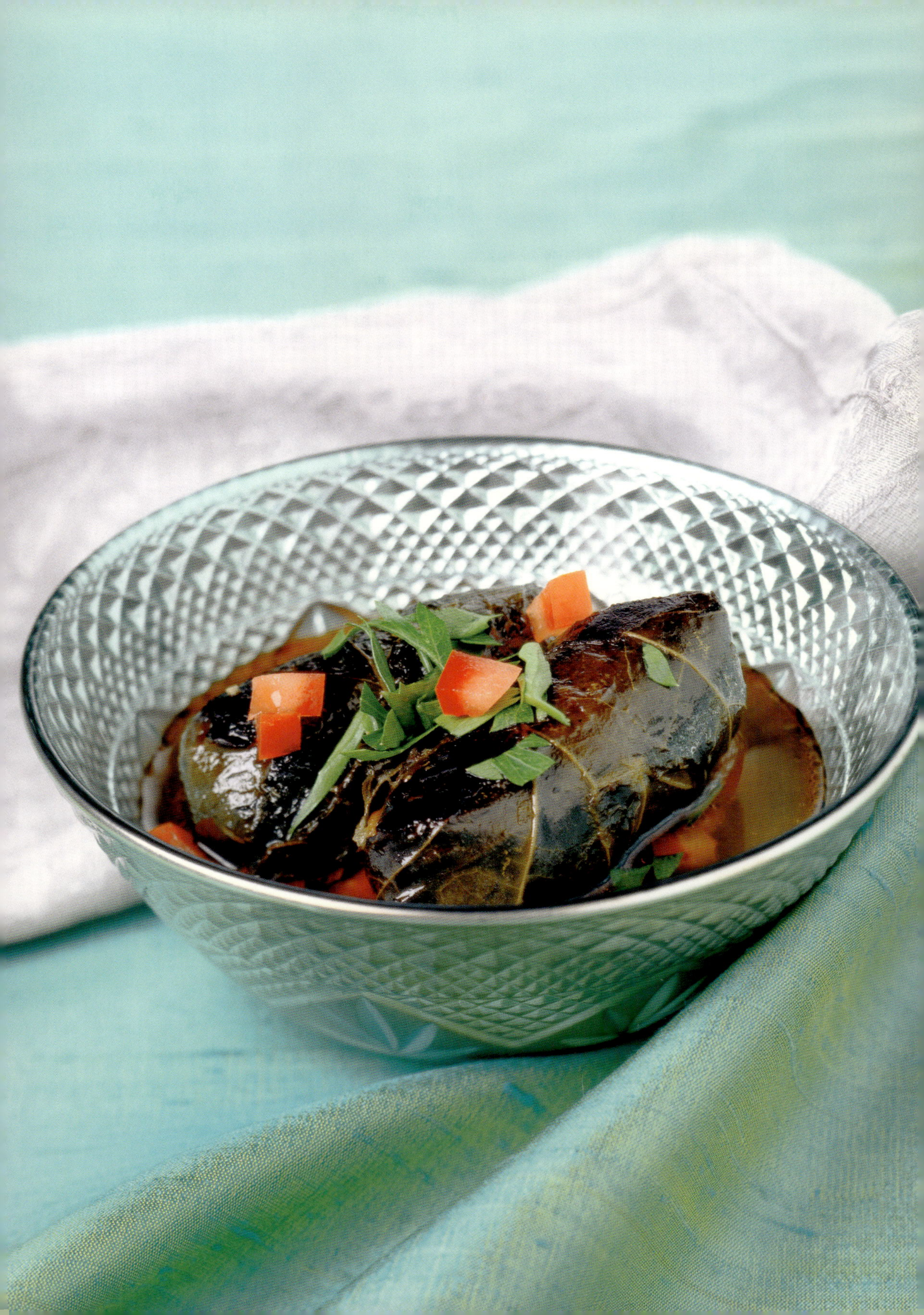

herausheben und abtropfen lassen. Bei Bedarf klein schneiden. Die Frühlingszwiebeln in 2 cm lange Streifen, die Erbsenschoten nach Belieben kleiner schneiden. In einem Wok oder einer schweren Pfanne das Öl stark erhitzen. Die Rindfleischscheiben nur kurz (ca. 30 Sekunden) anbraten, bis sie gerade etwas Farbe nehmen. Fleisch herausheben, auf Küchenkrepp abtropfen lassen und beiseitestellen. Frühlingszwiebeln mit Erbsenschoten und der Hälfte des Ingwers 30 Sekunden anbraten. Pilze zugeben und ca. 4 Minuten mitbraten. Rindfleisch und die Austernsauce untermischen und noch einige Minuten durchziehen lassen. Mit Honig und Salz abschmecken. In vorgewärmten Schalen oder auf Tellern anrichten und mit dem restlichen fein gehackten Ingwer bestreuen.

Sesam-Rindfleisch CHINA

ZUTATEN

600 g mageres Rindfleisch (Lungenbraten, Beiried) • 6 cl Shaoxing-Reiswein (ersatzweise trockener Sherry) • 2 EL helle Sojasauce 1 Bund Frühlingszwiebeln • 1 Stück (4 cm) Ingwer • 2 EL Maisstärke 500 ml Rindsuppe • 1 EL Honig • 2 cl Sesamöl • Szechuan-Pfeffer (ersatzweise Chilipfeffer) • 2 fein geschrotete Chilischoten 100 g Sesamkörner • Salz • 500 ml Erdnussöl zum Frittieren

ZUBEREITUNG

Ingwer in Scheiben, Frühlingszwiebeln in Streifen schneiden und jeweils die Hälfte davon beiseitestellen. Den Rest mit 2 cl (!) Shaoxing-Reiswein, einer Prise Salz und Sojasauce zu einer Marinade verrühren. Das Rindfleisch mit einem scharfen Messer oder einer Schneidemaschine in hauchdünne Streifen schneiden, in die vorbereitete Marinade legen und darin unter wiederholtem Wenden etwa 2 Stunden ziehen lassen. Dann das Fleisch herausnehmen, mit Küchenkrepp trockentupfen und mit Maisstärke bestauben. In einem Wok oder einer schweren Pfanne das Erdnussöl erhitzen und die Rindfleischstreifen darin bei großer Hitze etwa 1 Minute lang frittieren, bis sie wie Chips knusprig und gewölbt sind.

Fleisch herausnehmen und das Frittieröl bis auf einen kleinen Rest abgießen. Nun jeweils die restliche Hälfte der Frühlingszwiebeln und des Ingwers darin Farbe nehmen lassen und mit den restlichen 4 cl Shaoxing-Reiswein aufgießen. Einkochen, bis sich die Flüssigkeit fast zur Gänze verkocht hat. Mit Suppe aufgießen, den Honig einrühren und die Flüssigkeit abermals einreduzieren, bis die Sauce so dick ist, dass sie trotz ständigen Rührens fast am Pfannenboden kleben bleibt.

Sesam in einer Pfanne unter wiederholtem Rühren ohne Fett rösten. Frühlingszwiebeln und Ingwer nach Belieben aus der Sauce entfernen. Die Pfanne vom Feuer nehmen und Sesamöl, Szechuan-Pfeffer und die geschroteten Chilischoten einrühren. Bei Bedarf nochmals mit Salz abschmecken. Rindfleisch wieder zugeben und nochmals ganz kurz durchziehen lassen. Auf vorgewärmte Schalen verteilen, mit gerösteten Sesamkörnern bestreuen und rasch servieren.

Geschmortes Beinfleisch vom Rind KOREA

ZUTATEN
4 mittelgroße Beinfleisch-Scheiben (in ca. 6 cm Länge schneiden lassen)
4 gebratene, geschälte Maroni • 4 rote getrocknete Datteln
1 große Karotte • 4 Schalotten • 2 l Wasser

FÜR DIE MARINADE
250 ml Sojasauce • 125 ml Weißwein • 4 gehackte Knoblauchzehen
2 EL gehackter Ingwer • 1/2 TL Pfeffer • 5 EL Zucker
3 EL dunkles Sesamöl • 2 Birnen (Nashi-Birnen) • 1 Stück Bierrettich

Asiatische Fleisch- und Wildküche

ZUBEREITUNG
Die Beinfleisch-Scheiben mit Wasser aufsetzen und ca. 1 Stunde leicht köcheln lassen. Die geputzte Karotte in ca. 2 cm breite Stücke schneiden und mit den geschälten Schalotten in den Topf geben. Etwa 10 Minuten weiterköcheln lassen. Die Karotten sowie die Schalotten dann herausnehmen und zur Seite stellen.
Für die Marinade die Nashi-Birnen sowie den Bierrettich fein reiben und mit den restlichen Zutaten in einer Schüssel vermengen. In den Beinfleisch-Topf einrühren und 1 weitere Stunde köcheln lassen, bis das Fleisch ganz weich ist und gleichzeitig auch eine dunklere Farbe bekommen hat. Dann Karotten, Schalotten, Datteln und Maronistücke untermengen und noch einmal kurz aufkochen.
BEILAGENEMPFEHLUNG: Reis

KALB

Kalbfleischeintopf mit Weichseln IRAN

ZUTATEN
600–750 g Kalbfleisch • 300–400 g Weichseln • 3 Schalotten
1–2 Tomaten • 2 Knoblauchzehen • 3 EL Öl • Salz • Pfeffer • Zucker

ZUBEREITUNG
Das zugeputzte (ohne Häutchen und Sehnen) Kalbfleisch in mundgerechte Stücke schneiden. Die Schalotten feinwürfelig schneiden, den Knoblauch fein hacken. Die Tomaten in siedendem Wasser blanchieren (kurz überbrühen), schälen und in sehr kleine Würfel schneiden.
In einem Topf das Öl erhitzen und die Schalotten gemeinsam mit dem Knoblauch bei nicht zu großer Hitze hell anschwitzen. Die Tomatenwürfel zugeben, durchrühren und so lange dünsten, bis sich die Tomaten zerkocht haben. Kalbfleisch zugeben und so viel Wasser zugießen, dass das Fleisch fast zur Gänze bedeckt ist. Mit Salz sowie Pfeffer würzen und das Fleisch ca. 1 1/2 Stunden weich dünsten. Währenddessen die Weichseln entkernen und dann unter das Fleisch rühren. Mit einer leichten Prise Zucker geschmacklich abrunden und die Sauce noch sämig einkochen lassen.
BEILAGENEMPFEHLUNG: Reis

Asiatische Fleisch- und Wildküche

Kalbskoteletts mit Basche (Walnuss-Sauce) GEORGIEN

ZUTATEN
**4 Kalbskoteletts à 200 g • 2 EL Buchweizenmehl • 4 EL Butter
250 g Walnüsse • 10 g Safran • etwas Kalbsknochen- oder Rindsuppe
Salz, Pfeffer**

ZUBEREITUNG
Zuerst die Safranfäden in wenig Wasser einweichen. Die Kalbskoteletts salzen, pfeffern und beidseitig leicht bemehlen. Butter in einer Pfanne schmelzen lassen und die Koteletts darin 1 Minute lang auf jeder Seite scharf anbraten. Dann die Hitze stark reduzieren und die Koteletts halb zugedeckt auf sehr kleiner Flamme fertig garen.
Inzwischen die Walnüsse und den Safran (mit Wasser) ca. 10 Minuten lang in einem Mörser zerstoßen (oder cuttern), bis eine feine Paste entsteht.
Die Koteletts auf vorgewärmten Tellern anrichten und mit der Nuss-Safran-Paste bestreichen. Den Bratensatz bei großer Hitze mit etwas Suppe loskochen, einreduzieren (einkochen lassen) und die Koteletts damit umgießen.
BEILAGENEMPFEHLUNG: Reis

Kutteln mit Ingwer und Koriandergrün
CHINA

ZUTATEN
**600 g gekochte Kutteln • 1 Stück (5–6 cm) Ingwer • 1 rote Paprikaschote
4 cl Shaoxing-Reiswein (ersatzweise trockener Sherry) • 1 TL Honig
1 Msp. Szechuan-Pfeffer (ersatzweise Chilipulver) • 2 EL Erdnussöl
1 TL Fünf-Gewürze-Pulver (s. S. 50) • Salz • 1 Bund Koriandergrün**

ZUBEREITUNG
Die (ca. 2 Stunden) weich gekochten Kutteln putzen, von Fetträndern und unsauberen Stellen befreien und in Streifen schneiden. Den Ingwer in dünne Scheiben schneiden, das Koriandergrün fein hacken. Die Paprikaschote in dünne Streifen schneiden und in einem Wok oder einer schweren Pfanne in heißem Erdnussöl kurz anbraten, ohne den Paprika dabei schwarz werden zu lassen.
Die Kuttelstreifen und die Ingwerscheiben zugeben und etwa 30 Sekunden mitbraten. Mit Shaoxing-Reiswein sowie etwas Wasser ablöschen und den Honig unterrühren. Die Flüssigkeit nahezu völlig verdampfen lassen. Mit Salz, Szechuan-Pfeffer und Fünf-Gewürze-Pulver abschmecken. In Schalen oder auf Tellern anrichten und mit dem frisch gehackten Koriander bestreuen.

LAMM

Asiatische Fleisch- und Wildküche

Lamm mit Ingwer und Frühlingszwiebeln CHINA

ZUTATEN
**600 g mageres Lammfleisch aus Schulter oder Keule
1 Bd. Suppengemüse • 250 ml beiseitegestellter Lammfond
Mais- oder Reisstärke zum Wälzen • 1–2 EL frisch gehackter Ingwer
2 EL Sojasauce • 2 EL chin. Reisessig (oder Weißweinessig)
3–4 EL Erdnussöl • 1 TL Sesamöl • 2 Frühlingszwiebeln • Salz
Koriandergrün zum Garnieren**

ZUBEREITUNG
Das Lammfleisch in kaltem Wasser gemeinsam mit dem Suppengemüse aufstellen und 1–1 1/2 Stunden weich kochen. Im Lammfond abkühlen lassen und dann in mundgerechte Würfel schneiden. Lammfond abseihen und etwa 250 ml davon zur Seite stellen.
Die Lammfleischwürfel in Stärkemehl wälzen. In einem Wok oder einer tiefen Pfanne das Erdnussöl erhitzen. Frisch gehackten Ingwer kurz darin anbraten. Lammfleisch zugeben und ganz kurz mitrösten. Mit Lammfond aufgießen und auf kleiner Flamme einkochen lassen, bis die Sauce schön sämig ist. Mit Sojasauce, Reisessig und Salz würzen. Die Frühlingszwiebeln sowie das Koriandergrün fein hacken und beides miteinander vermengen. Lammfleisch auf Tellern oder in Schalen anrichten und jeweils mit einigen Tropfen Sesamöl beträufeln. Mit der Frühlingszwiebel-Koriandermischung bestreuen und servieren.

TIPP: Für dieses Rezept können auch Reste von bereits gegartem Lammfleisch verwendet werden.

Lamm aus dem Wok mit Erdnüssen CHINA

ZUTATEN
**600 g Lammfleisch (ausgelöster Rücken oder Lungenbraten)
2 Tassen beliebiges Wok-Gemüse (Chinakohl, Paprikaschote, Pak Choi, Zucchini, Erbsenschoten, Lauch, Sojasprossen) • 4 Frühlingszwiebeln
3 EL Sojasauce für die Marinade • 1 Eiklar • 1 EL Maisstärke für die Marinade • ca. 4 EL Erdnussöl • 1/3 Tasse gesalzene Cocktail-Erdnüsse
Salz**

FÜR DIE WOK-SAUCE
**3 EL Sojasauce • 2 EL Shaoxing-Reiswein (oder Sherry)
1/2 EL chin. Essig • Zucker und Salz • 2 TL Maisstärke**

Asiatische
Fleisch- und
Wildküche

ZUBEREITUNG

Das zugeputzte Lammfleisch in kleine mundgerechte Würfel oder dünne Streifen schneiden. In einer Tasse die Sojasauce mit Eiklar, einem Esslöffel Stärke sowie einer Prise Salz vermengen. Über das Fleisch gießen, gut durchmischen und 30 Minuten marinieren. Währenddessen ab und zu wenden.

Die Erdnüsse klein hacken. Frühlingszwiebeln in Ringe schneiden. Das Gemüse waschen bzw. putzen und in mundgerechte Stücke schneiden. Für die Wok-Sauce Sojasauce mit Reiswein, Essig, je einer Prise Zucker und Salz sowie Stärke vermengen. Beiseitestellen.

In einem Wok oder einer schweren Pfanne etwas Erdnussöl erhitzen. Lammfleisch zugeben und kurz bei großer Hitze braten. (Nicht zu lange braten; das Fleisch soll noch saftig sein.) Herausheben und warmhalten. Nochmals etwas frisches Erdnussöl in den Wok gießen und nun das Gemüse nach und nach bissfest braten. Dann die vorbereitete Sauce darübergießen und alles nochmals kurz aufkochen lassen. Das Fleisch wieder zugeben, nur einmal kurz durchrühren und in Schalen anrichten. Mit den gehackten Erdnüssen bestreuen und anrichten.

TIPP: Steht kein qualitativ einwandfreies frisches Gemüse zur Verfügung, so kann auch eingelegtes Gemüse, wie etwa Bambussprossen, Maiskölbchen, Perlzwiebeln, Karotten oder Sellerie, verwendet werden.

Chinesische Feste

Wer Chinas Küche verstehen will, muß zunächst einmal wissen, wie die Chinesen ihre Feste feiern. Da China ein zwar fruchtbares, durch den Bevölkerungsreichtum und die Anfälligkeit für Naturkatastrophen jedoch immer noch recht armes Land ist, hat das Fest im grauen Alltag hier einen ganz besonderen, oft auch kulinarisch-opulenten Charakter. Das erste große Fest des chinesischen Jahres ist das landesweit in den ersten Februartagen begangene Frühlingsfest, das in vielen Städten zu einem regelrechten „Gourmetmarkt" ausartet. In weiterer Folge wird der ganze Jahreslauf zum Festkalender und reicht vom Kokosnuss-Fest in Hainan über einen tibetanischen Wettbewerb im Sauermilchtrinken oder das kantonesische Litschi-Festival im August bis hin zu den großen Weinfesten in den Provinzen Guizhou und Xinjang (Ende August), dem Herbstmitte-Mondfest in Joamgsu und den landesweiten Festen des „Neujahrsglockenschlagens" zum Jahreswechsel.

Lamm-Lungenbraten mit Mango-Ravioli (Rezept Seite 348)

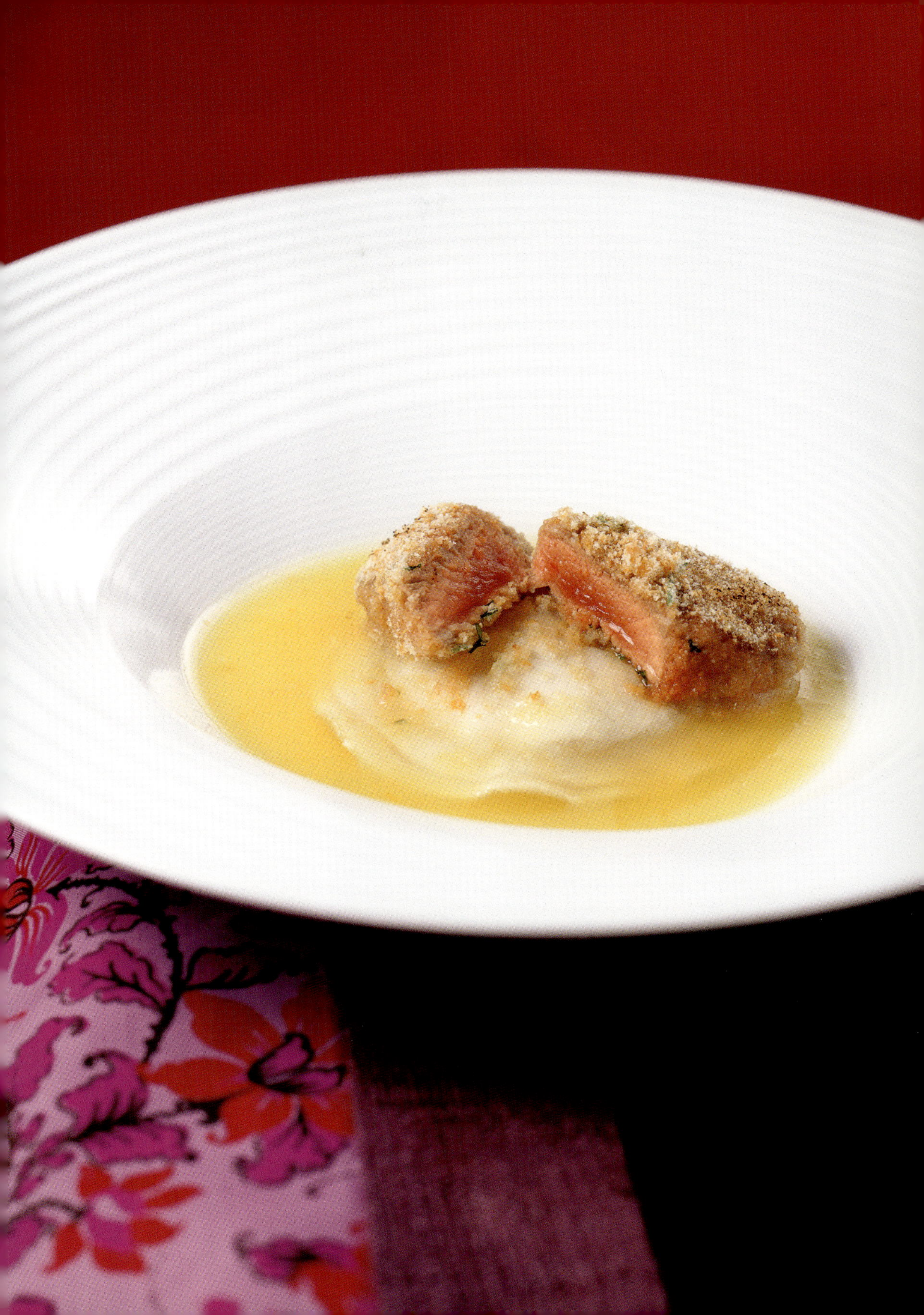

Lamm-Lungenbraten mit Mango-Ravioli
KIM KREATION!

ZUTATEN
400–600 g Lungenbraten vom Lamm (oder ausgelöster Rücken)
4–5 EL Semmelbrösel • 2 Zweige Minzeblätter • Salz, Pfeffer
2 Knoblauchzehen • 60 ml Traminer oder anderer voller Weißwein
Olivenöl

FÜR DIE RAVIOLI
100 g glattes Mehl • Salz, Essig • Mangosaft • 1 Mango (s. Tipp)

ZUBEREITUNG
Aus Mehl, Salz und etwas Mangosaft einen festen Nudelteig kneten und diesen 30 Minuten rasten lassen. Noch einmal fest durchkneten und mit dem Nudelwalker dünn ausrollen (oder durch eine Nudelmaschine lassen). Teig in 5 x 10 cm große Quadrate schneiden (oder kreisrund ausstechen). Die Mango entkernen, Fruchtfleisch klein schneiden und mit wenig Salz und einem Spritzer Essig vermengen. Nun jeweils etwa 1 Teelöffel Füllmasse auftragen, den Teig zusammenklappen und die Ränder dabei etwas mit Wasser befeuchten, damit sie fest zusammengedrückt werden können.

Den Lungenbraten salzen. Knoblauch in Streifen schneiden und diese in das Fleisch stecken (spicken). In einer Pfanne etwas Öl erhitzen und das Fleisch darin beidseitig kurz scharf anbraten. Im vorgeheizten Backrohr bei 90 °C etwa 5 Minuten nachgaren. Währenddessen die Semmelbrösel mit den fein gehackten Minzeblättern vermischen. Fleisch herausnehmen, in den Minze-Bröseln wälzen und nochmals bei 200 °C (Oberhitze) 2 Minuten überbacken.

Inzwischen die Ravioli mit wenig Mangosaft bei 90 °C im Dampfgarer 5 Minuten garen (oder in einem Topf mit Dämpfeinsatz ca. 7 Minuten dämpfen). Ravioli herausheben und kurz in heißem Olivenöl schwenken. Auf Tellern anrichten. Den gratinierten Lungenbraten in Scheiben schneiden und darauf platzieren. Etwas Mangosaft (evtl. auch den verbliebenen Rest im Dampfgarer) mit dem Traminer kurz aufkochen und rundumträufeln.

TIPP: Weiche, reife Mangos lassen die Füllung süßer schmecken, härtere Mangos ergeben eine frische, würzige Geschmacksnote.

Foto Seite 347

Asiatische Fleisch- und Wildküche

Gebratenes Lammfilet auf Balsamico-Kartoffeln KIM KREATION!

ZUTATEN
4 Lammfilets à ca. 150 g (ausgelöster Rücken) • 4 mittelgroße Kartoffeln 1 Rosmarinzweig • etwas Bergkäse • 3 EL Balsamicoessig • Salz, Pfeffer Olivenöl

ZUBEREITUNG
Die Lammfilets salzen und pfeffern. In eine Schüssel geben, mit Olivenöl beträufeln, den Rosmarinzweig zugeben und ca. 30 Minuten marinieren lassen. Eine Pfanne erhitzen und die Filets darin scharf anbraten. Hitze reduzieren und zugedeckt ca. 7 Minuten ziehen lassen.
Währenddessen die Kartoffeln in sehr dünne Scheiben schneiden. Eine beschichtete Pfanne erhitzen und die Kartoffelscheiben darin 1–2 Minuten braten. Sobald die Kartoffeln leicht durchsichtig sind, ein wenig salzen und den Balsamicoessig darüberträufeln. Die Kartoffeln auf Tellern dekorativ anrichten. Lammfleisch aus der Pfanne nehmen und in mundgerechte Scheiben schneiden. Auf die Kartoffeln legen und etwas Bergkäse darüberhobeln.

Asiatische Fleisch- und Wildküche

Lamm-Saté-Spießchen INDONESIEN

ZUTATEN
600–800 g Lammfleisch zum Kurzbraten (am besten ausgelöster Rücken) 4 Frühlingszwiebeln • 4 EL süße Sojasauce • 1 TL Sesamöl • 1 TL frisch geriebener Ingwer • je 1/2 TL Koriander- und Kurkumapulver • Chili je nach gewünschter Schärfe • frisch gemahlener Pfeffer • 1 EL Limettensaft

ZUBEREITUNG
Die Frühlingszwiebeln fein schneiden und beiseitestellen. Für die Marinade die Sojasauce mit Sesamöl, Ingwer, Koriander, Kurkuma, Chili, einer kräftigen Prise Pfeffer sowie Limettensaft verrühren. Das gut zugeputzte Lammfleisch (ohne Häutchen und Sehnen) in etwa 2 cm große Würfel schneiden und auf in Wasser eingeweichte Holzspießchen stecken. (In Wasser eingeweichte Spießchen brennen über offenem Feuer nicht so leicht an und das Holz wird geschmeidiger.)
Nun das Fleisch rundum gut mit der Marinade beträufeln. Kurz abtropfen lassen (die Marinade dabei auffangen) und auf dem Holzkohlengrill so grillen, dass das Fleisch innen noch zartrosa ist. Steht kein Holzkohlengrill zur Verfügung, so können die Spießchen auch auf dem Elektrogrill, unter der Grillschlange oder bei großer Hitze in einer Bratpfanne gegrillt werden. Die gehackten Frühlingszwiebeln unter die verbliebene Marinade rühren und gemeinsam mit den fertigen Saté-Spießchen servieren.
BEILAGENEMPFEHLUNG: Reis

Asiatische Fleisch- und Wildküche

Geröstetes Lammfleisch mit Kokosflocken MALAYSIA

ZUTATEN
**600 g Lammfleisch • 120 g Kokosflocken • 2 rote Chilischoten
1 Bund Frühlingszwiebeln • 2 Knoblauchzehen • 1 Stück (3 cm) Ingwer
1 TL Kurkuma • 1/2 TL Koriander • je 1 Prise Anis- und Kümmelpulver
Pfefferkörner • 3–4 EL Öl • 2 EL brauner Zucker • Limettensaft
Salz, Pfeffer, Chilipulver**

ZUBEREITUNG
Zunächst das gut zugeputzte Lammfleisch in mundgerechte dünne Streifen schneiden. In einem Topf Salzwasser mit einigen Pfefferkörnern zum Kochen bringen. Lammfleisch zugeben und weich kochen. Sobald das Fleisch weich ist, durch ein Sieb abseihen und gut abtropfen lassen.
Die Chilischoten halbieren, entkernen und fein hacken. Frühlingszwiebeln, Ingwer und Knoblauch ebenfalls sehr fein hacken. Die Kokosflocken mit etwas Wasser beträufeln und gut durchmischen (s. Tipp). Öl in einer Kasserolle erhitzen und Knoblauch gemeinsam mit Frühlingszwiebeln, Ingwer und Chili bei stark reduzierter Hitze hell anschwitzen. Kurkuma, Koriander, Anis sowie Kümmel einrühren und alles langsam gut durchrösten. Nun Zucker und Kokosflocken dazugeben, kurz durchrühren und das gegarte, abgetropfte Fleisch einmengen. Mit etwas Limettensaft aromatisieren und bei kräftiger Hitze ziemlich trockenrösten. Abschließend nochmals mit Salz und Chili abschmecken.
BEILAGENEMPFEHLUNG: Reis

TIPP: Nach dem Originalrezept werden für dieses Rezept frische Kokosflocken (also frisch geriebenes Fruchtfleisch der Kokosnuss) verwendet, die mehr Feuchtigkeit besitzen.

Türkischer Lammeintopf mit Kartoffeln und Karotten

ZUTATEN
**1 Lammschulter von ca. 1,5 kg • 600 g Kartoffeln • ca. 1,5 l Milch
2–3 Karotten • 1–2 Lorbeerblätter • 6 Pfefferkörner
2–3 Wacholderbeeren • Petersilie zum Garnieren • Salz**

ZUBEREITUNG
Die Milch in einen größeren Topf gießen. Mit leicht angedrückten Wacholderbeeren, Lorbeerblättern, Pfefferkörnern sowie einer kräftigen Prise Salz würzen und die Lammschulter einlegen. Zudecken und aufkochen lassen. Dann Hitze reduzieren und das Fleisch unter ständigem Umrühren etwa 1 1/2 Stunden weich kochen. Etwa 20 Minuten vor Ende der Garungszeit die geputzten ganzen Karotten zugeben und ebenfalls mitkochen.

Währenddessen in einem anderen Topf die geschälten Kartoffeln in Salzwasser weich kochen. Das fertig gegarte Fleisch aus dem Topf nehmen, vom Knochen lösen und in mundgerechte Stücke schneiden. In einer vorgewärmten Schüssel anrichten. Die gekochten Karotten und Kartoffeln grobwürfelig schneiden und das Fleisch damit bedecken. Die verbliebene Milch durch ein feines Haarsieb direkt auf Fleisch und Gemüse seihen. Mit grob gehackter Petersilie bestreuen und servieren.

Lammtopf mit Dörrzwetschken und Spinat IRAN

ZUTATEN
600–750 g Lammfleisch • 300 g Blattspinat • 300 g Dörrzwetschken 3 Schalotten • 3 Knoblauchzehen • ca. 600 ml Gemüsesuppe oder Wasser • je 1 Prise Gewürznelken, Muskatnuss, Zimtpulver und Piment Limettensaft • 3–4 EL Öl • Salz, Pfeffer

ZUBEREITUNG
Bereits am Vortag die Dörrzwetschken über Nacht einweichen. Am nächsten Tag bei Bedarf entkernen und etwas kleiner schneiden. Das Lammfleisch in mundgerechte Würfel schneiden, die Schalotten sowie den Knoblauch fein hacken.
In einem passenden Topf das Öl erhitzen. Die gehackten Schalotten sowie den

Knoblauch zugeben und beides bei nicht zu großer Hitze langsam hell anschwitzen. Sobald die Schalotten schön weich sind, das Lammfleisch zugeben und bei kräftigerer Hitze ebenfalls kurz mitbraten. Mit der Gemüsesuppe ablöschen, gut durchrühren und einmal aufkochen lassen.

Nun mit je einer Prise Salz, Pfeffer, Gewürznelken, Muskatnuss, Zimtpulver und Piment sowie einem Spritzer Limettensaft würzen. Das Lammfleisch zugedeckt ca. 1 1/2 Stunden weich dünsten. Dabei wiederholt umrühren und bei Bedarf noch etwas Suppe oder Wasser zugießen. Inzwischen den Blattspinat waschen, gut abtropfen lassen und einige Male durchschneiden. Gemeinsam mit den Zwetschken zugeben und nochmals 15–20 Minuten dünsten. Abschließend noch mit Salz und Pfeffer abschmecken.

BEILAGENEMPFEHLUNG: Reis

TIPP: Was die Kombination von Fleisch und Obst betrifft, so lässt die persisch-iranische Küche der Fantasie freien Spielraum. So finden sich etwa auch Quitten, Rhabarber, Äpfel oder Weichseln Seite an Seite mit Lamm-, Kalb- oder Rindfleisch.

Rogan Josh (Scharf gewürztes Lammfleisch mit Joghurtsauce) INDIEN

ZUTATEN FÜR 4–5 PORTIONEN
**600–750 g mageres Lammfleisch aus Schulter oder Keule
125 g Joghurt • 2 Tomaten • 1–3 rote Chilischoten • 6 Knoblauchzehen
1 kl. Stück (2 cm) frisch gehackter Ingwer • 2 EL Kokosflocken
2 EL geschälte Mandeln • 1 EL Korianderpulver • 1 TL Kreuzkümmelpulver • je 1/2 TL Fenchel-, Kardamom- und Kurkumapulver • je 1 Prise Nelken- und Muskatblütenpulver • frisch geschroteter schwarzer Pfeffer
4 EL Ghee (Butterschmalz) oder Öl • 2–3 fein gehackte Schalotten
4 Kardamomkapseln • 1 1/2 TL Salz • 1 TL Garam Masala (s. S. 52)
gehacktes Koriandergrün zum Garnieren**

ZUBEREITUNG
Gut zugeputztes Lammfleisch in mundgerechte Stücke schneiden. Die Tomaten kurz in heißem Wasser blanchieren (überbrühen), schälen, entkernen und in kleine Würfel schneiden. Die Kardamomkapseln etwas zerdrücken, die Chilischoten entkernen und falls getrocknete Schoten verwendet werden, in etwas warmem Wasser einweichen. Die Kokosflocken in einer Pfanne ohne Fett rösten. Herausnehmen und beiseitstellen.

Nun Koriander, Kreuzkümmel und Fenchel gemeinsam ebenfalls ohne Fett dunkel anrösten, damit sich das Aroma voll entfalten kann. Die angerösteten Gewürze mit den gerösteten Kokosflocken, Mandeln, Knoblauch, Ingwer und Chili im Mixer pürieren. Dabei etwa 125 ml von dem Einweichwasser der Chilis mitpürieren (bei frisch verwendeten Chilischoten Wasser zugeben). Kardamompulver, Nelken, Muskatblüte und Pfeffer unter diese Masse rühren.

In einem passenden Topf Ghee schmelzen lassen und die gehackten Schalotten darin goldbraun rösten. Die zerdrückten Kardamomkapseln, Kurkuma sowie die Gewürzpaste einmengen und köcheln lassen, bis sich das Ghee von der Gewürz-

masse zu trennen beginnt. Währenddessen ständig rühren. Nun das Joghurt nach und nach einrühren. Die Tomatenwürfel zugeben, mit Salz würzen und 5 Minuten dünsten. Lammfleisch zugeben und kurz bei starker Hitze rundum andünsten. Dann die Hitze stark reduzieren und unter wiederholtem Umrühren alles zugedeckt mindestens 1–1 1/2 Stunden garen, bis das Lammfleisch wirklich weich ist. Bei Bedarf etwas Wasser zugießen, allerdings sollte am Garungsende die Flüssigkeit fast zur Gänze aufgenommen worden sein. Nun Garam Masala einstreuen und nochmals kurz durchkochen lassen. Anrichten und vor dem Servieren mit gehacktem Koriandergrün garnieren.
BEILAGENEMPFEHLUNG: Reis und indisches Brot (s. S. 114)

TIPPS: In manchen Rogan-Josh-Rezepten werden die Tomaten auch weggelassen. Die Großzügigkeit bei der Zugabe der Chilischoten richtet sich ganz nach dem persönlichen Wunsch, mehr oder weniger scharf zu essen.

Asiatische Fleisch- und Wildküche

Lammtopf nach Mongolen-Art CHINA

ZUTATEN
600 g Lammfilet (ausgelöster Rücken) • 300 g Wok-Gemüse nach Wahl (Chinakohl, Brokkoli, junge Erbsenschoten, junge Karotten etc.) 1 Handvoll frische oder getrocknete Shiitake-Pilze (oder andere chin. Pilze) • 3 Frühlingszwiebeln • 1 Dose Bambussprossen • 1 rote Paprikaschote • 2 EL Maismehl • 3 TL Salz • Chiliöl • 1 Eiklar • 8 EL Öl 1 kl. Stück (2 cm) frisch gehackter Ingwer • Chilipulver • 2 EL Sojasauce 2 EL Shaoxing-Reiswein (oder trockener Sherry) • 2 TL Sesamöl gehacktes Koriandergrün

ZUBEREITUNG
Die getrockneten Shiitake-Pilze in lauwarmem Wasser 30 Minuten einweichen. Parallel dazu in einer kleinen Schüssel das Maismehl mit ganz wenig kaltem Wasser zu einer dickflüssigen Masse vermengen. Mit Salz und Chiliöl würzen. Eiklar cremig, aber nicht zu steif schlagen und einrühren. Das Lammfilet in dünne Scheiben schneiden und mit der Stärkemasse gut vermengen. Etwa 20 Minuten ziehen lassen. Währenddessen die Frühlingszwiebeln hacken, die Bambussprossen abtropfen lassen. Paprikaschote halbieren, Stiel sowie Kerne entfernen, waschen und in Streifen schneiden. Gemüse je nach Sorte waschen bzw. putzen und in mundgerechte Bissen oder dünne Streifen schneiden. Eingeweichte Pilze aus dem Wasser nehmen, abspülen, abtropfen lassen und alle harten Teile entfernen. In Streifen schneiden. (Frische Pilze putzen und bei Bedarf kleiner schneiden.)
Einen Wok oder eine schwere Pfanne erhitzen. Die Hälfte des Öls eingießen, heiß werden lassen und die Lammfleischstücke darin kurz hell anbraten. Herausnehmen, abtropfen lassen und warmhalten. Das restliche Öl zugießen und ebenfalls heiß werden lassen. Gehackte Frühlingszwiebeln, Ingwer sowie Chili zugeben, kurz anrösten und nach und nach die anderen Gemüsesorten beimengen. Alles unter kräftigem Rühren einige Minuten bissfest braten. Das warmgehaltene Lammfleisch wieder in den Wok geben, mit Sojasauce und Reiswein abschmecken und nochmals 2 Minuten braten. Den Wok vom Feuer nehmen, unmittelbar vor dem Servieren mit Sesamöl beträufeln, durchrühren und mit gehacktem Koriander bestreuen. Wenn möglich im Wok servieren.

Lammkeule mit Pistazien-Ingwer-Marinade NORDINDIEN

ZUTATEN FÜR CA. 6 PORTIONEN
1 Lammkeule • 200 g Joghurt • 50 g Pistazien (oder geschälte Mandeln) 1/2 TL Safranfäden • 1 Stück (4 cm) Ingwer • 1 getrocknete, fein gehackte Chilischote • 3–4 Knoblauchzehen • 3 TL Salz • je 1 TL Kreuzkümmel- und Kurkumapulver • je 1/2 TL gemahlener Pfeffer, Zimt und Kardamompulver • 1 Prise Nelkenpulver • Saft von 1 Limette 1 EL Honig • Öl

Asiatische
Nudelgerichte

ZUBEREITUNG

Zunächst die Safranfäden in wenig warmem Wasser einweichen. Währenddessen den Ingwer fein reiben, die Knoblauchzehen fein hacken und beides in einer kleinen Schüssel mit Kreuzkümmel, Kurkuma, Kardamom, Pfeffer, Zimt, einer kräftige Prise Salz und etwas Nelkenpulver vermengen. Limettensaft zugießen, gehackte Chilischote einmengen und alles zu einer cremigen Paste verrühren. Bei Bedarf noch etwas Wasser oder Öl zugeben. Die gut zugeputzte Lammkeule (ohne Haut und überflüssiges Fett) einige Male tief einschneiden und rundum kräftig mit der Gewürzpaste einreiben. Dabei auch die Einschnitte gut würzen.

Pistazien mit den Safranfäden samt Flüssigkeit und Joghurt pürieren. Den Honig leicht erwärmen und unterrühren. Die Lammkeule mit dieser Mischung bestreichen und kühl über Nacht marinieren. Am nächsten Tag in eine Bratenform setzen und im stark vorgeheizten Backrohr (220 °C) zugedeckt zuerst 20–25 Minuten braten. Dann Hitze auf 160–170 °C reduzieren und ca. 1 1/2–2 Stunden fertigbraten. Herausheben, mit Alufolie abdecken und vor dem Servieren noch kurz rasten lassen.

BEILAGENEMPFEHLUNG: Reis und indisches Brot s. S. 114

TIPP: Für die Bratdauer empfiehlt sich ein Richtwert von 30 Minuten pro 500 Gramm Keule. Je länger man die Lammkeule mariniert, desto zarter wird danach ihr Fleisch. In Indien lässt man ihr dazu mitunter bis zu 2 Tage Zeit.

Asiatische Fleisch- und Wildküche

Lammcurry MALAYSIA

ZUTATEN

600 g mageres Lammfleisch aus Schulter oder Keule • 1 Dose (330 ml) Kokosmilch • 2–3 Schalotten • 3–4 Knoblauchzehen • 1 kl. Stück (3 cm) frisch geriebener Ingwer • 2 EL Malaysia-Curry (oder Madras-Curry) 1 TL Kurkuma • 1 TL Sieben-Gewürze-Mischung (s. S. 50) • Salz 3–4 EL Ghee (Butterschmalz) oder Öl • Koriandergrün zum Garnieren

ZUBEREITUNG

Kurkuma mit Malaysia-Curry und Sieben-Gewürze-Mischung in einer Pfanne ohne Fett kurz anrösten. In eine Schale geben und mit Salz sowie wenig Wasser zu einer sämigen Masse verrühren. Die Schalotten fein hacken und die Knoblauchzehen mit etwas Salz in einem Mörser zerstoßen oder mit dem Messerrücken zerdrücken. Das zugeputzte Lammfleisch in mundgerechte Würfel schneiden.
In einem schweren Topf etwas Ghee (Butterschmalz) erhitzen und die Schalotten darin anlaufen lassen. Knoblauch sowie Ingwer zugeben und ebenfalls kurz anrösten. Nun die Gewürzpaste einmengen und alles gut durchrühren. Nochmals etwas frisches Ghee einrühren und das Lammfleisch zugeben. Kurz bei relativ großer Hitze rundum scharf anbraten. Mit Kokosmilch aufgießen, Hitze reduzieren und zugedeckt bei schwacher Hitze ca. 1 1/2 Stunden köcheln lassen, bis das Lammfleisch schön weich ist. Währenddessen wiederholt umrühren und bei Bedarf noch etwas Wasser zugießen. Abschließend mit Salz abschmecken. Mit gehacktem Koriandergrün bestreuen und servieren.
BEILAGENEMPFEHLUNG: Reis und Khira Raita (Gurken-Joghurt-Salat, s. S. 148)

Acht Schätze
EIN SPEZIALREZEPT VON CHRISTOPH WAGNER

ZUTATEN FÜR 4–6 PORTIONEN

1 Langustenschwanz, in 8 Stücke geteilt • 2 Wachteln, geviertelt
150 g geräucherter Schweinebauch, in hauchdünne Streifen geschnitten
180 g Entenbrust mit Haut, in Streifen von ca. 1 cm geschnitten
100 g gekochter Beinschinken, grob gewürfelt • 2–3 EL Reis- oder Maisstärke • 1 Porree (nur das Weiße), in Ringe geschnitten
150 g frische Edelpilze (oder 20 g Trockenpilze, geweicht) • 8 Wachteleier
2 cl chin. Sojasauce • ca. 150 ml kräftige Enten- oder Geflügelsuppe
4 cl Shaoxing-Reiswein oder Sherry • 2 cl Mao-Tai-Schnaps von 55 Vol.-% Alk. (ersatzweise hochprozentiger Whisky) • 1 TL Szechuan-Pfeffer (ersatzweise fein gehackte Chilischoten) • Fischsauce oder Sardellenpaste nach Belieben • Meersalz • Sesamöl • 2–3 EL Erdnussöl • Koriandergrün nach Belieben • gekochter oder gebratener Reis zum Anrichten

ZUBEREITUNG

Schweinefleisch, Wachtelviertel, Entenbruststreifen und Langustenstücke in Reis- oder Maisstärke wälzen. In einer Pfanne oder einem Wok das Erdnussöl erhitzen und die Porreeringe darin hell anschwitzen, ohne sie zu bräunen. Nun die Schweinebauch-

und Entenbruststreifen hinzufügen und leicht knusprig anrösten. Nach einer Weile zunächst die Wachtelschenkel, etwas später die Wachtelbrüste dazugeben und gemeinsam mit den entweder frischen oder ausreichend vorgeweichten getrockneten Pilzen etwa 2–3 Minuten unter ständigem Rühren mitziehen lassen.
Nunmehr die Langustenstücke und Schinkenwürfel zugeben. Mit Sojasauce und Reiswein ablöschen. Die Geflügelsuppe zugießen und kurz einreduzieren (einkochen lassen), bis die Flüssigkeit locker bindet. Den Mao-Tai auf einem Löffel anzünden, in die Pfanne gießen und unter Schwenken der Pfanne abbrennen lassen. Die Wachteleier mit einer Gabel grob miteinander verquirlen und unter die übrigen Zutaten rühren, bis sie leicht angestockt sind und schöne gelbe Schlieren in der Sauce ziehen. Mit Meersalz, Szechuan-Pfeffer oder Chili, Fischsauce bzw. Sardellenpaste und ein paar Tropfen Sesamöl abschmecken. Über gekochtem oder gebratenem Reis möglichst heiß anrichten. Nach Belieben mit Koriandergrün garnieren.

TIPP: Was die Auswahl der mehr oder weniger kostspieligen Zutaten betrifft, so kann hier selbstverständlich frei variiert und etwa der Langustenschwanz durch Garnelen, die Wachteln durch Hühnerfleisch ersetzt werden.

Des Kaisers Nachtigall und andere Schätze

Die Zahl 8 ist den Chinesen heilig und steht daher auch für ein berühmtes Gericht Pate, genauer gesagt: für viele berühmte Gerichte. Denn die „Acht Schätze" (Babao), die man hierzulande beim Billig-Chinesen ums Eck erhält, sind nur eine ferne Reminiszenz an den kulinarischen Hofstaat von „acht Kostbarkeiten", mit denen man in China die Hauptdarsteller der Tafel – zum Beispiel eine Ente oder auch einen Pudding – umgibt. Kurzum: Es kommt nicht darauf an, um welche Schätze es sich dabei handelt, sondern dass es ihrer acht sind. Bei einer Acht-Schätze-Ente (Babao Ya) können dies beispielsweise Schinken, getrocknete Shrimps, Gerste, Zwiebeln, Pilze, Lotosnüsse, Bambussprossen und Mandeln sein. Bei einem Acht-Schätze-Reispudding (Babao Mi) kann es sich indessen um völlig andere Ingredienzien, etwa Datteln, Rosinen, Dörrpflaumen, Ingwer, kandierte Früchte, Kastanien, Lotoskerne und Gingkonüsse handeln.
Die klassischen „Acht Schätze" – Nachtigallenzungen, Haifischlippen, Seegurken, Schwalbennester, Orchideensamen, Schimpansenhirn, Kamelhöcker, Elefantenrüssel und Bärentatzen – waren übrigens ausschließlich der Tafel des Kaisers von China vorbehalten. Mit ihm ist diese legendäre Kombination auch ausgestorben. Dafür sind die „Acht Schätze" nicht nur in den Chinarestaurants in aller Welt, sondern auch als äußerst populäres Übungssystem der Qui-Gong-Bewegung bestens in Erinnerung geblieben. Auf Deutsch nennt man es auch: „Den Himmel stützen."

Asiatische
Fleisch- und
Wildküche

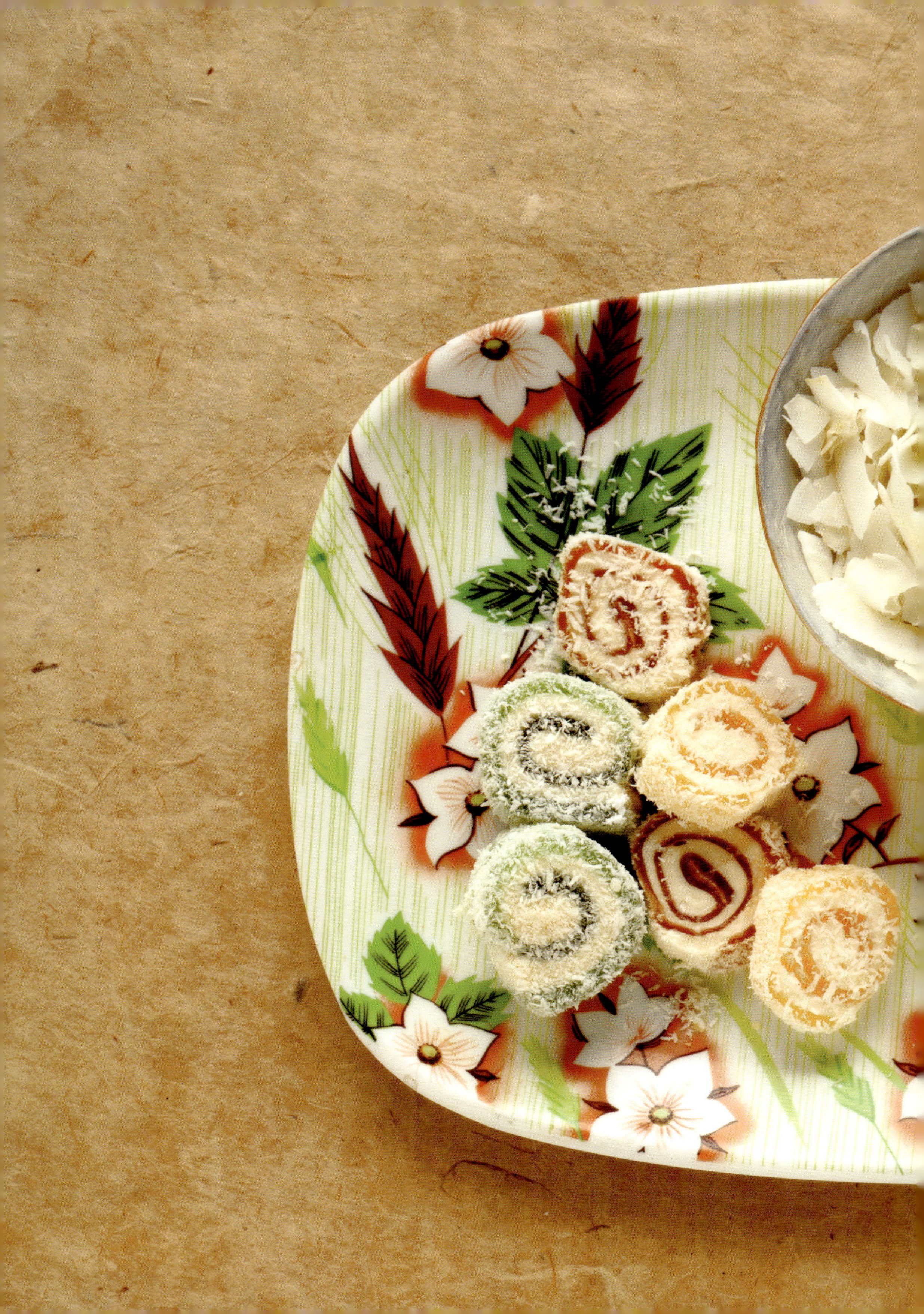

Süße Früchte und köstliche Gluten

DIE ASIATISCHE DESSERTKÜCHE

KALT

Asiatische Dessertküche

Azukibohnen-Würfel JAPAN

ZUTATEN
80 g rohe Bohnen • rote Bohnenpaste aus 80 g rohen Bohnen
(s. Pfannkuchen mit roten Bohnen S. 380 oder fertig kaufen im Asia-Shop)
11 g Agar Agar • 150 g Zucker • 200 ml Wasser • Salz

ZUBEREITUNG
Die Bohnen über Nacht in kaltem Wasser einweichen. Abgießen, mit kaltem Wasser aufstellen und zum Kochen bringen. Etwa 3 Stunden kochen, bis die Bohnen ganz weich sind (währenddessen wiederholt frisches Wasser zugießen). Die gekochten Bohnen abseihen und noch heiß im Mörser zerstampfen, bis sich die Schale von den Bohnen löst. Zur Seite stellen.
Agar Agar in Wasser waschen, in kleinere Stücke reißen und ca. 30 Minuten einweichen. Dann abseihen.
Nun Wasser mit einer Prise Salz zum Kochen bringen. Agar Agar zugeben und aufkochen, bis es sich aufgelöst hat. Die Masse durch ein Tuch seihen und noch einmal aufkochen. Die Bohnenmasse gemeinsam mit dem Zucker hinzufügen und auf mittlerer Hitze unter ständigem Rühren ein weiteres Mal zum Kochen bringen.
Eine passende rechteckige Form mit Wasser ausspülen und etwas anfeuchten. Die Bohnenmasse eingießen und 1 Stunde festwerden lassen. Anschließend in Würfel schneiden und servieren.

Foto rechts

Mango in Vanille-Kokosmilch INDONESIEN

ZUTATEN
2 reife Mangos • 1 Dose ungesüßte Kokosmilch • 1/2 Vanilleschote
100 g brauner Rohrzucker • Minzeblätter zum Garnieren

ZUBEREITUNG
Die Mangos schälen und das Fruchtfleisch (am besten mit dem Kugelausstecher) in Kugeln ausstechen oder mit einem Messer in dekorative Würfel schneiden. In eine Schüssel geben und im Kühlschrank mindestens 1 Stunde gut durchkühlen lassen.
Die Vanilleschote der Länge nach halbieren und das Mark mit einem scharfen Messer auskratzen. Vanillemark mit Kokosmilch und Zucker unter ständigem Rühren auf kleiner Flamme erhitzen, bis sich der Zucker aufgelöst hat. Vom Herd nehmen und ebenfalls kühlstellen. Die gekühlten Mangokugeln in Schalen anrichten und mit der kalten Kokosmilch übergießen. Mit einigen Minzeblättern dekorieren.

Feigen-Orangen-Salat CHINA

ZUTATEN
8 frische Feigen • 2–3 EL Shaoxing-Reiswein • 150 ml Pflaumenwein
1 EL Honig • Schale von 1 Orange • 1 Zimtstange (oder ersatzweise
1 TL Zimtpulver) • 2 Orangen • 2 EL gehackte Pistazien oder Pinienkerne

ZUBEREITUNG
In einem Topf den Reiswein mit Pflaumenwein, Honig, Zimtstange sowie der Orangenschale vermengen und eventuell mit etwas Wasser verdünnen. Die Feigen schälen, halbieren und zugeben. Langsam erhitzen, aber nicht stark kochen lassen und bei mäßiger Hitze einige Minuten zugedeckt ziehen lassen. Nach etwa 3–4 Minuten vom Feuer nehmen, die Zimtstange entfernen und die Feigen im Topf auskühlen lassen.
Inzwischen die Orangen schälen, in Spalten trennen und die weißen Häutchen entfernen. In einer Pfanne die Pistazien oder Pinienkerne ohne Fettzugabe kurz anrösten, vom Herd nehmen und auskühlen lassen. Orangenscheiben und Feigen möglichst attraktiv (etwa sternförmig) anrichten und mit der Marinade übergießen. Die gerösteten Pistazien darüberstreuen.

Asiatische Dessertküche

Mit Kokospudding gefüllter Kürbis
THAILAND

ZUTATEN
**1 sehr kleiner Speisekürbis (20 cm Ø) • 5 Eier • 1/2 Tasse Zucker
1 Tasse Kokoscreme • 1/2 TL Safranfäden • Gewürznelken- und Zimtpulver**

ZUBEREITUNG
Zunächst die Safranfäden in lauwarmem Wasser einweichen. In einer Schüssel die Eier mit der Kokoscreme, den Safranfäden und dem Zucker sehr schaumig aufschlagen. Mit einer Prise Nelken und Zimt aromatisieren. Vom Kürbis den Deckel so abschneiden, dass man die Samen und Fasern herauslösen kann. Die Kokos-Eier-Masse einfüllen und den Kürbisdeckel wieder aufsetzen. Den gefüllten Kürbis auf einen Dämpfeinsatz setzen und zugedeckt in einem Dämpftopf über kochendem Wasser etwa 30 Minuten garen. Herausheben, bei Zimmertemperatur etwas überkühlen lassen und dann in den Kühlschrank geben. Gut durchkühlen lassen. Den Kürbis mit einem scharfen Messer in dicke Scheiben schneiden und anrichten.

TIPP: Steht kein Kürbis in der richtigen Größe zur Verfügung, so kann der Pudding auch in Schälchen pochiert und nach dem Abkühlen mit anderen Früchten als Garnitur serviert werden.
Foto rechts

Sago-Kokos-Pudding SINGAPUR UND MALAYSIA

ZUTATEN
**250 g Sago (gekörntes Stärkemehl) • 250 ml cremige Kokosmilch
1 kl. Stück (2 cm) Ingwer • 2 EL Zucker • 150 g Palmzucker (ersatzweise etwas weniger Rohrzucker) • 1/2 Ananas • Salz**

ZUBEREITUNG
Etwa 1,5 l Wasser mit einer Prise Salz und Zucker zum Kochen bringen. Sago unter fließendem Wasser waschen, abseihen und in das kochende Wasser einrühren. Etwa 30 Minuten unter ständigem Rühren köcheln lassen, bis die Kugeln durchsichtig werden. Dann abgießen und schnell mit kaltem Wasser abspülen. In eine Puddingform oder kleine Schüssel umfüllen und kaltstellen.
Die Kokosmilch aufkochen, den Ingwer darüberreiben und abkühlen lassen. Den Palmzucker mit 250 ml Wasser zu einem dickflüssigen Sirup verkochen. Die Ananas schälen, den Strunk in der Mitte entfernen und das Fruchtfleisch in ca. 1 cm dicke Scheiben schneiden. Den Sago-Pudding auf Teller stürzen und mit Ananasscheiben garnieren. Mit Kokosmilch sowie Zuckersirup beträufeln und servieren.

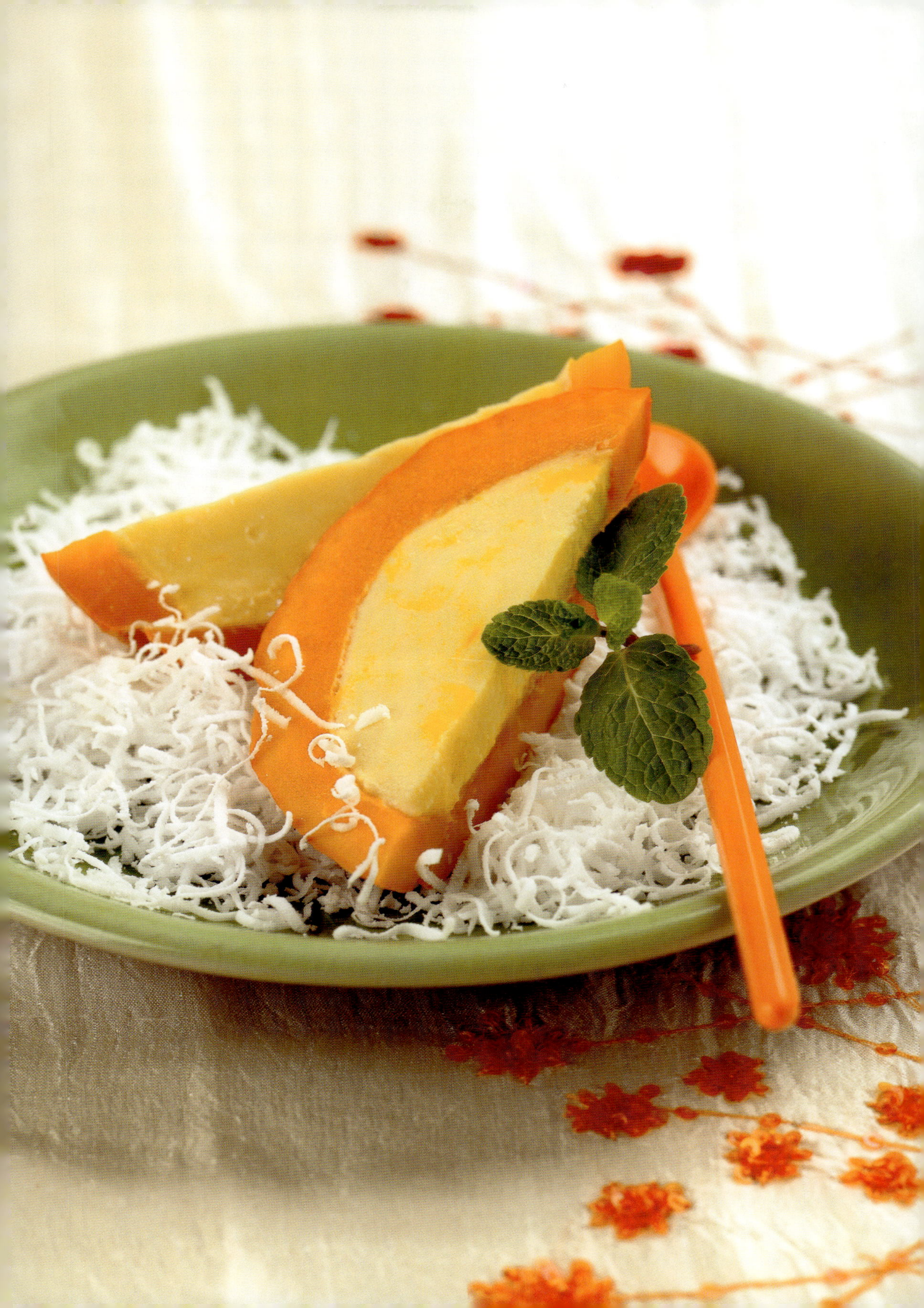

Asiatische Dessertküche

Schwarzer Reispudding BALI

ZUTATEN
1 Tasse schwarzer Klebreis • 3/4 Tasse weißer Klebreis
1 KL Walnuss- oder Erdmandelöl • 125 ml Palmzuckersirup (Palmzucker oder brauner Zucker im Verhältnis 2:1 mit Wasser zu Sirup eingekocht)
ca. 200 ml Kokosmilch als Garnitur

ZUBEREITUNG
Den Reis unter fließendem Wasser einige Male waschen und dann gut abtropfen lassen. In einem Topf etwa 1,25 Liter Wasser aufstellen, Nussöl zugießen und den Reis einmengen. Wasser aufkochen, dann Hitze reduzieren und den Reis 30–40 Minuten vor sich hinköcheln lassen.
Nun den Palmzuckersirup zugeben und abermals köcheln lassen, bis die Flüssigkeit zur Gänze verdampft ist. Vom Herd nehmen und auf Zimmertemperatur abkühlen lassen. Den Reis in Schalen füllen und jede Portion mit Kokosmilch großzügig beträufeln.
GARNITUREMPFEHLUNG: Frische exotische Früchte

Kokosnuss-Fruchtsalat mit Crushed Ice
BALI

ZUTATEN
1 Kokosnuss • gemischte Früchte nach Belieben (etwa Papaya, Ananas, Mango, aber auch Avocado und Tomaten) • Azukibohnen-Würfel (s. S. 360) oder Agar-Agar-Würfel (im Asiashop erhältlich) nach Belieben
1–2 EL Ahornsirup • brauner Zucker nach Geschmack • 3–4 EL dicke Kokosmilch • 4 Tassen fein zerstoßenes Eis • Zimt nach Belieben

ZUBEREITUNG
Zunächst die Kokosnuss öffnen. Dafür an den dunklen Flecken (Grübchen) unter dem Bart mit Hammer und Nagel 2 oder 3 Löcher in die Kokosnuss schlagen. Ein Sieb über einem Topf platzieren, die Kokosnuss hineingeben und das Kokoswasser auslaufen lassen. (Die Öffnungen bei Bedarf mit einem Korkenzieher tiefer bohren.) Dann die Kokosnuss für ca. 20 Minuten in das auf 180 °C vorgeheizte Backrohr legen und wieder herausnehmen. Mit einem Hammer kräftig daraufschlagen und die Kokosnuss öffnen. Das Fruchtfleisch auslösen und in kleine Würfel schneiden.
Die übrigen Früchte ebenfalls in sehr kleine Würfel schneiden und alles miteinander vermengen. Das aufgefangene Kokoswasser mit der Kokosmilch, Ahornsirup und braunem Zucker gut verrühren und über die Früchte gießen. Sanft durchmischen. Das sehr fein zerstoßene Eis untermengen und anrichten. Nach Belieben mit Zimt bestreuen und sofort servieren.

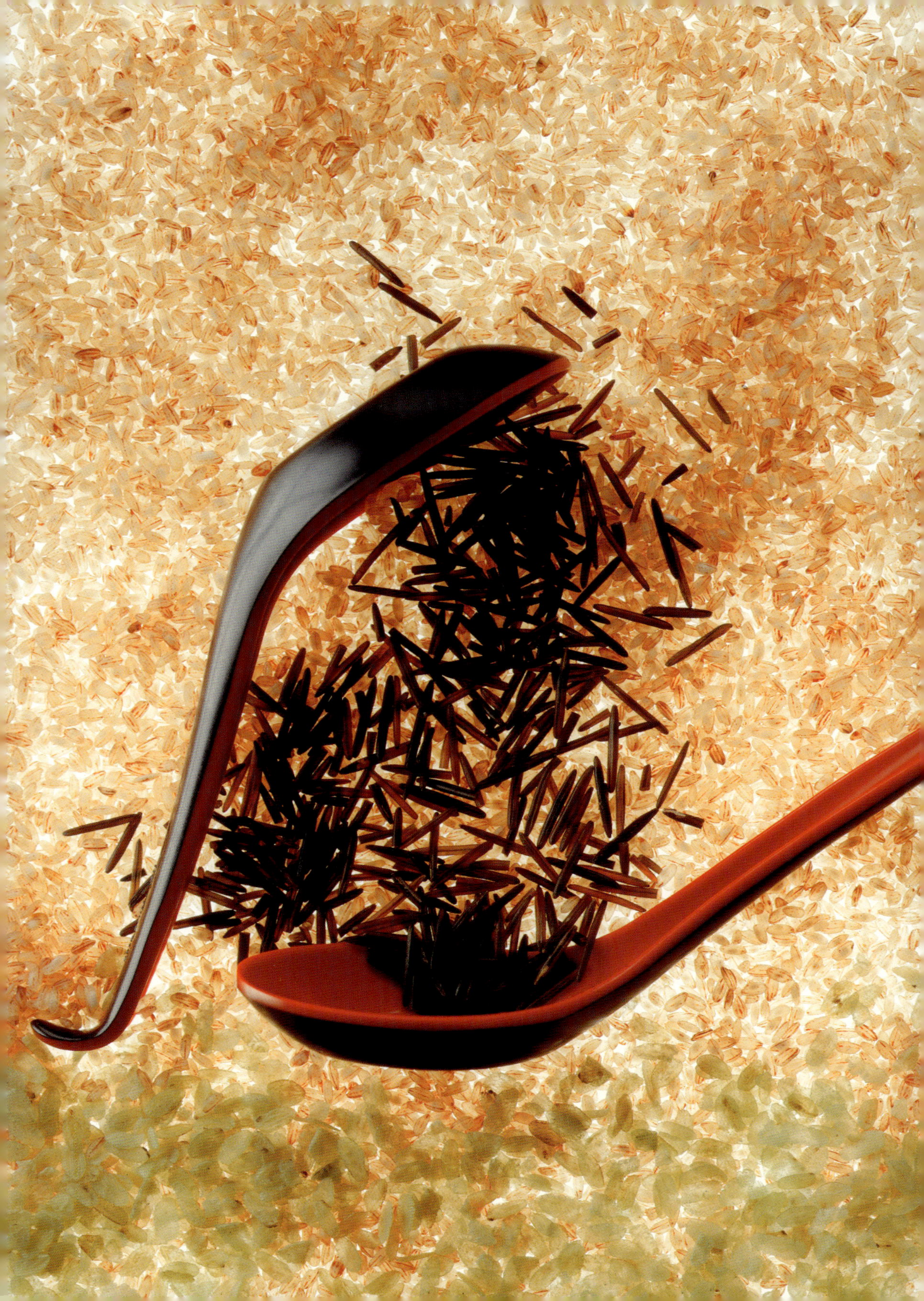

Asiatische Dessertküche

Reisbällchen in Azukibohnen-Paste JAPAN

ZUTATEN
50 g Klebreis • 20 g Sushi-Reis • 2 EL Zucker • evtl. 1 EL Ponzu (jap. säuerliche Würzsauce) oder Limettensaft • 1 Nashi-Birne zum Garnieren

FÜR DIE BOHNENPASTE
100 g Azukibohnen • 200 g Zucker

ZUBEREITUNG
Die Bohnen über Nacht in kaltem Wasser einweichen. Abgießen, mit kaltem Wasser aufstellen und zum Kochen bringen. Etwa 3 Stunden kochen, bis die Bohnen ganz weich sind (währenddessen wiederholt frisches Wasser zugießen).
Die beiden Reissorten (am besten sechs Mal) gut waschen, bis die Stärke zur Gänze ausgeschwemmt wurde. Reis mit Wasser im Verhältnis 1:1,2 aufkochen. Dann die Hitze reduzieren (oder überhaupt abdrehen) und den Reis zugedeckt ca. 15–20 Minuten garen lassen. Wichtig: Während des Garvorgangs niemals den Deckel abheben und weder umrühren noch würzen!
Die inzwischen gargekochten Bohnen abseihen und noch heiß mit Zucker in einem Mörser zerstampfen, bis sich die Schale von den Bohnen löst. Nun den heißen Reis mit Zucker und Ponzu bzw. Limettensaft in eine breite Schüssel geben, alles gut verrühren und abkühlen lassen. Dafür allerdings nicht in den Kühlschrank stellen, sondern – wenn es rasch gehen soll – besser mit einem Ventilator oder Föhn abkühlen, bis der Reis ca. 28 °C hat. Dann die Hände gut mit Wasser befeuchten und aus der Masse kleine Bällchen in Sushi-Größe formen. Dabei darauf achten, dass die Bällchen nicht zu nass werden, da sie sonst nicht mehr gut zusammenhalten. Anschließend die Bällchen in der Bohnenpaste wälzen. Die Nashi-Birne schälen, vierteln und fächerförmig aufschneiden. Mit den Reisbällchen auf einem Teller anrichten und servieren.

Foto rechts

Eis mit Bohnensauce und Fruchtsalat
KIM KREATION!

ZUTATEN
4 Schüsseln Eisschnee (oder Crushed Ice) • rote Bohnenpaste (s. Pfannkuchen mit roten Bohnen S. 380) • 250 ml Zuckersirup 3 EL Amaretto-Kirschen zum Garnieren

FÜR DEN FRUCHTSALAT
Obst nach Belieben (Ananas, Pfirsich, Erdbeeren etc.) • Zitronensaft • Zucker

ZUBEREITUNG
Die Bohnenpaste wie beschrieben vorbereiten. Ganz nach Belieben und persönlichem Geschmack aus dem in mundgerechte Stücke geschnittenen Obst, Zitronensaft und Zucker einen Obstsalat zubereiten. Die fertige Bohnenpaste mit Zuckersirup vermischen. In ein Weinglas zuerst etwas Eisschnee füllen. Darauf einen kleinen Schöpflöffel Bohnenpaste geben und einen Esslöffel Obstsalat darauf anrichten. Mit Amaretto-Kirschen garnieren und servieren.

Dörrobst-Salat mit Rosenwasser-Orangenblüten-Marinade IRAN

ZUTATEN FÜR 5–6 PORTIONEN
500 g gemischtes Dörrobst nach Belieben (Äpfel, Birnen, Marillen, Zwetschken etc.) • 150 g Zucker • 50 g Pinienkerne • 50 g Pistazien 50 g Mandeln • 50 g ungesalzene Cashew-Nüsse • 1 1/2 TL Rosenwasser 1 1/2 TL Orangenblütenwasser • 1 Zimtstange

ZUBEREITUNG
Die Mandeln und Pistazien grob hacken oder halbieren. Das Dörrobst gemeinsam mit den Cashew-Nüssen, Mandeln, Pistazien sowie Pinienkernen in einer Schüssel mit Zucker vermengen und mit Wasser bedecken. Rosen- und Orangenblütenwasser unterrühren, die Zimtstange zugeben und mit Folie bedecken. Nun 1–2 Tage marinieren lassen. Währenddessen ab und zu durchrühren. Zimtstange wieder entfernen und den Salat anrichten.

TIPP: Nach dem Originalrezept süßt man diesen aparten Fruchtsalat mit mehr Zucker.

Asiatische Dessertküche

Honigmelonenscheiben mit Klebreis und Kokossauce LAOS

ZUTATEN
1 Honigmelone • 100 g Klebreis • 120 ml Wasser für den Reis
1/2 Dose Kokosmilch • 1/2 EL Kokosflocken • 100–150 ml Wasser
für die Kokossauce • 1 TL Maisstärke • 3 EL Zucker

ZUBEREITUNG
Den Reis so oft (mindestens fünf Mal) waschen, bis die Stärke zur Gänze ausgewaschen ist und das Wasser klar ist. Reis abtropfen lassen und dann in einem Topf mit Wasser aufkochen. Sobald der Reis zu kochen beginnt und die Wassermenge auf ein Drittel reduziert ist, die Hitze völlig reduzieren und weitere 20 Minuten zugedeckt garen lassen. Währenddessen den Deckel nicht öffnen! Dann vom Herd nehmen und den Reis bei halb geöffnetem Deckel abkühlen lassen.
Für die Kokossauce etwa 3 Esslöffel Kokosmilch mit ca. 100–150 ml Wasser und Maisstärke glattrühren. In einem Topf kurz aufkochen und wieder vom Herd nehmen. Die Kokosflocken einrühren und überkühlen lassen.
Die restliche Kokosmilch mit Zucker verrühren und ebenfalls kurz aufkochen lassen. Vom Herd nehmen und den abgekühlten Reis untermengen. Die Melone vierteln, die Kerne entfernen und das Fruchtfleisch in dekorative Scheiben schneiden. Den Klebreis in der Mitte eines Tellers platzieren, die Melonenscheiben rundum anrichten und mit der Kokossauce übergießen.

Süße Dattelbissen (Halwa Tamr) SAUDI-ARABIEN

ZUTATEN
300 g Datteln • 200 g Pistazienkerne • 2 EL Rosenwasser • 1/2 TL Zimt
sehr fein gehackte Pistazien, Staubzucker und/oder Kokosflocken zum Wälzen

ZUBEREITUNG
Die Pistazien am besten mit einem Wiegemesser fein hacken, die Datteln klein schneiden. Einen Topf mit 5–6 Esslöffeln Wasser aufstellen, die Datteln zugeben und gut vermengen. Bei mäßiger Hitze aufkochen lassen und alles ca. 5 Minuten köcheln lassen, bis die Datteln weich sind. Währenddessen wiederholt umrühren.
Dann vom Herd nehmen und die Masse abkühlen lassen. Inzwischen die gehackten Pistazien in einer beschichteten Pfanne ohne Fett kurz anrösten, bis sie ihr volles Aroma entfalten. Pistazien in eine Schüssel geben, Datteln, Rosenwasser sowie Zimt einmengen und alles zu einer geschmeidigen Masse verkneten. Zu kleinen Kugeln formen. Sehr fein gehackte Pistazien, Kokosflocken und/oder Staubzucker in je ein Schüsselchen geben und das Konfekt darin wälzen.

Foto rechts

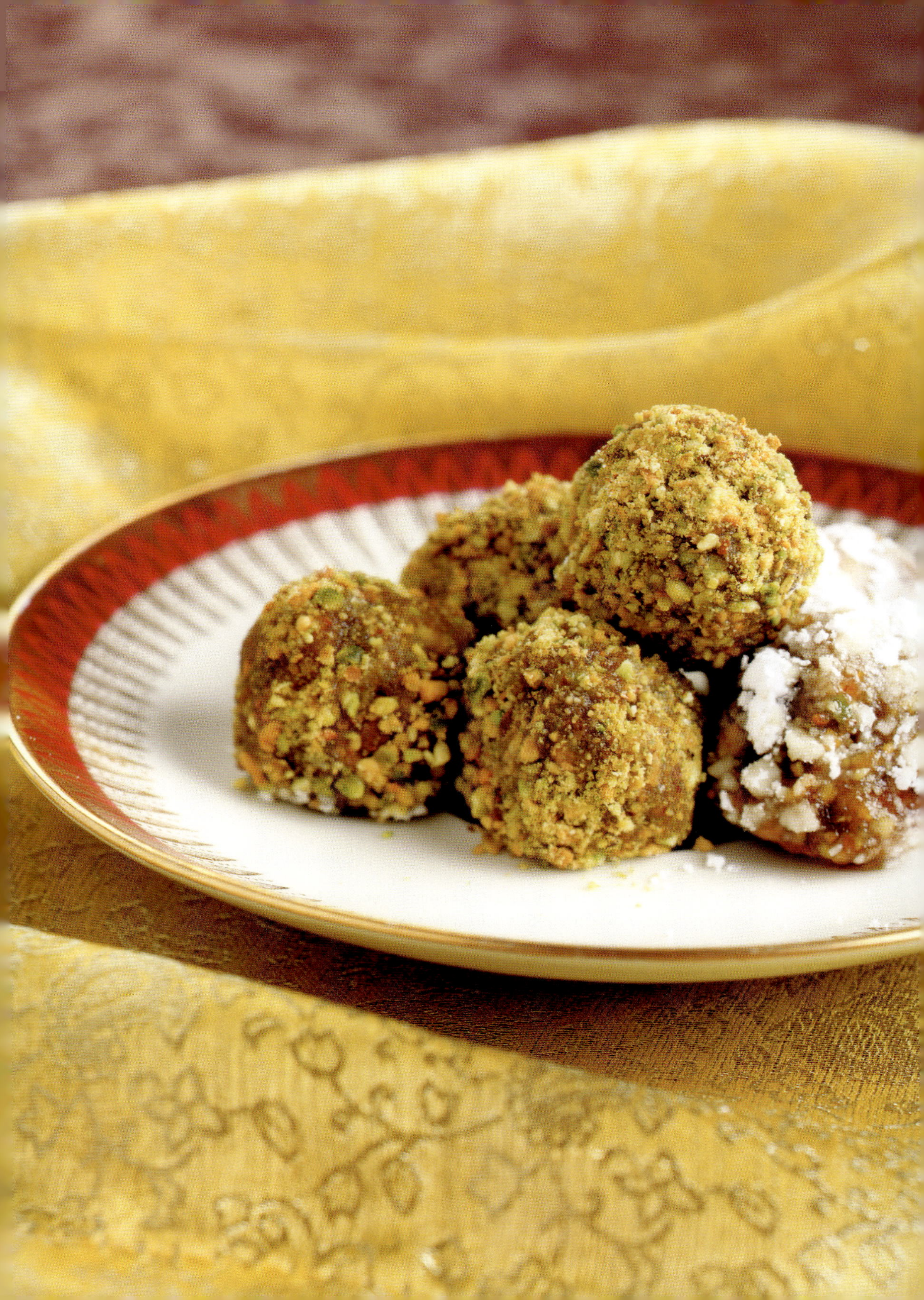

Honig-Sesam-Kekse SYRIEN

ZUTATEN
**200 g ungesalzene Sesampaste (Tahin) • 200 g glattes Mehl
50 g zimmerwarme Butter • 100 g Honig • 1 TL Zucker
1 ausgekratzte Vanilleschote • je 1/2 TL Kardamom- und Zimtpulver
Nelkenpulver • Salz • 1 TL Backpulver • Sesam zum Bestreuen
Butter oder Öl für das Backblech**

ZUBEREITUNG
Die raumtemperierte Butter mit Sesampaste, Honig, Kardamom, Zimt, einer Prise Nelken, Zucker, dem ausgekratzten Mark der Vanilleschote sowie einer kleinen Prise Salz gut verrühren. Das Mehl mit dem Backpulver versieben und in die Masse einarbeiten. Mit wenig Wasser (2 Esslöffel) verkneten und den Teig zugedeckt 30 Minuten kühlstellen.
Den Teig zu einer Rolle formen, kleine Stücke davon abschneiden und diese wiederum zu Scheiben flachdrücken. Die Oberseite gut mit Sesam bestreuen und diese ein wenig andrücken. Die Sesamplätzchen auf ein eingefettetes oder mit Backpapier belegtes Backblech setzen und im gut vorgeheizten Backrohr bei 220 °C ca. 10 Minuten goldgelb backen.

Foto rechts

Karotten-Konfekt mit Pistazien KASCHMIR

ZUTATEN
**700 g Karotten • 1 1/2 Tassen Zucker • 160 ml Wasser
ca. 400 ml Schlagobers • je 1 Prise Kardamom- und Zimtpulver
4 EL Ghee (oder Butterschmalz) • 4 EL gehackte Pistazien zum Bestreuen**

ZUBEREITUNG
Die gewaschenen Karotten fein raspeln oder reiben. Dann in einem Topf das Ghee schmelzen lassen und die Karotten zugeben. Zunächst bei größerer Hitze einmal aufkochen lassen, dann Hitze reduzieren, Topf zudecken und die Karotten langsam garen.
Inzwischen in einem anderen Topf Zucker mit Wasser aufkochen und zu Sirup einkochen lassen. Sobald die Karotten weich sind und die Flüssigkeit fast zur Gänze aufgenommen worden ist, den Sirup zugießen, kurz durchrühren und dann das Schlagobers einmengen. Abermals aufkochen lassen und die Karottenmasse offen so lange weiterdünsten, bis sie ziemlich trocken geworden ist. Dabei wiederholt umrühren. Ein Backblech mit Backpapier auslegen und die Masse darauf dünn aufstreichen. Kaltstellen. Vor dem Servieren in dekorative Bissen (Rauten) schneiden und mit fein gehackten Pistazien bestreuen.

TIPP: Zu festlichen Anlässen können die Konfekte auch mit essbaren Silberplättchen belegt werden.

Asiatische Dessertküche

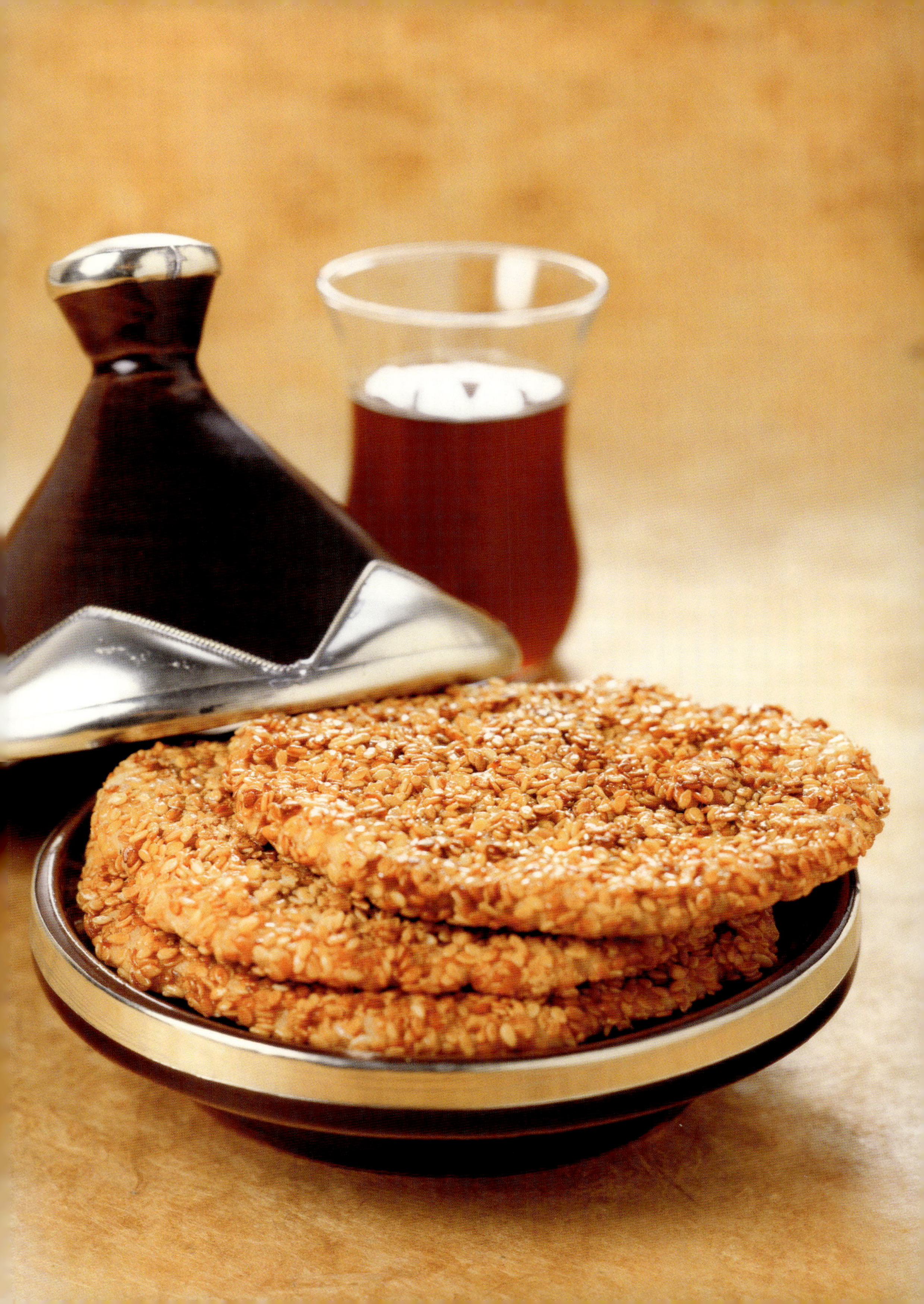

Kantonesisches Bananenkonfekt HONGKONG

ZUTATEN
4 Bananen • 1 Eiklar • 2 EL Mehl für den Teig • 3 EL Speisestärke
150 g Zucker • 8 EL Wasser • Spritzer Essig • Mehl zum Wenden
Öl zum Frittieren

Asiatische Dessertküche

ZUBEREITUNG
Bananen schälen, in fingerdicke Scheiben schneiden und diese rundum in Mehl wälzen. In einer Schüssel das Eiklar mit Mehl und Stärke locker aufschlagen. In einem Wok oder einer großen Pfanne reichlich Öl erhitzen. Die Bananenscheiben kurz durch den Teig ziehen und im heißen Öl frittieren.
Inzwischen in einem anderen Topf Wasser mit Zucker und einem Spritzer Essig aufkochen und karamellisieren lassen. Die knusprig frittierten Bananenstücke aus dem Fett heben, auf Küchenkrepp kurz trockentupfen und noch heiß durch die Zuckermasse ziehen. Anschließend sofort in eine Tasse mit eiskaltem Wasser tauchen und abtropfen lassen.

Karamellisierte Sesamäpfel BEIJING

ZUTATEN
3 Äpfel • 200 g Zucker • 250 ml Wasser • Saft von 1 Zitrone
Maisstärke zum Wälzen • Spritzer Essig • 3 EL geröstete Sesamkörner
Öl oder Kokosfett zum Backen

ZUBEREITUNG
Die Äpfel schälen, das Kerngehäuse ausschneiden und die Äpfel in Ringe oder Spalten schneiden. Rasch mit Zitronensaft beträufeln und anschließend in Maisstärke wälzen. In einem Wok oder einer schweren Pfanne reichlich Öl oder Kokosfett erhitzen. Die Apfelscheiben einlegen und darin rundum goldbraun backen. Herausheben und auf Küchenkrepp gut abtropfen lassen.
In einem kleinen Topf den Zucker mit Wasser sowie Essig aufkochen und karamellisieren lassen. Die Sesamkörner einrühren. In eine andere Schüssel kaltes Wasser geben. Nun die gebackenen Apfelscheiben zuerst in Karamell tunken und anschließend in kaltes Wasser tauchen.

Foto rechts

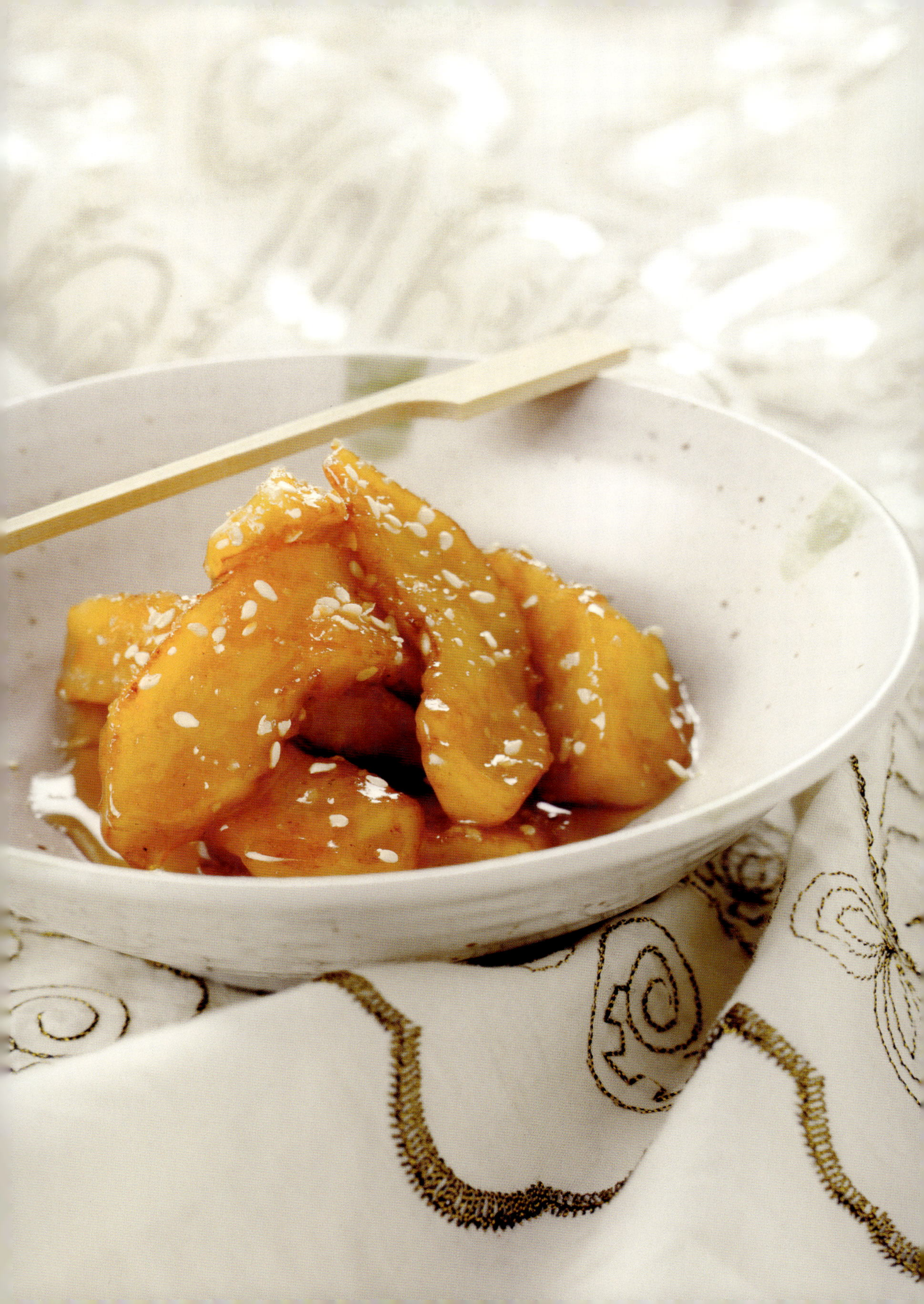

Asiatische Dessertküche

Bananenkuchen VIETNAM

ZUTATEN
1–1,25 kg Bananen • 250 g Zucker • 2 Tassen (ca. 500 ml) Kokosmilch
1–2 Vanilleschoten • ca. 14 Scheiben Toastbrot • Butter zum Beträufeln
geriebene Pistazien, Mandeln oder Kokosflocken nach Belieben zum Bestreuen

ZUBEREITUNG

VARIANTE I
Die Vanilleschoten halbieren und das Mark auskratzen. Mit der Hälfte des Zuckers in die Kokosmilch geben und leicht köcheln, bis sich der Zucker aufgelöst hat. Vom Feuer nehmen. Die Bananen in Scheiben schneiden und mit dem übrigen Zucker vorsichtig vermengen. Das Toastbrot entrinden und in der süßen Kokosmilch einweichen.
Eine passende (nicht zu große) Auflaufform mit Butter ausstreichen und Bananen abwechselnd mit dem eingeweichten Toastbrot einschlichten, wobei die oberste Schicht aus Bananen besteht. Restliche Kokosmilch darübergießen. Großzügig mit flüssiger Butter beträufeln. Im vorgeheizten Backrohr bei 180 °C etwa 1 Stunde goldbraun backen. Sollte der Kuchen zu rasch zu braun werden, mit Alufolie abdecken. Herausnehmen und über Nacht (bzw. 12 Stunden) ziehen lassen. Nach Belieben mit gehackten Pistazien, Mandeln oder Kokosflocken bestreuen und portionieren.

VARIANTE II
Bananen und Toastbrot wie oben beschrieben vorbereiten. Dann feuerfeste Teller mit Butter bestreichen. Je ein eingeweichtes Toastbrot in der Mitte platzieren, mit Bananenscheiben belegen und abermals mit Toastbrot bedecken. Die restlichen Bananenscheiben rundumlegen. Restliche Kokosmilch darübergießen. Großzügig mit flüssiger Butter beträufeln und im vorgeheizten Backrohr goldbraun backen. Herausheben und lauwarm servieren.
GARNITUREMPFEHLUNG: Kokospudding oder Fruchteis   Foto rechts

Love Cake (Grießkuchen) SRI LANKA

ZUTATEN
8 Eier • 350 g Zucker • 250 g Weizengrieß • 400 g ungesalzene Cashew-Nüsse • Mark von 1 Vanilleschote • abgeriebene Zitronenschale je 1 kräftige Prise Gewürznelke • Kardamom, Zimt, Muskatnuss
2 EL Ahornsirup • 2 EL Rosenwasser • etwas Mandelessenz
Prise Zucker für den Schnee • Butter zum Bestreichen

ZUBEREITUNG
Zunächst die Eier in Eiklar und -dotter trennen, die Cashew-Nüsse fein hacken. Die Vanilleschote halbieren und das Mark herauskratzen. In einer Schüssel die Eidotter gemeinsam mit dem Zucker schaumig rühren. Die gehackten Nüsse mit dem Grieß vermischen und unter die Dotter heben. Mit gemahlenen Gewürznelken, Kardamom,

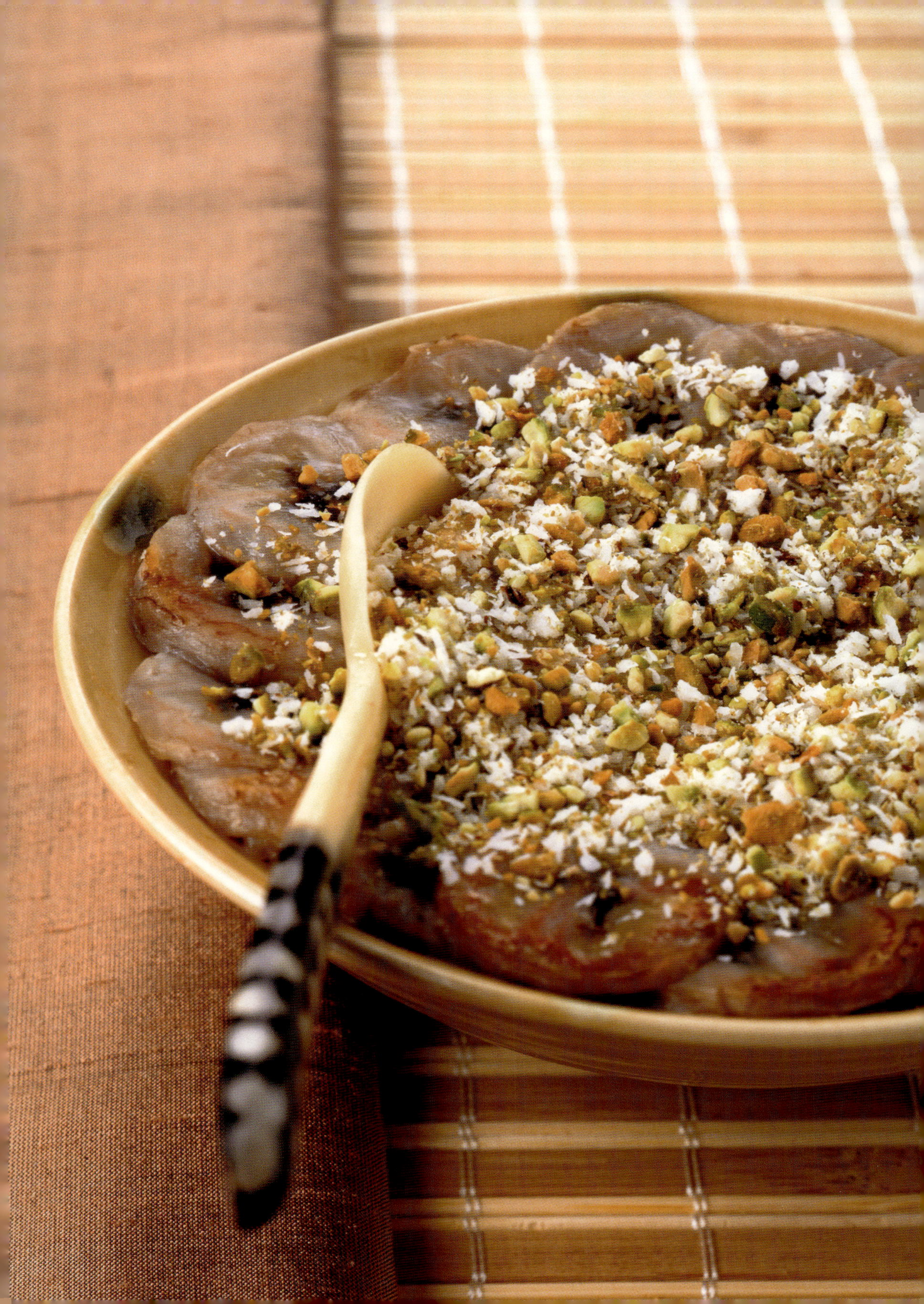

Zimt, Muskatnuss, Zitronenschale und Vanillemark aromatisieren. Den Ahornsirup, das Rosenwasser und einige Tropfen Mandelessenz unterrühren. Das Eiklar in einer anderen Schüssel mit einer Prise Zucker zu steifem Schnee schlagen und vorsichtig unterziehen.

Eine passende Backform mit Backpapier auslegen oder großzügig mit flüssiger Butter bestreichen. Den Teig auftragen und im vorgeheizten Backrohr bei 150 °C so lange backen, bis der Kuchen oben schön braun und fest ist, im Inneren aber noch saftig und feucht ist (ca. 60–75 Minuten). In der Backform auskühlen lassen und dann in Portionsstücke schneiden.

TIPP: Noch üppiger und saftiger schmeckt dieser feine Kuchen, wenn Sie zusätzlich etwas Butter und eingemachten Kürbis einarbeiten.

Asiatische Dessertküche

Baklava TÜRKEI

ZUTATEN
**300 g geschmolzene Butter • 500 g glattes Mehl • 125 ml Joghurt
4 Eier • 300 g Pistazien, Mandeln und Walnüsse gemischt • 200 ml Wasser
Butter zum Beträufeln • gehackte Pistazien zum Bestreuen
Mehl für die Arbeitsfläche**

FÜR DEN SIRUP
250 ml Wasser • 300 g Kristallzucker • Saft von 1 Zitrone

ZUBEREITUNG
Zunächst die Pistazien, Mandeln und Nüsse am besten mit einem Wiegemesser sehr fein hacken. Dann das Mehl auf eine Arbeitsfläche sieben und mit Joghurt, Eiern, zerlassener Butter sowie Wasser rasch zu einem geschmeidigen Teig verkneten. Den Teig zu einer langen Rolle formen, in ca. zwei Dutzend Scheiben teilen und diese zu möglichst hauchdünnen rechteckigen Platten ausrollen.
Eine geeignete Backform gut mit Butter ausstreichen. Mit Teigplatten auslegen und diese mit den gehackten Pistazien, Mandeln und Nüssen bestreuen. Wieder mit Teig abdecken und weiter so verfahren, bis alles verbraucht ist. Die oberste Teigplatte nicht mehr bestreuen. Teig mit flüssiger Butter beträufeln. Baklava mit einem sehr scharfen Messer in mundgerechte Rechtecke vorportionieren und im vorgeheizten Backrohr bei 170 °C etwa 30 Minuten backen. Herausheben und gut auskühlen lassen.
Inzwischen für den Sirup Zucker mit Wasser verkochen, bis sich der Zucker nach etwa 5 Minuten vollständig aufgelöst hat. (Bei Bedarf noch etwas Wasser hinzufügen.) Zitronensaft einrühren und den Sirup gleichmäßig über die Baklava gießen. Über Nacht gut durchziehen lassen. Erst kurz vor dem Servieren mit frisch gehackten Pistazien bestreuen.

Foto rechts

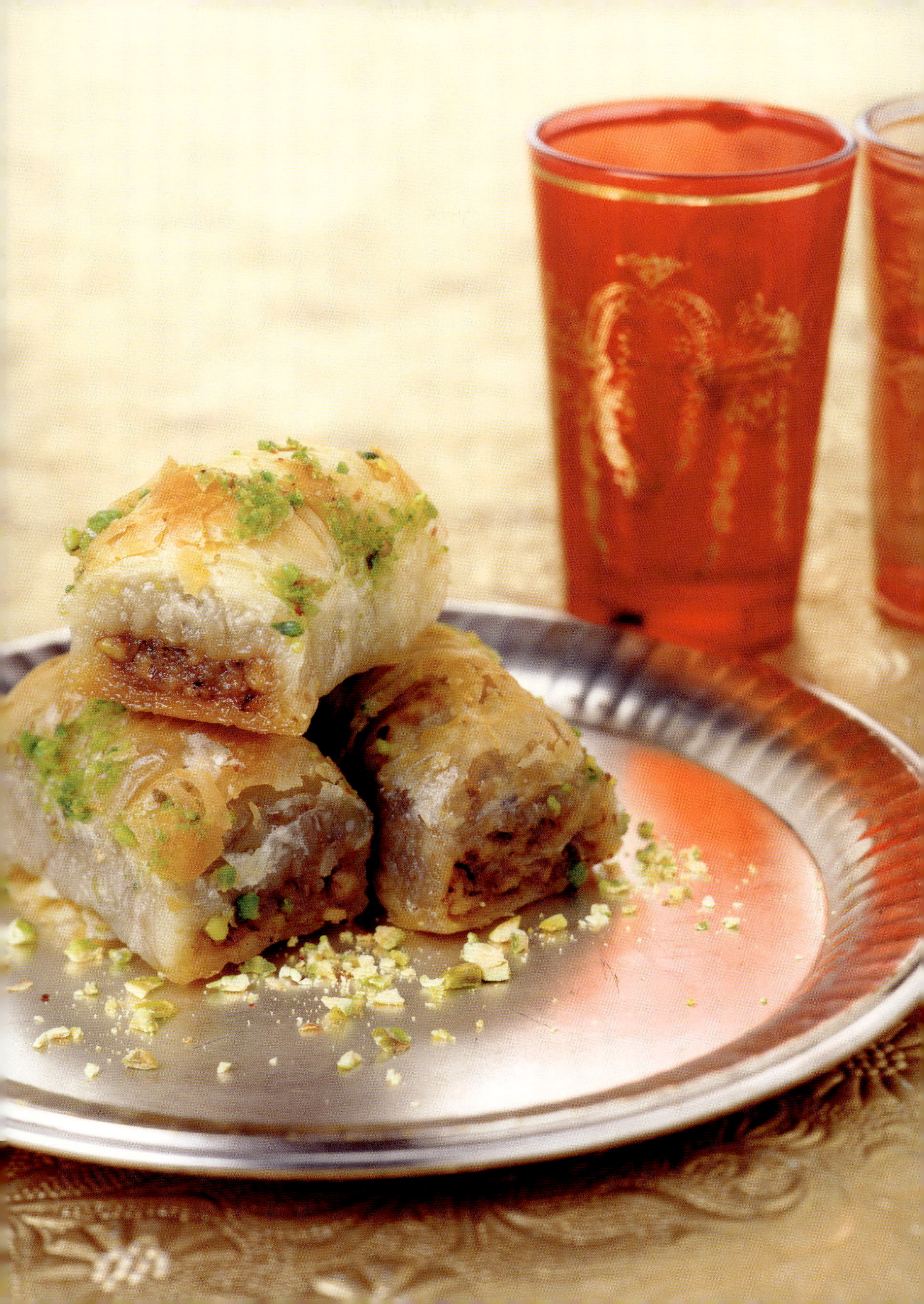

Asiatische Dessertküche

Birmesischer Reiskuchen MYANMAR

ZUTATEN FÜR 6 PORTIONEN
2 Tassen Reis • 4 Tassen Kokosmilch • 2 Tassen frisch geriebenes Kokosnuss-Fruchtfleisch (s. Tipp) • je 1 TL Gewürznelkenpulver, Kurkuma und Zimt • Salz • 4 EL brauner Zucker • 8 EL Sesamkörner Ghee (oder Butterschmalz)

ZUBEREITUNG
Den Reis einige Male unter fließendem Wasser waschen und danach gut abtropfen lassen. Etwas Ghee in einem Topf erhitzen und den Reis darin unter wiederholtem Umrühren einige Minuten anschwitzen.
Inzwischen die Kokosmilch in einer Schüssel mit einer Prise Salz, Kurkuma, Gewürznelken, Zimt sowie Zucker würzen und den Reis damit aufgießen. Zum Kochen bringen.
Einmal kurz aufkochen lassen, dann die Hitze auf ein Minimum reduzieren und zugedeckt 15–20 Minuten ziehenlassen, bis der Reis gargekocht ist. Das frisch geriebene Kokosnuss-Fruchtfleisch locker untermischen. Eine passende Auflaufform mit flüssigem Ghee ausstreichen und die Reismasse einfüllen. Die Sesamkörner in einer Pfanne ohne Fett anrösten und die Hälfte davon über den Reis streuen. Den Reis im vorgeheizten Backrohr bei 160 °C ca. 20 Minuten backen. Herausnehmen, kurz überkühlen lassen und in Portionsstücke schneiden. Die restlichen Sesamkörner mit etwas Salz vermengen und über den Kuchen streuen.

TIPP: Stehen keine frischen Kokosflocken zur Verfügung, so verkneten Sie einfach Kokosraspel mit etwas Wasser.

Stinkfrucht-Kuchen (Durian-Kuchen)
INDONESIEN

ZUTATEN
175 ml Kokoscreme (oder dicke Kokosmilch) • 350 g entkerntes Durian-Fruchtfleisch (tiefgekühlt oder in Dosen erhältlich) • 3 Eier 200 g Zucker • 250 g Mehl • Mehl und flüssige Margarine oder Butter für das Backblech

ZUBEREITUNG
Ein Backblech mit flüssiger Margarine oder Butter leicht bepinseln und mit wenig Mehl bestreuen. Das Backrohr auf 175 °C vorheizen. In einer Pfanne (oder einem Topf) die Kokoscreme zum Kochen bringen und dann kühlstellen. Das Durian-Fruchtfleisch im Mixer pürieren. In einer Schüssel die Eier mit Zucker schaumig schlagen und Mehl, Durian-Fruchtfleisch sowie Kokosmilch untermischen.
Die Masse auf das Backblech streichen und 30–40 Minuten backen, bis die Oberfläche schön braun ist. Um zu überprüfen, ob der Kuchen bereits fertig ist, mit einer Gabel in die Mitte des Kuchens stechen. Bleibt die Gabel sauber, so kann man den Kuchen herausnehmen. Auskühlen lassen, in kleinere Stücke schneiden und servieren.

Pfannkuchen mit roten Bohnen (Rezept Seite 380)

WARM

Gebackenes Eis „Chinatown" CHINA/USA

ZUTATEN
1 l Eiscreme mit beliebigem Geschmack • 1 Ei • 100 g Mehl
150 ml Wasser • Öl oder Kokosfett zum Frittieren • Semmelbrösel und Kokosflocken zum Wälzen • frische Früchte nach Belieben zum Garnieren

ZUBEREITUNG
Achtung, die Vorbereitung beginnt bereits einige Tage im Voraus! Aus dem Eis (am besten mit einem Eiskugelformer) 4 große oder 8 kleine Kugeln stechen. Diese sofort ins Gefrierfach geben und mindestens eine Stunde lang sehr fest frieren lassen. Inzwischen aus dem Ei, Mehl und Wasser einen sehr festen Teig anrühren. Auf einem Teller die Semmelbrösel mit den Kokosflocken vermengen.
Nun je eine hartgefrorene Eiskugel aus dem Gefrierfach nehmen, rasch mit Teig umhüllen, in der Semmelbrösel- Kokosmischung wälzen und wieder ins Gefrierfach zurücklegen. Am besten nochmals einige Tage richtig gut durchfrieren lassen. Dann in einem tiefen Topf ausreichend Öl erhitzen und jede Eiskugel einzeln einige Sekunden lang frittieren. Herausheben und gemeinsam mit in Scheiben geschnittenen frischen Früchten sofort auftragen.

Asiatische Dessertküche

Pfannkuchen mit roten Bohnen JAPAN

ZUTATEN
**200 g glattes Mehl • 150 ml Milch • 50 g Zucker • 5 Eier
1/2 Würfel Germ • Butter zum Backen**

FÜR DIE BOHNENPASTE (auch fertig erhältlich)
100 g Azukibohnen • 200 g Zucker

ZUBEREITUNG
Die Bohnen über Nacht in kaltem Wasser einweichen. Abgießen, mit kaltem Wasser aufstellen und zum Kochen bringen. Etwa 3 Stunden kochen, bis sie ganz weich sind (währenddessen wiederholt frisches Wasser zugießen). Die gekochten Bohnen abseihen und noch heiß gemeinsam mit dem Zucker im Mörser zerstampfen, bis sich die Schale von den Bohnen löst. Zur Seite stellen.
Für die Pfannkuchen aus Mehl, Milch, Zucker und Germ eine dickflüssige Masse (wie Palatschinkenteig) anrühren. Die Eier sehr steif schlagen und vorsichtig unter die Masse rühren.
Eine beschichtete Pfanne erhitzen, mit Butter ausstreichen und mit Küchenkrepp wieder auswischen. Anschließend die Pfanne nochmals erhitzen und einen kleinen Schöpflöffel Teig in die Pfanne gießen. Pfanne etwas schwenken und den Pfannkuchen beidseitig goldbraun backen. Herausnehmen, zur Seite stellen und die restlichen Pfannkuchen ebenso backen. Dann je 2 Pfannkuchen mit der Bohnenpaste füllen und anrichten.

Foto Seite 379

Zitronengras-Crème-brûlée KIM KREATION!

ZUTATEN
**500 ml Schlagobers • 200 ml Milch • 100 g Zucker • 1 Vanilleschote
7 Eidotter • 5 Zitronengras-Stangen • Rohzucker zum Bestreuen**

ZUBEREITUNG
Die Zitronengras-Stangen der Länge nach schneiden, dabei die Kopfseite eventuell mit einem Stößel zerstampfen. Zitronengras, Schlagobers, Milch, Zucker und die Vanilleschote gemeinsam ca. 15 Minuten köcheln lassen. Abseihen und kaltstellen.
Die Dotter glattrühren und mit der Schlagobers-Masse vermischen. Am besten in breite, flache Suppenteller (oder kleine Schalen) 2/3 hoch einfüllen, in ein Wasserbad stellen und im vorgeheizten Backrohr bei 90 °C ca. 90 Minuten garen (oder im Dampfgarer bei 90 °C 40 Minuten stocken lassen). Herausnehmen und 10 Minuten abkühlen lassen. Mit Zucker bestreuen und im Backrohr bei größtmöglicher Oberhitze (oder unter der Grillschlange) karamellisieren lassen.

Foto rechts

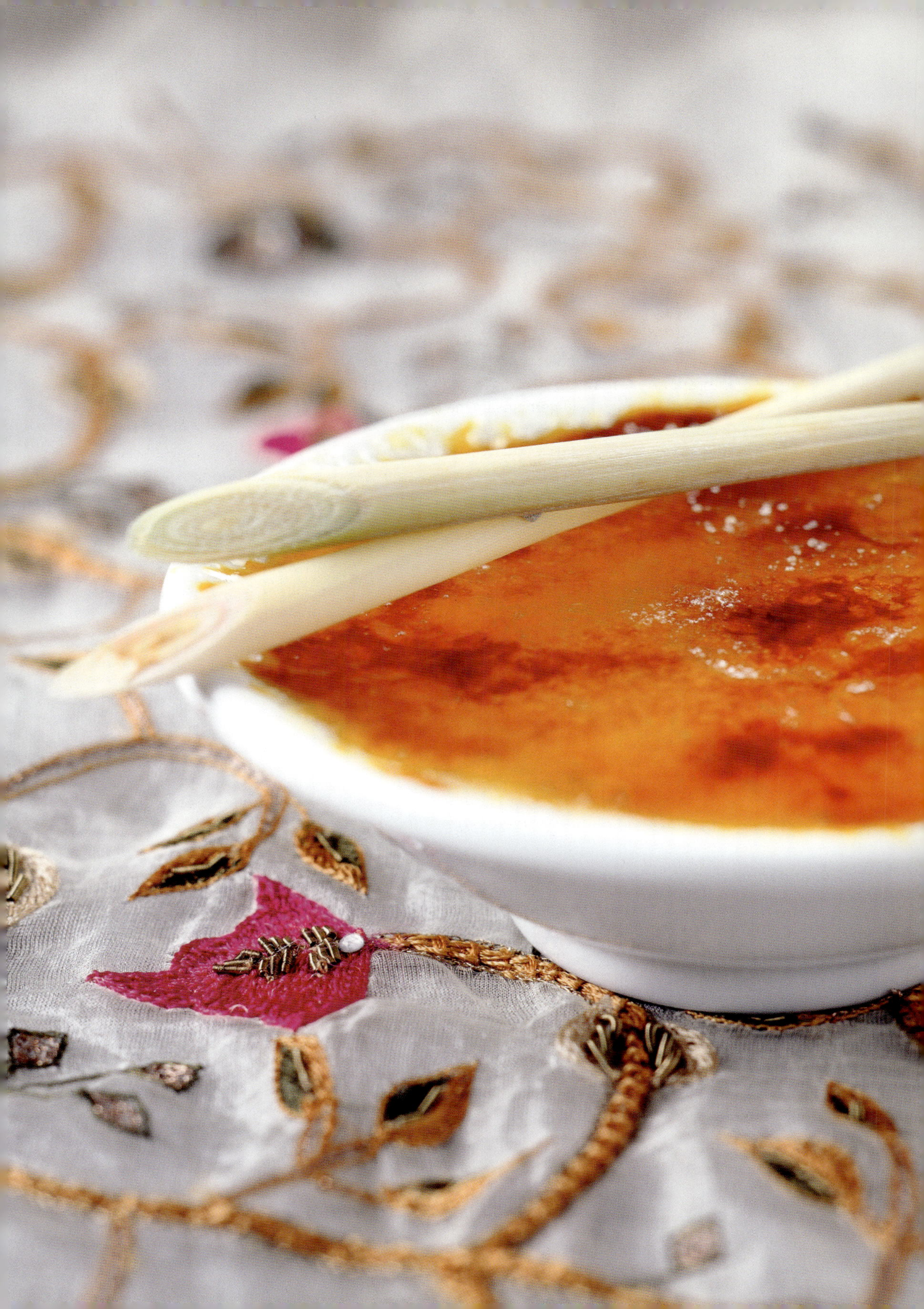

Asiatische Dessertküche

Crêpe mit Schokolade-Ingwer-Sorbet
KIM KREATION!

ZUTATEN
200 g dunkle Schokolade (ca. 80 %) • 200 ml Kokosmilch
ca. 50 g geriebener Ingwer • ca. 60 ml Wasser • 80 g Zucker
Msp. Bourbon-Vanillemark (oder -zucker)

FÜR DIE CRÊPES
110 g glattes Mehl • 2 cl Baileys (Original Irish-Cream-Likör)
240 ml Wasser • 2 Eier • Salz • 1 EL Zucker • 1 EL Sonnenblumenöl
Butter • Staubzucker zum Bestreuen

ZUBEREITUNG
Vanilleschote halbieren und Vanillemark herauskratzen. In einem Topf Wasser mit Kokosmilch, Vanillemark, Zucker sowie Ingwer vermengen und 3 Minuten aufkochen. Schokolade zugeben und schmelzen lassen. Mit dem Schneebesen gut durchrühren und anschließend einige Stunden in den Tiefkühlschrank stellen. Dann herausnehmen, kräftig durchrühren und wieder tiefkühlen. Diesen Vorgang 2–3 Mal wiederholen und so lange frieren lassen, bis die Masse eine cremige Konsistenz bekommt.
Für die Crêpes die Eier trennen und die Dotter mit Mehl, Baileys, Wasser, Salz, Zucker sowie Sonnenblumenöl vermengen und glattrühren. Eiklar zu Schnee schlagen und unterheben.
Eine Pfanne erhitzen und wenig Butter darin schmelzen lassen. Einen Schöpflöffel Teig eingießen und die Crêpes beidseitig goldbraun backen. Herausheben, warmstellen und die restlichen Palatschinken ebenso backen.
Nun je eine Crêpe auf einem Teller anrichten. Mit einem Löffel etwas Schokoladesorbet herausstechen und auf die Crêpe geben. Zusammenklappen und mit Staubzucker bestreuen.

TIPP: Das Sorbet schmeckt auch ohne Crêpe, dafür mit frischen Früchten der Saison serviert, ausgezeichnet.

Foto rechts

Besonderer Reiskuchen PHILIPPINEN

ZUTATEN FÜR 6–8 PORTIONEN
3 Eier • 250 g Zucker • 300 ml Kokosmilch • 500 g Reismehl
2 TL Backpulver • 1 TL Salz • 1–2 EL geriebener milder Käse
2 EL zerlassene Butter zum Beträufeln • Butter für die Formen
Staubzucker und/oder Kokosflocken zum Bestreuen

ZUBEREITUNG
Das Mehl mit Backpulver und Salz gut vermischen. Die Eier locker aufschlagen, so dass sie leicht cremig sind. Nach und nach Zucker zugeben und dabei ca. 5 Minuten weiterschlagen. Anschließend abwechselnd Mehl sowie Kokosmilch einmengen und alles gut verrühren.

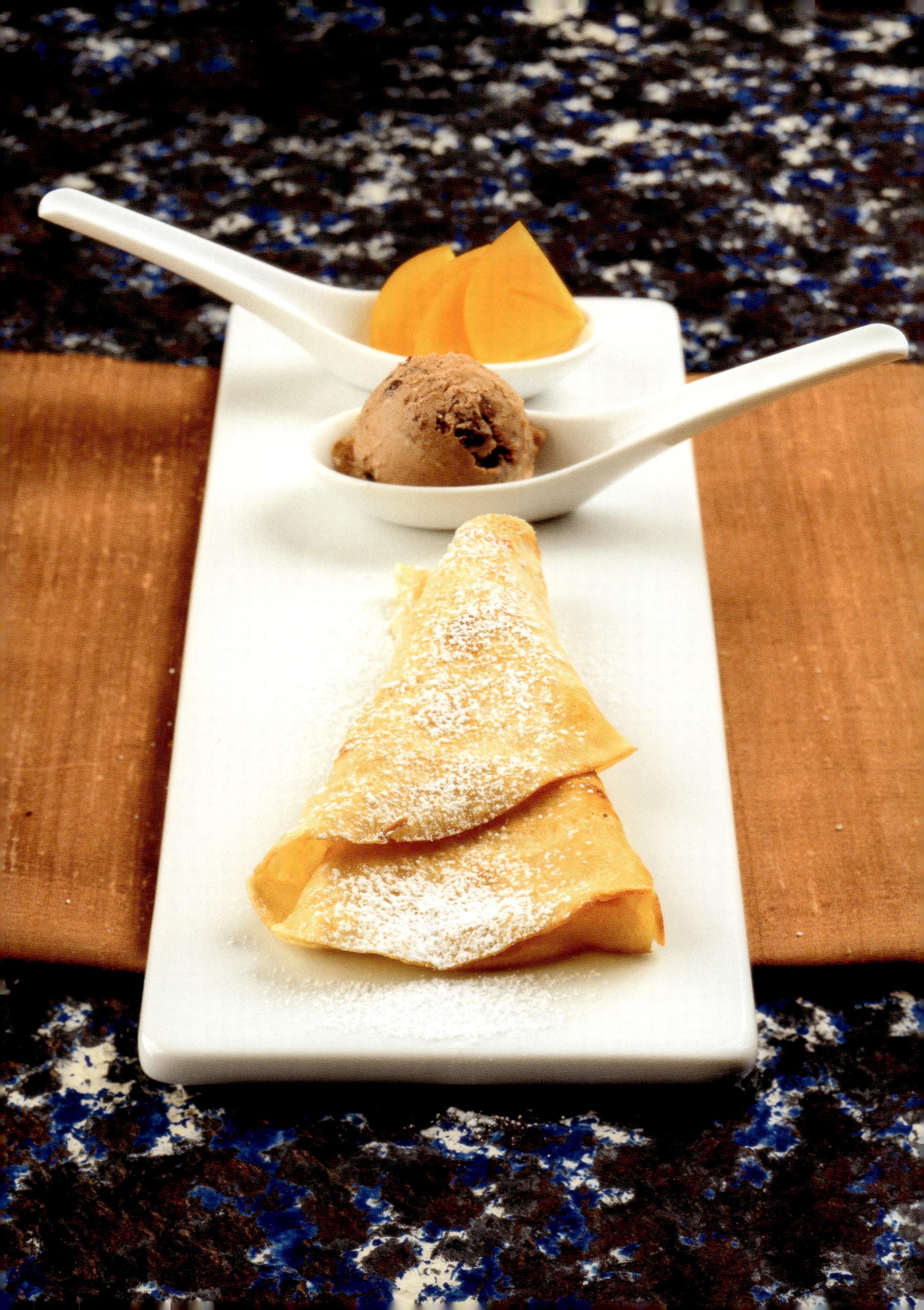

Zwei ca. 20 cm lange Backformen mit Butter ausstreichen oder mit Backpapier auslegen und den Teig darin verteilen. Im vorgeheizten Backrohr bei 175 °C ca. 15 Minuten backen. Nun den Käse darüberstreuen und weitere 10–15 Minuten backen. Kuchen herausnehmen und mit geschmolzener Butter beträufeln. Nach Belieben mit Zucker oder Kokosflocken bestreuen.

Asiatische Dessertküche

Topfenkugeln im Kokosmantel mit Birnen-Ingwer-Kompott KIM KREATION!

ZUTATEN
200 g magerer Topfen • 4 EL Semmelbrösel • 1 Ei • 1 EL Zucker
2 x je 1 EL Vanillezucker • Prise Salz • Staubzucker zum Bestreuen

FÜR DIE KOKOSBRÖSEL
100 g Semmelbrösel • 50 g Butter • 50 g Kokosflocken

FÜR DAS KOMPOTT
3 harte Birnen • ca. 20 g Ingwer • 4 getrocknete Marillen • Ahornsirup
250 ml Wasser oder Birnensaft

ZUBEREITUNG
Für die Kokosbrösel eine Pfanne erhitzen, die Butter darin schmelzen lassen und die Brösel goldbraun rösten. Die Kokosflocken sowie einen Esslöffel Vanillezucker dazugeben, ebenfalls kurz mitrösten und dann zur Seite stellen.
Das ganze Ei mit Zucker zu festem Schaum schlagen. Den Topfen in eine Schüssel geben und Brösel, Vanillezucker, eine Prise Salz sowie den Eischaum vorsichtig unterheben. Aus der Masse kleine Kugeln mit etwa 2 cm Durchmesser formen. In einem Topf Wasser aufkochen, die Topfenkugeln vorsichtig einlegen und etwa 2 Minuten ziehen lassen. Sobald die Topfenkugeln an der Oberfläche schwimmen, herausheben, in den vorbereiteten Bröseln wälzen und mit Staubzucker bestreuen. Mit dem vorbereiteten Kompott servieren.
Für das Kompott die Birnen vierteln, schälen, entkernen und in 2 cm große Würfel schneiden. Ingwer waschen und klein schneiden. Die getrockneten Marillen kleinwürfelig schneiden. In einem Topf Wasser oder Saft zum Kochen bringen. Die Ingwerstückchen dazugeben und 3 Minuten kochen. Birnen sowie Marillen einmengen und den Topf vom Herd nehmen. Mit Ahornsirup abschmecken und in Schüsseln füllen.

TIPP: Noch abwechslungsreicher schmeckt dieses Kompott, wenn Sie eine der drei Birnen durch einen Apfel ersetzen.

Foto rechts

Süße Dim Sum mit Bohnenpaste CHINA

ZUTATEN
400 g Mehl • 30 g Zucker • 170 ml warmes Wasser • 1,5 EL Trockengerm 2 TL Backpulver • 1 EL Schweineschmalz • rote Bohnenpaste, s. Pfannkuchen mit roten Bohnen S. 380, halbe Menge

ZUBEREITUNG
Den Zucker mit warmem Wasser sowie Trockengerm gut verrühren und an einem warmen Platz ca. 15 Minuten gehen lassen. Das Backpulver mit dem Mehl versieben und mit dem Schweineschmalz sowie der Germmischung gut verkneten und zu einem geschmeidigen Germteig verarbeiten (bei Bedarf noch etwas Wasser zugeben). Den Teig in eine Schüssel geben, mit einem feuchten Tuch abdecken und an einem warmen Ort 90–120 Minuten gehen lassen, bis sich sein Volumen verdreifacht hat. Den Teig und die Bohnenpaste in 12 Portionen teilen. Die Teigstücke ausrollen, jeweils eine Portion Bohnenpaste daraufsetzen und den Teig darüber so zusammenziehen und festdrücken, dass jeweils ein kleines Knödelchen entsteht. Die Knödel weitere 45 Minuten an einem warmen Platz aufgehen lassen. Dann die kleinen Knödel auf jeweils ein Stückchen Backpapier setzen und diese wiederum in den Bambuseinsatz eines Dämpfkörbchens einordnen. Deckel aufsetzen und 6 Minuten über kochendem Wasser dämpfen.

Asiatische Dessertküche

Gebratene Bananen mit geeister Mango
TAIWAN

ZUTATEN
**4 Bananen • 1–2 EL Honig • Prise Zimt • 250 ml chin. Mandarinenwein
2 Orangen zum Garnieren • Butter zum Braten**

FÜR DIE GEEISTE MANGO
**2 große, saftige Mangos • 2 Limetten (ersatzweise 1 Zitrone und
1 Orange) • 2 EL Zucker • je 1 Prise Zimt, Kardamom und Gewürznelken**

ZUBEREITUNG
Für das Mango-Sorbet zunächst die Mangos schälen, Fruchtfleisch herauslösen und den Fruchtsaft auffangen. Limetten auspressen. Mangofleisch, Mango- und Limettensaft sowie Zucker, Zimt, Kardamom und Nelken in einer Schüssel vermengen und mit einem Stabmixer fein pürieren. Masse durch ein Sieb streichen, in eine passende Form füllen und ins Tiefkühlfach stellen. Einige Stunden durchfrieren und währenddessen wiederholt umrühren, damit die Masse nicht zu fest wird. (Oder in einer Eismaschine ca. 20 Minuten frieren.)
Inzwischen die Bananen schälen und der Länge nach halbieren. Die Orangen ebenfalls schälen, in Spalten trennen und nach Belieben die Haut abziehen. In einer Pfanne etwas Butter schmelzen und die Bananen darin beidseitig kurz anbraten. Wieder herausheben und warmstellen. Den verbliebenen Bratenrückstand mit Mandarinenwein aufgießen, aufkochen lassen, Honig sowie Zimt einrühren und die Sauce etwas einkochen lassen. Nun die gebratenen Bananen anrichten und mit den Orangenfilets umlegen. Die geeiste Mango aus dem Tiefkühlschrank nehmen, kurz durchrühren, mit einem Esslöffel dekorative Nocken ausstechen und neben die Bananen legen.

Gebackene Bananen INDONESIEN

ZUTATEN
**4 Bananen (am besten kanarische Apfel-Bananen) • Pflanzenöl
zum Herausbacken • Bananenblatt zum Garnieren nach Belieben**

FÜR DEN TEIG
**3 EL Reismehl • 8 EL Weizenmehl • 1 Prise Salz • 2 TL brauner Zucker
1 Ei • 300 ml Kokosmilch • 3 EL Bier**

ZUBEREITUNG
Für den Teig sämtliche Zutaten in einer Schüssel miteinander vermengen und mit wenig Wasser zu einer halbflüssigen Masse verrühren. Eine Stunde rasten lassen. Dann die Bananen schälen und der Länge nach durchschneiden.
In einer Pfanne Öl erhitzen, die Bananen in den Teig eintauchen und im heißen Öl rundum goldgelb frittieren. Herausheben und abtropfen lassen. Auf Tellern anrichten, nach Belieben mit einem Bananenblatt garnieren und servieren.
GARNITUREMPFEHLUNG: Erfrischendes Fruchtpüree (Ananas, Mango etc.)

Foto rechts

Schwarzer Reispudding MALAYSIA

ZUTATEN
150 g schwarzer Reis • 1 l Wasser • 1 Pandanussblatt (oder Bananenblatt 5 x 10 cm) • 140 g Zucker • 250 ml Kokoscreme (oder dicke Kokosmilch) • Salz

ZUBEREITUNG
Den Reis einige Male waschen und 45 Minuten einweichen. Anschließend in einem Topf mit 1 Liter Wasser und dem Pandanussblatt zum Kochen bringen. Nach etwa 15 Minuten Hitze auf das Minimum reduzieren und weitere 45 Minuten köcheln lassen. Dann Zucker zugeben und noch 10 Minuten weiterkochen. Währenddessen wiederholt umrühren (oder einen beschichteten Topf verwenden), damit sich der Reis nicht anlegt. Reispudding vom Herd nehmen und das Pandanussblatt entfernen. In einem anderen Topf die Kokoscreme mit einer Prise Salz aufkochen und 5 Minuten köcheln lassen. Nun jeweils einen Schöpflöffel Reispudding in eine kleine Schale füllen, die Kokoscreme daraufgeben und servieren.

Asiatische Dessertküche

Gefüllte Kokosbällchen SINGAPUR

ZUTATEN
125 g Klebreis-Mehl • ca. 200 ml Kokosmilch • 1 kl. Stück (2 cm) Ingwer
2 EL Zucker • 100 g Palmzucker (od. brauner Zucker)
100 g geröstete Kokosflocken

ZUBEREITUNG
Das Reismehl mit der Kokosmilch sowie dem Zucker vermischen und den Ingwer dazureiben. Den Teig so lange kneten, bis er nicht mehr an den Händen kleben bleibt. Wenn nötig, noch etwas Kokosmilch zufügen (der Teig sollte wirklich nicht kleben!). Nun den Teig zu einer Rolle formen, in 24 Stücke teilen und diese wiederum zu kleinen Kugeln rollen. Den Palmzucker sehr klein hacken. Mit Hilfe eines Stäbchens in jedes Reisbällchen ein kleines Loch bohren und wenig Palmzucker einfüllen. Das Loch wieder verschließen und die Bällchen kugelrund rollen.
In einem Topf Wasser aufkochen und die Reisbällchen einlegen. Warten, bis die Bällchen an die Oberfläche schwimmen, und anschließend 2 Minuten ziehen lassen. Herausnehmen, abtropfen lassen und in den gerösteten Kokosflocken wälzen.

Foto rechts

Süßkartoffeln in Ingwersirup MALAYSIA

ZUTATEN
2 mittelgroße Süßkartoffeln (ca. 350 g) • 1 l Wasser • 1 Stück (3 cm) Ingwer • 1 Pandanussblatt (oder Bananenblatt 5 x 10 cm)
100 g Palmzucker (oder 80 g Rohrzucker)

ZUBEREITUNG
Den Ingwer in dünne Scheiben schneiden. Die Süßkartoffeln waschen, schälen und in kleine mundgerechte Stücke (2 x 2 cm) schneiden. In einen Topf mit Wasser geben und gemeinsam mit dem Pandanussblatt und den Ingwerscheiben zum Kochen bringen. Nach ca. 8–10 Minuten, wenn die Süßkartoffeln noch nicht ganz durch sind, den Palmzucker zugeben. Mehrmals umrühren und weitere 5 Minuten köcheln lassen, bis die Kartoffeln gargekocht sind. Das Pandanussblatt entfernen.
Süßkartoffeln in kleine Schalen oder Schüsseln füllen, mit etwas Kochflüssigkeit begießen und warm oder kalt servieren.

TIPP: Etwas molliger wird dieses aparte Dessert, wenn man Kokosflocken oder Kokosmilch mitkocht.

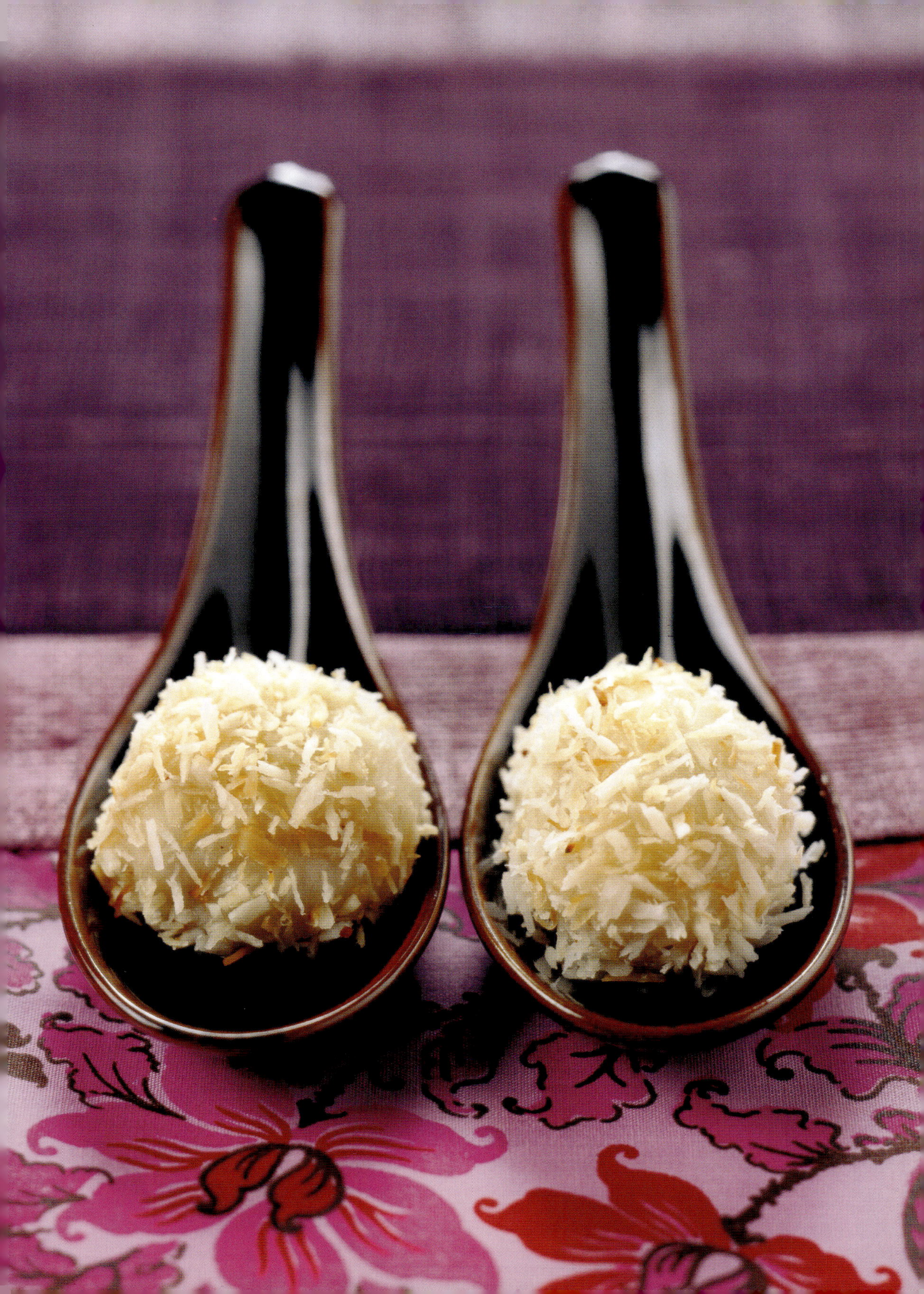

Rote-Bohnen-Suppe mit Reisbällchen
KOREA

Asiatische Dessertküche

ZUTATEN
**100 g rote Bohnen (Azuki-Bohnen) • 50 g Klebreis • 1 l Wasser
100 g Zucker • 100 ml Malz (im Reformhaus oder Bioladen erhältlich)
Salz**

FÜR DIE REISBÄLLCHEN
100 g Klebreismehl • Salz

ZUBEREITUNG
Die Bohnen waschen und über Nacht in kaltem Wasser einweichen. Am nächsten Tag Klebreis waschen und ca. 1 Stunde einweichen. Dann Reis und Bohnen in einem Topf vermengen und mit dem Wasser zum Kochen bringen. Sobald das Wasser köchelt, Hitze reduzieren und ca. 90 Minuten unter ständigem Rühren köcheln lassen.

Für die Reisbällchen das Klebreismehl mit einer Prise Salz und so viel Wasser verarbeiten, dass eine gut formbare Masse entsteht. Etwa 30 Minuten rasten lassen. Danach aus der Masse kleine Bällchen in der Größe einer Weintraube formen und diese in einem Dämpfeinsatz ca. 15 Minuten dämpfen.

Die fertige Suppe nochmals kräftig umrühren, damit die Bohnen und Reiskörner zerdrückt werden. Danach mit einer Prise Salz, Zucker und Malz abschmecken. In Schüsseln verteilen, die Reisbällchen dazugeben und servieren.

TIPP: In Korea serviert man diese aparte Süßspeise speziell in der langen Winterzeit als Nachtisch oder als Zwischengericht. Es besteht aber auch die Möglichkeit, Zucker und Malz wegzulassen und die Suppe salzig zu würzen.

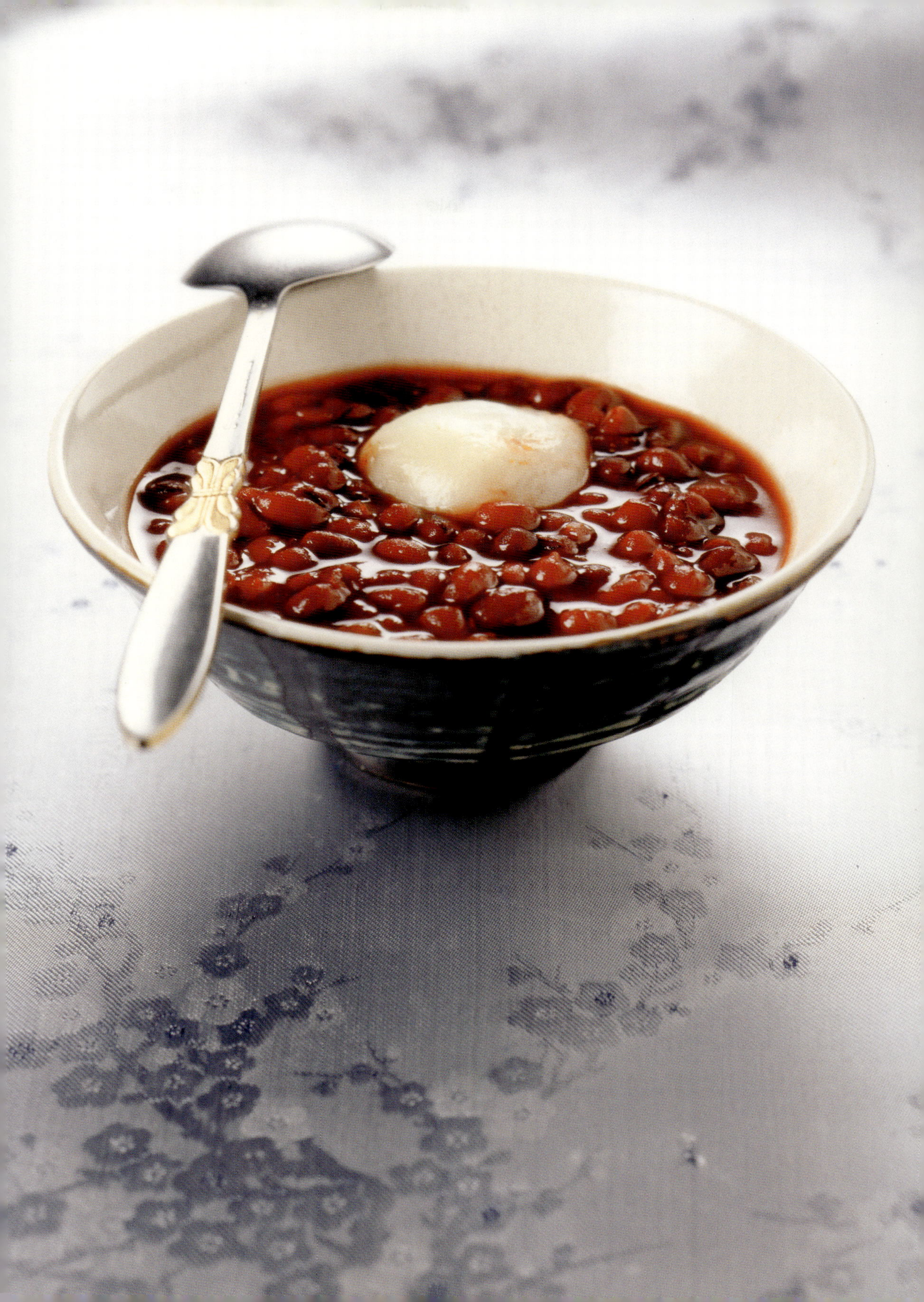

Register

A

Abalone 36
Acht Schätze 19 f., 28, 356 f.
Adobo 19
Affenbrotfrucht 42
Agar-Agar 32, 360, 364
Aji 38
Aka Togarashi 45
Aki 42
Algen 32
Ameisen steigen auf den Baum 238
Amur, verborgener 244
Ananas 42
Annone 42
Arame 32
Arrak 79
Asafoetida-Pulver 45
Asian Dream (Drink) 86
Aubergine 33
Auberginen-Curry mit Garnelen 206
Austernsauce 54
Avocado 42
Azuki-Bohnen 34
Azukibohnen-Würfel 360

B

Babaco 43
Baffad Masala 52
Bagung 54
Baklava 376
Bambussprossen 33
Bami Goreng 232
Banane 43
Bananen, gebackene 386
Bananen, gebratene,
   mit geeister Mango 386
Bananenkonfekt, kantonesisches 372
Bananenkuchen 374
Bangusfilets
   in schwarzer Bohnensauce 246
Bärentatzen 37
Bärlauch-Dim-Sum „Tsing Tao" 128
Basilikum 45
Basmati-Reis 65
Beinfleisch, geschmortes, vom Rind 343
Beiriedstreifen
   mit Silberohren und Schalotten 334 f.
Berberitzen-Reis
   mit Huhn in Orangensauce 222
Bergtaube, duftende,
   nach Szechuan-Art 301 f.
Bettlerhuhn 296 f.
Bharuchi Garam Masala 53
Bier 79

Blüten- oder Bergpfeffer 45
Blüten, essbare 34
Bockshornklee 45
Bohnen 33 f.
Bohnen, rote 390
Bohnen, schwarze 33, 54
Bohnenpaste, gelbe 54
Bohnenpaste, süße (Tianmianjiang) 56
Bohnenpasten 54
Bohnensauce, fermentierte schwarze 54
Bonito 38
Borschtsch 12
Bratäpfel mit Faschiertem 120 f.
Bulgogi (gebratenes Rindfleisch) 21, 334
Bulgogi-Grill 73
Buri 38

C

Camargue-Reis s. roter Naturreis
Chapati (Indisches Brot) 13, 114, 116
Chengdu Chicken 289
Chili 45
Chili-Crab 262, 264
Chili-Fleischbällchen 138
Chili-Huhn, indisches 292
Chili-Nudeln
   mit Rinderfilet-Streifen 234 f.
Chiliöl 54
Chilisauce s. Thunfisch-Sashimi
Chinakohl 34
Chinakohl, kalter, auf Szechuan-Art 150
Chinakohl-Namul s. Namul
Chinakohlsuppe,
   schnelle, mit Glasnudeln 168
Chop Suey 278
Congee 91
Crêpe mit Schokolade-Ingwer-Sorbet 382
Curryblätter 46
Curry-Pulver 48 f.

D

Daikon 66
Dashi 54
Dashi nach japanischer Art 58
Dashi nach koreanischer Art 58
Dattel 43
Dattelbissen, süße (Halwa Tamr) 368
Der Fisch mit dem Bauch 248
Dim Sum, süße, mit Bohnenpaste 385
Dongdongju 82
Dörrobst-Salat mit Rosenwasser-
   Orangenblüten-Marinade 367
Duftende Bergtaube
   nach Szechuan-Art 301 f.

Register

Dulse 32
Durian-Kuchen s. Stinkfrucht-Kuchen

E
Ebi 38
E-Fu-Nudeln 60
Eier in Kokosmilch 91
Eier, tausendjährige 37
Eiernudeln, gebratene 232
Eis, gebackenes, „Chinatown" 379
Eis mit Bohnensauce und Fruchtsalat 366
Eistich mit geröstetem Speck 90
Enokipilze 63
Ente, gefüllte 308 f.
Ente mit Süßkartoffeln 305
Entenbrust auf Peking-Art 304 f.
Entenbruststreifen in Sesamsauce 302
Enten-Congee
    (Frühstücksreis mit Ente) 92
Enten-Lauch-Bissen, marinierte 114
Enten-Saté-Spießchen 304
Entrecôte-Streifen
    nach japanischer Art 110
Erdnuss-Kokos-Huhn 284 f.
Erdnussöl 38
Erdnuss-Pinien-Suppe 167
Erdnuss-Risotto
    mit Garnelenspießchen 214
Erdnuss-Sauce
    s. Hühner-Saté-Spießchen
essbare Erde 16
Essen mit Stäbchen 74 f.

F
Fasan mit Walnüssen, Orangen
    und grünem Tee 311
Fastensuppe mit Tofu
    nach Guangdong-Art 168
Feige 43
Feigen-Orangen-Salat 361
Feigensalat
    in Reis- und Pflaumenwein 361
Fisch, im Ganzen gebratener,
    mit Chili-Bandnudeln 255
Fisch in schwarzer Bohnensauce 246
Fisch mit dem Bauch 248
Fischlaibchen in Tomatensauce 252
Fischsauce (Yulu) 54
Fischsauce, scharfe 57
Fischsuppe, grüne 180
Fischsuppe
    mit Frühlingszwiebeln und Chili 180
Fischsuppe vom Baikalsee (Ucha) 180 f.
Fladenbrot s. Chapati, Puri etc.

Fladenbrot,
    mit Faschiertem überbackenes 118 f.
Fleischeintopf, philippinischer 286
Fleischfondue, japanisches s. Suki-Yaki
Fleischfondue, vietnamesisches 332
Fleischgulai 324 f.
Fleischomeletts, pikante 92 f.
Fleischtopf,
    pikanter, mit Pilzen und Eiern 326 f.
Froschschenkel 37
Frühlingsröllchen 134 f.
Frühstück, japanisches 95
Frühstücksreis mit Ente 92
Fugu (Kugelfisch) 37, 39
Fugu, falscher 110
Fünf-Gewürze-Pulver 50

G
Gado-Gado 208
Galangawurzel 66
Galgantwurzel 66
Garam Masala 49, 52
Garnelen in Kokosmilch 260
Garnelen-Avocado-Salat 156
Garnelenbällchen 137
Garnelen-Dim-Sum 128
Garnelen-Reissuppe
    mit Zitronengras und Ingwer 175
Garnelensauce/Garnelenpaste 54
Garnelen-Tempura
    auf dreierlei Arten 141 f.
Garnelen-Tofu-Steak, gedämpftes,
    mit Soja-Chilisauce 125
Garnelen-Tofu-Suppe mit
    Reisnudeln (Laksa Udang) 176
Gebratenes Lammfilet
    auf Balsamico-Kartoffeln 349
Gedämpfter knuspriger Karpfen 254
Gedämpftes Stubenküken
    mit Zwiebeln und Ingwer 300
Gefüllte Äpfel 120 f.
Gefüllte Ente 308 f.
Gefüllte Kalmare mit arabischem Reis
    und Birnensauce 265
Gefüllte Omeletts 92 f.
Gefüllte Pute 310
Gegrillter Fisch
    im Bananenblatt (Otak Otak) 256
Gegrillter Fisch
    mit Zitronengras-Zwiebel-Füllung 254
Gelbwurz (Kurkuma) 46
Gemüse, eingelegtes 34
Gemüse, gedämpftes 201
Gemüse, süß-saures s. Teriyaki-Huhn

Gemüsebissen, frittierte s. Pakroas
Gemüsereis, gebratener, mit Tofu   216
Gemüse-Tempura   202
Geräucherte Lachs-Sashimi
    mit Kren-Sesamsauce   108
Geräucherte Wachteln
    mit Bergpfeffer   300 f.
Getreidekörner, geröstete   35
Gewürzmischung, arabische   54
Ghee   38
Gingkonüsse   35
Ginseng   66
Ginseng-Risotto
    mit Maroni und Berberitzen   219
Glasnudeln   61
Glasnudeln mit Garnelen   237
Glasnudel-Salat mit Sojasprossen   152
Glutamat   50
Gluten   35
Goma   46
Grießkuchen s. Love Cake
Guave   43
Gurken, marinierte, mit Koriander   146
Gurken-Joghurt-Salat (Khira Raita)   148
Gurkensalat mit Kokos und Chili   147

H

Haifischflossen   37
„Haifischflossensuppe", tibetische   188
Hakusai   35
Halwa Tamr s. Dattelbissen
Hamaguri   39
Harusame   61
Heilbutt
    mit Eierschwammerln in Kernöl   250
Hijki   32
Hochzeitsreis, goldener   213
Hoisin-Sauce   54
Hokkien-Nudeln   62
Honigmelonen-Scheiben
    mit Klebreis und Kokossauce   368
Honig-Sesamkekse   370
Hotategai   39
Huhn, geschmortes, mit Garnelen   284
Huhn auf Chettinad-Art   292 f.
Huhn in Erdnuss-Kokos-Sauce   284 f.
Huhn in Sesam-Mandel-Marinade   293
Huhn nach Chengdu-Art   289
Hühnercurry mit Reis s. Murgh Biryani
Hühnerfleisch „Chop Suey"   278
Hühnerfleisch-Dim-Sum, frittierte   138
Hühnerfleischpasteten   124
Hühnerflügerl, fünffach duftende   290
Hühnerflügerl, gedämpfte   290

Hühnerflügerl,
    in Reiswein gedünstete   289
Hühnerfüße   37
Hühnerfüße aus dem Wok s. Phönixkrallen
Hühnerpasteten   124
Hühner-Saté-Spießchen (Satay)
    mit Erdnuss-Sauce   280
Hühner-Schweinefleisch-Topf
    mit Erdnuss-Sauce s. Pipian
Hühnerspießchen, gegrillte (Yaki-Tori)   279
Hühnersuppe mit Glasnudeln
    und Sojabohnensprossen   188 f.
Hühner-Wok
    mit Mangold und Paprika   278 f.
Hummer, im Wok gebratener,
    in schwarzer Bohnensauce   264 f.

I

Ika   39
Imam Bayildi
    (Der Imam fiel in Ohnmacht)   9, 205 f.
Indisches Brot (Chapati)   13, 114, 116
In Reiswein marinierte Jakobsmuscheln
    mit Koriander   268
Inari   35
Ingwer   46
Ingwer-Marillen-Huhn-Millefeuille   142
Ingwerhuhn mit Nüssen   282
Ingwerwurzel   67
Iwashi   39

J

Jakobsmuscheln,
    gebratene, mit Pak Choi   266 f.
Jakobsmuscheln, in Reiswein marinierte,
    mit Koriander   268
Jakobsmuscheln mit Okonomiyaki   268 f.
Japan-Reis   65
Jiangyou s. Sojasauce
Jiu   79
Joghurt und Joghurtgetränke   79

K

Kaffee   80
Kaffee nach Beduinenart   81
Kaffirblatt (auch Kaffernblatt)   46
Kaisertaschen Har Kao, glasklare   130
Kaki   43
Kalbfleischeintopf mit Weichseln   243
Kalbshirn-Sellerie-Salat   156
Kalbskoteletts mit Basche
    (Walnuss-Sauce)   344
Kalmare, gefüllte, mit arabischem Reis
    und Birnensauce   265

Register

395

Register

Kapi 55
Karambole 43
Kardamom 46
Karotten-Konfekt mit Pistazien 370
Karottensalat mit Szechuan-Pfeffer 146
Karpfen 39
Karpfen, zischender 254
Kartoffel-Carpaccio, warmes,
   mit St. Petersfisch und gehobeltem
   Bergkäse 120
Káscha 12
Kascha mit Steinpilzen 94
Katsuo 40
Kaviar, iranischer 12
Kecap Manis 19, 55
Kelp (Laminaria) 32
Keta-Kaviar auf Daikon-Püree 109
Kichererbsensuppe mit Nudeln 170
Kimchi 21, 151
Kiwi 43
Klebreis 65
Kobe-Rind 22, 41, 330
Koknozu-Salat mit Kichererbsen 154
Kokosbällchen, gefüllte 388
Kokos-Fisch, in der Folie gegrillter 256
Kokos-Garnelen-Suppe
   mit frittierten Glasnudeln 174
Kokos-Hühner-Suppe 187
Kokosmilch und -creme 55
Kokosnuss-Fruchtsalat
   mit Crushed Ice 364
Kombu 32
Konnyaku (Teufelszunge) 67
Koriander 47
Koriandergrün 47
Krabbenomelett 94
Krautrouladen, persische 198
Kreuzkümmel (Cumin) 47
Kugelfisch 37, 39
Kumquat 43
Kürbis, mit Kokospudding gefüllter 362
Kürbispudding 362
Kürbissuppe mit Apfelwürfelchen 170
Kutteln mit Ingwer und
   Koriandergrün 344
Kwas 81

L

Lachsfilet, gedämpftes, in Kokos-Zitronen-
   gras-Sauce mit Reisnudeln 250
Lachs-Pflaumen-Spieß
   mit Erdnuss-Chilisauce 249
Lachs-Sashimi, geräucherte,
   mit Kren-Sesamsauce 108

Laksa Udang s. Garnelen-Tofu-Suppe
Lamm aus dem Wok mit Erdnüssen 345 f.
Lamm mit Ingwer und
   Frühlingszwiebeln 345
Lammcurry 356
Lammeintopf, türkischer,
   mit Kartoffeln und Karotten 350 f.
Lammfilet, gebratenes,
   auf Balsamico-Kartoffeln 349
Lammfleisch, geröstetes,
   mit Kokosflocken 350
Lammfleisch, scharf gewürztes
   s. Rogan Josh
Lammfleisch in Milch 350 f.
Lammkeule
   mit Pistazien-Ingwer-Marinade 354 f.
Lamm-Lungenbraten
   mit Mango-Ravioli 348
Lamm-Polo (Reisfleisch)
   mit Dörrfrüchten 224
Lamm-Saté-Spießchen 349
Lammsuppe mit Koriander 193
Lammtopf
   mit Dörrzwetschken und Spinat 351 f.
Lammtopf nach Mongolen-Art 354
Langustenschwanz-Curry 262 f.
Laospulver s. Galgantwurzel
Lassi 80
Levrek (Seebarsch) 9
Limette 44
Linsencurry
   mit Rotbarbe im Bananenblatt 203
Longanizas 92
Lotus 35
Lotuswurzel 35, 67
Lotuswurzel, marinierte 196 f.
Love Cake (Grießkuchen) 374 f.
Lüfer (Blaubarsch) 9
Lychee 44

M

Maki 99, 103
Maki-Kombination
   mit Wildwolfsbarsch-Sashimi
   und 4 verschiedenen Saucen 104
Makkori 82
Makrele im Bananenblatt 253
Mandarine 44
Mango 44
Mango in Vanille-Kokosmilch 360
Mango-Lassi 80
Mango-Papaya-Salat
   mit Sardellensauce 152
Maotai 81 f.

Marillen-Hühnerfilet-Millefeuille 142
Marinade für Garnelen 60
Marinade für Geflügel 58
Marinade für Schweinsrippchen 59
Messer 70 ff.
Mezeler (türkische Vorspeisen) 9
Mezzé oder Mazé
  (syrische Vorspeisen) 11
Mie-Nudeln 61
Mie-Nudeln
  mit Krebsen und Wolkenohrpilzen 238
Miesmuscheln
  in Kokossauce mit Reisbandnudeln
  und Chili
Miesmuscheln in Sake 270
Minze, vietnamesische 48
Minz-Koriander-Chutney
  s. Tandoori-Huhn
Mirin 55
Miso 55
Miso-Suppe 23
Miso-Suppe mit Tofu und Wakame 152
Mitsuba 46
Mongolenspießchen 320 f.
Mörser 73
Mulligatawny 186
Murgh Biryani
  (Hühnercurry mit Reis) 298
Muscheln, gedämpfte,
  mit rotem und grünem Chili 272
Muscheln in Kokossauce
  mit Chili-Bandnudeln 270
Muscheln in Nuss-Sauce 274
Muscheln süß-sauer 272 f.
Muschelsalat
  mit Sojabohnensprossen und Miso 158
Muskat-Züngerln, balinesische 328

N
Naan 13
Naan I (im Backrohr gebacken) 116
Naan II (in der Pfanne gebraten) 117
Nabemono 330
Nabemono-Kocher 73
Nam Pla 55
Namul (gedämpftes Gemüse) 201
Nasi Goreng s. Eiernudeln, gebratene
Nasi Tumpeng s. Reismahl, festliches
Negi 47
Nori 32
Nudeln 60 ff.
Nudelteig s. Lamm-Lungenbraten
  mit Mango-Ravioli
Nuoc Mam s. Nam Pla

O
Ochsenschlepp-Suppe 191
Okonomiyaki mit Jakobsmuscheln 268 f.
Okra 35
Orange 44
Orangen-Safran-Reis
  mit Hühnerkeulen 218
Orangen-Senfkörner-Sauce
  s. Thunfisch-Sashimi

P
Pak-Choi 35
Pakoras (Frittierte Gemüsebissen) 204
Palatschinken, mit Heilbutt
  und Zitronengras gefüllte 122
Palmzucker 47
Paneer 14
Papaya 44
Papaya und Rochenflügel 246
Paratha (Fladenbrot) 13
Paratha mit Gemüsefülle 118
Passionsfrucht 44
Patna-Reis 65
Peking-Ente 20, 41
Peking-Ente auf einfache Art 306 f.
Peking-Ente für Eingeweihte 306
Pelmeni 12, 131
Perlhuhn-Teriyaki 299
Pfannenrühren 77
Pfannkuchen mit roten Bohnen 380
Pfeffer 47
Pfeffer-Garnelen,
  pikant gebratene 261
Pflaumensauce 55
Pho (Rindfleischsuppe „Hanoi") 190
Pho-Bo (Nudelconsommé) 17
Phönixkrallen, duftende (Hühnerfüße
  aus dem Wok) 132
Phrik 47
Physalis 44
Pilze 63
Pilze, chinesische 63
Pilz-Wok mit Sesam 196
Pipian (Hühner-Schweinefleisch-Topf
  mit Erdnuss-Sauce) 288
Piroggen 12, 131
Pittah 11
Pizza 8, 11
Pomelo 44
Pomelo-Garnelen-Salat 155
Pomelosalat, würziger 155
Ponzusauce 55
Pudding aus schwarzem Reis 364
Puri (frittiertes Fladenbrot) 117

Register

Q
Quinoa-Pinien-Risotto 214
Quittensirup 83

R
Raita s. Gurken-Joghurt-Salat 148
Ramen 62
Rasam Masala 52
Red Snapper
    mit Bärlauch-Kokos-Püree 248
Reiachado Masala 53
Reis 64 ff.
Reis Biryani s. Murgh Biryani
Reis, arabischer s. Gefüllte Kalmare
Reis, gebratener 220
Reis mit Huhn und Meerestieren 225
Reisauflauf
    mit Lammfleisch und Dörrfrüchten 224
Reisbällchen in Azukibohnen-Paste 366
Reisblätter, gefüllte,
    mit Garnelen und Minze 112
Reisblumensuppe
    mit Rindfleisch-Tatar 184
Reiskocher 73
Reiskuchen, besonderer 382 f.
Reiskuchen, birmesischer 278
Reiskuchen-Kroketten (Azukibohne) 366
Reismahl, festliches (Nasi Tumpeng) 226
Reisnudeln 62
Reisnudeln mit Steinpilzen 232
Reispfanne, philippinische 225
Reispudding, schwarzer 364, 387
Reisschale, kalte,
    mit Frühlingszwiebeln und Pilzen 212
Reissuppe mit Garnelen 175
Reistafel, indonesische 18
Reiswein 82
Renkon 67
Riesengarnelen, in Bier gegarte 260
Rindfleisch, gebratenes s. Bulgogi
Rindfleisch in Zitronengras-
    Schalotten-Marinade 338
Rindfleisch mit Austernsauce 340 f.
Rindfleisch mit Nudeln 234 f.
Rindfleischcurry mit String-Hoppers 337
Rindfleischstreifen, würzige 338
Rindfleischsuppe „Hanoi" s. Pho
Rindfleisch-Zwiebel-Röllchen 132
Rindslungenbratenstreifen
    in rot-gelber Sauce 336
Rippchen, pikante 319
Rochenflügel mit gebratener Papaya 246
Rogan Josh (scharf gewürztes Lammfleisch
    mit Joghurtsauce) 352 f.

Rotbarsch mit scharfer Bohnensauce 243
Rote-Bohnen-Suppe mit Reisbällchen 390
Roter Naturreis (Camargue-Reis) 66
Roter Reis mit Garnelen 216
Rote-Rüben-Kokossuppe 166

S
Saba 40
Safran 47
Safransuppe
    mit Fischen und Garnelen 176 f.
Säfte 83
Sago-Cooler 87
Sago-Kokos-Pudding 362
Sake 40, 82
Sakkúska (russ. Vorspeisenplatte) 12
Salat aus getrocknetem Obst 367
Sambal oelek 56
Sambhar Masala 53
Sardinensauce, frische 57
Sashimi 22, 38 ff., 106
Satay, Saté-Spießchen
    s. Hühner-Saté 280, Lamm-Saté 349
Sauerkirschen mit Fleisch 343
Sauerkrautsuppe mit Kartoffeln
    und Rindfleisch, s. Schtschi
Schak-Schuka
    (Spiegeleier mit Gemüse) 95
Schlangen 37
Schnecken-Papaya-Suppe 184
Schneiden 72
Schtschi 12
Schtschi (Sauerkrautsuppe
    mit Kartoffeln und Rindfleisch) 190 f.
Schwalbennester-Suppe 21
Schwarzer Reis
    mit Huhn im Bananensack 228
Schweinebauch, gekochter 315
Schweinebauch
    nach Mandarin-Art 314
Schweinefleisch, geräuchertes,
    in Chili-Knoblauch-Sauce 324
Schweinefleisch, knuspriges,
    mit frischem Koriander 314
Schweinefleisch süß-sauer 316
Schweinefleisch süß-sauer,
    zweimal gebraten 318
Schweinefleisch Vindaloo 318 f.
Schweinehals, gegrillter 322
Schweinehals mit Chilisauce 322
Schweinsgulai mit Kartoffeln 324 f.
Schweinsrippen,
    im Backrohr gebratene 320
Schweinsrippen süß-sauer 320

Schweinsstelze
   in Zitronengras-Erdnuss-Sauce   326
Seegurke   37
Sesamäpfel, karamellisierte   372
Sesam-Ente   302
Sesampaste   55
Sesamplätzchen   370
Sesam-Rindfleisch   342
Shabu-Shabu   22, 330
Shanghai-Nudeln   62
Shaoshing   82
Shichimi Togarashi
   (Sieben-Gewürze-Mischung)   50
Shiitake-Pilze   63
Shimofuri   41
Shirataki   62
Shiso   48
Shoyu   56
Shrimpsbrötchen, gebackene   140
Shrimpssalat mit Avocado   156
Shrimps-Wonton-Säckchen,
   knusprige   140
Siam-Reis   65
Sieben-Gewürze-Mischung   50
Silberfisch, gedämpfter,
   mit Gemüse und Chili   242
Singapore Sling   86
Soba-Nudeln   62
Soja   36
Sojabohnen   33
Sojabohnensprossen-Namul s. Namul
Sojamilch   56
Sojasauce (Jiangyou)   56
Soju   82
Soljanka (sibirischer Suppeneintopf)   192
Somen-Nudeln   62
Spargel-Marillen-Salat   148
„Spargelnudeln" mit Thunfischsugo
   und Ziegenkäse   199 f.
Spiegeleier mit Gemüse s. Schak-Schuka
Spinat mit Sesam-Pinien-Sauce
   und Bonitoflocken   111
Spinatauflauf mit Pflaumen   351 f.
Spinat-Namul s. Namul
Spinatsuppe mit Fleischbällchen   166
Spinatsuppe nach Mogul-Art   173
Sternanis   48
Stinkfrucht-Kuchen
   (Durian-Kuchen)   378
String-Hoppers s. Rindfleischcurry
Strohpilze   63
Stubenküken, gedämpftes,
   mit Zwiebeln und Ingwer   300
Su   56

Suki-Yaki   22, 62, 330
Suki-Yaki
   (Japanisches Fleischfondue)   330 f.
Suppe mit Mango und Krebsen   182
Suppeneintopf, sibirischer s. Soljanka
Surimi   40
Sushi 8, 21 f., 99, 102
Sushi-Reis   66, 98
Sushi-Set   74
Süßkartoffeln in Ingwersirup   388
Süß-saure Sauce   56
Szechuan- oder Sichuan-Pfeffer   48

T

Tai   40
Tamarindenmark   56
Tamarindensauce   57
Tandoori-Huhn
   mit Minz-Koriander-Chutney   294
Taro   67
Taschenkrebs
   in Chilisauce auf Singapur-Art   264
Taschenkrebs
   in Chilisauce nach chinesischer Art   262
Taschenkrebssuppe mit Mango   182
Tee   84 f.
Tee-Eier   90
Teigtaschen,
   gebratene chinesische   136
Tempura-Teig s. Gemüse-Tempura
Teppanyaki-Grill   74
Teriyaki-Huhn
   mit süß-saurem Gemüse   280 f.
Teriyaki-Sauce   57
Teufelszunge s. Konnyaku
Thai-Spargel   36
Thunfisch   40
Thunfisch-Krautröllchen
   mit Rucola-Kartoffeln   119 f.
Thunfisch-Maki   103
Thunfisch-Sashimi, marinierte   108
Thunfisch-Sashimi in Orangen-
   Senfkörner-Sauce mit Minze   106 f.
Thunfisch-Tomaten-Salat
   mit Rosmarin-Vinaigrette   159
Tintenfische,
   gebratene, mit Silberohren   266
Tintenfisch-Suppe, vietnamesische   178
Tofu   36
Tofu-Gemüse, süß-saures   198
Tofu-Kräuter-Salat mit Erdnüssen   150
Tofustäbchen, knusprige,
   mit Rohkost-Salat   200
Tom Yam Gung s. Zitronengras-Suppe

Tomaten-Thunfischsalat
  mit Rosmarin-Vinaigrette 159
Tomatensuppe mit Linsen 169
Topfenkugeln im Kokosmantel
  mit Birnen-Ingwer-Kompott 384
Tori-Yaki 279
Trockenfische 41
Truthahn, mit Nüssen und Zwetschken
  gefüllter 310
Tuna 41
Tung Po 20
Tung-Po-Schwein 41

U

Ucha s. Fischsuppe vom Baikalsee
Udon-Nudeln 62

V

Vanillemelone mit Kokosmilch 360
Vermicelli, koreanische 62
Vogelnester 37
Vogelzungen 37
Vollkorn-Congee
  (Vollkorn-Frühstücksreis) 92
Vollkornreis 66
Vorspeisen, russische s. Sakkúska
Vorspeisen, türkische s. Mezeler

W

Wachteln, geräucherte,
  mit Bergpfeffer 300 f.
Wakame 33
Wakegi 36
Warak Enab s. Weinblätter
Wasabi-Kren 57
Wasserkastanien 36
Wein 87
Weinblätter, gefüllte,
  nach arabischer Art (Warak Enab) 340

Wildwolfsbarsch im Ganzen
  mit Chili-Bandnudeln 255
Wok 75 ff.
Wok-Gemüse
  mit Sesam und Pilzen 196
Wok-Gemüse mit Tofu 197
Wolfsbarsch im Bananenblatt
  mit Safran-Birnensauce 245
Wolfsbarsch-Maki
  mit vier verschiedenen Saucen 104
Wolfsbarsch-Tatar mit Ingwer 112
Wonton-Hüllen 62
Wonton-Suppe, chinesische 164
Wonton-Suppe, koreanische 162
Wonton-Täschchen, frittierte 137
Wonton-Täschchen, gedämpfte,
  mit Shrimps und Schweinefleisch 127
Wonton-Teig 62
Wurzeln 66 f.
Würzpaste, balinesische 60

Y

Yaki Udon mit Hühnerbrust 236
Yaki Udon
  mit süß-saurem Mango-Gemüse 235 f.
Yaki-Tori (gegrillte Hühnerspießchen)
Yulu s. Fischsauce
Yunnan-Nudeln 234
Yunnan-Schinken 21, 42

Z

Zimt 48
Zitrone 44
Zitronenblätter 48
Zitronengras 48
Zitronengras-Crème-brûlée 380
Zitronengras-Suppe, siamesische 16
Zitronengras-Suppe
  mit Garnelen (Tom Yam Gung) 172

Register